学术印迹

新时代学人自选集

肖贵清自选集

肖贵清 著

河北出版传媒集团
河北人民出版社
石家庄

图书在版编目（CIP）数据

肖贵清自选集 / 肖贵清著. -- 石家庄 : 河北人民出版社, 2024. 12. -- (学术印迹 : 新时代学人自选集). -- ISBN 978-7-202-17365-7

Ⅰ. D610-53

中国国家版本馆CIP数据核字第2025FN6308号

丛 书 名　学术印迹：新时代学人自选集
　　　　　XUESHU YINJI XINSHIDAI XUEREN ZIXUANJI
书　　名　肖贵清自选集
　　　　　XIAO GUIQING ZIXUANJI
著　　者　肖贵清

选题策划　陆明宇　侯福河
责任编辑　王　珏
美术编辑　李　欣
责任校对　付敬华

出版发行　河北出版传媒集团　河北人民出版社
　　　　　(石家庄市友谊北大街 330 号)
印　　刷　保定市中画美凯印刷有限公司
开　　本　787 毫米×1092 毫米　1/16
印　　张　37.25
字　　数　545 000
版　　次　2024 年 12 月第 1 版　　2024 年 12 月第 1 次印刷
书　　号　ISBN 978-7-202-17365-7
定　　价　198.00 元

出版说明

习近平总书记对我国的哲学社会科学工作高度重视，多次作出指示批示，发表重要讲话，指出中国特色哲学社会科学应该体现“继承性、民族性”“原创性、时代性”“系统性、专业性”。党的十八大以来，我国哲学社会科学领域解放思想、实事求是、与时俱进，取得了历史性成就，发生了历史性变革，为全面建设社会主义现代化国家作出了重要贡献，积累了宝贵经验。

为展现新时代我国哲学社会科学领域取得的重要成果，我们组织编写了“学术印迹：新时代学人自选集”。丛书以习近平新时代中国特色社会主义思想为指导，以时代性、思想性、学术性为准绳，坚持百花齐放、百家争鸣的方针，遴选哲学社会科学领域有一定成就的学者，收录其新时代以来发表的有代表性的学术文章。

丛书的作者们不仅在哲学、政治、经济、历史、语言文学等各个领域有着深厚的学术造诣，而且具有丰富的教学或实践经验。书中收录的文章均曾发表于权威报刊，具备较强的专业性、学术性、理论性，是作者对其新时代以来研究成果的系统梳理和总结，一方面清晰地展示了作者近些年的学术思考、学术印迹，另一方面也体现了该专业领域的发展方向和前沿动态；同时，作者在系统梳理总结学术思想、研究成果的基础上，挖掘新材料、发现新问题、提出新观点，力求为新时代中国特色哲学社会科学的学科体系、学术体系、话语体系建设和创新贡献力量。

通过对这些学者的学术思考、学术成就、学术脉络进行系统梳理和总结，可以从一个侧面反映新时代以来我国哲学社会科学领域所取得的新进展新成就；同时，也可为相关研究者提供参考和借鉴，对相关领域的研究进一步深化拓展起到积极的推动作用。

河北人民出版社

2024 年 3 月

自序

“学术印迹：新时代学人自选集”是河北人民出版社策划的一套丛书，承蒙出版社的邀约，我非常荣幸能够忝列其中，从新时代以来独立发表的系列论文中选编这样一本自选集。

新时代以来的十多年间，我们每一个人都伴随着共和国坚持和发展中国特色社会主义的步伐在一点点进步和发展。盘点自己过去十多年的工作经历，除了承担本科生和研究生的教学任务之外，主要从事马克思主义中国化的理论与实践方面的研究。回顾新时代这十多年，应当说是在比较忙碌中度过的。教学科研、指导学生，还有七年多的行政工作。但是这十多年也有收获，培养了二十多位硕士、博士、博士后，这是我最引以骄傲的事情。作为老师，最快乐的无疑是见证学生的成长。

教学之余，就是围绕教学中的问题进行研究。这十多年，我承担了几个国家社科基金研究项目和北京市的研究课题。面对研究任务和各项其他工作，丝毫不敢放松，更不能懈怠。书中收录的这些文章，是我对党的创新理论和实践思考和研究的集成，虽然还比较稚嫩，却是自己的心得和感悟。收录在本书中的论文分为这样几编：第一编“马克思主义中国化研究”9 篇；第二编“毛泽东思想研究”7 篇；第三编“中国特色社会主义研究”7 篇；第四编“新时代党的创新理论研究”14 篇；第五编“高校思政课教学研究”8 篇。这些论文大致勾勒和梳理了我在这十多年的研究轨迹和研究成果。

对于人类漫长的历史来说，十多年只是其匆匆一瞬，不过是一个小小的顿号或者逗号，但是，就整个人生来说，又有几个十年？我的人生已过 65 岁，但是忙碌的人生又是快乐和幸福的。在清华园，我有一个好的工作环境和教学科研条件，更有一种自强不息和时不我待的良好氛围。我经常告诉我的学生，我们这一代人，伴随着共和国改革开放的脚步成长起来，也见证了四十多年来的沧桑巨变和新时代以来的伟大实践。唯有认认真真读书、兢兢业业工作、老老实实做人，才能无愧于新的时代，无愧于人生。

关于书中的文章，我就不多做自我介绍了，希望能对读者有所启发和帮助。感谢我的几个学生——李云峰、薛添仁、卢阳、翟琦靓、龙正午、刘世辰为编辑本书付出的辛勤劳动。为了保持发文时的原貌，本书出版时，只对引文版本进行了核对和更新。作为在燕赵大地上出生和成长起来的学人，尤其要感谢河北人民出版社的领导、编辑的信任和鼓励。

写下这几行文字，权当自序。

2024 年仲夏于清华园 · 照澜院

目录

第一编　马克思主义中国化研究

第二编　毛泽东思想研究

第三编　中国特色社会主义研究

第四编　新时代党的创新理论研究

第五编 高校思政课教学研究

第一编

马克思主义中国化研究

中国化马克思主义称谓的提出及其内涵的发展

中国共产党人的初心和使命

篡史乱今：历史虚无主义的实质和危害

新中国 70 年现代化发展战略的历史逻辑

“赶考”视野中的全面建成小康社会

整体性视域下中国共产党百年党史的三个《历史决议》

第一个《历史决议》对马克思主义中国化的贡献

第二个《历史决议》与马克思主义中国化

“十个坚持”是贯通百年党史的成功密码

一

中国化马克思主义称谓的提出及其内涵的发展

中国共产党在把马克思主义与中国实际和时代特征相结合，不断进行理论创新，实现马克思主义中国化的过程中，提出了中国化马克思主义这一称谓。中国化马克思主义这一称谓最初是指称马克思主义中国化的第一次历史性飞跃的理论成果——毛泽东思想。随着中国共产党领导革命、建设、改革的实践以及党的理论创新的发展，中国化马克思主义又不断增加了许多新的思想内容。从整体性的视角来说，中国化马克思主义包括毛泽东思想和中国特色社会主义理论体系这两大理论成果，是中国共产党人在90多年的历史上理论创新成果的总称。

（一）中国化马克思主义称谓提出的背景及其缘由

中国共产党是以马克思列宁主义武装起来的工人阶级政党，从党一成立，就把马克思主义写在了自己的旗帜上。在大革命时期和十年土地革命战争时期，由于党还处于幼年时期，还不能把马克思主义与中国革命的具体实际很好地结合起来，因此，在指导中国革命问题上，曾经先后出现过陈独秀右的错误，以及土地革命战争时期，党内连续三次“左”的错误，这些错误都曾经招致党和革命事业的重大损失。尤其是以王明为代表的“左”倾教条主义者，把共产国际决议和苏联经验神圣化，机械照搬照抄苏联经验和马克思主义的“条条”，其后果是不但不能很好地消化和吸收马克思主义基本原理，而且也使马克思主义这一产生于西方资本主义国家的理论，难以在中国这块古老的东方土地上生根、开花和结果。其原因在于，即使是马克思主义这一放之四海而皆准的真理，如果不与中国革命的具体实际相结合，也只能是空洞的理论，不能发挥其指导实践的作用。

第一，党在不断领导中国革命的实践过程中，深切地体会到，必须把马克思主义基本原理与中国革命的具体实际和时代特征相结合，形成符合中国实际的理论即中国化的马克思主义。

1930 年 5 月，毛泽东在《反对本本主义》一文中，初步提出了马克思主义与中国实际相结合的思想。他指出："中国革命斗争的胜利要靠中国同志了解中国情况。"他还提出："马克思主义的'本本'是要学习的，但是必须同我国的实际情况相结合。"[①] 应当说，这是毛泽东关于马克思主义与中国具体实际相结合思想的最初表达。

1938 年 10 月，在党的六届六中全会上，毛泽东作了《论新阶段》的主题报告。毛泽东首先指明了马克思主义中国化的前提即要科学地对待马克思主义，要把马列主义当作行动的指南，而非教条。他说："马克思、恩格斯、列宁、斯大林的理论，是'放之四海而皆准'的理论。不应当把他们的理论当作教条看待，而应当看作行动的指南。不应当只是学习马克思列宁主义的词句，而应当把它当成革命的科学来学习。不但应当了解马克思、恩格斯、列宁、斯大林他们研究广泛的真实生活和革命经验所得出的关于一般规律的结论，而且应当学习他们观察问题和解决问题的立场和方法。"[②] 为此，他号召全党更加普遍、深入地学习马克思列宁主义的理论。报告中最为重要的是，毛泽东提出了马克思主义中国化的内涵，他指出："马克思主义必须通过民族形式才能实现。没有抽象的马克思主义，只有具体的马克思主义。所谓具体的马克思主义，就是通过民族形式的马克思主义，就是把马克思主义应用到中国具体环境的具体斗争中去，而不是抽象地应用它。成为伟大中华民族之一部分而与这个民族血肉相连的共产党员，离开中国特点来谈马克思主义，只是抽象的空洞的马克思主义。因此，马克思主义的中国化，使之在其每一表现中带着中国的特性，即是说，按照中国的特点去应用它，成为全党亟待了解并亟须解决的问题。洋八股必须废止，空洞抽象的调头必须少唱，教条主义必须休息，而代之以新鲜活泼的、为中国老百姓所喜闻乐

①《毛泽东选集》第一卷，北京：人民出版社 1991 年版，第 111—112 页。

②《毛泽东选集》第二卷，北京：人民出版社 1991 年版，第 533 页。

见的中国作风和中国气派。”[①]这段经典性的论述说明，一方面必须使马克思主义中国化；另一方面必须把马克思主义和中国的民族特点相结合，把马克思主义的基本原理用中国的语言和表达形式表现出来，体现出中国作风和中国气派。

毛泽东的号召得到了中共中央其他领导人的赞同。其中，张闻天在《组织工作要中国化》一文中指出，“马克思主义的原则、方法是国际性的，但我们是在中国做组织工作，一定要严格估计到中国政治、经济、文化、思想、民族习惯、道德的特点，正确认识这些特点，再来决定我们的斗争形式、组织形式、工作方法。我们要的是国际主义的内容，民族的形式，我们要使组织工作中国化”“不仅要懂得马克思主义的原则，而且要在民族环境中来实现这些原则”。[②]刘少奇也认为：共产党员应该“研究自己所处的时代和本国无产阶级所处的各方面情势的特点，把马克思列宁主义的普遍真理和本国革命的具体实践结合起来”[③]“是要象马克思列宁主义创始人那样，站在马克思列宁主义的立场，用马克思列宁主义的观点和方法，去解决无产阶级所领导的革命运动中的各种问题。”[④]在党的七大上，毛泽东进一步明确要把马克思列宁主义与中国革命实践相结合。

需要强调的是，马克思主义与中国实际的“结合”只是马克思主义中国化的一方面，还需要进行理论上的创新。在1941年9月10日，毛泽东在中共中央政治局扩大会议上作的《反对主观主义和宗派主义》的讲话中说：“我们反对主观主义，是为着提高理论，不是降低马克思主义。我们要使中国革命丰富的实际马克思主义化。”[⑤]在中共七大上，刘少奇对毛泽东这一思想作了发挥，他指出，“由于中国社会、历史的发展有其极大的特殊性，以及中国的科学还不发达等条件，要使马克思主义系统地中国化，要使马克思主义从欧洲形式变为中国形式”[⑥]，必须“依

①《中共中央文件选集》第11册，北京：中共中央党校出版社1991年版，第658—659页。
②《张闻天选集》，北京：人民出版社1985年版，第225、226页。
③《刘少奇选集》上卷，北京：人民出版社1981年版，第107页。
④ 同上书，第108页。
⑤《毛泽东文集》第二卷，北京：人民出版社1993年版，第374页。
⑥《刘少奇选集》上卷，北京：人民出版社1981年版，第335页。

据历史进程每个特殊时期和中国具体的经济、政治环境及条件，对于马克思列宁主义作独立的光辉的补充”[①]。张闻天也指出：“问题在于要使普遍规律同我们的实际相结合，使马列主义理论得到发展。”[②]

从以上论述可以看出，毛泽东等党的早期领导人认为，马克思主义中国化就是要把马克思主义与中国革命实际相结合、把马克思主义与中国传统文化相结合，并在此基础上总结革命经验，使中国实际马克思主义化，创造出符合中国实际的马克思主义理论。应当说，马克思主义中国化命题的提出，为中国化马克思主义概念的提出奠定了重要基础，或者说，两个概念的提出和使用相辅相成。

随着中国革命实践的发展，1938 年夏天，毛泽东明确地提出，中国共产党要出自己的“主义”。他在给抗大学员作报告时指出，马克思主义是马克思提出的，我们要出自己的“主义”。在另一次会议上，他又提出，要达到政治目的就要突出政党，提出主张，建立主义。毛泽东的思路非常明确，就是要把马克思主义与中国革命的具体实际相结合，在中国革命丰富的实践经验的基础上，形成自己的“主义”，建立适合中国国情的“新马克思主义”[③]。

1942 年 2 月，毛泽东在强调“善于应用马克思列宁主义的立场、观点和方法”的同时，提出要“进一步地从中国历史实际和革命实际的认真研究中，在各方面作出合乎中国需要的理论性创造”的任务。毛泽东指出：“中国共产党人只有在他们善于应用马克思列宁主义的立场、观点和方法，善于应用列宁斯大林关于中国革命的学说，进一步地从中国的历史实际和革命实际的认真研究中，在各方面作出合乎中国需要的理论性的创造，才叫做理论和实际相联系。”[④]毛泽东在这里所说的“善于应用”指的就是对马克思主义的继承和发展，也就是用马克思主义的基本原理指导中国革命的实践，而所谓“理论性的创造”就是根据中国革命的实际，提出自己的“主义”，创造出合乎中国实际的马克思主义理

①《刘少奇选集》上卷，北京：人民出版社 1981 年版，第 336 页。
②《张闻天选集》，北京：人民出版社 1985 年版，第 495 页。
③《中国共产党第七次全国代表大会研究》，上海：上海人民出版社 2006 年版，第 148 页。
④《毛泽东选集》第三卷，北京：人民出版社 1991 年版，第 820 页。

论。同年 3 月，毛泽东又指出："我们要把马、恩、列、斯的方法用到中国来，在中国创造出一些新的东西。只有一般的理论，不用于中国的实际，打不得敌人。但如果把理论用到实际上去，用马克思主义的立场、方法来解决中国问题，创造出一些新的东西，这样就用得了。"[①] 这里所说的"创造出一些新的东西"，就是要形成体现马克思主义立场、观点和方法，又符合中国国情、能够解决中国实际问题的新的理论。

由此我们可以清楚地看出，到了抗日战争时期，随着抗日根据地的不断巩固和发展，党和毛泽东一方面运用马克思主义的立场、观点和方法，认真分析、研究和总结中国革命的实践经验，另一方面又在酝酿提出中国革命的新的理论。

第二，随着抗日战争的发展，中国共产党逐步由小到大，由弱变强，成为一个全国性的大党，广大人民群众迫切需要了解中国共产党对时局的主张以及对未来中国前途的认识，中国共产党也需要举起自己的旗帜，提出自己的"主义"，领导全国人民坚持抗战。

抗日战争进入相持阶段后，中国共产党和国民党在抗日民族统一战线内部的斗争日趋激烈。1938 年 12 月，张君劢发表《致毛泽东先生的一封公开信》，主张取消边区、取消八路军和新四军，他提出，在目前阶段中，"既努力于对外民族战争，不如将马克思主义暂搁一边，使国人思想走上彼此是非黑白分明一涂，而不必出以灰色与揜饰之辞"[②]。国民党所谓的理论家叶青也公开主张："三民主义可以满足中国现在和将来的一切要求。它的实现，中国便不需要社会主义了，从而组织一个党来为社会主义而奋斗的事也就不必要了。"[③] 蒋介石也在 1939 年 9 月发表了《三民主义之体系及其实行程序》的长文，提出"以党治国""以党建国"的主张，实际上就是以国民党来"管理"一切并负起责任，以三民主义作为最高指导原则，立即建设一个新中国。"我们的希望，是要使抗战

①《毛泽东文集》第二卷，北京：人民出版社 1993 年版，第 408 页。
②《再生》第 10 期（1938 年 12 月 16 日）。姜义华主编:《中国现代思想史资料简编》(第四卷)，杭州：浙江人民出版社 1983 年版，第 144 页。
③《毛泽东传（1893—1949）》，北京：中央文献出版社 1996 年版，第 557 页。

胜利之日，即为建国完成之时。”[①] 很显然，蒋介石的用意就是以三民主义对抗中国共产党坚持的马克思主义，在理论上和政治上树立国民党的绝对权威。

为了争取抗战胜利之后的有利态势和主动地位，1943 年 3 月，国民党又出版了以蒋介石名义发表的《中国之命运》一书，公然宣扬“一个中国”（即中华民国）、“一个主义”（即三民主义）、“一个领袖”（即蒋介石），歌颂封建主义，鼓吹法西斯主义，公开提出既反对共产主义又反对“自由主义”（即资产阶级民主主义）的主张。主要是反对共产主义，反对共产党的民族民主革命的理论和实践。

为了反击国民党在思想领域的反共、反民主的宣传，也为了宣传自己的政治主张，中国共产党就有必要将对自己领袖和思想主张的宣传提到重要地位。在这一时期，毛泽东连续发表了《中国革命和中国共产党》《〈共产党人〉发刊词》《新民主主义论》等文章，系统地阐述了新民主主义革命的理论。尤其值得注意的是，毛泽东在这些著作中，论述了新旧三民主义、新旧民主主义，以及三民主义和共产主义的区别及其联系。中国共产党人在政治上高举马克思主义旗帜的同时，也开始系统地提出自己关于中国革命的主张和理论。

中国共产党成立后，一直致力于践行孙中山先生提出的三民主义纲领，第一次国共合作之所以能够形成，其中一个很重要的原因，就在于党在民主革命时期反帝反封建的革命纲领即最低纲领与新三民主义“基本上相同”[②]。因此中国共产党人才宣布愿为其彻底实现而奋斗。即使是在国共合作的统一战线破裂之后，中国共产党人也并没有否定和抛弃三民主义，而是一直在致力于实现三民主义的纲领。毛泽东在《新民主主义论》中指出：“无论如何，在反帝反封建的任务没有基本上完成以前，新三民主义是不会被一切有良心的人们放弃的……如果说，一九二七年反动之后，还有许多真三民主义者继续为中国革命而奋斗，那末，在一

① 蒋介石：《三民主义之体系及其实行程序》，原载《青年中国季刊》创刊号（1939 年 9 月 30 日）。姜义华主编：《中国现代思想史资料简编》（第四卷），杭州：浙江人民出版社 1983 年版，第 325—342 页。

②《毛泽东选集》第二卷，北京：人民出版社 1991 年版，第 693 页。

个民族敌人深入国土的今天，这种人无疑将是成千上万的。我们共产党人将始终和一切真诚的三民主义者实行长期合作。”[①]但是，中国共产党人除了民主革命的纲领，还有共产主义的最高纲领，完成民主革命的任务，只是中国革命的第一步，将来还要进行社会主义革命。毛泽东在这一时期的文章中，系统阐述了中国共产党对于中国革命的主张，提出了自己的“主义”。

在党的七大前后，我们党提出了中国化马克思主义的称谓即毛泽东思想的概念，来指称自己的理论和主义。

（二）中国化马克思主义概念的提出

据目前所查阅的材料，中国化马克思主义与毛泽东思想的概念是同时提出的，而且中国化马克思主义称谓的提出，也与党对马克思主义中国化认识的深化相联系。

1942年2月，张如心在《解放日报》上发表的《学习和掌握毛泽东的理论和策略》的文章中，提出并使用了“中国马克思列宁主义”的概念。他指出：“毛泽东同志的理论和策略正是马列主义理论和策略在殖民地半殖民地半封建社会中的运用和发展，毛泽东同志的理论就是中国马克思列宁主义。”[②]从目前所查阅的资料来看，张如心是提出并使用这一概念的第一人。

1942年7月1日，朱德在《解放日报》发表的《纪念党的二十一周年》的文章中，也提出了“中国化的马列主义”的概念。他指出：“今天我们党已经积累下了丰富的斗争经验，正确的掌握了马列主义的理论，并且在中国革命的实践中创造了指导中国革命的中国化的马列主义理论。”“我们党已经有了自己的最英明的领袖毛泽东同志。他真正精通了马列主义的理论，并且善于把这种理论用来指导中国革命步步走向胜利。”[③]

1943年7月5日，王稼祥在《解放日报》发表的《中国共产党与中

①《毛泽东选集》第二卷，北京：人民出版社1991年版，第694页。
②《解放日报》1942年2月19日。
③《解放日报》1942年7月1日。

国民族解放的道路》一文中指出："中国民族解放整个过程中——过去、现在与未来——的正确道路就是毛泽东同志的思想，就是毛泽东同志在其著作中与实践中所指出的道路。毛泽东思想就是中国的马克思列宁主义，中国的布尔什维主义，中国的共产主义。""它是创造的马克思主义，它是马克思主义在中国的发展。"[①]很显然，中国化的马克思主义就是指毛泽东思想。

1943年12月4日，邓小平在北方局党校整风运动会上的讲话中，也使用了"中国化的马列主义"的概念。他指出："我党自从一九三五年一月遵义会议之后，在以毛泽东为首的党中央领导之下，彻底克服了党内的'左'右倾机会主义，一扫主观主义、宗派主义和党八股的气氛，把党的事业完全放在中国化的马列主义，即毛泽东思想的指导之下"[②]。

1945年4月23日，朱德在党的七大的演说中指出："毛泽东同志以火焰般的热情，关怀中国人民的被压迫，并信任人民群众的创造力，信任人民群众的力量，信任人民群众的胜利，形成着中国式马克思主义特出明哲和特出灵活的智慧而以不屈不挠的钢铁的意志，大无畏的勇敢，不知疲倦的工作，组织我们的党，组织我们的人民，和各种右的和'左'的机会主义作了不调和的斗争，率领着我们党和我们人民，向民族及人民的敌人冲锋陷阵和绕路前进。"[③]朱德在演说中不仅使用了"中国式马克思主义"的提法，而且对为中国化马克思主义的形成作出突出贡献的毛泽东作了很高的评价。这里需要指出的是，在当时，并不存在所谓的个人崇拜问题，而主要在于回击国民党所谓的"一个领袖"的宣传。朱德在七大的军事报告中还指出："中国共产党在伟大的中国革命长期艰苦斗争中创造了中国革命的政治理论，中国革命的实际政策。这个中国革命理论与实践的代表便是毛泽东同志，这是中国式的马列主义，这是马列主义运用到中国革命环境的新的发展和创造。"他指出："马列主义与中国革命实践相结合所创造出的中国马列主义，即毛泽东主

①《中共中央文件选集》第14册，北京：中共中央党校出版社1992年版，第479、482页。
②《邓小平文选》第一卷，北京：人民出版社1994年版，第88页。
③《解放日报》1945年5月1日，第1版。

义。”[①]

同样，在党的七大上，周恩来在演说中指出：“我们还是依靠了我党领袖毛泽东同志的英明领导。他指示了我们以新民主主义的方向，他教育了我们以中国马克思主义的思想和学说，他领导了我们经过中国革命三个历史时期，创造了伟大的革命力量，经历了无数次革命斗争，克服了无数次艰难困苦，达到了今天的初步胜利。”[②]同朱德在七大的演说一样，周恩来也使用了“中国马克思主义”的称谓。

在党的七大上，对中国化马克思主义的概念论述最多的当属刘少奇。刘少奇在党的七大上所作的关于修改党章的报告中，使用了“中国的马克思主义”“中国化的马克思列宁主义理论”“中国化的马克思主义”的概念，并对毛泽东思想作了科学的概括和全面的论述。他说：“毛泽东思想，就是马克思列宁主义的理论与中国革命的实践之统一的思想，就是中国的共产主义，中国的马克思主义。”“毛泽东思想，就是马克思主义在目前时代的殖民地、半殖民地、半封建国家民族民主革命中的继续发展，就是马克思主义民族化的优秀典型。它是从中国民族与中国人民长期革命斗争中……生长和发展起来的。它是中国的东西，又是完全马克思主义的东西。”[③]中国化马克思主义是“依据历史进程每个特殊时期和中国具体的经济、政治环境及条件，对于马克思列宁主义作独立的光辉的补充，并用中国人民通俗语言的形式表达出来，使之适合于新的历史环境和中国的特殊条件，成为中国无产阶级群众与全体劳动人民群众战斗的武器。”毛泽东“在理论上敢于进行大胆的创造，抛弃马克思主义理论中某些已经过时的、不适合于中国具体环境的个别原理和个别结论，而代之以适合于中国历史环境的新原理和新结论，所以他能成功地进行马克思主义中国化这件艰巨的事业。”[④]与党的其他领导人只是一般地使用“中国化的马克思主义”和“毛泽东思想”的概念不同的是，刘少奇对于中国化马克思主义进行了比较深入的论述。

①《朱总司令在七大建军报告（初稿）》（1945年4月23日）。《中共党史教学参考资料》第9册，北京：中国人民大学中共党史系资料室1980年版，第526、523页。

②《解放日报》1945年5月1日，第1版。

③《刘少奇选集》上卷，北京：人民出版社1981年版，第333—334页。

④ 同上书，第336—337页。

1945年6月14日,《解放日报》发表了“团结的大会，胜利的大会”的社论，指出:“经过二十四年三次革命战争的考验，我们党创造了这个完全适合国情的中国化的马克思主义。”①

从以上材料可以看出，中国化马克思主义的概念与毛泽东思想的概念几乎是同时提出并使用的，除了这样两个概念以外，党的七大前后，还有毛泽东主义等提法，当时，“中国化马克思主义”“中国化马克思列宁主义”“毛泽东主义”“毛泽东思想”，实际上都是同义语，都是用来指称中国共产党人形成的自己的“主义”，都是用来命名党对马克思主义的新发展，因此并没有什么实质上的不同。至于为什么后来没有坚持使用中国化马克思主义的概念，而更多使用了毛泽东思想，主要在于后者更能体现中国革命理论的特质和中国特点。也应该指出的是，在党的七大文献以及刘少奇《关于修改党的章程的报告》中，“中国化马克思主义”和“毛泽东思想”这两个概念是同时存在的。

此外，党的七大前后，对于毛泽东的宣传和歌颂的确在党的历史上是空前的。其原因一是经过延安整风，全党在中国化马克思主义即毛泽东思想的基础上达到了新的团结，中国化马克思主义成为全党的指导思想。二是为了回击国民党所谓的“一个主义”和“一个政党”的宣传。因此，不能简单地把这一问题称为个人崇拜，这不符合历史事实。然而，当时的宣传也确实存在着比较突出的问题，那就是没有把中国化的马克思主义作为中国共产党集体智慧的结晶，忽略了党的其他领导人的贡献。历史地来看，在当时要做到这一点是不可能的，这种情况也符合当时的客观情况。

（三）中国化马克思主义内涵的发展

众所周知，新中国成立后，在党的文件中，不再提及马克思主义中国化的概念。关于这一问题，学界有相关详细的论述和考证，这里不再赘述。与此同时，也鲜见中国化马克思主义的概念，在党的文件中，只是使用毛泽东思想的概念。

①《中共中央文件选集》第15册，北京：中共中央党校出版社1991年版，第572页。

改革开放以来，首先是学界继而在党的文件中，重提马克思主义中国化的命题，因此，也就又重新出现了“中国化马克思主义”和“当代中国的马克思主义”的称谓。不过，其内涵已经有了新的变化。

1992 年，江泽民在党的十四大报告中，使用了“中国的马克思主义”的概念，指出:“我们党是以马克思列宁主义毛泽东思想作为指导思想的工人阶级先锋队。马克思主义是深深根植于实践并在实践中不断发展的科学。建设有中国特色社会主义的理论，是马克思主义同中国实际相结合的最新成果，是当代中国的马克思主义，是指引我们实现新的历史任务的强大的思想武器。”[①] 党的十四大通过的《关于〈中国共产党章程（修正案)〉的决议》，把邓小平建设有中国特色社会主义的理论作为指导思想写进了党章。在这一时期，我们党的理论创新成果被称为邓小平建设有中国特色的社会主义理论。1993 年 11 月 2 日，江泽民在学习《邓小平文选》第三卷报告会上的讲话中指出:“改革开放十五年来，我们党在理论上取得的最大收获，就是在马克思主义基本原理与中国实际相结合的第二次历史性飞跃中，创立了建设有中国特色社会主义的理论。这一理论，第一次比较系统地初步回答了中国这样的经济文化比较落后的国家如何建设社会主义、如何巩固和发展社会主义的一系列基本问题，用新的思想、观点，继承、丰富和发展了毛泽东思想，是马克思主义同中国实际相结合的最新成果，是当代中国的马克思主义。”[②] 这一论述，既把建设有中国特色社会主义的理论称为“当代中国的马克思主义”，又阐明了与毛泽东思想继承与发展的关系。

1997 年，党的十五大首次提出了邓小平理论的概念。江泽民在党的十五大报告中指出:“邓小平理论是当代中国的马克思主义，是马克思主义在中国发展的新阶段。”[③] 很显然，此时所讲的“当代中国的马克思主义”已经不是指毛泽东思想，而是改革开放以来，党对毛泽东思想继承和发展的创新理论。党的十五大把邓小平理论作为党的指导思想确定下来。

---

①《十四大以来重要文献选编》上，北京: 人民出版社 2011 年版，第 34 页。

② 同上书，第 387 页。

③《十五大以来重要文献选编》上，北京: 人民出版社 2011 年版，第 9 页。

2001年7月1日，江泽民在庆祝中国共产党成立八十周年的讲话中，从总结八十年党的历史的角度，对中国化的马克思主义进行了深刻的阐述："以毛泽东同志为核心的第一代中央领导集体和以邓小平同志为核心的第二代中央领导集体，带领我们党坚持把马克思列宁主义基本原理同中国具体实际紧密结合，形成了毛泽东思想、邓小平理论。这两大理论成果，是中国化了的马克思主义，既体现了马克思列宁主义的基本原理，又包含了中华民族的优秀思想和中国共产党人的实践经验。"[①] 与党的十四大和十五大不同，这一讲话中使用的是"中国化了的马克思主义"。实际上，无论是"当代中国的马克思主义"还是"中国化了的马克思主义"的概念，其内涵是相同的，那就是马克思主义中国化的新的理论成果——邓小平理论。

马克思主义中国化是一个不断发展的过程，而作为这一发展过程中产生的中国化马克思主义理论，也是一个不断发展的过程。继邓小平理论之后，以江泽民同志为核心的党的第三代中央领导集体，又提出了"三个代表"重要思想，并在党的十六大上作为党的指导思想写进了党章。2003年，胡锦涛在"三个代表"重要思想理论研讨会上的讲话中指出："'三个代表'重要思想是面向二十一世纪的中国化的马克思主义，是指引全党全国人民为实现新世纪新阶段的发展目标和宏伟蓝图而奋斗的根本指针。"[②] 这里所说的中国化的马克思主义，是指党的第三代中央领导集体对毛泽东思想、邓小平理论发展的理论成果——"三个代表"重要思想，也就是说，中国化的马克思主义又有了新的思想内涵。

新世纪新阶段，以胡锦涛同志为总书记的党中央，在坚持和发展中国特色社会主义的过程中，提出了科学发展观这一新的理论成果。党的十七大把邓小平理论、"三个代表"重要思想、科学发展观有机整合为中国特色社会主义理论体系。

习近平在中央党校2008年春季学期开学典礼上的讲话中，把毛泽东思想和中国特色社会主义理论体系称为马克思主义中国化过程中，两次历史性飞跃产生的两大理论成果。在这篇讲话中，他深入论述了新

①《十五大以来重要文献选编》下，北京：人民出版社2011年版，第149页。

②《十六大以来重要文献选编》上，北京：人民出版社2011年版，第366—367页。

时期形成的中国化马克思主义——中国特色社会主义理论体系的内在联系。邓小平理论是中国特色社会主义理论体系的开创之作，是最基础的重要组成部分，“三个代表”重要思想是中国特色社会主义理论体系承上启下的极为重要的组成部分，科学发展观是中国特色社会主义理论体系的重要创新成果，都属于新时期中国化马克思主义的理论成果。习近平还从五个方面分析了邓小平理论、“三个代表”重要思想、科学发展观既一脉相承又与时俱进的内在联系。“说一脉相承，一是它们都坚持以马克思列宁主义、毛泽东思想为指导，在理论渊源上一脉相承；二是它们都坚持为建设和发展中国特色社会主义、实现中华民族伟大复兴而奋斗，在理论主题上一脉相承；三是它们都坚持解放思想、实事求是、与时俱进，在理论品质上一脉相承；四是它们都以社会主义初级阶段这一基本国情为立论基础，在理论基点上一脉相承；五是它们都坚持以人为本，把实现好、维护好、发展好最广大人民的根本利益作为全部理论的出发点和落脚点，在理论目标上一脉相承。说与时俱进，是说邓小平理论、‘三个代表’重要思想以及科学发展观等重大战略思想，都坚持从实际出发，注重总结改革开放不同时期、不同阶段的新鲜经验，注重探索和回答不同时期、不同阶段遇到的新矛盾、新问题，在理论创新和理论发展上都作出了各自的独特贡献。它们既相互贯通又层层递进，体现了新时期以来我们党理论创新成果的科学性体系、阶段性成果和发展性要求的内在统一。”[①] 其实，这段话不仅说明了新时期中国化马克思主义理论成果的内在统一性，从另一角度，也可以清楚地说明中国化马克思主义两大理论成果——毛泽东思想和中国特色社会主义理论成果的内在统一性。

总之，中国化马克思主义的概念，是一个内涵不断发展的称谓，最初是指毛泽东思想，后来又有了新的发展，不断增加新的思想内涵。从整体性的角度来看，我们可以把这两大理论成果统称为中国化的马克思主义。用中国化马克思主义的称谓来表述党的指导思想，既能说明不同历史阶段党的理论创新成果的一脉相承性，又能从整体上把握其理论体

①《十七大以来重要文献选编》上，北京：人民出版社2009年版，第244—245页。

系和精神实质，还可以说明党的理论创新是一个永无止境的发展过程，而且言简意赅。当然，这还需要我们从学理上认真加以研究和解读。

（原载《北大马克思主义研究》2013 年总第三辑，社会科学文献出版社 2013 年版）

二

中国共产党人的初心和使命

不忘初心，方得始终。“一切向前走，都不能忘记走过的路；走得再远、走到再光辉的未来，也不能忘记走过的过去，不能忘记为什么出发。”[①] 中国共产党在96年的风雨征程中经历了无数艰难困苦、跨过了无数沟坎险阻，有困惑、有迷茫、有曲折、有徘徊，但始终不忘建党时的奋斗精神，不忘对人民的赤子之心，终于带领人民赢得了革命胜利、变革了社会制度、谱写了改革新篇，实现了中华民族由衰微走向复兴的伟大转折。

（一）党的历史是不断实现初心和使命的历史

习近平总书记在党的十九大报告中指出：“中国共产党人的初心和使命，就是为中国人民谋幸福，为中华民族谋复兴。这个初心和使命是激励中国共产党人不断前进的根本动力。”[②] 党的历史本质上就是实现这个初心、完成这个使命的历史，是带领人民创造美好生活、追求民族复兴的历史。在不同历史时期，党总能站在时代潮头，紧紧抓住时代脉搏，科学分析并有效解决人民追求幸福生活和民族复兴道路上的主要矛盾，在遂行时代任务的历史实践中实现初心、完成使命。

新民主主义革命时期，中国人民深受帝国主义和本国封建势力的剥削与压迫，主权受损、政治腐败、国家分裂、社会动荡成为人民生活日益困苦和中华民族不断衰微的根本原因。此时，中国共产党人的初心和使命体现为推翻帝国主义、封建主义和官僚资本主义对中国的统治，实现民族独立、人民解放、国家统一、社会稳定，为实现人民幸福和民族

①《习近平谈治国理政》第二卷，北京：外文出版社2017年版，第32—33页。
②《习近平谈治国理政》第三卷，北京：外文出版社2020年版，第1页。

复兴提供根本政治前提。为完成这一使命，中国共产党团结带领全国各族人民将马克思主义基本原理与中国具体实际相结合，找到了一条农村包围城市、武装夺取政权的革命道路，经过二十八年的浴血奋战，赢得了新民主主义革命胜利，建立了中华人民共和国，实现了由封建专制政治向人民民主的伟大飞跃，中国人民从此将命运牢牢掌握在自己手中，中华民族从此以崭新面貌屹立于世界东方。

新中国成立后，随着全国范围内土地改革的完成和社会主义改造的完成，落后的物质文化水平成为实现人民幸福和民族复兴的主要障碍，“已经是人民对于建立先进的工业国的要求同落后的农业国的现实之间的矛盾，已经是人民对于经济文化迅速发展的需要同当前经济文化不能满足人民需要的状况之间的矛盾”[①] 成为我国社会主要矛盾。这一时期，党的初心和使命表现为在全国范围内建立和完善人民当家作主的社会主义制度，全面开展社会主义现代化建设，为民族振兴和人民的幸福生活提供坚实的物质文化基础。在这一初心激励下，党团结带领人民以昂扬的精神状态和崭新的时代风貌为自身的美好生活与国家的繁荣富强而努力奋斗，生产资料公有制和人民民主的政治制度不断巩固，独立的比较完整的现代工业体系得以建立，人民物质文化生活水平不断提升，医疗卫生状况持续改善，人均寿命大幅延长，实现了中国人民由饱受欺凌到追求幸福生活、中华民族由不断衰落到踏上复兴之路的伟大飞跃。同时，党提出要立足中国实际并正确借鉴国外经验，形成要实现马克思主义基本原理与中国具体实际的“第二次结合，找出在中国怎样建设社会主义的道路”[②] 的重要命题，开始探索符合中国国情的社会主义建设道路，为新时期中国特色社会主义事业的创立提供了历史经验、物质基础、理论准备和制度保障。

十一届三中全会以后，“人民日益增长的物质文化需要与落后的社会生产之间的矛盾”[③] 被确定为我国社会的主要矛盾，各种不合理的体制

①《中共中央文件选集（一九四九年十月——一九六六年五月）》第24册，北京：人民出版社2013年版，第248页。

②《毛泽东年谱（一九四九——一九七六）》第二卷，北京：中央文献出版社2013年版，第557页。

③《三中全会以来重要文献选编》下，北京：中央文献出版社2011年版，第168页。

机制成为束缚生产力发展、阻碍综合国力增强和人民生活水平提升的障碍，以经济建设为中心，全面实行改革开放、推进经济社会持续稳定发展以满足人民需要成为党面临的主要任务。这一时期，党的初心和使命体现为领导和团结全国各族人民，解放和发展生产力，建设社会主义市场经济、民主政治、先进文化、和谐社会、美丽中国，为实现人民共同富裕和民族不断振兴而不懈努力。在完成这一使命过程中，党带领人民开辟了中国特色社会主义道路，形成了中国特色社会主义理论体系，确立了中国特色社会主义制度，孕育了中国特色社会主义文化，使千百年来饱受困苦的中国人民实现了生活水平由贫困到温饱再到小康的伟大飞跃，使历经苦难的中华民族迎来了从站起来、富起来到强起来的伟大飞跃，迎来了美好生活和民族复兴的光明前景。

96年的历史充分证明，党无论是弱小还是强大、无论是逆境还是顺境，都不改初心、牢记使命，团结带领人民历经千难万险，付出巨大牺牲，敢于面对曲折，勇于修正错误，为千百万中国人民的幸福生活拼搏进取，朝着中华民族伟大复兴的宏伟目标奋勇前进。

（二）新时代共产党人初心和使命的科学内涵

经过96年的不懈奋斗，特别是近40年的改革开放，我国经济实力、科技实力、国防实力、综合国力进入世界前列，国际地位大幅提升，党的面貌、国家的面貌、人民的面貌、中华民族的面貌发生了前所未有的变化，中国特色社会主义进入了决胜全面建成小康社会，进而全面建设社会主义现代化强国的新时代。中国特色社会主义进入新时代的主要依据在于，“我国社会主要矛盾已经转化为人民日益增长的美好生活需要和不平衡不充分的发展之间的矛盾”[①]。一方面，随着全面建成小康社会目标的实现，人民不仅对物质文化生活提出了更高要求，而且在民主、法治、公平、正义、安全、环境等多方面的要求日益增长。另一方面，随着我国社会生产力水平的显著提高，发展不平衡不充分的问题已经成为制约人民日益增长的美好生活需要的主要因素。这主要体现为经济发展

①《习近平谈治国理政》第三卷，北京：外文出版社2020年版，第9页。

质量和效益的不平衡不充分，区域发展、城乡发展、行业发展的不平衡不充分，经济、政治、文化、社会、生态文明建设各领域的不平衡不充分以及人的发展的不平衡不充分。解决这一矛盾，既要继续解放发展生产力，为人民幸福生活奠定坚实的物质基础，又要着力推动经济社会各个领域、各个层次、各个方面平衡发展，为实现人的全面发展提供充分社会条件。

新时代主要矛盾是社会主义初级阶段主要矛盾的新形式和新表现，是原有主要矛盾在新时代的深化和发展。这一变化一方面是关系全局的历史性变化，对党和国家工作提出了许多新要求，应当着力在继续推动发展的基础上，着力解决好发展不平衡不充分的问题。另一方面，“我国社会主要矛盾的变化，没有改变我们对我国社会主义所处历史阶段的判断，我国仍处于并将长期处于社会主义初级阶段的基本国情没有变，我国是世界最大发展中国家的国际地位没有变”[①]，全党应当牢牢立足社会主义初级阶段这个基本国情，坚持党的基本路线不动摇。

随着中国特色社会主义进入新时代，中国共产党人初心和使命的具体内涵也不断丰富，一方面继续坚持以经济建设为中心，在新的历史条件下进一步解放发展生产力，为全面建成小康社会，进而建设社会主义现代化强国奠定更加坚实的物质基础；另一方面更加注重“五位一体”总体布局的协调推进和“四个全面”战略布局的统筹推进，坚持以人民为中心的发展思想，落实创新、协调、绿色、开放、共享的发展理念，以人民的共同富裕、人的全面发展为衡量是否发展的根本评价标准和评价尺度，促使发展更加平衡、更加充分，全面推进为人民谋幸福、为民族谋复兴的历史征程。

（三）牢记党的初心使命实现民族复兴伟大梦想

实现中国人民的幸福安康、实现中华民族的伟大复兴，既是中国共产党人的初心和使命，又是近代以来无数仁人志士为之奋斗的伟大梦想。这个梦想寄托着亿万中国人民对生活幸福的美好期望、对国家富强

①《习近平谈治国理政》第三卷，北京：外文出版社 2020 年版，第 10 页。

的美好祝愿、对民族振兴的美好憧憬，是新时代中国共产党人的总任务和总目标。新时代，中国共产党人一如既往地不忘初心、牢记使命，就是要实现这个中华民族的伟大梦想，使人民生活更加富裕、更加美好、更加幸福，使中华民族更加繁荣、更加兴旺、更加强盛。经过96年的不懈奋斗，党和人民比任何时候都更接近这一梦想，但仍然需要在新时代奋发向上、顽强拼搏，进行伟大斗争、建设伟大工程、推进伟大事业，最终实现伟大梦想。

实现伟大梦想，必须进行伟大斗争。争取人民幸福和民族复兴的征程不可能一帆风顺，必须经过艰苦卓绝的伟大斗争。当前，随着全面改革的不断深化和市场经济的不断发育，发展不平衡不充分问题日益突出，社会利益分化日趋显著，收入差距持续扩大，人民获得感不高不强，对美好生活的需要有待进一步得到满足，党驾驭市场经济、掌控改革方向的能力有待增强，党风廉政建设的体制机制有待进一步完善，需要通过党在新时代继续带领人民进行新的伟大斗争得到解决。新时代进行具有许多新的历史特点的伟大斗争，就是要更加自觉地坚持党的领导和社会主义制度这一维护人民利益的根本保证，更加深入地推进改革开放这一发展人民利益的基本国策，更加坚定地维护国家统一、民族团结、社会稳定这一实现人民利益的前提基础，更加坚决地战胜一切在政治、经济、文化、社会等领域和自然界出现的困难和挑战等妨害人民利益的种种障碍，不断夺取全面建成小康社会和建设社会主义现代化强国历程中的新的胜利。

实现伟大梦想，必须建设伟大工程。能否有效推进党的建设新的伟大工程，永葆党的旺盛生命力和强大战斗力是决定伟大梦想能否实现的决定性因素。历史已经充分证明并将继续证明，“中国共产党是中国工人阶级的先锋队”[①]，是全体中国人民和整个中华民族根本利益的忠实代表，没有共产党就没有新中国，没有社会主义制度，没有中国特色社会主义事业，没有人民的幸福生活，没有中华民族的伟大复兴。新时代坚定不移加强和改进党的建设，确保党始终成为中国特色社会主义事业的坚强

①《中国共产党章程（中国共产党第十九次全国代表大会部分修改，2017年10月24日通过）》，《人民日报》2017年10月29日，第1版。

领导核心，成为民族复兴伟业的中流砥柱，关键在于加强党的政治建设，从政治上确保党的性质不改变、党的领导不动摇，将党建设得更加坚强有力。为此必须巩固中央政治权威，确保全党在政治立场、政治方向、政治原则、政治道路上与党中央保持一致；必须严肃党内政治生活，自觉抵制市场原则和资本逻辑对党内政治生活的侵蚀，严格落实党内政治生活准则，坚持和完善民主集中制，净化党内政治生态；必须弘扬先进政治文化，自觉践行共产党员的理想信念和价值追求，抵御和反对错误观念和腐朽文化对党员干部的侵蚀；必须永葆党员政治本色，牢记全心全意为人民服务的根本宗旨，在党言党、在党忧党、在党为党，努力为共产主义事业奋斗终身。从而“把党建设成为始终走在时代前列、人民衷心拥护、勇于自我革命、经得起各种风浪考验、朝气蓬勃的马克思主义执政党”①，为党在新时期实现初心、完成使命提供根本保障。

实现伟大梦想，必须推进伟大事业。“中国特色社会主义是改革开放以来党全部理论和实践的主题”②，是党和人民历经千辛万苦、付出巨大代价取得的根本成就，是实现人民幸福和民族复兴的根本遵循，必须倍加珍惜、毫不动摇、始终坚持，不断增强中国特色社会主义道路自信、理论自信、制度自信、文化自信，既不封闭僵化、也不改旗易帜，坚定不移地将这一事业推向前进。在新时代坚持和发展中国特色社会主义事业，就是要贯彻落实习近平新时代中国特色社会主义思想和基本方略。十八大以来以习近平同志为核心的党中央总结改革开放以来的实践经验，运用马克思主义基本原理科学分析当代中国国情和现代化建设实际，适时指出我国社会主要矛盾的深刻变化，做出中国特色社会主义进入新时代的重大判断，“从理论和实践结合上系统回答了新时代坚持和发展什么样的中国特色社会主义、怎样坚持和发展中国特色社会主义这个重大时代课题，创立了习近平新时代中国特色社会主义思想”③。习近平新时代中国特色社会主义思想作为马克思主义中国化的最新成果，是中

①《习近平谈治国理政》第三卷，北京：外文出版社 2020 年版，第 71 页。

②《高举中国特色社会主义伟大旗帜 为决胜全面小康社会实现中国梦而奋斗》，《人民日报》2017 年 7 月 28 日，第 1 版。

③《中国共产党第十九次全国代表大会关于〈中国共产党章程（修正案）〉的决议》，《人民日报》2017 年 10 月 25 日，第 2 版。

国特色社会主义理论体系的重要组成部分，是在新时代对马克思列宁主义、毛泽东思想、邓小平理论、“三个代表”重要思想以及科学发展观的继承和发展，是全党为实现人民幸福安康和民族伟大复兴而奋斗的行动指南。当前，深刻领会习近平新时代中国特色社会主义思想的精神实质和丰富内涵，在各项工作中贯彻落实新时代中国特色社会主义基本方略，就是真正为人民谋幸福、为民族谋复兴。

（原载《思想理论教育导刊》2017 年第 11 期。获 2017 年度高校马克思主义理论影响力论文）

三

篡史乱今：历史虚无主义的实质和危害

中国共产党领导是中国特色社会主义最本质的特征，是中国特色社会主义制度的最大优势。中国共产党领导是历史和人民的选择，没有中国共产党领导，民族复兴必然是空想。历史虚无主义是近年来思想理论界出现的一股以抹黑党的领袖、歪曲党的历史为主要表现的错误社会思潮。坚持以马克思主义的立场、观点、方法去研究和评价党史国史，认清历史虚无主义思潮的实质和危害，对于全党全国人民增强“四个自信”，在新时代更好地坚持和发展中国特色社会主义，具有重大意义。

（一）历史虚无主义的表现和危害

历史虚无主义妄图通过捏造事实、割裂联系、否定规律等手段篡改和丑化党的历史，集中表现为攻击党的领袖和英雄人物，抹黑进而否定党领导人民进行的革命斗争和社会主义建设史，通过颠覆社会公众对党史国史的基本认知，鼓噪和宣泄对党的领导和社会主义制度的不满情绪。

历史虚无主义思潮首先表现为攻击和否定党的领袖，特别是攻击和否定作为中国共产党和中华人民共和国主要缔造者的毛泽东同志。毛泽东是中国共产党、中国人民解放军和中华人民共和国的主要缔造者，是社会主义现代化建设事业的开创者和中国特色社会主义事业的探索者。对毛泽东历史地位的评价，绝不只关乎他个人的名誉和声望，更关乎对党的历史和国史的评价。正是由于在全党全国人民心中享有崇高威望，毛泽东首当其冲地受到了历史虚无主义的攻击和抹黑。他们或者无中生有，假借历史亲历者的口吻编造并不存在的生活丑闻；或者以偏概全，通过片面突出个别事件的细节遮蔽历史的主流和本质；或者无视规律，将历史进程中的曲折和失误简单归咎于个人。凡此种种，都是以老一辈无产阶级革命家毛泽东、周恩来、邓小平等和刘胡兰、雷锋等英雄人物为目标，企图通过抹杀他们的历史功绩、颠覆他们的历史形象来否定党领导人民团结奋进的光辉历史。

历史虚无主义对党史国史的歪曲还体现为对中国革命必然性和必要性的否定。以革命方式推翻帝国主义、封建主义、官僚资本主义在旧中国的反动统治，建立实现民族独立、人民解放的人民共和国，是近代中国历史的主题和主线。但历史虚无主义却以历史研究的“范式转换”为名，违背事实地将革命斗争和实现国家现代化对立起来，提出“救亡压倒启蒙”等论调，喊出“告别革命”的口号，甚至将中国革命说成是外国的“舶来品”，以阻碍现代化为名否定中国革命的伟大进步意义。历史虚无主义罔顾历史事实和历史规律，从一厢情愿的假设出发，凭空设想某些偶然因素的变化可以改变历史发展的总体趋势，其对历史的浅薄认识完全偏离了近代以来中国革命发生发展的内在规律与客观必然性。历史已经并将继续证明，只有社会主义才能救中国，只有坚持和发展中国特色社会主义才能实现中华民族伟大复兴。

历史虚无主义无限夸大社会主义改造和建设期间经历的曲折、出现的失误。例如，他们提出，中国并不具备建立社会主义制度的条件，社会主义改造是个别领导人民粹主义思想的产物，应当退回到新民主主义社会；把“文化大革命”与1966年至1976年的十年历史完全等同起来，把改革开放前后的历史完全对立起来，将改革开放前的中国描绘成一团漆黑，企图借此彻底否定社会主义建设的巨大成就。新中国社会主义建设中挫折和失误的出现，其原因既有建设经验不足而产生的认识偏差，也有发展基础薄弱和体制机制欠缺带来的现实困难。我们应当把握历史的主流和本质，立足当时的社会条件具体分析历史发展的内在逻辑，不能片面放大建设过程中的失误进而抹杀建设成就，也不能将其简单归咎于领导人的个人品质。

总之，历史虚无主义在本质上是一种具有特定政治目的和现实诉求的唯心史观，其目的就是要否定党的领导，否定社会主义制度，否定马克思主义的指导地位，否定党和人民经过千辛万苦奋斗得来的中国道路。如果任由历史虚无主义思潮传播和泛滥，必将严重动摇党和人民团结奋进的思想基础，破坏当代中国团结和谐、安定有序的政治局面，阻碍中华民族伟大复兴的历史进程。对此，我们必须高度警觉，有力批驳。

（二）历史虚无主义的实质

灭人之国，必先去其史。历史是过去的现实，现实是未来的历史，如何看待历史决定了如何看待现实。国内外敌对势力拿我们党的历史、新中国历史来做文章，竭尽攻击、丑化、污蔑之能事，其根本目的就是要篡史乱今、搞乱人心，否定党的领导和社会主义制度。历史虚无主义不仅是一种体现在学术研究领域的思想观点和研究倾向，更是一种带有强烈现实诉求的政治思潮。它不同于一般的历史唯心主义观点，并非对全部历史一概采取虚无主义的态度，而是根据自己的价值取向和政治意图有所虚、有所不虚，运用历史唯心主义的方法片面放大个别事件的细节，用孤立片面的眼光分析评价重大历史事件，甚至捏造莫须有的史实来污蔑党的领袖和英雄人物，抹黑党领导人民进行革命、建设和改革的光辉历史，带有鲜明的政治倾向和现实诉求。

历史虚无主义的理论实质是典型的具有特定政治诉求的历史唯心主义，它背离了历史唯物主义的基本原则，从主观臆想而非客观史实出发认识某一特定的历史事件，从片面而非整体的视角切入把握所谓的“历史本质”，将历史当作“任人打扮的小姑娘”，按照特定的价值标准和政治目的抹黑、遮蔽甚至歪曲历史，通过否定党的历史达到否定党的领导和社会主义制度的政治目的。历史虚无主义背离了历史研究的基本规范，一方面其所叙述的历史事实并不来源于可靠的历史材料，而是基于所谓的“私人回忆”，妄图通过捏造党的领袖和英雄人物的奇闻逸事来吸引读者的眼球，以凸显自己在相关史学研究领域中的独创性。另一方面，历史虚无主义热衷于挖掘领袖或英雄人物“鲜为人知的故事”，以孤立的视角片面凸显历史的特定侧面，割裂、剪辑和扭曲具体事件与周围环境以及历史脉络的有机联系，用表面真实的历史事件拼接出荒诞的历史图景，以历史的表面现象遮蔽历史的深层本质。

历史虚无主义从个人意志入手分析历史发展，将近代以来中国历史走向归结于少数重要人物的思想认识和道德品质，是一种错误的历史观。社会历史发展既有偶然性，又有必然性，是历史规律性和个人能动性的辩证统一。历史虚无主义片面强调个人意志对社会历史发展的决定作用，回避甚至扭曲历史变迁的真正动因。对个人意志和历史进程的辩证关系，应该放在其所处时代和社会的历史条件下去分析，才能科学说明个人与历史的辩证关系，既不能把历史顺境中的成功简单归功于个人，也不能把历史逆境中的挫折简单归咎于个人。至于通过否定党的领袖来否定党的历史，就更是别有用心之举了。

正确看待历史虚无主义思潮的危害和实质，不只是一个学术和理论问题，更是一个政治问题，必须注意区分政治原则问题、思想认识问题、学术观点问题，不能将学术研究中思想认识和理论观点上的正常分歧当作政治问题，通过简单粗暴的方式进行谴责和批判，也不允许别有用心的团体和个人将具有政治图谋的鼓动和渗透装扮成严肃的学术作品，打着学术研究、学术自由的幌子，恣意污蔑党的历史和社会主义制度。

（三）坚定不移推进新时代改革开放伟大事业

认清历史虚无主义的实质和危害，其重要意义在于科学评价党的领袖和历史，正确看待党的现在和未来，不断增强对中国特色社会主义的信念和信心，既不封闭僵化，也不改旗易帜。

党在改革开放以来创立的理论、制定的政策、取得的成绩不是无源之水、无本之木，而是对党在改革开放以前艰辛探索的继承和发展。只有正确理解和把握改革开放前后两个不同历史时期的关系，才能更加清楚地认识改革开放的性质、明晰改革开放的方向。我们党领导人民进行社会主义建设的历程可以分为改革开放前和改革开放后两个历史时期，虽然这两个历史时期在进行社会主义建设的思想指导、方针政策、实际工作上有很大差别，但两者绝不是彼此割裂的，更不是根本对立的，本质上都是我们党领导人民进行社会主义建设的实践探索。必须以历史唯物主义的观点正确看待两者的辩证统一关系，不能用改革开放前的历史时期否定改革开放后的历史时期，也不能用改革开放后的历史时期否定改革开放前的历史时期。改革开放前的社会主义实践探索为改革开放后的社会主义实践探索积累了条件，改革开放后的社会主义实践探索是对改革开放前的社会主义实践探索的坚持、改革、发展，两者一脉相承又与时俱进，共同构成新中国成立后党为实现民族复兴和人民幸福而不懈探索的完整历程。

改革开放是立足中国实际的自我完善，新时代进一步推进全面深化改革，必须始终坚持正确的政治方向。一个国家选择什么样的社会制度和治理模式，是由这个国家的历史传承、文化传统、经济社会发展水平决定的，是由这个国家的人民决定的。中国特色社会主义制度是在我国历史传承、文化传统、经济社会发展的基础上长期发展、渐进完善、内生性演化的结果。全面建成小康社会，进而全面建设社会主义现代化强国，需要继续坚持和推进改革开放伟大事业，不断完善和健全中国特色社会主义制度。但改什么、怎么改，必须立足中国实际和发展需要。中国特色社会主义制度的性质，再过多长时间也不能改、不能变，不能把西方的理论、观点生搬硬套在我们身上，否则就背离了改革开放的初衷和方向。我们借鉴人类一切文明成果，但不会亦步亦趋地照抄照搬任何国家的发展模式，也绝不会罔顾国情而照抄照搬别国的制度模式。

在改革开放即将迎来40周年之际，我们要进一步增强中国特色社会主义道路自信、理论自信、制度自信、文化自信，进一步加大对党史国史的研究水平和宣传力度，讲深、讲透当代中国历史发展的主流、主线和本质，以历史唯物主义的观点揭示历史虚无主义的理论实质，揭露其险恶政治意图，清除其恶劣政治影响。

（原载《求是》2018年第8期。中国人民大学复印报刊资料《马克思主义文摘》2018年第4期转载。中国人民大学复印报刊资料《高校思想政治理论课教学研究》2018年第4期全文转载）

四

新中国70年现代化发展战略的历史逻辑

1949年新中国成立后，饱受创伤的中国要搞建设求发展，必须有一个长期的总体性谋划，从而实现对西方发达国家的赶超，实现民族复兴。为此，中国共产党以民族复兴为己任，进行了长期艰辛的探索，实现了现代化发展战略从最初的胚胎到成熟，一步步由蓝图变成现实。中国特色社会主义进入了新时代，我国正处于“两个一百年”奋斗目标的历史交汇期，这一时期也是最终实现现代化发展战略的冲刺时期。研究新中国70年现代化发展战略的历史逻辑，对于全面建成小康社会，建设社会主义现代化强国具有十分重要的意义。

（一）新中国70年现代化发展战略的历史演进

发展战略是一个国家经济社会发展的蓝图。一个政党、一个国家为了实现国家的长期发展必须制定发展战略。习近平指出：“战略问题是一个政党、一个国家的根本性问题。”[①] 制定适合本国国情的发展战略对一个国家的建设发展至关重要。

新中国成立后，逐步形成了以“现代化”为核心的发展战略。一个独立的主权完整的新中国的成立，给实现现代化提供了基本条件。中国共产党选择现代化发展战略作为自己的根本任务，是因为这一发展战略是在近代中国仁人志士探求救国救民道路的过程中形成的，反映了近代以来中国历史发展的客观规律，是中国走向繁荣富强、实现民族复兴的必由之路。

以毛泽东为主要代表的中国共产党人高屋建瓴，在新中国成立前后

①《十八大以来重要文献选编》中，北京：中央文献出版社2016年版，第45页。

已经形成了以工业化为核心的现代化战略目标。新中国成立之初，对于具体的战略安排已经有了初步的规划，但较为具体的战略规划是到改革开放之初制定的。中国特色社会主义进入新时代，习近平总书记对现代化发展战略进行了新的更加清晰的规划，描绘了中华民族伟大复兴的光明前景。

1. 从“工业化”到“四个现代化”战略构想的形成

工业化是现代化进程的重要标志，也是现代化的主要表现。近代中国积贫积弱的一个重要原因，就是中国工业化的进程极为缓慢。改变中国落后的面貌，就必须首先推动工业化建设，建立起较为完整的工业体系，从而推动经济社会发展。

工业化一直是中国共产党孜孜以求的理想，新中国现代化战略的构想是从工业化开始的。早在1945年党的七大政治报告中，毛泽东就对工业化问题进行过阐释，认为应在政治条件成熟时，“在若干年内逐步地建立重工业和轻工业”①。在1949年召开的中共七届二中全会上，毛泽东进一步强调，革命胜利后的首要任务，就是把中国“由农业国转变为工业国”②。新中国成立后，不论是尽快恢复国民经济，还是摆脱中国“一穷二白”的状态，都要求我们尽快开启工业化建设的进程，这是当时党内的一个共识。此时发展战略的问题虽然没有正式提出，但是已经在酝酿之中。1952年党提出的过渡时期总路线，工业化是其主体，也标志着以工业化为核心的现代化发展战略初步形成。为实施这一战略，我国历经四年编制了“一五”计划，把实现社会主义工业化作为主要任务，新中国的工业化建设由此展开。

新中国现代化战略构想开始是以工业化为核心的，但是不能把工业化等同于现代化。在1954年9月第一届全国人大一次会议上，周恩来首次论述了“四个现代化”初步设想，提出了以工业、农业、交通运输业和国防四个领域为重点的四个现代化战略目标③，我国现代化发展战略构想已具雏形。这一构想是有重点的现代化，是对以前工业化发展战略的

①《毛泽东选集》第三卷，北京：人民出版社1991年版，第1081页。
②《毛泽东选集》第四卷，北京：人民出版社1991年版，第1437页。
③ 参见《周恩来选集》下，北京：人民出版社1984年版，第132页。

突破。之后，中国共产党围绕“四个现代化”发展战略进行了探索。首先是用“现代科学文化”替代了“现代化的交通运输业”，充分重视科学文化的现代化问题。1959 年 12 月，毛泽东在读苏联《政治经济学教科书》的谈话中，第一次完整表述了四个现代化的发展战略：“建设社会主义，原来要求是工业现代化，农业现代化，科学文化现代化，现在要加上国防现代化。”① 这是对四个现代化比较成熟的提法，表明四个现代化发展战略已经形成。1960 年 2 月，周恩来在一次谈话中提出要把“科学文化”改为“科学技术”。1964 年 12 月，周恩来在三届人大一次会议上所作的《政府工作报告》中明确提出，“把我国建设成为一个具有现代农业、现代工业、现代国防和现代科学技术的社会主义强国”②。“四个现代化”战略构想成为国家发展战略确定下来。

2.“三步走”战略的提出与发展

改革开放新时期，党和国家工作重心转移到社会主义现代化建设上来。改革开放前的“四个现代化”口号重新提起，成为团结全国各族人民共同奋斗的战略目标。但是“四个现代化”的战略构想已经不能涵盖我们正在进行的社会主义现代化，这一提法也逐渐为“社会主义现代化”所代替。1980 年 12 月，邓小平在中央工作会议讲话中指出：“我们要建设的社会主义国家，不但要有高度的物质文明，而且要有高度的精神文明。”③ 这进一步丰富了现代化的内涵。实现现代化的战略目标重新提出来，但是如何完成这一战略目标，需要切实可行的战略步骤。邓小平具有远见卓识，在对我国国情深入思考的基础上，对十二大“新两步走”战略步骤进行了细化，形成了“三步走”的战略构想。这一战略构想的核心确立了分阶段实现现代化的具体步骤，并在 1987 年党的十三大得到确认：第一步，解决人民的温饱问题。第二步，到本世纪末，人民生活达到小康水平。第三步，到下个世纪中叶，基本实现现代化④。“三步走”发展战略包括解决人民温饱问题、人民生活达到小康水平和实现

①《毛泽东文集》第八卷，北京：人民出版社 1999 年版，第 116 页。

②《周恩来选集》下，北京：人民出版社 1984 年版，第 439 页。

③《邓小平文选》第二卷，北京：人民出版社 1994 年版，第 367 页。

④《十三大以来重要文献选编》上，北京：中央文献出版社 2011 年版，第 14 页。

现代化三个战略目标，是战略目标和战略步骤的统一，是一个具有伟大历史意义的战略蓝图。这一战略构想遵循经济社会发展规律，是新时期进行现代化建设的主要依据。

随着第一步、第二步战略目标逐步变成现实，以江泽民为核心的中央领导集体开始酝酿下一阶段的发展战略，将长达 50 年的第三步进一步具体化，提出了新的“三步走”发展战略。这一战略是在 1997 年党的十五大上提出的。战略规划前两步以十年为一个节点，以两个一百年为期限，把小康社会建设作为主要任务，提出了 21 世纪 50 年的总体设想①。对邓小平“三步走”现代化战略第三阶段的具体步骤和战略目标予以进一步明确。进入新世纪，经济全球化程度不断加深，国际产业结构进一步调整。2000 年底我国 GDP 达到 88228 亿元，人均 GDP 为 7084 元，按可比价计算，是 1980 年的 4.9 倍，超额实现了人均 GDP 翻两番的目标。2000 年 10 月，党的十五届五中全会指出：“我们已经实现了现代化建设的前两步战略目标，经济和社会全面发展，人民生活总体上达到了小康水平”②。我国现代化进程进入一个新的发展阶段。据此，党的十六大正式提出全面建设小康社会的奋斗目标，这一奋斗目标是对十五大提出的“新三步走”战略构想的进一步细化，把 21 世纪前 20 年作为重大的战略机遇期，“集中力量，全面建设惠及十几亿人口的更高水平的小康社会”③，这一小康社会是对小康生活水平的超越，是从社会发展的角度对现代化水平的一种描绘。这一小康社会不仅经济要更加发展，而且在民主、科教、文化、社会等各个方面都有进一步的要求，丰富了小康社会的内涵，奋斗目标更加明确和具体。

党的十六大之后，以胡锦涛同志为总书记的党中央对当时的国内经济社会发展状态进行了准确判断，在总结改革开放经验的基础上，提出了科学发展观，2006 年 10 月召开的党的十六届六中全会进一步拓宽了我国社会主义现代化建设的新的战略任务和奋斗目标。

①《十五大以来重要文献选编》上，北京：中央文献出版社 2011 年版，第 4 页。
②《十五大以来重要文献选编》中，北京：中央文献出版社 2011 年版，第 487 页。
③《十六大以来重要文献选编》上，北京：中央文献出版社 2011 年版，第 759 页。

3. 以“民族复兴”为引领的现代化发展战略

2012年召开的党的十八大强调指出：建设中国特色社会主义的“总任务是实现社会主义现代化和中华民族伟大复兴”[①]。民族复兴给我国正在进行的现代化建设增加了新的鲜亮底色。民族复兴是近代以来中国人民的夙愿，是中华儿女的共同期盼。民族复兴的中国梦是中国走向未来、走向现代化的精神旗帜，这同实现现代化的发展战略是相通的。现代化战略是实现民族复兴的战略构想，也是实现民族复兴的基本途径。民族复兴是建立在现代化基础之上的民族复兴。新时代提出中华民族伟大复兴的中国梦，说明距离我们实现现代化战略目标越来越近，也说明离中华民族伟大复兴的时刻也越来越近。中国人民有充分的信心完成历史赋予的使命，实现中华民族的伟大复兴。党的十八大提出了“两个一百年”的奋斗目标：在建党100年时完成全面建成小康社会的目标，在建国100年时完成建设社会主义现代化国家的目标[②]。邓小平提出的“三步走”战略构想的前两步安排较为清晰，也已经基本实现，第三步战略构想在表述上采用的是“再花三十年到五十年”“到下个世纪中叶”等，在2012年党的十八大上，才首次以“两个一百年”的提法，明确了第三步战略构想的时间节点。

2017年10月党的十九大召开，我国进入全面建成小康社会的决胜期，实现全面建成小康社会的目标指日可待，为顺利实现现代化建设的目标打下了坚实的基础。新时代进入到“两个一百年”奋斗目标的历史交汇期，从2020年开始也将进入现代化总体战略最后的决胜期。对于“三步走”战略构想来讲，前两步的目标已经实现，第三步也已经过了近20年的时间，我们应该为战略决胜期进行更加详尽的安排。党的十九大承继十八大的奋斗目标，在综合分析国内国际形势和我国发展条件的基础上，对于现代化发展战略决胜期的安排提出了新的更加细致的要求：从2020年到21世纪中叶可以分两个阶段，第一个阶段，经过15年的建设，在2035年基本实现现代化的奋斗目标；第二阶段，再经过

---

①《十八大以来重要文献选编》上，北京：中央文献出版社2014年版，第10页。

② 同上书，第13页。

15年的建设，在2050年左右把我国建设成为社会主义现代化强国[①]。这是新时代实现现代化目标的新的战略安排。新的发展战略在时间安排上进行了细化，不仅更加具体可行，而且把基本实现社会主义现代化的时间提前了15年；在战略目标上扩充了内涵，增加了“美丽”这一新的内容，使现代化的内涵更加全面和饱满，而且提升了目标的层次，首次提出了“社会主义现代化强国”这一新的概念。原来的设想是到21世纪中叶，建成中等发达的社会主义现代化国家，党的十九大提出要在21世纪中叶，把我国建设成为社会主义现代化强国，到那时，我国五大文明建设将得到极大提升，综合国力和国际影响力处于世界领先行列，人民生活更加幸福安康。党的十九大提出的新的战略安排，丰富了我国现代化发展战略，体现了历史的延续性和实践的发展性，是新时代建设现代化强国的根本遵循。

（二）新中国70年现代化发展战略的内在逻辑

中国共产党制定的现代化发展战略是一个有着内在逻辑的战略安排，始终将实现社会主义现代化作为战略目标，战略安排上既有阶段性又有连续性，战略布局随着实践的发展不断发展延伸，指导思想上具有一脉相承性。这一发展战略是一个有机联系的整体，是涵盖经济社会发展的跨世纪的宏伟蓝图，随着实践的不断发展，其内涵不断丰富、步骤更加明确、布局更加合理。

1. 战略目标的一致性

纵观新中国70年的发展历程，中国共产党坚持一张蓝图绘到底，始终以现代化作为发展目标，咬定青山不放松，把这一目标贯穿到经济社会发展的全过程。

任何一个国家现代化发展的目标都是动态的，我们曾经用“四个现代化”“基本实现现代化”“中等发达国家水平”“社会主义现代化强国”等概念表述现代化目标。但无论是改革开放前提出的四个现代化，还是新时代提出的现代化强国，都围绕现代化展开，以现代化为核心概念，

① 习近平：《决胜全面建成小康社会　夺取新时代中国特色社会主义伟大胜利——在中国共产党第十九次全国代表大会上的报告》，北京：人民出版社2017年版，第28—29页。

反映了现代化战略目标的一致性。

现代化目标又是有层次性的。1979 年 12 月，邓小平在会见日本首相大平正芳时指出："我们的四个现代化的概念，不是像你们那样的现代化的概念，而是'小康之家'。"[①] 提出小康之家就是现代化，还只是低层次的现代化。2002 年 11 月召开的十六大上，江泽民宣布：我们已经实现了前两步的目标，人民生活总体上达到小康水平[②]，但这里所说的小康，仍然是低层次的、不全面的小康。党的十六大提出，21 世纪头二十年的阶段性奋斗目标是"全面建设惠及十几亿人口的更高水平的小康社会"[③]。新时代全面建成小康社会已经到了决胜期，在全面建成小康社会之后，我们的现代化水平会有较大的提高。党的十九大提出要在 2050 年建成社会主义现代化强国，届时共同富裕基本实现，现代化程度将赶上或超越发达国家，成为综合实力和国际影响力领先的国家。这一新的战略目标不仅有数量指标，而且更加注重质的提升，表明我们对于现代化建设目标的认识更加深化了。从"小康之家""小康水平""小康社会""全面小康"到"现代化强国"，战略目标层层递进，实现了短期目标和长期目标的统一。

现代化目标的内涵也是在不断发展的。1982 年召开的十二大提出"把我国建设成为高度文明、高度民主的社会主义国家"[④] 的任务。现代化的内涵已经超越了四个现代化的范畴，追求更高层次的现代化。现代化从经济范畴扩展到政治、文化领域。党的十三大正式提出了"把我国建设成为富强、民主、文明的社会主义现代化国家"[⑤] 三位一体的发展目标，说明党对现代化目标内涵的认识已经较为成熟。2006 年 10 月，党的十六届六中全会研究了构建社会主义和谐社会的若干重大问题，在"富强民主文明"之后增加了"和谐"的目标，现代化建设目标的外延进一步拓宽了。党的十九大在以前的基础上又增加了"美丽"这一新的内容，全方位的现代化建设目标基本形成。

①《邓小平文选》第二卷，北京：人民出版社 1994 年版，第 237 页。
②《江泽民文选》第三卷，北京：人民出版社 2006 年版，第 542 页。
③《十六大以来重要文献选编》上，北京：中央文献出版社 2011 年版，第 14 页。
④《十二大以来重要文献选编》上，北京：中央文献出版社 2011 年版，第 11 页。
⑤《十三大以来重要文献选编》上，北京：中央文献出版社 2011 年版，第 13 页。

2. 战略安排的连续性

新中国成立之后，毛泽东曾提出过100年的设想。1962年1月，毛泽东在扩大的中央工作会上指出：“在我国，要建设起强大的社会主义经济，我估计要花一百多年。”① 1964年12月召开的三届人大一次会议上，周恩来在《政府工作报告》中提出“四个现代化”战略目标的同时，对实现这一目标的步骤进行了规划，提出了“两步走”的构想。1975年周恩来在第四届全国人民代表大会上重申了分两步走、全面实现四个现代化的战略安排。虽然“两步走”的规划较为宏观，时间安排上还仅限于构想，特别是十年“文化大革命”实际上中断了这一进程，但为改革开放后提出“三步走”的发展战略打下了坚实基础。

改革开放新时期，党的十二大提出分两个10年“两步走”的战略部署：前10年主要是打好基础，积蓄力量，创造条件，后10年要进入一个新的经济振兴时期。这是改革开放初期对于中短期经济战略安排的一种初步设想，具有合理性和可行性，为进行更长时期的战略安排积累了经验。党的十三大正式确定了现代化建设“三步走”的战略安排，勾勒了我国现代化发展战略的总体蓝图，这一安排既有远景规划也有具体短期目标，实现了短期、中期和长期目标的统一，是我们进行现代化建设的主要依据和基本方针。由于“三步走”战略安排中的第三步的战略安排是粗线条的，党的十五大对实现第三步战略安排作了详细规划，出台了新的“三步走”战略安排，为经济社会的发展提供了依据。习近平总书记在党的十九大上，对2020年之后的发展做了新的顶层设计，提出了分两步实现强国目标的战略安排，进一步丰富了我国现代化建设的发展战略。

3. 战略布局的整体性

整体性和协调性原则是发展战略的基本原则。新中国成立之初，百废待兴，迅速恢复和促进国民经济的发展是当时面临的主要任务。首先从工业化开始，把现代化工业建设作为现代化战略的主要抓手。随着“一五”计划的顺利完成，逐步形成了战略布局的整体性思维，从单一

①《毛泽东文集》第八卷，北京：人民出版社1999年版，第301页。

强调工业化发展转向工业、农业、国防和科学技术同时并重的整体性战略布局。改革开放后，邓小平提出“三步走”战略构想，在描述“三步走”战略构想时提出，以人均GDP指标作为衡量现代化的一个标准，在党的十三大确定的“三步走”战略中，采用了“国民生产总值”这一概念。这一构想突破了以前“四个现代化”战略布局的窠臼，从经济发展的整体性来思考现代化建设的问题。

邓小平从社会主义初级阶段的国情出发，提出以经济建设为中心，大力发展生产力，在战略选择上，以经济现代化作为先导，把经济现代化置于首要，同时充分考虑到战略要素之间的辩证统一性和相互关联性。所以，党的十二届六中全会提出了社会主义现代化建设的总体布局，即以经济建设为中心，同时进行经济体制改革和政治体制改革，加强精神文明建设，使这几个方面互相配合、互相促进[①]。把经济发展放在更加重要的位置，这不是不要其他方面的现代化，而是唯物辩证法重点论的具体运用，与当时的国情和中心任务有着直接联系。党的十三大上提出“三步走”战略安排的同时，已经把现代化战略目标的内涵扩展到政治、经济、文化等领域，提出了“富强民主文明”的整体性目标，战略布局上，也已经开始从经济领域向其他领域延伸。邓小平提出了“两手抓，两手都要硬”的战略思想，不仅要“一手抓精神文明，一手抓物质文明”，而且要“一手抓建设、一手抓法制”“一手抓改革开放、一手抓惩治腐败”，使现代化建设战略布局的实施既有针对性也有全面性。

在继承“两手抓”战略布局思想的基础上，江泽民提出要促进社会全面发展的思想，并把这一思想逐步体现在对于现代化建设的战略安排上，逐步把经济、政治、文化、社会等都纳入战略布局当中，实现了从局部现代化到全面现代化的转变，正如1995年9月在党的十四届五中全会上提出的那样：“必须把社会全面发展放在重要战略地位，实现经济与社会相互协调和可持续发展。”[②]随着科学发展观的提出，进一步深化了对战略目标和现代化布局的认识。现代化战略布局由经济建设、政治建设、文化建设“三位一体”拓展为包括社会建设在内的“四位一体”，

①《十二大以来重要文献选编》下，北京：中央文献出版社2011年版，第121页。
②《十四大以来重要文献选编》中，北京：中央文献出版社2011年版，第471—472页。

使之与“富强民主文明和谐”的现代化战略目标相对应。党的十八大提出“五位一体”的战略布局，增加了“生态文明”这一新的战略要素，进一步拓宽了视野，战略构想更加明确具体，体现了时代的发展和进步。

4. 指导思想的一脉相承性

新中国70年现代化发展战略的历史演进历程，战略蓝图从构想到不断实施落地，也是马克思主义中国化的过程。新中国成立后，中国共产党以马克思主义为指导，不断推进马克思主义中国化，在不同的发展阶段，提出了毛泽东思想、邓小平理论、“三个代表”重要思想、科学发展观和习近平新时代中国特色社会主义思想，这是中国共产党人运用马克思主义指导中国现代化实践形成的理论成果，在其指导下，新中国不同时期现代化发展的蓝图逐步变为现实。

中国共产党关于现代化建设战略思想是在围绕现代化战略目标实施的过程中形成的，保障了现代化发展战略实施。邓小平提出以经济建设为中心的思想，确保了现代化战略的稳步推进；江泽民“三个代表”重要思想关于可持续发展战略、科教兴国战略、西部大开发战略等，是对现代化战略实施的具体指导。科学发展观的提出，拓展了现代化发展战略的内涵，为全面建设小康社会和实现现代化提供了科学指南。习近平新时代中国特色社会主义思想是改革开放40年现代化建设经验的总结，也是建设现代化强国的科学指南，不仅能够确保2020年“全面建成小康社会”目标的实现，也为2050年社会主义现代化强国战略目标的实现奠定了坚实的理论基础。

（三）新时代继续推进我国现代化强国的发展战略

1. 坚持中国共产党领导

新中国70年发展的历程表明，中国共产党是中华民族走向现代化和实现民族伟大复兴不可替代的领导力量。中国共产党是中国现代化发展战略的筹划者、领导者和推动者。新中国现代化发展战略从孕育、实施到新时代的快速推进，是中国共产党凝心聚力、积极谋划推动的结果。实现社会主义现代化是几代中国人的理想，中国共产党回应人民的期待，以现代化发展战略为施政蓝图，绘就了我国社会主义现代化建设的宏伟画卷。中国共产党领导是中国特色社会主义的本质特征，中国共产党具有海纳百川的胸怀和气魄，能够带领全国各族人民，团结一切愿意为现代化建设作出贡献的各个社会阶层的力量，使社会主义现代化蓝图变成现实。中国共产党通过人民代表大会制度和政治协商制度，能够把为实现民族复兴和现代化发展战略而奋斗的中国人民团结起来，具有广泛的代表性和强大的凝聚力。中国共产党具有自我革新、自我革命的勇气，在现代化战略实施的过程中，遇到过种种困难，也曾经出现过挫折，但是中国共产党能够不断总结历史经验，认识并纠正错误。新中国70年发展的实践证明，坚持中国共产党的领导，发挥中国特色社会主义制度的优势，发挥其统领全局的重要作用，对于实现现代化强国发展战略具有十分重要的意义。

2. 坚持以人民为中心的发展思想

人民是实现社会主义现代化发展战略的主体，也是社会主义现代化建设的力量之源。社会主义现代化战略目标的实现需要全国各族人民的共同努力。新中国70年社会主义现代化建设之所以能够取得辉煌的成就，关键在于不同发展阶段广大人民群众的积极参与和努力奋斗。要尊重人民的主体性和创造性，尊重人民的探索精神，激发其创新热情和家国情怀，为实现社会主义现代化贡献力量。新时代要把建设社会主义现代化强国战略和人民群众对美好生活的需要紧密联系起来，坚持以最广大人民的根本利益为本，坚持以人民为中心的发展思想，尊重人民群众的主体地位，站稳人民立场，始终把人民群众的根本利益放在首位，引导广大人民群众献身社会主义现代化建设事业，只有这样，才能不断攻坚克难，实现现代化强国的战略目标。

新中国70年，中国共产党始终与人民群众风雨同舟，始终为中国人民谋幸福，为中华民族谋复兴。中国共产党只有始终与广大人民群众站在一起，同呼吸、共命运，才能获得广大人民群众对社会主义现代化发展战略的拥护和支持，社会主义现代化发展战略才能由蓝图变为现实。

3. 提高战略思维能力，保持战略定力

习近平强调指出，实现新时代的奋斗目标，要有“不到长城非好汉”的进取精神，也要有“乱云飞渡仍从容”的战略定力[①]。战略定力问题是当前我国发展战略实施当中应该重点关注的问题。保持战略定力就是要在各种纷繁复杂的事件面前能够泰然自若，不因各种干扰和困难改变既定的战略方针和战略安排。现代化建设已经进入关键节点，但改革发展的任务也更加艰巨繁重，同时国际形势也更加复杂多变，如果没有强大的战略定力，就有可能在战略实施上出现偏差，战略目标上出现摇摆，战略安排上出现盲动。要保持战略定力，首先不能犯方向性错误，要毫不动摇地坚持和发展中国特色社会主义，在不动摇根本、基本政治制度和基本经济制度的前提下，推进各方面改革走向深入。保持战略定力，要求我们在制定政策时进行充分的论证和酝酿，综合考虑、谋定后动，不能见异思迁、朝令夕改。在改革发展过程中，鼓励大胆探索，但是也要考虑政策的稳定性和连续性。保持战略定力还要求我们在复杂多变的国际局势面前能够沉着冷静，增强战略自信，坚定不移走和平发展道路，集中精力进行社会主义现代化建设，实现党的十九大提出的强国战略。

4. 营造和平稳定的国际环境

中国的发展离不开世界，世界的发展也离不开中国。我国现代化强国战略目标的实现，离不开与世界各国的联系和交流，离不开一个和平安定的国际环境。新中国成立之初，国际局势的变化对中国战略安排产生了重大影响。我国虽然提出了“四个现代化”的发展战略，但是在战略实施上，采取了高度集中的计划经济模式，这与当时国际局势不稳，新中国采取“一边倒”的外交政策有很大关系。改革开放之后，邓小平在分析世界局势的基础上，提出了“三步走”现代化战略安排，这是基于时代主题已经发生变化的判断做出的。和平与发展已经成为时代主题，国际局势总体走向缓和、稳定，给我们提供了一个相对较长的和平发展的战略机遇期，有助于制定长远规划。我们不仅要善于利用和平稳定的国际环境创造的战略机遇期，而且要主动适应国际形势的变化，主动融入经济全球化潮流中。在经济全球化进程加快、全球经济结构调

①《十八大以来重要文献选编》上，北京：中央文献出版社 2014 年版，第 701 页。

整的情况下，我国积极主动融入世界发展，加入世界贸易组织，推动现代化战略的实施。习近平总书记提出“人类命运共同体”的理念，推动“一带一路”建设，把中国的发展和世界的发展联系起来，为我国现代化战略目标的最终实现营造了良好的国际环境。

稳定国际环境的营建总是充满了挑战和障碍。中美贸易战是美国对当代中国快速发展，尤其是科学技术发展的遏制，还会对我国的现代化强国战略设置更多障碍。我们应该围绕现代化战略目标不为所动，在积极进行反击的同时，发展同世界上一切友好国家的关系，为现代化强国建设营造更好的国际环境和发展空间。寻求和平稳定的国际环境，并不等于放弃原则，对于敢于分裂中国的主张和侵害中国权益的行为，要敢于亮剑，以维护国家的整体利益。

（原载《湖南科技大学学报》2019 年第 5 期。中国人民大学复印报刊资料《中国特色社会主义理论》2019 年第 12 期全文转载）

五

“赶考”视野中的全面建成小康社会

1949 年 3 月，在即将离开西柏坡前往北平时，毛泽东对周恩来说：“今天是进京的日子，进京赶考去。”“我们决不当李自成，我们都希望考个好成绩。”[①] 这些话是对“赶考”初心的生动写照，反映了中国共产党不忘根本、勇担重任的历史使命感和责任感。中国特色社会主义进入新时代，中国共产党仍要不断“赶考”，正如习近平指出的那样：“党面临的‘赶考’远未结束。我们党要带领人民实现全面建成小康社会的奋斗目标，不断坚持和发展中国特色社会主义，就是这场考试的继续”[②]。如期全面建成小康社会是中国共产党对人民、对历史的庄严承诺，是中国共产党在中国特色社会主义新时代的“赶考”。党的十九届五中全会高度评价了决胜全面建成小康社会取得的决定性成就，指出：“全面建成小康社会胜利在望，中华民族伟大复兴向前迈出了新的一大步。”[③] 但这不是终点，而是又一场新的“赶考”的起点，我们应该认真总结经验、不忘初心和使命，开启全面建设社会主义现代化国家新征程，努力在新的大考中交出合格的答卷。

（一）全面建成小康社会是中国共产党“赶考”的重要里程碑

1949 年 10 月，中国共产党领导中国人民取得了新民主主义革命的

①《毛泽东年谱（1893—1949）》（修订本）下，北京：中央文献出版社 2013 年版，第 470 页。

②《习近平关于全面建成小康社会论述摘编》，北京：中央文献出版社 2016 年版，第 190 页。

③《中国共产党第十九届中央委员会第五次全体会议公报》，北京：人民出版社 2020 年版，第 5 页。

伟大胜利，结束了近代中国半殖民地半封建社会的屈辱历史。对于刚刚取得革命胜利的中国共产党来说，夺取全国政权“只是万里长征走完了第一步”[①]，“领导解放后的全国人民，将中国建设成为一个独立、自由、民主、统一和富强的新国家”[②]，成为摆在中国共产党面前的首要任务，中国共产党人面临着新中国成立后的第一个“大考”。

1. 新中国成立后的“赶考”与“四化”目标的提出

在新民主主义革命时期，中国共产党人就开始思考国家现代化建设的问题。抗日战争胜利前夕，毛泽东就在《论联合政府》的报告中指出，“巩固的经济”“进步的比较现时发达得多的农业”“大规模的在全国经济比重上占极大优势的工业以及与此相适应的交通、贸易、金融等事业”，是新民主主义国家的基础。他还提出：“中国工人阶级的任务，不但是为着建立新民主主义的国家而斗争，而且是为着中国的工业化和农业近代化而斗争。”[③]新中国成立前夕，在党的七届二中全会上，毛泽东指出：“中国的革命是伟大的，但革命以后的路程更长，工作更伟大，更艰苦。”“我们不但善于破坏一个旧世界，我们还将善于建设一个新世界。”[④]中国共产党人对半殖民地半封建的近代中国积贫积弱的社会现实有着深刻的感受，对于建设一个强大的现代化的国家有着强烈的愿望。

新中国成立后，中国共产党领导中国人民在恢复和发展国民经济的基础之上，开始擘画社会主义现代化的建设蓝图。经过酝酿，1953 年，中国共产党正式提出和确定了过渡时期的总路线：“要在一个相当长的时期内，逐步实现国家的社会主义工业化，并逐步实现国家对农业、对手工业和对资本主义工商业的社会主义改造。”[⑤]这一总路线是基于从新民主主义社会向社会主义社会过渡时期的国情提出的。20 世纪 50 年代初期，中国还是一个国民经济发展水平落后、贫穷的农业国，在工业特别是重工业方面基础还十分薄弱，“还是不能自己制造汽车、拖拉机、飞

①《毛泽东选集》第四卷，北京：人民出版社 1991 年版，第 1438 页。
②《毛泽东选集》第三卷，北京：人民出版社 1991 年版，第 1029—1030 页。
③ 同上书，第 1081 页。
④《毛泽东选集》第四卷，北京：人民出版社 1991 年版，第 1438、1439 页。
⑤《建国以来重要文献选编》第 4 册，北京：中央文献出版社 2011 年版，第 602 页。

机，不能自己制造重型的和精密的机器，没有现代国防工业的国家”[①]。因此，中国共产党提出了过渡时期的总路线和总任务，力图改变国家的经济落后状况，“在经济上由落后的贫穷的农业国家，变为富强的社会主义的工业国家”[②]。

随着社会主义建设的不断深入，中国共产党对于社会主义现代化的认识也在不断深化。1954 年 9 月，在一届全国人大一次会议开幕词中，毛泽东提出：“准备在几个五年计划之内，将我们现在这样一个经济上文化上落后的国家，建设成为一个工业化的具有高度现代文化程度的伟大的国家。”[③] 还是在这次会议上，周恩来在政府工作报告中，第一次提出“四个现代化”的概念，即“强大的现代化的工业、现代化的农业、现代化的交通运输业和现代化的国防”[④]。这是中国共产党对“四个现代化”概念的最初表述。1963 年 1 月，周恩来在上海市科学技术工作会议上的讲话中指出：“我们要实现农业现代化、工业现代化、国防现代化和科学技术现代化”[⑤]，形成了对于“四个现代化”概念的完整表述。1964 年 12 月，在三届全国人大一次会议上，周恩来在政府工作报告中郑重提出了实现“四个现代化”的战略目标。他指出：“要在不太长的历史时期内，把我国建设成为一个具有现代农业、现代工业、现代国防和现代科学技术的社会主义强国，赶上和超过世界先进水平。”[⑥]“四个现代化”体现了新中国成立后毛泽东、周恩来等党和国家领导人对社会主义现代化基本内涵与主要目标的认识和思考，实现农业、工业、国防和科学技术的现代化成为新中国社会主义建设的重点方向。

2. 改革开放以后建设小康社会是中国共产党“赶考”的延续

党的十一届三中全会作出了改革开放的伟大决策，将党的工作重心转移到经济建设上来。中国共产党正视社会主义建设和探索过程中出现的各种问题，不忘“赶考”初心，继续“赶考”征程，提出了建设小康

①《建国以来重要文献选编》第 4 册，北京：中央文献出版社 2011 年版，第 605 页。
② 同上书，第 605 页。
③《毛泽东文集》第六卷，北京：人民出版社 1999 年版，第 350 页。
④《建国以来重要文献选编》第 5 册，北京：中央文献出版社 2011 年版，第 503 页。
⑤《建国以来重要文献选编》第 16 册，北京：中央文献出版社 2011 年版，第 137 页。
⑥《建国以来重要文献选编》第 19 册，北京：中央文献出版社 2011 年版，第 423 页。

社会的战略目标。1978 年 12 月，邓小平在《解放思想，实事求是，团结一致向前看》的讲话中提出：“实现四个现代化是一场深刻的伟大的革命。”[①] 1979 年 12 月，邓小平同来华访问的日本首相大平正芳探讨中国的现代化问题时，第一次提出“小康”的概念：“我们要实现的四个现代化，是中国式的四个现代化。我们的四个现代化的概念，不是像你们那样的现代化的概念，而是‘小康之家’。”[②] 邓小平认为，中国在 20 世纪末达到的现代化水平和西方发达国家相比还有差距，因此他认为，“中国到那时也还是一个小康的状态”[③]。在这里，邓小平提出的“小康”概念有两个层面的含义：第一，“小康”是现代化语境下的概念，和“四个现代化”的概念一脉相承；第二，“小康”是中国国情语境下的概念，是符合中国实际的现代化方案。1982 年，在党的十二大开幕词中，邓小平提出：“把马克思主义的普遍真理同我国的具体实际结合起来，走自己的道路，建设有中国特色的社会主义，这就是我们总结长期历史经验得出的基本结论。”[④]“建设有中国特色的社会主义”重大命题的提出，成为指引新时期改革开放和社会主义现代化建设的伟大旗帜。[⑤]

按照邓小平的设想，党的十三大提出了“三步走”的战略构想，即实现国民生产总值比 1980 年翻一番，解决人民的温饱问题；到 20 世纪末，使国民生产总值再增长一倍，人民生活达到小康水平；到 21 世纪中叶，人均国民生产总值达到中等发达国家水平，人民生活比较富裕，基本实现现代化。[⑥] 党的十四大提出：到 20 世纪末，我国国民经济整体素质和综合国力将迈上一个新台阶，国民生产总值将超过原定比 1980 年翻两番的要求，人民生活由温饱进入小康。[⑦] 党的十五大对“三步走”战略作出了更加具体的规定，提出“两个一百年”的奋斗目标：“展望下

①《三中全会以来重要文献选编》上，北京：中央文献出版社 2011 年版，第 29 页。

②《邓小平文选》第二卷，北京：人民出版社 1994 年版，第 237 页。

③ 同上书，第 237 页。

④《邓小平文选》第三卷，北京：人民出版社 1993 年版，第 3 页。

⑤ 参见中共中央党史研究室：《中国共产党的九十年（改革开放和社会主义现代化建设新时期）》，北京：中共党史出版社、党建读物出版社 2016 年版，第 714 页。

⑥《十三大以来重要文献选编》上，北京：中央文献出版社 2011 年版，第 14 页。

⑦ 参见中共中央党史研究室：《中国共产党的九十年（改革开放和社会主义现代化建设新时期）》，北京：中共党史出版社、党建读物出版社 2016 年版，第 798 页。

世纪，我们的目标是，第一个十年实现国民生产总值比二〇〇〇年翻一番，使人民的小康生活更加宽裕，形成比较完善的社会主义市场经济体制；再经过十年的努力，到建党一百年时，使国民经济更加发展，各项制度更加完善；到世纪中叶建国一百年时，基本实现现代化，建成富强民主文明的社会主义国家"①。党的十六大进一步提出"全面建设小康社会"的命题："我们要在本世纪头二十年，集中力量，全面建设惠及十几亿人口的更高水平的小康社会，使经济更加发展、民主更加健全、科教更加进步、文化更加繁荣、社会更加和谐、人民生活更加殷实。"②党的十七大对实现全面建设小康社会的宏伟目标作出全面部署，提出"今后要继续努力奋斗，确保到二〇二〇年实现全面建成小康社会的奋斗目标"③。这是中国共产党第一次提出"全面建成小康社会"。党的十八大提出全面建成小康社会需要努力实现经济、政治、文化、社会和生态文明五个方面"新的要求"，即"经济持续健康发展""人民民主不断扩大""文化软实力显著增强""人民生活水平全面提高""资源节约型、环境友好型社会建设取得重大进展"④。这就赋予了"小康"更高的标准和更丰富的内涵。

3. 全面建成小康社会是新时代的一次大考

党的十八大以来，以习近平同志为核心的党中央对全面建成小康社会提出了新的目标要求，作出了新的部署。2015 年 10 月召开的党的十八届五中全会指出："今后五年党和国家各项任务，归结起来就是夺取全面建成小康社会决胜阶段的伟大胜利，实现第一个百年奋斗目标。"⑤习近平在这次全会的讲话中指出："现在，这个时跨本世纪头二十年的奋斗历程到了需要一鼓作气向终点线冲刺的历史时刻"⑥，要从"转方式""补短板""防风险"三个方面入手，下大气力破解制约如期全面建

①《十五大以来重要文献选编》上，北京：中央文献出版社 2011 年版，第 4 页。
②《十六大以来重要文献选编》上，北京：中央文献出版社 2011 年版，第 14 页。
③《十七大以来重要文献选编》上，北京：中央文献出版社 2011 年版，第 15 页。
④《十八大以来重要文献选编》上，北京：中央文献出版社 2014 年版，第 13—14 页。
⑤《十八大以来重要文献选编》中，北京：中央文献出版社 2016 年版，第 822 页。
⑥ 同上书，第 823 页。

成小康社会的重点难点问题①。

在综合分析国内国际形势和我国发展条件的基础上，党的十九大提出："我们既要全面建成小康社会、实现第一个百年奋斗目标，又要乘势而上开启全面建设社会主义现代化国家新征程，向第二个百年奋斗目标进军。"②并提出分两步走建成社会主义现代化强国的目标："从二〇二〇年到二〇三五年，在全面建成小康社会的基础上，再奋斗十五年，基本实现社会主义现代化"；"从二〇三五年到本世纪中叶，在基本实现现代化的基础上，再奋斗十五年，把我国建成富强民主文明和谐美丽的社会主义现代化强国"③。这是中国共产党在"三步走"战略的基础上进一步提出的面向未来的现代化发展战略。党的十九届五中全会通过的《中共中央关于制定国民经济和社会发展第十四个五年规划和二〇三五年远景目标的建议》，明确提出了"十四五"时期经济社会发展指导方针，为做好未来五年经济社会发展工作指明了方向、提供了遵循。

从提出"四个现代化"的目标到提出"小康社会"的概念再到"三步走"战略的形成和发展，从全面建设小康社会到全面建成小康社会再到全面建设社会主义现代化国家，我们从中可以看出，中国共产党对于现代化建设的认识是在实践中不断深化和发展的，中国共产党的"赶考"历程与中国的现代化之路一脉相承。如期全面建成小康社会，既标志着中国共产党人的"赶考"交出一份经得起历史和人民检验的答卷，也意味着中国共产党人新的"赶考"即全面建设社会主义现代化国家新征程已经开启。因此，从这个意义上说，在中国共产党人的"赶考"过程中，全面建成小康社会是一个重要的里程碑。

（二）全面建成小康社会是中国共产党人"赶考"初心的彰显

"小康"是中华民族自古以来追求的理想社会状态，"中国共产党

① 参见《十八大以来重要文献选编》中，北京：中央文献出版社2016年版，第828—834页。

②《十九大以来重要文献选编》上，北京：中央文献出版社2019年版，第20页。

③ 同上书，第20页。

人的初心和使命，就是为中国人民谋幸福，为中华民族谋复兴。”[①] 实现全面建成小康社会的目标充分彰显了中国共产党人一以贯之的初心和使命。

1. 彰显了中国共产党为中国人民谋幸福的“赶考”初心

中国共产党自成立之日起，就把“人民”二字写在自己的旗帜上。抗日战争时期，毛泽东在《为人民服务》的讲话中指出：“我们这个队伍完全是为着解放人民的，是彻底地为人民的利益工作的。”[②] 抗日战争胜利前夕，毛泽东在与黄炎培就“历史周期律”的问题进行“窑洞对”时答道：“我们已经找到新路，我们能跳出这周期律。这条新路，就是民主。”[③] 正如毛泽东所回答的，中国共产党领导人民完成新民主主义革命后，所建立起的政权就是一个人民民主专政的政权，中国人民真正站了起来，成为国家的主人。新中国成立后，一些党员干部为人民服务的意识出现了淡化，出现了一些脱离群众的现象。对此，毛泽东指出：“共产党就是要奋斗，就是要全心全意为人民服务，不要半心半意或者三分之二的心三分之二的意为人民服务。”[④]

改革开放后，中国共产党将全心全意为人民服务的根本宗旨贯彻到社会主义现代化建设的事业当中。努力提高和改善人民生活，建设小康社会的目标，正是邓小平在这样的时代背景下提出的。1985 年，邓小平在谈到社会主义国家和资本主义国家之间的不同之处时特别指出：“社会主义与资本主义不同的特点就是共同富裕，不搞两极分化。创造的财富，第一归国家，第二归人民，不会产生新的资产阶级。国家拿的这一部分，也是为了人民，搞点国防，更大部分是用来发展经济，发展教育和科学，改善人民生活，提高人民文化水平。”[⑤]

习近平在十八届中央政治局常委同中外记者见面时指出：“人民对

①《十九大以来重要文献选编》上，北京：中央文献出版社 2019 年版，第 1 页。

②《毛泽东选集》第三卷，北京：人民出版社 1991 年版，第 1004 页。

③《毛泽东年谱（1893—1949）》（修订本）中，北京：中央文献出版社 2013 年版，第 611 页。

④《毛泽东文集》第七卷，北京：人民出版社 1999 年版，第 285 页。

⑤《邓小平文选》第三卷，北京：人民出版社 1993 年版，第 123 页。

美好生活的向往，就是我们的奋斗目标。”[①]党的十八大以来，以习近平同志为核心的党中央始终把人民放在心中最高位置，统筹推进“五位一体”总体布局、协调推进“四个全面”战略布局，坚持稳中求进工作总基调，深入贯彻以人民为中心的发展思想，人民群众的获得感、满意度显著提升。在庆祝改革开放40周年大会上，习近平指出：“必须以最广大人民根本利益为我们一切工作的根本出发点和落脚点，坚持把人民拥护不拥护、赞成不赞成、高兴不高兴作为制定政策的依据”[②]。

2. 彰显了中国共产党为中华民族谋复兴的“赶考”初心

中国共产党诞生在半殖民地半封建的近代中国，见证了国家因国力衰弱而被人欺凌的屈辱历史。在党的二大的宣言中，年轻的中国共产党提出了“推翻国际帝国主义的压迫，达到中华民族完全独立”[③]的目标。在漫长的革命斗争中，中国共产党领导中国人民实现了新民主主义革命的伟大胜利，结束了帝国主义、封建主义、官僚资本主义奴役中国人民的历史，建立起人民真正当家作主的新中国。新中国成立后，在中国共产党的领导下，通过社会主义改造，社会主义基本制度在我国建立起来，彻底改变了旧中国积贫积弱的社会面貌。1955年，毛泽东指出：“现在我们实行这么一种制度，这么一种计划，是可以一年一年走向更富更强的，一年一年可以看到更富更强些。而这个富，是共同的富，这个强，是共同的强，大家都有份”[④]。在这里，毛泽东突出强调把“富强”作为新中国的主要奋斗目标，体现出中国共产党领导人民建立社会主义制度，就是要实现国家富强、民族振兴、人民幸福。

改革开放是党和人民大踏步赶上时代的重要法宝，是决定当代中国命运，决定实现“两个一百年”奋斗目标、实现中华民族伟大复兴的关键一招。经历了社会主义建设和探索的挫折，以邓小平为主要代表的中国共产党人对“什么是社会主义，怎样建设社会主义”的问题有了更为深入的认识。邓小平认为，我们要建设的社会主义不是“贫穷的社会主

①《十八大以来重要文献选编》上，北京：中央文献出版社2014年版，第70页。

②《十九大以来重要文献选编》上，北京：中央文献出版社2019年版，第730页。

③《建党以来重要文献选编（1921—1949）》第1册，北京：中央文献出版社2011年版，第133页。

④《毛泽东文集》第六卷，北京：人民出版社1999年版，第495页。

义”，而是“发达的、生产力发展的、使国家富强的社会主义”[①]。改革开放使中华民族伟大复兴进入一个新的历史阶段，使中国大踏步赶上了时代。

党的十八大以来，以习近平同志为核心的党中央在准确把握国内国际形势的基础上，进一步明确提出：“实现中华民族伟大复兴是近代以来中华民族最伟大的梦想。”[②]“我们的责任，就是要团结带领全党全国各族人民，接过历史的接力棒，继续为实现中华民族伟大复兴而努力奋斗，使中华民族更加坚强有力地自立于世界民族之林，为人类作出新的更大的贡献。”[③]“现在，我们比历史上任何时期都更接近中华民族伟大复兴的目标，比历史上任何时期都更有信心、有能力实现这个目标。”[④]

习近平强调：“我们党领导人民进行革命建设改革，就是要让中国人民富裕起来，国家强盛起来，振兴伟大的中华民族。”[⑤]全面建成小康社会就是实现中华民族伟大复兴这一伟大历史进程中不可或缺的关键一步，凝聚着中国共产党人关于社会主义现代化建设的理想，彰显了中国共产党人一以贯之的“赶考”初心。

（三）全面建成小康社会是中国共产党继续“赶考”的新起点

在即将全面建成小康社会、实现第一个百年奋斗目标之际，我们要在深刻认识和把握全面建成小康社会辉煌成就和重大意义的基础上，把全面建成小康社会作为新的“赶考”的起点，戒骄戒躁、凝心聚力，乘势而上开启全面建设社会主义现代化国家新征程。

1. 全面建成小康社会开启了新的“赶考”征程

从“全面建成小康社会”与“两个一百年”奋斗目标的关系来看，“全面建成小康社会”标志着第一个百年奋斗目标的实现，也标志着向第二个百年奋斗目标进军的征程正式开启，兼具“终点”与“起点”两

①《邓小平文选》第二卷，北京：人民出版社1994年版，第231页。

②《十九大以来重要文献选编》上，北京：中央文献出版社2019年版，第10页。

③《十八大以来重要文献选编》上，北京：中央文献出版社2014年版，第69—70页。

④ 同上书，第83页。

⑤ 同上书，第77页。

重含义。“十四五”时期将开启全面建设社会主义现代化国家新征程，进入到实现中华民族伟大复兴中国梦的新的历史阶段。实现中华民族伟大复兴，绝不是轻轻松松、敲锣打鼓就能够实现的，必然会遇到各种各样的风险挑战，需要一步一步走、一个阶段一个阶段向前进。面对即将开启的新的“赶考”征程，中国共产党必须保持“赶考”初心，在新的征程上不断赢得新的胜利。

2. 深刻总结全面建成小康社会的“赶考”经验

历史是最好的老师。中国共产党一贯重视在历史中总结经验，为未来提供借鉴。全面建成小康社会是中国共产党人克服无数艰难险阻取得的历史性成就，是中华民族发展史上里程碑式的事件。在全面建成小康社会的进程中，我们积累了一系列宝贵经验，比如，必须坚持党的全面领导、坚持走中国特色社会主义道路、坚持以人民为中心、坚持马克思主义指导地位、坚持完善和发展中国特色社会主义制度、坚持全面从严治党、坚持深化改革开放，等等，对于这些在实践中积累的宝贵经验，我们要深刻总结并将其运用到下一阶段的“赶考”实践中。

3. 牢记“赶考”初心，始终坚持以人民为中心，把维护人民的利益放在一切工作的首位

新中国成立70多年来，中国共产党之所以能够在革命、建设、改革各个历史时期中取得一个又一个胜利，至为重要的一个原因就是中国共产党没有忘记“赶考”初心，始终坚持全心全意为人民服务，时刻把人民群众的利益放在第一位，从而赢得了广大人民群众的衷心拥护和支持，汇聚起了能够战胜一切艰难险阻的磅礴力量。中国共产党人的“赶考”仍在继续，要想赢得新的“赶考”的胜利，必须认认真真地倾听人民群众的意愿，尊重群众的首创精神，始终坚持以人民为中心，不断实现人民对美好生活的向往，始终牢记初心和使命，为实现第二个百年奋斗目标、全面建成社会主义现代化强国、实现中华民族伟大复兴的中国梦，广泛凝聚起磅礴向前的伟力。

（原载《党的文献》2020年第6期）

六

整体性视域下中国共产党百年党史的三个《历史决议》

中国共产党在领导中国革命、建设和改革的百年历史上，先后制定了《关于若干历史问题的决议》(以下简称“第一个《历史决议》”)、《中国共产党中央委员会关于建国以来党的若干历史问题的决议》(以下简称“第二个《历史决议》”)和《中共中央关于党的百年奋斗重大成就和历史经验的决议》(以下简称“第三个《历史决议》”)。三个《历史决议》形成于百年党史的重大节点和转折关头，承载了党在百年奋斗中走过的光辉历程、取得的辉煌成就，堪称中国共产党百年奋斗史上的三个里程碑，为推进党和国家事业发展，推进马克思主义中国化的历史进程，起到了重大的历史作用。在整体性视域下分析和研究三个《历史决议》的制定背景、主要内容和历史地位，对于党在新时代新征程上赢得中华民族伟大复兴更加伟大的胜利和荣光具有重要的理论意义及现实意义。

（一）三个《历史决议》形成于中国共产党百年历史的重大节点和转折关头

中国共产党是一个具有善于总结历史经验优良传统的马克思主义政党。自党成立以来，坚持把马克思主义基本原理与中国实际和中华优秀传统文化相结合，团结带领全国各族人民进行中国革命、建设和改革，创造了彪炳史册的光辉成就，积累了宝贵的历史经验。三个《历史决议》均形成于党的事业发展的重要节点和转折关头，诞生于全党团结统一的氛围之中，并且都用了相当长的时间广泛征求意见，经过反复讨论修改，凝结着全党的集体智慧。

1. 第一个《历史决议》形成于抗日战争即将胜利的重大历史节点

中国共产党成立后，在大革命时期、土地革命战争时期、抗日战争时期不断取得胜利，但由于受到党内右倾机会主义、“左”倾盲动主义、“左”倾冒险主义和“左”倾教条主义错误的影响，党在这一历史进程中也遭受了巨大挫折，尤其是以王明为代表的“左”倾教条主义的错误导致了第五次反“围剿”失败，红军被迫进行战略转移，中国革命陷入极度危险的境地。

经验弥足可贵，教训亦富价值。中国共产党一直重视总结历史经验，党的早期领导人邓中夏曾经指出：“我们不应忘去过去的教训，应由过去教训之中决定我们今后的努力。”[①] 刘志丹也指出：“干革命，不能怕失败，我们要学会从失败中总结经验，记取教训。”[②] 毛泽东深刻指出：“在民主革命时期，经过胜利、失败，再胜利、再失败，两次比较，我们才认识了中国这个客观世界。”[③] 因此，“如果不把党的历史搞清楚，不把党在历史上所走的路搞清楚，便不能把事情办得更好”[④]。抗日战争时期，党为了总结历史经验与教训，确立正确的思想路线，在全党范围内进行了延安整风运动。自 1941 年 9 月中共中央政治局扩大会议开始，集中精力研究党的历史，总结历史经验与教训，形成了《六大以来》《六大以前》《两条路线》等党内重要文件汇编，成立高级组、中级组，开展党史学习教育，使党员干部的思想认识水平得到显著提高，为系统总结建党以来的历史经验提供了丰富的材料、奠定了认识基础。为了巩固整风运动成果，1944 年中共六届七中全会期间，中共中央书记处会议决定成立“党内历史问题决议准备委员会”，正式开启第一个《历史决议》的起草工作。

毛泽东高度重视第一个《历史决议》的制定，不仅明确起草决议必须坚持“惩前毖后、治病救人”的方针，达到“既要弄清思想又要团结同志”的目的，提出了许多重要的理论观点，而且亲自对文稿作出多次

①《邓中夏全集》中，北京：人民出版社 2014 年版，第 1255 页。
②《刘志丹文集》，北京：人民出版社 2012 年版，第 64 页。
③《毛泽东文集》第八卷，北京：人民出版社 1999 年版，第 299 页。
④《毛泽东文集》第二卷，北京：人民出版社 1993 年版，第 399 页。

重要修改，并将题目定为《关于若干历史问题的决议》。他指出：“这个决议不但是领导机关内部的，而且是全党性质的，同全国人民有关联的，对全党与全民负责的。”[①]“精神是弄清历史，团结全党抗日建国。”[②]决议对建党以后特别是中共六届四中全会至遵义会议前的经验与教训进行了总结，对若干重大历史问题作出了结论。在抗日战争即将胜利的历史关头，解决了党内长期存在的思想路线问题，使全党对中国革命的认识达成一致，对中共七大胜利召开和夺取新民主主义革命胜利发挥了重要作用。

2. 第二个《历史决议》形成于改革开放之初的重大历史转折关头

新中国成立后，中国共产党领导人民实现了由新民主主义向社会主义的转变，建立了社会主义基本制度，实现了中国历史上最为广泛而深刻的社会变革。以毛泽东为主要代表的中国共产党人开始探索适合中国特点的社会主义建设道路。在这一探索过程中，既有成功的经验，也有遭受挫折的教训。由于在社会主义初级阶段社会主要矛盾和主要任务的认识上出现一定失误，导致出现阶级斗争扩大化的错误，尤其是“文化大革命”对当代中国经济社会发展和民主法制建设造成了严重破坏，“使党、国家、人民遭到新中国成立以来最严重的挫折和损失”[③]。在这一关键时刻，中共十一届三中全会决定把全党工作重心从“以阶级斗争为纲”转移到“以经济建设为中心”上来，作出实行改革开放的历史性决策。但是，由于没有对新中国成立以来党的重大历史问题作出明确总结，党内和社会上仍存在对历史认知不清晰的问题，甚至出现了否定社会主义、否定毛泽东和毛泽东思想的错误思潮，极大地威胁着改革开放和社会主义现代化建设事业。党怎样评价新中国成立以来的历史、如何评价毛泽东的是非功过、是否继续高举毛泽东思想伟大旗帜？也就是“文化大革命”结束后中国要向何处去？成为国内外瞩目的一个焦点。邓小平针对这一问题指出：“从国内来说，党内党外都在等，你不拿出一个东西来，重大的问题就没有一个统一的看法。国际上也在等。人们看

①《毛泽东文集》第三卷，北京：人民出版社 1996 年版，第 282 页。

②《胡乔木回忆毛泽东》，北京：人民出版社 2014 年版，第 315 页。

③《中国共产党第十九届中央委员会第六次全体会议文件汇编》，北京：人民出版社 2021 年版，第 34 页。

中国，怀疑我们安定团结的局面……所以，不能再晚了，晚了不利。”[①] 基于以上考虑，中共中央着手制定第二个《历史决议》。

1979 年 10 月，邓小平在部署翌年重点工作安排时，提出起草新中国成立以来党的历史问题决议。随后，组建了由邓小平主持、胡乔木具体负责的起草小组。1980 年 3 月，邓小平就决议起草工作明确提出三条指导思想：其一，“最重要、最根本、最关键”的是“确立毛泽东同志的历史地位，坚持和发展毛泽东思想”；其二，“对建国三十年来历史上的大事，哪些是正确的，哪些是错误的，要进行实事求是的分析，包括一些负责同志的功过是非，要做出公正的评价”；其三，“对过去的事情做个基本的总结”[②]。此后，邓小平又在多个场合对决议起草工作提出要求，不断强调毛泽东思想在决议中的重要地位：“不提毛泽东思想，对毛泽东同志的功过评价不恰当，老工人通不过，土改时候的贫下中农通不过，同他们相联系的一大批干部也通不过。毛泽东思想这个旗帜丢不得。丢掉了这个旗帜，实际上就否定了我们党的光辉历史。”[③] 经过多次讨论和反复打磨，第二个《历史决议》于 1981 年 6 月在中共十一届六中全会上审议通过。

“每个党、每个国家都有自己的历史，只有采取客观的实事求是的态度来分析和总结，才有好处。”[④] 第二个《历史决议》在唯物史观的指导下，对新中国成立以来 32 年的历史进行总结，维护了毛泽东和毛泽东思想的历史地位，在党的指导思想上完成了拨乱反正，实现了全党的团结统一，为推动改革开放和社会主义现代化建设事业奠定了思想基础。

3. 第三个《历史决议》形成于“两个一百年”奋斗目标的历史交汇点

2021 年是中国共产党成立 100 周年，也是党中央宣布全面建成小康社会之年，中国共产党团结带领全国各族人民实现了第一个百年奋斗目标，正意气风发地踏上全面建成社会主义现代化强国、实现中华民族

①《邓小平文选》第二卷，北京：人民出版社 1994 年版，第 305—306 页。
② 同上书，第 291—292 页。
③ 同上书，第 298 页。
④《邓小平文选》第三卷，北京：人民出版社 1993 年版，第 272 页。

伟大复兴的第二个百年奋斗目标新征程。新时代以来，中国经济实力和综合国力得到显著提升。党的理论创新不断发展，形成了习近平新时代中国特色社会主义思想，实现了马克思主义中国化新的飞跃。以习近平同志为核心的党中央牢牢把握“两个大局”，在新冠肺炎疫情肆虐全球、西方国家发展普遍乏力的背景下，团结带领全国各族人民打赢了疫情防控的人民战争，在大疫之年仍然实现经济发展的正增长，显示出鲜明的制度优势和巨大的发展潜力，实现中华民族伟大复兴进入不可逆转的历史发展进程。

中共十八大以来，习近平高度重视中共党史的资政育人作用，在庆祝建党九十五周年、改革开放四十周年、新中国成立七十周年和建党一百周年等重大历史节点都对党的历史作出了深刻总结，并在全社会广泛开展“四史”宣传教育、在党内集中开展党史学习教育，为系统总结党的百年奋斗成就和历史经验奠定了坚实的理论基础与社会基础。此时，距离党制定第一个《历史决议》过去了 76 年，距离第二个《历史决议》的制定也过去了 40 年，“站在新的历史起点上，回顾过去，展望未来，全面总结党的百年奋斗重大成就和历史经验特别是改革开放 40 多年来的重大成就和历史经验，既有客观需要，也具备主观条件”[①]。

2021 年 3 月，中共中央决定成立以习近平为组长的文件起草组，第三个《历史决议》起草工作正式启动。在决议制定过程中，习近平对起草工作提出四点根本要求：一是要深刻认识文件起草工作的重要意义；二是要科学总结党的重大成就和历史经验；三是要坚持辩证唯物主义和历史唯物主义，在正确党史观和大历史观指导下把握“党的历史发展的主题主线、主流本质”；四是树立政治责任感和历史使命感，“要认真学习”“要深入研究”“要发扬民主”“要严明纪律”，做好文件起草工作[②]。此后又提出要处理好“历史连续性和历史阶段性”“全面总结和突出重点”“总结成就和分析失误”“已有结论和最新认识”这“四大关系”，

①《中国共产党第十九届中央委员会第六次全体会议文件汇编》，北京：人民出版社 2021 年版，第 109 页。

②《牢记初心使命的政治宣言——〈中共中央关于党的百年奋斗重大成就和历史经验的决议〉诞生记》，《人民日报》2021 年 11 月 18 日。

决议起草充分发扬民主，广泛征求各方面意见，“能吸收的尽量吸收，能体现的尽量体现”，经过反复推敲，在中共十九届六中全会上顺利通过。

不同于前两个《历史决议》主要总结党的历史教训、分清历史是非，第三个《历史决议》着重“在我们党成立一百周年、开启全面建设社会主义现代化国家新征程的重大历史关头，全面总结党的百年奋斗的重大成就和历史经验，对统一全党思想和行动、在新时代更好开创党和国家事业新局面，具有重大现实意义和深远历史意义”①。第三个《历史决议》在“两个一百年”奋斗目标的历史交汇期，进一步加强了全党的团结统一，为建设社会主义现代化强国和实现中华民族伟大复兴汇聚了磅礴精神力量。

（二）三个《历史决议》对历史经验的科学总结推进了马克思主义中国化

马克思主义中国化，根基在马克思主义，立足点在中国实际，关键在“化”。在党的百年奋斗史上，始终贯穿着为中国人民谋幸福、为中华民族谋复兴的初心使命，在总结夺取新民主主义革命伟大胜利、完成社会主义革命和推进社会主义建设、进行改革开放和社会主义现代化建设、开创中国特色社会主义新时代历史经验的过程中，回答了如何坚持和发展马克思主义、如何持续推进马克思主义中国化的重要命题，实现了党的百年奋斗史上马克思主义中国化的理论创新。

1. 第一个《历史决议》为马克思主义中国化的第一次历史性飞跃奠定了基础

第一个《历史决议》系统总结了建党以来特别是中共六届四中全会至遵义会议前的经验与教训，对党内几次“左”、右倾错误及其产生的社会根源和思想根源作了深入分析，高度评价了毛泽东运用马克思主义基本原理解决中国革命问题所作出的杰出贡献，首次以党的决议的形式明确指出，党在长期奋斗的过程中形成了中国化的马克思列宁主义的思想，为中共七大正式确立毛泽东思想为党的指导思想奠定了坚实基础。

①《牢记初心使命的政治宣言——〈中共中央关于党的百年奋斗重大成就和历史经验的决议〉诞生记》，《人民日报》2021年11月18日。

决议通过总结党的历史上同错误路线斗争的经验，指出在中国坚持和发展马克思主义的科学方法：一是坚持马克思主义辩证唯物论和历史唯物论，反对经验主义。经验主义从狭隘的经验出发，以“狭隘的无原则的所谓实际主义和无头脑无前途的事务主义”替代“从世界革命经验总结出来的马克思列宁主义”[①]。批判了党的历史上错误的城市中心观点、白区工作中心观点、脱离实际情况的“正规”战观点，提出应当科学总结实际工作中的经验，作为“行动中的指导”[②]。二是坚持从中国革命的具体实际和中国人民的客观需要出发，反对教条主义。决议从毛泽东“应用马克思列宁主义普遍真理以从事于对中国社会实际情况的调查研究”出发，肯定了毛泽东在土地革命战争时期反对教条主义，确立正确政治路线、军事路线和组织路线的实践成果，着重批判了王明“左”倾教条主义的错误。决议指出，要坚持马克思列宁主义普遍真理，根据辩证唯物论和历史唯物论，“用以研究和解决中国革命的各种实际问题”[③]。

坚持马克思列宁主义普遍真理和中国革命具体实践相结合，为中共七大确立毛泽东思想为党的指导思想奠定了基础。决议指出，“中国共产党自一九二一年产生以来，就以马克思列宁主义的普遍真理和中国革命的具体实践相结合为自己一切工作的指针”[④]。毛泽东在中共六届六中全会上提出了马克思主义中国化的科学命题，强调要推进“马克思主义的中国化，使之在其每一表现中带着中国的特性”[⑤]。决议从政治、组织、军事、思想四个方面总结了历次“左”倾错误的表现，指明了在中国实现马克思主义中国化的正确路径。“二十四年来中国革命的实践证明了，并且还在证明着，毛泽东同志所代表的我们党和全国广大人民的奋斗方向是完全正确的。”[⑥] 决议用实践的成功印证了理论的正确，充分肯定了

①《建党以来重要文献选编（1921—1949）》第22册，北京：中央文献出版社2011年版，第103页。

② 同上书，第103页。

③ 同上书，第102页。

④ 同上书，第73页。

⑤《建党以来重要文献选编（1921—1949）》第15册，北京：中央文献出版社2011年版，第651页。

⑥《建党以来重要文献选编（1921—1949）》第22册，北京：中央文献出版社2011年版，第111页。

关于中国革命的理论。

2. 第二个《历史决议》为马克思主义中国化新的飞跃提供了理论框架

第二个《历史决议》概括了毛泽东思想的科学内涵，强调“必须完整地、准确地掌握毛泽东思想的科学体系”①。决议肯定了毛泽东思想的指导地位，并从十个方面科学概括了党在探索适合中国国情的社会主义现代化建设道路过程中积累的宝贵经验，为邓小平理论乃至中国特色社会主义理论体系的形成奠定了基础。

一是在肯定毛泽东历史功绩的基础上深刻阐明了毛泽东思想的科学内涵。决议充分肯定了毛泽东为党和中国人民解放军的创立与发展、为中国各族人民解放事业的胜利、为中华人民共和国的缔造和社会主义事业的发展所作出的重大贡献，实事求是地评价了毛泽东的历史地位。决议从新民主主义革命、社会主义革命和社会主义建设、革命军队建设和军事战略、政策和策略、思想政治工作和文化工作、党的建设等六个方面科学概括了毛泽东思想的科学体系与主要内容，阐明了毛泽东思想对丰富和发展马克思列宁主义的独创性贡献，概括了毛泽东思想“活的灵魂”的三个方面：实事求是、群众路线、独立自主。实事求是是毛泽东思想的精髓，群众路线是党和革命事业的出发点，独立自主是党和革命事业的立足点。

二是在总结新中国成立以来社会主义建设正反两方面经验的基础上，确立了适合中国情况的社会主义现代化建设的正确道路。决议根据中共十一届三中全会确立的路线方针政策，在总结历史经验的基础上，首次提出社会主义初级阶段的论断，科学明确了当代中国发展的历史方位，这也是党制定适合中国国情的路线方针政策的基本依据。决议对中共十一届三中全会以来逐步确立的适合中国情况的社会主义现代化建设道路的十个“主要点”作出概括。首次科学论述了中国社会主义社会初级阶段的社会主要矛盾“是人民日益增长的物质文化需要同落后的社会生产之间的矛盾”，指出“党和国家工作的重点必须转移到以经济建设

①《三中全会以来重要文献选编》下，北京：中央文献出版社2011年版，第152页。

为中心的社会主义现代化建设上来，大大发展社会生产力”[①]。这是当代中国改革开放和社会主义现代化建设取得辉煌成就的重要理论支点；强调经济建设必须从国情出发，有步骤、分阶段实现现代化的目标；强调社会主义生产关系的变革和完善必须适应生产力的状况，有利于生产力的发展；强调必须加强社会主义政治制度建设、精神文明建设、军队和国防建设、党的建设，改善和发展社会主义民族关系，发展对外关系等。决议关于社会主义建设道路十个“主要点”的深刻阐述，初步勾勒出“一个中心、两个基本点”这一党在社会主义初级阶段的基本路线，为中共十二大提出“建设有中国特色的社会主义”的重大命题、开创改革开放和社会主义现代化建设新局面奠定了重要的理论基础。

三是在完成指导思想的拨乱反正中孕育了中国特色社会主义理论。决议将毛泽东思想同毛泽东晚年的错误区别开来，为新时期运用其科学的立场、观点和方法研究实践中的新问题，以符合中国实际的新的结论发展党的创新理论奠定了基础。决议深刻阐发的十个“主要点”，实际上是党对改革开放以来毛泽东思想新发展的首次概括，是党探索社会主义建设理论的阶段性成果，构成了中国特色社会主义理论体系的基本框架和雏形。邓小平理论、“三个代表”重要思想、科学发展观，从改革开放和社会主义现代化建设不同阶段新的实践与时代特征出发，在对建设中国特色社会主义的发展道路、发展阶段、根本任务、发展动力、发展战略、政治保证、祖国统一、外交和国际战略、领导力量和依靠力量等一系列问题的科学回答中，形成了中国特色社会主义理论体系，实现了改革开放和社会主义现代化建设新时期马克思主义中国化新的飞跃。

3. 第三个《历史决议》对新时代马克思主义中国化新的飞跃作了系统阐述

第三个《历史决议》同前两个《历史决议》既一脉相承又与时俱进。这体现在党的百年奋斗的初心使命上，体现在对重大事件、重要会议、重要人物的论述和评价中，体现在党的指导思想和行动指南所代表的马克思主义中国化的历史进程中。决议在全面总结党的百年奋斗重大

①《三中全会以来重要文献选编》下，北京：中央文献出版社2011年版，第168页。

成就和历史经验的基础上，重点总结新时代党和国家事业取得的历史性成就、发生的历史性变革和积累的新鲜经验，在中共十九大之后，对习近平新时代中国特色社会主义思想作出新的概括，阐明了习近平新时代中国特色社会主义思想的科学内涵和重大意义。决议在总结改革开放和社会主义现代化建设新时期的重大成就与历史经验中，对中国特色社会主义理论体系作了概括。中国特色社会主义理论体系，是包括邓小平理论、“三个代表”重要思想、科学发展观在内的科学理论体系。决议深刻总结了“从新的实践和时代特征出发坚持和发展马克思主义”[①]、建设中国特色社会主义的一系列基本问题，指出中国特色社会主义理论体系实现了马克思主义中国化新的飞跃及其深远意义。

决议在总结新时代党和国家事业取得的历史性成就、发生的历史性变革与积累的新鲜经验中指出，习近平新时代中国特色社会主义思想实现了马克思主义中国化新的飞跃。决议突出阐述了“中国特色社会主义新时代这个重点”[②]，回顾了中国共产党自成立以来特别是中共十八大以来所取得的历史性成就、发生的历史性变革和积累的新鲜经验，展现了习近平对关系新时代党和国家事业发展的一系列重大理论及实践问题的深邃思考与科学判断，系统阐述了习近平新时代中国特色社会主义思想的科学内涵。

实现马克思主义与中国实际、与中华优秀传统文化的结合，是习近平新时代中国特色社会主义思想的显著特征。“中国共产党为什么能，中国特色社会主义为什么好，归根到底是因为马克思主义行！”[③]马克思主义只有“中国化才能落地生根、本土化才能深入人心”[④]。新时代中国共产党人首先是依据马克思主义基本原理，在当代中国的实践沃土上解答时代之问，同时在中华优秀传统文化宝库里求历史之方。以

①《中国共产党第十九届中央委员会第六次全体会议文件汇编》，北京：人民出版社2021年版，第38页。

② 同上书，第112页。

③ 习近平：《在庆祝中国共产党成立100周年大会上的讲话》，北京：人民出版社2021年版，第13页。

④《中国共产党第十九届中央委员会第六次全体会议文件汇编》，北京：人民出版社2021年版，第96页。

习近平为主要代表的中国共产党人坚持把马克思主义基本原理同中国具体实际相结合、同中华优秀传统文化相结合，创立了习近平新时代中国特色社会主义思想，赋予当代中国马克思主义显著的实践特色、民族特色和时代特色。

坚强的领导核心和科学的理论指导，是关系党和国家前途命运、党和人民事业兴衰成败的根本性问题。历史充分证明，坚定不移地维护党的核心和党中央权威，党的领导就会加强，党的事业就会不断取得胜利；只有以科学理论为指导，才能引领党和国家事业蓬勃发展。“确立习近平同志党中央的核心、全党的核心地位，确立习近平新时代中国特色社会主义思想的指导地位”①，既明确了党的领导核心，又与时俱进推进理论创新，对新时代党和国家事业发展、对推进中华民族伟大复兴的历史进程具有决定性意义。

新时代坚持和发展什么样的中国特色社会主义、怎样坚持和发展中国特色社会主义，建设什么样的社会主义现代化强国、怎样建设社会主义现代化强国，建设什么样的长期执政的马克思主义政党、怎样建设长期执政的马克思主义政党等重大时代课题，是新时代面临的新形势、提出的新问题，要求中国共产党人予以科学回答。习近平新时代中国特色社会主义思想系统回答了重大时代课题，包含一系列原创性的治国理政新理念、新思想、新战略，是中华文化和中国精神的时代精华，是当代中国马克思主义、21 世纪马克思主义。

决议在中共十九大概括的“八个明确”和十四个基本方略的基础上，对习近平新时代中国特色社会主义思想作出“十个明确”新的概括和科学总结。习近平新时代中国特色社会主义思想把握时代大势，立足现实需要，回望历史进程，总结奋斗经验，体现了党对中国特色社会主义建设规律认识的深化。“十个明确”与党百年奋斗总结出的“十个坚持”相互呼应、相互贯通，是习近平新时代中国特色社会主义思想的主要内容，是理解新时代历史性成就、历史性变革的理论基础，也是对“中国共产党是什么、干什么”这一根本问题的时代回答，是建设社会

①《中国共产党第十九届中央委员会第六次全体会议文件汇编》，北京：人民出版社 2021 年版，第 48 页。

主义现代化强国，实现中华民族伟大复兴的行动指南。

（三）深刻理解百年党史上三个《历史决议》的重大意义

在党的百年历史重大节点和转折关头审议通过的前两个《历史决议》，深刻揭示了党的历史发展的主题主线、主流本质，在党的历史上发挥了重大的历史作用，产生了深远影响。第三个《历史决议》对于前两个决议的历史作用给予了充分肯定："一九四五年党的六届七中全会通过的《关于若干历史问题的决议》、一九八一年党的十一届六中全会通过的《关于建国以来党的若干历史问题的决议》，实事求是总结党的重大历史事件和重要经验教训，在重大历史关头统一了全党思想和行动，对推进党和人民事业发挥了重要引领作用。"①党的第三个《历史决议》也会像前两个决议一样，在新时代全面建设社会主义现代化国家的新征程上，统一全党的思想和行动，赢得中华民族复兴更加伟大的胜利和荣光。

1. 三个《历史决议》为维护党的团结统一奠定了思想基础

从党的百年历史看，虽然三个《历史决议》产生的时代背景不同，要解决的主要问题不同，但其目的和作用却是一致的，即在党的重大历史关头统一全党的思想、意志和行动，维护党的团结和统一。

第一个《历史决议》通过总结建党以来正反两方面的经验教训和若干历史问题，使全党在思想认识上达成了一致，增进了全党的团结。1944 年，毛泽东在《学习和时局》的报告中强调指出："这次处理历史问题，不应着重于一些个别同志的责任方面，而应着重于当时环境的分析，当时错误的内容，当时错误的社会根源、历史根源和思想根源，实行惩前毖后、治病救人的方针，借以达到既要弄清思想又要团结同志这样两个目的。"②决议通过回顾历史、坚持真理、修正错误、总结经验，使全党就建党以来的基本问题在思想上、政治上、组织上、军事上达成了一致，实现了"在马克思列宁主义思想一致的基础上，团结全党同志

①《中国共产党第十九届中央委员会第六次全体会议文件汇编》，北京：人民出版社 2021 年版，第 21 页。

②《建党以来重要文献选编（1921—1949）》第 21 册，北京：中央文献出版社 2011 年版，第 191 页。

如同一个和睦的家庭一样，如同一块坚固的钢铁一样”[①] 的任务，从而为全民族抗日战争的胜利，实现新民主主义革命的胜利和新中国的成立奠定了基础。

第二个《历史决议》针对党内外存在的关于中共十一届三中全会以来党的基本路线、方针、政策的非议，特别是对如何评价毛泽东的功过是非，如何认识毛泽东思想这一国内外高度关注的政治问题作了回应。邓小平强调：“过去的问题已经结束了，需要作个总结，不走这一步不行。”“总结过去是为了引导大家团结一致向前看。”[②] 基于此，第二个《历史决议》对新中国成立以来的一些重大历史问题作出结论，纠正了“两个凡是”的错误思想，科学地评价了毛泽东的功过是非和毛泽东思想的历史地位，既实现了全党在毛泽东思想旗帜下的团结统一，也使全党思想进一步统一到改革开放和社会主义现代化建设事业上来。

第三个《历史决议》诞生于中国共产党成立百年之际、“两个一百年”奋斗目标的历史交汇点上。决议立足当今世界正处于百年未有之大变局，中国正处于实现中华民族伟大复兴的关键历史时期的世情国情，深刻总结了中国共产党百年奋斗的重大成就和历史经验，正如决议所指出的：“总结党的百年奋斗重大成就和历史经验，是在建党百年历史条件下开启全面建设社会主义现代化国家新征程、在新时代坚持和发展中国特色社会主义的需要”[③]。在庆祝中国共产党成立100周年大会上，习近平首次以实现中华民族伟大复兴来概括百年党史的奋斗主题，强调经过党和人民的百年持续奋斗，实现中华民族伟大复兴已经进入不可逆转的历史进程。站在这一新的起点上，总结党的百年奋斗的重大成就和历史经验，目的是进一步推动全党统一思想、统一行动，使全党全社会的意志统一到推进实现第二个百年奋斗目标、实现中华民族伟大复兴的主题上来。

2. 三个《历史决议》为确立党的领导核心奠定了基础

中国共产党的百年历史总结出来的最重要、最根本的一条经验就是

①《建党以来重要文献选编（1921—1949）》第22册，北京：中央文献出版社2011年版，第76页。

②《邓小平年谱（1975—1997）》上卷，北京：中央文献出版社2004年版，第695、610页。

③《中国共产党第十九届中央委员会第六次全体会议文件汇编》，北京：人民出版社2021年版，第20页。

“坚持党的领导”，这是党和人民的事业不断取得成功的根本保证。前两个《历史决议》为维护党的领导和党中央权威起到重要作用。党的第三个《历史决议》亦是如此，在新时代为坚持党的正确领导，树立党的领导核心和习近平新时代中国特色社会主义思想的指导地位提供了根本遵循。

第一个《历史决议》确立了毛泽东在党中央和全党的领导核心地位，高度评价了以毛泽东为主要代表的马克思列宁主义路线的正确性。决议指出：“到了今天，全党已经空前一致地认识了毛泽东同志的路线的正确性，空前自觉地团结在毛泽东的旗帜下了。以毛泽东同志为代表的马克思列宁主义的思想更普遍地更深入地掌握干部、党员和人民群众的结果，必将给党和中国革命带来伟大的进步和不可战胜的力量。”[①] 与此同时，决议还指出：“我党终于在土地革命战争的最后时期，确立了毛泽东同志在中央和全党的领导。这是中国共产党在这一时期的最大成就，是中国人民获得解放的最大保证。”[②] 毛泽东在党中央和全党核心地位的确立，为中共七大胜利召开以及确立毛泽东思想在全党的指导地位奠定了坚实的基础。

第二个《历史决议》充分地肯定了毛泽东的历史功绩，实事求是地评价了毛泽东思想的指导地位。决议指出：“毛泽东思想是马克思列宁主义在中国的运用和发展，是被实践证明了的关于中国革命的正确的理论原则和经验总结，是中国共产党集体智慧的结晶。”[③] 决议强调，毛泽东思想是适合中国情况的科学的指导思想，“它将长期指导我们的行动”[④]，“这次会议将以在党的指导思想上完成拨乱反正的历史任务而载入史册”[⑤]。由此为中共十二大提出“建设有中国特色的社会主义”的重大命题，为中共十三大进一步提出“社会主义初级阶段的基本理论”奠定了理论基础，也为中共十一届三中全会后，形成和树立以邓小平同志为核

①《建党以来重要文献选编（1921—1949）》第22册，北京：中央文献出版社2011年版，第111—112页。

② 同上书，第75页。

③《三中全会以来重要文献选编》下，北京：中央文献出版社2011年版，第156页。

④ 同上书，第165页。

⑤ 同上书，第175页。

心的党中央领导，开创、坚持、捍卫和发展中国特色社会主义提供了基本遵循。

第三个《历史决议》着重总结了中共十八大以来，以习近平同志为核心的党中央统筹“两个大局”，坚持把马克思主义基本原理同中国具体实际相结合、同中华优秀传统文化相结合，创立了习近平新时代中国特色社会主义思想，并用“十个明确”概括了主要内容。“两个确立”对于我们增强“四个意识”、坚定“四个自信”、做到“两个维护”，在以习近平同志为核心的党中央坚强领导下奋力实现中华民族伟大复兴具有决定性意义。

3. 三个《历史决议》为推进党和国家事业发展提供了行动指南

习近平指出：“我们回顾历史，不是为了从成功中寻求慰藉，更不是为了躺在功劳簿上、为回避今天面临的困难和问题寻找借口，而是为了总结历史经验、把握历史规律，增强开拓前进的勇气和力量。”[①] 以史为鉴、开创未来，是贯穿三个《历史决议》的鲜明指向，在百年辉煌的基础上，继往开来，团结一致向前看，推进中华民族伟大复兴的事业不断向前发展。

第一个《历史决议》使全党在思想上、政治上、组织上、军事上达成一致，为中共七大召开作了准备。中共七大的召开，又“为建立新民主主义的新中国制定了正确路线方针政策，使全党在思想上政治上组织上达到空前统一和团结”[②]，为夺取全民族抗日战争的最终胜利，进而为新民主主义革命的胜利，实现民族独立、人民解放奠定了基础。第一个《历史决议》为党的革命事业和人民的解放事业的发展奠定了基础。

第二个《历史决议》在改革开放和社会主义现代化建设的重大历史关头，回应了党内外、国内外关注的关于新中国成立以来若干重大历史问题，实事求是地评价了毛泽东对党和人民事业的贡献，科学评价了毛泽东和毛泽东思想的历史地位，科学阐述了毛泽东思想的科学体系和指

① 习近平：《在庆祝中国共产党成立95周年大会上的讲话》，北京：人民出版社2016年版，第7页。

②《中国共产党第十九届中央委员会第六次全体会议文件汇编》，北京：人民出版社2021年版，第27页。

导地位，实现了党在指导思想上的拨乱反正。党的第二个《历史决议》还从十个方面总结了新中国成立以来正反两方面的经验，为改革开放新时期开辟、坚持和发展中国特色社会主义提供了行动指南。

第三个《历史决议》以百年党史为基础，深刻总结了党的百年奋斗的重大成就和历史经验，从十个方面概括了百年党史奋斗的历史经验。站在新时代新的历史起点上，我们要“从党的百年奋斗中看清楚过去我们为什么能够成功、弄明白未来我们怎样才能继续成功”[①]。新时代推进第二个百年奋斗目标、实现中华民族伟大复兴，必须要坚持唯物史观和正确的党史观，以百年党史总结凝练出来的历史经验为遵循，坚持党的领导、坚持人民至上、坚持理论创新、坚持独立自主、坚持中国道路、坚持胸怀天下、坚持开拓创新、坚持敢于斗争、坚持统一战线、坚持自我革命，牢记为中国人民谋幸福、为中华民族谋复兴的初心使命，在新时代奋力推进中华民族伟大复兴的历史进程。

4. 三个《历史决议》为树立正确的党史观提供了基本遵循

习近平指出：“要坚持以我们党关于历史问题的两个决议和党中央有关精神为依据，准确把握党的历史发展的主题主线、主流本质，正确认识和科学评价党史上的重大事件、重要会议、重要人物。”[②]坚持辩证唯物主义和历史唯物主义，以实事求是的科学态度评价和总结党的重大历史事件、历史人物和经验教训是贯穿三个《历史决议》的正确立场、观点和方法。

第一个《历史决议》以毛泽东提出的“对于任何问题应取分析态度，不要否定一切”[③]为原则，实事求是地分析了建党以来若干历史问题，客观分析和研究了党内的错误路线及经历的挫折。决议指出：“党在个别时期中所犯的‘左’、右倾错误，对于二十四年来在我党领导之下的轰轰烈烈地发展着的、取得了伟大成绩和丰富经验的整个中国革命事

①《中国共产党第十九届中央委员会第六次全体会议文件汇编》，北京：人民出版社 2021 年版，第 20—21 页。

② 习近平：《在党史学习教育动员大会上的讲话》，北京：人民出版社 2021 年版，第 24 页。

③ 中共中央文献研究室、中央档案馆：《建党以来重要文献选编（1921—1949）》第 21 册，北京：中央文献出版社 2011 年版，第 191 页。

业说来，不过是一些部分的现象。”[①]第一个《历史决议》开创了用马克思主义立场、观点和方法分析党的历史问题的先河，这是中国共产党人在长期实践中形成的分析党的历史的正确立场、观点和方法，使全党对有关历史问题有了明确的统一认识。

第二个《历史决议》对党的历史特别是对新中国成立以来的历史作出了科学总结，实事求是地评价了新中国成立以来若干重大历史事件和历史问题。在决议起草过程中，邓小平旗帜鲜明地提出要对新中国成立30年来的历史进行实事求是的分析和公正评价，强调“这个决议要举毛泽东思想的伟大旗帜，实事求是地、恰如其分地评价‘文化大革命’，评价毛泽东同志的功过是非”[②]。实事求是的科学方法贯穿于党的第二个《历史决议》，为全党正确分析和研究新中国成立以来的历史提供了科学的方法论。

第三个《历史决议》在整体性视域下把握党的百年历史，聚焦新时代党带领全国各族人民取得的历史性成就、发生的历史性变革和总结的新鲜经验，全面阐述了中国共产党百年奋斗的历史意义，科学总结了党百年奋斗的重大成就和历史经验。决议指出：“全党要坚持唯物史观和正确党史观”[③]。整个决议以马克思主义的立场、观点和方法为指导，实事求是地分析了党的百年历史，阐述了党的百年奋斗的历史意义和历史经验，并指明了新时代中国共产党人的历史使命。决议彰显了党为中国人民谋幸福、为中华民族谋复兴的初心使命和实现中华民族伟大复兴的奋斗主题，是一篇回顾历史、总结经验、开拓未来的马克思主义纲领性文献，对于全面认识党的百年奋斗史、树立正确党史观具有极为深远的影响和意义。

（原载《河北学刊》2022年第1期。中国人民大学复印报刊资料《中国共产党》2022年第4期全文转载。2023年入选中宣部第七届“期刊主题宣传好文章”）

①《建党以来重要文献选编（1921—1949）》第22册，北京：中央文献出版社2011年版，第111页。

②《邓小平文选》第二卷，北京：人民出版社1994年版，第307页。

③《中国共产党第十九届中央委员会第六次全体会议文件汇编》，北京：人民出版社2021年版，第20页。

七

第一个《历史决议》对马克思主义中国化的贡献

1945年党的六届七中全会通过的《关于若干历史问题的决议》(以下简称《历史决议》)，是中国共产党第一个关于历史问题的政治决议，也是一篇马克思主义中国化发展史上具有里程碑意义的重要文献。《历史决议》对建党以来特别是六届四中全会至遵义会议前的历史进行了系统总结，对历次“左”右倾错误及其严重危害进行了深入反思，高度评价了毛泽东运用马克思主义基本原理解决中国革命问题的卓越贡献，初步勾勒出毛泽东思想的基本轮廓，不仅增强了全党在马克思列宁主义基础上的团结，也为马克思主义中国化的第一次历史性飞跃奠定了重要基础。

(一)高度评价了毛泽东对马克思主义中国化的卓越贡献

毛泽东是马克思主义中国化的开拓者和奠基人，第一次系统阐述了马克思主义中国化的科学内涵，向全党明确提出“使马克思主义在中国具体化”和“使中国革命丰富的实际马克思主义化”的双重任务，为推动理论和实践创新作出了杰出贡献。《历史决议》首次以党的重要文献形式高度评价了毛泽东对马克思主义中国化的卓越贡献，肯定了确立毛泽东在全党领导地位的重大意义，开创了马克思主义政党确立领导核心以统一思想、加强团结的先河。

当中国共产党早期探索者登上历史舞台时，中华民族正处于帝国主义、封建主义和官僚资本主义的黑暗统治之下，人民遭遇的浩劫与苦难世所罕见。在各种强国梦相继破产、救亡图存道路皆走不通之际，以毛泽东同志为主要代表的中国共产党人找到了马克思列宁主义这个放之四海而皆准的普遍真理，并将其与中国的具体实际结合起来，使马克思主义中国化，领导人民探索了一条农村包围城市、武装夺取政权的新民主主义革命道路。毛泽东在党的扩大的六届六中全会上，首次明确提出了“马克思主义中国化”的历史任务，指出：“马克思列宁主义的伟大力量，就在于它是和各个国家具体的革命实践相联系的。”[①] 作为国际主义的马克思主义者、作为与中华民族血肉相连的中国共产党，要学会把马克思主义理论应用于中国的具体环境。“离开中国特点来谈马克思主义，只是抽象的空洞的马克思主义。因此，使马克思主义在中国具体化，使之在其每一表现中带着必须有的中国的特性，即是说，按照中国的特点去应用它，成为全党亟待了解并亟须解决的问题。”[②] 马克思主义中国化科学命题的提出，对中国共产党人来说是一次大的思想解放，极大地推进了马克思主义中国化的理论自觉。

《历史决议》开篇即明确提出：“中国共产党自一九二一年产生以来，就以马克思列宁主义的普遍真理和中国革命的具体实践相结合为自己一切工作的指针，毛泽东同志关于中国革命的理论和实践便是此种结合的代表。”[③] 基于这一论断，决议采取历史与现实相结合的研究方法，把对毛泽东的评价置于大革命时期、土地革命战争时期的历史中，通过中国革命成功与失败的鲜明对照，高度评价了毛泽东运用马克思主义的立场、观点和方法，创造性地解决中国革命实践中一系列重大问题的卓越贡献。一方面，《历史决议》对自 1927 年至遵义会议党内一度存在的“左”、右倾错误，尤其是对第三次“左”倾错误路线的发展过程、主要内容、社会根源以及给中国革命所造成的严重危害进行了深入剖析，指出：遵义会议“开始了以毛泽东同志为首的中央的新的领导，是中国党内最有历史意义的转变”，此后，“党中央在毛泽东同志领导下的政治路线，是完全正确的”[④]。另一方面，《历史决议》高度肯定了毛泽东所代表的正确路线，指出：毛泽东同志代表中国无产阶级和中国人民，将“马克思列宁主义的科学理论，创造地应用于中国这样的……情况极复杂、

①《毛泽东选集》第二卷，北京：人民出版社 1991 年版，第 534 页。
② 同上书，第 534 页。
③《毛泽东选集》第三卷，北京：人民出版社 1991 年版，第 952 页。
④ 同上书，第 969、970 页。

斗争极困难的半封建半殖民地的大国，光辉地发展了列宁斯大林关于殖民地半殖民地问题的学说和斯大林关于中国革命问题的学说”。[①]

《历史决议》郑重地得出结论：在为实现新民主主义革命胜利而奋斗的二十四年中，中国共产党“产生了自己的领袖毛泽东同志”，党在土地革命战争时期的最大成就，就是确立了毛泽东同志在党中央和全党的领导地位，这是中国人民获得解放的最大保证。“全党已经空前一致地认识了毛泽东同志的路线的正确性，空前自觉地团结在毛泽东的旗帜下了。”[②]可以说，《历史决议》对毛泽东在党的历史上崇高地位的科学评价，集中回答了党史研究中最为核心的重大理论问题与现实问题，实现了马克思主义理论自身的创新与发展。

（二）初步勾勒了毛泽东思想的基本轮廓

党自成立之日起，就坚持把马克思列宁主义基本原理同中国革命具体实践相结合，指导中国革命取得了巨大胜利。然而，20 世纪 20 年代后期和 30 年代前期，“在国际共产主义运动中和我们党内盛行的把马克思主义教条化、把共产国际决议和苏联经验神圣化的错误倾向，曾使中国革命几乎陷于绝境”。[③] 以党内外出现的各类问题为导向，《历史决议》破除了党内教条主义和各种错误思想的影响，明确指出党在长期奋斗的过程中形成了“以毛泽东同志为代表的马克思列宁主义的思想”，为马克思主义中国化的第一次历史性飞跃，为党的七大正式确立毛泽东思想的指导地位奠定了坚实基础。

《历史决议》还没有使用毛泽东思想的概念，也没有专门讲毛泽东思想的全部内容，而是通过批判历次“左”右倾错误的发展过程、主要表现和严重危害，对照论证了毛泽东“创造性地把马克思、恩格斯、列宁、斯大林的革命学说应用于中国条件的工作”，[④] 并从政治、军事、组织等方面详尽论述了以毛泽东同志为主要代表的中国共产党人关于中国

①《毛泽东选集》第三卷，北京：人民出版社 1991 年版，第 952—953 页。

② 同上书，第 998—999 页。

③《三中全会以来重要文献选编》下，北京：中央文献出版社 2011 年版，第 156 页。

④《毛泽东选集》第三卷，北京：人民出版社 1991 年版，第 955 页。

革命理论与策略问题的正确观点，初步勾勒了毛泽东思想的基本轮廓。在政治上，《历史决议》通过反思历次“左”倾路线在革命任务与阶级关系问题、在革命战争与革命根据地问题，以及在进攻和防御政策指导上所犯的错误，对照阐述了毛泽东关于中国革命现阶段性质的认识，强调了在半封建半殖民地的国情下革命发展的不平衡性和革命斗争的曲折性。在军事上，《历史决议》通过反思历次“左”倾路线在建军问题、作战问题上存在的盲动主义和冒险主义错误，系统概括了毛泽东运用马克思列宁主义规定的、服从于中国革命正确政治路线的军事路线。这一正确的军事路线从两个基本观点出发：从红军的宗旨、红军在军政关系和军民关系上，必须全心全意地为着党的路线、纲领和政策，为着人民群众的根本利益而奋斗，反对违抗政治路线的单纯军事观点和流寇思想；红军必须以游击战和带游击性的运动战为主要作战形式，坚持战略的持久战和战役的速决战，坚持战役战术的以多胜少。在组织上，《历史决议》通过批判“左”倾路线对意见不同的同志进行“残酷斗争”“无情打击”的错误做法，以及与此相结合的宗派主义干部政策，系统论述了毛泽东的建党思想，科学分析了党内矛盾的性质，对党内犯错误的同志采取“惩前毖后，治病救人”的方针，为全党提供了一个原则性与纪律性相结合、正确进行党内斗争和保持党内团结的模范。

《历史决议》在对错误的政治路线、军事路线和组织路线进行深刻反思的基础上，指出这三类错误“都是从思想上违背马克思列宁主义的辩证唯物论和历史唯物论而来，都是从主观主义和形式主义、教条主义和经验主义而来”。[①] 历次“左”倾错误路线的出发点虽然不同，但是其在思想方法的本质上却是一致的，即无视马克思列宁主义的实质和中国的实际情况，教条式地把书本上的词句照搬照抄到中国，把片面的相对的真理夸大为普遍的绝对的真理。而毛泽东自投身中国革命事业之初起，就把马克思列宁主义的普遍真理同对中国社会实际情况的调查研究密切结合，坚持独立自主的探索精神，反对各种形式的教条主义，带领中国人民取得了革命斗争的伟大成绩和丰富经验。《历史决议》最后强

①《毛泽东选集》第三卷，北京：人民出版社 1991 年版，第 990 页。

调："以毛泽东同志为代表的马克思列宁主义的思想更普遍地更深入地掌握干部、党员和人民群众的结果，必将给党和中国革命带来伟大的进步和不可战胜的力量。"[①] 用批判教条主义来确立毛泽东同志和毛泽东思想的地位，"使全党更好地团结在以毛泽东同志为首的党中央周围，使党的思想更好地统一在马克思列宁主义普遍真理和中国革命具体实践相结合的毛泽东思想上面……从主要的意义上讲，一九四五年的《决议》确实完成了它的历史任务，而且在中国历史的发展中起过巨大的作用"。[②]

党的七大，庄严地把毛泽东思想写在党的旗帜上。大会通过的党章明确规定："中国共产党，以马克思列宁主义的理论与中国革命的实践之统一的思想——毛泽东思想，作为自己一切工作的指针，反对任何教条主义的或经验主义的偏向。"[③] 党的七大对毛泽东思想在全党指导地位的确立，标志着马克思主义中国化实现了第一次历史性飞跃，也标志着中国共产党在政治、思想和组织上达到了空前的统一。

（三）确立了马克思主义中国化的正确思想路线

思想路线在哲学上亦称作认识路线，是指人们认识世界和改造世界的根本原则和方法遵循。《历史决议》首次从党的指导思想高度确立的实事求是的思想路线，是在继承和发展马克思主义哲学和中华传统文化精华的基础上，在深刻总结党的历史上反对"左"、右倾错误的斗争经验中逐渐形成并不断完善的，这一思想原则不仅关乎党的事业的兴衰成败，也从根本上回答了"如何认识和对待马克思主义"的问题，为推进马克思主义中国化奠定了科学的世界观和方法论基础。

党的扩大的六届六中全会虽然提出了马克思主义中国化的科学命题，肯定了以毛泽东同志为主要代表的中国共产党人的正确主张，使党在政治上、军事上、组织上逐渐摆脱了"左"倾错误路线的侵蚀，"但在思想上主观主义的遗毒仍然存在"。[④] 实践也一再证明，思想路线问题

①《毛泽东选集》第三卷，北京：人民出版社 1991 年版，第 999 页。

②《邓力群文集》第一卷，北京：当代中国出版社 1998 年版，第 596 页。

③《中国共产党党章汇编》，北京：人民出版社 1979 年版，第 46 页。

④《毛泽东文集》第二卷，北京：人民出版社 1993 年版，第 373 页。

是"左"、右倾路线的"错误之源"。为此，党中央开展了大规模的整风运动，使广大党员干部端正了马克思主义的科学态度，解决了党内长期以来对错误路线认识不清或理解不到位的问题。也正是在这次学习和研究党史的运动中，毛泽东对"实事求是"作了科学的诠释："要有目的地去研究马克思列宁主义的理论，要使马克思列宁主义的理论和中国革命的实际运动结合起来，是为着解决中国革命的理论问题和策略问题而去从它找立场，找观点，找方法的。……这种态度，就是实事求是的态度。'实事'就是客观存在着的一切事物，'是'就是客观事物的内部联系，即规律性，'求'就是我们去研究。"[①] 这就要求全党在认识世界和改造世界的实践中，坚持一切从实际出发，实现主观与客观、理论与实践的具体的历史的统一。实事求是由此成为马克思主义中国化的精髓，成为马克思主义中国化的思想路线。正如习近平同志所强调的："我们党是靠实事求是起家和兴旺发展起来的"，实事求是作为党的思想路线，"始终是中国共产党人认识世界和改造世界的根本要求，是我们党的基本思想方法、工作方法和领导方法，是党带领人民推动中国革命、建设、改革事业不断取得胜利的重要法宝"。[②]

《历史决议》作为首次以中央决议形式出现的党史文本，其最终出台经历了集体参与、广泛讨论、反复修改等过程，这实际上就是一个不断推进马克思主义中国化的过程。正是《历史决议》所起到的重大历史作用，才使中国共产党人从一个胜利走向另一个胜利，实现了一次又一次的历史性飞跃。

（原载《前线》2022 年第 4 期）

①《毛泽东选集》第三卷，北京：人民出版社 1991 年版，第 801 页。

② 习近平：《坚持实事求是的思想路线》，《学习时报》2012 年 5 月 28 日，第 1 版。

八

第二个《历史决议》与马克思主义中国化

习近平同志指出："我们党的历史，就是一部不断推进马克思主义中国化的历史，就是一部不断推进理论创新、进行理论创造的历史。"① 1981 年 6 月党的十一届六中全会通过的《关于建国以来党的若干历史问题的决议》（以下简称第二个《历史决议》），在改革开放的历史转折关头指明了继续推进马克思主义中国化的方向，实现了马克思主义中国化两个历史性飞跃的衔接，对推动改革开放和社会主义现代化建设新时期的马克思主义中国化作出了突出贡献。

（一）系统总结马克思主义与中国实际相结合的道路探索

习近平同志指出："道路问题是关系党的事业兴衰成败第一位的问题，道路就是党的生命。"② 总结党的历史经验最重要的是总结中国共产党关于中国革命和建设道路探索的历程与经验。第二个《历史决议》在回顾党 60 年的历史总结中提出了"夺取中国革命胜利的正确道路"③"适合中国特点的社会主义改造的道路"④"适合我国国情的社会主义建设道路"⑤，体现了马克思主义理论逻辑与中国革命、建设历史逻辑的辩证统一，反映出党在不同历史时期对马克思主义理论的创造性运用和发展，是对马克思主义中国化实践成果的高度概括。

1."农村包围城市、武装夺取政权"的中国革命道路

中国共产党在领导中国革命的实践中，运用马克思主义关于无产阶

① 习近平:《在党史学习教育动员大会上的讲话》，北京：人民出版社 2021 年版，第 12 页。

②《习近平谈治国理政》第一卷，北京：外文出版社 2018 年版，第 21 页。

③《三中全会以来重要文献选编》下，北京：中央文献出版社 2011 年版，第 127 页。

④ 同上书，第 134 页。

⑤ 同上书，第 135 页。

级革命理论及民族殖民地理论，科学地分析中国社会主要矛盾和阶级状况，实现了马克思主义与中国实际的结合，探索出了一条具有中国特色的革命道路。正如第二个《历史决议》所指出，“我们党创造性地运用马克思列宁主义的基本原理，把它同中国革命的具体实践结合起来，形成了伟大的毛泽东思想，找到了夺取中国革命胜利的正确道路”[①]。这条革命道路的特点就在于“走十月革命的道路，但采取与十月革命不同的方式”[②]，也就是在指导思想上坚持马克思主义，在革命的发展方向上坚持社会主义，在领导权上坚持无产阶级政党的领导，而在革命道路具体实现形式上，探索出了适合中国国情的“农村包围城市、武装夺取政权”的革命道路。

1924年1月，中国共产党与中国国民党建立了党内合作形式的统一战线，促进了大革命轰轰烈烈地向前发展。但是，大革命失败后，党在敌众我寡的客观条件下发动的以城市为中心的武装暴动接连失败。实践证明，“在一个半殖民地、半封建的东方大国里进行革命，必然遇到许多特殊的复杂问题。靠背诵马克思列宁主义一般原理和照搬外国经验，不可能解决这些问题”[③]。大革命失败以后，以毛泽东为主要代表的中国共产党人以巨大的勇气和首创精神将党的工作重心由城市转向农村。毛泽东深入分析中国国情、总结革命斗争经验，分析和回答了中国红色政权为什么能够存在，以及中国革命的同盟军及革命方向问题，开创了以农村为革命重心，进行土地革命，开展武装斗争，发展农村革命根据地，壮大革命同盟和统一战线，以农村包围城市，最终夺取全国政权的革命道路。

旧中国是一个半殖民地半封建国家，一方面缺少资本主义经济积累，不具备资本主义民主制度，保留着大量小农经济，还受到帝国主义列强的压迫和侵略。这些客观条件决定了中国共产党不能像资本主义国家无产阶级政党那样利用议会采取合法斗争，也不能像俄国无产阶级政党那样依靠工人阶级先占领城市后取农村。另一方面，中国政治经济发展的不平衡使农村成为统治的薄弱环节，这使得中国革命能首先在农村

①《三中全会以来重要文献选编》下，北京：中央文献出版社2011年版，第127页。
②《邓小平文选》第三卷，北京：人民出版社1993年版，第254页。
③《三中全会以来重要文献选编》下，北京：中央文献出版社2011年版，第156页。

取得突破。帝国主义列强在中国划分势力范围和扶持间接统治者带来的分裂状态给中国革命及武装割据提供了发展间隙。同时，深入农村，发动农民，就能与占人口绝大多数的农民形成可靠的同盟，保障无产阶级的领导权，积蓄和扩大革命力量，以革命的农村包围城市，最终取得革命的胜利。正是根据中国革命所处的特殊国情以及革命根据地斗争经验，毛泽东指出，“共产党的任务，基本地不是经过长期合法斗争以进入起义和战争，也不是先占城市后取乡村，而是走相反的道路”①。

第二个《历史决议》在回顾中华人民共和国成立以前28年历史的过程中重点强调了新民主主义革命道路在同教条主义错误的斗争中开辟出来的过程，这条道路的开辟不是从现有理论中来，也不是其他国家革命经验的复制，而是根源于中国生动的革命实践。第二个《历史决议》以具有中国特点的革命道路为核心总结出中华人民共和国成立前28年马克思主义中国化的成果，并反映出马克思主义中国化的实践逻辑。

2. 适合中国特点的社会主义改造道路

中华人民共和国成立之初，随着国民经济基本恢复，民主革命遗留任务完成，国营经济所占比重大为提高，如何向社会主义过渡已经成为了一个具有重大战略意义的现实问题。

在科学社会主义发展史上，马克思、恩格斯思考过如何从资本主义向共产主义过渡的问题。在《共产党宣言》中，马克思、恩格斯指出，无产阶级在夺取政权后，要“利用自己的政治统治，一步一步地夺取资产阶级的全部资本，把一切生产工具集中在国家即组织成为统治阶级的无产阶级手里，并且尽可能快地增加生产力的总量”②；与经济上的措施并行的是在政治上坚持“无产阶级的革命专政”③。但是马克思、恩格斯只基于对西方资本主义发展的预测提出了如何向共产主义社会过渡的原则和方向，当社会主义革命首先在经济文化相对落后的俄国取得胜利后，马克思主义过渡理论所面临的实际情况就发生了巨大变化。列宁根据俄国实际先后探索了战时共产主义和新经济政策的过渡道路，为落后

①《毛泽东选集》第二卷，北京：人民出版社1991年，第542页。
②《马克思恩格斯选集》第一卷，北京：人民出版社2012年版，第421页。
③《马克思恩格斯选集》第三卷，北京：人民出版社2012年版，第373页。

国家向社会主义过渡提供了经验借鉴。虽然在社会主义过渡的问题上，马克思、恩格斯相关理论和苏联经验可资借鉴，但是要在一个经济文化相对落后、人口众多的农业国实现社会主义过渡，还将面临着许多新的复杂的挑战，不可能靠照搬既有理论和他国经验解决这些问题。正如第二个《历史决议》指出，中国共产党在结合中国具体实际、借鉴苏联经验教训的基础上，提出了过渡时期总路线，“创造性地开辟了一条适合中国特点的社会主义改造的道路”[①]。

首先，具有中国特点的社会主义改造道路创造性运用了马克思主义生产力与生产关系辩证关系原理，将变革生产关系与发展社会主义工业化并举，对落后国家迅速建立社会主义进行了极富创造性的探索。实现工业化，建立独立完整的工业体系，是国家独立富强的基础，特别是在中华人民共和国面临的严峻国际环境下，实现社会主义工业化，尤其是发展重工业就十分紧迫和必要。但是作为一个落后的农业大国，国内民族资本主义经济力量弱小，难以支撑中国工业化起飞的基础，只有借助社会主义集中力量办大事的优势，把资金、人力物力集中起来，才能迅速改变我国经济落后的面貌。因此，生产资料私有制的社会主义改造是实现工业化的必要条件，社会主义工业化又能为农业、手工业、资本主义工商业改造提供先进技术，巩固生产资料私有制社会主义改造的基础。毛泽东用“一体两翼”来比喻“一化”和“三改”的关系：“好比一只鸟，它要有一个主体，这就是发展社会主义的工业；它又要有一双翅膀，这就是对农业、手工业的改造和对私营工商业的改造。”[②]生产资料私有制的社会主义改造与社会主义工业化同时并举，相互促进，互为支撑，既能缩短生产资料私有制社会主义改造的时间，又为落后农业国迅速实现工业化、巩固社会主义政权提供了可行方案，这是中国社会主义改造道路的突出特征。

其次，在向社会主义过渡的方式上，中国共产党吸取苏联社会主义建设的教训，在对个体农业和手工业的社会主义改造中，坚持积极领导、稳步前进的方针，从互助组到初级社再到高级社，从手工业生产小

①《三中全会以来重要文献选编》下，北京：中央文献出版社2011年版，第134页。
②《建国以来重要文献选编》第5册，北京：中央文献出版社1993年版，第1—2页。

组到供销合作社再到生产合作社，由低级到高级逐步改变生产资料所有制，既使农民和手工业者不至于感到突然，又在循序渐进的改造过程中积累了丰富经验。在对资本主义工商业的改造中，中国共产党把马克思主义关于和平赎买的理论与中国实际相结合，创造了具有中国特色的消灭资本主义私有制的道路。毛泽东通过分析中国民族资产阶级的两面性，指出在中国具体情况下，工人阶级和民族资产阶级的矛盾，“可以转变为非对抗性的矛盾，可以用和平的方法解决这个矛盾”[①]。结合中国实际情况，党把对资本主义工商业的利用、限制、改造与对民族资产阶级的团结、批评、教育相结合，将企业的改造与人的改造相联系、相促进，同时以一系列从低级到高级的国家资本主义形式，逐步实现了生产资料私有制的社会主义改造。正如陈云所说，将私有制转变为社会主义公有制，这在苏联已经实践过，“但是采用这样一种和平方法使全国工商界如此兴高采烈地来接受这种改变，则是史无前例的”[②]。

第二个《历史决议》在回顾中华人民共和国成立后头七年的历史中，论述了中国共产党如何发展马克思主义过渡理论，解决落后国家能否搞社会主义革命、如何建立社会主义制度的难题，从而集中反映出这一历史阶段中国共产党对马克思主义中国化的重大贡献。

3. 适合中国国情的社会主义建设道路

生产资料私有制的社会主义改造基本完成以后，如何建设社会主义成为中国共产党面临的中心课题。同时，在发展国民经济的第一个五年计划执行过程中，照搬苏联经验而产生的许多问题，以及苏共二十大暴露出的苏联社会主义建设中的缺点和错误，都使中国共产党决心独立自主地探索适合中国国情的社会主义建设道路。毛泽东指出：“他们走过的弯路，你还想走？过去我们就是鉴于他们的经验教训，少走了一些弯路，现在当然更要引以为戒。”[③]第二个《历史决议》就是以毛泽东发表《论十大关系》的讲话，作为中国共产党“探索适合我国国情的社会主义建设道路”[④]的开端，并总结了这一阶段积累的社会主义建设的重要经

①《建国以来重要文献选编》第10册，北京：中央文献出版社1994年版，第63页。
②《陈云文选》第二卷，北京：人民出版社1995年版，第310页。
③《建国以来重要文献选编》第8册，北京：中央文献出版社1994年版，第243页。
④《三中全会以来重要文献选编》下，北京：中央文献出版社2011年版，第135页。

验，这些经验主要体现在经济建设和政治生活领域。

在经济建设上，第二个《历史决议》指出，“毛泽东同志在领导纠正‘大跃进’和人民公社化运动中的错误时提出了不能剥夺农民，不能超越阶段，反对平均主义，强调发展商品生产、遵守价值规律和做好综合平衡，主张以农轻重为序安排国民经济计划等观点”[①]。第二个《历史决议》还总结了刘少奇、周恩来、陈云、邓小平等党的其他领导同志关于发展科学技术、科学制定计划指标、加强企业管理等方面的创造性思考。在这些关于社会主义经济建设的经验中，社会主义商品经济理论是这一时期中国共产党对马克思主义理论作出的突出贡献。在社会主义发展史上，社会主义与商品经济的关系是一个历史难题，马克思、恩格斯曾预言未来社会实现了生产资料公有制后将取消商品生产，但是对于在经济相对落后条件下建立社会主义政权的国家来说，这一理想状态不能立刻实现。毛泽东指出:“现在要利用商品生产、商品交换和价值法则，作为有用的工具，为社会主义服务。”[②]关于发展社会主义商品经济的思想，对改革开放后市场取向的改革提供了具有重要意义的启示。

在政治生活领域，党对社会主义建设道路初步探索的成果体现在创立了社会主义社会矛盾学说，正如第二个《历史决议》所概括的，“毛泽东同志在一九五七年春提出必须正确区分和处理社会主义社会两类不同性质的社会矛盾，把正确处理人民内部矛盾作为国家政治生活的主题”[③]。生产资料私有制的社会主义改造完成后社会主义社会是否还存在矛盾，对于这个问题的认识苏联曾出现过偏差。在斯大林主持编写的苏联《政治经济学教科书》中，他认为苏联的社会主义生产关系与生产力完全适合，不存在矛盾冲突。毛泽东在读苏联《政治经济学教科书》的谈话中就批评了这一错误思想，“这本书的基本缺点，是不承认矛盾的普遍性，不承认社会矛盾是社会主义社会发展的动力”[④]。毛泽东指出社会主义社会依然存在矛盾，并在矛盾运动中向前发展。毛泽东运用社会

①《三中全会以来重要文献选编》下，北京：中央文献出版社 2011 年版，第 137 页。
②《毛泽东文集》第七卷，北京：人民出版社 1999 年版，第 435 页。
③《三中全会以来重要文献选编》下，北京：中央文献出版社 2011 年版，第 137 页。
④《毛泽东年谱（一九四九—一九七六）》第四卷，北京：中央文献出版社 2013 年版，第 323 页。

主义社会矛盾学说，分析了中国社会主义建设中的“十大关系”，并提出了处理人民内部矛盾的正确方法，为社会主义建设提供了方法论。

（二）科学阐释马克思主义中国化第一次历史性飞跃

十年“文化大革命”结束后，马克思主义中国化走到了一个关键的十字路口。正确地总结历史，才能胜利地开辟未来，要在新的历史时期推动马克思主义中国化沿着正确道路前进，继续拓展社会主义建设道路，首先要解决的是对毛泽东历史地位和毛泽东思想的评价问题。在党和国家发展的重要转折关头，第二个《历史决议》遵循马克思主义的立场、观点和方法，实事求是地评价了毛泽东的历史地位，高举毛泽东思想伟大旗帜，奠定了新时期马克思主义中国化新的飞跃的思想基础，凸显了马克思主义中国化一脉相承又与时俱进的发展逻辑。

1. 指明了新时期继续推进马克思主义中国化的方向

党的十一届三中全会开启了改革开放和社会主义现代化建设新时期，但在拨乱反正的过程中，党内外仍存在着关于毛泽东的功过是非、毛泽东思想以及中华人民共和国成立以来相关历史问题的模糊认识。主要表现为两种错误倾向：一种错误认为党的十一届三中全会以来的路线方针政策违反了毛泽东思想；另一种则过分放大和曲解解放思想的含义，片面夸大毛泽东晚年的错误，企图否定毛泽东、毛泽东思想的历史地位，乃至党的领导和我国社会主义制度。因此，如何评价毛泽东的是非功过、是否继续高举毛泽东思想伟大旗帜，事关马克思主义中国化和中国特色社会主义道路探索的方向，事关党和国家的安定团结。在这个问题上，邓小平敏锐地察觉到如何阐述毛泽东思想，不只是一个理论问题，而是国际国内瞩目的政治问题，他指出：“毛泽东思想这个旗帜丢不得。丢掉了这个旗帜，实际上就否定了我们党的光辉历史。……不写或不坚持毛泽东思想，我们要犯历史性的大错误。”[①] 在邓小平确定的《历史决议》起草的三条基本方针中，他明确指出“最重要、最根本、最关键”的是“确立毛泽东同志的历史地位，坚持和发展毛泽东思想”[②]。这

①《邓小平文选》第二卷，北京：人民出版社 1994 年版，第 298—300 页。

② 同上书，第 291 页。

一系列论述为《历史决议》如何认识和评价马克思主义中国化的第一个理论成果奠定了基调。

在邓小平主持下，第二个《历史决议》通过概括毛泽东思想的形成发展过程为坚持毛泽东思想提供了坚实的历史根据，通过对毛泽东思想的科学界定树立和捍卫了毛泽东思想伟大旗帜，通过系统概括毛泽东思想体系说明了新时期应该坚持毛泽东思想哪些具体内容。旗帜引领方向，第二个《历史决议》树立起毛泽东思想伟大旗帜，指明了继续探索中国特色社会主义道路的方向，使马克思主义中国化在继承毛泽东思想的基础上向前发展。

第二个《历史决议》打破了原来只写中华人民共和国成立以来 32 年历史的思路，采纳了陈云“写党的六十年”[①] 的建议，全面展现了毛泽东思想形成发展成熟的过程及其对中国革命和建设的巨大贡献。第二个《历史决议》增加回顾中华人民共和国成立以前 28 年历史对确立毛泽东思想历史地位十分重要，通过阐述毛泽东思想是如何在土地革命时期同党内各种教条主义“错误倾向作斗争并深刻总结这方面的历史经验的过程中逐渐形成和发展起来的”[②]，以及论述毛泽东如何多次从危机中挽救革命，也就自然地说明了毛泽东思想的历史地位是“建国以前二十八年历史发展的必然结果”[③]。正如陈云所说，“六十年一写，毛泽东同志的功绩、贡献就会概括得更全面，确立毛泽东同志的历史地位，坚持和发展毛泽东思想，也就有了全面的根据”[④]。

第二个《历史决议》将毛泽东思想与毛泽东个人的思想做了区分，把毛泽东思想与毛泽东晚年错误区分开来，强调毛泽东思想“是被实践证明了的关于中国革命的正确的理论原则和经验总结，是中国共产党集体智慧的结晶”[⑤]。这样的区分实现了对毛泽东思想的科学界定，解决了当时既要坚持毛泽东思想又要否定毛泽东晚年错误这一难题。在此基础上，一方面驳斥了一些人借否定毛泽东晚年的某些错误言论否定整个毛

①《邓小平文选》第二卷，北京：人民出版社 1994 年版，第 303 页。
②《三中全会以来重要文献选编》下，北京：中央文献出版社 2011 年版，第 156 页。
③ 同上书，第 129 页。
④《邓小平文选》第二卷，北京：人民出版社 1994 年版，第 303 页。
⑤《三中全会以来重要文献选编》下，北京：中央文献出版社 2011 年版，第 156 页。

泽东思想科学体系的错误态度，另一方面又批评了对毛泽东言论的教条主义态度。总之，对毛泽东思想的科学界定有利于实现指导思想的拨乱反正，既“拨林彪、‘四人帮’破坏之乱，批评毛泽东同志晚年的错误，回到毛泽东思想的正确轨道上来”①，从而也保证了马克思主义中国化沿着毛泽东思想的科学轨道前进。

第二个《历史决议》概括了毛泽东思想科学体系的六个方面，系统阐释了马克思主义中国化第一次历史性飞跃的成果。第二个《历史决议》第一次从纵向和横向的结合上将毛泽东思想概括为包括新民主主义革命、社会主义革命和社会主义建设、革命军队的建设和军事战略、政策和策略、思想政治工作和文化工作、党的建设六个方面的理论体系。这一理论体系的概括，使毛泽东思想具有科学的系统表达和理论形态。毛泽东思想的基本原理体现了其长远指导意义，也体现了邓小平对起草第二个《历史决议》的要求：“要给人一个很清楚的印象，究竟我们高举毛泽东思想旗帜、坚持毛泽东思想，指的是些什么内容。”②

2. 指明毛泽东思想是马克思主义中国化的理论成果

第二个《历史决议》从马克思主义中国化的视角对毛泽东思想进行深刻论述，着重阐明毛泽东思想与马克思主义中国化之间的关系。第二个《历史决议》明确指出，毛泽东思想“是马克思列宁主义普遍原理和中国革命具体实践相结合的产物”“是马克思列宁主义在中国的运用和发展”③，阐明了毛泽东思想与马克思主义一脉相承又与时俱进的关系。毛泽东思想是马克思主义普遍原理在中国的表现形式、运用形式和发展形式，是与马克思主义立场、观点和方法统一的中国化的马克思主义理论。

在阐明毛泽东思想的理论体系时，第二个《历史决议》注重与马克思主义经典作家的思想观点和苏联经验相对照，明确指出毛泽东思想创新和丰富了马克思列宁主义的哪些具体内容。例如，第二个《历史决议》指出，毛泽东思想“发展了马克思列宁主义关于无产阶级在民主革

①《邓小平文选》第二卷，北京：人民出版社 1994 年版，第 300 页。

② 同上书，第 297 页。

③《三中全会以来重要文献选编》下，北京：中央文献出版社 2011 年版，第 156 页。

命中的领导权的思想”①，毛泽东运用马克思主义阶级分析方法分析了中国社会各阶级的性质，创造性地将中国资产阶级分为两个部分，指出中国无产阶级要与农民结成巩固的联盟，争取民族资产阶级参加统一战线，坚持武装斗争，以此牢固掌握自己在民主革命中的领导权。毛泽东思想关于新民主主义革命的理论不仅坚持了无产阶级对民主革命的领导权，而且进一步解决了中国无产阶级如何实现领导的问题。第二个《历史决议》不是单纯地概括毛泽东思想体系的内容，而是在理论体系的建构中，明确其对马克思主义的独创性贡献。毛泽东思想的创新点主要包括，“从理论和实践上解决了在中国这样一个占世界人口近四分之一的、经济文化落后的大国中建立社会主义制度的艰难任务”“丰富了马克思列宁主义关于无产阶级专政的学说”“走出一条适合我国国情的中国工业化道路”，军队政治工作方针、人民战争的思想、游击战的战略等内容“对马克思列宁主义的军事理论的极为杰出的贡献”，②等等。

第二个《历史决议》通过对毛泽东思想的概念界定和内容阐释，深刻说明了毛泽东思想不是在马克思主义之外重构了一个理论体系，而是在中国革命的具体实践中对马克思主义的创造性运用和发展，是马克思主义中国化的第一次历史性飞跃的理论成果。第二个《历史决议》阐明了毛泽东思想的理论渊源和理论基础，将坚持毛泽东思想与发展马克思主义、继续推进马克思主义中国化结合起来。

3. 明确马克思主义中国化的根本原则

第二个《历史决议》不仅指出毛泽东思想的“许多基本原理、原则和科学方法，是有普遍意义的，现在和今后对我们都具有重要的指导作用”③，还从毛泽东思想中提炼出更具指导意义的“活的灵魂”，这就为新的历史条件下继续推进马克思主义中国化提供了方法论指导。

实事求是是马克思主义中国化的根本方法。第二个《历史决议》指出:“实事求是，就是从实际出发，理论联系实际，就是要把马克思列宁

①《三中全会以来重要文献选编》下，北京：中央文献出版社2011年版，第157页。

② 同上书，第158—159页。

③ 同上书，第165页。

主义普遍原理同中国革命具体实践相结合。”[①] 毛泽东思想之所以能正确指引中国革命和建设的方向，就在于它始终坚持从中国国情和具体历史条件出发，坚持理论联系实际。新民主主义革命理论是在分析中国社会性质、社会主要矛盾以及社会各阶级状况的基础上，创造性运用马克思主义无产阶级革命一般原理而发展出来的。生产资料私有制的社会主义改造基本完成后，对中国特色社会主义建设道路的初步探索也是建立在党的八大对社会主要矛盾和国内外环境正确认识基础上的。正如第二个《历史决议》所总结的，中国革命和建设的成就离不开马克思主义的指导及其与中国实际的结合，而实践中的失误也与“把马克思、恩格斯、列宁、斯大林著作中的某些设想和论点加以误解或教条化”[②] 密不可分。因此，坚持实事求是的根本方法推动马克思主义中国化就要求全面认清中国国情，冲破教条主义和主观主义的束缚，把马克思主义理论与具体实际相结合，并不断在实践中发展它。

群众路线是马克思主义中国化的坚实基础。中国共产党把马克思主义关于群众是历史创造者的观点系统地运用于党的全部活动中，形成了相信群众、依靠群众的路线，这是党形成正确领导意见，制定正确方针、政策，战胜一切困难的关键。毛泽东指出：“单学马克思主义还不行……要在人民群众那里学得知识，制定政策，然后再去教育人民群众。”[③] 中国共产党坚持把马克思主义的认识论同党的群众路线统一起来，从群众实践中收集意见化为系统的理论和政策，再到群众中坚持下去，如此循环往复，党的事业和马克思主义中国化的进程才得到发展。推进马克思主义中国化要坚持群众路线，就是要坚持依靠最广大人民的力量发展马克思主义，在人民群众改造世界的社会实践中不断总结经验，为马克思主义中国化增添新的理论成果。

独立自主是马克思主义中国化的前提条件。第二个《历史决议》指出：“适合本国特点的革命道路和建设道路，只能由本国人民自己来寻

①《三中全会以来重要文献选编》下，北京：中央文献出版社 2011 年版，第 162 页。
② 同上书，第 149 页。
③《毛泽东年谱（1949—1976）》第五卷，北京：中央文献出版社 2013 年版，第 401 页。

找、创造和决定。”[①]只有本国的政党和人民群众最了解本国国情和社会历史状况，最有实践经验，照搬外国经验从来不能取得成功，依赖国外援助更是会损害国家利益，丧失对国家事务的自主决定权。中国共产党在领导中国革命和建设的实践中，正是坚持了独立自主、自力更生的原则，才有了坚决抵制把马克思主义教条化和把苏联经验神圣化等错误倾向的底气。坚持独立自主基本原则推进马克思主义中国化就是要顶住外来压力，坚定探索和决定本国道路，学习和借鉴国外经验，但是立足点始终是本国实际以及人民群众的实践经验。

维护毛泽东的历史地位、高举毛泽东思想伟大旗帜，对推进马克思主义中国化具有巨大的现实意义和深远的历史意义。首先，阐述和概括毛泽东思想理论体系本身就是对马克思主义中国化第一个理论成果的系统总结。其次，毛泽东思想是新时期马克思主义中国化继续前进的基础，第二个《历史决议》提供了马克思主义中国化从第一次历史性飞跃，走向改革开放和社会主义现代化建设新时期新的飞跃的思想基础和根本方法。

（三）推动新时期马克思主义中国化新的飞跃

回望历史是为了吸取经验教训，统一全党思想，将全国各族人民的力量集中到改革开放和社会主义现代化建设的新任务、新目标上来，团结一致向前看。第二个《历史决议》在总结中华人民共和国成立以来正反两方面经验的基础上，从理论层面第一次对初步形成的适合中国国情的社会主义现代化建设道路作了系统概括，初步建构了中国特色社会主义理论体系的基本框架，对于推动新时期马克思主义中国化新的飞跃起到了重要作用。

1. 中国特色社会主义理论体系形成的逻辑起点

第二个《历史决议》首次在党的正式文件中提出“我们的社会主义制度还是处于初级的阶段”[②]，对中国社会主义发展阶段的正确认识和科学定位，为中国特色社会主义理论体系的形成奠定了理论基础和逻辑起点。

①《三中全会以来重要文献选编》下，北京：中央文献出版社 2011 年版，第 165 页。
② 同上书，第 166—167 页。

推进马克思主义中国化要求一切从中国国情出发，首先需要对中国国情和所处的发展阶段作出正确认识。正如对半殖民地半封建社会的中国国情的认识奠定了新民主主义革命理论形成的基础一样，社会主义初级阶段是对现阶段中国国情的本质概括，这是建构中国特色社会主义理论体系的基本依据。社会主义初级阶段有两层含义：第一，我国已经建立了社会主义制度，已经取得了社会主义的基本成果，因此要克服过去以阶级斗争为纲的错误，同时在改革开放中坚持四项基本原则，注意消除两极分化，实现共同富裕。第二，我国目前还处于社会主义初级阶段，生产力水平还相对落后。这一客观现实与马克思、恩格斯设想的社会主义的起点有很大差距，因此中国的社会主义建设不能教条地对待马克思主义，照抄照搬苏联经验，必须一切从这一基本国情出发，制定现阶段的奋斗目标和发展战略。社会主义初级阶段理论提供了解放思想、建设中国特色社会主义的思想武器，为改革开放后调整所有制结构、改革分配制度、发展社会主义市场经济提供了理论依据，因此它是改革开放和社会主义现代化建设新时期创造性运用和发展马克思主义的逻辑起点，推动了新时期马克思主义中国化新的飞跃的实现。

2. 中国特色社会主义道路的初步理论概括

第二个《历史决议》第一次概括了中国特色社会主义道路的“十个要点”。这“十个要点”的全面总结，既是党的十一届三中全会后马克思主义中国化的阶段性理论成果，也奠定了中国特色社会主义理论体系的基础。沿着这“十个要点”指引的方向前进，党在改革开放和社会主义现代化建设新时期不断总结经验，实现了马克思主义中国化新的飞跃，形成了中国特色社会主义理论体系。

第一个要点正确阐述了社会主义初级阶段我国社会的主要矛盾，这是开辟中国特色社会主义道路、形成中国特色社会主义理论体系的基础。第二个《历史决议》指出：“在社会主义改造基本完成以后，我国所要解决的主要矛盾，是人民日益增长的物质文化需要同落后的社会生产之间的矛盾。”[①] 对社会主要矛盾的正确认识，为我们党排除“左”和右

①《三中全会以来重要文献选编》下，北京：中央文献出版社 2011 年版，第 168 页。

的干扰，将工作重心转移到经济建设上来，解放和发展社会生产力，推进社会主义现代化建设奠定了思想基础。

第二个要点初步提出了关于中国特色社会主义发展步骤的思想，指出，“社会主义经济建设必须从我国国情出发，量力而行，积极奋斗，有步骤分阶段地实现现代化的目标”，“既反对急于求成，也反对消极情绪”①。在这一思想的基础上，党的十三大正式提出了“三步走”的社会主义现代化发展步骤，构成了中国特色社会主义理论体系的重要部分。

第三个要点科学论述了生产力与生产关系之间的辩证关系，指出，“社会主义生产关系的变革和完善必须适应于生产力的状况，有利于生产的发展”②。这一论述破除了脱离生产力来抽象谈论社会主义、片面夸大生产关系反作用的错误倾向，是邓小平提出的“三个有利于”这一判断改革和各方面工作是非标准的思想前导。

第四个要点提出了对现阶段国内阶级斗争问题的正确认识。第二个《历史决议》指出，在当前国际国内条件下，阶级斗争已经不是主要矛盾，“必须正确认识我国社会内部大量存在的不属于阶级斗争范围的各种社会矛盾，采取不同于阶级斗争的方法来正确地加以解决”③。这一论断是改革开放和社会主义现代化建设新时期对毛泽东正确处理人民内部矛盾理论的新发展。

第五个要点初步提出了建设社会主义民主法治的思想。第二个《历史决议》指出：“逐步建设高度民主的社会主义政治制度，是社会主义革命的根本任务之一。”④这一论述将社会主义民主提升到极重要的位置，是“人民民主是社会主义的生命”⑤理论的萌芽。同时，第二个《历史决议》还提出健全人民代表大会制度，发展基层直接民主以及企业民主管理，初步提出了一系列有中国特色的民主形式以及健全社会主义民主制度的思想。

第六个要点阐述了社会主义精神文明建设的思想。“社会主义必须

①《三中全会以来重要文献选编》下，北京：中央文献出版社 2011 年版，第 168—169 页。
② 同上书，第 169 页。
③ 同上书，第 169 页。
④ 同上书，第 169 页。
⑤《十七大以来重要文献选编》上，北京：中央文献出版社 2009 年版，第 235 页。

有高度的精神文明”[①]，为探索一条以马克思主义为指导、充分发挥人民群众主体作用的中国特色社会主义文化发展道路奠定了基础。

第七个要点提出了正确处理社会主义的民族关系的思想，初步总结了坚持民族区域自治，尊重少数民族自治权利和宗教信仰自由，帮助少数民族地区发展经济文化，培养和提拔少数民族干部等一系列适合我国国情的基本民族政策。

第八个要点提出了关于社会主义国防军队建设思想，初步总结了保持人民军队性质宗旨，发挥人民军队优良传统，进一步加强国防建设，建设一支强大的现代化的革命军队的理论。

第九个要点提出了处理国际关系的基本原则，提出“在和平共处五项原则的基础上，积极发展同世界各国的关系和经济文化往来”[②]。在冷战结束、时代发生深刻变化的背景下提出了和平、发展、合作的对外交往方针，奠定了中国特色社会主义外交理论的核心内容。

第十个要点提出了党的建设理论，指出要坚持民主集中制根本原则，加强党风建设和组织建设，克服官僚主义，清除腐败，正确处理党同其他组织的关系，加强同党外人士合作，初步回答了“建设什么样的党、如何建设党”这个中国特色社会主义理论体系的根本问题。

综上所述，第二个《历史决议》为推动马克思主义中国化作出了重要贡献，它在重大历史关头继续高举毛泽东思想的伟大旗帜，指明了新时期马克思主义中国化继续前进的方向；既总结了中国共产党领导革命和建设的基本经验，系统阐释了马克思主义中国化第一次历史性飞跃的理论成果，又为实现新时期马克思主义中国化新的飞跃建构了基本框架。

（原载《毛泽东思想研究》2022 年第 6 期）

①《三中全会以来重要文献选编》下，北京：中央文献出版社 2011 年版，第 170 页。

② 同上书，第 171 页。

九

“十个坚持”是贯通百年党史的成功密码

党的十九届六中全会审议通过的《中共中央关于党的百年奋斗重大成就和历史经验的决议》(以下简称《决议》)指出:“一百年来,党领导人民进行伟大奋斗,在进取中突破,于挫折中奋起,从总结中提高,积累了宝贵的历史经验。”[①] 即坚持党的领导、坚持人民至上、坚持理论创新、坚持独立自主、坚持中国道路、坚持胸怀天下、坚持开拓创新、坚持敢于斗争、坚持统一战线、坚持自我革命(以下简称“十个坚持”)。“十个坚持”的历史经验贯通党的过去、现在和未来,凝结着中国共产党人百年奋斗的智慧心血,深刻揭示了党过去为什么能够成功、未来怎样才能继续成功的密码,具有根本性和长远指导意义,应当倍加珍惜、始终坚持、不断发展。

(一)“十个坚持”是百年党史历史经验的系统阐释

党在成立 100 周年的重要历史时刻,概括了“十个坚持”的历史经验,以历史唯物主义的科学态度准确把握党的奋斗历程,凸显党史的主题主线、主流本质,对全党统一思想和行动,以更加坚定的历史自信向着全面建成社会主义现代化强国的第二个百年奋斗目标奋勇前进具有重大的历史和现实意义。

1.“十个坚持”是贯通党的百年奋斗的历史经验

中国共产党历来高度重视总结历史经验,毛泽东曾风趣地说:“我是靠总结经验吃饭的。”[②] 在党的不同历史时期形成的三个《历史决议》就

①《中国共产党第十九届中央委员会第六次全体会议文件汇编》,北京:人民出版社 2021 年版,第 94 页。

② 郭思敏:《我眼中的毛泽东》,石家庄:河北人民出版社 1990 年版,第 225 页。

是科学总结历史经验的典范。1945 年党的六届七中全会通过的《关于若干历史问题的决议》系统总结了建党以后，特别是党的六届四中全会到遵义会议之间的经验教训，对统一全党思想，增强全党团结发挥了重要作用。1981 年党的十一届六中全会通过的《关于建国以来党的若干历史问题的决议》，回顾了新中国成立前后的历史，总结了社会主义革命和建设时期的历史经验，科学评价了毛泽东和毛泽东思想的历史地位，标志着党在思想上拨乱反正历史任务的完成，为改革开放的顺利进行奠定了坚实基础。不同于以往两个历史决议，党的十九届六中全会通过的《决议》概括的“十个坚持”的历史经验，并非针对某一时期、某一领域具体经验的阶段性总结，也不是既往方针政策的简单汇总，而是党中央站在建党百年的历史节点，深入总结党在百年奋斗历程中一以贯之的立场、观点和方法，具有更强的理论性、普遍性和本质性，因而能够贯通党的过去、现在和未来，不仅体现在既往党史各个时期的具体方针政策之中，而且能够对党在新征程上的方向选择和政策制定发挥深远的指导作用。充分认识“十个坚持”所具有的根本性和长远性指导意义，自觉用历史映照现实，在中国特色社会主义新时代的奋斗实践中丰富发展“十个坚持”，对党在新的百年再创辉煌具有十分重要的意义。

2.“十个坚持”是系统完整的有机整体

“十个坚持”作为党在长期实践中得出的宝贵经验，不是孤立片面的条文汇总，而是系统完整的有机整体，只有在相互联系、相互映照中才能实现对这一经验的准确把握。人的认识总是从感性认识上升到理性认识，从片面认识上升到全面认识的辩证发展过程。党中央从党的百年历史中总结提炼出“十个坚持”的历史经验，实现了对党的历史由感性到理性、由现象到本质的认识飞跃。但是如果仅仅停留在对“十个坚持”字句的表面理解上，仍然不能准确把握其中的内在机理和思想精华。只有把“十个坚持”的各项具体内容和具体要求看作相互联系、相互贯通的有机整体，在其他各项要求的相互映照下，在对“十个坚持”经验的整体理解和党的百年奋斗实践的丰富联系过程中，才能实现对党的历史经验的完整准确而又深刻的把握，实现由片面认识向辩证认识、具体认识向抽象认识的提升。例如，理解和把握坚持党的领导这一重要经验，不能脱离其他九条历史经验，坚持党的领导蕴含着坚持人民至上、坚持理论创新、坚持独立自主等历史经验，离开其他九条历史经验理解党的领导必然是空泛抽象的，难以实现对其具体内容的深刻领会。

3.“十个坚持”是百年党史思想精华的理论表达

中国共产党自1921年成立以来，已经走过了100年的光辉历程。“一百年来，党领导人民浴血奋战、百折不挠，创造了新民主主义革命的伟大成就；自力更生、发愤图强，创造了社会主义革命和建设的伟大成就；解放思想、锐意进取，创造了改革开放和社会主义现代化建设的伟大成就；自信自强、守正创新，创造了新时代中国特色社会主义的伟大成就。党和人民百年奋斗，书写了中华民族几千年历史上最恢宏的史诗。”① 在建党百年的重要时刻，回顾波澜壮阔的奋斗历程，目的在于总结历史、把握规律、坚定信心、走向未来，从历史中汲取经验，从历史中坚定信念，从历史中振奋精神，为在新的征程中取得更大胜利提供精神动力和理论支撑。从这一视角来看，“十个坚持”作为党对百年历史经验的概括和总结，实际上是将百年党史中丰富的革命、建设、改革实践由纵向演进表达为横向展示，由顺时叙述表达为理论阐释，以条分缕析的方式表达出了百年党史中具有本质意义的思想精华，在《决议》中具有十分重要的地位和意义。学习领会党的十九届六中全会通过的《决议》，要将掌握“十个坚持”历史经验放在重要位置，着重从各个时期的奋斗实践中理解掌握历史经验的展开方式，以加深对党的百年历史经验的科学理解和把握。

（二）“十个坚持”是确保党基业长青的有效法宝

习近平指出：“这十条历史经验是系统完整、相互贯通的有机整体，揭示了党和人民事业不断成功的根本保证，揭示了党始终立于不败之地的力量源泉，揭示了党始终掌握历史主动的根本原因，揭示了党永葆先

①《中国共产党第十九届中央委员会第六次全体会议文件汇编》，北京：人民出版社2021年版，第20页。

进性和纯洁性、始终走在时代前列的根本途径。”[①] 通过以上 4 个方面的系统阐述，“十个坚持”深刻揭示了党在实现中华民族伟大复兴的百年征程中之所以能够不断取得胜利的根本原因，解答了党的百年奋斗的成功密码。

1. 党的百年奋斗取得重大成就的根本保证

中国共产党是领导中华民族伟大复兴的核心力量，始终坚持党的领导是党和人民事业能够不断取得成功的根本保证。在中国这样一个幅员辽阔、人口众多、国情复杂的发展中国家，必须有一个坚强的核心发挥总揽全局、协调各方的领导作用。近代以来，无数仁人志士为改变山河破碎的悲惨状况进行了艰辛探索，但都没能结束旧中国一盘散沙的政治局面，因而也就不可能有效组织并发动广大人民群众，实现反对帝国主义、封建主义和官僚资本主义的历史任务。中国共产党的成立，使中华民族的伟大复兴事业开始有了坚强统一的领导核心，开辟了中华民族伟大复兴的正确道路。总结历史，回望过往，“十个坚持”将坚持党的领导作为中国共产党百年奋斗历史经验的第一条，并明确指出“中国人民和中华民族之所以能够扭转近代以后的历史命运、取得今天的伟大成就，最根本的是有中国共产党的坚强领导。历史和现实都证明，没有中国共产党，就没有新中国，就没有中华民族伟大复兴”[②]，从而揭示了党和人民事业不断取得成功的根本保证。新的历史条件下，只要继续坚持巩固和加强党的领导不动摇，坚决维护党中央的集中统一领导地位，充分发挥党的领导制度优势，党就一定能够团结带领全国各族人民克服前进道路上的风险挑战，在新的征程中确保党和人民的事业不断成功。

2. 党的百年奋斗历经磨难而不断走向成功的根本动力

“江山就是人民、人民就是江山，打江山、守江山，守的是人民的心。中国共产党根基在人民、血脉在人民、力量在人民。”[③] 人民群众的衷心拥护是党长期执政的根基所在，是党始终立于不败之地的力量之

①《中国共产党第十九届中央委员会第六次全体会议文件汇编》，北京：人民出版社 2021 年版，第 122 页。

② 同上书，第 94—95 页。

③ 习近平:《在庆祝中国共产党成立 100 周年大会上的讲话》，北京：人民出版社 2021 年版，第 11 页。

源。《共产党宣言》指出:“共产党人不是同其他工人政党相对立的特殊政党。”“他们没有任何同整个无产阶级的利益不同的利益。”[①]中国共产党是中国最广大人民根本利益的忠实代表,它没有不同于人民利益的任何特殊利益,也“从来不代表任何利益集团、任何权势团体、任何特权阶层的利益”[②],这是党始终能够得到人民拥护和支持的根本所在。“十个坚持”旗帜鲜明地强调坚持人民至上,重申党不代表任何利益集团的私利,“这既是回击一些别有用心的人想把我们党同人民分割开来、对立起来的企图,也是提醒全党,在为谁执政、为谁用权、为谁谋利这个根本问题上头脑要特别清醒、立场要特别坚定”[③],揭示了只有人民群众的拥护和支持才是党始终屹立不倒的力量源泉。是否始终紧紧依靠人民群众,决定着党能否在新的征程上取得伟大斗争的新胜利。只要党能够始终保持谦虚谨慎不骄不躁的良好作风,以历史唯物主义的群众观指导和引领新时代的各项工作,尊重人民群众的创造精神,维护人民群众的根本利益,增强人民群众的获得感和幸福感,坚定地与人民群众站在一起,就一定能够从人民的拥护中获得源源不断的奋斗伟力,带领人民取得中国特色社会主义事业的新胜利。

3. 党的百年奋斗坚持正确方向、掌握历史主动的根本原因

一个民族要想引领时代的浪潮,就一刻不能没有理论思维的指引,一个政党想要赢得历史的主动,更加不能没有理论思维的指引。党之所以能够在长期的革命斗争中把握先机、赢得主动,关键就在于掌握了科学的思维方式和正确的理论武器,牢牢把握时代脉搏,深刻洞察历史规律,以正确的方针政策推动历史车轮滚滚向前。“十个坚持”作为党百年奋斗的历史经验的系统总结,凝结着党认识历史、把握时代的斗争智慧,揭示了党始终掌握历史主动的根本原因。这不仅体现在“十个坚持”强调“理论创新”“独立自主”“开拓创新”等实践经验,为分析时代提供了思想工具,为把握主动提供了理论指引,而且体现在“十个坚

①《马克思恩格斯文集》第二卷,北京:人民出版社2009年版,第44页。

② 习近平:《在庆祝中国共产党成立100周年大会上的讲话》,北京:人民出版社2021年版,第12页。

③ 习近平:《以史为鉴、开创未来 埋头苦干、勇毅前行》,《求是》2022年第1期。

持”作为阐述党百年奋斗经验的有机整体，其本身就贯穿于各个时期党分析局势、抢占主动的实践之中，是被实践证明了的正确的理论原则和经验总结。在新的历史条件下继续推进中华民族伟大复兴的历史进程，牢牢占据历史发展的主动地位，需要充分吸收并始终做到“十个坚持”，以其蕴含的科学思维认识局势，以其体现的有效原则制定政策，以其彰显的创新精神勇立潮头。

4. 党在百年奋斗中始终勇立时代潮头、走在时代前列的根本途径

党政军民学，东西南北中，党是领导一切的。自从有了中国共产党，中华民族的伟大复兴有了坚强有力的领导核心。只有不断推进自我革命，在实践中锤炼锻造党的队伍，保持党的先进性和纯洁性，确保党始终走在时代前列，中华民族伟大复兴的历史伟业才能不断从胜利走向胜利。然而，“先进的马克思主义政党不是天生的，而是在不断自我革命中淬炼而成的。党历经百年沧桑更加充满活力，其奥秘就在于始终坚持真理、修正错误。党的伟大不在于不犯错误，而在于从不讳疾忌医，积极开展批评和自我批评，敢于直面问题，勇于自我革命”①。“十个坚持”的历史经验不仅包含着党在历史顺境中从正面总结的成功秘诀，而且蕴含着党在历史逆境中从反面体现的深刻教训。历史证明，遵循“十个坚持”的历史经验，党的建设就能顺应历史规律，党的事业就能够兴旺发达，背离“十个坚持”，党的队伍就会偏离历史正轨，党的事业就会陷入困顿。中国特色社会主义进入新时代，为解答“建设什么样的长期执政的马克思主义政党、怎样建设长期执政的马克思主义政党”这一重大时代课题，以习近平同志为核心的党中央紧紧围绕新时代党的建设总要求，不断推进党的建设新的伟大工程，以加强党长期执政能力建设、先进性和纯洁性建设为主线，提出了一系列具有原创性的党建新思想新理念新论断，揭示了新时代中国共产党长期执政的基本规律。在找到了跳出治乱兴衰的历史周期率的第一个答案后，新时代中国共产党人在“十个坚持”中又给出了第二个答案，即坚持自我革命。中国共产党之所以能够历经百年风雨而仍风华正茂，不是党从不犯错误、走弯路，而是党

①《中国共产党第十九届中央委员会第六次全体会议文件汇编》，北京：人民出版社 2021 年版，第 100—101 页。

敢于承认错误、科学分析错误、认真纠正错误，在总结历史经验的基础上克服前进路上所犯错误，确保自身始终成为社会主义事业的坚强领导核心。

（三）“十个坚持”是坚定信心接续奋斗的科学指南

以史为鉴，开创未来，总结提炼党的百年奋斗历史经验，充分认识“十个坚持”对党取得伟大奋斗成就的重要意义，为的是不断坚定中国共产党人的历史自信，在新的历史条件下坚持经验、运用经验、丰富经验，将历史经验作为接续奋斗的科学指南，向着实现第二个百年奋斗目标奋勇前进。

1. 引领时代的思想武器

“十个坚持”作为党和人民奋斗实践经验的科学总结，是当今时代精神的思想精华，也是引领时代发展的有力武器。站在实现第二个百年奋斗目标的新起点，以习近平同志为核心的党中央，立足实现中华民族伟大复兴战略全局，深刻洞察时代变化。“我国处于近代以来最好的发展时期，世界处于百年未有之大变局，两者同步交织、相互激荡。”① 一方面，随着国际形势的急剧变化，我国面临的外部环境日趋严峻，我国核心利益和发展利益遭受着重大挑战；另一方面，随着世界多极化、经济全球化、社会信息化、文化多样化深入发展，国际力量对比更趋均衡，百年未有之大变局加速演进，实现中华民族伟大复兴将长期处于重要战略机遇期。面对纷繁复杂的世界形势和危机并存的发展环境，要更加善于从历史中汲取智慧，从实践中寻找答案，“把党的历史经验作为正确判断形势、科学预见未来、把握历史主动的重要思想武器，更好观察时代、把握时代、引领时代”②，做到任凭风浪起、稳坐钓鱼台，在新的伟大征程中继续走在时代前列。

2. 赢得斗争的实践遵循

“十个坚持”作为党百年奋斗的宝贵经验，具有根本性和长期指导性，既是党以往不断取得斗争胜利的有效法宝，又是党在新的历史时期

①《习近平谈治国理政》第三卷，北京：外文出版社2020年版，第428页。

② 习近平：《以史为鉴、开创未来　埋头苦干、勇毅前行》，《求是》2022年第1期。

继续赢得斗争实践的必要遵循。“党和人民取得的一切成就，不是天上掉下来的，不是别人恩赐的，而是通过不断斗争取得的”[①]，也必将在新的伟大斗争中得到不断巩固和发展。当前，中华民族伟大复兴的历史伟业正处于爬坡过坎的关键时期，新旧矛盾纵横交织，内外风险急剧增加，甚至会出现难以想象的惊涛骇浪。对此，习近平深刻指出：“新时代坚持和发展中国特色社会主义是一场艰巨而伟大的社会革命，各种敌对势力绝不会让我们顺顺利利实现中华民族伟大复兴。基于此，我向全党反复强调，必须进行具有许多新的历史特点的伟大斗争”[②]。“十个坚持”作为党在长期斗争中形成的有效法宝，是被实践证明了的可靠遵循，新时代继续进行具有许多新的历史特点的伟大斗争，应当继承发扬蕴含于其中的斗争精神和斗争智慧，“同企图颠覆中国共产党领导和我国社会主义制度、企图迟滞甚至阻断中华民族伟大复兴进程的一切势力斗争到底”[③]，在向第二个百年奋斗目标奋进的新征程中不断取得新的胜利。

3．判断政治是非的依据

实践是检验真理的唯一标准，“十个坚持”作为党的百年奋斗经验的概括总结，是经过中国革命、建设、改革实践反复检验了的科学认识，因而也就是各项方针政策行之有效的判断标准和衡量尺度，要“在方向性、原则性问题上自觉对标对表”[④]。100年来，中国共产党始终坚守初心使命，领导人民书写了人类历史的壮美篇章，改变了中华民族的前途命运，开辟了民族复兴的正确道路，使马克思主义在当今世界绽放出新的生机活力，对世界历史进程产生了深刻影响。在这一过程中形成的“十个坚持”的历史经验，既是党的百年历史发展规律的揭示，又是实践经验的准确表达，是一代又一代中国共产党人接力探索的思想结晶，是百年奋斗一以贯之的行动指南。它既在历史上为党的事业提供了科学指引，也必将成为党赢得未来胜利和荣光所应当遵循的行为准则。在新

①《中国共产党第十九届中央委员会第六次全体会议文件汇编》，北京：人民出版社 2021 年版，第 99 页。

② 习近平：《以史为鉴、开创未来 埋头苦干、勇毅前行》，《求是》2022 年第 1 期。

③《中国共产党第十九届中央委员会第六次全体会议文件汇编》，北京：人民出版社 2021 年版，第 84 页。

④ 习近平：《以史为鉴、开创未来 埋头苦干、勇毅前行》，《求是》2022 年第 1 期。

的历史条件下继续为实现中华民族伟大复兴的历史目标而奋斗，不断增强中国共产党人的历史自信，应当充分认识“十个坚持”的重要意义和实践价值，将其作为衡量各项工作是非得失的基本尺度，在重大问题和关键事项上自觉看齐对照，“决不能在根本性问题上出现颠覆性错误”[①]，以经过实践检验的历史经验确保社会主义现代化建设事业和民族复兴进程行稳致远。

4. 党性修养的重要指引

明镜所以照形，往事所以知今。党在长期奋斗历程中形成的“十个坚持”的历史经验作为全党的宝贵精神财富，凝结着无数中国共产党人的心血和汗水，蕴含着党之所以能够由小到大、由弱到强不断发展的实践智慧和斗争精神，为新时代共产党人的发展提供着丰富的涵养、滋养和营养，是党性修养的重要指引。习近平指出：“要把党的历史经验作为加强党性修养的重要指引，善于运用贯穿其中的马克思主义立场、观点、方法，改造主观世界，坚定理想信念，不断提高广大党员、干部特别是领导干部的政治觉悟、思想境界、道德水平。”[②]“全党要牢记中国共产党是什么、要干什么这个根本问题”[③]，从党的光辉历史中汲取经验教训，从党的探索历程中把握实践规律，从“十个坚持”中认真领会中国共产党为什么能、马克思主义为什么行、中国特色社会主义为什么好的具体答案，不断坚定为人民美好生活而奋斗的价值追求，不断提升应对前进道路上风险挑战的能力水平，不断巩固赶考路上自我革命的进取精神，以更加昂扬的姿态为实现中华民族的伟大复兴而奋斗。

百年复兴路，苦难显辉煌。党在百年征程中积累的“十个坚持”的宝贵经验，使我们深刻领悟到党在应对各种挫折逆境、风险挑战中所展现出的坚强意志和巨大勇气、高超智慧和无穷力量。“我们要用历史映照现实、远观未来，从中国共产党的百年奋斗中看清楚过去我们为什么能够成功、弄明白未来我们怎样才能继续成功，从而在新的征程上更加

① 习近平:《在庆祝改革开放 40 周年大会上的讲话》，北京：人民出版社 2018 年版，第 36 页。

② 习近平:《以史为鉴、开创未来 埋头苦干、勇毅前行》,《求是》2022 年第 1 期。

③《中国共产党第十九届中央委员会第六次全体会议文件汇编》，北京：人民出版社 2021 年版，第 103 页。

坚定、更加自觉地牢记初心使命、开创美好未来。”[①] 远眺前行的路，继续用党的历史经验启迪智慧、砥砺品格，在新征程的伟大实践中埋头苦干、勇毅前行，以行百里者半九十的清醒向前推进中华民族复兴伟业，既是历史交予新时代中国共产党人的接力棒，也是党责无旁贷的使命与责任。我们坚信，只要全党全国各族人民上下一心，一张蓝图绘到底，就能在新的航程上开辟出波澜壮阔的光明航道，在新时代的“赶考”复兴之路上书写新的恢弘篇章。

（原载《思想教育研究》2022 年第 2 期）

① 习近平:《在庆祝中国共产党成立 100 周年大会上的讲话》，北京：人民出版社 2021 年版，第 10 页。

第二编 毛泽东思想研究

一

毛泽东与我国社会主义基本制度的确立

在中国确立和巩固社会主义制度是中国共产党的奋斗目标和价值理想。新中国成立前夕，毛泽东根据中国实际，对即将建立的新中国的社会制度做了具体构想；新中国成立后，随着社会主义改造任务的完成，社会主义基本制度在中国确立，奠定了当代中国一切发展和进步的根本制度基础。在社会主义建设时期，毛泽东针对苏联模式的弊端，对我国社会主义经济政治体制改革进行了初步探索，为新时期中国特色社会主义制度的创新和发展提供了一定历史经验。

（一）毛泽东关于新中国政治经济制度的基本构想

中国革命胜利后，建立一个什么样的国家，这是党和毛泽东在长期的革命实践中认真思考和研究的一个重要问题。新中国成立前夕，毛泽东将思考的重点放在即将建立的新政治经济制度等重大问题上。

1. 关于新中国政治制度的构想

第一，提出建立人民民主专政的思想。1948 年在西柏坡召开的中央九月会议上，毛泽东第一次提出，中国革命胜利后，要建立无产阶级领导的以工农联盟为基础的人民民主专政的国家，这一“政权的阶级性是这样：无产阶级领导的，以工农联盟为基础，但不是仅仅工农，还有资产阶级民主分子参加的人民民主专政。”[①] 人民民主专政的基础是工人阶级、农民阶级和城市小资产阶级的联盟，而主要是工农联盟。1949 年 2 月初，他在西柏坡会见苏共中央政治局委员米高扬时又指出，新中国政权的性质是“在工农联盟基础上的人民民主专政，而究其实质就是无产

①《毛泽东文集》第五卷，北京：人民出版社 1996 年版，第 135 页。

阶级专政。不过对我们这个国家来说，称为人民民主专政更为合适、更为合情合理。”[①]同年9月，毛泽东在《论人民民主专政》一文中，对人民民主专政的性质和内容作了具体的说明。这一基本原则在《共同纲领》和建国后制定的几部宪法中得到了始终如一的坚持。

第二，关于新中国政权的组织形式。1940年1月，毛泽东在《新民主主义论》中就明确指出：“国体——各革命阶级联合专政。政体——民主集中制。”“没有适当形式的政权机关，就不能代表国家。”[②]他认为，与人民民主专政的国体相适应，政体应该采用民主集中制的人民代表会议制度，中央和地方各级政府，都应当由各级人民代表大会选举产生。新中国成立前夕，毛泽东在1949年中央九月会议上明确指出：“人民民主专政的国家，是以人民代表会议产生的政府来代表它的。”“我们政权的制度是采取议会制呢，还是采取民主集中制？”“我们采用民主集中制，而不采用资产阶级议会制。”[③]他认为，在中国采取民主集中制，开人民代表大会很合适的，各方面都能接受。在中共七届二中全会的总结中，毛泽东分析了人民代表大会制度与资产阶级议会制和列宁提出的工农民主专政的区别，认为人民代表大会制度不同于资产阶级的议会制度，而近似于苏维埃制，不过，“在内容上我们和苏联的无产阶级专政的苏维埃是有区别的，我们是以工农联盟为基础的人民苏维埃。”[④]而民族资产阶级的代表是参加人民代表会议的。与人民民主专政的国体相适应的人民代表大会制度，构成了新中国的根本政治制度。

第三，阐述了中国共产党领导的多党合作的思想。新中国的国体是人民民主专政，同这种国体相适应的政党制度是中国共产党领导的多党合作和政治协商制度。“1949年初，党中央和毛主席考虑联合政府的组成时，曾设想过在联合政府中，中共与进步分子合为2/3，中间与右翼

①《在历史巨人身边—师哲回忆录》(修订本)，北京：中央文献出版社1995年版，第376页。

②《毛泽东选集》第二卷，北京：人民出版社1991年版，第677页。

③《毛泽东文集》第五卷，北京：人民出版社1996年版，第136页。

④ 同上书，第265页。

占 1/3。”[①] 除中国共产党以外，还有各民主党派，要在政府的各个岗位上给其留下一定位置。但国家政权的领导权是在中国共产党手里的，这是确定不移的，丝毫不能动摇的。在中共七届二中全会上，毛泽东更明确地指出，我们党要去团结尽可能多的能够同我们合作的城市小资产阶级和民族资产阶级的代表人物，它们的知识分子和政治派别。同时要求我党同党外民主人士长期合作的决策，必须在全党思想上和工作上确定下来。这些同党外民主人士长期合作的政策在中共七届二中全会的《决议》中得到正式确认，为中国共产党领导的多党合作与政治协商制度的正式形成奠定了理论基础。中共七届二中全会以后，在向北平进军途中，毛泽东又对周恩来谈到，对于做出贡献的各民主党派领导人，应该在政府里安排职务。毛泽东关于中国共产党领导的多党合作制度的构想日益成熟。

第四，阐述了建立民族区域自治制度的思想。抗日战争时期，陕甘宁边区已经有过实施民族区域自治政策的实践，并积累了初步的经验。1937 年 8 月，毛泽东在为中共中央宣传部起草的关于形势与任务的宣传鼓动提纲中明确提出：“动员蒙民、回民及其他少数民族，在民族自决和自治的原则下，共同抗日。”[②] 这一主张被中央政治局扩大会议采纳，并写入《抗日救国十大纲领》。1945 年，毛泽东在中共七大政治报告中又进一步强调：“改善国内少数民族的待遇，允许各少数民族有民族自治的权利”[③]。1947 年 5 月 1 日，内蒙古自治政府成立。1947 年 10 月，毛泽东在《中国人民解放军宣言》中指出：“中国境内各少数民族有平等自治的权利。”[④] 1949 年 3 月，在中共七届二中全会上，毛泽东提出要为恢复内蒙古历史地域创造条件，逐步实现东西蒙统一的内蒙古自治区。1949 年 9 月，民族区域自治这一建立新型民族关系的重大决策写入《共同纲领》，规定在国家统一领导下，“各少数民族聚居的地区，应实行民族的区域自治，按照民族聚居的人口多少和区域大小，分别建立各种民族自

① 薄一波：《若干重大决策与事件的回顾》上卷，北京：中共中央党校出版社 1991 年版，第 32 页。

②《毛泽东选集》第二卷，北京：人民出版社 1991 年版，第 355 页。

③《毛泽东选集》第三卷，北京：人民出版社 1991 年版，第 1064 页。

④《毛泽东选集》第四卷，北京：人民出版社 1991 年版，第 1238 页。

治机关。”[①]

2. 关于新中国经济制度的构想

第一，关于新民主主义经济的性质。毛泽东在中央九月会议上指出：“我们的社会经济的名字还是叫‘新民主主义经济’好。”[②]他认为“新资本主义经济”的名词是不妥当的，因为它没有说明在我们社会经济中起决定作用的东西是国营经济、公营经济，这些经济是社会主义性质的，整个国民经济是社会主义经济领导之下的经济体系。1948 年 9 月，毛泽东在修改《关于东北经济构成及经济建设基本方针的提纲》时指出，在新民主主义经济建设中，放弃无产阶级的领导地位是错误的，同时，“又必须坚决地严密地防止任何急性的‘左’倾冒险主义的倾向，即是过早地和过多地在国民经济中采取社会主义的步骤，超出实际的可能性和必要性去机械地实现计划经济……这是一种极危险的‘左’的偏向，我们必须严格的加以防止。”[③]新民主主义经济的发展方向是社会主义。毛泽东指出：“不要以为新民主主义经济不是向社会主义发展，而认为是自由贸易、自由竞争，向资本主义发展，那是极其错误的，我们历来反对。”[④]在这一问题上，既要坚持社会主义方向，这是坚定不移的。又要谨慎、稳重，不要急于社会主义化，这些思想对于反对“左”和右的错误具有十分重要的意义。

第二，关于新民主主义的经济结构。新民主主义的经济结构是以社会主义国营经济为主导、多种所有制经济并存。关于新民主主义经济成分的构成及其作用，毛泽东指出：“新中国的经济构成，首先是国营经济，第二是由个体向集体发展的农业经济，第三是私人经济”[⑤]。对此，毛泽东在中共七届二中全会的报告中又具体加以说明，国营经济是社会主义性质的，合作社经济是半社会主义性质的，加上私人资本主义，加上个体经济，加上国家和私人合作的国家资本主义经济，这些就是人民共和国的几种主要的经济成分，这些就构成新民主主义的经济形态。在

①《建国以来重要文献选编》第 1 册，北京：中央文献出版社 1992 年版，第 12 页。
②《毛泽东文集》第五卷，北京：人民出版社 1996 年版，第 139 页。
③《毛泽东经济年谱》，北京：中共中央党校出版社 1993 年版，第 251 页。
④《胡乔木回忆毛泽东》，北京：人民出版社 2014 年版，第 544 页。
⑤《毛泽东文集》第五卷，北京：人民出版社 1996 年版，第 140 页。

这几种经济成分中，国营经济是领导成分，农村个体经济和城市私人经济数量大，但不起决定作用。

新中国成立前夕，毛泽东具体设计了未来我国的政治制度和经济制度，为新中国的建立奠定了重要基础。新民主主义与社会主义在制度上还存在着差异，但是新民主主义的发展方向是社会主义。毛泽东在新中国成立前夕设计的制度框架和基本思路，已经勾画出了未来社会主义制度的雏形，为我国成功地实现由新民主主义向社会主义的过渡奠定了基础。

（二）从《共同纲领》到“五四宪法”——我国社会主义基本制度的确立

1949 年 9 月，《共同纲领》把以毛泽东为主要代表的中国共产党人的建国构想确定下来。1954 年 9 月，第一届全国人民代表大会第一次会议通过的《中华人民共和国宪法》，是在《共同纲领》基础上的进一步发展，从宪法层面对我国社会主义制度作出了系统全面的规定。1956 年，我国完成了对个体农业、手工业和资本主义工商业社会主义改造的任务，确立了社会主义经济制度。由此，毛泽东关于新中国政治经济制度的科学构想由抽象变为具体，由原则成为制度，由蓝图化为现实。

1. 社会主义政治制度的确立

第一，人民民主专政在全国的确立。1949 年 9 月，中国人民政治协商会议第一届全体会议通过的《共同纲领》规定：“中华人民共和国为新民主主义即人民民主主义的国家，实行工人阶级领导的，以工农联盟为基础的、团结各民主阶级和国内各民族的人民民主专政”[①]。新中国的成立，标志着“革命根据地的人民民主专政……变成了全国的人民民主专政”[②]。人民民主专政不再只是一种科学构想和局部实践，而是变为具体现实并在全国实践。人民民主专政在实质上是无产阶级专政，它和资产阶级专政在性质上是完全不同的。在资本主义国家，无论怎样标榜民主和自由，终究只是占人口极少数的资产阶级居于统治地位，人民民主专

①《建国以来重要文献选编》第 1 册，北京：中央文献出版社 1992 年版，第 2 页。
②《建国以来毛泽东文稿》第 6 册，北京：中央文献出版社 1992 年版，第 141 页。

政则使人民真正成为国家的主人。同时它又具有极其鲜明的中国特色，无论在语言表述还是在内容上，都明确地把民主和专政两个方面及其相互关系表达出来，有利于促进社会主义民主政治的发展。1954 年 9 月，第一届全国人民代表大会第一次会议通过的《中华人民共和国宪法》，用国家根本大法的形式把人民民主专政的根本原则明确规定下来，保证了中国人民经过新民主主义革命长期浴血奋斗所取得的民主成果。

第二，人民代表大会制度的确立。《共同纲领》规定，各级政权机关一律实行民主集中制，并规定了实行民主集中制的主要原则。新中国成立时，作为我国根本政治制度的人民代表大会制度，因为各方面条件的限制，并没有能与新生的国家政权同步形成，而是采取了在中央通过中国人民政治协商会议全体会议、在地方通过逐级召开人民代表会议的方式，逐步地向人民代表大会制度过渡。在毛泽东的倡导和督促下，全国各地先后召开各界人民代表会议，为召开普选的各级人民代表大会准备了条件。1953 年通过的《关于召开全国人民代表大会和地方各级人民代表大会的决议》，要求必须依照《共同纲领》规定，及时地召开由人民普选方法产生的全国人民代表大会，使人民民主专政的国家制度更加完备，以适应国家计划建设的要求。1954 年,《中华人民共和国宪法》《中华人民共和国全国人民代表大会组织法》《中华人民共和国地方各级人民代表大会和地方各级人民委员会组织法》的颁布，标志着人民代表大会制度在宪法体制上的正式确立。它不仅为国家的政治民主化进程确定了一种新型政权组织形式和民主程序，更重要的是确立了人民代表大会这一同人民民主专政的国体相适应的根本政治制度，为实现人民当家作主提供了根本的制度保证。

第三，中国共产党领导的多党合作制度的形成。1948 年 4 月 30 日，中共中央发布《纪念“五一”节口号》，提出“各民主党派、各人民团体、各社会贤达迅速召开政治协商会议，讨论并实现召集人民代表大会，成立民主联合政府。”[①] 这一提议受到各民主党派的拥护和支持。1949 年 6 月，新政协筹备会议第一次全体会议通过了《新政治协商会议

①《建党以来重要文献选编（1921—1949）》第 25 册，北京：中央文献出版社 2011 年版，第 283—284 页。

筹备会组织条例》，规定筹备会的23个单位，包含了民主党派和无党派民主人士，中国共产党领导的多党合作制度开始运作起来。1949年9月，各民主党派、无党派民主人士、各人民团体和中国共产党一道参加的中国人民政治协商会议的召开，不仅体现了中国共产党领导的多党合作的基本精神，而且标志着中国共产党领导的多党合作和政治协商制度在政治上、组织上的正式形成，这是我国社会主义制度的突出特点和优势。1954年通过的《中华人民共和国宪法》，对我国的政党问题作了明确规定："我国人民在建立中华人民共和国的伟大斗争中已经结成以中国共产党为领导的各民主阶级、各民主党派、各人民团体的广泛的人民民主统一战线。今后在动员和团结全国人民完成国家过渡时期总任务和反对内外敌人的斗争中，我国的人民民主统一战线将继续发挥它的作用。"[①]用根本大法的形式，确立了中国共产党领导的多党合作与政治协商制度。

第四，民族区域自治制度的确立。《共同纲领》明确规定："各少数民族聚居的地区，应实行民族的区域自治，按照民族聚居的人口多少和区域大小，分别建立各种民族自治机关。"[②]从而把民族区域自治作为我国处理民族关系问题的制度选择以法律的形式确定下来。新中国成立以后，一方面，根据宪法和法律规定，在实践中开始在少数民族聚居的地方全面推行民族区域自治。另一方面，我国开始制定相关的民族区域自治的法律法规。1952年2月政务院125次政务会议，原则通过《中华人民共和国民族区域自治实施纲要》；1953年中央民族事务委员会（扩大）会议，通过《关于推行民族区域自治经验的基本总结》。1954年《中华人民共和国宪法》对民族区域自治作了更为全面细致的规定，标志着民族区域自治制度迈出了关键性的一步。随后，国务院又根据《纲要》精神和《中华人民共和国宪法》，于1955年12月发出《国务院关于更改相当于区的民族自治区的指示》《国务院关于建立民族乡若干问题的指示》和《国务院关于改变地方民族民主联合政府的指示》，到1956年我国基本形成全国统一的民族自治体制，基本确立了民族区域自治制度的框架。到1958年我国已成立四个自治区、29个自治州和54个自治县。

①《建国以来重要文献选编》第5册，北京：中央文献出版社1993年版，第521页。

②《建国以来重要文献选编》第1册，北京：中央文献出版社1992年版，第12页。

西藏也成立了自治区筹备委员会。1965 年 9 月，西藏自治区成立。

2. 社会主义法制的确立

1949 年新中国成立后，为适应新的社会政治经济的发展和维护全新的社会关系和社会秩序的要求，开始展开大规模的法律创制活动。《共同纲领》明确规定："废除国民党反动政府一切压迫人民的法律、法令和司法制度，制定保护人民的法律、法令，建立人民司法制度。"① 新中国成立后，根据《共同纲领》，建立了中央国家机关和地方各级人民政府，开展了全国范围内的法制建设，先后制定了地方各级人民政府和司法机关的组织通则，制定了工会法、婚姻法、土地改革法以及有关劳动保护、民族区域自治和公私企业管理等法律、法令。1954 年 9 月召开的第一届全国人民代表大会第一次会议通过《中华人民共和国宪法》后，又据此重新制定了一些有关国家机关和国家制度的各项重要法律法令。② 1956 年中共八大召开前，我国经济立法取得显著成效，民法立法框架已经基本形成，刑事立法初步展开，诉讼立法也开始启动，逐步形成了以宪法为核心的我国社会主义的法律框架。这些法律的制定和执行对社会关系领域的变革、调整、维持和巩固起到重要作用，为新生政权和社会主义制度的巩固和发展创造条件，对中国特色社会主义法律体系的形成也具有奠基性意义。

3. 社会主义经济制度的确立

第一，社会主义所有制结构的确立。《共同纲领》规定新中国成立后，我国的经济结构为国营经济、合作社经济、农民和手工业者的个体经济、私人资本主义经济和国家资本主义经济，"各种社会经济成分在国营经济领导之下，分工合作，各得其所，以促进整个社会经济的发展。"③ 其中，国营经济为社会主义性质的经济，是整个社会经济的领导力量，合作社经济、国家资本主义经济为半社会主义性质的经济，为整个社会经济的重要组成部分。新中国成立后，随着国民经济恢复和发展以及国内外情况的发展变化，1952 年底，毛泽东提出党在过渡时期的总

①《建国以来重要文献选编》第 1 册，北京：中央文献出版社 1992 年版，第 5 页。
②《董必武法学文集》，北京：法律出版社 2001 年版，第 341—342 页。
③《建国以来重要文献选编》第 1 册，北京：中央文献出版社 1992 年版，第 7 页。

路线，“总路线也可以说就是解决所有制的问题。国有制扩大——国营企业的新建、改建、扩建。私人所有制有两种，劳动人民的和资产阶级的，改变为集体所有制和国营（经过公私合营，统一于社会主义），这才能提高生产力，完成国家工业化。”[①]党在过渡时期的总路线的实质，就是使生产资料的社会主义所有制成为国家的经济基础。按照总路线的要求，我国对个体农业、手工业和资本主义工商业进行了社会主义改造，在较短的时间里，实现了生产资料所有制的深刻变革。到1956年，各种经济成分占国民收入的比重分别是：国营经济32.2%，合作社经济53.4%，公私合营经济7.3%，个体经济7.1%，社会主义所有制成为我国的经济基础。社会主义公有制在中国得到全面确立。

第二，社会主义计划经济体制的确立。随着所有制成分逐渐形成单一公有制，高度集中的计划经济体制逐渐建立。毛泽东指出：“恩格斯说，在社会主义制度下，‘按照预定计划进行社会生产就成为可能’，这是对的。资本主义社会里，国民经济的平衡是通过危机达到的。社会主义社会里，有可能经过计划来实现平衡。”[②]他还指出：“社会主义国家的经济能够有计划按比例地发展，使不平衡得到调节……因为消灭了私有制，可以有计划地组织经济。”[③]1954年9月通过的《中华人民共和国宪法》规定，国家用经济计划指导国民经济的发展和改造，使生产力不断提高，以改进人民的物质生活和文化生活，巩固国家的独立和安全。随着我国计划经济体制的形成，在经济运行管理、工业企业管理、基本建设管理、财务管理、物资管理、价格管理等方面也建立了高度集中的管理体制。

从《共同纲领》到“五四宪法”，再到1956年完成社会主义改造的历史任务，社会主义基本制度在中国得以全面确立，奠定了当代中国一切发展和进步的根本制度基础。改革开放以来，中国特色社会主义制度的创新和发展，是在这一基础上进行的，是在新的历史条件下对我国社会主义制度的丰富和完善。

①《毛泽东文集》第六卷，北京：人民出版社1999年版，第301页。

②《毛泽东文集》第八卷，北京：人民出版社1999年版，第118页。

③ 同上书，第119页。

（三）毛泽东对我国经济、政治体制改革的初步探索

社会主义制度在我国的确立是历史发展的必然和中国人民的选择，适合中国国情，同时在其表现和具体实践操作中而又具有中国特色。在社会主义建设时期，毛泽东在探索适合中国特点的社会主义建设道路的过程中，以苏为鉴，对我国社会主义经济、政治体制改革和完善进行了初步探索，提出了许多重要的思想观点。

1. 系统阐述社会主义基本矛盾理论

毛泽东关于社会主义社会基本矛盾的理论是我国社会主义政治经济体制改革和完善的理论基础。毛泽东指出：“在社会主义社会中，基本的矛盾仍然是生产关系和生产力之间的矛盾，上层建筑和经济基础之间的矛盾。”[①] 他认为社会基本矛盾是贯穿人类社会始终的矛盾，不论是敌我矛盾、人民内部矛盾，还是经济、政治、思想、文化各个领域中的矛盾，都受社会基本矛盾制约和规定。他还分析了社会主义基本矛盾的性质和特点，认为“社会主义生产关系已经建立起来，它是和生产力的发展相适应的；但是，它又还很不完善，这些不完善的方面和生产力的发展又是相矛盾的。除了生产关系和生产力发展的这种又相适应又相矛盾的情况以外，还有上层建筑和经济基础的又相适应又相矛盾的情况。”[②] 这些矛盾不是对抗性的矛盾，它可以经过社会主义制度本身，不断地得到解决。以毛泽东为主要代表的中国共产党人，根据社会主义基本矛盾的理论，对不适应中国实际的政治经济体制及运行方式的改革进行了探索，以适应我国社会主义制度巩固和发展的需要。邓小平在谈到我国经济体制改革时曾指出：“社会主义基本制度确立以后，还要从根本上改变束缚生产力发展的经济体制，建立起充满生机和活力的社会主义经济体制，促进生产力的发展，这是改革，所以改革也是解放生产力。”[③] 这些思想是在新的历史条件下对毛泽东社会主义社会基本矛盾理论的运用和发展。

①《毛泽东文集》第七卷，北京：人民出版社 1999 年版，第 214 页。

② 同上书，第 215 页。

③《邓小平文选》第三卷，北京：人民出版社 1993 年版，第 370 页。

2. 提出“以苏为鉴”，走自己的路的重要思想

以苏为鉴，走自己的路，为我国社会主义经济、政治体制改革和完善提供了方法论原则。毛泽东在《论十大关系》中指出：“特别值得注意的是，最近苏联方面暴露了他们在建设社会主义过程中的一些缺点和错误，他们走过的弯路，你还想走？过去我们就是鉴于他们的经验教训，少走了一些弯路，现在当然更要引以为戒。”[①]他在论述每个关系时都分析了苏联在处理这些问题时的经验教训，并提出解决问题的办法，体现出“走自己的路”的战略思想。他在“中国和外国关系”一节中明确提出：“马克思列宁主义，斯大林讲得对的那些方面，我们一定要继续努力学习。我们要学的是属于普遍真理的东西，并且学习一定要与中国实际相结合。如果每句话，包括马克思的话，都要照搬，那就不得了。”[②]1958年3月，毛泽东在成都会议上的讲话中又指出：“一九五六年四月的《论十大关系》，开始提出我们自己的建设路线，原则和苏联相同，但方法有所不同，有我们自己的一套内容。”[③]1960年6月18日，他在《十年总结》一文中又谈到：“前八年照抄外国的经验。但从一九五六年提出十大关系起，开始找到自己的一条适合中国的路线。”[④]突破苏联模式，要走自己的道路的思想，对于建立适合中国国情的社会主义制度具有十分重要的意义。

3. 关于经济体制改革的探索

毛泽东在《论十大关系》中，针对苏联模式的弊端，提出经济体制改革的思想。他对社会主义公有制经济占优势的前提下，允许非公有制经济成分存在的问题进行了探讨，指出要实行“新经济政策”，“可以搞国营，也可以搞私营。可以消灭了资本主义，又搞资本主义……现在国营、合营企业不能满足社会需要，如果有原料，国家投资又有困难，社会有需要，私人可以开厂。”[⑤]在分配方面，提出国家、集体和个人三者兼顾的原则。毛泽东在领导纠正“大跃进”和人民公社化运动中急躁冒

①《建国以来毛泽东文稿》第6册，北京：中央文献出版社1992年版，第82页。

② 同上书，第103页。

③《毛泽东文集》第七卷，北京：人民出版社1999年版，第369—370页。

④《建国以来毛泽东文稿》第9册，北京：中央文献出版社1996年版，第213页。

⑤《毛泽东文集》第七卷，北京：人民出版社1999年版，第170页。

进错误的过程中，还提出不能剥夺农民，不能超越阶段，要发展商品生产，遵循价值规律。刘少奇在中共八大的政治报告中也指出："我们应当改进现行的市场管理办法，取消过严过死的限制；并且应当在统一的社会主义市场的一定范围内，允许国家领导下的自由市场的存在和一定程度的发展，作为国家市场的补充。"[①] 陈云提出"三个主体、三个补充"思想，即国家、集体经济是主体，一定数量的个体经济是补充；计划生产是主体，在计划许可范围内按市场变化的自由生产是补充；国家市场是主体，一定范围内的自由市场是补充。这些思想观点，是对高度集中的计划经济体制的突破。

与此同时，对管理体制改革也进行了探索。中共八大以后，陈云主持体制改革工作，在充分调查研究的基础上，为国务院起草了《关于改进工业管理体制的规定》《关于改进商业管理体制的规定》和《关于改进财政管理体制的规定》等文件，明确提出关于工业管理的两个"适当扩大"，即"适当扩大省、自治区、直辖市管理工业的权限"[②] 和"适当扩大企业主管人员对企业内部的管理权限"[③]。1960 年 3 月，毛泽东对中共鞍山市委《关于工业战线上的技术革新和技术革命运动开展情况的报告》的批示中，提出"两参一改三结合"的思想；邓小平在 1961 年 8 月给毛泽东和中央政治局常委的信中，提出适当扩大企业自主权，加强企业管理，实行生产责任制思想；邓子恢在 1962 年 5 月写给党中央和毛泽东的《关于当前农村人民公社若干政策问题的意见》和 7 月在高级党校的关于农业问题的讲话的报告和意见中，进一步提出和阐述他在 1954 年提出的在农村实行生产责任制的观点。

4. 关于政治体制改革的探索

毛泽东认为我国的基本政治制度是好的，是适合中国国情的，但仍需要不断完善。他提出政治体制改革的目标就是要"造成一个又有集中又有民主，又有纪律又有自由，又有统一意志、又有个人心情舒畅、生

---

①《建国以来重要文献选编》第 9 册，北京：中央文献出版社 1994 年版，第 76 页。

②《陈云文选》第三卷，北京：人民出版社 1995 年版，第 88 页。

③ 同上书，第 91 页。

动活泼，那样一种政治局面”[①]。

第一，扩大社会主义民主。毛泽东认为：“没有民主，就不可能正确地总结经验。没有民主，意见不是从群众中来，就不可能制定出好的路线、方针、政策和办法……没有民主，不了解下情，情况不明，不充分搜集各方面的意见，不使上下通气，只由上级领导机关凭着片面的或者不真实的材料决定问题，那就难免不是主观主义的”[②]。他提出加强社会主义民主的主要途径：一是加强集体领导。中央和各级党委必须坚持集体领导的原则，反对个人独裁和分散主义两种偏向，必须懂得集体领导和个人负责这样两个方面，不是互相对立的，而是互相结合的。二是建立党代会常任制。邓小平在中共八大《关于修改党的章程的报告》中提出：“代表大会常任制的最大好处，是使代表大会可以成为党的充分有效的最高决策机关和最高监督机关”[③]。三是废除领导干部终身制。1957 年 4 月，毛泽东在与民主人士和无党派人士的谈话中，向党外人士透露不当国家主席的意愿，他说：“瑞士有七人委员会，总统是轮流当的。我们几年轮一次总可以，采取逐步脱身政策。”[④] 四是加强党的监督。没有监督，就没有民主。毛泽东认为，主要监督共产党的是劳动人民和党员群众以及民主党派。

第二，改变中央高度集权。毛泽东指出，现在中央集中太多，要给地方更多一些权力，给地方更多的独立性。要有中央和地方两个积极性，比只有一个积极性好得多。他说，“我国宪法规定，地方没有立法权，立法权集中在全国人民代表大会。这一条也是学苏联的……但美国似乎不是这样……它的政治制度是可以研究的。”[⑤] 谈到正确处理中央和地方的关系时，他指出：“处理好中央和地方的关系，这对于我们这样的大国大党是一个十分重要的问题。这个问题，有些资本主义国家也是很

①《建国以来毛泽东文稿》第 6 册，北京：中央文献出版社 1992 年版，第 543 页。

②《建国以来毛泽东文稿》第 10 册，北京：中央文献出版社 1996 年版，第 21—22 页。

③《建国以来重要文献选编》第 9 册，北京：中央文献出版社 1994 年版，第 141 页。

④ 逄先知、金冲及主编：《毛泽东传》（1949—1976）上卷，北京：中央文献出版社 2003 年版，第 672—673 页。

⑤ 薄一波：《若干重大决策与事件的回顾》上卷，北京：中央党校出版社 1991 年版，第 488 页。

注意的。它们的制度和我们的制度根本不同，但是它们发展的经验，还是值得我们研究。"[①] 他在 1970 年与斯诺的谈话中，仍然谈到在中央与地方的权力配置上，"要学你们美国的办法，分到五十个州去。""中央一个积极性，地方一个积极性！讲了十几年了"[②]。

第三，反对官僚主义，精简机构。官僚主义是危害党和国家政治体制的弊病之一。毛泽东对官僚主义作风一贯深恶痛绝。毛泽东特别强调机构庞大，部门重叠，是官僚主义滋生的条件。因此，他指出："在一不死人二不废事的条件下，我建议党政机构进行大精简，砍掉它三分之二。"[③] 后来又指出，国家机构庞大，部门很多，很多人蹲在机关里头没有事做，这个问题要解决。第一条，必须减人；第二条，对准备减的人，必须做出适当安排，使他们都有切实的归宿。党、政、军都要这样做。"精简机关，下放干部，使相当大的一批干部回到生产中去"[④]。

第四，完善人民代表大会制度、中国共产党领导的多党合作和政治协商制度、民族区域自治制度。1954 年以后，毛泽东积极探索人民代表大会制度建设，从而在政治实践中发展了人民代表大会制度。比如，赋予地方人大立法权。毛泽东指出："我们的宪法规定，立法权集中在中央。但是在不违背中央方针的条件下，按照情况和工作需要，地方可以搞章程、条例、办法，宪法并没有约束。我们要统一，也要特殊。"[⑤] 这一设想在实践中得到了贯彻。关于多党合作制，毛泽东提出，处理好中国共产党同各民主党派的关系，要坚持"长期共存，互相监督"的方针，对中国共产党领导的多党合作制度的完善具有重要的指导意义，被民主党派称为"思想上的大解放""民主党派新生命的开始"[⑥]。关于民族区域自治制度，毛泽东提出不仅要坚持反对大汉族主义和地方民族主义，加强民族团结，还要"在少数民族地区，经济管理体制和财政体

①《建国以来毛泽东文稿》第 6 册，北京：中央文献出版社 1992 年版，第 91—92 页。
②《建国以来毛泽东文稿》第 13 册，北京：中央文献出版社 1998 年版，第 181 页。
③《建国以来毛泽东文稿》第 6 册，北京：中央文献出版社 1992 年版，第 96 页。
④《毛泽东文集》第七卷，北京：人民出版社 1999 年版，第 240 页。
⑤《建国以来毛泽东文稿》第 6 册，北京：中央文献出版社 1992 年版，第 92 页。
⑥ 李维汉：《回忆与研究》下，北京：中共党史资料出版社 1986 年版，第 820 页。

制，究竟怎样才适合，要好好研究一下。”[①]

毛泽东对我国社会主义政治经济体制改革的探索，是基于对苏联模式的深刻反思，也是从我国社会主义基本制度建立后的实际出发所做的探索。毛泽东关于政治经济体制改革的思考和探索，是具有中国特点的社会主义建设道路内容的重要组成部分。虽然这一探索是初步的，有很多重要思想并没有在以后的实践中贯彻和实施。但是，这些探索的成果无疑为新时期中国特色社会主义制度的创新和发展，提供了重要经验。胡锦涛在2011年“七一讲话”中指出：“经过90年的奋斗、创造、积累，党和人民必须倍加珍惜、长期坚持、不断发展的成就是：开辟了中国特色社会主义道路，形成了中国特色社会主义理论体系，确立了中国特色社会主义制度。”[②]这一论述，也充分说明了中国共产党在领导革命、建设和改革的过程中，确立、创新和发展中国特色社会主义制度的一脉相承性。

（原载《高校理论战线》2012年第11期。中国人民大学复印报刊资料《毛泽东思想》2013年第1期全文转载）

①《建国以来毛泽东文稿》第6册，北京：中央文献出版社1992年版，第94页。

② 胡锦涛：《在庆祝中国共产党成立90周年大会上的讲话》，《人民日报》2011年7月2日，第2版。

二

毛泽东对中国特色社会主义的历史贡献

党的十八大报告指出："中国特色社会主义道路，中国特色社会主义理论体系，中国特色社会主义制度，是党和人民九十多年奋斗、创造、积累的根本成就，必须倍加珍惜、始终坚持、不断发展。"[①]中国特色社会主义道路的开辟、中国特色社会主义理论体系的形成、中国特色社会主义制度的确立，也包括了党的第一代领导集体的贡献，尤其是毛泽东在这一过程中的历史贡献。毛泽东对适合中国特点的社会主义建设道路的探索为成功开辟中国特色社会主义道路积累了历史经验，毛泽东关于社会主义建设的思想为中国特色社会主义理论的形成提供了基础，毛泽东对我国社会主义基本制度的设计建构了中国特色社会主义制度体系的基本框架。

（一）毛泽东对社会主义建设道路的探索为开辟中国特色社会主义道路积累了历史经验

在我国社会主义革命即将完成之时，毛泽东就提出，实现马克思主义与中国实际的第二次结合，根据实际探索符合中国特点的社会主义建设道路。毛泽东在这一时期的探索，为中国特色社会主义建设道路的开辟积累了历史经验，这一探索过程中取得的巨大成就，为当代中国的发展和进步奠定了重要的物质基础。

1. 毛泽东探索社会主义建设道路的艰辛历程

毛泽东对符合中国特点的社会主义建设道路的探索，经历了一个艰辛而曲折的过程。从 1955 年 11 月毛泽东领导制定中国经济发展战略

①《中国共产党第十八次全国代表大会文件汇编》，北京：人民出版社 2012 年版，第 11 页。

开始至1957年下半年，是毛泽东探索中国社会主义建设道路的重要阶段。毛泽东从1955年就开始探索我国农业以及其他各条战线的发展战略，在社会主义革命尚未完全结束之时，就在事实上开始了对社会主义建设道路的探索。1956年4月，毛泽东发表《论十大关系》的重要讲话，全面分析了我国社会主义建设需要处理好的十大关系，并提出正确处理的原则，尤其是提出了把马克思主义和中国实际相结合这一探索社会主义建设道路的基本原则。1956年9月召开的党的八大，正确论述了我国社会的主要矛盾，提出要把党和国家的工作重点转移到社会主义建设上来等许多重要的思想观点。1957年2月，毛泽东又发表《关于正确处理人民内部矛盾的问题》的讲话，对社会主义社会的矛盾问题进行了深入思考和科学论述，党对我国社会主义建设道路的探索有了一个良好的开端。关于这一问题，1958年3月毛泽东在成都会议上的讲话中指出："一九五六年四月的《论十大关系》，开始提出我们自己的建设路线，原则和苏联相同，但方法有所不同，有我们自己的一套内容。"[①] 1960年毛泽东在《十年总结》中又指出："前八年照抄外国的经验。但从一九五六年提出十大关系起，开始找到自己的一条适合中国的路线。"[②]

由于社会主义建设在中国是前无古人的伟大事业，实践的时间又很短，党还缺乏必要的经验积累和足够的思想理论准备，加之苏联模式的影响，在探索中遇到一些未曾经历的复杂情况。毛泽东在探索中曾经提出的一些正确的理论、方针和政策未能在实践中坚持下去，使我国社会主义建设道路的探索出现严重曲折。虽然后来毛泽东在纠正"左"的错误的过程中，也提出了一些关于社会主义建设的正确的理论观点，但随着党在指导思想上逐渐偏离正确的方向，使得这些探索被迫中断。1978年党的十一届三中全会之后，以邓小平为主要代表的中国共产党人不断总结经验，在一以贯之的接力探索中，成功地开辟了中国特色社会主义道路。

2. 毛泽东探索社会主义建设道路的重要贡献

毛泽东在探索社会主义建设道路过程中提出的一些重要原则和基本

①《毛泽东文集》第七卷，北京：人民出版社1999年版，第369—370页。

②《建国以来重要文献选编》第13册，北京：中央文献出版社1996年版，第418页。

思路，为新时期中国特色社会主义道路的开辟奠定了基础。

第一，实现马克思主义与中国实际的第二次结合。

毛泽东提出了实现马克思主义与中国实际“第二次结合”的重要思想，这也是党的第一代领导集体探索适合中国特点的社会主义建设道路的基本原则。毛泽东强调，我们党正是通过把马克思主义和中国革命实际相结合，在中国找到了正确的革命道路，才取得了革命的胜利。现在搞社会主义建设，需要通过把马克思主义和中国实际“进行第二次结合，找出在中国进行社会主义革命和建设的正确道路。”[①] 从我国实际出发，把马克思主义基本原理与中国实际相结合，是毛泽东探索社会主义建设道路的基本原则，也是十一届三中全会以来党领导改革开放和现代化建设，探索中国特色社会主义道路始终坚持的基本原则。改革开放以来，党的几代领导集体都不断强调，没有马克思主义与当代中国实际的结合，就不会有中国特色社会主义道路的成功开辟。

第二，以苏为鉴，走自己的路。

20 世纪 50 年代，苏联是社会主义阵营的排头兵，苏联模式也被普遍认为应该是新中国建设社会主义的不二选择。然而，毛泽东没有迷信苏联模式，却提出要突破苏联模式，“走自己的路”。他指出，苏联的经验固然要学习，但苏联走过的弯路，中国不能再走。并强调“任何外国的经验，只能作参考，不能当作教条。”[②] 就算是学习苏联模式，也要结合中国实际，具有中国特色。毛泽东强调：“我们信仰马列主义，把马列主义普遍真理同我们中国实际情况相结合，不是硬搬苏联的经验。硬搬苏联经验是错误的。”[③] 对于苏联的经验，“只能择其善者而从之，其不善者不从之。把苏联的经验孤立起来，不看中国实际，就不是择其善者而从之。”[④] 尽管毛泽东在探索社会主义建设道路的过程中没有能够完全突破苏联模式，但他提出的这一思想，为新时期中国特色社会主义道路的探索解除了思想枷锁。

---

① 吴冷西：《十年论战》上，北京：中央文献出版社 1999 年版，第 23—24 页。

②《毛泽东文集》第七卷，北京：人民出版社 1999 年版，第 133 页。

③ 同上书，第 176 页。

④ 同上书，第 366 页。

第三，批判地学习其他国家的发展经验，为社会主义现代化建设服务。

针对我国社会主义基本制度建立之初缺乏现代化建设经验这样一个事实，毛泽东提出要学习和借鉴世界上一切国家好的发展经验。毛泽东在八大开幕词中指出："要把一个落后的农业的中国改变成为一个先进的工业化的中国，我们面前的工作是很艰苦的，我们的经验是很不够的。因此，必须善于学习。"① 他提出："一切国家的好经验我们都要学，不管是社会主义国家的，还是资本主义国家的，这一点是肯定的。"② 尽管在毛泽东探索社会主义建设道路的过程中，真正意义上的对外开放并没有实现，但毛泽东提出向一切国家包括资本主义国家学习的态度，为后来全方位的改革开放提供了重要的启示。邓小平指出：当时"我们也想扩大中外经济技术交流，包括同一些资本主义国家发展经济贸易关系，甚至引进外资、合资经营等等。但是那时候没有条件，人家封锁我们。"③ 这说明，我们不能把封闭僵化的帽子扣在毛泽东头上，要实事求是地分析当时的背景和条件。

3. 毛泽东探索社会主义建设道路的历史经验

毛泽东对社会主义建设道路的探索，为新时期中国特色社会主义道路的开辟积累了宝贵的历史经验。

第一，科学判断社会的主要矛盾和主要任务。

党对社会主要矛盾的正确判断是制定正确的路线方针政策，沿着正确道路不断前进的前提和基础。党的八大和毛泽东在《关于正确处理人民内部矛盾的问题》中对我国社会主义的基本矛盾和主要矛盾的科学论述，使社会主义建设道路的探索有了良好的开端。但是，这些正确的思想观点并没有完全坚持下来。这也是毛泽东探索社会主义建设道路出现曲折的重要原因。党的十一届三中全会以后，正是因为对国内的主要矛盾重新做出了正确的分析，才使得党和国家的工作重点重新回到以经济建设为中心上来，也才使得社会主义建设道路的探索重新回到正确的轨

①《毛泽东文集》第七卷，北京：人民出版社 1999 年版，第 117 页。
② 同上书，第 242 页。
③《邓小平文选》第二卷，北京：人民出版社 1994 年版，第 127 页。

道上来。

第二，尊重经济发展规律。

我国社会主义基本制度确立以后，通过走社会主义道路早日实现国家富强和人民幸福，成为当时全国人民的迫切愿望。怎样才能尽快发展经济，提高人民生活水平，推动生产力快速发展，是毛泽东思考的现实问题。对于长期从事革命斗争的党和毛泽东来说，还缺乏对经济发展规律的深入认识，对社会主义建设的长期性、复杂性认识不够，使“急于求成”成为经济发展的指导思想，造成了国民经济的严重损失。这种忽视经济发展规律的做法，使社会主义建设道路的探索陷入严重曲折。改革开放以来，在充分认识我国社会主义初级阶段现实国情的基础上，通过不断深化经济体制改革，才使我国经济得到持续健康快速发展，人民生活得到切实改善。

第三，科学把握社会主义本质。

毛泽东之所以没有能够成功开辟中国特色社会主义道路，其最为根本的原因是没有能够真正把握社会主义本质。只有真正把握社会主义本质，才能在根本上把握社会主义道路探索的正确方向。在生产力水平比较落后的情况下，为了能够早日实现理想中的社会主义，毛泽东发动了人民公社化运动，希望通过人民公社这一“金桥”早日实现社会主义，从而片面强调“一大二公”，追求纯而又纯的社会主义，导致社会主义建设严重脱离实际。也正因为如此，邓小平在改革开放以后反复强调，探索中国特色社会主义道路，首要的问题是搞清楚究竟什么是社会主义，怎样建设社会主义，而只有搞清楚什么是社会主义，才能进一步搞清楚怎样建设社会主义。

纵观毛泽东探索社会主义道路的全过程，他始终力求把马克思主义的基本原理和中国实际相结合，以苏为鉴，走自己的路，建设符合中国特点的社会主义。这个总的方向和基本思路是正确的，但由于种种局限，他得出的一些结论和制定的政策又是脱离实际的，也因此没有找到一条完全符合中国实际的社会主义建设道路。但是，这一时期的道路探索，为中国特色社会主义建设道路的开辟打下了重要基础，提供了重要启示。邓小平指出:“我们现在的路线、方针、政策是在总结了成功时期的经验、失败时期的经验和遭受挫折时期的经验后制定的。历史上成功的经验是宝贵财富，错误的经验、失败的经验也是宝贵财富。”[①] 我们不能苛求历史，苛求前人，也不能苛求毛泽东应当为我们开辟建设社会主义的正确道路。既不能拿改革开放以来的成就，否定毛泽东对社会主义建设道路的艰辛探索，也不能因为毛泽东探索中的失误，就否定其探索的意义和价值。

（二）毛泽东社会主义建设思想为中国特色社会主义理论的形成提供了基础

在探索社会主义建设道路过程中，毛泽东总结了苏联和我国社会主义建设经验，提出了关于社会主义建设的一系列独创性理论观点。这些理论观点是被实践证明了的关于社会主义建设的正确的理论原则和经验总结，为改革开放以来中国特色社会主义理论的形成提供了理论准备，起到了奠基性作用，无论过去还是现在，都具有十分重要的意义。

毛泽东社会主义建设思想包括经济建设、政治建设、文化建设、外交战略等各个方面内容。在经济建设上，毛泽东提出发展社会主义商品经济的思想。他指出：“商品生产不能与资本主义混为一谈。为什么怕商品生产？无非是怕资本主义……商品生产，要看它是同什么经济制度相联系，同资本主义制度相联系就是资本主义的商品生产，同社会主义制度相联系就是社会主义的商品生产。”[②] 同时他还指出，在社会主义经济占优势的条件下“可以搞国营，也可以搞私营。可以消灭了资本主义，又搞资本主义。”[③] 在政治建设上，毛泽东提出了关于正确处理两类不同性质的矛盾，并把正确处理人民内部矛盾作为国家政治生活的主题，提出在人民内部，政治上实行“团结—批评—团结”的方针；在党与民主党派的关系上，实行“长期共存，互相监督”的方针；在汉族和少数民族关系上，实行民族平等、民族团结的方针。在科学和文化工作中，实行“百花齐放，百家争鸣”的方针。在外交上，毛泽东提出独立

---

①《邓小平文选》第三卷，北京：人民出版社 1993 年版，第 234—235 页。

②《毛泽东文集》第七卷，北京：人民出版社 1999 年版，第 439 页。

③ 同上书，第 170 页。

自主、平等互利、互相尊重主权和领土完整等原则以及“三个世界”划分、永远不称霸等思想。在发展阶段上，毛泽东提出社会主义已经建立而尚未建成，把社会主义分为“建立”和“建成”两个阶段。后来在纠正“左”的错误过程中又提出：“社会主义这个阶段，又可能分为两个阶段，第一个阶段是不发达的社会主义，第二个阶段是比较发达的社会主义。后一阶段可能比前一阶段需要更长的时间。”[①]在发展战略上，毛泽东提出，要团结全国各族人民，把我国建设成为一个现代化工业、现代化农业、现代化国防和现代化科学文化的社会主义国家的战略目标，并提出实现这一目标要分“两步走”的设想。同时，毛泽东在社会主义建设过程中，还提出对外开放思想。他主张，世界各国，什么地方有好东西，统统学来，关门是不行的，特别提到要向发达资本主义国家学习的问题。他说：“外国资产阶级的一切腐败制度和思想作风，我们要坚决抵制和批判。但是，这并不妨碍我们去学习资本主义国家的先进的科学技术和企业管理方法中合乎科学的方面。”[②]后来他在1958年6月给李富春的《第二个五年计划要点报告》的批语中明确提出“自力更生为主，争取外援为辅”[③]的方针。

毛泽东关于社会主义建设的理论，是毛泽东思想的科学体系不可或缺的重要内容，同时，也论述了中国特色社会主义建设的一系列基本问题，为马克思主义中国化的第二次飞跃作了理论准备，为中国特色社会主义理论的形成奠定了重要思想基础。比如，毛泽东关于发展社会主义商品经济的思想，可以消灭资本主义又搞资本主义的思想，为社会主义市场经济理论奠定了思想基础；把社会主义分为“建立”和“建成”以及“不发达的社会主义”和“比较发达的社会主义”两个阶段，为社会主义初级阶段理论奠定了思想基础；关于经济体制改革和对外开放思想为改革开放理论奠定了重要思想基础。总之，中国特色社会主义理论所包含的社会主义初级阶段论，市场经济论，改革开放论，经济、政治、文化建设理论以及外交战略等，都继承了毛泽东社会主义建设的重要思

①《毛泽东文集》第八卷，北京：人民出版社1999年版，第116页。

②《毛泽东文集》第七卷，北京：人民出版社1999年版，第43页。

③《建国以来毛泽东文稿》第7册，北京：中央文献出版社1992年版，第273页。

想观点，是对毛泽东社会主义建设理论的创新和发展，与毛泽东社会主义建设理论前后相继、一脉相承。这些思想内容不仅被我国长期的社会主义建设实践证明是正确的理论原则和经验总结，而且对于建设和发展中国特色社会主义仍具有重要的指导作用。邓小平在起草《关于建国以来党的若干历史问题的决议》的意见中指出："三中全会以后，我们就是恢复毛泽东同志的那些正确的东西嘛，就是准确地、完整地学习和运用毛泽东思想嘛。基本点还是那些。从许多方面来说，现在我们还是把毛泽东同志已经提出、但是没有做的事情做起来，把他反对错了的改正过来，把他没有做好的事情做好。今后相当长的时期，还是做这件事。当然，我们也有发展，而且还要继续发展。"①他的这些讲话明确讲清楚了中国特色社会主义理论与毛泽东思想之间的关系。党的十七大指出："我们要永远铭记，改革开放伟大事业，是在以毛泽东同志为核心的党的第一代中央领导集体创立毛泽东思想，带领全党全国各族人民建立新中国、取得社会主义革命和建设伟大成就以及艰辛探索社会主义建设规律取得宝贵经验的基础上进行的。"②党的十八大报告把中国特色社会主义的开创和发展放在中国共产党领导革命、建设和改革 90 多年的历史上来考察，提出以毛泽东为核心的第一代中央领导集体在这一艰辛探索过程中，虽然经历了严重挫折，但是这一时期的探索为新时期开创中国特色社会主义提供了理论准备。

毛泽东作为中国特色社会主义理论的奠基者，对中国特色社会主义理论的创立做出了重要贡献。应当指出的是，我们要科学理解毛泽东思想和中国特色社会主义理论体系的关系，无论是纵向的继承和发展，还是横向的理论逻辑的展开，两大理论成果一脉相承。同时，二者形成的时代背景不同，需要解决的主要矛盾和完成的主要任务不同，由此形成的两大理论成果的主体内容也不同。但是，两大理论成果具有共同的马克思列宁主义的理论基础、实事求是的理论精髓、保障人民利益的价值标准。除此之外，毛泽东关于社会主义建设的理论是联结毛泽东思想和中国特色社会主义理论的有机链条。毛泽东社会主义建设理论是以毛泽

①《邓小平文选》第二卷，北京：人民出版社 1994 年版，第 300 页。

②《十七大以来重要文献选编》上，北京：中央文献出版社 2013 年版，第 6 页。

东为核心的党的第一代中央领导集体探索社会主义建设道路的经验总结和概括，这主要是指那些经过长期实践检验证明是正确的理论原则和经验总结，而且在建设和发展中国特色社会主义实践中仍然发挥指导作用的思想内容。不能把毛泽东社会主义建设思想和中国特色社会主义理论对立起来，既要看到二者的区别，又要看到其内在联系，既不能用中国特色社会主义理论否定毛泽东社会主义建设理论，也不能用毛泽东社会主义建设理论否定中国特色社会主义理论。

（三）毛泽东对我国社会主义基本制度的设计建构了中国特色社会主义制度体系的基本框架

毛泽东作为党的第一代中央领导集体的核心，他既是我国社会主义基本制度的设计者，又是我国社会主义政治经济体制改革的探索者。

1. 毛泽东与我国社会主义基本制度的构建

在中国建立社会主义制度是党的奋斗目标和政治理想，为此，党在民主革命时期，先后提出了建立“工农民主共和国”“人民民主主义共和国”和“新民主主义共和国”等口号。新中国成立前夕，毛泽东详细阐述了新民主主义共和国的各项制度，并以此为基础设计了新中国社会制度的大体框架，为社会主义基本制度在中国的确立奠定了基础。

毛泽东明确提出了新中国人民民主专政的国体，认为新中国要建立无产阶级领导的以工农联盟为基础的人民民主专政的国家。他说，这一“政权的阶级性是这样：无产阶级领导的，以工农联盟为基础，但不是仅仅工农，还有资产阶级民主分子参加的人民民主专政”①。关于政体，毛泽东主张采用民主集中制的人民代表大会制度，认为人民代表大会制度不同于资产阶级的议会制度，而近似于苏维埃制度，但在具体内容上又有所不同。关于政党制度，毛泽东认为共产党要与民主党派长期合作，在政府中要给民主党派留下一定位置，“但国家政权的领导权是在中国共产党手里的，这是确定不移的，丝毫不能动摇的。”②对于民族问题，毛泽东主张实行民族区域自治制度。关于新中国的经济制度，毛泽东主张

①《毛泽东文集》第五卷，北京：人民出版社1996年版，第135页。

②《我的一生——师哲自述》，北京：人民出版社2001年版，第273页。

实行多种经济成分在国营经济领导下分工合作、各得其所的经济制度。他说："我们的社会经济的名字还是叫'新民主主义经济'好"[①]，在社会经济中起决定作用的是具有社会主义性质的国营经济，整个国民经济是社会主义经济领导之下的经济体系。毛泽东为新中国设计的制度框架和基本思路，已经勾画出未来社会主义基本制度的雏形。

1949 年 9 月，《共同纲领》把毛泽东对新中国的制度构想确定下来。在《共同纲领》的指导下，新民主主义制度在我国普遍建立起来。《共同纲领》虽然没有写入"社会主义前途"的条文，但它所确立的新民主主义制度却蕴含着向社会主义发展的方向。1954 年 9 月，第一届全国人民代表大会第一次会议通过了《中华人民共和国宪法》，从宪法层面对我国社会主义制度作出了全面系统的规定。毛泽东指出，这部宪法为新中国确立了社会主义的发展道路，新民主主义政治制度实现了向社会主义政治制度的转变。与此同时，为了使生产资料的社会主义所有制成为国家的经济基础，从 1953 年到 1956 年，我国实行了对个体农业、手工业和资本主义工商业的社会主义改造，确立了社会主义基本经济制度。由此，毛泽东关于新中国政治经济制度的科学构想由抽象变为具体，由原则成为制度，由蓝图转为实践，社会主义基本制度在我国得以确立。

从社会政治经济制度的发展历程看，毛泽东对新中国的制度设计形成了我国社会主义制度的理论基础和政策基础。在新民主主义制度基础上发展而来的我国社会主义基本制度，是改革开放前中国社会发展的制度支撑，也构成了中国特色社会主义制度的总体框架，形成了中国特色社会主义制度的雏形。毫无疑问，中国特色社会主义制度形成的历史起点是新中国成立初期毛泽东对我国社会主义制度的设计与实践。

2. 毛泽东在新民主主义制度向社会主义制度转变中的作用

关于从民主主义发展到社会主义，早在党的二大上就提出来了。抗日战争时期毛泽东丰富和发展了这一基本思路。他说，新民主主义是社会主义的必要准备，社会主义是新民主主义的必然趋势。"中国现阶段的历史将形成中国现阶段的制度，在一个长时期中，将产生一个对于我

①《毛泽东文集》第五卷，北京：人民出版社 1996 年版，第 139 页。

们是完全必要和完全合理同时又区别于俄国制度的特殊形态，即几个民主阶级联盟的新民主主义的国家形态和政权形态。”[①]确定了把新民主主义作为建国的政治基础，在新民主主义基础上实现向社会主义的转型和进步，而不是在半殖民地半封建社会的废墟上直接建立社会主义制度。解放战争后期，毛泽东开始思考从新民主主义向社会主义转变的具体问题，这集中体现在对待资产阶级和资本主义经济的态度上。1949年初，党在西柏坡召开了由毛泽东主持的中央政治局会议，明确了新民主主义要长期稳健地向社会主义发展。

新中国成立后，随着新民主主义制度在全国范围内普遍建立，从新民主主义向社会主义的转变成为摆在党面前的重大现实课题。毛泽东认为，新中国的成立就意味着向社会主义过渡的开始，在整个过渡时期，社会主义因素要始终处于不断增长的状态中，资本主义因素要不断减少并最终绝迹。因此，在新民主主义制度的具体实践中，重点是如何发展和增加社会主义因素，而不是维持现状、巩固新民主主义秩序或者鼓励资本主义的发展。党在1953年通过了由毛泽东起草的党在过渡时期的总路线，确定了社会主义工业化和对生产资料所有制的社会主义改造“同时并举”的方针。在社会主义改造过程中，毛泽东还创造性地提出了“和平赎买”的政策，实现了对资本主义工商业的和平改造。1956年社会主义改造基本完成后，中国确立了社会主义的基本经济制度。

新民主主义是一种过渡形态，它承载着中国从半殖民地半封建社会向社会主义社会转变的桥梁和中介作用。不可否认，党在从新民主主义向社会主义转变的具体时机与条件等问题上，确实有急躁的情绪。但另一方面，我们也要认识到，虽然向社会主义发展是新民主主义的主要特征，但当时新民主主义也有向资本主义发展的可能，尤其是在社会主义性质的国营经济实力不足、一部分资产阶级民主人士希望走资本主义道路和帝国主义对中国进行经济封锁政治打击的情况下，这种可能性蕴含着对新政权和社会主义发展方向的巨大的危险性，党在过渡时期的总路线把全党和全国各族人民群众统一到社会主义的发展方向上。在社会主

①《毛泽东选集》第三卷，北京：人民出版社1991年版，第1062页。

义改造的过程中，虽然存在着一些失误和问题，但社会主义改造的历史功绩不能否定，它实现了几千年来中国社会制度最伟大的社会变革，为当代中国一切发展进步奠定了根本政治前提和制度基础。

3. 毛泽东对我国社会主义经济政治体制改革的探索

在社会主义建设时期，毛泽东以苏为鉴，对我国社会主义经济政治体制改革进行了探索。他说，社会主义社会的基本矛盾仍然是生产关系和生产力、上层建筑和经济基础之间的矛盾。认为我国社会主义生产关系已经建立起来，但还存在着“生产关系和生产力发展的这种又相适应又相矛盾的情况”“上层建筑和经济基础的又相适应又相矛盾的情况。”[①]这些矛盾不是对抗性的，可以通过生产关系和体制改革不断地得到解决，为我国社会主义经济政治体制改革提供了理论基础。

苏共二十大后，毛泽东针对苏联模式的弊端，强调“以苏为鉴”，提出了“走自己的路”和经济体制改革的思想。他对社会主义公有制经济占优势的前提下，允许非公有制经济成分存在的问题进行了探讨，认为可以实行“新经济政策”。在分配方面，提出国家、集体和个人三者兼顾的原则。经济管理体制方面，提出“两参一改三结合”的思想。对于刚刚建立的国家政治制度，毛泽东认为各项基本政治制度是好的，是适合中国国情的，但仍需要不断完善，提出了完善人民代表大会制度、中国共产党领导的多党合作和政治协商制度、民族区域自治制度的一些具体思路。比如：认为人民代表大会制度建立后，各民主党派的存在仍然具有积极意义，共产党和民主党派要坚持“长期共存，互相监督”的方针；重视人民代表大会制度的实践，提出赋予地方人大立法权。毛泽东还提出了政治体制改革的目标就是要“造成一个又有集中又有民主，又有纪律又有自由，又有统一意志、又有个人心情舒畅、生动活泼，那样一种政治局面”[②]，并从发扬民主机制、反对官僚主义等方面作了具体分析。他说，民主是正确总结经验、制定正确的方针政策和贯彻群众路线的重要条件，要加强集体领导，反对个人独裁和分散主义两种偏向。毛泽东对官僚主义深恶痛绝，认为国家机构庞大、部门重叠，是官僚主

---

①《毛泽东文集》第七卷，北京：人民出版社 1999 年版，第 215 页。

②《建国以来毛泽东文稿》第 6 册，北京：中央文献出版社 1992 年版，第 543 页。

义滋生的条件，提出大力精简党政机构。另外，毛泽东还在不同场合提到不做国家主席、党和国家领导人分“一线”“二线”等问题，为改革开放后废除领导干部职务终身制创造了思想条件。

毛泽东在党内较早地认识到我国社会主义制度“刚刚建立，还没有完全建成”，需要通过生产关系和体制的改革实现社会主义制度的完善和发展，但受当时历史条件和自身理论水平的制约，其探索是初步的，存在一定的局限性。比如，他对领导干部职务终身制的探索开了个好头，但是没能继续下去；对社会主义和市场的关系的认识是模糊的，甚至存在错误的成分；对制度建设尤其是民主与法制建设的重要性认识不足。

尽管如此，我们也要看到毛泽东在确立社会主义基本制度和体制改革方面的重要贡献。他领导我们党摆脱苏联模式的影响，开启了独立自主地探索社会主义发展道路，为中国特色社会主义制度建设积累了宝贵的经验。新时期党对中国特色社会主义制度的创新和发展，就是对毛泽东探索我国社会主义经济政治体制改革的延续和深化，毛泽东是我国社会主义基本制度的设计者和体制改革的探索者。毛泽东建构了我国社会主义基本制度的框架，中国特色社会主义制度在此基础上逐步确立并不断完善和发展。毛泽东对我国社会主义经济政治体制改革的探索，则为新时期中国特色社会主义制度的改革和完善提供了历史经验。

（原载《思想理论教育导刊》2013 年第 11 期。中国人民大学复印报刊资料《毛泽东思想》2014 年第 3 期全文转载）

三

毛泽东对社会主义建设道路的
艰辛探索及历史地位

新中国成立后，毛泽东领导中国人民对中国道路进行了艰辛探索，获得了宝贵成功经验，也遭遇了某种挫折，出现了失误。回顾毛泽东对社会主义建设道路的探索实践，科学分析正确与失误的复杂关系，对于总结历史经验，充分认识改革开放前社会主义建设实践的历史功绩，准确把握毛泽东思想和中国特色社会主义理论体系的关系，意义重大。

（一）毛泽东对社会主义建设道路探索的良好开端

实现社会主义现代化，是中国共产党人长期为之不懈奋斗的目标，也是毛泽东探索社会主义建设道路的主题。毛泽东曾在党的七届二中全会上提出，要迅速地恢复和发展生产，使中国稳步地从农业国转变为工业国[①]。以“农业发展四十条”的起草和制定为标志，毛泽东从1955年开始着手探索社会主义建设道路问题，至1957年夏季反右派斗争前，先后发表两篇重要文献，即《论十大关系》和《关于正确处理人民内部矛盾的问题》，提出“以苏为鉴”以实现马克思主义与中国实际第二次结合的观点，这是毛泽东关于社会主义建设道路探索的初步成果。这两篇文献的共同特点，是立足中国国情来探寻中国发展之路，这就使党的第一代领导集体对社会主义建设道路的探索，有了一个良好开端。

1956年4月，毛泽东在深入开展调查研究、广泛听取各部委工作汇报基础上，发表了《论十大关系》的讲话，全面阐述了社会主义现代化建设过程中的十对重要关系，并提出一系列正确处理这些关系的指导

①《毛泽东选集》第四卷，北京：人民出版社1991年版，第1437页。

原则。《论十大关系》贯穿着调动一切积极因素为建设社会主义现代化国家服务的基本思想，是毛泽东探索社会主义现代化建设道路取得的第一个重要理论成果，其基本内容和主要思想至今仍然具有重要的指导意义。《论十大关系》的基本内容来源于对中国现代化建设实际问题的调查研究和实践经验的总结提炼，正如同年9月毛泽东在会见外宾时所说："《论十大关系》，这是我和三十四个部长进行一个半月座谈的结果。我个人能提出什么意见呢？我只是总结别人的意见，不是我的创造。"[①]这说明，《论十大关系》是毛泽东对党领导中国社会主义建设经验的理论提炼，也是基于中国特殊国情形成的理论成果。同时，《论十大关系》又十分注重吸取苏联社会主义建设的经验教训。1958年3月，毛泽东在成都会议上谈到：1956年形成的《论十大关系》"开始提出我们自己的建设路线，原则和苏联相同，但方法有所不同，有我们自己的一套内容"[②]。这就明确提出了中国建设社会主义现代化必须立足中国实际、符合中国国情，不能照搬照抄他国经验的基本思想。

1956年4月和12月，《人民日报》先后发表了《关于无产阶级专政的历史经验》和《再论无产阶级的历史经验》两篇文章，首次提出两类社会矛盾的问题。次年，毛泽东又发表一篇名为《关于正确处理人民内部矛盾的问题》的重磅讲话，首次在国际共产主义运动史上明确提出社会主义社会依然存在着矛盾，突破了斯大林认为社会主义社会不存在矛盾的看法。在文中，毛泽东强调，和以往社会一样，社会主义社会基本矛盾的构成没有发生变化，还是生产力与生产关系、经济基础与上层建筑的矛盾。但是这种矛盾和过去一切社会形态有不同的地方，就是它不是对抗性的矛盾，解决矛盾的方法是改革。为此，社会主义社会的主要任务，或者说其根本任务是发展生产力。社会主义社会存在着的基本矛盾和主要矛盾反映在阶级、阶层间的关系上，就出现了两类不同性质的社会矛盾，即敌我之间的矛盾和人民内部矛盾在社会主义社会还是存在，但主要的、大量的矛盾是关于人民内部的矛盾。因此，如何正确处理人民内部矛盾就是国家政治生活的主题。毛泽东指出，要正确区分和

①《毛泽东文集》第七卷，北京：人民出版社1999年版，第128页。
② 同上书，第369—370页。

处理两类不同性质的矛盾，处理敌我矛盾采用专政的方法，处理人民内部矛盾采用民主的方法[①]。毛泽东提出正确处理人民内部矛盾的方针是：政治上，团结—批评—团结；经济工作中，实行统筹兼顾，适当安排，兼顾国家、集体和个人三者之间的关系；科学和文化工作中，实行百花齐放，百家争鸣的方针；党与民主党派的关系上实行长期共存，互相监督的方针。这篇文章在《论十大关系》基础上进一步阐明了中国社会主义现代化建设过程中应当遵循的基本原则，为正确分析和解决社会主义建设中的矛盾问题，特别是避免以阶级斗争的手段解决人民内部矛盾提供了理论支撑，具有长远的指导意义。

在总结苏联社会主义建设历史经验的基础上，毛泽东提出“以苏为鉴”，走自己的路的重要战略思想。1956 年初，我国社会主义改造接近完成，即将进行社会主义建设，“一五”计划建设中也积累了一些经验教训，同时，毛泽东认为苏联社会主义建设模式存在问题，要走自己的路，探索出一条符合中国实际的建设社会主义的道路。毛泽东“走自己的路”的战略思想的方向和基本思路是：一是坚持马克思主义基本原理与中国实际相结合；二是以苏为鉴，突破苏联社会主义模式；三是学习一切国家的好的经验，特别是提出要批判地学习发达国家的现代化经验。1956 年，毛泽东在深刻分析了苏联已经暴露出来的关于社会主义探索历程中的种种问题和缺陷之后，发出严肃追问：难道我们还要走“他们走过的弯路”[②]？毛泽东还指出：“我们要学的是属于普遍真理的东西，并且学习一定要与中国实际相结合。”[③]历史清楚表明，毛泽东提出的“走自己的路”的方向和基本思路无疑是十分正确的，这些思想和观点对于冲破苏联“老大哥”的模式，寻求与我国国情相适应的社会主义建设道路意义重大。1960 年 6 月 18 日，毛泽东在《十年总结》一文中指出，中国的社会主义建设前八年照抄外国经验，从《论十大关系》提出后，才逐渐找到一条适合中国的建设道路[④]。但是后来在“走”的过程

①《毛泽东文集》第七卷，北京：人民出版社 1999 年版，第 211—212 页。

② 同上书，第 23 页。

③ 同上书，第 42 页。

④《建国以来毛泽东文稿》第 9 册，北京：中央文献出版社 1996 年版，第 213 页。

中出现了问题，违背了原来的思路。我们应该把他的追求方向和基本思路与后来在探索实践的过程中出现的问题加以分开，不能用一个方面简单否定另一个方面。

（二）毛泽东探索社会主义建设道路的艰辛历程

纵观毛泽东对社会主义建设道路探索的全过程，主要是解决在中国怎样建设社会主义、怎样巩固和发展社会主义的问题。1956 年以后，他力求把马克思列宁主义和中国的实际情况相结合，走出一条符合中国特殊国情的社会主义建设道路，其总的方向和基本思路无疑是正确的。但由于种种局限，毛泽东得出的一些结论和制定的政策又偏离了正确的轨道，如反右派斗争的扩大化、“大跃进”和人民公社化运动等。即使是“文化大革命”这样的错误，从毛泽东本人的主观动机上看，他认为是找到了防止资本主义复辟的方法和途径。对于毛泽东的探索，我们既要看到其中正确的发展趋向，肯定其基本思想和取得的重要成果；又要深入分析其中存在的失误，科学总结历史教训。

应该看到，毛泽东在长期探索社会主义建设道路的过程中，提出了一系列非常重要的与中国实际相符合的关于建设社会主义的基本原则和理论观点。在他的正确领导下，中国社会主义制度在 1956 年得以确立，这就使社会主义事业的发展有了制度前提。毛泽东强调要防止“和平演变”，警惕资产阶级对党内的腐蚀、加强执政党建设的思想，反对官僚主义、加强党和政府与人民群众紧密联系的思想，改革经济管理制度、重视价值规律作用、在社会主义条件下发展商品经济的思想，学习国外先进经验建设社会主义的思想，进一步深化了马克思主义经典作家关于科学社会主义的认识，以鲜活的实践经验推动了马克思主义在中国的创新发展。这些制度建设成就和思想理论成果作为中国现代化建设道路探索的重要成就，至今仍然是现代化建设的制度基础，其中许多思想观点和理论原则仍然具有重要的现实意义和指导作用，是新时期中国特色社会主义道路的重要理论渊源和艰辛探索的先声。

毋庸讳言，由于缺乏现成可以照搬的经验等原因，毛泽东在对社会主义建设道路的探索过程中，出现了一些失误。这首先体现在经济建设过程中不适当地追求高速度。尽快实现国家现代化、改变国家一穷二白的落后面貌，是包括毛泽东在内的中国共产党人的共同愿望。但由于建设经验的缺乏和对建设规律认识不足，毛泽东在领导开展现代化建设过程中不适当地照搬新民主主义革命时期群众运动的工作方法，试图通过最大限度地发挥主观能动性以加快经济发展。然而事与愿违，这一策略非但没有使中国社会生产力获得快速发展，反而使现代化建设正常秩序受到破坏，使国民经济严重下滑、人民生活遇到严重困难。1985 年，邓小平在评价毛泽东时指出："不是说他不想发展生产力，但是方法不都是对头的，例如搞'大跃进'、人民公社，就没有按照社会经济发展的规律办事。"[①] 这一分析和评价无疑是正确的。同时，尽管毛泽东在探索社会主义建设道路的过程中正确地指出了阶级斗争的长期性和复杂性，洞察到了资本主义复辟的危险性，提出了防止"和平演变"的战略思想。但由于对国内外阶级斗争形势的错误估计，毛泽东错误地改变了党的八大对社会主要矛盾基本正确的判断，导致了 1957 年下半年以后的一系列失误和挫折。

值得注意的是，在毛泽东探索社会主义建设道路过程中形成的思想认识和理论观点，呈现出正确和失误相互交织的复杂状态，这集中体现在毛泽东对什么是社会主义、怎样建设社会主义这一根本问题的认识之中。在毛泽东的社会主义观之中，占据指导地位的是马克思主义经典作家关于社会主义建设的基本原理。其社会主义观的第二个重要方面就是符合中国实际的、把马克思主义与中国实际相结合而产生的关于社会主义建设的政策和理论。其社会主义观的第三个方面则是一些脱离中国实际的思想因素，其主要表现为"超前""一大二公""急于过渡""单纯求纯""均贫富"等思想，这些思想因素一度曾经付诸实施，却被实践证明是行不通的。这三方面因素相互影响、相互交织，共同存在于毛泽东探索社会主义现代化建设道路的实践之中，在不同的历史条件下呈现出不同面貌。正如胡乔木所言："这个新的社会尽管是我们亲手建立起来的，但是，不等于我们就能完全地认识它。"[②] 究竟何谓社会主义？如

①《邓小平文选》第三卷，北京：人民出版社 1993 年版，第 116 页。
②《胡乔木谈中共党史（修订本）》，北京：人民出版社 2015 年版，第 155 页。

何评价毛泽东的社会主义观？邓小平秉持一贯的实事求是态度，认为尽管我们之前进行了很多有益探索，但总的说来，“我们过去对这个问题的认识不是完全清醒的”[①]。造成这一现象的一个重要原因在于，在毛泽东所处的时代，建立和建设社会主义社会是社会主义发展史上一个没有真正完全解决好的问题，马克思、恩格斯曾对未来社会主义社会的本质和特征进行过一些理论的探讨，却不可能为不同国家的社会主义建设实践提供现成的具体方案，需要各个国家的共产党人根据本国建设实际进行探索，这也不可避免地会经历困难和曲折。因此，我们不能苛求毛泽东以及党的第一代中央领导集体顺顺利利地、没有任何挫折地探索出一条适合中国特点的社会主义建设道路，而需要不断总结经验，承前启后，继往开来，在前人基础上走出一条真正与中国特殊国情相适合的社会主义现代化之路。历史已经表明，探索社会主义建设之路绝非轻而易举，而必须在如何与本国国情相适合方面下功夫。毛泽东作为党的第一代领导集体探索社会主义建设道路的领头雁，为这一探索倾注了大量心血，并力图冲破苏联模式，走出一条社会主义建设的新路。但是，没有现成的、适合中国特点的经验可资借鉴才称得上探索，是探索就会有失误、甚至挫折。从毛泽东探索社会主义建设道路的艰辛历程来看，正确的发展趋向保证了社会主义建设事业的发展和进步。我们不能因为正确的发展趋向而肯定探索中的失误和挫折，也不能因为一些失误而否定探索中提出的正确的思想内容。而是应该从唯物史观的视角，坚持历史思维，认真总结探索的历史经验，充分认识这一探索对新时期开辟中国特色社会主义新时代建设新局面的特殊意蕴。

（三）改革开放以来我们党对毛泽东社会主义建设道路探索实践的分析和评价

如何正确认识和看待毛泽东探索社会主义建设道路的实践，是毛泽东历史评价中的一个重大问题。改革开放 40 多年来，党的几代领导集体实事求是地分析和总结了毛泽东探索社会主义建设道路的历史经验，

①《邓小平文选》第三卷，北京：人民出版社 1993 年版，第 63 页。

实事求是地肯定了毛泽东在探索社会主义建设之路中的历史作用，凝聚了思想共识，排除了各种思想杂音。

首先，不容否定毛泽东关于中国社会主义建设道路探索的历史地位。如何评价这段历史，邓小平强调除了要实事求是，还要做到恰如其分。他指出："我们共产党人是彻底的唯物主义者，只能实事求是地肯定应当肯定的东西，否定应当否定的东西。"[①] 以毛泽东为核心的党的第一代领导集体带领人民进行社会主义建设道路的探索，对巩固我国社会主义制度，开创和发展中国特色社会主义意义十分深远。

在《关于建国以来党的若干历史问题的决议》(以下简称《历史决议》)中，充分肯定了毛泽东对社会主义建设的重要贡献，明确将关于社会主义革命和建设的思想作为毛泽东思想科学体系中一个重要组成部分。江泽民指出："正是以毛泽东同志为核心的党的第一代中央领导集体，为建设一个社会主义现代化的新中国，建立了开创性的、不可磨灭的功勋。"[②] 2007 年党的十七大报告中，在回顾改革开放的伟大历史进程时，胡锦涛高度肯定了毛泽东为核心的第一代领导集体的历史贡献。习近平在纪念毛泽东诞辰 120 周年座谈会上，充分肯定毛泽东为社会主义建设"作出了彪炳史册的贡献"[③]。那么，毛泽东关于中国社会主义建设之路的探索，到底在什么意义上对新时期中国特色社会主义道路的开创发挥重要作用、产生重要影响？在 2012 年党的十八大上，党中央对此作出了明确回答：作用和影响主要表现在三个方面，即"提供了宝贵经验、理论准备、物质基础"[④]。这是对毛泽东关于社会主义探索历史地位的高度评价。《历史决议》和党的领导人的相关论述充分表明，改革开放的进行，中国特色社会主义道路的开辟，都离不开毛泽东进行的不懈探索。

①《邓小平文选》第二卷，北京：人民出版社 1994 年版，第 333—334 页。

②《江泽民文选》第一卷，北京：人民出版社 2006 年版，第 340 页。

③ 习近平：《在纪念毛泽东同志诞辰 120 周年座谈会上的讲话》，北京：人民出版社 2013 年版，第 8 页。

④ 胡锦涛：《坚定不移沿着中国特色社会主义道路前进　为全面建成小康社会而奋斗——在中国共产党第十八次全国代表大会上的报告》，北京：人民出版社 2012 年版，第 10 页。

其次，对某些否定毛泽东对社会主义建设道路探索实践历史贡献的错误论调必须予以坚决回击。改革开放以来，在如何评价毛泽东和毛泽东思想问题上，社会上出现了一些借口毛泽东晚年犯了错误进而全面否定毛泽东和毛泽东思想的错误认识，尤其是对于毛泽东带领党和人民进行社会主义建设道路探索这段历史，采取了完全否定的态度，一定程度上造成了严重的思想混乱。对此，党的历代领导集体旗帜鲜明地予以回击。针对毛泽东只有革命思想没有建设思想、毛泽东思想只能指导革命不能指导建设的错误言论，1982 年党的十二大通过的党章，把《历史决议》关于毛泽东思想内涵的界定作了进一步完善，其中第二句表述为“是被实践证明了的关于中国革命和建设的正确的理论原则和经验总结”[①]，在《历史决议》概括的基础上，又增加了“和建设”三个字，其表述更加准确完整，廓清了思想迷雾。针对有些人以经济体制改革为由否定毛泽东对社会主义建设道路的探索，邓小平明确强调计划和市场都是经济手段，不是社会主义制度与资本主义制度的本质差别。

针对社会上一些割裂毛泽东思想和中国特色社会主义理论体系的关系，割裂改革开放前后党领导人民进行社会主义建设两个历史时期的内在联系的种种错误论调，习近平旗帜鲜明地指出：这两个历史时期虽然有“重大区别”，但又“相互联系”，“本质上都是我们党领导人民进行社会主义建设的实践探索”[②]，“不能用改革开放后的历史时期否定改革开放前的历史时期，也不能用改革开放前的历史时期否定改革开放后的历史时期”[③]。因此，用其中一个时期来否定另一个时期，就是一种历史虚无主义的错误观点。这充分说明，我们必须坚持历史思维，以科学的态度实事求是地分析和看待毛泽东对社会主义建设道路的探索。

第三，科学阐明了正确评价毛泽东探索社会主义建设道路应遵循的科学方法。在评论毛泽东探索社会主义建设道路问题时，之所以会出现“以偏概全”“抓住一点不及其余”“非此即彼”等错误认识，其实质都是以片面、静止、孤立的唯心史观的方法分析和评价历史。对此，党的

①《十二大以来重要文献选编》上，北京：人民出版社 1986 年版，第 64 页。

②《习近平谈治国理政》第一卷，北京：外文出版社 2018 年版，第 22 页。

③《十八大以来重要文献选编》上，北京：中央文献出版社 2014 年版，第 112 页。

历代中央领导集体始终强调只有遵循历史唯物主义的原则和方法，才能得出符合历史的科学评价。

一是要遵循辩证唯物主义的原则和方法。毛泽东在对社会主义建设道路的探索上，既取得了宝贵经验，也遭受过重大挫折，要全面科学看待，既要继承发展探索的理论成果，又要总结吸取历史教训，“一定要实事求是，分析各种不同的情况”[①]。因此，在评价包括毛泽东在内的领袖人物问题上，我们必须坚持马克思主义的辩证法精神，既不能因为其伟大贡献而神化领袖，讳言由于特殊历史局限性而出现的某种失误，也不能因为出现过某种探索中的失误，就全盘否定领袖人物，对他领导人民作出的历史功绩视而不见。

二是要遵循历史唯物主义原则和方法。历史不能割裂，对于历史虚无主义者抛出的“割裂论”“相互否定论”等错误论调，我们党着重强调要完整准确地评价历史。中国特色社会主义进入新时代，但这是我们经过长期努力才进入的，不是一夜之间突然进入的。因此，我们不能隔断历史来看待今天中国的发展。同样的，我们也不能用今人的眼光和标准去评价前人，“不能用今天的时代条件、发展水平、认识水平去衡量和要求前人，不能苛求前人干出只有后人才能干出的业绩来”[②]。每一个时代都有每一个时代的难题，中国特色社会主义事业的开创是一个历史的过程，我们不能强求前人来解决新时代的课题。

三是要在实践中坚持和发展毛泽东思想。要完整准确地理解毛泽东社会主义建设道路探索的思想，只往回看不行，还必须向前看。毛泽东思想必定要随着时代、实践的发展而不断发展。随着改革开放的深入推进，我们面临的国内外环境发生了深刻变化，新时代中国共产党人面临新的历史课题。但这些问题的回答，既需要我们与时俱进掌握新的思想理论，也需要我们汲取前人的智慧。特别是，我们必须深刻把握毛泽东思想活的灵魂，结合新的实践，研究新情况，解决新课题。正是因为有了党对毛泽东探索社会主义道路的科学认识和评价，才使得毛泽东思想

①《邓小平文选》第二卷，北京：人民出版社 1994 年版，第 301 页。

② 习近平:《在纪念毛泽东同志诞辰 120 周年座谈会上的讲话》，北京：人民出版社 2013 年版，第 11 页。

能够在坚持中发展，在毛泽东所开辟的马克思主义与中国实际相结合的历史进程中，党的几代领导集体不断进行理论创新，不断形成马克思主义中国化的创新理论成果，为中国特色社会主义的伟大实践提供正确的思想指引。

（原载《求索》2019 年第 5 期）

四

毛泽东对马克思主义中国化时代化的历史贡献

中国共产党百余年的奋斗历程就是不断推进马克思主义中国化时代化的历史过程。毛泽东是中国共产党推动马克思主义中国化时代化的开拓者和奠基人，为实现马克思主义中国化时代化作出了开创性贡献。毛泽东以巨大的理论创新勇气和高度的历史自觉，把马克思主义基本原理同中国具体实际相结合、同中华优秀传统文化相结合，创造性地提出了关于中国革命和建设的理论，实现了马克思主义中国化时代化第一次历史性飞跃，为夺取新民主主义革命伟大胜利、完成社会主义改造和推进社会主义建设提供了科学指引。

（一）毛泽东推动马克思主义中国化时代化的历史缘由

由于西方列强的入侵和封建统治的腐朽，近代中国逐步变为半殖民地半封建社会，中华民族面临着前所未有的劫难。以毛泽东同志为主要代表的中国共产党人将马克思主义作为拯救民族危亡、实现民族复兴的思想武器。毛泽东从中国具体实际出发，在长期的革命实践中不断深化对马克思主义的认识，明确提出了“马克思主义中国化”这一理论命题，开启了中国共产党人推动马克思主义中国化时代化的自觉探索。

第一，独立自主地探索适合中国国情的革命道路。鸦片战争以后，面对民族存亡的空前危机，毛泽东深感“国家坏到了极处，人类苦到了极处，社会黑暗到了极处”[①]，对各种学说、主义进行分析比较和鉴别研究，在革命实践中不懈探求救国救民的科学真理。近代中国，各种改良主义、自由主义、无政府主义、空想社会主义等社会思潮交织碰撞，太

①《毛泽东早期文稿（1912—1920）》，长沙：湖南人民出版社 2013 年版，第 312 页。

平天国运动、戊戌变法、义和团运动、辛亥革命等救亡斗争次第而起，但各种救国方案及其斗争实践都没有能够成功，更没有改变中国半殖民地半封建社会的性质。1917年，俄国十月革命的胜利给中国先进知识分子以极大鼓舞，马克思列宁主义为解决中国问题提供了新的出路。五四运动时期，毛泽东广泛阅读《庶民的胜利》《布尔什维主义的胜利》《我的马克思主义观》等介绍十月革命和马克思主义的文章，认真研读《共产党宣言》《阶级斗争》《社会主义史》等书籍，在寻找解决中国问题出路的艰辛求索中，在与工农群众相结合的过程中，坚定选择了马克思主义，选择了为实现共产主义而奋斗的崇高理想。这也决定了毛泽东推动马克思主义中国化时代化是其毅然选择马克思主义的必然结果，体现了其出发点和落脚点的统一。

毛泽东深刻意识到，解决中国的问题离不开对国情的了解，认为“吾人如果要在现今的世界稍为尽一点力，当然脱不开‘中国’这个地盘。关于这地盘内的情形，似不可不加以实地的调查，及研究”[①]。在长期的革命实践中，毛泽东对中国国情进行了深入的调查研究，在农民运动、农业农村、城镇商业、基层政权等方面开展专题研究，写出《中国佃农生活举例》《湖南农民运动考察报告》《寻乌调查》《兴国调查》《长冈乡调查》《才溪乡调查》等调查报告，形成了对中国社会的阶级现状和中国革命的特殊情形的具体认识。特别是在大革命失败后，毛泽东带领秋收起义部队，在井冈山创建了中国第一个农村革命根据地，在实践上开辟了“农村包围城市、武装夺取政权”的革命道路。1930年5月，毛泽东在《反对本本主义》一文中明确提出“没有调查，没有发言权”等重要论断。毛泽东在准确把握中国国情的基础上，在探索适合中国国情的革命道路的实践中，没有唯共产国际和苏联经验马首是瞻或是照抄十月革命的经验，而是以马克思主义为指导，具体分析和研究中国革命面临的现实问题，在理论和实践的结合中解决了中国革命的道路问题，取得了马克思主义中国化时代化的初步理论成果。

第二，中国革命实践经验的深刻总结推动理论创新。中国共产党

①《毛泽东早期文稿（1912—1920）》，长沙：湖南人民出版社2013年版，第428页。

就如何运用马克思主义指导中国革命的实践进行了艰辛探索，遭受过挫折，也有着深刻的教训。大革命时期，中国共产党积极推动同中国国民党合作，掀起了国民革命的高潮。1927 年，蒋介石、汪精卫集团相继叛变革命，主观上由于党内右倾机会主义错误的影响，党遭受了惨重的损失。同年，党的八七会议确定了实行土地革命和武装起义的总方针。经过艰苦斗争，中国共产党建立农村革命根据地，点燃了中国革命的星星之火。但是，由于当时党内盛行把马克思主义教条化、把共产国际决议和苏联经验神圣化的错误倾向，给党的事业造成了严重损失，特别是王明"左"倾教条主义的错误，导致中央革命根据地第五次反"围剿"失败，使党和红军遭受了严重挫折。1935 年 1 月，中共中央政治局在长征途中召开遵义会议，事实上确立了毛泽东在党中央和红军的领导地位，打开了中国革命的新局面。正如毛泽东后来总结所言，"在民主革命时期，经过胜利、失败，再胜利、再失败，两次比较，我们才认识了中国这个客观世界"，"因为没有经过大风大浪，没有两次胜利和两次失败的比较，还没有充分的经验，还不能充分认识中国革命的规律"。[①]

第三，红军长征抵达陕北后，毛泽东在深入研读马克思主义著作的基础上，从理论上系统总结土地革命战争时期的历史教训，彰显出推动马克思主义中国化时代化的理论创新精神。1935 年 12 月，毛泽东在作题为《论反对日本帝国主义的策略》的报告时，详细阐述建立抗日民族统一战线的必要性，解决了党内在政治策略上的问题。1936 年 12 月，毛泽东写作《中国革命战争的战略问题》一书，对中国革命战争的战略问题进行系统分析，总结中国革命战争的突出特点和策略方针，提出了马克思主义的军事路线。1937 年 7、8 月，毛泽东为抗日军政大学讲授唯物论和辩证法，讲演稿《辩证法唯物论（讲授提纲）》的部分内容经修改后单独成篇，即《实践论》《矛盾论》，从认识论高度深刻总结中国革命的实践经验，将对立统一规律运用于分析和解决中国革命的实践问题，为马克思主义中国化时代化奠定了哲学基础。毛泽东从政治、军事、哲学等角度科学总结中国革命正反两方面的经验，为马克思主义中

①《毛泽东文集》第八卷，北京：人民出版社 1999 年版，第 299 页。

国化时代化作了充分的理论准备。

此外，共产国际领导方式的调整及对党和毛泽东领导的认可，为毛泽东推动马克思主义中国化时代化创造了有利的外部条件。1935 年 8 月，共产国际七大通过了《关于共产国际执行委员会工作的决议》，明确“在把活动重点转移到制定世界工人运动的基本政治、策略路线的同时，要在决定任何问题时，根据各个国家的具体情况和特殊条件出发，而且一般说来，要避免直接干涉各党的内部组织的事务”。[①] 1938 年 5 月，任弼时代表中共中央向共产国际执委会主席团作《中国的抗战形势及中共的工作和任务》报告的口头说明和补充，季米特洛夫在讨论报告时表示，“中共在复杂的环境及困难条件下真正运用了马列主义”。[②] 同年次月，共产国际执委会主席团作出《关于中共代表团声明的决议》，“表示完全同意共产党的政治路线，并表示共产国际支持中国人民反对日本侵略者的解放斗争”。[③] 这是对中国共产党结合中国国情、创造性地运用马克思主义解决中国革命问题的肯定，有利于以毛泽东同志为主要代表的中国共产党人继续推进马克思主义中国化时代化。

第四，形成了认识和发展马克思主义的方法和原则。1938 年 10 月，毛泽东在党的六届六中全会上作《论新阶段》的报告，明确提出了“马克思主义中国化”的科学命题，指出：“马克思主义的中国化，使之在其每一表现中带着中国的特性，即是说，按照中国的特点去应用它，成为全党亟待了解并亟须解决的问题。洋八股必须废止，空洞抽象的调头必须少唱，教条主义必须休息，而代替之以新鲜活泼的、为中国老百姓所喜闻乐见的中国作风与中国气派。”[④] 毛泽东提出“马克思主义中国化”的命题，是作为学习、运用、发展马克思主义的一种思想方法和思想原则，其中包含着处理一般与具体的“中国化”和面向现实与未来的

①［英］珍妮·德格拉斯选编、李匡武译：《共产国际文件》，北京：东方出版社 1986 年版，第 446 页。
②《王稼祥选集》，北京：人民出版社 1989 年版，第 138 页。
③《联共（布）、共产国际与抗日战争时期的中国共产党》第 18 卷，北京：中共党史出版社 2012 年版，第 94 页。
④《建党以来重要文献选编（1921—1949）》第 15 册，北京：中央文献出版社 2011 年版，第 651 页。

“时代化”，还有贯穿理论传播、接受与创新全过程的表达形式的“大众化”，这标志着毛泽东对马克思主义的认识和发展的理论自觉。

毛泽东提出并阐释的“马克思主义中国化”的科学内涵，主要包含三层含义。一是运用马克思主义的立场、观点和方法，具体研究中国历史和现实的政治、经济、社会等方面的情况，科学分析和解决中国革命的实际问题。毛泽东反复强调要把马克思主义当作行动指南、分析工具和指导方针，充分考虑各个民族和国家具体的、特殊的情况，反对教条式地应用马克思主义，即“不是学习马克思列宁主义的字母，而是学习他们观察问题与解决问题的立场与方法”。① 1942 年 2 月，毛泽东在中央党校演说时指出：“我们所要的理论家是什么样的人呢？是要这样的理论家，他们能够依据马克思列宁主义的立场、观点和方法，正确地解释历史中和革命中所发生的实际问题，能够在中国的经济、政治、军事、文化种种问题上给予科学的解释，给予理论的说明。”② 毛泽东突出马克思主义作为世界观和方法论的思想定位，将马克思主义基本原理与其中的个别结论、论断进行了区分，揭示了以时间、地点、条件为转移，灵活运用马克思主义的科学方法。

二是把马克思主义与中国历史文化深相结合起来。毛泽东在《新民主主义论》中指出：“必须将马克思主义的普遍真理和中国革命的具体实践完全地恰当地统一起来，就是说，和民族的特点相结合，经过一定的民族形式，才有用处，决不能主观地公式地应用它。”③ 毛泽东还阐述了对待中国传统文化要采取吸取其精华、剔除其糟粕的科学态度，“从孔夫子到孙中山，我们应当给以总结，承继这一份珍贵的遗产”④，“要使得马克思列宁主义这一革命科学更进一步地和中国革命实践、中国历史、中国文化深相结合起来”⑤，使马克思主义体现出鲜明的中国特色、中国

①《建党以来重要文献选编（1921—1949）》第 15 册，北京：中央文献出版社 2011 年版，第 650 页。

②《毛泽东选集》第三卷，北京：人民出版社 1991 年版，第 814 页。

③《毛泽东选集》第二卷，北京：人民出版社 1991 年版，第 707 页。

④ 同上书，第 534 页。

⑤《建党以来重要文献选编（1921—1949）》第 20 册，北京：中央文献出版社 2011 年版，第 318—319 页。

气派和中国作风。毛泽东批判地继承了中华优秀传统文化中的“知行合一”的思想，创立了“从群众中来，到群众中去”的群众路线，发展了马克思主义的认识论。毛泽东批判地继承了中华优秀传统文化中的“民本”思想，提出了全心全意为人民服务的思想，并作为我们党和人民军队的唯一宗旨，形成了中国共产党人密切联系人民群众的优良传统。毛泽东批判地继承了中国传统文化中的实事求是的重要元素，赋予其马克思主义的深刻内涵，形成了党的思想路线。尽管毛泽东没有明确提出“马克思主义同中华优秀传统文化相结合”，但是，其论述的马克思主义同中国具体实际相结合，无疑也包括了同中华优秀传统文化相结合的内容。而且在实践中，毛泽东实现了对中华优秀传统文化的创造性转化和创新性发展，形成了新的文化形态，即新民主主义文化和社会主义文化。

三是准确把握时代特征和发展趋势，把在回答时代课题的实践过程中积累的经验经过提炼加工，使之上升为理论，就像毛泽东所说的，“我们要使中国革命丰富的实际马克思主义化”。[①] 马克思主义揭示了社会发展的普遍规律，“只有产生了马克思主义，才对社会发展有了预见，使人类对社会发展的认识达到了新的阶段”。[②] 毛泽东指出：“马克思这些老祖宗的书，必须读，他们的基本原理必须遵守，这是第一。但是，任何国家的共产党，任何国家的思想界，都要创造新的理论，写出新的著作，产生自己的理论家，来为当前的政治服务，单靠老祖宗是不行的”，[③]“我们的经验是很丰富的，但是不能够罗列很多事情，而是要抓住重点，从实际出发，根据马克思主义的观点，加以总结”。[④] 毛泽东虽然没有明确提出“马克思主义时代化”的命题，却一直将马克思主义作为洞察世界变化、认识时代发展的基本依据，强调在时代变迁中用马克思主义分析和解决时代提出的新问题，在深刻总结中国革命和建设丰富的实践经验基础上实现马克思主义中国化时代化。

①《毛泽东文集》第二卷，北京：人民出版社 1993 年版，第 374 页。
②《毛泽东文集》第三卷，北京：人民出版社 1996 年版，第 394 页。
③《毛泽东文集》第八卷，北京：人民出版社 1999 年版，第 109 页。
④《毛泽东文集》第七卷，北京：人民出版社 1999 年版，第 86 页。

（二）毛泽东推动马克思主义中国化时代化的理论创新

毛泽东不仅明确提出了马克思主义中国化时代化的历史任务，而且在实践过程中不断推动实现马克思主义中国化时代化，集中体现在形成了适合中国国情的新民主主义革命理论、社会主义改造理论和社会主义建设的基本思想，创造性地运用和发展了马克思主义。

第一，深入研究中国革命的特点和规律，形成新民主主义革命理论。在中国这样一个农民占人口占绝大多数、小农经济广泛存在并遭受西方列强侵略的半殖民地半封建社会进行革命，是马克思主义发展史上未曾遇到过的难题，“它们的解决方法无论在哪一部共产主义书本里都是找不到的”。[①] 毛泽东将马克思主义基本原理同中国革命具体实际相结合，深刻洞察中国社会的阶级状况，开创了新民主主义革命道路，并在总结中国革命实践经验的基础上，形成了系统的新民主主义革命理论。

毛泽东较早地认识到农民在中国革命中的重要地位。1927 年 3 月，毛泽东在《湖南农民运动考察报告》中指出：“打翻这个封建势力，乃是国民革命的真正目标。孙中山先生致力国民革命凡四十年，所要做而没有做到的事，农民在几个月内做到了。”[②] 在领导红军开辟革命根据地的实践中，毛泽东认识到中国城乡革命力量的不平衡的特殊国情，在《中国的红色政权为什么能够存在？》《井冈山的斗争》中分析了中国革命的性质与任务，阐述了在农村建立和发展红色政权的必要性和可能性，提出“以农业为主要经济的中国的革命，以军事发展暴动，是一种特征”。[③] 1930 年 1 月，毛泽东在《星星之火，可以燎原》中指出：“红军、游击队和红色区域的建立和发展，是半殖民地中国在无产阶级领导之下的农民斗争的最高形式，和半殖民地农民斗争发展的必然结果；并且无疑义地是促进全国革命高潮的最重要因素。”[④] 毛泽东在对井冈山革命根据地斗争经验总结的基础上，提出了以武装斗争为主要形式、土地革命

①《列宁选集》第四卷，北京：人民出版社 2012 年版，第 80 页。
②《毛泽东选集》第一卷，北京：人民出版社 1991 年版，第 15 页。
③ 同上书，第 79 页。
④ 同上书，第 98 页。

为中心内容、根据地建设为依托的工农武装割据的思想，从理论上解决了中国革命的道路问题。

对中国革命战争规律的认识和对革命前途的设想构成了毛泽东新民主主义革命理论的基本内容。毛泽东深刻指出："我们固然应该特别尊重苏联的战争经验，因为它是最近代的革命战争的经验，是在列宁、斯大林指导之下获得的；但是我们还应该尊重中国革命战争的经验，因为中国革命和中国红军又有许多特殊的情况。"[①]在《中国革命战争的战略问题》《抗日游击战争的战略问题》《论持久战》等著作中，毛泽东深入分析中国革命战争的特点，系统总结中国共产党领导武装斗争的经验，阐明中国革命战争的战略和战术。同时，毛泽东在《〈共产党人〉发刊词》中指出："统一战线，武装斗争，党的建设，是中国共产党在中国革命中战胜敌人的三个法宝，三个主要的法宝。"[②] 1939年12月，毛泽东在《中国革命和中国共产党》中第一次提出"新民主主义革命"的概念，阐述中国革命的对象、任务、动力、性质、前途以及中国共产党的历史地位等问题，提出"帝国主义和中华民族的矛盾，封建主义和人民大众的矛盾，这些就是近代中国社会的主要的矛盾"[③]等重要思想。1940年1月，毛泽东发表《新民主主义论》，深刻论述新民主主义革命的时代特征，明确中国革命属于世界无产阶级社会主义革命的一部分，首次提出"新民主主义社会"的概念，阐述新民主主义的政治、经济和文化特征，从理论上深刻回答一系列关于新民主主义革命的重大理论问题，形成了系统的新民主主义革命理论，是毛泽东将马克思主义基本原理同中国革命的具体实际相结合而形成的重要理论成果。毛泽东在深入考察中国历史与时代特征的基础上，对中国革命的实践经验进行深刻总结和学理化，揭示了中国革命发展的客观规律，以其独创性的理论内容丰富和发展了马克思主义。

第二，准确把握中国社会的发展趋势，形成了社会主义改造理论。毛泽东指出："完成中国资产阶级民主主义的革命（新民主主义的革命），

①《毛泽东选集》第一卷，北京：人民出版社1991年版，第172页。

②《毛泽东选集》第二卷，北京：人民出版社1991年版，第606页。

③ 同上书，第631页。

并准备在一切必要条件具备的时候把它转变到社会主义革命的阶段上去，这就是中国共产党光荣的伟大的全部革命任务。”① 新中国的成立标志着中国进入了新民主主义社会，而在什么时间、以什么方式进入社会主义社会则成为以毛泽东同志为主要代表的中国共产党人亟须解决的现实和理论问题。

新中国成立后，中国共产党领导全国人民集中力量恢复国民经济，成功完成土地改革，顺利开展“三反”“五反”运动，人民民主政权得到巩固，国民经济结构也发生了深刻变化。毛泽东适时提出了向社会主义社会过渡的任务。1952 年 9 月，毛泽东在中央书记处会议上提出：“我们现在就要开始用十年到十五年的时间基本上完成到社会主义的过渡，而不是十年或者以后才开始过渡。”② 1953 年 6 月，在中央政治局会议上，毛泽东首次对党在过渡时期总路线的内容进行了比较完整的表述：“从中华人民共和国成立，到社会主义改造基本完成，这是一个过渡时期。党在过渡时期的总路线和总任务，是要在十年到十五年或者更多一些时间内，基本上完成国家工业化和对农业、手工业、资本主义工商业的社会主义改造。”③ 毛泽东系统阐述了社会主义改造的目标、原则和方式。首先，毛泽东明确社会主义改造的目标指向，认为“党在过渡时期的总路线的实质，就是使生产资料的社会主义所有制成为我国国家和社会的唯一的经济基础”。④ 其次，毛泽东确立分阶段、稳步推进社会主义改造的方针，社会主义改造“要有准备有步骤地进行”⑤“生产关系、生活方式都要逐步改变，不要突然改变”⑥“要减少损失，要有步骤有秩序地进行，要充分准备，准备工作越充分，这个事情就越能办好”。⑦ 毛泽东还分别对农业、手工业和资本主义工商业的社会主义改造进行具体分析。对于农业社会主义改造，毛泽东在《关于农业合作化问题》的报告中进行

①《毛泽东选集》第二卷，北京：人民出版社 1991 年版，第 651 页。
②《毛泽东年谱（1949—1976）》第一卷，北京：中央文献出版社 2013 年版，第 603 页。
③《毛泽东年谱（1949—1976）》第二卷，北京：中央文献出版社 2013 年版，第 116 页。
④ 同上书，第 200 页。
⑤《毛泽东文集》第六卷，北京：人民出版社 1999 年版，第 280 页。
⑥ 同上书，第 490 页。
⑦ 同上书，第 503 页。

了集中阐释，提出“我们在农业社会主义改造方面采取了逐步向前的办法”[①]，明确了按照自愿和互利原则，从农业生产互助组、带有半社会主义性质的农业生产合作社发展到完全社会主义性质的农业生产合作社的路径。对于手工业社会主义改造，毛泽东主张采取与农业社会主义改造类似的方法，即采取合作化的形式进行逐步过渡，从手工业生产合作小组、手工业供销合作社，再发展为手工业生产合作社。对于资本主义工商业，毛泽东指出："我们现在对资本主义工商业的社会主义改造，实际上就是运用从前马克思、恩格斯、列宁提出过的赎买政策。……而是逐步地进行，延长改造的时间，比如讲十五年吧，在这中间由工人替工商业者生产一部分利润。"[②]

毛泽东开辟了一条具有鲜明中国特色的社会主义改造道路，即通过和平赎买的方式实现生产资料所有制的社会主义改造，完成社会主义革命，“使中国这个占世界四分之一人口的东方大国进入了社会主义社会，成功实现了中国历史上最深刻最伟大的社会变革”。[③]毛泽东把马克思列宁主义关于和平赎买的理论与我国社会主义改造的实际相结合，根据民族资产阶级的两重性，阐明社会主义改造的方针、方法和步骤，创造性地回答了如何实现从新民主主义社会到社会主义社会转变的时代课题，是马克思主义关于社会主义革命理论中国化时代化的理论创新成果。

第三，探索“第二次结合”，形成关于社会主义建设的基本理论。社会主义改造完成后，我国社会主要矛盾发生变化，“把我国尽快地从落后的农业国变为先进的工业国”[④]成为党和全国人民的主要任务。毛泽东指出："现在是社会主义革命和建设时期，我们要进行第二次结合，找出在中国怎样建设社会主义的道路。……应该从各方面考虑如何按照中国的情况办事"[⑤]，艰辛探索适合中国特点的社会主义建设道路，形成了

①《毛泽东文集》第六卷，北京：人民出版社1999年版，第434页。

② 同上书，第499页。

③ 习近平：《在纪念毛泽东同志诞辰120周年座谈会上的讲话》，北京：人民出版社2013年版，第7页。

④《中共中央文件选集（1949年10月—1966年5月）》第24册，北京：人民出版社2013年版，第248页。

⑤《毛泽东年谱（1949—1976）》第二卷，北京：中央文献出版社2013年版，第557页。

关于社会主义建设的基本思想。

毛泽东以苏联社会主义建设的经验教训为鉴戒，研究中国社会主义建设的基本问题，形成了关于社会主义建设的一系列方针和政策。1956年4月，毛泽东在中央政治局扩大会议上作《论十大关系》的讲话，提出“我们要学的是属于普遍真理的东西，并且学习一定要与中国实际相结合。如果每句话，包括马克思的话，都要照搬，那就不得了”。[①]《论十大关系》是毛泽东探索适合中国国情的社会主义建设道路的开篇之作，集中反映了以毛泽东同志为主要代表的中国共产党人探索社会主义建设道路的初步成果，为大规模的社会主义建设做了重要的理论准备。此外，毛泽东还对社会主义建设的具体问题提出了许多重要的思想观点。诸如：重视价值规律的作用，提倡发展社会主义商品经济，提出“在生活资料方面，必须发展社会主义的商业；并且利用价值法则的形式，在过渡时期内作为经济核算的工具，以利逐步过渡到共产主义”；[②]明确社会主义现代化建设的任务，提出“建设社会主义，原来要求是工业现代化，农业现代化，科学文化现代化，现在要加上国防现代化”[③]等。

毛泽东运用矛盾分析方法，系统论述社会主义社会的基本问题，揭示了社会主义社会的发展规律。1957年2月，毛泽东在最高国务会议第十一次（扩大）会议上作《关于正确处理人民内部矛盾的问题》的讲话，区分敌我矛盾和人民内部矛盾这两种不同性质的矛盾，着重阐释如何正确处理人民内部矛盾的重大命题，提出“在社会主义社会中，基本的矛盾仍然是生产关系和生产力之间的矛盾，上层建筑和经济基础之间的矛盾”[④]“正是这些矛盾推动着我们的社会向前发展”[⑤]等论断。毛泽东在《关于正确处理人民内部矛盾的问题》中，运用对立统一规律分析社会主义社会的基本问题，较为完整地论述了社会主义社会的基本矛盾、发展动力等问题，创立了社会主义社会矛盾学说。同时，毛泽东对社会

①《毛泽东文集》第七卷，北京：人民出版社 1999 年版，第 42 页。
② 同上书，第 434 页。
③《毛泽东文集》第八卷，北京：人民出版社 1999 年版，第 116 页。
④《毛泽东文集》第七卷，北京：人民出版社 1999 年版，第 214 页。
⑤ 同上书，第 213 页。

主义社会的发展进行阶段划分，提出“社会主义这个阶段，又可能分为两个阶段，第一个阶段是不发达的社会主义，第二个阶段是比较发达的社会主义。后一阶段可能比前一阶段需要更长的时间”。[①]

毛泽东将马克思主义理论同中国实际进行“第二次结合”，在探索适合中国国情的社会主义道路的实践中积累了宝贵的经验，回答了社会主义建设的根本性、原则性问题，形成了许多在马克思主义发展史上具有开创性意义的观点和理论，对我国社会主义建设具有深远的指导意义。

（三）毛泽东推动马克思主义中国化时代化的当代启示

马克思主义中国化时代化是一个不断发展的历史过程。“开辟马克思主义中国化时代化新境界的重大任务，是当代中国共产党人的庄严历史责任。”[②] 毛泽东推进马克思主义中国化时代化的实践及其经验，对于新时代中国共产党人开辟马克思主义中国化时代化的新境界具有重要的意义。第一，“两个结合”是推动马克思主义中国化时代化的根本途径。马克思主义基本原理同中国具体实际相结合、同中华优秀传统文化相结合是实现马克思主义中国化时代化的根本途径。毛泽东不仅确立了马克思主义基本原理同中国具体实际相结合的根本立场，也善于在实践中运用马克思主义的立场观点和方法批判继承中国传统文化的精髓，善于从中国传统文化中汲取进行中国革命和建设及治国理政的智慧，注重以民族的话语和形式阐释马克思主义。毛泽东思想是以毛泽东同志为主要代表的中国共产党人“应用马克思列宁主义的科学方法，概括中国历史、社会及全部革命斗争经验而创造出来，用以解放中国民族与中国人民的理论与政策”[③]，是中国共产党人把马克思主义基本原理同中国具体实际相结合、同中华优秀传统文化相结合取得的第一个重大理论成果。

“马克思主义中国化时代化这个重大命题本身就决定，我们决不能

①《毛泽东文集》第八卷，北京：人民出版社 1999 年版，第 116 页。

②《习近平在中共中央政治局第六次集体学习时强调　不断深化对党的理论创新的规律性认识在新时代新征程上取得更为丰硕的理论创新成果》，《人民日报》2023 年 7 月 2 日，第 1 版。

③《刘少奇选集》上卷，北京：人民出版社 1981 年版，第 334 页。

抛弃马克思主义这个魂脉，决不能抛弃中华优秀传统文化这个根脉。坚守好这个魂和根，是理论创新的基础和前提。”[①] 坚持马克思主义基本原理不动摇，坚持党的全面领导不动摇，坚持中国特色社会主义不动摇，“用马克思主义激活中华优秀传统文化中富有生命力的优秀因子并赋予新的时代内涵，将中华民族的伟大精神和丰富智慧更深层次地注入马克思主义，有效把马克思主义思想精髓同中华优秀传统文化精华贯通起来，聚变为新的理论优势”[②]。推进马克思主义中国化时代化，首先要准确把握“两个结合”的基本逻辑，深入领会“两个结合”的前提和要求，进而挖掘马克思主义基本原理与中华优秀传统文化的契合性，明确理论创新的切入点，在剖析马克思主义与中华优秀传统文化的互动机理中厘清理论发展的思路。毛泽东提出并身体力行的“马克思主义基本原理同中国具体实际相结合”中的“中国具体实际”蕴含着中国现实的实际和历史的实际，因而可以说已经具有同中华优秀传统文化相结合的思想。习近平并列提出“两个结合”，“是我们党对马克思主义中国化时代化历史经验的深刻总结，是对中华文明发展规律的深刻把握”[③]，展现了新时代中国共产党人高度的历史自信和文化自信，为马克思主义在当代中国的发展打开了广阔的创新空间。

第二，科学回答时代课题是马克思主义中国化时代化的内在要求。时代处在不断变化发展之中。立足中华民族伟大复兴战略全局和世界百年未有之大变局，用马克思主义观察时代、把握时代、引领时代，深刻洞察人类发展进步潮流，以大历史观的宽广视野、人类命运的宏阔格局中定位中国发展的时代方位，正确认识和处理同外部世界的关系，为应对当今世界面临的全球性挑战、解决人类面临的共性问题积极贡献中国智慧和中国方案，创新当代中国马克思主义和二十一世纪马克思主义。“时代是思想之母，实践是理论之源。一切划时代的理论，都是满足时

①《习近平在中共中央政治局第六次集体学习时强调 不断深化对党的理论创新的规律性认识在新时代新征程上取得更为丰硕的理论创新成果》，《人民日报》2023年7月2日，第1版。

② 同上。

③《习近平在文化传承发展座谈会上强调 担负起新的文化使命努力建设中华民族现代文明》，《人民日报》2023年6月3日，第1版。

代需要的产物。”[①] 马克思主义中国化时代化理论，应当把握时代脉搏，反映实践的发展，善于总结新的实践经验，并将其凝结成时代的思想精华。当今中国正处在中华民族伟大复兴的关键时期，正在经历着有史以来最为广泛而深刻的社会变革，以中国式现代化全面推进中华民族伟大复兴是人类历史上波澜壮阔的实践创新和理论创新。在“两个大局”加速演进并深度互动的时代背景下，人类面临着各种纷繁复杂的共同问题，实现中华民族伟大复兴也面临着诸多未曾有过的时代课题，迫切需要中国化时代化的马克思主义从理论与实践结合的层面给予科学回应和正确解答。

第三，深入调查研究是推动马克思主义中国化时代化的基本前提。理论创新要以在深入调查研究中认识现实情况为基础。毛泽东指出：“认真调查研究，对具体问题作出具体的分析，而不是抽象的主观主义的分析，这是马克思主义的灵魂。”[②] 正是通过长期的调查研究，毛泽东熟悉中国历史文化传统和社会发展状况，洞察中国革命和建设面临着与马克思主义经典作家设想的不同的现实境遇，在坚持马克思主义基本原理的基础上，灵活运用并创新发展了马克思主义，使马克思主义在中国落地生根、开花结果。调查研究是理论与实践相联系的桥梁。推进马克思主义中国化时代化，要在调查研究中科学把握中国的基本国情。在对中华文明连续性、创新性、统一性、包容性以及和平性的突出特质的认识中，明晰中华民族一脉相承的历史文化传统、中国人独有的价值观念和行为方式；在时代变迁中，分析当代中国的经济社会发展、思想文化动向等现状和特点，进而将中国的历史与现实联系起来，形成对中国国情的全面认识，更好地将具有中国特色、中国风格、中国气派的价值观念、文化基因融入马克思主义，“不断赋予科学理论鲜明的中国特色，不断夯实马克思主义中国化时代化的历史基础和群众基础，让马克思主

①《习近平在中共中央政治局第六次集体学习时强调　不断深化对党的理论创新的规律性认识在新时代新征程上取得更为丰硕的理论创新成果》，《人民日报》2023 年 7 月 2 日，第 1 版。

②《毛泽东年谱（1949—1976）》第五卷，北京：中央文献出版社 2013 年版，第 54 页。

义在中国牢牢扎根”[①]。

第四，善于总结实践经验是推动马克思主义中国化时代化的科学方法。人民是历史的创造者，人民的创造性实践是马克思主义中国化时代化的动力源泉。毛泽东用人民群众喜闻乐见的鲜活语言和表达形式进行马克思主义理论及其中国化时代化成果的宣传和阐释，“善于把群众的经验、意志、思想集中起来，又应用到群众中去。因此，才能依据历史进程每个特殊时期和中国具体的经济、政治环境及条件，对于马克思列宁主义作独立的光辉的补充”[②]，将马克思主义传播、运用、发展的全过程与人民群众的实践紧密相连。人民性是马克思主义的本质属性。马克思主义中国化时代化的理论成果是党和人民群众的实践经验和集体智慧的结晶，理论创新要紧紧依靠群众、相信群众。推动马克思主义中国化时代化，要深入基层，扎根群众，准确把握人民群众的思想脉搏，深刻认识到“马克思主义不是书斋里的学问，而是为了改变人民历史命运而创立的，是在人民求解放的实践中形成的，也是在人民求解放的实践中丰富和发展的”[③]，把人民群众所思所盼所忧作为理论创新的着力点，发现和研究关乎人民群众切实福祉的“真问题”，从顶层设计、制度优化、机制完善等方面来研究新情况、解决新问题，以现实的问题导向驱动理论创新。同时，要积极从人民群众的创造中汲取智慧和经验，“要尊重人民首创精神，注重从人民的创造性实践中总结新鲜经验，上升为理性认识，提炼出新的理论成果”[④]，主动发掘和科学提炼群众实践的新情况、新方法、新认识，让马克思主义中国化时代化的最新成果能够充分体现人民的意志、回答人民之问，成为接地气、聚民智、顺民意、得民心的理论。

（原载《马克思主义理论学科研究》2023 年第 10 期）

① 习近平:《高举中国特色社会主义伟大旗帜为全面建设社会主义现代化国家而团结奋斗——在中国共产党第二十次全国代表大会上的报告》，北京：人民出版社 2022 年版，第 18 页。

②《刘少奇选集》上卷，北京：人民出版社 1981 年版，第 336 页。

③ 习近平:《在纪念马克思诞辰 200 周年大会上的讲话》，北京：人民出版社 2018 年版，第 9 页。

④《习近平在中共中央政治局第六次集体学习时强调 不断深化对党的理论创新的规律性认识在新时代新征程上取得更为丰硕的理论创新成果》，《人民日报》2023 年 7 月 2 日，第 1 版。

五

中国革命历史转折关头马克思主义中国化的重要文献

——再读毛泽东《在中国共产党第七届中央委员会第二次全体会议上的报告》

党的七届二中全会召开于中国革命即将夺取全国胜利、新中国即将成立的重大历史转折时刻，是实现中国革命的主题和任务转变的枢纽。作为党的七届一中全会以来中央政治局的工作报告，毛泽东所作的《在中国共产党第七届中央委员会第二次全体会议上的报告》（以下简称《报告》）是一篇关于夺取全国胜利和建立新中国的各项方针政策的纲领性文献。

（一）中国革命重大历史转折关头面临的形势

新民主主义革命的胜利，彻底推翻了帝国主义、封建主义和官僚资本主义在中国的统治，中国人民实现了当家作主“站起来”。随着革命形势的迅猛发展，中国共产党即将踏上崭新的历史征程，也面临着许多亟待解决的新难题。

1. 革命形势的发展提出了“如何建立新中国”的问题

正如列宁所言：“一切革命的根本问题是国家政权问题。”[①] 推翻旧政权，建立一个独立统一、富强民主的新国家，是中国共产党自成立以来始终不变的革命目标。早在延安时期，毛泽东就指出，中国革命的目的就是“打倒帝国主义和封建主义，建立一个人民民主的共和国”[②]。到了1949年春，由于解放战争局势发生根本性变化，建立一个崭新的人民当

①《列宁选集》第三卷，北京：人民出版社2012年版，第19页。

②《毛泽东选集》第二卷，北京：人民出版社1991年版，第563页。

家作主的国家政权，成为中国共产党人的当务之急。在没有现成答案、缺乏成熟经验的情况下，为了顺利完成这一任务，推动革命形势不失时机地向前发展，迫切需要党对战略策略进行总体擘画，为各条战线制定一系列新的工作方针和具体政策。

在政治上，亟须规划关于新中国政权组织形式和政党制度的方针政策。由于战争形势以及阶级力量对比关系的根本性变化，筹划新中国基本政治制度和组织形式的任务大大提前了，原本的建国计划也需要调整。由于尚不具备召开人民代表大会的条件，中共中央与各民主党派商议决定直接召开政治协商会议产生中央人民政府。在为新华社撰写的新年献词《将革命进行到底》中，毛泽东规定了新中国的国体是“无产阶级领导的以工农联盟为主体的人民民主专政的共和国”①，并提出1949年将召集政治协商会议和“中国共产党领导之下的、有各民主党派各人民团体的适当的代表人物参加的”②联合政府。在国体确定、政体设计提前的情况下，应该采取什么样的政党制度？如何体现统一战线的原则？中国共产党如何处理与其他民主党派的关系？对这些问题需要作出明确回答，进一步统一全党的思想认识。

在经济上，亟须恢复国民经济和进一步开展大规模的经济建设。早在抗日战争时期，毛泽东就指出：“中国落后的原因，主要的是没有新式工业……因此，消灭这种落后，是我们全民族的任务。”③已遭受数十年战乱的中国大地千疮百孔、百废待兴，中国共产党不仅要医治战争创伤、恢复国民经济，更要进一步带领全国人民开展工业化和现代化建设，走向繁荣富强。这对于长期扎根农村革命根据地的中国共产党人而言，无疑复杂且生疏。正如毛泽东所言：“中国五亿多人口，对他们的发动、组织、安排谈何容易。”④新生的人民政权能否在经济上站稳脚跟，取决于党能否制定全局性的、周密的纲领和政策，统筹全国人民的衣食住行和经济生产工作，学会管理工厂、农村、银行、铁路等方面的

①《毛泽东选集》第四卷，北京：人民出版社1991年版，第1375页。

② 同上书，第1379页。

③《毛泽东文集》第三卷，北京：人民出版社1996年版，第146—147页。

④ 中共中央文献研究室:《毛泽东传》第二册，北京：中央文献出版社2011年版，第926页。

工作。

2. 新民主主义革命任务的胜利完成提出了如何衔接好新民主主义和社会主义两个发展阶段的问题

资产阶级革命与社会主义革命的关系问题，是科学社会主义中的一个重大理论问题，也是中国革命制定路线和政策的重要理论依据。在新民主主义革命时期，这一问题主要表现为革命发展的阶段性问题。马克思主义认为，落后国家的无产阶级应当先领导人民完成反封建的资产阶级民主革命，作为社会主义革命的必要条件。1937 年，毛泽东将新民主主义革命和社会主义革命比作中国革命的“上篇”和“下篇”，“只有上篇做好，下篇才能做好”[①]。在 1945 年的中共七大上，毛泽东指出：“只有经过民主主义，才能到达社会主义，这是马克思主义的天经地义。”[②] 以毛泽东为主要代表的中国共产党人形成了新民主主义革命的一系列科学理论。实行土地革命、统一战线、农村革命根据地建设等政策和方针，正是将马克思主义的革命发展阶段论与中国革命具体实际相结合的生动体现。

经过 28 年的浴血奋战，中国共产党领导的新民主主义革命即将取得胜利。中国革命这篇文章的“上篇”马上完成，而“下篇”也旋即开启。这时，资产阶级革命和社会主义革命关系问题的主要表现，已经从革命的阶段性问题变化为革命的转变问题。相比于政权建构、经济恢复等当务之急，革命转变问题的影响更为长远。在新民主主义革命时期，毛泽东曾初步提出革命后首先建立一个“以中国无产阶级为首领的中国各个革命阶级联合专政的新民主主义的社会”[③]，利用“有益于国民生计的私人资本主义经济”[④] 来发展生产。但是中国革命具体何时开始向社会主义转变？这种转变采取怎样的方式和步骤进行？用多长时间来完成转变？这些决定新中国发展方略和基本国策的重大问题因中国国情的特殊性而充满未知，需要结合中国实际情况进一步探索和回答。

①《毛泽东选集》第一卷，北京：人民出版社 1991 年版，第 276 页。
②《毛泽东选集》第三卷，北京：人民出版社 1991 年版，第 1060 页。
③《毛泽东选集》第二卷，北京：人民出版社 1991 年版，第 672 页。
④《毛泽东选集》第三卷，北京：人民出版社 1991 年版，第 1058 页。

3. 时代主题的变化提出了“先锋队”角色转换的问题

作为中国革命的领导核心，中国共产党在迎来新民主主义革命胜利之际，自身也面临着从领导人民为夺取全国政权而奋斗的党到领导人民掌握全国政权并长期执政的党这一角色转变。全党能否胜任新角色，适应新的时代主题和新的革命任务要求，是党和人民事业在新征程上成败的关键。

一是技术层面，主要任务的变化要求全党掌握建设新社会的能力和本领。随着战争的胜利和经济建设的展开，党的主要任务即将从军事战线转移到经济战线，从组织农村根据地的战时生产管理转向组织全国范围内的经济和社会运行。对此，毛泽东曾指出：“我们熟习的东西有些快要闲起来了，我们不熟习的东西正在强迫我们去做。”[①] 从 1948 年起，毛泽东多次提出要重视知识分子干部，将有经验的工程师、技师、职员吸收加入革命队伍。[②]

二是思想作风层面，斗争条件的变化要求全党保持革命本色。随着新中国的建立，广大党员干部即将从革命根据地的艰苦环境走上各项事业的领导岗位，不仅工作和生活的物质条件有了显著改善，也将掌握更大的权力。在这种新的环境下，党员干部很容易遭受官僚主义的侵袭，丧失革命战争年代艰苦奋斗、牺牲奉献的精神和作风。中国共产党能否经受住新形势的考验，继续得到人民群众的拥护？这一问题令毛泽东尤为担忧。早在革命战争年代，他就提醒全党避免“小胜即骄傲，大胜更骄傲，一次又一次吃亏”[③]。为避免此类现象发生，全党必须发扬其在思想政治、作风纪律层面的优良传统，并以新的精神面貌适应新形势下党和国家事业发展的新要求。

总之，历史的转折向党提出了制定并实施新的路线、方针和政策的重大任务。以毛泽东为主要代表的中国共产党人在长期革命斗争中，表现出宽广的历史视野、高度的政治敏感和清醒的理论自觉。在革命斗争的关键时刻，毛泽东总能带领全党准确把握形势的变化、及时抓住关键

①《毛泽东选集》第四卷，北京：人民出版社 1991 年版，第 1480 页。
② 胡乔木:《胡乔木回忆毛泽东（增订本）》，北京：人民出版社 2014 年版，第 540 页。
③《毛泽东文集》第三卷，北京：人民出版社 1996 年版，第 227 页。

性问题，提出富有远见的正确主张，开辟中国革命事业发展的新境界。毛泽东为党的七届二中全会所作的报告正是这一特点的生动体现。

（二）《报告》回答了中国共产党在历史转折关头理论与实践的重大问题

纵观毛泽东的《报告》，其主要内容正是通过阐述建立新政权的基本主张，对中国共产党在历史转折关头面临的理论与实践重大问题作出针对性的解答。

1. 回答了“怎样建设一个新中国”的各项具体任务的问题

一是总揽全局，抓住新中国建设的重点工作。面对百废待兴的局面和千头万绪的各项任务，毛泽东采用了“抓重点”的分析方法，条分缕析地说明了各项工作之间的轻重缓急关系。在总体战略中，党的工作重心要从乡村转移到城市，这是最具决定意义的历史性转变。全党必须围绕这一转变掌握新的工作方法，“一步一步地学会管理城市，恢复和发展城市中的生产事业”[①]，同时使城市工作和乡村工作紧密联系起来；在城市各项工作的关系中，要着重解决经济的恢复和建设问题。“其他的工作，例如党的组织工作，政权机关的工作，工会的工作，其他各种民众团体的工作，文化教育方面的工作，肃反工作，通讯社报纸广播电台的工作，都是围绕着生产建设这一个中心工作并为这个中心工作服务的。”[②] 而在城市生产的恢复发展工作中，毛泽东规定：“第一是国营工业的生产，第二是私营工业的生产，第三是手工业生产。”[③] 通过统筹城市和乡村、工业和农业、经济建设和其他各项事业之间的关系，新中国各项工作和事业的推进便有了条理和章法。

二是在政治制度建设上，团结一切可以团结的力量，建立人民民主专政的共和国。毛泽东指出，在召集政治协商会议、成立民主联合政府时，必须重视和党外人士的团结合作。新政权的阶级属性是无产阶级领导的以工农联盟为基础的人民民主专政，其基本的领导力量是工人阶

①《毛泽东选集》第四卷，北京：人民出版社 1991 年版，第 1428 页。
② 同上书，第 1428 页。
③ 同上书，第 1428 页。

级、农民阶级和广大革命知识分子，但也要“团结尽可能多的能够同我们合作的城市小资产阶级和民族资产阶级的代表人物，它们的知识分子和政治派别”[①]，才能为新中国的建设事业争取更多力量，实现国家富强。因此，在与党外民主人士长期合作的问题上，全党必须统一思想，并落实在工作中、通过新政权的制度建构来保障这种合作成为长期政策：“同他们诚恳地坦白地商量和解决那些必须商量和解决的问题，给他们工作做，使他们在工作岗位上有职有权，使他们在工作上做出成绩来。”[②]

三是在经济建设上，总任务是要独立自主地实现新中国的工业化。毛泽东指出，中华民族实现民族独立和现代化，仅靠政治上取得独立是不够的，归根结底要通过“建立独立的完整的工业体系”，“由落后的农业国变成了先进的工业国，才算最后地解决了这个问题”[③]。由于长期受帝国主义、封建主义和官僚资本主义制度压迫，半殖民地的中国在 1949 年仍然极度贫穷落后，“现代性的工业占百分之十左右，农业和手工业占百分之九十左右”[④]。因此，在国民经济恢复后，逐步实现经济独立、建立完整的工业体系，是使中国经济现代化和赶上世界历史发展潮流的核心和关键，也是全党全国人民进行经济建设和发展生产的过程中，需要集中力量来实现的第一要务。

2. 回答了中国革命“怎么走”的阶段转变问题

中国革命发展阶段和革命转变的理论问题是党在七届二中全会前后政策转变的基本依据，关系到“为什么应当采取这样的经济政策而不应当采取别样的经济政策”[⑤]。新中国成立前夕，毛泽东对这一涉及理论和原则性的重要问题进行了集中思考，并在《报告》中从综合分析生产力和生产关系的角度作出了全局性判断。

第一，把中国社会经济结构和主要矛盾的分析作为判断革命阶段问题的基本出发点。毛泽东指出，半殖民地半封建社会的中国总体上是一个发展不平衡的农业国，一方面具备约百分之十左右的现代性的工业经

①《毛泽东选集》第四卷，北京：人民出版社 1991 年版，第 1437 页。
② 同上书，第 1437 页。
③ 同上书，第 1433 页。
④ 同上书，第 1430 页。
⑤ 同上书，第 1429 页。

济，“这是进步的，这是和古代不同的”[①]，这些工业经济大部分被集中地掌握在帝国主义者及中国的官僚资产阶级手里，另有少量属于民族资产阶级的私人资本主义工业；另一方面，社会经济的绝大部分由落后分散的个体农业经济和手工业经济构成，“还有百分之九十左右的经济生活停留在古代”[②]。中国的经济和社会呈现出复杂形态，总体性的落后生产方式和局部性的先进生产力并存。毛泽东在此基础上指出，全国解放并解决了土地问题以后，中国社会将进入新民主主义阶段，这一社会还存在着两种基本的矛盾：“第一种是国内的，即工人阶级和资产阶级的矛盾。第二种是国外的，即中国和帝国主义国家的矛盾。”[③]

第二，勾画了通过新民主主义社会走向社会主义社会的蓝图。基于官僚资本主义工商业在生产力上的先进性和生产关系上的反动性，“没收这些资本归无产阶级领导的人民共和国所有，就使人民共和国掌握了国家的经济命脉，使国营经济成为整个国民经济的领导成分”[④]，将最先进的生产力掌握在人民手中，成为经济发展和革命继续前进的坚实基础；私人资本主义工商业相对于落后的农业经济而言代表先进生产力，在生产关系层面也带有一定反对帝国主义、封建主义和官僚资本主义压迫的革命性，因而在当前和今后一个时期要容许有利于国计民生的资本主义成分存在和发展，“尽可能地利用城乡私人资本主义的积极性，以利于国民经济的向前发展”[⑤]。同时采取节制资本的政策，在活动范围、税收政策、市场价格、劳动条件等方面对资本主义工商业进行适当的限制；对于分散落后的个体农业和手工业，既要承认其长期存在的事实，又要“谨慎地、逐步地而又积极地引导它们向着现代化和集体化的方向发展”[⑥]，通过组织以私有制为基础的生产、信用和消费合作社，发展初级形式的集体经济。毛泽东指出，社会主义性质的国营经济、半社会主义的合作社经济、私人资本主义经济、个体经济和国家资本主义经济“构

①《毛泽东选集》第四卷，北京：人民出版社1991年版，第1430页。
② 同上书，第1430页。
③ 同上书，第1433页。
④ 同上书，第1431页。
⑤ 同上书，第1431页。
⑥ 同上书，第1432页。

成新民主主义的经济形态”[①]。由于新民主主义的经济构成和经济政策内在地规定了整个国民经济的社会主义前途，因而各种经济成分在新民主主义阶段的发展变化，同时也明晰了向社会主义转变的具体途径。

第三，提出了中国革命胜利后“两个转变”的理论命题。在综合分析当前中国社会性质、经济状况和阶级关系的基础上，毛泽东提出了关于中国革命阶段转变的理论主张。这一革命阶段的转变是社会形态的总体转变：在生产方式层面，由农业国转变为工业国，完成工业化和经济现代化，建立独立完整的工业体系；在生产关系层面，对个体农业、手工业和资本主义工商业进行改造，“由新民主主义社会发展到将来的社会主义社会”[②]。根据毛泽东的设想，“两个转变”在现阶段应该有所侧重，前一个转变是后一个转变实现的重要条件，也是当前的主要方向。毛泽东指出，为数不多但分布集中的现代大工业催生了足以领导革命的无产阶级及其先锋队，而这些大工业如今掌握在无产阶级领导的国家手中，变成了社会主义经济。这一物质、阶级和组织基础确保了中国革命发展的社会主义前途，“谁要是忽视或轻视了这一点，谁就要犯右倾机会主义的错误”[③]。但由于中国生产力发展水平总体上还十分落后，因此向社会主义的过渡不能很快发生，“在革命胜利以后一个相当长的时期内”[④]还要允许私人资本主义在国家经济政策和经济计划的轨道内存在和发展，“认为简直可以很快地消灭私人资本，这也是完全错误的，这就是‘左’倾机会主义或冒险主义的观点。”[⑤]

3. 回答了在新形势下如何加强党的建设的问题

毛泽东清醒认识到，解放战争在全国胜利后，中国共产党所面临的斗争形势依然严峻，而且具有许多新的特点和形式：“全国打开，事情方开始，那时会感觉比打仗还难。”[⑥]为此，党必须付出比战争年代更大的

①《毛泽东选集》第四卷，北京：人民出版社 1991 年版，第 1433 页。
② 同上书，第 1432 页。
③ 同上书，第 1431 页。
④ 同上书，第 1431 页。
⑤ 同上书，第 1432 页。
⑥《毛泽东年谱（一八九三——一九四九）（修订本）》下卷，北京：中央文献出版社 2013 年版，第 432 页。

努力来进行自我革命。在《报告》中，毛泽东特别强调了在新形势下如何加强党的建设的问题。

一是在干部队伍建设方面，从“战斗队”转变为“工作队”。随着中国革命的主题从战争转向经济建设，管理城市、组织生产的任务日益增加，迫切需要一支有知识、懂技术、讲政治的党员干部队伍。为此，毛泽东向解放军提出了从“战斗队”变为“工作队”的要求：“随着战斗的逐步地减少，工作队的作用就增加了”①，军队要为党培养选拔能胜任地方工作的干部。这一要求同样是面向全党发出的：新的革命阶段中，全党要学习新知识、新技能，必须用极大的努力学习工业、农业、交通、财经等方面的生产和管理技术，掌握现代经济的运行规律，从一个擅长作战、土改的党转变为一个能够管理城市、管理经济的党。能否胜任这一任务，对于新中国的存亡具有决定性意义。正如毛泽东所言：“如果我们在生产工作上无知，不能很快地学会生产工作，不能使生产事业尽可能迅速地恢复和发展，获得确实的成绩，首先使工人生活有所改善，并使一般人民的生活有所改善，那我们就不能维持政权，我们就会站不住脚，我们就会要失败。”②同时，毛泽东坚信，“我们能够学会我们原来不懂的东西。我们不但善于破坏一个旧世界，我们还将善于建设一个新世界。”③

二是在思想作风建设方面，践行和发扬“两个务必”。在毛泽东看来，要使全党能够经受住社会主义革命和社会主义建设新的风险挑战和严峻考验，归根结底在于加强党的思想建设，使全党在革命胜利和伟大成就面前保持清醒头脑，永葆革命初心。因此，毛泽东在《报告》中向全党提出了以“两个务必”为核心内容的政治要求和基本遵循。毛泽东冷静而忧虑地意识到全党在胜利面前存在居功自傲、固步自封，甚至腐化堕落的危险：“党内的骄傲情绪，以功臣自居的情绪，停顿起来不求进步的情绪，贪图享乐不愿再过艰苦生活的情绪，可能生长。”④清醒认识

①《毛泽东选集》第四卷，北京：人民出版社1991年版，第1426页。
② 同上书，第1428页。
③ 同上书，第1439页。
④ 同上书，第1438页。

到这“四种情绪”对党的事业的危害，毛泽东语重心长地提醒全党，在新的革命征程中必须继续加强马克思主义思想武装、保持先进性和纯洁性，并发出了“两个务必”的谆谆告诫：新民主主义革命的胜利只是“万里长征走完了第一步”，“革命以后的路程更长，工作更伟大，更艰苦”，因此，“务必使同志们继续地保持谦虚、谨慎、不骄、不躁的作风，务必使同志们继续地保持艰苦奋斗的作风”[①]。

（三）《报告》在百年党史上的历史地位及其价值

与《新民主主义论》《论联合政府》《论人民民主专政》等著作相比，学界对《报告》这一文本本身的研究不多。但作为在历史转折时刻完整地论述了中国革命任务转变、革命阶段转变、党的角色转变等诸多重大问题的文献，《报告》具有深远的历史意义。其价值和影响已经超越了特定的历史时期，对于新时代中国共产党治国理政、推进理论创新、加强自身建设都具有重要的借鉴价值。

1. 提出了完整清晰的建国方略，为中国共产党执政和革命阶段的转变提供了思想准备和理论指引

将《报告》放在中国共产党建国方略发展的思想链条中考察，《报告》是一篇建立和建设新中国的纲领性文献。《报告》是毛泽东对党的建国方式、新中国的基本制度、中国革命的阶段转变等重大时代课题经过长期深思熟虑后的理论成果，也是全党关于这一系列问题的智慧结晶，在党的大政方针擘画中起到了承上启下的作用。

一方面，《报告》是对中国共产党历史上关于新民主主义国家建设的基本蓝图的擘画。从短期来看，《报告》与 1948 年 9 月政治局扩大会议、1949 年 1 月政治局会议对建国问题的集中思考相衔接；从长期来看，《报告》是对中国共产党和毛泽东多年来酝酿的建国方略的凝练和充实。从中共六大的经济纲领，到《中国革命和中国共产党》和《新民主主义论》中的新民主主义社会阶段、《论联合政府》中的民主联合政府，再到《目前形势和我们的任务》中的三大经济纲领，《报告》与这些著作中的

①《毛泽东选集》第四卷，北京：人民出版社 1991 年版，第 1438—1439 页。

基本精神一脉相承，而又与时俱进地加以具体化。作为短期规划和长期思考的综合，《报告》系统地规定了新中国在新民主主义阶段的大政方针，确定了夺取全国胜利的途径，新中国政权组织形式、经济方针、外交政策等问题的原则和方向，奠定了新中国的基本格局，对迎接新民主主义革命在全国的胜利和新中国的建设事业都具有巨大的指导作用。《报告》是中国共产党新民主主义建国思想的精华和集大成者，标志着新民主主义建国纲领的基本完成，并和毛泽东在1949年6月发表的《论人民民主专政》一起，构成了日后新中国成立时曾起临时宪法作用的《共同纲领》的政策基础[①]。

另一方面，《报告》为新中国由新民主主义社会转变为社会主义社会的问题提供了理论指引。“从根本思想上说，七届二中全会制定的路线，标志着党和人民选择了社会主义道路。”[②]《报告》中提出的“由农业国转变为工业国，由新民主主义社会转变为社会主义社会”的战略构想成为日后新中国向社会主义过渡的指导方针。1953年，党中央和毛泽东提出的以“在一个相当长的时期内，逐步实现国家的社会主义工业化，并逐步实现国家对农业、对手工业和对资本主义工商业的社会主义改造”[③]为主要内容的过渡时期总路线，正是对于《报告》中“两个转变”原则的明确化和具体化。由此可见，《报告》为日后的社会主义革命和社会主义建设作了重要的理论准备。

2.《报告》是马克思主义基本原理与中国实际相结合的理论成果

跳出《报告》所着眼的带有时效性、政策性的具体问题，将《报告》放在马克思主义中国化发展的思想链条中来考察，《报告》无疑是一篇马克思主义中国化的经典理论文献，是运用马克思主义立场、观点和方法解决中国革命实际问题的典范之作。

一是制定政策要坚持从实际出发。正如毛泽东在《报告》中所指出的，中国的社会经济状况“是在中国革命的时期内和在革命胜利以后一

① 金冲及:《二十世纪中国史纲》第二卷，北京：社会科学文献出版社2009年版，第679页。

② 薄一波:《若干重大决策与事件的回顾》上卷，北京：中共中央党校出版社1991年版，第27页。

③《建国以来重要文献选编》第4册，北京：中央文献出版社1993年版，第548页。

个相当长的时期内一切问题的基本出发点”[①]。以毛泽东为主要代表的中国共产党人在新中国成立前夕所制定和阐明的战略、策略和政策之所以能够为新中国的建立建设提供一幅较为清晰的蓝图，并被历史证明是符合实际的，正是因为建立在仔细分析和深刻把握中国基本国情的基础之上，并立足于接管城市的工作实践中产生的经验。这一实事求是、理论联系实际的分析方法体现了唯物辩证法的基本要求，为中国共产党人治国理政提供了基本遵循。

二是通过调查研究实现认识的飞跃，体现了辩证唯物主义的认识论。《报告》的形成是一个从感性到理性的认识过程。以其中关于经济成分和经济建设方针的内容为例：1948 年 9 月，张闻天通过对东北经济制度的调查研究，向中央提出了《关于东北经济构成及经济建设基本方针的提纲》，初步探讨了国营经济、合作社经济、国家资本主义经济、私人资本主义经济和小商品经济作为未来新民主主义社会的主要经济成分及其相互关系问题。毛泽东和刘少奇等党的主要领导人对此高度重视并作了精心修改，如强调在多种经济成分并存的情况下制定无产阶级明确而周密的经济政策、经济计划和整套的经济组织来指导国民经济建设[②]，将“决不可采取过早地限制私人资本经济的办法”调整为“决不可以过早地采取限制现时还有益于国计民生的私人资本经济的办法”[③]等，明确和深化了党中央对于经济政策的原则和方向问题的认识。最终，这些思想和认识汇聚和综合在《报告》中，形成了符合中国国情的经济建设方针。从毛泽东、刘少奇、张闻天等人的调查研究，到《报告》的最终形成和发表，体现了马克思主义中国化从“十月怀胎”式的量变，到“一朝分娩”式的质变，是一个认识上的不断深化和突破过程。

三是完整勾勒了中国革命道路的历史辩证法。毛泽东在七届二中全会上指出，由城市到农村，再回到城市，这是中国的辩证法[④]。在长期的革命过程中，中国共产党在毛泽东的带领下注重把握中国社会状况的特

①《毛泽东选集》第四卷，北京：人民出版社 1991 年版，第 1430 页。
② 薄一波：《若干重大决策与事件的回顾》上卷，北京：中共中央党校出版社 1991 年版，第 23 页。
③《毛泽东书信选集》，北京：中央文献出版社 2003 年版，第 281 页。
④ 胡乔木：《胡乔木回忆毛泽东（增订本）》，北京：人民出版社 2014 年版，第 539 页。

殊性，突破了“城市中心论”的教条，开创了“农村包围城市，武装夺取政权”的独特革命道路。随着中国革命的主题从战争转向建设、中国革命的特点从特殊性向一般性复归，毛泽东在《报告》中展望全国未来时提出：“从现在起，开始了由城市到乡村并由城市领导乡村的时期”[①]，与时俱进地重新将革命和建设的重点转回城市。至此，中国共产党的工作重心经历了从城市转为农村、再从农村回到城市的转化过程。

3. 提出了使党永葆革命性和先进性的政治要求，为党的思想建设和作风建设提供了基本遵循

将《报告》放在中国共产党自身建设的思想链条中来考察，《报告》标志着中国共产党自身建设进入新的发展阶段，即执政条件下党的建设阶段。2013 年 7 月，习近平总书记在西柏坡考察时谈到“两个务必”内涵丰富、意义深远，“包含着对我们党艰苦卓绝奋斗历程的深刻总结，包含着对胜利了的政党永葆先进性和纯洁性、对即将诞生的人民政权实现长治久安的深刻忧思，包含着对我们党坚持全心全意为人民服务根本宗旨的深刻认识”[②]。《报告》中提出的“两个务必”作为毛泽东等老一辈无产阶级革命家留给中国共产党人的一笔丰厚的精神遗产，对于中国共产党精神品格塑造的价值难以估量。

《报告》诞生七十多年来，在“谦虚谨慎、艰苦奋斗”精神的鞭策和引领下，中国共产党始终注重思想建设和作风建设，不断提高执政能力和领导水平，担当建设社会主义的重任，使我国的综合国力不断提升，人民生活不断改善。特别是党的十八大以来，以习近平同志为核心的党中央带领全党时刻牢记和践行“两个务必”，坚持党要管党、全面从严治党，纠正干部作风问题，严厉惩治腐败，坚定党员理想信念和宗旨，党的思想和作风建设进一步取得明显成效。在以习近平同志为核心的党中央坚强领导下，党带领全国人民如期完成了脱贫攻坚、全面建成小康社会的任务，实现了第一个百年奋斗目标，使中华民族伟大复兴展现出前所未有的光明前景。在新时代开启全面建设社会主义现代化国家新征程之际，习近平总书记在党的二十大报告中将“两个务必”进一步

①《毛泽东选集》第四卷，北京：人民出版社 1991 年版，第 1427 页。

② 习近平：《论中国共产党历史》，北京：中央文献出版社 2021 年版，第 25 页。

升华，向全党提出“务必不忘初心、牢记使命，务必谦虚谨慎、艰苦奋斗，务必敢于斗争、善于斗争”之“三个务必”的号召，正是对毛泽东在《报告》中体现出的革命精神与忧患意识的继承和发扬。

（原载于《湖南第一师范学院学报》2023 年第 5 期。中国人民大学复印报刊资料《中国共产党》2024 年第 2 期全文转载）

六

毛泽东推进“两个结合”的历史性贡献

习近平提出的“坚持把马克思主义基本原理同中国具体实际相结合、同中华优秀传统文化相结合”[①]的重大论断，科学概括了马克思主义中国化时代化的基本方法和路径。毛泽东运用马克思主义指导中国革命和建设，并以此为基础充分吸收中华优秀传统文化的养料创立毛泽东思想的过程，就是实践“两个结合”的典范。在中国共产党推进“两个结合”的历史进程中，毛泽东作出了极为重要的开创性贡献。研究毛泽东关于“两个结合”的重要贡献，对新时代进一步推进马克思主义中国化时代化具有重大的现实意义。

（一）“两个结合”的缘由及其意义

把马克思主义同中国具体实际相结合，是理论与实践相统一的必然要求，是推动中国革命和建设、发展马克思主义的客观需要。把马克思主义同中华优秀传统文化相结合，既因应了新的历史条件下继承与发扬中华优秀传统文化的需要，也为中国人民接受马克思主义创造了必要条件。中国共产党领导中国人民进行革命和建设的历史反复证明，“两个结合”是运用马克思主义指导中国革命和建设实践，引领中国文化发展的必由之路。

1. 理论与实践相统一的必然要求

马克思主义同中国具体实际相结合，其本质就是运用马克思主义的立场、观点和方法，研究中国革命和建设的实践及其内在规律，解决中国革命和建设实践中的实际问题。

①《习近平谈治国理政》第四卷，北京：外文出版社2022年版，第10页。

一方面，中国革命和建设离不开马克思主义的指导。面对近代中国内外交困的复杂局势，地主阶级、民族资产阶级、小资产阶级、农民阶级等都曾开出这样或那样的“药方”，但无一例外都失败了；形形色色的思想流派也从国门之外纷至沓来，同样也没有在中国扎下根来。与此同时，中国社会内部各阶级及各帝国主义殖民势力的相互斗争却日趋激烈，不断地激化着旧中国社会内部的诸多矛盾。伴随各种主义、各种救国方案付诸实践而来的，却是诸条道路的相继受阻，中国人民饱尝着失败之苦[①]。人们迫切地需要新的思想、新的理论、新的方向。

十月革命一声炮响，给中国送来了马克思列宁主义。与其他思想流派不同的是，马克思主义迅速地在中国扎下根来，唤醒了沉睡的中国人民，激发出蕴藏在群众身上的强大革命力量。马克思主义为什么能有这么大能量？究其原因，就在于马克思主义同中国社会发展的内在要求相契合，“同中国人民革命的实践发生了联系”[②]。马克思主义科学分析了中国民主革命的发展脉络、历史环境、基本特点与内在规律，帮助破解了革命中的实际难题。新中国成立后，如何在生产力落后而多种生产方式并存的东方农业大国进行生产资料所有制改造，又如何在没有经过资本主义历史阶段的基础上推进社会主义工业化、现代化的现实问题再次摆在了中国共产党人面前。历史已经证明，中国社会主义革命和建设需要借助马克思主义的理论工具来观察、分析和解决矛盾，以推动社会发展和历史进步。

另一方面，马克思主义要发挥作用并实现自身的发展，也需要与具体的时代条件相结合，与各国革命和建设具体实践相结合。马克思主义不是书斋里的学问，而是具有强烈的实践性和革命性，是服务被压迫人民求得自我解放的理论武器。马克思主义虽然揭示了社会发展、阶级斗争和政党建设的普遍规律，但要真正指引中国人民和中华民族实现自我解放，还必须与中国具体的社会形态、具体的阶级关系、生产力与生产关系状况等相结合。马克思主义只有与客观实际相联系、为人民群众所

① 肖贵清：《坚持和发展中国特色社会主义奋力谱写新时代新征程新篇章》，《毛泽东研究》2022 年第 5 期。

②《毛泽东选集》第四卷，北京：人民出版社 1991 年版，第 1515 页。

掌握，才有可能发挥作用。此外，马克思主义还具有开放性和时代性，它需要结合新的时代条件不断发展完善。“马列主义的普遍真理与中国革命具体实际相结合，这是唯物论；二者是对立的统一，也就是辩证法”[①]。革命的理论是革命的运动的先导，它唤醒革命的群众变为现实的力量，推动着革命的实践向前发展；而“革命的实践，反映在意识形态上，这就是理论”[②]。革命的理论和革命的实践一旦结合，革命的历史也就产生了。因此，革命的理论和革命的实践，作为对立统一的整体，任何一方都不能脱离对方而独立运动，二者只有结合起来才能共同发展。马克思主义同中国革命和建设具体实际相结合，在推动中国革命和建设实践发展的同时，也实现了自身的发展。

2. 中华优秀传统文化和马克思主义发展的共同需要

马克思主义同中华优秀传统文化相结合，其本质就是运用马克思主义的立场、观点和方法挖掘中华优秀传统文化的丰富意蕴，结合现实特点和需求对之进行再阐释，实现“古为今用”。同时马克思主义也通过不断吸收中华优秀传统文化的养分，在中国落地生根。中华优秀传统文化与马克思主义在与彼此结合的过程中，自身也不断获得新的发展。

一方面，中华优秀传统文化通过与诞生于工业文明、代表无产阶级历史发展方向的马克思主义结合以完成对自身的改造。中华文明是人类历史上发源较早的文明之一。中国历史源远流长，发达的农耕文明经过漫长的发展演化，孕育出璀璨丰厚的中华优秀传统文化，并曾一度引领人类文明和世界文化的发展方向。然而，随着新航路的开辟、资本主义生产方式的建立、资本主义工业化进程的推进和资产阶级启蒙运动的开展，欧洲文明后来居上并逐步开始殖民扩张。在资本主义的入侵下，中国传统文化面临难以存续的危险。中华文明和中华优秀传统文化迫切需要更加先进的思想理论帮助实现自身的现代化转型。马克思主义的传入给当时中国文化的转型和发展带来了希望。马克思主义以科学的世界观和方法论重新审视中国传统文化，剔除糟粕，与其中的精华部分相结合，推动中国文化实现跨越式发展，创造出中华文明的全新形态。

①《毛泽东文集》第七卷，北京：人民出版社 1999 年版，第 366 页。

②《毛泽东年谱（1949—1976）》第三卷，北京：中央文献出版社 2013 年版，第 345 页。

另一方面，马克思主义通过与中华优秀传统文化结合实现本土化，进而推动自身的丰富和发展。马克思主义诞生于19世纪的欧洲，揭示了资本主义的内在矛盾，指明了人类文明发展演进的方向，唤醒了被压迫阶级和民族的独立意识，掀起了浩浩荡荡的世界革命运动。当马克思主义传入中国后，中国的民主革命逐渐被纳入世界社会主义运动范畴。中国的民主革命是从数千年的中华民族发展史中走出来的，带有本民族的鲜明文化特点。作为中国革命和建设事业的理论指南，马克思主义只有掌握了人民群众才能转化为强大的现实力量。理论要想掌握群众，除了内容的彻底和革命，还必须“和民族的特点相结合，经过一定的民族形式”[①]，才能为一定民族的群众所掌握。因此，马克思主义同中华优秀传统文化相结合是马克思主义同中国具体实际相结合的必然要求，马克思主义也在这一过程中不断实现自身的完善和发展。

3. 中国革命和建设历史经验的总结

“两个结合”是中国共产党领导革命和建设的经验总结，是在同历次“左”的和右的错误斗争实践中得出的历史结论。

马克思主义传入中国主要有三条途径。在当时留日学生和旅欧留法学生的宣介下，受俄国十月革命的影响，中国于五四运动前后形成了传播和研究马克思主义的热潮。中国早期马克思主义者还不能很好地将马克思主义同中国具体实际相结合，还需要一个不断探索的过程。如党的一大纲领的部分内容更像是对马克思主义某些理论原则的直接翻译，尚不具备真正的行动纲领意义。党的早期领导人也曾提出过要把马克思主义同中国具体实际相结合的类似观点，如陈独秀提出要“以马克思实际研究的精神研究社会上各种情形，最重要的是现社会的政治及经济状况，不要单单研究马克思的学理”[②]等。但当时还处于幼年时期的中国共产党尚未完全把握马克思主义的精神实质，还未充分地了解掌握中国社会和革命的特点，再加上共产国际对中国共产党作出的脱离中国实际的一些错误指示，使得“左”的或右的错误路线曾经在党的领导机关中占据支配地位，给中国革命造成了严重影响。

---

①《毛泽东选集》第二卷，北京：人民出版社1991年版，第707页。

②《陈独秀文集》第二卷，北京：人民出版社2013年版，第250页。

面对挫折，我们党开始重新审视中国革命和马克思主义的关系，重新审视自身革命实践和共产国际经验的关系。毛泽东针对当时党内盛行的教条主义错误，强调坚持马克思主义指导，并非“因为马克思这个人是什么‘先哲’”[①]，而是它为中国革命实践所检验。在扩大的中共六届六中全会上，毛泽东第一次提出“马克思主义中国化”这一科学命题。他还明确指出，要把马克思主义基本原理同中国具体实际相结合，并用马克思主义的科学方法总结中国历史文化遗产，也就是把马克思主义同中国的历史文化相结合。延安整风时期，毛泽东进一步系统批判了党内存在的主观主义特别是教条主义的学风问题，系统批判了装腔作势、言之无物而又语言乏味的党八股文风问题，把对马克思主义理论和中国革命实践相统一的认识提高到“党性”的高度来要求全党，强调要认真研究中国的历史和文化，学习人民群众的语言词汇，学习“古人语言中有生命的东西”[②]。

新中国成立后，毛泽东多次提出要继续破除教条主义和对苏联的迷信，实现马克思主义同中国实际的“第二次结合”。他指出，中国共产党必须要学习苏联社会主义建设的先进经验，但同时也要看到苏联社会主义建设中暴露的问题，不能盲目跟风，更不能迷信。特别是在苏共二十大之后，毛泽东更加坚定了独立自主探索适合中国国情的社会主义建设道路的想法。中国革命和建设的历史证明，当马克思主义同中国具体实际和中华优秀传统文化结合得好的时候，中国革命和建设事业就会取得进步，中国文化和马克思主义的发展就会生机勃勃；反之，中国革命和建设事业就会遇到挫折，中国文化和马克思主义的发展也会停滞不前。

（二）马克思主义同中国具体实际相结合

毛泽东不仅论述了为什么要把马克思主义同中国具体实际相结合，还进一步论述了马克思主义同中国什么具体实际相结合，怎样与中国具体实际相结合，以及在与中国具体实际相结合的过程中要防止的错误倾

①《毛泽东选集》第一卷，北京：人民出版社 1991 年版，第 111 页。
②《毛泽东选集》第三卷，北京：人民出版社 1991 年版，第 837 页。

向等问题。

1. 马克思主义同中国什么具体实际相结合

马克思主义要同中国具体的历史条件相结合，运用历史唯物主义的方法分析中国社会和革命的发展历程，明确中国革命和建设的历史方位和发展方向。中国革命不是由人的主观意志决定的，而是从中国社会的内在矛盾中产生，又反过来解决这些矛盾。分析中国社会的内在矛盾就是在认识中国社会，解决中国社会的内在矛盾就是在改造中国社会。这些矛盾并非突然出现的，其产生和发展依赖于一定的历史条件，“而这种历史条件本身又以长期的以往的历史为前提”①。要解决中国革命和建设的实际问题，就不能只局限于当时的现实条件，而要运用历史唯物主义的方法科学地分析这些现实条件所依赖的历史背景，分析中国内在矛盾的历史发展脉络。基于马克思主义的立场、观点、方法，中国共产党人不能割裂历史，都是要对中国社会的过去、现在和将来有整体性的认识。因此，毛泽东组织了专门力量研究和分析中国近代历史，先对经济、政治、军事、文化等领域分门别类展开研究，然后再进行综合研究，培养观察中国革命和建设事业更为广阔的视野。

马克思主义要同中国具体的社会条件相结合，运用唯物辩证的思维方法研究中国革命和建设的各个方面，明确其特点和基本规律，为正确制定中国革命和建设的路线、方针、政策提供理论遵循。新民主主义革命时期，毛泽东运用马克思主义的方法考察了敌友我三方的力量对比、分布构成及相互转化的可能，分析了中国民主革命的基本特点是具有长期性、残酷性和不平衡性，并以此为依据指出要将建立农村革命根据地作为长期革命的基础，反对盲目偏爱流动游击和盲目进行全国范围的武装总暴动；要以武装斗争的手段反对反革命的残酷武力镇压，不能只重视民众和宣传工作而忽视军事的重要性；要根据国内阶级关系及其动向建立最广泛的统一战线，反对单打独斗、四处出击，从而克服了党内曾经存在的“左”倾冒险主义、右倾投降主义和关门主义等倾向。在社会主义建设时期，毛泽东在系统研究了国家工业、农业、运输业、商业等

①《马克思恩格斯选集》第三卷，北京：人民出版社 2012 年版，第 485 页。

多个行业的发展情况、各自占比和分布状况的基础上，认真分析了社会主义改造和建设中存在的矛盾问题，运用马克思主义的科学方法从中梳理出十大关系，并以此为基础提出建设社会主义的总方针，为社会主义建设和发展提供了有力指导。

在与中国具体的社会条件相结合时，毛泽东尤其关注其中的阶级关系，强调要运用阶级分析法分析国内阶级关系、国内民族关系和国际关系。这些关系的发展演化本质上是以阶级利益为纽带和核心的，只有运用马克思主义的科学方法正确分析各个阶级的状况及其关系，才能制定符合中国革命和建设实际的政策和策略。基于此，毛泽东科学地判断和分析了国际国内重大事件引起的国内外各阶级阵营的重新分化组合，正确地制定了新民主主义革命时期中国共产党对其他阶级所应采取的政策和策略；同样基于此，毛泽东充分认识到，在中国建立无产阶级政党的阶级条件和形势极为复杂，尤其需要通过思想理论教育克服错误思想倾向，不断保持中国共产党的先进性。

2. 马克思主义怎样与中国具体实际相结合

关于把马克思主义同中国革命和建设具体实际相结合这个问题，毛泽东曾形象地将之比作“有的放矢”。因此，怎样把马克思主义同中国具体实际相结合内在地包含了两方面内容，即“的”要明确、“矢”要选好。

“的”要明确，就是要明确中国革命和建设的实际问题、目的和要求。必须是“为了解决中国问题和国际问题的需要而去请教马、恩、列、斯，而不是为研究而研究”①。要了解和解决中国革命和建设中存在的问题，一是要开展调查研究。“不做调查没有发言权”，“不做正确的调查同样没有发言权”②。对中国革命和建设的正确认识不是从天上掉下来的，而是从实践中得来的。只有通过调查研究才能看到中国革命和建设的各种具象，搜集到真实的感性材料，作出正确的理性判断，制定正确的政策和策略，真正做到理论和实际相统一。

二是要联系群众，了解社会各阶层人民群众的不同诉求。毛泽东曾

①《建国以来重要文献选编》第13册，北京：中央文献出版社1996年版，第743页。
②《毛泽东文集》第一卷，北京：人民出版社1993年版，第267—268页。

说："我没有什么伟大，就是从老百姓那里学了一点知识而已。当然我学了一点马克思主义，但是单学马克思主义还不行。"[①]联系服务群众，关键在于反映人民群众的诉求。人民是推动社会历史发展的根本动力，人民的诉求指引中国革命的发展方向，也是社会建设要解决的问题，是中国最大的实际。因此，结合群众就是结合实际，脱离群众就是脱离实际。干部联系群众和理论联系实际，构成了同一问题的两个方面。只有走近群众、深入基层了解现状和诉求，才能真正做到马克思主义同中国具体实际相结合。

三是要发展党内民主，畅通党内进言渠道。中国幅员辽阔、人口众多、事务繁杂，任何一个行政区域内的领导干部都无法单凭个人力量完全掌握本区域的详细情况，必须充分发挥各层级单位的调研优势，因为他们"是做实际工作的，接触下面，写的东西能够做到理论与实际结合"[②]。只有充分发挥党内民主，综合党内各种意见和想法，才能更加全面地了解中国革命和建设的实际问题。

"矢"选好，就是要掌握马克思主义的实质精髓，具备运用马克思主义理论认识和解决中国革命和建设实际问题的能力。毛泽东指出，"只强调研究实际，未说明研究理论的重要，只说要有的放矢，没有强调矢的重要"[③]是错误的。这就要求，既要重视研究中国具体实际，同时还要加强马克思主义理论学习，特别是学习如何运用马克思主义理论。

一是要遵循辩证唯物论认识中国革命和建设。"不从具体的现实出发，而从空虚的理论命题出发，李立三主义和后来的军事冒险主义与军事保守主义都犯过此错误，不但不是辩证法，而且不是唯物论"[④]。要一切从客观存在的实际出发去构建中国化的马克思主义理论体系，而不是将主观的臆想或马克思主义理论中的概念、命题强加于中国革命和建设实践。

①《毛泽东年谱（1949—1976）》第七卷，北京：中央文献出版社 2013 年版，第 401 页。

②《毛泽东年谱（1949—1976）》第三卷，北京：中央文献出版社 2013 年版，第 379 页。

③《毛泽东年谱（1893—1949）（修订本）》中，北京：中央文献出版社 2013 年版，第 342—343 页。

④《毛泽东年谱（1893—1949）（修订本）》上，北京：中央文献出版社 2013 年版，第 616 页。

二是要运用唯物辩证法分析中国革命和建设。首先，中国革命和建设是多个侧面相统一的辩证整体，要用联系的观点看待各个侧面，并用分析与综合的思维方法对中国革命和建设先作局部分析再作整体研究。毛泽东把这种方法称为“全面规划法”。“所谓全面规划，就是将许多侧面结合起来研究，这样就可以发现许多问题”①。其次，中国革命和建设的多个侧面及其构成的整体是不断发展变化的，这就要求不单是研究这些侧面的现状，还要研究它们的历史。最后，要探究中国革命和建设的多个侧面及其构成的整体之间的相互作用以及运动变化遵循矛盾运动的基本规律，就需要运用对立统一的观点更为深入地研究它们之间的联系和变化，并以此为基础正确揭示中国革命和建设的基本规律，制定符合中国革命和建设实际的路线政策。

三是要在历史唯物主义的指导下认识社会发展的基本规律和根本动力，始终坚守人民立场，从人民群众的根本利益出发去看问题、想办法。马克思主义是为无产阶级和全人类谋解放的理论学说，中国革命和建设旨在为中国人民谋幸福、为人类社会求大同。二者的核心立场和价值目标是一致的，因而构成了相互结合的基础前提之一。“知识分子如果同工农群众相结合，和他们做了朋友，就可以把他们从书本上学来的马克思主义变成自己的东西”②。因此，必须始终坚守人民立场，善于向人民群众学习，善于把无产阶级和人民群众的经验创造转化为我们党的创新理论，真正做到把马克思主义同中国具体实际相结合。

四是要按照马克思主义认识规律，分析和指导马克思主义同中国具体实际相结合的过程。一般而言，革命和建设中单方面或阶段性问题较易把握，而贯穿这些方面和阶段的规律性认识却需要更长时间去探索。中国革命和建设伟大实践的本质和规律，都具有马克思主义经典作家不曾明示的中国特点，因而把二者结合起来需要一个更长的过程，必然要经历在反复实践中逐步克服盲目性、从必然王国走向自由王国的过程。

3. 马克思主义同中国具体实际相结合需要防止的错误倾向

毛泽东不仅回答了马克思主义应当结合什么中国具体实际和怎样结

①《毛泽东年谱（1949—1976）》第二卷，北京：中央文献出版社2013年版，第471页。
②《毛泽东年谱（1949—1976）》第三卷，北京：中央文献出版社2013年版，第107页。

合中国具体实际的问题，还着重分析了党内部分同志在进行结合的过程中可能存在的错误倾向，并在论述如何防止这些错误倾向的过程中深化丰富了马克思主义同中国具体实际相结合的内涵和要求。与实事求是的学风和方法相对立的，是主观主义的学风和方法。主观主义包括两种具体类型：一种是重理论轻实践的教条主义；一种是重实践轻理论的经验主义。毛泽东指出："教条主义、经验主义是不可能有预见的。而没有预见就没有领导，没有领导就没有胜利。"[①] 这两种倾向都不符合马克思主义的立场、观点、方法，都不能担负起指导中国革命和建设取得胜利的历史重任。

所谓教条主义，就是盲目遵从马克思主义著作中的个别结论，既不考虑经典作家在作出这些结论时所依赖的实践依据，也不考虑这些结论在中国应用的实际条件。毛泽东指出，不能把经典作家著作中的个别词句当作"灵丹妙药"，即不是要把马克思、恩格斯、列宁这些经典作家的所有著作背得滚瓜烂熟，而是要掌握它的立场、观点和方法，掌握它的精神实质。为此，一方面要联系中国革命和建设的实际问题学习经典著作。中国革命和建设需要理论家，但是需要的是"能够在中国的经济、政治、军事、文化种种问题上给予科学的解释"[②] 的理论家、"行动的理论家"[③]，而不是只会片面引用马克思主义经典著作个别词句的教条主义者。另一方面，要用历史唯物主义的立场、观点、方法看待马克思主义理论著作。也就是说不仅要看著作的主体内容，也要看经典作家写作的时代背景和实践环境。毛泽东曾要求翻译马克思主义经典著作时必须要连同序言一起翻译，并放在当下的历史背景下去考察与研究，因为这"也是理论与中国实际的结合"，"是很大的事"[④]。研读马克思主义经典著作，不仅要学习其中的主要内容，还要研读经典作家在不同时期写的前言、序言，结合不同时期变化了的时代条件来学习经典理论内容，这样才能更加科学地把握马克思主义的基本原理，更加灵活地运用马克

①《毛泽东文集》第三卷，北京：人民出版社 1996 年版，第 396 页。

②《毛泽东选集》第三卷，北京：人民出版社 1991 年版，第 814 页。

③《毛泽东年谱（1893—1949）（修订本）》中，北京：中央文献出版社 2013 年版，第 325 页。

④《毛泽东年谱（1949—1976）》第三卷，北京：中央文献出版社 2013 年版，第 275 页。

思主义。

在新民主主义革命初期，中国共产党受共产国际和苏联的影响较大，一些由共产国际委派或从苏联归国的同志盲目遵从共产国际指示、盲目照搬苏联经验，也是教条主义的一种表现形式。毛泽东指出："不加分析地照抄外国经验，跟着外国某些人的指挥棒团团打转，那就是修正主义和教条主义样样都有，成为一个大杂烩。"①盲目服从共产国际的指示和照抄照搬苏联经验，并不是真正的马克思主义者，自然无法发展马克思主义，更无法领导中国人民取得革命和建设事业的胜利。毛泽东历来强调独立自主的重要性，具备独立自主的理论创造能力和实践能力正是破除教条主义必须具备的精神品质。

所谓经验主义，就是不是凭借马克思主义理论，而是依靠在一时一地的工作中获得的局部感性认识指导自己的实践工作。这就使得他们可能缺乏对实际工作的本质性和规律性认识，又由于他们"不善于运用概念、逻辑这一套东西"②，故而容易被披着马克思主义外衣吓唬人的教条主义者所迷惑。对于这种情况，毛泽东指出要多研读理论，用科学思维方法把革命中的实际经验"带上条理性、综合性，上升成为理论"③。

（三）马克思主义同中华优秀传统文化相结合

20世纪初，马克思主义在世界范围内广泛传播。当马克思主义来到与其诞生地国情、语言和文化迥然不同的中国时，尤为需要与中华优秀传统文化相结合，使马克思主义"在其每一表现中带着必须有的中国的特性"④。马克思主义同中华优秀传统文化相结合，既是构建马克思主义中国化表达的内在要求，也是发展新民主主义文化和社会主义文化、推进中国文化实现现代化转型、建立文明先进之中国的必然要求。

1. 建设一个新文化引领的、文明先进的中国

把马克思主义同中华优秀传统文化相结合，是发展新民主主义和社

①《建国以来重要文献选编》第16册，北京：中央文献出版社1997年版，第462页。
②《毛泽东文集》第八卷，北京：人民出版社1999年版，第140页。
③《毛泽东选集》第三卷，北京：人民出版社1991年版，第818—819页。
④《毛泽东选集》第二卷，北京：人民出版社1991年版，第534页。

会主义文化的必然要求，是建立一条配合中国革命和建设的文化战线、引领中国成为文明先进的国家的必然要求。在近代中国，西方资本主义国家的入侵严重损害了中国主权，但也在一定程度上刺激了资本主义生产关系在中国的发展。同时，各种西方思想、学说也涌入中国，在中国思想界掀起了新的思想浪潮。资本主义生产方式必然要求摆脱封建生产关系的束缚，反映在意识形态上就是西方资产阶级文化观念同中国封建文化观念的斗争。由于中国传统文化的强大惯性和资产阶级思想文化自身的缺陷，加之中国民族资产阶级的软弱性和妥协性，中国资产阶级文化注定会先天“营养不良”，也注定了它无法抵御帝国主义文化同中国封建文化特别是其中的糟粕所构成的反动文化同盟的攻势。

于是，近代中国思想文化界就形成了这样一种矛盾：一方面，帝国主义同中国传统文化中的糟粕相结合，形成了近代中国思想文化界里最为反动的一极；另一方面，资产阶级文化不能很好地同中国传统文化的精华部分相结合，变成了夹杂着封建余毒的不伦不类的所谓“资产阶级新学”。它不能抵御反动文化同盟的攻势，自然也就无法引领中华民族新文化发展的方向。

在这样的背景下，马克思主义的传入打破了这个僵化的局面。五四运动的爆发是中国近代文化史上的一个重要拐点。中国文化的发展既没有停留在封建文化阶段原地踏步，也没有向彻底抛弃传统全盘西化的方向演进，而是走出了一条独特的转型新路。“共产主义的宇宙观和社会革命论”[①]不但彻底粉碎了帝国主义同中国封建文化结成的反动文化同盟，也结束了盲目崇尚西学新学的历史阶段。马克思主义代表着人类社会的前进和发展方向，故能辨识中国传统文化中的精华并与其有机结合。在这一过程中，中国知识分子在改造自身头脑的同时，也在改造着自身的世界观。马克思主义把知识分子同工农革命群众联系起来，割掉了他们身后那条或长或短的小资产阶级“尾巴”，把他们转化为真正的无产阶级知识分子。由是，马克思主义成为了中国先进知识分子观察世界和武装自己的思想武器。引领新文化运动、引领中华民族文化发展方向的历

①《毛泽东选集》第二卷，北京：人民出版社 1991 年版，第 697 页。

史任务也就自然地落在了中国无产阶级及其知识分子肩上。马克思主义同中华优秀传统文化相结合的历史进程开始启动。

在新民主主义革命时期，马克思主义同中华优秀传统文化相结合形成民族的科学的大众的新民主主义文化形态，为革命的政治斗争和经济斗争服务；在社会主义建设时期，二者相结合催生了社会主义文化形态，为社会主义经济建设和民主政治建设服务。新民主主义文化和社会主义文化都是马克思主义同中华优秀传统文化相结合的成果，担负着引领中国变成一个真正文明先进的国家的重要使命。

2. 如何把马克思主义同中华优秀传统文化相结合

把马克思主义同中华优秀传统文化相结合，要以科学的态度认识中国传统文化的地位和价值，善于吸收中国文化遗产中的精华。毛泽东曾指出："要把中国的好东西都学到。要重视中国的东西，否则很多研究就没有对象了。"[①] 既要遵循马克思主义基本原理，又要从中国传统文化遗产中汲取精华，把它们结合起来转化为中国自己的民族形式，这样才能在中国大地落地生根。事实上，毛泽东对中国传统文化和传统典籍极为熟悉，"对于中国古代文化，像他那样熟悉的，不仅在中国共产党领导人中，就是在近代的革命家中，都是不多见的"[②]。所以毛泽东才能自如地运用中国的典故词句，以人民群众喜闻乐见的语言对现实问题进行深入浅出的阐释。周恩来也曾指出："毛主席开始很喜欢读古书，现在做文章、讲话常常运用历史经验教训，运用得最熟练。读古书使他的知识更广更博，更增加了他的伟大。"[③]

把马克思主义同中华优秀传统文化相结合，要用马克思主义的方法对中国传统文化去粗取精、去伪存真。弘扬中华优秀传统文化，不是一味地肯定中国传统文化的全部，不是要搞文化复古，而是要分辨其中的精华和糟粕，吸收其精华，去除其糟粕，这就离不开马克思主义的科学方法。中国传统文化的社会基础是中国农耕文明和封建专制政治。中

①《毛泽东文集》第七卷，北京：人民出版社1999年版，第81页。

② 龚育之、逄先知、石仲泉：《毛泽东的读书生活》，北京：生活·读书·新知三联书店2021年版，第213页。

③《周恩来选集》上，北京：人民出版社1980年版，第333页。

国古代自然科学的不发达使得中国传统文化中个别带有盲目的、迷信的内容；封建专制政体又决定了中国传统文化是为封建统治服务的，因而带有封建的、落后的内容；同时，古代中国的文化普及率低下，文化生产和享受主要为统治阶级所独占，因而不可避免存在脱离人民群众的内容。这些都需要运用马克思主义的科学方法予以扬弃。

把马克思主义同中华优秀传统文化相结合，要立足中国实际，坚定人民立场，坚守马克思主义同中华优秀传统文化相结合的价值旨归。马克思主义同中华优秀传统文化相结合，目的是要创造出能够解决中国实际问题的新的理论形态。马克思主义同中华优秀传统文化相结合，既不是在中国传统文化土壤上对马克思主义的“移花接木”，也不是中国传统文化在马克思主义理论“园子”里的自由生长。其本质是通过中国的民族形式来理解、实践和创新马克思主义，用马克思主义的立场、观点和方法阐释民族文化中的重要内容，赋予马克思主义基本原理以鲜活的、为中国人民喜闻乐见的中国特色、中国风格和中国气派。因此，立足中国革命和建设实际，明确中国革命和建设的时代问题，从马克思主义理论宝库和中国文化遗产宝库中去寻找解决这些实际问题的思想养料，是二者在内容上得以结合的重要原因；同时，通过中华民族的文化形式将其表达出来，使之能为广大人民群众接受和掌握。这就要求二者在结合的过程中必须始终考虑时代要求和人民群众的需要，始终坚守人民立场。

3. 马克思主义同中华优秀传统文化相结合的当代意义

毛泽东关于马克思主义同中华优秀传统文化相结合的论述对新时代中国特色社会主义文化建设具有重要的指导意义。

一是为推动中华优秀传统文化创造性转化和创新性发展提供了方法论指导。毛泽东提出的要用马克思主义的方法继承和发展中国历史文化遗产仍然是建设中国特色社会主义文化的重要指针。一方面，要从人民群众的文化水平和需求出发，赋予中华优秀传统文化更具活力的现代化表现形式；另一方面，要用马克思主义观察和分析时代的形势和要求，进一步提炼和提升中国传统文化的科学性和民主性，进一步丰富其内涵，以符合时代的特点和需求。

二是对构建当代中国马克思主义的民族形式具有重要的借鉴意义。以毛泽东同志为主要代表的中国共产党人，构建了关于新民主主义革命、社会主义革命和建设的中国化马克思主义理论，并善于运用中国传统的成语、典故和语言形式加以阐释，从而为人民群众所喜闻乐见。毛泽东思想中的基本概念、范畴、方法、结论和内在逻辑，都体现了马克思主义的立场、观点、方法，但同时又是对“中国民族智慧的最高表现和理论上的最高概括”[①]。习近平新时代中国特色社会主义思想作为当代中国马克思主义、21 世纪马克思主义，是马克思主义同中华优秀传统文化相结合的最新典范。

三是对坚定文化自信和建设社会主义文化强国具有重要的指导意义。文化的兴盛与民族的兴盛是紧紧联系在一起的，如果没有文化自信和文化兴盛，就不可能有中华民族的复兴[②]。文化自信是关乎国家和民族能否长远发展的重要问题。以毛泽东同志为主要代表的中国共产党人把马克思主义同中华优秀传统文化相结合以建立文明先进中国的伟大实践，有力地证明了中国历史文化宝库中具有的丰厚思想内容且值得深入挖掘和研究，中华优秀传统文化是中国人民坚定文化自信的重要文化根基。

（原载《毛泽东研究》2023 年第 5 期。中国人民大学复印报刊资料《毛泽东思想》2024 年第 1 期全文转载）

①《刘少奇选集》上卷，北京：人民出版社 1981 年版，第 335 页。

② 刘建武：《新时代十年伟大变革对中华民族复兴进程的深刻影响》，《毛泽东研究》2022 年第 5 期。

七

毛泽东的价值观及其当代启示

每个时代都有每个时代的精神意识和价值观念，反映着属于这个时代的社会价值状况。毛泽东在领导中国革命和建设的过程中，形成具有鲜明时代特色、民族特征的社会主义价值观，集中反映了以毛泽东为主要代表的中国共产党人的价值共识。立足新时代建设和发展中国特色社会主义的实践，分析和研究毛泽东的价值观，有助于凝聚社会价值共识，建设具有强大凝聚力和引领力的社会主义意识形态。

（一）毛泽东价值观的内在意蕴

毛泽东价值观是以毛泽东为主要代表的中国共产党人在中国革命和建设实践中形成的具有民族特征的社会主义价值观，凝结了党的领导集体的价值观智慧，集中体现在社会主义事业必胜的价值信念、全心全意为人民服务的价值立场、实事求是的价值遵循三个方面。

1. 社会主义事业必胜的价值信念

崇高的价值信念是中国共产党人的精神动力，承载着中国共产党立党为公、执政为民的信仰追求。“对马克思主义的信仰，对社会主义和共产主义的信念，是共产党人的政治灵魂，是共产党人经受住任何考验的精神支柱”[①]。毛泽东对社会主义事业必胜的价值信念，不仅包含着对科学社会主义理论真理性和社会主义运动正义性的坚定信念，还蕴含着对社会主义制度优越性的价值自信。毛泽东自青年时期就树立了救国救民、实现民族复兴的崇高理想，将个人奋斗与国家命运紧密联系在一起。受俄国十月革命的影响，五四运动之后，马克思列宁主义在中国得到广泛传播，毛泽东接触并学习了马克思列宁主义的经典著作。据毛泽

①《习近平谈治国理政》第一卷，北京：外文出版社 2018 年版，第 15 页。

东自述，“到了一九二〇年夏天，在理论上，而且在某种程度的行动上，我已成为一个马克思主义者了，而且从此我也认为自己是一个马克思主义者了。”[①]在理论与实践相结合的探索中，毛泽东坚定了社会主义事业必胜的价值信念。

中国共产党在领导革命和建设过程中，也曾经屡遭挫折，但毛泽东始终对社会主义的前途充满信心。基于对世界社会主义运动和中国国情的深入分析，毛泽东认为，在俄国十月革命的影响下“中国资产阶级民主主义革命，却改变为属于新的资产阶级民主主义革命的范畴，而在革命的阵线上说来，则属于世界无产阶级社会主义革命的一部分了”[②]。毛泽东创造性指出，中国革命是一种新式的特殊的资产阶级民主主义革命，即新民主主义革命，其终极前途是社会主义。在新民主主义革命取得胜利后，毛泽东以坚定的社会主义价值信念，围绕在中国怎样建设社会主义、怎样巩固和发展社会主义的问题，冲破苏联模式的羁绊，初步探索与中国国情相适合的社会主义现代化建设道路。

2. 全心全意为人民服务的价值立场

全心全意为人民服务，是中国共产党区别于其他一切政党的根本标志。中国共产党从成立之日起，便将民族复兴、人民幸福与中国共产党的使命紧紧联系在一起。基于对群众史观的科学把握，毛泽东确立了全心全意为人民服务的价值立场，这也是中国共产党人的价值追求。五四运动时期，毛泽东便认识到人民群众的力量，将“民众的大联合”作为改造国家“根本的一个方法”[③]。在半殖民地半封建的中国，推翻帝国主义、封建主义和官僚资本主义这“三座大山”的伟力孕育于广大人民之中，只有广大人民群众团结起来，才能够获得民族的独立和民众的自由。毛泽东指出：“人民，只有人民，才是创造世界历史的动力。”[④]他强调要将这种力量充分运用到社会主义革命和建设事业之中，转化为改造世界的物质力量。中国共产党作为工人阶级政党，其根基在人民、血脉

①[美]埃德加·斯诺著，董乐山译：《西行漫记》，北京：生活·读书·新知三联书店1979年版，第131页。

②《毛泽东选集》第二卷，北京：人民出版社1991年版，第667页。

③《毛泽东早期文稿（1912—1920）》，长沙：湖南人民出版社2013年版，第312页。

④《毛泽东选集》第三卷，北京：人民出版社1991年版，第1031页。

在人民、力量在人民，只有代表最广大人民的根本利益，与人民休戚与共、生死相依，才能够守得住人民的心，获得人民的支持。

密切联系群众，从群众中来，到群众中去，是以毛泽东为主要代表的中国共产党人领导中国革命和建设并取得胜利的重要方法和基本经验。“全心全意地为人民服务，一刻也不脱离群众；一切从人民的利益出发，而不是从个人或小集团的利益出发；向人民负责和向党的领导机关负责的一致性；这些就是我们的出发点。”[①]毛泽东多次强调，“为人民利益而死，就比泰山还重”[②]，“与人民利益适合的东西，我们要坚持下去，与人民利益矛盾的东西，我们要努力改掉，这样我们就能无敌于天下”[③]。1945年7月，毛泽东在与黄炎培的“窑洞对”中，提出依靠人民监督政府，跳出历代王朝人亡政息、治乱兴衰的历史周期率。全心全意为人民服务，既要求中国共产党人站稳人民立场，为中国人民谋幸福，也要求其自觉接受广大人民的监督，切实提高为人民服务的能力和水平。

3. 坚持实事求是的价值遵循

实事求是是马克思主义的根本观点，是中国共产党人认识世界、改造世界的基本思想方法、领导方法和价值遵循。1930年5月，毛泽东在《反对本本主义》一文中指出：“马克思主义的‘本本’是要学习的，但是必须同我国的实际情况相结合。我们需要‘本本’，但是一定要纠正脱离实际情况的本本主义。”[④]坚持实事求是，就是要坚持一切从实际出发来发现、分析和解决问题，在理论与实际的结合中推动中国革命和建设事业的发展。“吾人须以实践至善为义务，即以发达吾人身心之能力至于极高为义务也，即以实践具足之生活为义务也。”[⑤]毛泽东早年深受湖湘学派经世致用、实事求是文化精神的滋养。他在探索马克思主义基本原理同中国具体实际相结合、同中华优秀传统文化相结合的过程中，对实事求是的概念进行了创造性转化、创新性发展，赋予实事求是以马克思主义中国化时代化的价值内涵。

---

①《毛泽东选集》第三卷，北京：人民出版社1991年版，第1094—1095页。

② 同上书，第1004页。

③《毛泽东文集》第三卷，北京：人民出版社1996年版，第210页。

④《毛泽东选集》第一卷，北京：人民出版社1991年版，第111—112页。

⑤《毛泽东早期文稿（1912—1920）》，长沙：湖南人民出版社2013年版，第210—211页。

毛泽东在领导中国革命和建设的实践中，十分注重调查研究，确立了从中国具体实际出发开展调查研究的思想原则，《中国社会各阶级的分析》《湖南农民运动考察报告》《论十大关系》等都是深入调研的理论成果。面对党内出现的错误倾向，毛泽东明确指出：“我们是唯物史观论者，凡事要从历史和环境两方面考察才能得到真相。”[①] 中国革命需要马克思主义的科学指导，但必须同中国实际结合起来，坚持一切从实际出发，否则就将陷入本本主义、教条主义的误区。抗日战争时期，在《论新阶段》的政治报告中，毛泽东进一步强调：“共产党员应是实事求是的模范，又是具有远见卓识的模范。因为只有实事求是，才能完成确定的任务；只有远见卓识，才能不失前进的方向。”[②] 在《改造我们的学习》一文中，毛泽东系统而又深刻地阐释了党的实事求是的思想路线。毛泽东曾形象地比喻调查研究，走马看花不如驻马看花，驻马看花不如下马看花。实事求是是党的思想路线，也是中国共产党人的价值遵循。

（二）毛泽东价值观的理论基础和文化渊源

马克思主义认为，价值产生于人们对待满足自身需要的外界物的关系中，以主客体间的满足关系为衡量标准。毛泽东价值观形成和发展于中国革命和建设的实践过程，以马克思主义价值观为理论基础，又具有丰富的中华优秀传统文化底蕴。

1. 毛泽东价值观的理论基础

马克思主义中国化时代化的过程，也是马克思主义价值观中国化时代化的过程。马克思主义价值观在其本质上是建立在辩证唯物主义和历史唯物主义之上的无产阶级价值观，以实现全人类的解放和人的自由全面发展为终极关怀，深刻揭示了人类社会发展的价值规律，是以毛泽东为主要代表的中国共产党人的价值观的理论基础。与以往西方哲学中抽象的价值观不同，马克思主义价值观从社会生产关系和现实出发，在对资本主义价值观的批判中不断丰富发展，因此具有强烈的现实性和批判性，这也深深地影响了毛泽东的价值观。马克思主义立足人类实践对人

①《毛泽东文集》第一卷，北京：人民出版社 1993 年版，第 74 页。

②《毛泽东选集》第二卷，北京：人民出版社 1991 年版，第 522—523 页。

与世界的价值关系进行深入考察，强调价值的本质在于实践，实践是价值的源泉，人的社会实践、社会生产和社会关系建构了包含价值观在内的唯物史观。毛泽东价值观正是以唯物史观为基础，马克思主义价值观从其形成伊始，便对资本主义价值观进行了深刻批判，强调消除资本的异化束缚，实现人的主体价值复归，毛泽东价值观亦是在同帝国主义、封建主义、资本主义价值观的斗争中形成和发展起来的。

在确立和培育马克思主义价值观的过程中，毛泽东坚持将中国共产党人的马克思主义理论教育同马克思主义中国化时代化紧密结合在一起，推动马克思主义价值观的中国化时代化。在延安整风运动中，毛泽东先后在《整顿党的作风》和《反对党八股》的讲演中，强调反对主观主义、宗派主义、党八股，以树立马克思主义的学风。毛泽东强调："我们反对主观主义，是为着提高理论，不是降低马克思主义。我们要使中国革命丰富的实际马克思主义化"[①]。在整风运动过程中，围绕怎样对待马克思列宁主义和怎样使马克思列宁主义基本原理同中国革命具体实际相结合展开了大讨论，实事求是的马克思主义思想路线在全党得以确立，党员干部的思想素质、价值素养得到大大提升。施拉姆曾对延安整风运动作出了积极评价，"整风运动是为了使中国共产党人更加懂得自己的历史和传统，教导他们以独立和创造性的方式解决中国革命问题""成功地使他的同志们养成了从中国的具体情况出发观察政治问题的习惯"[②]。作为贯穿于延安整风运动的主线，对广大中国共产党人开展的马克思主义理论教育活动，不仅在实践层面，亦在价值观层面，大大推动了马克思主义中国化时代化的进程。

2. 毛泽东价值观的文化渊源

每个民族都有着自己独有的文化传统与精神基因，人们的价值观生长于本民族的文化传统沃土。以爱国主义为核心的团结统一、爱好和平、勤劳勇敢、自强不息的伟大民族精神，蕴含着中华民族的传统价值观的本质规定，也激励着近代以来的中华儿女的民族救亡运动。以民为

①《毛泽东文集》第二卷，北京：人民出版社 1993 年版，第 374 页。

②［美］斯图尔特著，王应一、唐秀兰等译：《毛泽东》，北京：中国人民大学出版社 2018 年版，第 148—149 页。

本是中国古代的传统思想，反映了古人对于民众力量和地位的清醒认知。在民众的教化方面，强调德育为主，法治为辅。“仁义礼智信”作为传统儒家德育的核心，以及中华传统价值观的基本内涵和凝练表达，承载着中国传统价值观的话语标识。毛泽东指出：“对中国的文化遗产，应当充分地利用，批判地利用。”[①]要认真辨别封建主义的和非封建主义的文化，挖掘并利用好人民的、反封建的文化资源，对其进行创造性转化和创新性发展，以更好地服务于社会主义事业的发展。

以毛泽东为主要代表的中国共产党人在价值观培育和塑造的过程中，高度重视从中华优秀传统文化中汲取营养。毛泽东强调：“从孔夫子到孙中山，我们应当给以总结，承继这一份珍贵的遗产。这对于指导当前的伟大的运动，是有重要的帮助的。”[②]这里的“珍贵的遗产”，即是包含传统价值观在内的中华优秀传统文化。毛泽东在批评孔子儒家思想服务于封建统治阶级的同时，指出儒家思想“有它的辩证法的许多因素，例如孔子对名与事，文与质，言与行等等关系的说明。”[③]中国共产党人要正确地吸收其思想智慧，转化为自己的辩证思维能力。1943 年 5 月，《中共中央关于共产国际执委主席团提议解散共产国际的决定》指出：“中国共产党人是我们民族一切文化、思想、道德的最优秀传统的继承者，把这一切优秀传统看成和自己血肉相连的东西，而且将继续加以发扬光大。中国共产党近年来所进行的反主观主义、反宗派主义、反党八股的整风运动就是要使得马克思列宁主义这一革命科学更进一步地和中国革命实践、中国历史、中国文化深相结合起来。”[④]在传承中华优秀传统文化的过程中培育自身的精神品格，成为中国共产党人的价值使命。

（三）毛泽东价值观的当代启示

毛泽东的价值观经过中国革命、建设和改革实践的检验，在新时代愈加焕发出新的活力。

①《毛泽东文集》第八卷，北京：人民出版社 1999 年版，第 225 页。

②《毛泽东选集》第二卷，北京：人民出版社 1991 年版，第 534 页。

③《毛泽东文集》第二卷，北京：人民出版社 1993 年版，第 163 页。

④《建党以来重要文献选编（1921—1949）》第 20 册，北京：中央文献出版社 2011 年版，第 318 页。

1. 坚定价值观自信，培育正确价值观

历史唯物主义认为，包含价值观在内的一切道德论归根到底是社会经济状况的产物，“人们自觉地或不自觉地，归根到底总是从他们阶级地位所依据的实际关系中——从他们进行生产和交换的经济关系中，获得自己的伦理观念。”[①] 价值观具有鲜明的实践性和阶级性，透过价值观，能够清晰地认识到其背后的社会经济关系和社会发展规律。中国共产党在领导中国革命、建设和改革的过程中，取得了丰硕成果，深化了对中国革命、建设和改革发展规律和价值规律的认识。“当今世界，要说哪个政党、哪个国家、哪个民族能够自信的话，那中国共产党、中华人民共和国、中华民族是最有理由自信的。”[②] 价值观自信作为民族精神独立性的重要反映和支撑，是民族自信的基石。坚定道路自信、理论自信、制度自信、文化自信，其关键是牢固树立价值观自信。

中国共产党人的价值观自信，源自领导革命、建设和改革的成功经验的积累。中国共产党始终保持清醒的价值信念和坚定的价值追求，自觉将共产主义的价值理想同中国革命、建设和改革的目标结合起来，以中华优秀传统价值观为支撑，熔铸为民族解放和发展事业的源源价值动力。充分吸收中华优秀传统文化、革命文化、社会主义先进文化的价值精华，中国共产党人在中国特色社会主义新时代形成了社会主义核心价值观的共识。社会主义核心价值观承载着中华民族的精神追求和评判是非曲直的价值标准，是中国特色社会主义文化的精髓，是中华民族最持久、最深层的力量。习近平总书记指出：“培育和弘扬核心价值观，有效整合社会意识，是社会系统得以正常运转、社会秩序得以有效维护的重要途径，也是国家治理体系和治理能力的重要方面。”[③] 我们要坚定价值观自信，自觉培育和践行社会主义核心价值观，把社会主义核心价值观融入个人成长和社会发展的各个方面，转化为全体人民的共同情感认同和行为习惯。

2. 掌握价值观主动，践行中国共产党人的初心使命

价值观作为人的主体性意识活动，反映了主体需要与客体实在之间

①《马克思恩格斯文集》第九卷，北京：人民出版社 2009 年版，第 99 页。
② 习近平：《在庆祝中国共产党成立 95 周年大会上的讲话》，北京：人民出版社 2016 年版，第 12 页。
③《习近平谈治国理政》第一卷，北京：外文出版社 2018 年版，第 163 页。

的效用关系，直接影响甚至决定着人们的认识活动和实践活动，贯穿于人的各项实践活动的全过程，是人们认识世界和改造世界的根本价值导向。没有价值观自觉，就没有价值观自信；没有价值观自信，就没有价值观主动。如果能够在价值观上掌握主动，就能够掌握历史主动。对中华民族价值观的认识越全面，对价值规律的把握就越深刻，党对中华民族伟大复兴前途的掌握就越主动。习近平总书记在庆祝中国共产党成立100周年大会上的讲话中指出："中国共产党一经诞生，就把为中国人民谋幸福、为中华民族谋复兴确立为自己的初心使命。"① 以毛泽东为主要代表的中国共产党人之所以把为中国人民谋幸福、为中华民族谋复兴确立为全体中国共产党人的初心使命，既是由党的自身性质本质所决定，也是党在价值观上的主动选择，以初心使命引领党和国家的各项事业。

人民性是马克思主义的本质属性和价值特征，人民是党执政兴国的最大底气。毛泽东指出："我们共产党人不是要做官，而是要革命，我们人人要有彻底的革命精神，我们不要有一时一刻脱离群众。只要我们不脱离群众，我们就一定会胜利。"② 群众路线是我们党的生命线和根本工作路线，是我们党永葆青春活力和战斗力的重要传家宝，也是党践行初心使命的价值遵循。坚持不忘初心、牢记使命，就是要坚信党的根基在人民、党的力量源自人民，坚持一切为了人民、一切依靠人民，坚持为人民执政、靠人民执政，坚持发展为了人民、发展依靠人民、发展成果由人民共享，坚定不移走全体人民共同富裕道路。同时，还要充分尊重人民群众的首创精神，充分发挥广大人民群众的积极性、主动性、创造性，不断把为人民造福事业推向前进。踏上全面建成社会主义现代化强国的新征程，我们要坚定站稳人民立场、把握人民愿望、尊重人民创造、集中人民智慧，在为人民造福的伟大实践中掌握价值观主动，践行中国共产党人的初心使命。

（原载《伦理学研究》2023年第6期）

①《在庆祝中国共产党成立100周年大会上的讲话》，北京：人民出版社2021年版，第3页。

②《毛泽东文集》第三卷，北京：人民出版社1996年版，第23页。

第三编

中国特色社会主义研究

中国特色社会主义道路、理论、制度的有机统一
全面深化改革与完善和发展中国特色社会主义制度
十八大以来中国特色社会主义理论的新发展
——学习习近平总书记系列重要讲话精神
习近平新时代中国特色社会主义制度建设思想论析
中国共产党百年制度建构的基本逻辑
中华民族伟大复兴不可逆转的制度保障
中国特色社会主义文化建设理论形成发展的轨迹

一

中国特色社会主义道路、理论、制度的有机统一

中共十八大报告指出："中国特色社会主义道路，中国特色社会主义理论体系，中国特色社会主义制度，是党和人民九十多年奋斗、创造、积累的根本成就，必须倍加珍惜、始终坚持、不断发展。"[①] 道路是实现途径，理论体系是行动指南，制度是根本保障。中国特色社会主义道路、理论、制度是中国特色社会主义具有内在逻辑的三个基本方面，构成了中国特色社会主义的基本框架。

（一）中国特色社会主义道路为理论形成发展和制度创新完善提供实践基础

任何理论不会凭空产生，任何制度也不会是空中楼阁，中国特色社会主义理论体系的形成发展和制度的确立、创新完善，源于中国共产党人探索中国特色社会主义道路的实践。

1956 年我国社会主义基本制度确立以后，以毛泽东为核心的第一代中央领导集体，坚持把马克思主义和中国实际相结合，开始了对符合中国特点的社会主义建设道路的艰辛探索，成为中国特色社会主义道路探索的源头，这一探索也为开辟中国特色社会主义道路提供了宝贵经验、理论准备、物质基础。中共十一届三中全会是新时期探索中国特色社会主义道路的起点。"在改革开放三十多年一以贯之的接力探索中，我们坚定不移高举中国特色社会主义伟大旗帜，既不走封闭僵化的老路、也不走改旗易帜的邪路。"[②] 以邓小平为核心的第二代中央领导集体，明确

①《十八大以来重要文献选编》上，北京：中央文献出版社 2014 年版，第 9 页。

② 同上书，第 9 页。

提出走自己的路，建设中国特色社会主义，科学回答了建设中国特色社会主义的一系列基本问题，开辟了中国特色社会主义道路。以江泽民为核心的第三代中央领导集体，把中国特色社会主义推向 21 世纪。新世纪新阶段，以胡锦涛为总书记的党中央，坚持和发展了中国特色社会主义。随着改革开放的不断深入，党对中国特色社会主义道路内涵的认识不断深化。中共十七大报告全面概括了中国特色社会主义道路的深刻内涵，在此基础上，中共十八大报告又增加了“社会主义生态文明，促进人的全面发展，逐步实现全体人民共同富裕”等内容，使其内涵更为丰富。“中国特色社会主义道路，就是在中国共产党领导下，立足基本国情，以经济建设为中心，坚持四项基本原则，坚持改革开放，解放和发展社会生产力，建设社会主义市场经济、社会主义民主政治、社会主义先进文化、社会主义和谐社会、社会主义生态文明，促进人的全面发展，逐步实现全体人民共同富裕，建设富强民主文明和谐的社会主义现代化国家。”①

中国共产党对中国特色社会主义道路的探索，是一个不断总结改革开放和社会主义现代化建设实践经验的过程。这些成功的经验，上升为理论，形成了中国特色社会主义理论体系。这些成功的经验，具体化为制度、体制，形成了中国特色社会主义的制度体系。

探索中国特色社会主义道路的实践，启发了中国共产党人的理论自觉和制度自觉。探索中国特色社会主义道路，需要创造符合中国实际的马克思主义理论，确立中国特色的社会主义制度。早在 1956 年，毛泽东就提出，要实现马克思主义和中国实际的第二次结合，探索符合中国特点的社会主义建设道路。把马克思主义与中国社会主义建设的实际相结合，首先就是要在总结实践经验的基础上，创造出能够指导中国社会主义建设实践的理论。在这一时期，毛泽东相继发表了《论十大关系》《关于正确处理人民内部矛盾的问题》等讲话，针对苏联以及我国社会主义建设过程中存在的一些问题进行了深入的理论思考，这是毛泽东在探索符合中国特点的社会主义建设道路过程中理论自觉的表现。遗憾的

①《十八大以来重要文献选编》上，北京：中央文献出版社 2014 年版，第 9—10 页。

是，由于当时还没有形成高度的制度自觉，关于社会主义建设道路探索的理论成果没有能够以制度的形式及时确立下来，也导致后来的探索出现了严重曲折。改革开放以后，在不断总结中共第一代领导集体探索具有中国特点的社会主义建设道路历史经验的基础上，邓小平在强调理论自觉的同时，也十分强调要有高度的制度自觉。他指出："我们坚信马克思主义，但马克思主义必须与中国实际相结合。只有结合中国实际的马克思主义，才是我们所需要的真正的马克思主义。"①这是在道路探索过程中理论自觉的表现。而他又特别指出："制度好可以使坏人无法任意横行，制度不好可以使好人无法充分做好事。"②这是中国共产党在探索中国特色社会主义道路历史进程中制度自觉的表现。

中国特色社会主义道路的探索不仅启发了理论自觉和制度自觉，也为理论创新和制度创新提供了丰富的实践基础。邓小平曾经指出："我们现在所干的事业是一项新事业，马克思没有讲过，我们的前人没有做过，其他社会主义国家也没有干过。"③这说明，中国特色社会主义理论和中国特色社会主义制度，既不是来源于马克思主义的文本，也不是从其他社会主义国家照抄照搬而来，而只能源于开辟中国特色社会主义道路的实践。理论创新和制度创新不可能一蹴而就，只能在实践中不断总结成功的经验，失败的教训，随着实践的不断深入而逐步发展。正是在道路艰辛而曲折的探索实践中，中国共产党人对中国现实的国情和面临的复杂问题有了更为全面和清晰的认识。包括对现阶段中国的生产力发展水平、改革开放与独立自主的关系、社会主义制度与市场经济的关系、精神文明与物质文明的关系、经济发展与人口、资源、环境的关系等各方面问题有了更为深刻的认识，才形成了诸如社会主义本质理论，社会主义初级阶段理论，社会主义改革开放理论，社会主义市场经济理论，以及发展社会主义先进文化、构建社会主义和谐社会、建设社会主义生态文明等各方面的理论。并确立了社会主义初级阶段公有制为主体、多种所有制经济共同发展的基本经济制度，按劳分配为主体多种分

①《邓小平文选》第三卷，北京：人民出版社 1993 年版，第 213 页。
②《邓小平文选》第二卷，北京：人民出版社 1994 年版，第 333 页。
③《邓小平文选》第三卷，北京：人民出版社 1993 年版，第 258 页。

配方式并存的分配制度，社会主义市场经济体制，以及坚持党的领导、人民当家作主和依法治国相统一的民主政治发展道路，基层群众自治制度等内容。

中国特色社会主义道路的成功开辟，使中国共产党人有了坚定的理论自信和制度自信。一方面，中国特色社会主义理论和中国特色社会主义制度，都是为了能够保障中国特色社会主义道路沿着正确的方向健康发展，因此，中国特色社会主义理论和制度的价值取决于中国特色社会主义道路所取得的成就。中国特色社会主义道路的成功开辟，当代中国的发展和进步，从实践上证明了中国特色社会主义理论和制度的价值和意义，这也是坚定中国特色社会主义理论自信和制度自信的基础。另一方面，探索道路的实践是理论形成和制度确立的实践基础，也是检验理论真理性和制度合理性的标准。道路的成功开辟，离不开正确理论的指导，也离不开合理制度的保障。道路的成功开辟，又同时能够证明指导道路探索的理论是正确的，为道路探索提供保障的制度是合理的。改革开放以来，沿着中国特色社会主义道路发展所取得的显著成就，彰显了中国特色社会主义理论体系的真理性，证明了中国特色社会主义制度的合理性，也坚定了中国共产党和全国各族人民坚持中国特色社会主义的道路自信、理论自信和制度自信。同时，中国特色社会主义道路的成功开辟，也为中国特色社会主义理论和制度赢得了国际上的尊重，这也从另一个侧面坚定了对中国特色社会主义理论和制度的自信。在一些西方学者看来，中国特色社会主义理论和制度不仅解决了中国的发展问题，而且对其他发展中国家也具有重要的启示意义。他们认为，虽然中国国情特殊，但中国正确处理改革、发展和稳定的关系，独立自主参与经济全球化的理论和实践等方面，也值得其他发展中国家借鉴。“对全世界那些正苦苦寻找不仅自身发展，而且还要在融入国际秩序同时又真正保持独立和保护自己生活方式和政治选择的国家来讲，中国提供了新路。”①

① 刘桂山:《“共识”为世界带来希望——西方学者谈中国经济发展模式的理论实践》,《参考消息》2004年6月3日。

（二）中国特色社会主义理论体系为道路拓展和制度创新提供理论支撑

理论源于实践，实践的深入和发展必然伴随着理论的创新。中国特色社会主义道路探索的过程，也是中国特色社会主义理论创新的过程。

以毛泽东为核心的中共第一代领导集体对符合中国特点的社会主义建设道路的探索，虽然遭遇了严重挫折，但也取得了许多宝贵的经验，奠定了后来开辟中国特色社会主义道路的理论基础。比如，毛泽东提出的要把马克思主义和中国社会主义建设的实践相结合的思想，以及借鉴吸收资本主义国家的一切好的经验，独立自主走自己的路，结合中国实际建设社会主义的思想等等，都为后来的探索提供了有益的思想资料。中共十一届三中全会以后，邓小平继承了毛泽东关于社会主义建设的思想内容，在改革开放和中国特色社会主义现代化建设过程中不断总结经验，形成了邓小平理论。邓小平理论是对毛泽东思想的继承和发展。正如邓小平所说的那样："我们现在的路线、方针、政策是在总结了成功时期的经验、失败时期的经验和遭受挫折时期的经验后制定的。历史上成功的经验是宝贵财富，错误的经验、失败的经验也是宝贵财富。"①中共十三届四中全会以后，围绕"建设一个什么样的党，怎样建设党"的问题，江泽民提出"三个代表"重要思想，对中国共产党所处的历史方位进行了科学分析和判断，进一步丰富了关于中国特色社会主义建设的理论。中共十六大以来，以胡锦涛为总书记的党中央对新形势下"实现什么样的发展、怎样发展"等问题作出了科学回答，提出了科学发展观，把对中国特色社会主义发展规律的认识提高到新的水平。"中国特色社会主义理论体系，就是包括邓小平理论、'三个代表'重要思想、科学发展观在内的科学理论体系，是对马克思列宁主义、毛泽东思想的坚持和发展。"②

中国特色社会主义理论体系是改革开放以来中国共产党理论创新成果的集中概括，深刻揭示了当代中国社会发展的特殊规律，系统回答

①《邓小平文选》第三卷，北京：人民出版社1993年版，第234—235页。

②《十八大以来重要文献选编》上，北京：中央文献出版社2014年版，第10页。

了改革开放以来中国特色社会主义建设面临的一系列重大理论和现实问题，是探索中国特色社会主义道路必须始终坚持的指导思想。

中国特色社会主义理论体系为中国特色社会主义道路的开辟和制度的完善提供了必需的理论支撑。江泽民曾经一再强调中国特色社会主义理论对道路探索和制度完善的重要意义，他指出“要使党和国家的发展不停顿，首先理论上不能停顿，否则一切新的发展都谈不上。”①

中国特色社会主义理论体系的形成与中国特色社会主义道路的开辟是同一过程的两个方面，是围绕建设和发展中国特色社会主义这一主题在理论和实践两个层面的展开。中国特色社会主义理论体系的创立，为中国特色社会主义道路的探索指明了方向。理论源于实践，实践也需要理论来指导。没有理论指导的实践，是盲目的实践。中国特色社会主义道路探索的实践，离不开中国特色社会主义理论的指导。中国特色社会主义道路的探索，既伴随着对中国现实国情认识的深入，也伴随着对社会主义本质认识的深入。而这种认识只有达到理论的高度，才能促进道路的探索取得实质性的进展。在中国特色社会主义道路探索的过程中，我们早就遇到了在中国现实基础上要不要发展商品经济、市场经济的问题，并且在实际中，商品经济、市场经济也不可避免地存在着。但是，由于没有能够在理论上有所突破，没有能够形成社会主义初级阶段理论、社会主义市场经济理论，因此导致对这一问题的认识不断出现反复，也导致对社会主义道路的探索遭遇严重挫折。1984 年中共十二届三中全会通过的《中共中央关于经济体制改革的决定》中，就强调提出要建立“充满生机”的社会主义经济体制，要重视价值规律、价格杠杆的作用，必须发展社会主义商品经济等等。但是，因为没有能够对在社会主义制度下发展市场经济进行理论上的阐释，一直到邓小平南方谈话之前，关于社会主义制度与市场经济关系的争论，严重阻碍了市场经济的发展。邓小平在南方谈话中对市场经济本质、以及社会主义制度与市场经济关系的清晰阐释，才真正解放了人们的思想，社会主义市场经济才得以真正快速发展起来。其实，在探索中国特色社会主义道路的实

①《江泽民文选》第三卷，北京：人民出版社 2006 年版，第 336 页。

践中，每到关键节点，都是通过理论的突破和创新来推动道路探索的发展。当邓小平做出时代主题已经由战争与革命转变为和平与发展，社会主义制度要在和平的环境下与资本主义竞争这样的判断时，我们打破了社会主义与资本主义势不两立的传统观念，创造了社会主义改革开放理论，以借鉴、利用和吸收资本主义发展的成果来战胜资本主义。当我们意识到在当前中国生产力水平基础之上不可避免要发展市场经济时，我们打破了只有资本主义才可以发展市场经济的理论桎梏，创造性提出了社会主义也可以搞市场经济的论断，从而提出并阐述了社会主义市场经济理论，利用市场配置资源的优势为建设和发展中国特色社会主义服务。正是因为理论上的不断创新，才推动了中国特色社会主义道路的探索不断前进。也正是在中国特色社会主义理论体系的指引下，才成功开辟了中国特色社会主义道路。

理论创新是制度创新的先导，中国特色社会主义理论为中国特色社会主义制度创新提供理论引领和规范。从某种意义上来讲，制度是为理论指导实践提供保障，但没有理论创新就不会有制度创新，中国特色社会主义理论创新是中国特色社会主义制度创新的一个重要前提。中国特色社会主义道路的探索，是“摸着石头过河”，因此在探索的实践中，总是会不断遇到新事物新问题，也总会制定一些政策措施来解决这些实践中出现的新问题。只有当对这些新事物新问题的认识上升到理论高度的时候，才会把处理这些新事物新问题的政策措施以制度的形式确立下来。所以，总是先有中国特色社会主义理论创新，然后才有中国特色社会主义制度创新，并随着理论的逐渐成熟，然后才有制度的逐步完善。回顾中国特色社会主义道路探索的过程，正是先有了社会主义初级阶段理论，才确立了以公有制为主体，多种所有制经济共同发展的基本经济制度。正是先有了社会主义市场经济理论，才确立了与发展社会主义市场经济相适应的体制、制度和法律体系，并且随着社会主义市场经济理论的发展，与社会主义市场经济相关的制度体制建设也日趋合理完善。我们在经济、政治、文化、社会等各个领域形成的一整套相互衔接、相互联系的制度体系，都是在中国特色社会主义理论体系指导下确立的。正因为如此，我们在强调创新时才特别强调理论创新的重要性，提出要以“党的理论创新引领各方面创新。”[①]强调“实践基础上的理论创新是社会发展和变革的先导”，要“通过理论创新推动制度创新、科技创新、文化创新以及其他各方面的创新”[②]。

理论不仅对制度创新具有引领作用，还有规范作用，即通过制度与理论对照，纠正制度体系中与理论不相符甚至相违背的机制体制，从而修正和完善制度。制度要与理论相一致，制度创新必须以理论为原则和界限。理论是对客观事物的高度认识，中国特色社会主义理论揭示了当代中国社会发展的基本规律。我们的制度创新，应该以中国特色社会主义理论为规范，如果我们的制度创新脱离中国特色社会主义理论的指导，就会违背社会发展的规律，不仅不能起到应有的作用，反而会适得其反。例如，我们不能简单地认为经济制度创新就应该搞完全的私有化方向改革，政治体制改革就应该朝着西方的政党政治和议会政治发展。这样的改革和创新并不符合中国的现实国情，也不符合中国社会发展的规律。制度创新是不是合理，在被实践检验之前，应该首先以理论为参考，这样才可以规避因为制度不合理或所谓创新可能给中国特色社会主义建设和发展造成的危害。比如，用科学发展观审视中国特色社会主义制度，特别是具体的体制和机制，如果有违反以人为本、公平正义、全面协调可持续发展等理念和原则的，应当予以纠正，以使制度更加完善合理。

（三）中国特色社会主义制度为道路拓展和理论创新提供制度保障

制度是道路探索和理论创新的重要保障，制度建设对中国特色社会主义事业的发展具有重要意义。

在新中国成立之前，毛泽东就对未来中国的社会主义制度建设进行了深入思考。新中国成立后，人民民主专政制度、人民代表大会制度、中国共产党领导的多党合作和政治协商制度、民族区域自治制度等根本政治制度和基本制度得以确立，从而奠定了中国特色社会主义制度的

①《十七大以来重要文献选编》上，北京：中央文献出版社2013年版，第38页。
②《江泽民文选》第三卷，北京：人民出版社2006年版，第537页。

基本框架，为中国特色社会主义道路的探索和中国特色社会主义理论创新、制度创新提供了根本的制度保障。

改革开放以后，邓小平总结“文化大革命”的教训，十分重视加强制度建设，在探索中国特色社会主义道路的过程中，中国特色社会主义经济、政治制度不断完善，文化体制和社会体制建设不断发展。胡锦涛在纪念建党 90 周年大会上的讲话中，明确提出了中国特色社会主义制度的概念，并在中共十八大报告中进一步明确了中国特色社会主义制度的内涵。中国特色社会主义制度就是“人民代表大会制度的根本政治制度，中国共产党领导的多党合作和政治协商制度、民族区域自治制度以及基层群众自治制度等基本政治制度，中国特色社会主义法律体系，公有制为主体、多种所有制经济共同发展的基本经济制度，以及建立在这些制度基础上的经济体制、政治体制、文化体制、社会体制等各项具体制度。”①

中国特色社会主义制度坚持科学社会主义基本原则，又符合我国国情，是建立在我国现实生产力基础上的经济基础和上层建筑的统一，是一个完整的制度体系，为中国特色社会主义道路的拓展和中国特色社会主义理论创新提供了坚实的制度保障。诚如邓小平所言，制度“关系到党和国家是否改变颜色”“带有根本性、全局性、稳定性和长期性”②，制度的这些特点决定了道路的拓展和理论的创新必须以坚持和完善制度为前提。中国特色社会主义制度体系中的根本政治制度、基本政治经济制度，是中国特色社会主义制度体系中社会主义价值取向的鲜明体现，在道路探索和理论创新的过程中不能有丝毫动摇。因此，中国特色社会主义制度规定了道路的进一步探索必须坚持的社会主义的发展方向，规定了理论的进一步创新必须坚持社会主义的价值取向。

中国特色社会主义制度是中国特色社会主义道路探索始终坚持社会主义方向的根本保证。如果说理论指引着道路探索的方向，那么制度则保障道路的探索不会偏离正确方向。特别是中国特色社会主义制度体系中的根本制度和基本制度，为中国特色社会主义道路探索不会偏离正确

①《十八大以来重要文献选编》上，北京：中央文献出版社 2014 年版，第 10 页。
②《邓小平文选》第二卷，北京：人民出版社 1994 年版，第 333 页。

方向提供了根本保障。因为有了人民代表大会制度这一中国特色社会主义根本政治制度作为保障，中国特色社会主义民主政治道路的探索，无论如何都不会走上资本主义的“三权分立”、两党或多党轮流执政的所谓“民主政治道路”，不会改变中国共产党的领导和人民群众当家作主的地位。因为有了公有制为主体的基本经济制度作为保障，经济体制无论怎样改革，都不可能转向私有制，走上资本主义的经济发展道路。总而言之，正是因为有了中国特色社会主义制度作为保障，中国特色社会主义发展道路才不会成为一些西方学者所谓的“中国特色的资本主义发展道路”，或者是“中国特色的新自由主义发展道路”。

中国特色社会主义制度规定了中国特色社会主义理论创新必须坚持社会主义的价值取向。中国特色社会主义理论创新的目的，是解决在中国特殊国情基础上如何发展社会主义的问题。因此，理论创新不能脱离中国实际，更不能脱离社会主义基本制度。中国特色社会主义政治、经济、文化、社会制度为理论创新划定了一个鲜明的界限，决定了在理论创新的过程中，不会违背四项基本原则，发展到丢掉马克思主义的邪路上去。所以，有了中国特色社会主义制度的保障，我们的改革开放理论才不会成为全盘西化的理论，我们的市场经济理论才不会成为完全自由化、绝对私有化的西方市场经济理论。中国特色社会主义制度，决定了理论创新不是要改旗易帜，不是要丢掉马克思主义和社会主义，而是在中国现实国情基础上，围绕建设和发展中国特色社会主义而进行的创新。

中国特色社会主义制度的逐步完善巩固了中国特色社会主义道路探索和理论创新的成果。道路探索的进步和理论创新的成果都以制度的确立和完善为体现，制度的完善程度代表了道路发展和理论成熟的程度。如果没有制度的确立作为保障，道路的探索可能会走回头路，理论的创新也可能出现倒退。毛泽东对符合中国特点的社会主义建设道路的探索，曾经取得了许多重要的进展，但因为没有能够及时以制度的形式确立下来，使得道路的探索遭遇严重曲折，理论的创新偏离了正确的轨道，甚至还出现了严重的错误。因此，我们应该汲取过去的经验教训，不断把道路探索和理论创新的成果以制度的形式确立下来。只有理论创新的成果以制度的形式确立下来，理论的进一步创新才有可能，也只有道路探索的成果以制度的形式确立下来，道路的探索才能够继续向前推进一步。

总之，中国特色社会主义道路的探索、理论的创新、制度的完善，有机统一于建设和发展中国特色社会主义的实践。实践永无止境，道路的探索、理论的创新、制度的完善也不会终结。中国共产党带领全国各族人民开辟的中国特色社会主义道路，形成的中国特色社会主义理论体系，确立的中国特色社会主义制度，是改革开放30多年来中国取得一切成绩和进步的根本原因。在建设和发展中国特色社会主义，实现中华民族伟大复兴的征程中，我们也只有继续坚持以理论创新为先导，以制度完善为保障，深化对中国特色社会主义道路的探索，才能把中国特色社会主义事业不断向前推进。

（原载《教学与研究》2013年第3期）

二

全面深化改革与完善和发展中国特色社会主义制度

改革开放30多年来，中国特色社会主义在不断发展过程中，形成了相互耦合、相互衔接的制度体系。在新时期中国特色社会主义制度创新的基础上，党的十八届三中全会围绕全面深化改革的总目标，在经济、政治、文化、社会、生态文明建设和党的建设等各个领域，对进一步完善中国特色社会主义制度作出整体部署，以构建系统完备、科学规范、运行有效的制度体系，使各方面制度更加成熟、更加定型。

（一）新时期党对中国特色社会主义制度创新的理论探索

改革开放初期，党在总结新中国成立以来的历史经验，尤其是“文化大革命”的惨痛教训时深刻认识到，制度建设是关系到整个国家和社会的根本性、全局性问题，提出“要从制度方面解决问题”[①]。这一深刻的经验教训，促使党不断探索中国特色社会主义制度的创新。以邓小平为核心的党的第二代领导集体，确立了制度创新的理论原则和发展方向，为中国特色社会主义制度的确立奠定了理论基础。

党在这一时期的探索，主要体现在明确了改革的性质、原则和方向，开启了我国经济、政治和文化领域的体制改革。邓小平首先区分了基本制度和具体体制，反复强调，改革是在坚持社会主义基本制度的前提下进行的各项体制改革，必须“坚持社会主义”，“改革是社会主义制度的自我完善”[②]，改革必须坚持公有制和按劳分配，必须坚持“四项基本原则”，这对中国特色社会主义制度创新具有重要的指导意义。此时，

①《邓小平文选》第二卷，北京：人民出版社1994年版，第348页。

②《邓小平文选》第三卷，北京：人民出版社1993年版，第139、142页。

党对政治体制改革的探索主要集中在民主与法制、党政关系等问题上。邓小平提出："必须使民主制度化、法律化"，"做到有法可依，有法必依，执法必严，违法必究"[①]，明确了社会主义民主法制建设的基本原则和任务。在此基础上，颁布了1982年宪法，党的十二大还确定了党在宪法和法律范围内活动的基本原则。党的十三大根据邓小平《党和国家领导制度的改革》讲话的精神，明确了党的领导主要是政治领导，提出党政职能要分开，党组织和国家机关要"各司其职，并且逐步走向制度化"[②]，为党的领导方式和执政方式转变奠定了基础。关于经济体制改革，党在总结承包制、放权让利等改革实践经验的基础上，十二届三中全会通过了《中共中央关于经济体制改革的决定》，提出"社会主义经济是公有制基础上的有计划商品经济"的论断，在理论上开始突破高度集中的计划经济体制。党的十三大把私营经济和外资经济同个体经济一起作为公有制经济必要的和有益的补充，为社会主义初级阶段基本经济制度的形成奠定了理论基础。

党的十三届四中全会以来，以江泽民为核心的党的第三代领导集体发展了社会主义市场经济理论、社会主义民主政治理论和社会主义文化建设理论，为中国特色社会主义制度创新提供了理论指导。

这一时期，党的探索主要是以理论创新推动制度创新。经济领域，江泽民在坚持和发展邓小平社会主义市场经济理论的基础上，首次提出了社会主义市场经济体制的概念，党的十四大明确了建立社会主义市场经济体制的改革目标。党的十五大概括了基本经济制度和分配制度，指出："公有制为主体、多种所有制经济共同发展，是我国社会主义初级阶段的一项基本经济制度。"[③]这种制度安排既体现了社会主义基本原则，又从中国的基本国情出发，兼顾了生产力的发展和实现共同富裕两个方面。党的十六大进一步提出了"两个毫不动摇"原则，强调要把公有制经济和非公有制经济的发展统一起来，反映了党对基本经济制度有了较为成熟的认识。政治领域，党的十四大提出，"人民民主是社会主义的

①《邓小平文选》第二卷，北京：人民出版社1994年版，第146、146—147页。
②《十三大以来重要文献选编》上，北京：中央文献出版社2011年版，第31页。
③《十五大以来重要文献选编》上，北京：中央文献出版社2011年版，第17页。

本质要求和内在属性”[①]，并从完善人民代表大会制度以及共产党领导的多党合作和政治协商制度等方面做出了制度安排。之后，党把“依法治国”确立为党领导人民治理国家的基本方略，提出到2010年建立中国特色社会主义法律体系的任务和目标。党的十六大明确做出了文化事业和文化产业的区分，解决了长期以来制约文化体制改革的理论问题。

十六大以来，以胡锦涛为总书记的党中央提出了中国特色社会主义制度的概念，阐述了中国特色社会主义制度的内涵、特点和优势，在新的历史起点上不断深化改革开放和中国特色社会主义制度理论。

这一时期，党的探索主要体现在提出了社会治理和生态文明建设等方面的制度理论，进一步深化了党对经济体制、政治体制和文化体制改革的理论认识，形成了较为系统的中国特色社会主义制度理论。在科学发展观指导下，党的十六届六中全会通过了《关于构建社会主义和谐社会若干重大问题的决定》，从制度体系的角度对社会体制改革进行了总体设计和制度安排。针对日益严重的生态问题，党的十八大提出了生态文明制度建设的基本要求。经济领域，党的十六届三中全会做出了《关于完善社会主义市场经济体制若干问题的决定》，对完善社会主义市场经济体制提出了更为明确的目标任务。党的十七大强调，要从制度上更好发挥市场在资源配置中的基础性作用，并创造性地提出了“坚持平等保护物权，形成各种所有制经济平等竞争、相互促进新格局”[②]，这一理论突破和之前通过的《物权法》，确认了市场经济体制下市场主体平等原则和物权平等保护原则。政治领域，党的十七大提出，发展社会主义民主政治要坚持党的领导、人民当家作主、依法治国有机统一，这一论断凸显了中国特色社会主义政治制度的特点和优势。在此基础上，党的十八大进一步提出，“政治体制改革是我国全面改革的重要组成部分”，强调“要把制度建设摆在突出位置”[③]，用制度管权管事管人。文化领域，党的十七届六中全会通过了《关于深化文化体制改革、推动社会主义文化大发展大繁荣若干重大问题的决定》，为进一步深化文化体制改革做

①《十四大以来重要文献选编》上，北京：中央文献出版社2011年版，第24页。

②《十七大以来重要文献选编》上，北京：中央文献出版社2013年版，第20页。

③ 胡锦涛:《坚定不移沿着中国特色社会主义道路前进 为全面建成小康社会而奋斗》，北京：人民出版社2012年版，第25页。

出部署。2011 年，胡锦涛在“七一”讲话中首次提出了中国特色社会主义制度的概念，阐述了中国特色社会主义制度的内涵、特点和优势。党的十八大进一步提出了坚定中国特色社会主义的制度自信。

（二）十八届三中全会对完善和发展中国特色社会主义制度的总体部署

党的十八届三中全会通过的《中共中央关于全面深化改革若干重大问题的决定》(以下简称《决定》)指出：“全面深化改革的总目标是完善和发展中国特色社会主义制度，推进国家治理体系和治理能力现代化。”① 在《决定》中，制度、体制、机制是三个高频词，分别出现了 183 次、88 次、115 次，这也是在党的文件中，第一次系统地从制度、体制和机制三个层次，重点在六个方面做出总体部署。

第一，紧紧围绕市场在资源配置中起决定性作用深化经济体制改革。对于完善基本经济制度，必须坚持“两个毫不动摇”。我国的基本经济制度是中国特色社会主义制度的重要支柱，也是社会主义市场经济体制的根基。强调产权是所有制的核心，通过完善产权保护制度，健全归属清晰、权责分明、保护严格、流转顺畅的现代产权制度，推动国有企业完善现代企业制度，积极发展混合所有制经济和非公有制经济。对于完善现代市场体系，指出必须加快形成企业自主经营、公平竞争，消费者自由选择、自主消费、商品和要素自由流动、平等交换的现代市场体系，建立公平开放透明的市场规则，完善主要由市场决定价格的机制，建立城乡统一的建设用地市场，完善金融市场体系，深化科技体制改革。对于加快转变政府职能，指出经济体制改革的核心问题是处理好政府和市场的关系，必须尊重市场规律，健全宏观调控体系，全面正确履行政府职能，优化政府组织结构，划清政府和市场的边界，加强政府与市场的协调配合。对于深化财税体制改革，指出改进预算管理制度，完善税收制度，建立事权和支出责任相适应的制度，发挥中央和地方两个积极性。对于健全城乡发展一体化体制机制，指出必须加快构建新型

①《中共中央关于全面深化改革若干重大问题的决定》，北京：人民出版社 2013 年版，第 3 页。

农业经营体系，赋予农民更多财产权利，推进城乡要素平等交换和公共资源均衡配置，完善城镇化健康发展体制机制。

第二，紧紧围绕坚持党的领导、人民当家作主、依法治国有机统一深化政治体制改革。坚持和完善人民代表大会制度、中国共产党领导的多党合作和政治协商制度、民族区域自治制度以及基层群众自治制度，更加注重健全民主制度，充分发挥我国社会主义政治制度优越性。具体来说，发挥人民代表大会制度的根本政治制度作用。完善中国特色社会主义法律体系，健全立法起草、论证、协调、审议机制，提高立法质量，防止地方保护和部门利益法制化。健全“一府两院”由人大产生、对人大负责、受人大监督制度。同时，推进协商民主广泛多层制度化发展，构建程序合理、环节完整的协商民主体系，重点推进政治协商、民主监督、参政议政制度化、规范化、程序化。发展基层民主，畅通民主渠道，健全基层选举、议事、公开、述职、问责等机制。开展形式多样的基层民主协商，推进基层协商制度化，建立健全居民、村民监督机制。健全以职工代表大会为基本形式的企事业单位民主管理制度。在推进法治中国建设上，深化司法体制改革，加快建设公正高效权威的社会主义司法制度，普遍建立法律顾问制度。完善规范性文件、重大决策合法性审查机制。深化行政执法体制改革，推进综合执法，着力解决权责交叉、多头执法问题，建立权责统一、权威高效的行政执法体制。健全司法权力运行机制，完善人权司法保障制度。

第三，紧紧围绕建设社会主义核心价值体系、社会主义文化强国深化文化体制改革。在完善文化管理体制上，按照政企分开、政事分开原则，推动政府部门由办文化向管文化转变，推动党政部门与其所属的文化企事业单位进一步理顺关系。健全坚持正确舆论导向的体制机制，健全基础管理、内容管理、行业管理以及网络违法犯罪防范和打击等工作联动机制，健全网络突发事件处置机制。在建立健全现代文化市场体系上，继续推进国有经营性文化单位转企改制，加快公司制、股份制改造。对按规定转制的重要国有传媒企业探索实行特殊管理股制度。鼓励非公有制文化企业发展，降低社会资本进入门槛。在构建现代公共文化服务体系上，建立公共文化服务体系建设协调机制，促进基本公共文化服务标准化、均等化。建立群众评价和反馈机制，推动文化惠民项目与群众文化需求有效对接。明确不同文化事业单位功能定位，建立法人治理结构，完善绩效考核机制。引入竞争机制，推动公共文化服务社会化发展。

第四，紧紧围绕更好保障和改善民生、促进社会公平正义深化社会体制改革。一是推进社会事业改革创新，解决好人民最关心最直接最现实的利益问题。具体来说，深化教育领域综合改革，形成爱学习、爱劳动、爱祖国活动的有效形式和长效机制。大力促进教育公平，健全家庭经济困难学生资助体系，构建利用信息化手段扩大优质教育资源覆盖面的有效机制。创新高校人才培养机制，推进考试招生制度改革。健全促进就业创业体制机制，建立经济发展和扩大就业的联动机制。健全政府促进就业责任制度。健全工资决定和正常增长机制，完善最低工资和工资支付保障制度，完善企业工资集体协商制度。改革机关事业单位工资和津贴补贴制度，完善艰苦边远地区津贴增长机制。健全资本、知识、技术、管理等由要素市场决定的报酬机制。建立更加公平可持续的社会保障制度。坚持社会统筹和个人账户相结合的基本养老保险制度，完善个人账户制度，健全多缴多得激励机制。健全社会保障财政投入制度，完善社会保障预算制度。二是创新社会治理体制。改进社会治理方式，激发社会组织活力。创新有效预防和化解社会矛盾体制。健全重大决策社会稳定风险评估机制，建立畅通有序的诉求表达、心理干预、矛盾调处、权益保障机制。健全行政复议案件审理机制。改革信访工作制度，实行网上受理信访制度，健全及时就地解决群众合理诉求机制。健全公共安全体系，完善国家安全制度。

第五，紧紧围绕建设美丽中国深化生态文明体制改革。建立系统完整的生态文明制度体系，实行最严格的源头保护制度、损害赔偿制度、责任追究制度，完善环境治理和生态修复制度。具体来说，在健全自然资源资产产权制度和用途管制制度上，形成归属清晰、权责明确、监管有效的自然资源资产产权制度。健全能源、水、土地节约集约使用制度。健全国家自然资源资产管理体制，完善自然资源监管体制。在划定生态保护红线上，坚定不移实施主体功能区制度，建立国土空间开发保护制度，建立国家公园体制，建立资源环境承载能力监测预警机制，建立生态环境损害责任终身追究制。在实行资源有偿使用制度和生态补偿制度上，建立有效调节工业用地和居住用地合理比价机制，完善对重点生态功能区的生态补偿机制，推动地区间建立横向生态补偿制度，发展环保市场，推行节能量、碳排放权、排污权、水权交易制度，建立吸引社会资本投入生态环境保护的市场化机制。在改革生态环境保护管理体制上，建立和完善严格监管所有污染物排放的环境保护管理制度，建立陆海统筹的生态系统保护修复和污染防治区域联动机制，健全国有林区经营管理体制，完善集体林权制度改革，完善污染物排放许可制，实行企事业单位污染物排放总量控制制度。对造成生态环境损害的责任者严格实行赔偿制度。

第六，紧紧围绕提高科学执政、民主执政、依法执政水平深化党的建设制度改革。一是强化权力运行制约和监督体系，坚持用制度管权管事管人，把权力关进制度笼子的根本之策，构建决策科学、执行坚决、监督有力的权力运行体系，健全惩治和预防腐败体系。在形成科学有效的权力制约和协调机制上，完善党和国家领导体制，坚持民主集中制，推行地方各级政府及其工作部门权力清单制度，依法公开权力运行流程。在加强反腐败体制机制创新和制度保障上，改革党的纪律检查体制，健全反腐败领导体制和工作机制，落实党风廉政建设责任制，推动党的纪律检查工作双重领导体制具体化、程序化、制度化，健全反腐倡廉法规制度体系，推行新提任领导干部有关事项公开制度试点。在健全改进作风常态化制度上，加快体制机制改革和建设，健全领导干部带头改进作风、深入基层调查研究机制，完善直接联系和服务群众制度，改革会议公文制度，健全严格的财务预算、核准和审计制度，完善选人用人专项检查和责任追究制度，改革政绩考核机制，规范并严格执行领导干部工作生活保障制度，探索实行官邸制。二是完善科学民主决策机制，完善干部教育培训和实践锻炼制度，深化干部人事制度改革，构建有效管用、简便易行的选人用人机制，改革和完善干部考核评价制度，改进优秀年轻干部培养选拔机制，完善和落实领导干部问责制，完善从严管理干部队伍制度体系，加快建立专业技术类、行政执法类公务员和聘任人员管理制度，完善基层公务员录用制度，完善党政机关、企事业单位、社会各方面人才顺畅流动的制度体系，加快形成具有国际竞争力的人才制度优势，完善人才评价机制。

（三）完善和发展中国特色社会主义制度需要重点把握好的几个问题

在全面深化改革，完善和发展中国特色社会主义制度，需要重点把握以下几个方面的问题。

第一，坚持“顶层设计和摸着石头过河相结合，整体推进和重点突破相促进”①。“顶层设计”要求我们充分发挥人的主观能动性，从宏观、全局和整体层面完善制度设计。随着我国改革的深入，各领域各环节改革的关联性、互动性明显增强，只有从顶层做好规划，才能保证制度发挥整体功能，防止改革可能伴生的利益分化、城乡断裂、社会流动凝固等种种问题。“摸着石头过河”形象地表征着我国改革的探索实践，从尊重价值规律的初步试水，到建立市场经济体制的整体思路，无不体现着从实践中摸经验找规律的科学方法。深化改革仍需要在解决各种复杂问题时，采用“投石问路”的方法，从实践中找方法而不能从头脑中找方法。因此，完善和发展中国特色社会主义制度既要自上而下地落实制度规划，又要自下而上地创新制度运行，总结实践经验。党的十八届三中全会提出“到二〇二〇年，在重要领域和关键环节改革上取得决定性成果”②，使各方面制度更加成熟更加定型。这一目标，为全面深化改革划定了时间界限，要求我们在实践中采取有效的战略战术，才能按时完成任务。首先要在战术上重点突破，紧紧扭住经济体制改革这个重点，“坚持发展仍是解决我国所有问题的关键这个重大战略判断，以经济建设为中心，发挥经济体制改革牵引作用”③，促进经济持续健康发展，为完善中国特色社会主义制度提供坚实的物质基础。其次，战略上坚持整体推进。经济发展、政治民主、文化繁荣、社会和谐、生态良好是全面建成

①《中共中央关于全面深化改革若干重大问题的决定》，北京：人民出版社2013年版，第8页。

② 同上书，第8页。

③ 同上书，第8页。

小康社会的目标，是经济社会的整体进步，中国特色社会主义制度的完善和发展应坚持从社会主义事业总体布局层面来谋划。

第二，“注重改革的系统性、整体性、协同性”[①]。2012年底，习近平在中央政治局第二次集体学习会上，首次提出这一改革方法论，并在十八届三中全会确定的总目标中进行了完整的表述，体现在全面深化改革的部署中。注重改革的系统性，要求我们在制度建设中有全局意识，将各领域各部分各环节的问题置于改革的总体进程之中，注重部分与整体的关系，在具体工作环节上也要坚持把握大势，关照全面。注重改革的整体性，要求我们在制度建设中有整体观念，将经济、政治、文化、社会和生态的总布局当作一盘棋，“一张蓝图抓到底”[②]。协调地区之间、城乡之间和行业之间等方面的平衡，解决经济总量增长和收入分配差距的协调问题。防止制度短板成为影响改革大局的“溃堤蚁穴”。注重改革的协同性，强调的是制度建设中的耦合意识。随着改革的深入，及时补充制度供给，不留制度空白；在制度创新中重视制度各环节的耦合，搞好制度衔接，不留制度缝隙；在制度运行中形成制度互动，扩大改革效果，产生综合效应。

第三，深化改革要“敢于啃硬骨头，敢于涉险滩”[③]。改革攻坚期是强调我国改革在取得了举世瞩目的成就同时，各种社会矛盾也逐渐处于胶着状态，改革的难度越来越大。一方面是全社会对改革的预期不断增加，从物质条件改善的简单目标升级成为生活幸福的总体愿望，加大了改革的难度；另一方面是利益格局逐渐形成，并呈现固化的趋势，增加了社会不稳定的风险。因此，制度自信显得尤为重要。改革要有壮士断腕的勇气和胸襟，敢于超越条条框框，破除阻碍生产力发展的各方面体制机制。当前，制约我国社会全面发展的主要矛盾仍旧是经济发展问题，所以，完善和发展制度仍旧要以解放和发展生产力为目标，找准矛

①《中共中央关于全面深化改革若干重大问题的决定》，北京：人民出版社2013年版，第3—4页。

② 习近平：《推动全党学习和掌握历史唯物主义 更好认识规律更加能动地推进工作》，《人民日报》2013年12月5日，第1版。

③《中共中央关于全面深化改革若干重大问题的决定》，北京：人民出版社2013年版，第8页。

盾，针对症结才是真正的制度自信。中国特色社会主义制度的优势在于能够充分激发社会活力，最大限度地凝聚社会共识。坚持制度自信的关键就是充分发挥这一优势，促进社会全面发展，使各方面制度更加成熟更加定型。

第四，把握正确方向，坚持社会主义基本原则。习近平强调："中国是一个大国，决不能在根本性问题上出现颠覆性错误"①。在完善和发展中国特色社会主义制度问题上尤其需要明确这一点。一要坚守社会主义制度的价值准则。坚持以人为本，尊重人民主体地位，促进人的全面发展。实现每个人全面而自由的发展是共产主义制度的终极价值，也必然是贯穿于中国特色社会主义制度建设始终的核心价值。全面深化改革，既要坚守这一核心价值，又要使之与实践结合，使得以人为本，促进人的全面发展成为中国特色社会主义制度价值认同的核心。二是要"让发展成果更多更公平惠及全体人民"②。这一要求是以"让一切劳动、知识、技术、管理、资本的活力竞相迸发；让一切创造社会财富的源泉充分涌流"为前提的。这一层层递进的制度建设目标，是坚持社会主义原则的具体体现。我国不断深入的改革开放就是中国特色社会主义制度自我完善和发展的过程。党的十五大将人民共享改革发展成果作为社会主义发展目标；党的十六大将"促进社会各方面的活力迸发，让创造财富的源泉充分涌流"作为发展目标；党的十八届三中全会将三者结合并列为全面深化改革的目标，进一步明确了保障人民利益的制度立场，是坚守社会主义原则的集中表达。三是"以促进社会公平正义、增进人民福祉为出发点和落脚点"③，确保最广大人民的根本利益是完善和发展中国特色社会主义制度的根本目标。社会主义市场经济改革的方向，以增进人民福祉为根本要求。以制度保障社会公平正义，才能确保全面深化改革的社会主义方向。

（原载《山东社会科学》2014 年第 1 期）

① 习近平：《深化改革开放，共创美好亚太》，《人民日报》2013 年 10 月 8 日，第 3 版。

②《中共中央关于全面深化改革若干重大问题的决定》，北京：人民出版社 2013 年版，第 4 页。

③ 同上书，第 3 页。

三

十八大以来中国特色社会主义理论的新发展

——学习习近平总书记系列重要讲话精神

党的十八大以来，习近平总书记围绕实现中华民族伟大复兴的中国梦、坚持和发展中国特色社会主义，结合全面深化改革、促进经济持续健康发展、建设法治中国和社会主义文化强国等重大问题，提出了许多富有创见的思想观点。习近平总书记系列重要讲话是党在新的历史条件下治国理政的理论指南和行动纲领，是中国特色社会主义理论的新发展。

（一）坚持和发展中国特色社会主义

改革开放以来，党在深刻总结国内外社会主义建设历史经验的基础上，将工作中心转移到经济建设上来，确立了社会主义初级阶段基本路线，确立了社会主义市场经济体制，形成了经济、政治、文化、社会、生态文明建设“五位一体”的总格局，成功开创和发展了中国特色社会主义。

1. 中国特色社会主义的历史渊源

中国特色社会主义是在改革开放新时期开创的，同时总结了我们党九十多年革命、建设和改革的历史经验，反映了近代以来先进中国人的理想诉求，也凝聚着中华民族几千年来的历史积淀。“这条道路来之不易，它是在改革开放三十多年的伟大实践中走出来的，是在中华人民共和国成立六十多年的持续探索中走出来的，是在对近代以来一百七十多年中华民族发展历程的深刻总结中走出来的，是在对中华民族五千多年悠久文明的传承中走出来的，具有深厚的历史渊源和广泛的现实基础。”① 中国特色社会主义是历史的选择，更是人民的选择。

①《十八大以来重要文献选编》上，北京：中央文献出版社 2014 年版，第 234 页。

在2013年1月召开的新进中央委员、候补委员学习贯彻党的十八大精神研讨班上，习近平从社会主义理论与实践发展五百年的历史视角，深刻阐述了中国特色社会主义的历史渊源。他将这五百年大致分为六个时间段，包括空想社会主义产生和发展，马克思、恩格斯创立科学社会主义理论体系，列宁领导十月革命胜利并实践社会主义，苏联模式逐步形成，新中国成立后我们党对社会主义的探索和实践，我们党作出进行改革开放的历史性决策、开创和发展中国特色社会主义。全景式地展现了社会主义从空想到科学、从理论到实践、从一国到多国的发展脉络，重点阐发了中国共产党领导全国各族人民进行社会主义建设和改革开放的伟大历程。

中国特色社会主义不是从天上掉下来的，而是在长期的试验和实践中探索出来的，它既坚持了科学社会主义的基本原则，又符合当代中国改革发展的基本国情，是科学社会主义理论逻辑和中国社会发展历史逻辑的辩证统一。

2. 中国特色社会主义最鲜明的特色是道路、理论体系、制度的有机统一

中国特色社会主义道路是实现社会主义现代化的必由之路，也是创造人民美好生活的必由之路，它凝结着几代共产党人对社会主义现代化建设的艰辛探索，为理论体系的形成发展和制度创新完善奠定了坚实的实践基础，正是在道路探索中把实践经验总结成为理论体系，把已见成效的方针政策上升为体制制度。中国特色社会主义理论体系是马克思主义中国化最新成果，为道路拓展和制度创新提供了全面理论支撑。“在当代中国，坚持中国特色社会主义理论体系，就是真正坚持马克思主义。”[①] 中国特色社会主义制度符合当代中国改革发展的基本国情，集中体现了中国特色社会主义的特点和优势，为道路拓展和理论创新提供了根本制度保障。

3. 正确认识改革开放前后两个历史时期

新中国65年的发展历程，以改革开放为标志，可以分为前后两个

①《十八大以来重要文献选编》上，北京：中央文献出版社2014年版，第75页。

历史时期。这两个历史时期相互联系又有区别，“但本质上都是我们党领导人民进行社会主义建设的实践探索”[①]，是一以贯之的发展过程。新中国成立后，我们党领导全国人民开始了社会主义改造和建设的历史时期，积累了丰富的实践经验和理论成果，“为新的历史时期开创中国特色社会主义提供了宝贵经验、理论准备、物质基础。”[②]正是在这一探索实践的基础上，开创了改革开放和中国特色社会主义发展的新局面。针对改革开放前后两个时期的关系，习近平指出：“中国特色社会主义是在改革开放历史新时期开创的，但也是在新中国已经建立起社会主义基本制度并进行了二十多年建设的基础上开创的……虽然这两个历史时期在进行社会主义建设的思想指导、方针政策、实际工作上有很大差别，但两者决不是彼此割裂的，更不是根本对立的……不能用改革开放后的历史时期否定改革开放前的历史时期，也不能用改革开放前的历史时期否定改革开放后的历史时期。”[③]这就要求我们，正确看待、分析、研究党史国史，避免割裂、夸大，甚至歪曲历史，陷入历史虚无主义。

正确处理两个历史时期的关系还涉及对党的历史上领袖人物的评价问题，特别是如何全面、科学地评价毛泽东的功过是非。2013 年 12 月 26 日，习近平在纪念毛泽东同志诞辰 120 周年座谈会上的讲话中，明确提出评价历史人物的正确原则：“应该放在其所处时代和社会的历史条件下去分析，不能离开对历史条件、历史过程的全面认识和对历史规律的科学把握，不能忽略历史必然性和历史偶然性的关系。不能把历史顺境中的成功简单归功于个人，也不能把历史逆境中的挫折简单归咎于个人。不能用今天的时代条件、发展水平、认识水平去衡量和要求前人，不能苛求前人干出只有后人才能干出的业绩来。”[④]基于这个原则，我们才能历史地辩证地看待中国历史，正确认识党的几代领导集体一以贯之的对中国特色社会主义道路的探索。

①《十八大以来重要文献选编》上，北京：中央文献出版社 2014 年版，第 112 页。
② 同上书，第 8 页。
③ 同上书，第 112 页。
④ 同上书，第 693 页。

（二）全面深化改革

面临错综复杂的国际形势和艰巨繁重的改革发展任务，如何进一步推进经济、政治、文化、社会、生态环境等诸领域的改革任务，成为摆在党和国家面前的重要任务。十八大以来，以习近平为总书记的党中央团结全国各族人民，以破釜沉舟的决心、壮士断腕的勇气和大刀阔斧的魄力，围绕全面深化改革的时代课题，提出了一系列改革发展新举措，进一步丰富了改革开放理论。

1. 改革开放只有进行时没有完成时

30 多年来，在改革开放方针的指引下，我们取得了举世瞩目的发展成就。在改革发展过程中，也出现了一系列突出矛盾和问题，例如经济社会发展不平衡不协调不持续、发展方式简单粗放、收入差距较大、生态环境破坏严重等，但是我们绝不能因此就否定改革开放，更不能因噎废食。“改革开放中的矛盾只能用改革开放的办法来解决”。正如习近平所指出的：“在新的历史条件下，我们要开创发展新局面，就必须实现改革新突破。我们将加强改革的顶层设计和总体规划，协调推进经济、政治、文化、社会、生态等各方面体制改革，敢于啃硬骨头，敢于涉险滩，坚决破除一切妨碍科学发展的体制机制弊端，激发全社会创造活力，推动国家各项事业发展。”①

2013 年 9 月，习近平在党外人士座谈会上再次强调了推进全面深化改革的重要意义，他指出：“实现党的十八大描绘的全面建成小康社会、加快推进社会主义现代化、实现中华民族伟大复兴的宏伟蓝图，要求全面深化改革。坚持和发展中国特色社会主义，不断推进中国特色社会主义制度自我完善和发展，进一步解放和发展社会生产力、继续充分释放全社会创造活力，要求全面深化改革。解决我国发展面临的一系列突出矛盾和问题，实现经济社会持续健康发展，不断改善人民生活，要求全面深化改革。”② 改革开放不但是决定当代中国命运的关键举措，也是决定实现“两个一百年”奋斗目标、实现中华民族伟大复兴中国梦的关键

①《习近平接受金砖国家媒体联合采访》，《人民日报》2013 年 3 月 20 日，第 1 版。

②《中共中央召开党外人士座谈会》，《人民日报》2013 年 11 月 14 日，第 1 版。

举措。

2. 改革要坚持社会主义方向和原则

方向决定道路，道路决定命运。党的十八届三中全会在对全面深化改革作出总部署、总动员的同时，进一步明确改革一定要坚持社会主义的方向和原则。全会指出，全面深化改革的总目标是“完善和发展中国特色社会主义制度，推进国家治理体系和治理能力现代化”，特别强调“坚持社会主义市场经济改革方向，以促进社会公平正义、增进人民福祉为出发点和落脚点”[①]。坚持把人民拥护不拥护、人民赞成不赞成、人民高兴不高兴、人民答应不答应作为全面深化改革的出发点和归宿，把人民利益标准同生产力标准和综合国力标准一起作为评判一切工作是非得失的标准，都深刻地体现出改革的社会主义原则。

针对“完善和发展中国特色社会主义制度、推进国家治理体系和治理能力现代化”的改革总目标，习近平指出：“这里面有一个前一句和后一句关系问题。前一句，规定了根本方向，我们的方向就是中国特色社会主义道路，而不是其他什么道路。也就是我经常说的，我们要坚定不移走中国特色社会主义道路，既不走封闭僵化的老路，也不走改旗易帜的邪路。后一句，规定了在根本方向指引下完善和发展中国特色社会主义制度的鲜明指向。两句话都讲，才是完整的。只讲第二句，不讲第一句，那是不完整、不全面的。”[②]因此，不论怎样改革、如何开放，都要始终坚持社会主义的基本原则，始终坚持中国特色社会主义道路、中国特色社会主义理论体系和中国特色社会主义制度。

3. 坚持正确的方式方法推进改革

我国的改革已经进入攻坚期和深水区，如何坚持正确的方式方法推进改革，直接关涉改革成败。为此，习近平多次讲到改革的方式方法问题。习近平总书记在中共十八届三中全会第二次全体会议的讲话中再次强调：“在推进改革中，要坚持正确的思想方法，坚持辩证法，处理好解放思想和实事求是的关系、整体推进和重点突破的关系、全局和局部的关系、顶层设计和摸着石头过河的关系、胆子要大和步子要稳的关系、

①《十八大以来重要文献选编》上，北京：中央文献出版社2014年版，第512页。

②《习近平关于全面深化改革论述摘编》，北京：中央文献出版社2014年版，第20—21页。

改革发展稳定的关系，着力提高操作能力和执行力，确保中央决策部署及时准确落实到位。”[①] 关于“顶层设计和摸着石头过河”的关系，他指出：“摸着石头过河和加强顶层设计是辩证统一的，推进局部的阶段性改革开放要在加强顶层设计的前提下进行，加强顶层设计要在推进局部的阶段性改革开放的基础上来谋划。”[②] 关于“胆子要大和步子要稳”的关系，他指出：“中国改革经过 30 多年，已进入深水区，可以说，容易的、皆大欢喜的改革已经完成了，好吃的肉都吃掉了，剩下的都是难啃的硬骨头。这就要求我们胆子要大、步子要稳。胆子要大，就是改革再难也要向前推进，敢于担当，敢于啃硬骨头，敢于涉险滩。步子要稳，就是方向一定要准，行驶一定要稳，尤其是不能犯颠覆性错误。”[③] 关于“改革发展稳定”的关系，他强调：“我们要坚持把改革的力度、发展的速度和社会可承受的程度统一起来，把改善人民生活作为正确处理改革发展稳定关系的结合点，在保持社会稳定中推进改革发展，通过改革发展促进社会稳定。”[④]

总的来说，进一步深化改革必须更加突出改革的系统性、整体性、协同性，避免“单打一”。同时要统筹推进重要领域和关键环节改革，坚定信心，凝聚共识，统筹谋划，协同推进，寻求思想上的最大公约数，团结和调动社会一切力量为改革发展提供坚实的思想和组织基础。

（三）促进经济持续健康发展

面对新形势、新局面，党的十八大在总结三十多年经济建设经验的基础上，明确提出加快经济发展方式转变，提高发展质量和效益，实现经济持续健康发展。

1. 全面认识经济持续健康发展和生产总值增长的关系

目前，我国经济持续健康发展，已经成为世界第二大经济体。但在这个发展过程中，部分地区和领域也一定程度上存在一味追求经济增长

①《习近平关于全面深化改革论述摘编》，北京：中央文献出版社 2014 年版，第 47 页。

②《以更大的政治勇气和智慧深化改革　朝着十八大指引的改革方向前进》，《人民日报》2013 年 1 月 2 日，第 1 版。

③《习近平接受俄罗斯电视台专访》，《人民日报》2014 年 2 月 9 日，第 1 版。

④《习近平关于全面深化改革论述摘编》，北京：中央文献出版社 2014 年版，第 36 页。

速度的“唯GDP论”，造成经济社会发展不平衡、资源过度开发以及环境污染等问题，成为制约科学发展的瓶颈。为此，习近平先后做出重要指示，要求全面认识持续健康发展和生产总值增长的关系，不能简单以国内生产总值增长率论英雄。

正确处理经济持续健康发展和生产总值增长的关系，就要转变发展观念，加快产业结构调整，使经济发展与资源环境承载能力相协调，真正实现科学发展。习近平强调：“现在不拿出壮士断腕的勇气，将来付出的代价必然更大。”[①] 正确处理经济持续健康发展和生产总值增长的关系，还要树立正确的政绩观，摒弃过去单纯以国内生产总值增长率论英雄的考评模式。2013年9月，习近平在参加河北省委常委班子专题民主生活会时指出：“中央看一个地方工作做得怎么样，不会仅仅看生产总值增长率，而是要看全面工作，看解决自身发展中突出矛盾和问题的成效”[②]。正确处理经济持续健康发展和生产总值增长的关系，关键要提高发展质量，讲求发展效益。2013年12月，习近平在中央经济工作会议上强调：“我们要的是实实在在、没有水分的速度，是民生改善、就业比较充分的速度，是劳动生产率同步提高、经济活力增强、结构调整有成效的速度，是经济发展质量和效益得到提高又不会带来后遗症的速度。”[③]

2. 正确处理政府和市场的关系

党的十八届三中全会明确提出：“经济体制改革是全面深化改革的重点，核心问题是处理好政府和市场的关系，使市场在资源配置中起决定性作用和更好发挥政府作用。”[④] 这是党在社会主义市场经济理论上的又一重大突破，为深化经济体制改革提供了理论依据。

“市场决定资源配置是市场经济的一般规律，市场经济本质上就是市场决定资源配置的经济。”[⑤] 但同时，市场在资源配置中的决定作用，

①《习近平总书记系列重要讲话读本》，北京：学习出版社、人民出版社2014年版，第60页。

② 同上书，第58页。

③ 同上书，第59页。

④《十八大以来重要文献选编》上，北京：中央文献出版社2014年版，第513页。

⑤《习近平总书记系列重要讲话读本》，北京：学习出版社、人民出版社2014年版，第62页。

并不能完全取代政府的宏观调控。“我国实行的是社会主义市场经济体制，我们仍然要坚持发挥我国社会主义制度的优越性、发挥党和政府的积极作用。市场在资源配置中起决定性作用，并不是起全部作用。”[①]只有合理发挥好政府宏观调控这只“有形的手”的作用，将政府与市场的作用有机结合，才能避免市场失灵，促进共同富裕，更加有效地体现社会主义市场经济的巨大优势。

3. 切实保障和改善民生

切实保障和改善民生是全面深化改革、促进经济持续健康发展的出发点和落脚点。习近平多次强调民生工作的重要性，要求各级领导干部继续下大气力抓民生。2013 年 4 月，他在海南考察时强调:“抓民生要抓住人民最关心最直接最现实的利益问题，抓住最需要关心的人群，一件事情接着一件事情办、一年接着一年干，锲而不舍向前走。”[②] 2013 年 5 月，在天津考察时又指出:“保障和改善民生是一项长期工作，没有终点站，只有连续不断的新起点，要实现经济发展和民生改善良性循环。”[③]

“小康不小康，关键看老乡。”[④]三农问题，尤其是增加农民收入、改善农村人口生活，一直是党和国家的重中之重。没有农村的小康，特别是没有贫困地区的小康，就没有全面的小康社会。2013 年 12 月，习近平在中央农村工作会议上指出:“一定要看到，农业还是‘四化同步’的短腿，农村还是全面建成小康社会的短板。中国要强，农业必须强；中国要美，农村必须美；中国要富，农民必须富。”[⑤]这需要在改革中进一步破除城乡二元结构，健全城乡一体化体制机制，形成“以工促农、以城带乡、工农互惠、城乡一体”的新型工农城乡关系，让广大农民平等参与改革进程，共享发展成果。

---

①《十八大以来重要文献选编》上，北京：中央文献出版社 2014 年版，第 500 页。

②《加快国际旅游岛建设 谱写美丽中国海南篇》,《人民日报》2013 年 4 月 11 日，第 1 版。

③《稳中求进推动经济发展　持续努力保障改善民生》,《人民日报》2013 年 5 月 16 日，第 1 版。

④《加快国际旅游岛建设　谱写美丽中国海南篇》,《人民日报》2013 年 4 月 11 日，第 1 版。

⑤《十八大以来重要文献选编》上，北京：中央文献出版社 2014 年版，第 658 页。

4. 保护改善生态环境就是保护发展生产力

党的十八大将生态文明建设纳入中国特色社会主义建设“五位一体”的总布局，明确提出努力建设美丽中国，实现中华民族永续发展。十八大以来，我们党继续高度重视生态文明建设，将其视为关系人民福祉、关乎民族未来的大计。2013 年 9 月，习近平在纳扎尔巴耶夫大学发表演讲，当谈到环境保护问题时，他指出：“我们既要绿水青山，也要金山银山。宁要绿水青山，不要金山银山，而且绿水青山就是金山银山。我们绝不能以牺牲生态环境为代价换取经济的一时发展。我们提出了建设生态文明、建设美丽中国的战略任务，给子孙留下天蓝、地绿、水净的美好家园。”[①] 保护生态环境、加强生态文明建设，首先要正确处理经济发展同生态环境保护的关系。“牢固树立保护生态环境就是保护生产力、改善生态环境就是发展生产力的理念，更加自觉地推动绿色发展、循环发展、低碳发展，决不以牺牲环境为代价去换取一时的经济增长”[②]。

（四）发展社会主义民主政治，建设法治中国

十八大以来，以习近平为总书记的党中央又提出了一系列新观点、新认识，进一步丰富了社会主义民主政治法治理论。

1. 巩固和发展中国特色社会主义民主

发展社会主义民主政治，是完善和发展中国特色社会主义制度的重要环节，是推进国家治理体系和治理能力现代化的题中应有之义。2014 年 9 月，习近平在庆祝全国人民代表大会成立 60 周年大会上明确提出：“设计和发展国家政治制度，必须注重历史和现实、理论和实践、形式和内容有机统一。要坚持从国情出发、从实际出发，既要把握长期形成的历史传承，又要把握走过的发展道路、积累的政治经验、形成的政治

①《弘扬人民友谊　共同建设“丝绸之路经济带”》，《人民日报》2013 年 9 月 8 日，第 1 版。

②《坚持节约资源和保护环境基本国策　努力走向社会主义生态文明新时代》，《人民日报》2013 年 5 月 25 日，第 1 版。

原则，还要把握现实要求、着眼解决现实问题，不能割断历史”①。

关于如何评价政治制度是否民主、有效的问题，习近平提出了“八个能否”的基本标准，即“主要看国家领导层能否依法有序更替，全体人民能否依法管理国家事务和社会事务、管理经济和文化事业，人民群众能否畅通表达利益要求，社会各方面能否有效参与国家政治生活，国家决策能否实现科学化、民主化，各方面人才能否通过公平竞争进入国家领导和管理体系，执政党能否依照宪法法律规定实现对国家事务的领导，权力运用能否得到有效制约和监督”②。这是我们党对民主政治制度评价标准问题的深入思考，丰富和发展了中国特色社会主义民主政治理论，为全面深化政治制度改革提供了基本理论依据。

协商民主是中国特色社会主义民主政治的组成部分，具有深厚的历史渊源和广泛的群众基础。十八大以来，以习近平为总书记的党中央高度重视协商民主，认为:“协商民主是我国社会主义民主政治的特有形式和独特优势，是党的群众路线在政治领域的重要体现。推进协商民主，有利于完善人民有序政治参与、密切党同人民群众的血肉联系、促进决策科学化民主化。”③ 2014 年 9 月，习近平在庆祝中国人民政治协商会议成立 65 周年大会上再次强调了协商民主的重要性，他指出:“在中国社会主义制度下，有事好商量，众人的事情由众人商量，找到全社会意愿和要求的最大公约数，是人民民主的真谛……在人民内部各方面广泛商量的过程，就是发扬民主、集思广益的过程，就是统一思想、凝聚共识的过程，就是科学决策、民主决策的过程，就是人民当家作主的过程。”④

“民主不是装饰品，不是用来做摆设的，而是要用来解决人民要解决的问题的。”⑤ 我们要进一步推进社会主义民主政治制度化、规范化、

① 习近平:《在庆祝全国人民代表大会成立 60 周年大会上的讲话》,《人民日报》2014 年 9 月 6 日，第 2 版。

② 同上，第 2 版。

③《十八大以来重要文献选编》上，北京：中央文献出版社 2014 年版，第 504 页。

④ 习近平:《在庆祝中国人民政治协商会议成立 65 周年大会上的讲话》,《人民日报》2014 年 9 月 22 日，第 2 版。

⑤ 同上，第 2 版。

程序化，充分体现中国特色社会主义民主政治的优越性。

2. 全力推进法治中国建设

党的十八届三中全会提出了“推进法治中国建设”的重要课题，明确指出：“建设法治中国，必须坚持依法治国、依法执政、依法行政共同推进，坚持法治国家、法治政府、法治社会一体建设。”[①] 建设法治中国的发展目标是对新时期，特别是党的十五大提出依法治国基本方略以来的法治实践的总结和升华，体现了新一届中央领导集体对法治建设问题的新思考。

2014 年 10 月召开的党的十八届四中全会，审议通过了《关于全面推进依法治国若干重大问题的决定》，明确指出全面推进依法治国的总目标：“建设中国特色社会主义法治体系，建设社会主义法治国家。这就是，在中国共产党领导下，坚持中国特色社会主义制度，贯彻中国特色社会主义法治理论，形成完备的法律规范体系、高效的法治实施体系、严密的法治监督体系、有力的法治保障体系，形成完善的党内法规体系，坚持依法治国、依法执政、依法行政共同推进，坚持法治国家、法治政府、法治社会一体建设，实现科学立法、严格执法、公正司法、全民守法，促进国家治理体系和治理能力现代化。”[②] 全会指出要实现依法治国的总目标，“必须坚持中国共产党的领导，坚持人民主体地位，坚持法律面前人人平等，坚持依法治国和以德治国相结合，坚持从中国实际出发”[③]。

全面推进依法治国工作，促进法治中国建设，维护宪法法律权威，坚持法律面前人人平等，进一步完善立法、司法、行政执法体系，实现“有法可依，有法必依”，必将使我国法治建设局面推向一个新的高度，为中国特色社会主义现代化建设提供坚实的法治体系保障。

（五）提高国家文化软实力，建设社会主义文化强国

十八大以来，以习近平为总书记的新一届中央领导集体继续坚持

①《十八大以来重要文献选编》上，北京：中央文献出版社 2014 年版，第 529 页。
②《中共十八届四中全会在京举行》，《人民日报》2014 年 10 月 24 日，第 1 版。
③ 同上，第 1 版。

中国特色社会主义文化发展道路，努力建设社会主义文化强国，提高国家文化软实力。进一步巩固马克思主义在意识形态领域的主导地位，推动包括社会主义核心价值体系和核心价值观在内的社会主义先进文化建设，大力弘扬中华民族优秀传统文化，积极构建对外话语体系。

1. 培育和弘扬社会主义核心价值体系和核心价值观

核心价值体系和核心价值观作为兴国之魂，决定着中国特色社会主义的发展方向。党的十六届六中全会提出了建设社会主义核心价值体系的重大战略任务，党的十八大又进一步提出："倡导富强、民主、文明、和谐，倡导自由、平等、公正、法治，倡导爱国、敬业、诚信、友善，积极培育和践行社会主义核心价值观。"①

关于培育和弘扬社会主义核心价值观的意义，2014 年 5 月 4 日，习近平在北京大学同师生进行座谈时指出："对一个民族、一个国家来说，最持久、最深层的力量是全社会共同认可的核心价值观。核心价值观，承载着一个民族、一个国家的精神追求，体现着一个社会评判是非曲直的价值标准。"②社会主义核心价值观是对社会主义核心价值体系的高度凝练和集中表达，概括了国家、社会和公民个人三个层面的价值目标和价值追求，科学回答了新的时代条件下建设什么样的国家、建设什么样的社会以及培育什么样的人的重大问题。

习近平高度重视社会主义核心价值观工作，指出"把培育和弘扬社会主义核心价值观作为凝魂聚气、强基固本的基础工程"③。在实践层面，他提出培育和弘扬社会主义核心价值观要吸收中国传统文化中的优秀元素，吸收人类文明的共同成果，把社会主义核心价值观贯穿于生活的方方面面，同时还要发挥政策引导作用。2014 年 2 月，习近平在中央政治局第十三次集体学习时，将传统道德与社会主义核心价值观相结合，提出"要认真汲取中华优秀传统文化的思想精华和道德精髓，大力弘扬以爱国主义为核心的民族精神和以改革创新为核心的时代精神，深入挖掘

①《十八大以来重要文献选编》上，北京：中央文献出版社 2014 年版，第 578 页。

②《青年要自觉践行社会主义核心价值观》，《人民日报》2014 年 5 月 5 日，第 2 版。

③《把培育和弘扬社会主义核心价值观作为凝魂聚气强基固本的基础工程》，《人民日报》2014 年 2 月 26 日，第 1 版。

和阐发中华优秀传统文化讲仁爱、重民本、守诚信、崇正义、尚和合、求大同的时代价值，使中华优秀传统文化成为涵养社会主义核心价值观的重要源泉”[①]。

2. 意识形态领域必须坚持马克思主义领导地位

建设社会主义文化强国，提升国家文化软实力，需要进一步做好意识形态工作，坚守马克思主义舆论阵地。2013 年 8 月 19 日，习近平总书记在全国宣传思想工作会议上发表了重要讲话，他指出：“要巩固马克思主义在意识形态领域的指导地位，巩固全党全国人民团结奋斗的共同思想基础。党员、干部要坚定马克思主义、共产主义信仰，脚踏实地为实现党在现阶段的基本纲领而不懈努力，扎扎实实做好每一项工作，取得‘接力赛’中我们这一棒的优异成绩。”[②] 习近平特别强调：“坚定理想信念，坚守共产党人精神追求，始终是共产党人安身立命的根本。对马克思主义的信仰，对社会主义和共产主义的信念，是共产党人的政治灵魂，是共产党人经受住任何考验的精神支柱。形象地说，理想信念就是共产党人精神上的‘钙’，没有理想信念，理想信念不坚定，精神上就会‘缺钙’，就会得‘软骨病’。”[③]

在全面建设小康社会、加快推进社会主义现代化建设的关键时期，我们更加需要坚定共产主义的理想信念，在思想上、精神上补足“钙”，牢牢掌握意识形态工作的领导权和主导权。

3. 大力弘扬中华民族优秀传统文化

中华民族有五千多年的文明史，创造了丰富的优秀传统文化，这是中华民族的历史遗产、思想结晶和精神传承。吸收和汲取传统文化中的优秀元素，是提高国家文化软实力的重要途径。“一个国家、一个民族的强盛，总是以文化兴盛为支撑的，中华民族伟大复兴需要以中华文化

①《把培育和弘扬社会主义核心价值观作为凝魂聚气强基固本的基础工程》，《人民日报》2014 年 2 月 26 日，第 1 版。

②《胸怀大局把握大势着眼大事　努力把宣传思想工作做得更好》，《人民日报》2013 年 8 月 21 日，第 1 版。

③《十八大以来重要文献选编》上，北京：中央文献出版社 2014 年版，第 80 页。

发展繁荣为条件。”[①]

首先，对传统文化要有科学态度和正确认知。十八大结束不久，习近平在广东考察工作时就对如何对待传统文化有过重要论述：“我们决不可抛弃中华民族的优秀文化传统，恰恰相反，我们要很好传承和弘扬，因为这是我们民族的‘根’和‘魂’，丢了这个‘根’和‘魂’，就没有根基了。”[②] 2014 年 9 月，在纪念孔子诞辰 2565 周年国际学术研讨会暨国际儒学联合会第五届会员大会开幕会上，他再次强调：“优秀传统文化是一个国家、一个民族传承和发展的根本，如果丢掉了，就割断了精神命脉。我们要善于把弘扬优秀传统文化和发展现实文化有机统一起来，紧密结合起来，在继承中发展，在发展中继承。”[③]

其次，深入挖掘传统文化中的优秀元素，结合时代特征和社会主义精神，对传统文化进行加工改造，赋予其新的生命活力。中华文化是我们提高国家文化软实力最深厚的源泉，是我们提高国家文化软实力的重要途径。“要使中华民族最基本的文化基因与当代文化相适应、与现代社会相协调，以人们喜闻乐见、具有广泛参与性的方式推广开来，把跨越时空、跨越国度、富有永恒魅力、具有当代价值的文化精神弘扬起来，把继承传统优秀文化又弘扬时代精神、立足本国又面向世界的当代中国文化创新成果传播出去。要系统梳理传统文化资源，让收藏在禁宫里的文物、陈列在广阔大地上的遗产、书写在古籍里的文字都活起来。”[④]

4. 讲好中国故事，传播好中国声音

国际话语权是国家文化软实力的鲜活体现和重要组成部分。提高国家文化软实力，必须积极建构对外话语体系，创新对外宣传方式，用中国话语讲好中国故事，传播好中国声音，增强国际话语权。

---

①《认真贯彻党的十八届三中全会精神 汇聚起全面深化改革的强大正能量》，《人民日报》2013 年 11 月 29 日，第 1 版。

②《习近平关于实现中华民族伟大复兴的中国梦论述摘编》，北京：中央文献出版社 2013 年版，第 33 页。

③ 习近平：《在纪念孔子诞辰 2565 周年国际学术研讨会暨国际儒学联合会第五届会员大会开幕会上的讲话》，《人民日报》2014 年 9 月 25 日，第 2 版。

④《建设社会主义文化强国 着力提高国家文化软实力》，《人民日报》2014 年 1 月 1 日，第 1 版。

要努力展示当代中国改革发展的新成就，打造富强民主文明和谐的社会主义中国的国家形象，增进对外文化交流，进一步提升国际影响力。要努力传播中国特色社会主义价值观念，以中国梦和社会主义核心价值观为统领，深入阐发中国梦追求和平、奉献世界的理论内涵，从国家、社会、个人三个层面把中华民族和中国人民的价值认同和价值诉求说清楚，努力展现中华民族传统文化博大精深的思想内涵和独特魅力。

（六）党要管党，从严治党

办好中国的事，关键在党。我们党自诞生之日起就高度重视自身建设，在思想、组织、作风、制度和反腐倡廉建设等诸多领域积累了丰富的实践经验，并总结和提升为系统的党建理论。面临全面建设小康社会和实现“两个一百年”战略目标的新形势，习近平结合党要管党、从严治党，提出了一系列新思想新举措，为在新的历史起点上进一步推进党的建设新的伟大工程指明了方向。

1. 坚持从严管党治党一刻不能松懈

中国共产党是中国特色社会主义建设的坚强领导核心，我们党的形象、威望、党的创造力凝聚力战斗力直接关乎改革和建设事业的成败。加强党的建设、从严管党治党，是贯穿我们党 90 多年奋斗历程的一条主线。早在新民主主义革命过程中，毛泽东就将党的建设与统一战线、武装斗争并称为战胜敌人的三大法宝。在社会主义建设和改革开放新时期，我们党继续重视党建工作，探索出思想建设、组织建设、作风建设、制度建设和反腐倡廉建设“五位一体”的党建模式。习近平指出：“历史使命越光荣，奋斗目标越宏伟，执政环境越复杂，我们就越要增强忧患意识，越要从严治党，做到‘为之于未有，治之于未乱’，使我们党永远立于不败之地。”[①] 他向全党提出谆谆告诫：“党的执政地位和领导地位并不是自然而然就能长期保持下去的，不管党、不抓党就有可能出问题甚至出大问题，结果不只是党的事业不能成功，还有亡党亡国的

① 习近平：《在党的群众路线教育实践活动总结大会上的讲话》，《人民日报》2014 年 10 月 9 日，第 2 版。

危险。"[①]"打铁还需自身硬"。目前，全面深化改革进入攻坚期和深水区，严峻的改革形势需要进一步从严管党治党，继续保持和发展党的先进性和纯洁性。2014年10月，习近平在党的群众路线教育实践活动总结大会的讲话中，提出要从"落实从严治党责任""坚持思想建党和制度治党紧密结合""严肃党内政治生活""坚持从严管理干部""坚持深入改进作风""严明党的纪律""发挥人民监督作用""深入把握从严治党规律"等八个方面加强新形势下的党建工作，为巩固党在中国特色社会主义事业中的领导核心地位提供坚实保证。

2. 开展群众路线教育实践活动，加强党的作风建设

"作风问题，核心是党和人民群众的关系问题，根本是始终保持党同人民群众的血肉联系。"[②] 十八大以来，我们党围绕保持和发展党的先进性和纯洁性，以为民、务实、清廉为主题，按照"照镜子、正衣冠、洗洗澡、治治病"的总要求，先后两批开展了群众路线教育实践活动，重点反对形式主义、官僚主义、享乐主义和奢靡之风，将马克思主义群众观点落实到实际工作中去。通过群众路线教育实践活动，党员干部的思想作风、工作作风、领导作风、生活作风有了明显改善，党风政风焕然一新。同时，习近平还强调党风建设要常抓不懈，切忌虎头蛇尾、雷声大雨点小。他指出："作风建设永远在路上，永远没有休止符，必须抓常、抓细、抓长，持续努力、久久为功。逆水行舟，一篙不可放缓；滴水穿石，一滴不可弃滞。各级党委要把作风建设紧紧抓在手上，持续抓好各项整改任务的落实，绝不允许出现'烂尾'工程，决不能让'四风'问题反弹回潮。"[③]

3. 坚持以零容忍态度惩治腐败

腐败是社会毒瘤，是影响经济社会发展、党的执政根基和国家长治久安的重要隐患。党的十八大以来，我们党重拳出击，严厉惩治腐败，坚持"老虎""苍蝇"一起打，既坚决查处领导干部违纪违法案件，又

① 习近平：《在党的群众路线教育实践活动总结大会上的讲话》，《人民日报》2014年10月9日，第2版。

② 同上，第2版。

③ 同上，第2版。

切实解决发生在群众身边的不正之风和腐败问题。提出加强反腐败国家立法和党内法规制度建设，形成对权力的制约和监督机制，切实把权力关进制度的笼子里。坚持党纪国法面前没有例外，不论涉及到谁，只要触犯底线、红线，都要一查到底，绝不姑息。党风廉政建设和反腐败斗争是一项长期而艰巨的任务，“反腐倡廉必须常抓不懈，拒腐防变必须警钟长鸣，关键就在‘常’、‘长’二字，一个是要经常抓，一个是要长期抓。我们要坚定决心，有腐必反、有贪必肃，不断铲除腐败现象滋生蔓延的土壤，以实际成效取信于民。”①

综上所述，习近平总书记系列重要讲话是十八大以来中央领导集体治国理政新思路的高度凝练，科学系统地回答了全面深化改革形势下，经济建设、政治建设、文化建设、社会建设、生态文明建设、国防和军队建设、外交工作和党的建设等领域的诸多复杂问题。全面学习领会习近平总书记系列重要讲话，深刻理解其科学内涵和精神实质，对于我们夺取中国特色社会主义新胜利，完成“两个一百年”发展目标，实现中华民族伟大复兴的中国梦具有十分重要的意义。

（原载《思想理论教育》2014 年第 11 期。获 2016 年度高校马克思主义理论影响力论文）

①《更加科学有效地防治腐败　坚定不移把反腐倡廉建设引向深入》，《人民日报》2013 年 1 月 23 日，第 1 版。

四

习近平新时代中国特色社会主义制度建设思想论析

中国特色社会主义制度是当代中国发展进步的根本保障，集中体现了中国特色社会主义的特点和优势。党的十八大以来，习近平围绕完善和发展中国特色社会主义制度发表了一系列重要讲话，不仅提出了中国共产党的领导是中国特色社会主义制度的最大优势，坚定中国特色社会主义制度自信，同时也强调要不断完善和发展中国特色社会主义制度，推进国家治理体系和治理能力现代化。习近平新时代中国特色社会主义制度建设思想立意高远、内涵丰富、思想深邃，对深刻把握中国特色社会主义制度的科学内涵、精神实质、重大意义，坚定中国特色社会主义制度自信具有十分重要的理论和现实意义。

（一）中国共产党的领导是中国特色社会主义制度的最大优势

办好中国的事情，关键在党。习近平在党的十九大报告中明确指出："中国特色社会主义最本质的特征是中国共产党领导，中国特色社会主义制度的最大优势是中国共产党领导。"[①]

第一，中国共产党是最高的政治领导力量，党对一切工作的全面领导充分彰显了中国特色。坚持党的领导是中国特色社会主义制度的内在属性和根本要求，没有党的领导，就没有中国特色社会主义制度的创立和发展。

中国共产党是中国特色社会主义制度的设计者。在中国确立社会主

① 习近平:《决胜全面建成小康社会　夺取新时代中国特色社会主义伟大胜利——在中国共产党第十九次全国代表大会上的报告》，北京：人民出版社 2017 年版，第 20 页。

义制度是中国共产党成立伊始就确定的目标。中华人民共和国成立后，在中国共产党领导下，我国建立了工人阶级领导的、以工农联盟为基础的人民民主专政的国家。同人民民主专政的国体相适应，其政体实行民主集中制基础上的人民代表大会制度，这是我国的根本政治制度；在政党制度上，实行中国共产党领导的多党合作和政治协商制度；在民族关系上，实行民族区域自治制度；经济上，确立了公有制为主体、多种所有制经济共同发展的基本经济制度；在法律上，形成了以宪法为核心的中国特色社会主义法律体系。中国共产党关于社会主义制度的科学构想，由抽象到具体，由蓝图变为现实。

中国共产党是中国特色社会主义制度改革的探索者。社会主义制度不是僵化的、凝固不变的事物。20 世纪 50 年代，以毛泽东为主要代表的中国共产党人，以苏为鉴，对社会主义经济、政治体制改革进行了艰辛探索。改革开放 40 年来，党的历届中央领导集体不断探索中国特色社会主义制度的完善和发展。党的十八大以来，习近平适应新时代特点和要求，强调我们要坚持和完善现有制度，从实际出发，及时制定一些新的制度。党的十八届三中全会强调，全面深化改革的总目标是完善和发展中国特色社会主义制度，推进国家治理体系和治理能力现代化，并确定了到 2020 年形成系统完备、科学规范、运行有效的制度体系。党的十九大根据中国特色社会主义新时代的要求，对制度创新和发展制定了新的规划。

中国共产党是中国特色社会主义制度运行的根本保障。习近平把坚持党的领导放在制度层面进行阐述。“推进改革的目的是要不断推进我国社会主义制度自我完善和发展，赋予社会主义新的生机活力。这里面最核心的是坚持和改善党的领导、坚持和完善中国特色社会主义制度。”①党的十九届三中全会以深化党和国家机构改革为主题，强调其目标是“构建系统完备、科学规范、运行高效的党和国家机构职能体系，形成总揽全局、协调各方的党的领导体系……全面提高国家治理能力和治理

①《习近平关于社会主义政治建设论述摘编》，北京：中央文献出版社 2017 年版，第 25—26 页。

水平。”[①] 这凸显了党的领导对国家机关、人民团体、企事业单位、社会组织的全覆盖。

第二，实现全面依法治国，推进社会主义民主和法治建设，最根本的是要坚持中国共产党的领导。

坚持党的领导是实现人民当家作主的根本保证。人民民主是社会主义的生命，没有民主就没有社会主义，就没有社会主义现代化，就没有中华民族的伟大复兴。中国共产党从成立之日起，就把实现人民当家作主作为始终不渝的奋斗目标。经过长期努力，中国共产党领导中国人民探索并形成一整套发展社会主义民主政治的制度安排，其根本的目的就是保证和支持人民当家作主并将其落实到国家政治生活和社会生活之中。党的十八大以来，习近平着眼于在新的历史起点上推进中国特色社会主义事业，突出强调坚持人民主体地位，充分调动人民积极性，始终是我们党立于不败之地的强大根基，而“中国共产党的领导，就是支持和保证人民实现当家作主”[②]。

中国共产党的领导为推进国家和社会生活制度化、法治化提供政治保证。党的十八届四中全会明确把坚持党的领导作为全面依法治国的基本原则，把依法治国确定为党领导人民治理国家的基本方略，并从理论和实践的结合上对党和法治的关系进行了清晰、透彻的阐释，同时强调要把党的领导贯穿于全面依法治国的全过程和各方面。习近平指出：“全面推进依法治国，要有利于加强和改善党的领导，有利于巩固党的执政地位、完成党的执政使命，决不是要削弱党的领导。”[③] 坚持中国特色社会主义法治道路，坚持和加强党的领导，这是全面推进依法治国的根本要求。

党的领导、人民当家作主和依法治国是我国社会主义民主政治的基本要素，共同构成紧密联系、内在统一的整体。党的十九大报告系统阐述了三者之间的内在联系：“党的领导是人民当家作主和依法治国的根本保证，人民当家作主是社会主义民主政治的本质特征，依法治国是党领

①《中共中央关于深化党和国家机构改革的决定》,《人民日报》2018 年 3 月 5 日，第 1 版。
②《十八大以来重要文献选编》中，北京：中央文献出版社 2016 年版，第 54 页。
③《习近平谈治国理政》第二卷，北京：外文出版社 2017 年版，第 114 页。

导人民治理国家的基本方式，三者统一于我国社会主义民主政治伟大实践。”[①] 党的领导在其中处于核心地位。坚持党的领导、人民当家作主和依法治国的有机统一，最根本的是坚持党的领导。

第三，中国共产党是中国特色社会主义事业的领导核心。“党政军民学，东西南北中，党是领导一切的。”[②] 坚持党的集中统一领导，能够发挥总揽全局、协调各方的领导核心作用，是中国特色社会主义制度优势发挥的关键。

中国共产党处于中国特色社会主义制度体系和治理体系的核心地位。中国特色社会主义制度体系和治理体系是一个复杂的系统，坚持党的领导是确保制度体系和治理体系有效运行的关键。习近平明确指出：“我们说要推进国家治理体系和治理能力现代化，国家治理体系是由众多子系统构成的复杂系统，这个系统的核心是中国共产党”[③]，他还形象地阐述了其内在关系：“在国家治理体系的大棋局中，党中央是坐镇中军帐的‘帅’，车马炮各展其长，一盘棋大局分明。”[④] 具体而言，中央委员会、中央政治局、中央政治局常委会，这是党的领导决策核心。党中央作出的决策部署，党的组织、宣传、统战、政法等部门要贯彻落实，人大、政府、监察委、政协、法院、检察院的党组织要贯彻落实，事业单位、人民团体等的党组织也要贯彻落实。

人民代表大会制度是我国根本政治制度，为中国共产党总揽全局、协调各方提供有效制度渠道。习近平指出：“通过人民代表大会制度，保证党的路线方针政策和决策部署在国家工作中得到全面贯彻和有效执行……善于使党的主张通过法定程序成为国家意志，善于使党组织推荐的人选通过法定程序成为国家政权机关的领导人员，善于通过国家政权机关实施党对国家和社会的领导。”[⑤]

习近平明确指出：“‘党大还是法大’是一个政治陷阱，是一个伪命

① 习近平:《决胜全面建成小康社会　夺取新时代中国特色社会主义伟大胜利——在中国共产党第十九次全国代表大会上的报告》，北京：人民出版社 2017 年版，第 36 页。

②《习近平关于社会主义政治建设论述摘编》，北京：中央文献出版社 2017 年版，第 30 页。

③ 同上书，第 34 页。

④ 同上书，第 31 页。

⑤《十八大以来重要文献选编》中，北京：中央文献出版社 2016 年版，第 54 页。

题。”[①] 要坚决反对任何借口否定、歪曲党的领导与其他制度体制之间关系的错误倾向。任何人以任何借口否定中国共产党领导和中国特色社会主义制度，都是错误的、有害的，都是违反宪法的，都是绝对不能接受的。

（二）坚定中国特色社会主义制度自信

中国特色社会主义制度自信是中国共产党和中国人民对中国特色社会主义制度的充分肯定和坚定信念。十八大以来，习近平多次强调，要坚定中国特色社会主义制度自信，并对制度自信进行了深刻论述。

第一，没有坚定的制度自信就不可能有全面深化改革的勇气和定力。全面深化改革是系统工程，不仅包括经济体制、政治体制、文化体制、社会体制以及生态文明体制的改革，而且包含党的建设制度的改革，每一项改革都离不开强大的政治定力。

坚定制度自信才能有强大的信念支撑。制度自信是对中国特色社会主义制度的坚定信念和信心。习近平指出，我们要“不断增强道路自信、理论自信、制度自信，让理想信念的明灯永远在全国各族人民心中闪亮。”[②] 同时，坚定制度自信才能有改革自觉和创新自觉，才能统一思想、凝聚共识，增强推进改革的责任感和使命感，自觉提出实践中的问题，并积极探寻解决问题之道。

坚定制度自信才能有强大的政治定力。政治定力就是在思想上政治上排除各种干扰、消除各种困惑，坚持正确立场、保持正确方向，不为各种噪音杂音所扰，不为各种错误思潮所惑，始终做到咬定青山不放松，任尔东西南北风。习近平强调：“随着中国特色社会主义不断发展，我们的制度必将越来越成熟，我国社会主义制度的优越性必将进一步显现，我们的道路必将越走越宽广。”[③] 坚定制度自信，要增强政治定力，不能照抄照搬别国发展模式，坚定不移走中国特色社会主义道路。

①《习近平关于全面依法治国论述摘编》，北京：中央文献出版社 2015 年版，第 34 页。

②《习近平在会见第四届全国文明城市、文明村镇、文明单位和未成年人思想道德建设工作先进代表时强调　人民有信仰民族有希望国家有力量　锲而不舍抓好社会主义精神文明建设》，《人民日报》2015 年 3 月 1 日，第 1 版。

③《习近平谈治国理政》第一卷，北京：外文出版社 2018 年版，第 22 页。

政治制度在国家各种制度中处于关键环节，坚定制度自信首先是坚定对政治制度的自信。习近平指出："坚定中国特色社会主义制度自信，首先要坚定对中国特色社会主义政治制度的自信。"[①] 中国特色社会主义制度坚持把根本政治制度、基本政治制度同基本经济制度以及各方面体制机制等具体制度有机结合起来，坚持把国家层面民主制度同基层民主制度有机结合起来，坚持把党的领导、人民当家作主、依法治国有机结合起来，符合我国国情，既坚持了社会主义的根本性质，又借鉴了古今中外制度建设的有益成果，集中体现了中国特色社会主义的特点和优势，是人民当家作主的制度保障。坚定对我国政治制度的自信，必须坚持走中国特色社会主义政治发展道路。

第二，制度自信源于深厚的理论和现实基础以及丰硕的实践成效。习近平认为，制度自信不仅源于深厚的理论基础和现实成就，而且也源于雄厚的历史根基和制度优势。

制度自信源于坚持科学社会主义基本原则。科学社会主义基本原则是坚定制度自信的深厚理论基础。虽然由于各国国情不同，科学社会主义在每个国家具体的制度实现形式也不同，但是基本原则不能丢弃。习近平指出："包括坚持人民代表大会制度的根本政治制度，中国共产党领导的多党合作和政治协商制度、民族区域自治制度以及基层群众自治制度等基本政治制度，中国特色社会主义法律体系，公有制为主体、多种所有制经济共同发展的基本经济制度"等等，"这些都是在新的历史条件下体现科学社会主义基本原则的内容，如果丢掉了这些，那就不成其为社会主义了。"[②]

制度自信源于当代中国的进步和发展。习近平指出，讲制度自信，"要有坚如磐石的精神和信仰力量，也要有支撑这种精神和信仰的强大物质力量。"[③] 中华人民共和国成立以来，尤其是改革开放 40 年来，党的历届中央领导集体接力探索，确立了中国特色社会主义制度，并在实

①《十八大以来重要文献选编》中，北京：中央文献出版社 2016 年版，第 62 页。

②《习近平总书记系列重要讲话读本》，北京：学习出版社、人民出版社 2016 年版，第 29—30 页。

③《习近平谈治国理政》第一卷，北京：外文出版社 2018 年版，第 93 页。

践中不断得以完善和发展，“使具有5000多年文明历史的中华民族全面迈向现代化，让中华文明在现代化进程中焕发出新的蓬勃生机”[①]。经济建设成就显著，民主政治进一步发展，法律体系逐步完善，社会主义文化实现大发展和大繁荣，社会保障体系日益完善，生态文明建设大力推进，国际地位不断提升。这些事实证明，中国特色社会主义制度具有强大生命力，中国特色社会主义制度是符合中国国情、保障中国社会进步和发展的制度。

制度自信源于雄厚的历史根基。习近平把制度自信放在宏大的、多维的历史视野中去考察。一是中华民族几千年的历史维度。习近平指出：“站立在960万平方公里的广袤土地上，吸吮着中华民族漫长奋斗积累的文化养分，拥有13亿中国人民聚合的磅礴之力，我们走自己的路，具有无比广阔的舞台，具有无比深厚的历史底蕴，具有无比强大的前进定力。”[②]二是社会主义历史的维度。习近平系统回顾和梳理了中国特色社会主义制度的历史渊源和发展历程，强调世界社会主义五百年的历史告诉我们，中国特色社会主义制度是科学社会主义理论逻辑和中国社会发展历史逻辑的有机统一，是历史的结论和人民的选择。三是中国社会主义建设历史的维度。中国特色社会主义制度是一代又一代中国共产党人在历经艰难曲折的奋斗过程中，是人民群众在创造历史的伟大实践中取得的根本成就。

制度自信源于制度的巨大优势。习近平不仅强调中国发展要顺应世界大势，把握时代脉搏，而且始终站在世界的高度观察中国，思考中国。习近平指出：“中国特色社会主义在解放和发展社会生产力、解放和增强社会活力、促进人的全面发展上比资本主义制度更有效率，更能激发全体人民的积极性、主动性、创造性，更能为社会发展提供有利条件，更能在竞争中赢得比较优势”[③]。谈到中国特色的新型政党制度时，他指出中国政党制度能够真实、广泛、持久代表和实现最广大人民

① 习近平：《在庆祝中国共产党成立95周年大会上的讲话》，《人民日报》2016年7月2日，第2版。

②《习近平总书记系列重要讲话读本》，北京：学习出版社、人民出版社2016年版，第39页。

③《习近平谈治国理政》第一卷，北京：外文出版社2018年版，第93页。

根本利益、全国各族各界根本利益，有效避免了旧式政党制度代表少数人、少数利益集团的弊端；能够把各个政党和无党派人士紧密团结起来、为着共同目标而奋斗，有效避免了一党缺乏监督或者多党轮流坐庄、恶性竞争的弊端；能够通过制度化、程序化、规范化的安排集中各种意见和建议、推动决策科学化民主化，有效避免了旧式政党制度囿于党派利益、阶级利益、区域和集团利益决策施政导致社会撕裂的弊端。①

第三，坚定制度自信，不是要固步自封，而是要不断革除体制机制弊端。制度自信不是制度迷信、不是制度盲目崇尚，而是一个开放的、发展的历程，是学习和借鉴人类制度文明成果，不断根据实践和时代诉求创新和完善的过程。习近平明确指出："坚定制度自信，不是要固步自封，而是要不断革除体制机制弊端，让中国特色社会主义制度成熟而持久。"② 他还对当前制度建设中面临的深层次问题有清醒的认识。他指出："中国改革经过30多年，已进入深水区，可以说，容易的、皆大欢喜的改革已经完成了，好吃的肉都吃掉了，剩下的都是难啃的硬骨头。"③ 比如，社会建设制度和生态文明建设制度相对落后；制度体系还缺乏系统性、耦合性；制度环境建设仍需不断加强；与制度需求相比，还存在制度的缺失、滞后、失灵的问题，存在制度贯彻和落实不力的问题。

坚定制度自信，不能以为我国的政治制度就是完美无缺的，而是"要把坚定制度自信和不断改革创新统一起来，在坚持根本政治制度、基本政治制度的基础上，不断推进制度体系完善和发展"④。只有这样，制度自信才能更为彻底和久远。习近平指出："我们的主要历史任务是完善和发展中国特色社会主义制度，为党和国家事业发展、为人民幸福安康、为社会和谐稳定、为国家长治久安提供一整套更完备、更稳定、更

---

①《习近平在看望参加政协会议的民盟致公党无党派人士侨联界委员时强调　坚持多党合作发展社会主义民主政治　为决胜全面建成小康社会而团结奋斗》，《人民日报》2018年3月5日，第1版。

②《习近平总书记系列重要讲话读本》，北京：学习出版社、人民出版社2016年版，第75—76页。

③ 同上书，第70页。

④《十八大以来重要文献选编》中，北京：中央文献出版社2016年版，第62页。

管用的制度体系。”[①] 为了实现这个目标，必须全面深化改革，不断革除体制机制弊端，推进中国特色社会主义制度更加成熟、更加定型，将制度优势转化为管理国家事务的实际效能，推进国家治理体系和治理能力现代化。

（三）不断完善和发展中国特色社会主义制度

中国特色社会主义制度建设在实践中取得了巨大成就，全国各族人民对中国特色社会主义制度的信心更加坚定，但这并不意味着已经尽善尽美，已经成熟定型，它仍然需要在实践中不断完善和发展，从而更好地发挥中国特色社会主义制度优势，推进国家治理体系和治理能力现代化。

第一，在改革开放实践中完善和发展中国特色社会主义制度。中华人民共和国成立以来尤其是改革开放 40 年来，全国各族人民在中国共产党的领导下，不断深化对人类社会发展规律、社会主义建设规律和共产党执政规律的认识，用制度的形式把在实践中积累的成功经验和成熟做法固定下来，逐步确立了中国特色社会主义制度，为中国特色社会主义事业的发展提供了有力保障。“我们对社会主义的认识，对中国特色社会主义规律的把握，已经达到了一个前所未有的新的高度，这一点不容置疑。同时，也要看到，我国社会主义还处在初级阶段，我们还面临很多没有弄清楚的问题和待解的难题，对许多重大问题的认识和处理都还处在不断深化的过程之中，这一点也不容置疑。对事物的认识是需要一个过程的，而对社会主义这个我们只搞了几十年的东西，我们的认识和把握也还是非常有限的，还需要在实践中不断深化和发展。”[②] 习近平指出，我们过去取得的实践和理论成果，能够帮助我们更好面对和解决前进中的问题，但不能成为我们骄傲自满的理由，更不能成为我们继续前进的包袱。“我们的事业越前进、越发展，新情况新问题就会越多，面临的风险和挑战就会越多，面对的不可预料的事情就会越多。”[③] 因此，需要

①《习近平关于社会主义政治建设论述摘编》，北京：中央文献出版社 2017 年版，第 7 页。
②《十八大以来重要文献选编》上，北京：中央文献出版社 2014 年版，第 114 页。
③《十八大以来重要文献选编》上，北京：中央文献出版社 2014 年版，第 114—115 页。

根据时代变化和实践的发展不断完善和发展中国特色社会主义制度。

完善和发展中国特色社会主义制度是制度自身建设的需要。同任何事物的发展都需要经历一个过程一样，中国特色社会主义制度的完善和发展也需要一个长期的历史过程。邓小平 1992 年初在南方谈话中曾经指出："恐怕再有三十年的时间，我们才会在各方面形成一整套更加成熟、更加定型的制度。在这个制度下的方针、政策，也将更加定型化。"① 习近平也指出："应该看到，中国特色社会主义制度是特色鲜明、富有效率的，但还不是尽善尽美、成熟定型的。"② 在谈到我国民主政治建设方面的现状时，他明确指出："我们一直认为，我们的民主法治建设同扩大人民民主和经济社会发展的要求还不完全适应，社会主义民主政治的体制、机制、程序、规范以及具体运行上还存在不完善的地方，在保障人民民主权利、发挥人民创造精神方面也还存在一些不足，必须继续加以完善。"③ 为了克服这些不足，"要坚持以实践基础上的理论创新推动制度创新，坚持和完善现有制度，从实际出发，及时制定一些新的制度"④，通过制度革新加快构建系统完备、科学规范、运行有效的中国特色社会主义制度体系，为全面建成小康社会和全面开启社会主义现代化新征程提供更加有效的制度保障。

第二，完善和发展中国特色社会主义制度要坚持历史和现实的统一。习近平指出："设计和发展国家政治制度，必须注重历史和现实、理论和实践、形式和内容有机统一。"⑤ 要扎根于中国土壤，立足于现实国情，把握长期形成的历史传统和文化传承，结合走过的发展道路、积累的实践经验，并以解决现实问题为导向，坚持和发展中国特色社会主义制度。

完善和发展中国特色社会主义制度不能割断历史。历史不能任意选择，一个民族的历史是一个民族安身立命的基础。"不忘历史才能开

①《邓小平文选》第三卷，北京：人民出版社 1993 年版，第 372 页。

②《十八大以来重要文献选编》上，北京：中央文献出版社 2014 年版，第 75 页。

③《十八大以来重要文献选编》中，北京：中央文献出版社 2016 年版，第 62 页。

④《十八大以来重要文献选编》上，北京：中央文献出版社 2014 年版，第 76 页。

⑤《十八大以来重要文献选编》中，北京：中央文献出版社 2016 年版，第 59 页。

辟未来，善于继承才能善于创新。”[1] 完善和发展中国特色社会主义制度，必须坚持前人探索的正确成果，如人民民主专政的政权性质、人民代表大会的根本政治制度、中国共产党领导的多党合作和政治协商制度、民族区域自治制度等，这些都是完善和发展中国特色社会主义制度过程中须臾不可偏离的东西。即使前人在探索中的历史教训，也是一笔宝贵的财富，对完善和发展中国特色社会主义制度同样具有重要的借鉴意义。因此，“一切向前走，都不能忘记走过的路；走得再远、走到再光辉的未来，也不能忘记走过的过去。”[2]

完善和发展中国特色社会主义制度必须着眼于不断变化发展的现实。实践在发展，时代在进步，社会结构在调整，人民群众的需求在变化，新情况、新问题层出不穷。完善和发展中国特色社会主义制度，需要在坚持科学社会主义基本原则和被实践证明了的正确的制度、体制、机制基础上，清醒认识和深刻把握世情、国情、党情的变与不变，“以我国改革开放和现代化建设的实际问题、以我们正在做的事情为中心，着眼于马克思主义理论的运用，着眼于对实际问题的理论思考”[3]，在实践发展和理论创新的基础上，坚持发展的观点，不断推进制度创新。

第三，在制度文明学习互鉴中完善和发展中国特色社会主义制度。习近平指出，和而不同是一切事物发生发展的规律。世界上有 200 多个国家和地区，每个国家和地区的人民都确立了各具特色的社会制度，为丰富多彩的人类文明作出了自己的贡献。为了更好完善和发展中国特色社会主义制度，我们应借鉴和吸收人类制度文明的成果。

独立自主地学习借鉴制度文明成果，但决不搞制度“输入”。习近平指出，丰富多彩的人类文明都有自己存在的价值，包括制度文明在内的“每一个国家和民族的文明都扎根于本国本民族的土壤之中，都有自己的本色、长处、优点。”[4] 文明因交流而多彩，文明因互鉴而丰富。对于他国在制度建设方面好的经验和做法，我们应在保持本国制度特色

---

①《习近平谈治国理政》第二卷，北京：人民出版社 2017 年版，第 313 页。

②《十八大以来重要文献选编》上，北京：中央文献出版社 2014 年版，第 695 页。

③ 同上书，第 114 页。

④ 习近平：《在纪念孔子诞辰 2565 周年国际学术研讨会暨国际儒学联合会第五届会员大会开幕式上的讲话》，北京：人民出版社 2014 年版，第 8 页。

的基础上结合本国国情积极学习、借鉴，但决不照抄照搬别国制度，决不搞制度“输入”。“橘生淮南则为橘，生于淮北则为枳。”鞋子合不合脚，自己穿了才知道。习近平用这样的典故和形象比喻说明了，对于一个国家的制度来说，只有适合自己的才是最好的。“对丰富多彩的世界，我们应该秉持兼容并蓄的态度，虚心学习他人的好东西，在独立自主的立场上把他人的好东西加以消化吸收，化成我们自己的好东西，但决不能囫囵吞枣、决不能邯郸学步。照抄照搬他国的政治制度行不通，会水土不服，会画虎不成反类犬，甚至会把国家前途命运葬送掉。只有扎根本国土壤、汲取充沛养分的制度，才最可靠、也最管用。”① 他还强调：“我们治国理政的本根，就是中国共产党领导和社会主义制度。我们思想上必须十分明确，推进国家治理体系和治理能力现代化，绝不是西方化、资本主义化！”②

积极为人类探索更好的社会制度提供中国方案，正如我们反对别国将本国制度强加给我国、反对别国搞制度“输出”一样，我们决不将本国制度强加给他国，决不对他国进行制度“输出”。中国特色社会主义制度确立以来，在实践中取得了巨大成功，对广大与中国具有相似国情的国家具有借鉴作用，为丰富人类制度文明成果作出了重要贡献。“我们要坚信，中国特色社会主义制度是当代中国发展进步的根本制度保障，是具有鲜明中国特色、明显制度优势、强大自我完善能力的先进制度。”“中国共产党人和中国人民完全有信心为人类对更好社会制度的探索提供中国方案。”③ 完善和发展中国特色社会主义制度，就是到 2020 年全面建成小康社会之时，使中国特色社会主义制度成熟定型，为党和国家事业发展、为人民幸福安康、为社会和谐稳定、为国家长治久安提供一整套更完备、更稳定、更管用的制度体系。

（原载《马克思主义理论学科研究》2018 年第 2 期）

①《十八大以来重要文献选编》中，北京：中央文献出版社 2016 年版，第 60 页。

②《习近平关于社会主义政治建设论述摘编》，北京：中央文献出版社 2017 年版，第 8 页。

③ 习近平：《在庆祝中国共产党成立 95 周年大会上的讲话》，《人民日报》2016 年 7 月 2 日，第 2 版。

五

中国共产党百年制度建构的基本逻辑

2019年10月召开的中共十九届四中全会聚焦“坚持和完善中国特色社会主义制度、推进国家治理体系和治理能力现代化”这一主题，为新时代中国特色社会主义制度的完善和发展指明了方向。“中国特色社会主义制度是党和人民在长期实践探索中形成的科学制度体系”[①]，具有深刻的理论逻辑、历史逻辑和实践逻辑。习近平在中共十九届四中全会召开之前、中共中央政治局就“新中国国家制度和法律制度的形成和发展”举行集体学习时强调，中国特色社会主义制度“是人类制度文明史上的伟大创造”[②]。分析和研究中国共产党百年制度建构的基本逻辑，对于坚持和完善中国特色社会主义制度，推进国家治理体系和治理能力现代化，具有重要的理论意义和现实意义。

（一）理论逻辑：马克思主义国家学说的中国化奠定制度理论之基

马克思主义认为，国家是相对于市民社会而言的一种存在，是阶级矛盾不可调和的产物。恩格斯指出，国家是在社会陷入“不可解决的自我矛盾”之后产生的“一种表面上凌驾于社会之上的力量”。他把这种“从社会中产生但又自居于社会之上并且日益同社会相异化的力量”称之为“国家”[③]。作为马克思主义政党，马克思主义对国家内在本质的深

①《中国共产党第十九届中央委员会第四次全体会议文件汇编》，北京：人民出版社2019年版，第3页。

② 习近平：《坚持、完善和发展中国特色社会主义国家制度与法律制度》，《求是》2019年第23期。

③《马克思恩格斯选集》第4卷，北京：人民出版社2012年版，第187页。

刻分析，是中国共产党人批判和摧毁旧社会的国家机器，建构新的、社会主义的国家制度的理论起点和思想源头。从理论层面看，中国共产党制度建构的历史进程也是马克思主义国家学说中国化的进程，主要体现在以下几个方面。

1．人民民主专政的国体源于无产阶级专政理论的中国化

无产阶级专政理论是马克思主义国家学说的重要组成部分。在《1848 至 1850 年的法兰西阶级斗争》一文中，马克思第一次提出“无产阶级的专政”这个概念[①]。恩格斯在《1891 年社会民主党纲领草案批判》中指出：“我们的党和工人阶级只有在民主共和国这种形式下，才能取得统治。民主共和国甚至是无产阶级专政的特殊形式”[②]。在马克思恩格斯所处的年代，虽然国际无产阶级已经为争取建立无产阶级专政做出了一些努力，但是真正意义上的无产阶级专政的国家政权还没有建立，相关政治思想也未能付诸实践。俄国十月革命胜利后，世界上第一个无产阶级专政的国家建立起来，列宁发展了马克思主义的无产阶级专政理论。《国家与革命》是列宁系统阐述马克思主义国家学说、无产阶级专政理论的重要著作。列宁深刻指出：“只有承认阶级斗争、同时也承认无产阶级专政的人，才是马克思主义者。”[③]列宁还阐述了民主与专政的关系问题，他指出：“无产阶级专政，向共产主义过渡的时期，将第一次提供人民享受的、大多数人享受的民主，同时对少数人即剥削者实行必要的镇压。”[④]同时，列宁认为，无产阶级专政在俄国的表现形式“就是实行无产阶级专政的苏维埃制度”[⑤]。

近代中国社会并不是一个资本主义国家、也不是一个独立的民主的国家，而是一个半殖民地半封建国家。这决定了中国革命的发展进程与具体道路，乃至革命胜利后建立的无产阶级政权都具有特殊性。以毛泽东为主要代表的中国共产党人在实践中形成了中国革命必须分为新民主主义革命和社会主义革命两步走的基本思路，并逐步形成了人民民主专

①《马克思恩格斯全集》第十卷，北京：人民出版社 1998 年版，第 220 页。

②《马克思恩格斯文集》第四卷，北京：人民出版社 2009 年版，第 415 页。

③《列宁选集》第三卷，北京：人民出版社 2012 年版，第 139 页。

④ 同上书，第 191—192 页。

⑤《列宁全集》第三十五卷，北京：人民出版社 2017 年版，第 483 页。

政的思想。早在延安时期，毛泽东就曾指出，中国革命的目的就是“打倒帝国主义和封建主义，建立一个人民民主的共和国”[①]。在《新民主主义论》中，毛泽东进一步指出，“建设一个中华民族的新社会和新国家”[②]。他指出：“现在所要建立的中华民主共和国，只能是在无产阶级领导下的一切反帝反封建的人们联合专政的民主共和国，这就是新民主主义的共和国”[③]。在中共七大上，毛泽东提出，“建立一个以全国绝对大多数人民为基础而在工人阶级领导之下的统一战线的民主联盟的国家制度”[④]。随着解放战争的胜利推进，中国共产党关于革命胜利后无产阶级专政的思想也在不断深化。解放战争胜利前夕，在1948年中共中央政治局会议的报告中，毛泽东就指出：“我们政权的阶级性是这样：无产阶级领导的，以工农联盟为基础，但不是仅仅工农，还有资产阶级民主分子参加的人民民主专政。”[⑤]毛泽东还说：“人民民主专政的国家，是以人民代表会议产生的政府来代表它的。”[⑥]这为后来人民民主专政概念内涵的形成与深化奠定了理论基础。在中共七届二中全会的报告中，毛泽东明确提出了“无产阶级领导的以工农联盟为基础的人民民主专政”[⑦]这一概念：“总结我们的经验，集中到一点，就是工人阶级（经过共产党）领导的以工农联盟为基础的人民民主专政。这个专政必须和国际革命力量团结一致。这就是我们的公式，这就是我们的主要经验，这就是我们的主要纲领”[⑧]，体现了新中国成立前夕中国共产党对无产阶级专政问题的深刻认识。新中国成立后，人民民主专政得到了法理层面的确认。《共同纲领》确立了“人民民主专政”的国体[⑨]。1954年宪法对此再次予以明确[⑩]。社会主义改造完成后，我国顺利实现了由新民主主义向社会主义的

①《毛泽东选集》第二卷，北京：人民出版社1991年版，第563页。
② 同上书，第663页。
③ 同上书，第675页。
④《毛泽东选集》第三卷，北京：人民出版社1991年版，第1056页。
⑤《毛泽东文集》第五卷，北京：人民出版社1996年版，第135页。
⑥ 同上书，第136页。
⑦《毛泽东选集》第四卷，北京：人民出版社1991年版，第1436页。
⑧ 同上书，第1480页。
⑨《建国以来重要文献选编》第1册，北京：中央文献出版社2011年版，第2页。
⑩《建国以来重要文献选编》第5册，北京：中央文献出版社2011年版，第450—451页。

过渡，但是人民民主专政仍然作为国体继续沿用，这既符合我国“工农联盟”的特殊国情，也有利于社会主义社会的和谐稳定。

2. 党和国家的根本组织原则源于民主集中制理论的中国化

马克思主义认为，民主集中制是无产阶级政党的根本组织原则。马克思恩格斯虽然没有明确提出“民主集中制”这个概念，但却在组织和开展无产阶级斗争的过程中体现出了民主集中制的一些理念。列宁在此基础之上，提出了民主集中制的理论，并将其贯彻到俄国无产阶级政党的建设中。1905 年，“民主集中制”一词第一次见诸俄国社会民主工党的文件中。[①] 1906 年，列宁在《提交俄国社会民主工党统一代表大会的策略纲领》中提出，“党内民主集中制的原则是现在一致公认的原则”[②]。在俄国革命的实践中，列宁强调无产阶级政党组织的重要性，也高度强调党内民主的重要性。民主集中制原则是列宁无产阶级政党思想的重要组成部分，也是俄国无产阶级政党的重要组织特征。

中国共产党将民主集中制贯穿进党的组织建设中。1927 年 6 月 1 日中共中央政治局会议议决案指出：“党部的指导原则为民主集中制。”[③] 这是中共首次在党内文件中以文字形式明确民主集中制的原则。次年在莫斯科召开的中共六大进一步提出：要“实行真正的民主集中制”，“秘密条件之下尽可能的保证党内的民主主义；实行集体的讨论和集体的决定主要问题；同时反对极端民主主义的倾向”[④]。同时，中共六大还第一次阐述了民主集中制原则的内涵，提出了“民主集中制的根本原则”[⑤]。此后，民主集中制在革命实践中得到了贯彻实行。毛泽东认为：“要党有力量，依靠实行党的民主集中制去发动全党的积极性。”[⑥] 实践证明，将集中与民主相结合使党的组织充满力量，又形成了良好的党内政治生态，

① 参见《苏联共产党代表大会、代表会议和中央全会决议汇编》第一分册，北京：人民出版社 1964 年版，第 119 页。

②《列宁全集》第 12 卷，北京：人民出版社 2017 年版，第 214 页。

③《建党以来重要文献选编（1921—1949）》第 4 册，北京：中央文献出版社 2011 年版，第 268 页。

④《建党以来重要文献选编（1921—1949）》第 5 册，北京：中央文献出版社 2011 年版，第 395 页。

⑤ 同上书，第 472 页。

⑥《毛泽东选集》第一卷，北京：人民出版社 1991 年版，第 278 页。

真正将中共锻造成为一个坚强有力的“先锋队”。毛泽东在中共七大上指出：“新民主主义的政权组织，应该采取民主集中制，由各级人民代表大会决定大政方针，选举政府。它是民主的，又是集中的，就是说，在民主基础上的集中，在集中指导下的民主。”① 七大党章明确了民主集中制的表述：“民主的集中制，即是在民主基础上的集中和在集中领导下的民主。”②

新中国成立后，中国共产党也将民主集中制的原则融入国家制度建设中，中国共产党始终将民主集中制作为党和国家的一项重要制度加以坚持和发展。1954 年宪法规定：“全国人民代表大会、地方各级人民代表大会和其他国家机关，一律实行民主集中制。”③ 新中国成立之初，邓小平也提出：“民主集中制是党和国家的最根本的制度，也是我们传统的制度。”④ 改革开放后，民主集中制作为根本性制度写入宪法当中。1982 年宪法规定：“中华人民共和国的国家机构实行民主集中制的原则。”⑤ 民主集中制是新中国政治制度建设的特色与优势。有学者提出，民主集中制是“中国模式”的最好表述，“这一制度在理论上不但具有现代性的民主主义属性，同时也具有基于中国历史文化的内生性变迁的特征，并且克服了后发巨型国家因普遍国家能力缺失而导致的组织化不足的结构性病理”⑥。2019 年 9 月 24 日，习近平在十九届中央政治局第十七次集体学习时指出：“民主集中制是我国国家组织形式和活动方式的基本原则，是我国国家制度的突出特点。”他认为民主集中制的主要优势体现在：“在党的领导下，各国家机关是一个统一整体，既合理分工，又密切协作，既充分发扬民主，又有效进行集中，克服了议而不决、决而不行、行而

①《建党以来重要文献选编（1921—1949）》第 22 册，北京：中央文献出版社 2011 年版，第 155 页。

② 同上书，第 538 页。

③《建国以来重要文献选编》第 5 册，北京：中央文献出版社 2011 年版，第 451 页。

④《邓小平文选》第一卷，北京：人民出版社 1994 年版，第 312 页。

⑤《十二大以来重要文献选编》上，北京：中央文献出版社 2011 年版，第 187 页。

⑥ 参见杨光斌、乔哲青：《论作为“中国模式”的民主集中制政体》，《政治学研究》2015 年第 6 期。

不实等不良现象，避免了相互掣肘、效率低下的弊端。”①

3. 中国共产党的领导核心地位源于无产阶级政党领导理论的中国化

马克思主义认为，无产阶级的革命与政权都离不开无产阶级先锋队——无产阶级政党的领导。《共产党宣言》指出：“在实践方面，共产党人是各国工人政党中最坚决的、始终起推动作用的部分；在理论方面，他们胜过其余无产阶级群众的地方在于他们了解无产阶级运动的条件、进程和一般结果。”② 在马克思恩格斯看来，共产党在无产阶级革命中要发挥先锋和引领的作用。列宁继承和发展了这一思想，认为必须由强有力的无产阶级政党来领导无产阶级革命，“无产阶级的自发斗争如果没有坚强的革命家组织的领导，就不能成为无产阶级的真正的‘阶级斗争’”③。列宁还认为，坚持共产党的领导是实现无产阶级专政的先决条件。他提出：“无产阶级专政是对旧社会的势力和传统进行的顽强斗争”，“没有铁一般的在斗争中锻炼出来的党，没有为本阶级一切正直的人们所信赖的党，没有善于考察群众情绪和影响群众情绪的党，要顺利地进行这种斗争是不可能的。”④ 1920 年，列宁再次指出：“我们的全部经验表明，这个事业十分重要，因此我们要重视承认党的领导作用问题，在讨论工作和组织建设的时候，决不能忽视这一点。”⑤ 党的领导是俄国革命得以胜利、社会主义政权得以建立的重要保障。

中国共产党自成立起就强调党对革命斗争的领导，并在实践中逐渐形成了党的领导制度体系。1925 年，毛泽东在《中国社会各阶级的分析》一文中指出：“革命党是群众的向导，在革命中未有革命党领错了路而革命不失败的。”⑥ 在这里，毛泽东强调了革命党对革命前进方向的引领作用。中国共产党人不断加强党的自身建设，在实践中极大增强了中国共产党对中国革命的领导能力，丰富和发展了无产阶级政党领导的理

① 习近平：《坚持、完善和发展中国特色社会主义国家制度与法律制度》，《求是》2019 年第 23 期。

②《马克思恩格斯选集》第一卷，北京：人民出版社 2012 年版，第 413 页。

③《列宁选集》第一卷，北京：人民出版社 2012 年版，第 414 页。

④《列宁选集》第四卷，北京：人民出版社 2012 年版，第 154—155 页。

⑤ 同上书，第 304—305 页。

⑥《毛泽东选集》第一卷，北京：人民出版社 1991 年版，第 3 页。

论。毛泽东认为："要取得中国民主革命的胜利，必须要有共产党的领导。"[①] 在中共七大上，毛泽东系统阐述了他对无产阶级政党领导的思想。他指出："所谓无产阶级领导，就是共产党领导。"他认为，共产党就是"无产阶级里头出了那样一部分比较先进的人，组织成一个政治性质的团体"[②]。在这次讲话中，毛泽东通过总结中国革命的历史教训，批判了放弃无产阶级领导权的观点，他强调："所谓领导权，你总要有一个东西去领导，有被领导者才有领导者，有被领导才发生领导的问题。"[③] 新民主主义革命之所以能够取得胜利，根本原因就在于坚持共产党的领导。

新中国成立后，中国共产党带领中国人民实现了由新民主主义向社会主义的转变。1957 年 5 月，毛泽东在一次讲话时指出："中国共产党是全中国人民的领导核心。没有这样一个核心，社会主义事业就不能胜利。"[④] 改革开放后，针对社会上一些否定党的领导、否定社会主义的声音，邓小平坚定指出："中国没有共产党的领导、不搞社会主义是没有前途的。这个道理已经得到证明，将来还会得到证明。"[⑤] 在谈到社会主义制度的优越性问题时，邓小平还强调："共产党的领导就是我们的优越性。"[⑥] 实践证明，办好中国的事情，关键在党。20 世纪 80 年代末，面对国内一些错误思潮的泛滥，江泽民旗帜鲜明地提出："要加强党的领导，发挥我们的政治优势。"[⑦] 胡锦涛也曾提出："要坚持发挥党总揽全局、协调各方的领导核心作用，提高党科学执政、民主执政、依法执政水平，保证党领导人民有效治理国家。"[⑧] 回望中国共产党的百年历史进程，正是我们始终坚持中国共产党的领导，中国革命、建设和改革事业才能够始终蓬勃向上。习近平指出："中国特色社会主义最本质的特征是中国共产党领导，中国特色社会主义制度的最大优势是中国共产党领导。"[⑨]

①《毛泽东文集》第三卷，北京：人民出版社 1996 年版，第 59 页。
② 同上书，第 305 页。
③ 同上书，第 308 页。
④《毛泽东文集》第七卷，北京：人民出版社 1999 年版，第 303 页。
⑤《邓小平文选》第三卷，北京：人民出版社 1993 年版，第 195 页。
⑥ 同上书，第 256 页。
⑦《江泽民文选》第一卷，北京：人民出版社 2006 年版，第 46 页。
⑧《胡锦涛文选》第三卷，北京：人民出版社 2016 年版，第 538 页。
⑨《十八大以来重要文献选编》下，北京：中央文献出版社 2018 年版，第 355 页。

4. 马克思主义在意识形态的指导地位源于无产阶级意识形态理论的中国化

马克思主义是无产阶级政党进行革命斗争的重要遵循。马克思恩格斯亲身参与革命斗争，并在无产阶级阵营内部针对错误思想进行了一次又一次激烈的论战，形成了马克思主义的科学理论。恩格斯指出：“工人比起资产阶级来，说的是另一种方言，有不同的思想和观念，不同的习俗和道德原则，不同的宗教和政治。”[①]在这里，恩格斯强调的是无产阶级和资产阶级在意识形态上的差别。作为俄国无产阶级的领导者，列宁指出：“马克思学说具有无限力量，就是因为它正确。”[②]列宁认为，革命理论对于革命政党而言是极为重要的，他指出：“没有革命理论，就不会有坚强的社会党，因为革命理论能使一切社会党人团结起来”，“我们决不把马克思的理论看做某种一成不变的和神圣不可侵犯的东西；恰恰相反，我们深信：它只是给一种科学奠定了基础，社会党人如果不愿落后于实际生活，就应当在各方面把这门科学推向前进。”[③]同时，他反对教条主义地对待马克思主义的做法，他指出：“应当时刻不忘我们的最终目的，随时进行宣传，保卫无产阶级的思想体系——科学社会主义学说，也就是马克思主义——不被歪曲，并使之继续发展。”[④]马克思恩格斯指出：“统治阶级的思想在每一时代都是占统治地位的思想。”“支配着物质生产资料的阶级，同时也支配着精神生产资料，因此，那些没有精神生产资料的人的思想，一般地是隶属于这个阶级的。”[⑤]中国共产党是马克思列宁主义武装起来的政党，自觉重视马克思主义的意识形态作用。毛泽东指出：“既要革命，就要有一个革命党。没有一个革命的党，没有一个按照马克思列宁主义的革命理论和革命风格建立起来的革命党，就不可能领导工人阶级和广大人民群众战胜帝国主义及其走狗。”[⑥]新中国成立后，毛泽东庄严宣告：“领导我们事业的核心力量是中国共产党。”“指

①《马克思恩格斯文集》第一卷，北京：人民出版社2009年版，第437—438页。
②《列宁选集》第二卷，北京：人民出版社2012年版，第309页。
③《列宁选集》第一卷，北京：人民出版社2012年版，第274页。
④《列宁专题文集·论马克思主义》，北京：人民出版社2009年版，第303页。
⑤《马克思恩格斯选集》第一卷，北京：人民出版社2012年版，第178页。
⑥《毛泽东选集》第四卷，北京：人民出版社1991年版，第1357页。

导我们思想的理论基础是马克思列宁主义。”[①]改革开放后，邓小平将“必须坚持马列主义、毛泽东思想”作为四项基本原则之一提出[②]，他指出：“我们坚持的和要当作行动指南的是马列主义、毛泽东思想的基本原理，或者说是由这些基本原理构成的科学体系。”[③]曾几何时，一些非马克思主义的思潮开始在社会上出现，甚至产生了资产阶级自由化的思潮，导致了严重的政治风波。对此，江泽民认为，要采取有效措施，“使马克思主义始终牢固地占领思想政治阵地，使各种唯心论、非马克思主义和反马克思主义的东西没有可乘之机”[④]。胡锦涛指出：“马克思主义是我们立党立国的根本指导思想。坚持和巩固马克思主义指导地位，是党和人民团结一致、始终沿着正确方向前进的根本思想保证。”[⑤]中共十八大以来，以习近平同志为核心的党中央高度重视马克思主义在意识形态领域的作用，习近平强调：“我们要立足中国，面向现代化、面向世界、面向未来，巩固马克思主义在意识形态领域的指导地位。”[⑥]中共十九届四中全会提出，“坚持马克思主义在意识形态领域指导地位的根本制度”[⑦]，以党和国家“根本制度”的形式对马克思主义在意识形态领域的指导地位予以确立和巩固。

（二）历史逻辑：中国共产党领导革命、建设和改革百年制度探索的一以贯之

近代以来，中华民族面对求得民族独立和人民解放、实现国家富强和人民共同富裕两大历史任务；中国革命胜利之后，“建设什么样的国家”“建立什么样的国家制度”是摆在中华民族和中国人民面前的历史性课题。中国共产党对国家制度的探索发端于革命时期，奠基于建设时

①《建国以来重要文献选编》第5册，北京：中央文献出版社2011年版，第400页。
②《邓小平文选》第二卷，北京：人民出版社1994年版，第165页。
③ 同上书，第171页。
④《江泽民文选》第二卷，北京：人民出版社2006年版，第362页。
⑤《十七大以来重要文献选编》上，北京：中央文献出版社2013年版，第796页。
⑥《十九大以来重要文献选编》上，北京：中央文献出版社2019年版，第430页。
⑦《中国共产党第十九届中央委员会第四次全体会议文件汇编》，北京：人民出版社2019年版，第43页。

期，完善于改革时期，是一个一以贯之的探索过程。

1. 中国共产党在民主革命时期就提出了关于未来国家制度的主张

中国共产党自成立之日起，就把实现共产主义作为自己的理想和追求，同时近代中国半殖民地半封建的社会现实也使中国共产党人深刻认识到，“想在旧制度范围内建立新社会的企图是无益的，即使我们试图这样做也是徒劳的”[①]。在领导中国人民开展革命斗争的过程中，党也在实践中思考未来国家制度建设的问题，进行建立无产阶级政权的探索。1931年6月，中共苏区中央局第一次全国苏维埃代表大会宣言指出：“苏维埃政权是无产阶级领导下的工农民主专政。”[②]明确了苏维埃政权的性质。同年11月通过的《中华苏维埃共和国宪法大纲》规定：“中国苏维埃政权所建设的是工人和农民的民主专政的国家。苏维埃全政权是属于工人、农民、红军兵士及一切劳苦民众的。”[③]同时规定：“中华苏维埃共和国之最高政权为全国工农兵会议（苏维埃）的大会”，“在苏维埃政权领域内的工人、农民、红军兵士及一切劳苦民众和他们的家属”，在苏维埃法律面前一律平等。[④]同时，这部宪法还对工农权利、中国境内少数民族等问题作出了明确规定。从中我们可以看到，早在民主革命时期中国共产党就将无产阶级专政、民主集中制以及无产阶级政党领导等思想融合进了政权建设的尝试之中。

新民主主义理论体现了中共对未来国家制度的设想。1939年至1940年，毛泽东分别发表了《中国革命与中国共产党》和《新民主主义论》两篇重要文章。在这两篇文章中，毛泽东系统阐发了他对革命胜利后国家制度建设的思考与设想。在《中国革命与中国共产党》中，毛泽东区分了中国革命的两个阶段，并提出：“中国革命的终极的前途，不是资本主义的，而是社会主义和共产主义的”[⑤]。《新民主主义论》是毛泽

①《建党以来重要文献选编（1921—1949）》第1册，北京：中央文献出版社2011年版，第23页。

②《建党以来重要文献选编（1921—1949）》第8册，北京：中央文献出版社2011年版，第440页。

③ 同上书，第649—650页。

④ 同上书，第650页。

⑤《毛泽东选集》第二卷，北京：人民出版社1991年版，第650页。

东新民主主义理论的系统阐发，在文中，毛泽东表达了“我们要建立一个新中国”的目标。[①] 对于理想中的“新民主主义共和国”，毛泽东设想：“一方面和旧形式的、欧美式的、资产阶级专政的、资本主义的共和国相区别”，“另一方面，也和苏联式的、无产阶级专政的、社会主义的共和国相区别”，所谓新民主主义共和国是“一定历史时期的形式”，是“过渡的形式”，但同时也是“不可移易的必要的形式”[②]。同时，对于未来国家的“国体”与“政体”，毛泽东也有自己的设想。毛泽东认为，新民主主义共和国的国体应该是“各革命阶级联合专政”，而政体则是“民主集中制”[③]。值得一提的是，虽然这一时期毛泽东所说的民主集中制政体与后来形成的人民代表大会制度政体在名称上略有不同，但是，在谈到政体问题时，毛泽东特别提到，“中国现在可以采取全国人民代表大会、省人民代表大会、县人民代表大会、区人民代表大会直到乡人民代表大会的系统，并由各级代表大会选举政府”[④]。这一思想与后来人民代表大会制度的建立有着内在关联。

中共七届二中全会是解放战争胜利前夕召开的一次极其重要的会议，也是中共规划“如何建设一个新世界”的一个节点。在这次会议上，毛泽东以“人民民主专政”代替了过去主张建立的“各革命阶级联合专政”。毛泽东认为，要“认真地团结全体工人阶级、全体农民阶级和广大的革命知识分子，这些是这个专政的领导力量和基础力量。没有这种团结，这个专政就不能巩固”。同时，还需要去尽可能地团结“能够同我们合作的城市小资产阶级和民族资产阶级的代表人物”[⑤]。这体现了中共对于新政权的基础问题有了更为清晰的思路。在《论人民民主专政》一文中，毛泽东指出了新政权的领导阶级、新政权在国际形势中的阵营等问题。毛泽东在回顾中国国民党一大宣言时指出：“只许为一般平民所共有、不许为资产阶级所私有的国家制度，如果加上工人阶级的领

①《毛泽东选集》第二卷，北京：人民出版社 1991 年版，第 663 页。
② 同上书，第 675 页。
③ 同上书，第 677 页。
④ 同上书，第 677 页。
⑤《毛泽东选集》第四卷，北京：人民出版社 1991 年版，第 1436—1437 页。

导，就是人民民主专政的国家制度了。”[①] 从某种意义上说，新民主主义革命的目的，就在于领导人民建立一套新民主主义进而转变为社会主义的国家制度。中国共产党在民主革命时期对未来国家制度问题的思考、认识与尝试，为新中国成立后国家制度的建构奠定了理论基础，也积累了宝贵经验。

2. 新中国成立后中国共产党建构了社会主义基本制度

新中国的成立标志着中国半殖民地半封建历史的结束，开启了一个全新的时代，一个真正的人民当家作主的政权建立起来，“中国人民由被压迫的地位变成为新社会新国家的主人”[②]。新中国成立后，中国共产党便着手开始领导新中国的制度建设。

一是明确新中国的“国体”与“政体”。1949 年 9 月，中国人民政治协商会议召开。这次会议明确“以新民主主义即人民民主主义为中华人民共和国建国的政治基础”[③]。《共同纲领》载明：“中华人民共和国为新民主主义即人民民主主义的国家，实行工人阶级领导的，以工农联盟为基础的、团结各民主阶级和国内各民族的人民民主专政。”[④] 明确了新中国的国体问题。相比中共六大提出的“工农联合”专政[⑤] 与民主革命时期毛泽东提出的“各革命阶级联合专政”，《共同纲领》对于新中国国体的概括更加适应新中国成立时国内的政治环境，更有利于凝聚和团结最广大的政治力量。毛泽东关于新中国政体的认识在《新民主主义论》中就有表达，他认为，政体“是指的政权构成的形式问题，指的一定的社会阶级取何种形式去组织那反对敌人保护自己的政权机关。没有适当形式的政权机关，就不能代表国家”[⑥]。按照毛泽东的观点，“政权机关”是决定“政体”的关键。《共同纲领》指出：“人民行使国家政权的机关为各级人民代表大会和各级人民政府。”“国家最高政权机关为全国人民代

①《毛泽东选集》第四卷，北京：人民出版社 1991 年版，第 1478 页。

②《建国以来重要文献选编》第 1 册，北京：中央文献出版社 2011 年版，第 1 页。

③ 同上书，第 1 页。

④ 同上书，第 2 页。

⑤《建党以来重要文献选编（1921—1949）》第 5 册，北京：中央文献出版社 2011 年版，第 710 页。

⑥《毛泽东选集》第二卷，北京：人民出版社 1991 年版，第 677 页。

表大会。”[①]与国体的确立方式不同，人民代表大会并未在新中国成立时就立刻召开，而是经历了从政协代行人大职权再过渡到人民代表大会制度的过程。“国体”与“政体”的确立，为新中国的制度体系奠定了坚实的基础。

二是确立社会主义经济基础，形成以公有制经济为主体的经济体制。《共同纲领》规定，新中国经济建设的根本方针“是以公私兼顾、劳资两利、城乡互助、内外交流的政策，达到发展生产、繁荣经济之目的”[②]。新中国成立后，中共并未立刻着手向社会主义过渡，而是将从1949年新中国成立到社会主义改造基本完成这段时间作为一个过渡时期。在过渡时期，社会主义性质、半社会主义性质、国家资本主义性质以及私营经济并行存在，公有制尚未取得在城市和农村中的主体地位。1953年，随着新中国国民经济基本恢复，国内因内战而导致的混乱局面基本稳定，中国共产党适时提出了向社会主义过渡的总路线，“要在一个相当长的时期内，逐步实现国家的社会主义工业化，并逐步实现国家对农业、对手工业和对资本主义工商业的社会主义改造”[③]。从1953年起，中国共产党引导个体农业、手工业走上合作化道路，通过和平赎买的方式实现了对资本主义工商业的社会主义改造，实现了新中国生产资料所有制由私人所有向社会主义公有的转变，形成了以公有制为主体的经济体制，确立了社会主义制度的经济基础。

三是建立新中国基本政治制度。新中国成立后，建立一套什么样的国家政治制度运行体系，同样是摆在中国共产党面前的历史性课题。抗战结束后，国共两党及各民主党派曾在重庆召开过政治协商会议。虽然“旧政协”也曾形成了关于和平建国、民主改革的一些协议，得到各党派、社会团体以及全国人民的拥护和支持，但是国民党的破坏与阻碍，使得政协所确定的协议最终都变成了一纸空文，没能付诸实施。1948年5月，中国共产党向全国人民提议召开新的政治协商会议，并迅速得到全国各界的广泛响应。1949年6月，新政协筹备会召开，毛泽东在会上

①《建国以来重要文献选编》第1册，北京：中央文献出版社2011年版，第3页。
② 同上书，第6页。
③《建国以来重要文献选编》第4册，北京：中央文献出版社2011年版，第602页。

宣告:“我们召集新的政治协商会议成立民主联合政府的一切条件，均已成熟。”① 1949 年 9 月中国人民政治协商会议第一届全国委员会第一次会议召开，会议通过的《共同纲领》明确:“中国人民政治协商会议为人民民主统一战线的组织形式。”② 1954 年，随着一届全国人大一次会议召开，一届全国政协执行全国人大职权的任务也宣告结束。同年 12 月，全国政协二届一次会议召开，这次会议通过新的《中国人民政治协商会议章程》载明，中国人民政治协商会议是“团结全国各民族、各民主阶级、各民主党派、各人民团体、国外华侨和其他爱国民主人士的人民民主统一战线的组织”③。这为中国共产党领导的多党合作和政治协商制度的确立奠定了坚实的基础。早在 1947 年，中国共产党就已领导建立了内蒙古自治政府，这是中国共产党领导建立的第一个民族自治地区。按照《共同纲领》的规定，1952 年《民族区域自治实施纲要》颁行，全国一些地区先后建立起民族自治地方。1954 年宪法更是明确了自治区、自治州、自治县的三级民族自治地区行政规划，并规定在县以下的少数民族聚居区设置民族乡。④ 此后，新疆维吾尔自治区、广西壮族自治区、宁夏回族自治区与西藏自治区先后建立，民族区域自治制度成为新中国的一项基本政治制度。

四是颁行一系列法律法规，建立社会主义法律体系。建立新型的法律体系是中国共产党关于政权建设的重要组成部分。1949 年 1 月，毛泽东在《关于时局的声明》中提出了八项和谈条件，其中就包括“废除伪宪法”和“废除伪法统”⑤。新中国成立前夕召开的一届全国政协就通过了包括《共同纲领》《中国人民政治协商会议组织法》《中华人民共和国中央人民政府组织法》这三个奠基性的法律文件。新中国成立后，在中国共产党领导下，《土地改革法》《婚姻法》等一系列法律法规先后颁行，涉及人民生产生活的方方面面，更为恢复和发展国民经济、开展广泛而深刻的社会建设提供了法律保障。1954 年 9 月，一届全国人大一次会议

①《毛泽东选集》第四卷，北京：人民出版社 1991 年版，第 1466 页。
②《建国以来重要文献选编》第 1 册，北京：中央文献出版社 2011 年版，第 4 页。
③《建国以来重要文献选编》第 5 册，北京：中央文献出版社 2011 年版，第 607 页。
④ 同上书，第 461 页。
⑤《毛泽东选集》第四卷，北京：人民出版社 1991 年版，第 1389 页。

通过并颁布了《中华人民共和国宪法》这部体现社会主义和人民民主两大原则的根本性法律文件。同时，《中华人民共和国全国人民代表大会组织法》《中华人民共和国国务院组织法》《中华人民共和国人民法院组织法》《中华人民共和国人民检察院组织法》等一系列法律文件也先后通过颁行。新中国成立初期的法律体系建设体现了中国共产党在全国执政初期的法律思维，为社会主义法制体系建设奠定了基础，更为依法治国提供了基本依据。

3. 改革开放后中国特色社会主义制度在实践中不断发展和完善

中共十一届三中全会摒弃了"以阶级斗争为纲"的口号，实现了政治上的拨乱反正，开启了社会主义现代化建设的新时期。改革开放四十多年来，中国共产党领导中国人民开辟了一条具有中国特色的发展道路。中国特色社会主义制度也在改革开放的伟大实践中不断完善和发展，形成了中国特色社会主义制度体系。

一是完成了国家各项制度的恢复和重建，改革党和国家领导制度。20 世纪 50 年代中后期中国社会主义建设过程中出现的"左"的错误严重破坏了新中国的制度建设成果，也给党和国家事业的发展带来了很大的危害。中共十一届三中全会后，"左"的错误得到了根本纠正，党也深刻认识到党和国家制度体系中存在的弊端和问题。在谈到"文化大革命"教训时，邓小平强调"要从制度方面解决问题"[①]。叶剑英指出："一个国家非有法律和制度不可。这种法律和制度要有稳定性、连续性。"[②] 1980 年，邓小平在《党和国家领导制度的改革》讲话中指出："不是说个人没有责任，而是说领导制度、组织制度问题更带有根本性、全局性、稳定性和长期性。"[③] 因此，改革开放后，恢复了一批党和国家组织领导机构，中央纪委、中央书记处、中央政治局与其常委会先后恢复建立；人民代表大会制度、中国共产党领导的多党合作和政治协商制度、民族区域自治制度也得到了恢复和发展。在此基础上，进行了党和国家领导制度的改革，废除了领导干部职务终身制，恢复了民主集中制的组织和

①《邓小平文选》第二卷，北京：人民出版社 1994 年版，第 348 页。
②《叶剑英选集》，北京：人民出版社 1996 年版，第 499 页。
③《三中全会以来重要文献选编》上，北京：中央文献出版社 2011 年版，第 454 页。

活动原则。国家各项制度的恢复和重建为中国特色社会主义制度体系的完善和发展奠定了基础。

二是形成了以公有制为主体、多种所有制经济共同发展，按劳分配为主体、多种分配方式并存，以及社会主义市场经济体制等社会主义基本经济制度。1956年完成的三大改造确立了生产资料公有制的经济基础，但是在所有制结构问题、经济体制问题等方面还存在一些尚未解决的问题，过分强调全民所有与集体经济，必然导致在社会主义建设过程中出现管得过多、统得过死等问题。20世纪50年代末期的“大跃进”和人民公社化运动就体现出在社会主义经济制度方面还缺乏建设经验。改革开放后，党对单一社会主义公有制模式进行了改革，逐步形成了以公有制为主体、多种所有制经济共同发展的模式，中共十五大将这一模式明确为“我国社会主义初级阶段的一项基本经济制度”①。改革开放后，邓小平明确表示：“贫穷不是社会主义，更不是共产主义。”②在发展社会生产力的过程中，中国共产党逐渐探索形成了以按劳分配为主体、多种分配方式并存的分配制度，这一制度也在中共十五大得到了明确。③同时，过去高度集中的计划经济体制也得到了改变，中国共产党在实践中建立了社会主义市场经济体制，实现了社会主义与市场经济的有机结合，体现了中国特色社会主义制度的创造性、灵活性，在实践中也彰显出其显著优势。党的十九届四中全会把这三方面的内容确立为社会主义基本经济制度，既体现了社会主义制度优越性，又同我国社会主义初级阶段生产力发展水平相适应，是党和人民的伟大创造。

三是在实践中完善和发展了中国特色社会主义政治制度。改革开放后，新中国成立初期所建立的根本政治制度、基本政治制度得到了恢复和重建。在此基础上，针对基层社会治理，中国共产党又创造了基层群众自治制度这一基本政治制度。1982年宪法规定：“城市和农村按居民居住地区设立的居民委员会或者村民委员会是基层群众性自治组织。”④

①《十五大以来重要文献选编》上，北京：中央文献出版社2011年版，第17页。
②《邓小平文选》第三卷，北京：人民出版社1993年版，第64页。
③《十五大以来重要文献选编》上，北京：中央文献出版社2011年版，第21页。
④《十二大以来重要文献选编》上，北京：中央文献出版社2011年版，第210页。

1989年和1993年《中华人民共和国城市居民委员会组织法》和《中华人民共和国村民委员会组织法》分别通过，为基层群众自治制度的运行提供了法制保障。早在新中国成立初期，中国共产党就曾有过和平解决台湾问题的设想。改革开放后，这一设想凝练成为“一个国家，两种制度”的基本国策，并率先在香港和澳门的回归问题上得到了实践。“一国两制”是中国共产党人的伟大政治创造，具有鲜明的中国特色，也体现出巨大的政治智慧。同时，改革开放后，中国共产党还提出了依法治国的基本方略，提出要“建设社会主义法治国家”①。中国特色社会主义法治体系也在改革开放的进程中得到了完善和发展。

（三）实践逻辑：植根于实现中华民族伟大复兴的历史进程

中国特色社会主义国家制度和法律制度是在长期实践探索中形成的，具有深厚的历史渊源与实践基础。当前，中华民族比以往任何历史时期都更加接近实现中华民族伟大复兴的宏伟目标，世界也正经历百年未有之大变局，在这样一个时间节点，我们需要从过去、现在与未来三个维度，正确认识中国特色社会主义制度的实践逻辑，在实践中坚持、完善和发展中国特色社会主义制度。

1. 中国革命、建设和改革是中国共产党制度建构的实践基础

“一个国家选择什么样的国家制度和国家治理体系，是由这个国家的历史文化、社会性质、经济发展水平决定的。”②近代以来，先进的国人曾针对制度问题进行过多种方案的尝试和探索，但无论是君主立宪制、议会制，还是多党制、总统制，最终都以失败告终。历史证明，这些从西方照搬照抄来的制度模式，并不符合近代中国实际，也注定不能解决近代中国所面临的历史任务。历史告诉我们，马克思主义的指导地位、社会主义制度和中国共产党的领导，不是从天上掉下来的，而是历史发展的必然，是中华民族和中国人民的选择。

中国特色社会主义制度形成和发展的实践基础就是中国共产党探索

①《十五大以来重要文献选编》上，北京：中央文献出版社2011年版，第16页。

② 习近平：《坚持和完善中国特色社会主义制度　推进国家治理体系和治理能力现代化》，《求是》2020年第1期。

中国道路的伟大实践。从源流上看，中国特色社会主义制度生发于新中国成立初期的制度探索、完善于改革开放的伟大实践，是几代中国共产党人接力探索的成果，是中国共产党探索中国道路的重要组成部分。

新中国成立后，中国共产党在探索社会主义建设道路的过程中，建立起社会主义基本制度，国体、政体、政党制度、民族区域自治制度均形成于这一时期的制度探索。新中国成立之初，中国共产党的制度探索为中国特色社会主义制度的形成和发展奠定了坚实的基础。虽然在新中国成立之初，中共曾一度效仿苏联建设社会主义，但在制度建设问题上，中共进行了许多符合中国国情的探索与尝试，从而为中国特色社会主义制度搭建起基本框架、确立了制度的四梁八柱。

20 世纪 50 年代末，社会主义建设遭受了挫折，严重影响了国家的制度建设和法治建设。改革开放后，随着党和国家各项工作的拨乱反正，中国特色社会主义制度得到了恢复和重建，并在此基础上进一步发展和完善，符合中国基层特点的“基层群众自治制度”、中国特色社会主义法律体系均在这一时期成型、完善。2011 年，胡锦涛在庆祝中国共产党成立 90 周年大会上第一次提出“中国特色社会主义制度”的概念。他指出：“中国特色社会主义制度，是当代中国发展进步的根本制度保障，集中体现了中国特色社会主义的特点和优势。”在这次讲话中，胡锦涛通过“根本政治制度”“基本政治制度”“中国特色社会主义法律体系”“基本经济制度”以及“具体制度”这几个概念系统总结了中国特色社会主义制度体系的基本层次。[①] 这一概念的提出是对新中国成立以来中国共产党探索社会主义国家制度建设经验的总结，体现了中国共产党对社会主义国家制度建设规律的认识又前进了一步，具有深刻的理论意义与实践意义。党的十九届四中全会明确了以根本制度、基本制度、重要制度为“四梁八柱”的中国特色社会主义制度体系，使中国特色社会主义制度体系的轮廓更加清晰。

2. 中国特色社会主义制度日益彰显出巨大优势

当今世界正经历百年未有之大变局，“大变局”意味着前所未有的

①《十七大以来重要文献选编》下，北京：中央文献出版社 2013 年版，第 436 页。

机遇，同时也意味着前所未有的风险和挑战。同时，越是在变局中，越是能够检验制度的优劣，越是能够检验制度是否适合一个国家的基本国情。新中国成立七十多年来，特别是改革开放四十多年来，中国共产党团结带领中国人民在实践中探索出了中国特色社会主义道路，形成具有中国特色的发展模式，指引着中国大踏步地赶上了时代。

但是，这条道路的探索并不是一帆风顺的，而是在克服各种艰难险阻的过程中不断向前推进的。在这些艰难险阻中，既有洪水、地震、疫病等来自自然的灾害，也有政治风波、意识形态渗透、军事威胁等人为产生的危机与挑战。但是无论面对什么样的风险与挑战，中国共产党领导创立的这一套制度体系，总能够化危为机，在风险和挑战中不断前进，在风险和挑战中彰显出中国特色社会主义制度的显著优势，更为世界上其他国家特别是广大发展中国家提供了一条实现国家富强的全新路径。

2020 年发生的新冠肺炎全球大流行是二战以来人类面临的最严峻的考验。以习近平同志为核心的党中央统揽全局、果断决策，以非常之举应对非常之事，领导中国人民打响了一场与疫情的人民战争、总体战、阻击战，广大人民群众积极投身疫情防控，社会各界群策群力，汇聚成了抗击疫情的强大力量，充分彰显了集中力量办大事的显著优势。新冠肺炎疫情是一次公共卫生危机，疫情暴露出的法治短板，更促使国家以更大气力加强相关领域法治建设，公共卫生领域成为了我国法治建设的重点，这彰显了依法治国切实保障社会公平和人民权利的显著优势。疫情肆虐期间，我国各地经济社会几乎都按下了“暂停键”，虽然经济遭到了巨大损失，但是中国共产党始终将人民群众的生命安全和身体健康放在第一位，各级党委和政府尽全力保障人民生产生活，彰显了保障和改善民生、增进人民福祉的显著优势，更体现出社会主义制度的核心价值取向。面对疫病的全球大流行，中国政府和中国人民积极参与全球疫情防控，为各国疫情防控工作贡献中国智慧与中国力量，更在国际舆论场上讲述中国人民的抗疫故事，彰显了积极参与全球治理、构建人类命运共同体的显著优势。中国人民在抗击新冠肺炎疫情的伟大斗争中形成了生命至上、举国同心、舍生忘死、尊重科学、命运与共的伟大抗疫精神，这些成就只有社会主义中国才能够做到。

习近平指出："衡量一个国家的制度是否成功、是否优越，一个重要方面就是看其在重大风险挑战面前，能不能号令四面、组织八方共同应对。"[①] 新中国七十多年的历史充分证明，中国共产党所建构的中国特色社会主义制度体系，在各种风险和挑战面前彰显出了相对于其他制度而言更有组织力、更有号召力、更有凝聚力的制度优势，彰显了以人民为中心的制度价值。世界百年未有之大变局也意味着我们所面对的和将要面对的风险考验前所未有，也只有在变局中，中国特色社会主义制度才能够固根基、扬优势、补短板、强弱项，在危机中育新机，在变局中开新局，发展和完善中国特色社会主义。

3. 在新时代坚持和完善中国特色社会主义制度的实践中，推进国家治理体系和治理能力现代化

20 世纪 90 年代初期，邓小平曾预见性地指出："恐怕再有三十年的时间，我们才会在各方面形成一整套更加成熟、更加定型的制度。"[②] 经过新中国成立以来七十多年的发展，特别是改革开放四十多年来的发展，中国特色社会主义制度展现出巨大的政治优势。但是，我们也需要清醒地认识到，中国特色社会主义制度的成熟定型，是一个不断发展的过程。中国特色社会主义进入新时代，形势变化之快、改革发展稳定任务之重、矛盾风险挑战之多、对我们党治国理政考验之大前所未有。习近平指出："坚持和完善中国特色社会主义制度、推进国家治理体系和治理能力现代化，是关系党和国家事业兴旺发达、国家长治久安、人民幸福安康的重大问题。"[③]

中国特色社会主义进入新时代，制度建设成为摆在党和国家战略全局中的重要内容。中共十八大以来，以习近平同志为核心的党中央高度重视坚持和完善中国特色社会主义制度。中共十八大沿用了 2011 年胡锦涛"七一"讲话对中国特色社会主义制度的表述，提出在中国特色社

① 习近平：《在全国抗击新冠肺炎疫情表彰大会上的讲话》，《人民日报》2020 年 9 月 9 日，第 2 版。

②《邓小平文选》第三卷，北京：人民出版社 1993 年版，第 372 页。

③ 习近平：《坚持和完善中国特色社会主义制度　推进国家治理体系和治理能力现代化》，《求是》2020 年第 1 期。

会主义伟大实践中，“中国特色社会主义制度是根本保障”[①]。十八大刚刚结束，习近平就多次论述发展和完善中国特色社会主义制度，他指出：“中国特色社会主义制度，坚持把根本政治制度、基本政治制度同基本经济制度以及各方面体制机制等具体制度有机结合起来，坚持把国家层面民主制度同基层民主制度有机结合起来，坚持把党的领导、人民当家作主、依法治国有机结合起来，符合我国国情，集中体现了中国特色社会主义的特点和优势，是中国发展进步的根本制度保障。”[②] 2013 年召开的中共十八届三中全会将“完善和发展中国特色社会主义制度，推进国家治理体系和治理能力现代化”作为全面深化改革的总目标，从而进一步将制度建设问题摆在极其重要的位置。[③]对于这一次全会提出关于“中国特色社会主义制度”和“国家治理体系现代化”关系问题，习近平曾深刻指出：“党的十八届三中全会提出的全面深化改革总目标，是两句话组成的一个整体，即完善和发展中国特色社会主义制度、推进国家治理体系和治理能力现代化。前一句规定了根本方向，我们的方向就是中国特色社会主义道路，而不是其他什么道路。后一句规定了在根本方向指引下完善和发展中国特色社会主义制度的鲜明指向。”[④]只有两句话都讲，才是完整的。2017 年召开的中共十九大将十八届三中全会所提出的这一目标确定为新时代中国特色社会主义思想的“八个明确”内涵之一[⑤]，充分体现出新时代中国共产党人对发展和完善中国特色社会主义制度的高度重视。2019 年召开的中共十九届四中全会在中国特色社会主义制度发展史上具有重要意义，这次全会集中回答了中国特色社会主义制度和国家治理体系、治理能力现代化的一系列重大问题，从 13 个方面系统总结和概括了我国国家制度和国家治理体系的显著优势[⑥]，这是对中国共产党百年制度建设成就的系统总结和充分肯定。在中共十九届四中全会召

①《十八大以来重要文献选编》上，北京：中央文献出版社 2014 年版，第 10 页。

② 同上书，第 75 页。

③ 同上书，第 512 页。

④《十八大以来重要文献选编》中，北京：中央文献出版社 2016 年版，第 63 页。

⑤《十九大以来重要文献选编》上，北京：中央文献出版社 2019 年版，第 14 页。

⑥《中国共产党第十九届中央委员会第四次全体会议文件汇编》，北京：人民出版社 2019 年版，第 19—21 页。

开之前中共中央政治局的集体学习时，习近平指出：“衡量一个社会制度是否科学、是否先进，主要看是否符合国情、是否有效管用、是否得到人民拥护。中国特色社会主义国家制度和法律制度是一套行得通、真管用、有效率的制度体系。”[①] 中共十八大以来中国特色社会主义制度和国家治理体系治理能力所发生的变化是历史性的，“中国特色社会主义制度日趋成熟定型，中国特色社会主义法治体系不断完善，为推动党和国家事业取得历史性成就、发生历史性变革发挥了重大作用”[②]。

习近平指出：“当今世界正面临百年未有之大变局，国与国的竞争日益激烈，归根结底是国家制度的竞争。”[③] 因此，国家制度的发展完善也越来越具有国际意义与历史意义。2020 年发生的新冠肺炎疫情更将“大变局”的形态与趋势展现在世人面前。虽然在疫情这场“大考”面前，中国特色社会主义制度和国家治理体系彰显出了巨大的政治优势。但是，在疫情的巨大冲击面前，我们的制度和治理体系也不可避免地暴露出一些短板和弱项。疫情期间，习近平主持召开中央全面深化改革委员会第十二次会议时就强调：“要放眼长远，总结经验、吸取教训，针对这次疫情暴露出来的短板和不足，抓紧补短板、堵漏洞、强弱项，该坚持的坚持，该完善的完善，该建立的建立，该落实的落实，完善重大疫情防控体制机制，健全国家公共卫生应急管理体系。”[④] 这也启示我们，制度建设贵在平时用力，贵在短板与弱项处用功，要及时发现制度的短板与漏洞，形成善于查缺补漏的体制机制，完善抗风险的制度性设计，增强精细化的制度性规划。

中共十九大面向未来提出了从 2020 年到 21 世纪中叶分两个阶段来安排的战略部署，其中也对国家制度建设的目标予以明确：到 2035 年要达到“各方面制度更加完善，国家治理体系和治理能力现代化基本实现”的阶段性目标，到本世纪中叶则要达到“实现国家治理体系和治理

① 习近平：《坚持、完善和发展中国特色社会主义国家制度与法律制度》，《求是》2019 年第 23 期。

② 同上。

③ 同上。

④《习近平主持召开中央全面深化改革委员会第十二次会议强调　完善重大疫情防控体制机制　健全国家公共卫生应急管理体系》，《人民日报》2020 年 2 月 15 日，第 1 版。

能力现代化”的宏伟目标。[①] 当前，中国特色社会主义制度和国家治理体系已在实践中不断发展完善，显示出了强大的制度比较优势和社会治理效能。但是，制度的关键还在于执行和落实。如果拥有完善的制度，但却没能形成一套有效的治理体系来执行，再好的制度也会成为空谈，再完美的制度设计也无法付诸实践、造福人民。因此，必须解决好“制度”与“治理”的关系问题，在实践中实现制度建设与治理体系治理能力的有机统一：努力为治理体系和治理能力的现代化提供强有力的制度保障，形成匹配制度建设成果的治理体系与治理能力，使中国特色社会主义制度和国家治理体系、治理能力成为建设社会主义现代化强国和中华民族伟大复兴的保障。

（原载《江海学刊》2021 年第 1 期。中国人民大学复印报刊资料《中国共产党》2021 年第 7 期全文转载）

①《十九大以来重要文献选编》上，北京：中央文献出版社 2019 年版，第 20—21 页。

六

中华民族伟大复兴不可逆转的制度保障

习近平总书记在庆祝中国共产党成立100周年大会上庄严宣告："中华民族迎来了从站起来、富起来到强起来的伟大飞跃，实现中华民族伟大复兴进入了不可逆转的历史进程！"[①]实现中华民族伟大复兴，是近代以来中华民族最伟大的梦想，也是党领导革命、建设和改革百年历程一以贯之的奋斗主题。为了实现这一梦想，党带领中国人民进行了艰苦卓绝的伟大斗争，取得了前所未有的历史性成就。历史潮流浩浩荡荡，中华民族伟大复兴的趋势和进程没有任何力量能够逆转，这不仅源于当代中国不断提高的社会生产力发展水平、日益增强的综合国力和党的坚强领导等，而且，其中一个重要的原因就是中国特色社会主义制度所提供的强大制度保障。中国特色社会主义制度是中国共产党理论和实践创新的成果，随着党领导中国人民实现中华民族伟大复兴奋斗进程的推进，日益彰显出巨大优势，也为第二个百年实现中华民族伟大复兴这一不可逆转的历史进程提供坚实的制度保障。

（一）党的百年制度探索伴随着中华民族伟大复兴的历史进程

近代以来，为了使中国人民彻底推翻帝国主义、封建主义、官僚资本主义，完成民族独立、人民解放乃至国家富强、人民共同富裕的历史使命，中国共产党毅然决然地肩负起实现中华民族伟大复兴的历史使命，并领导中国人民努力探索适合中国国情的国家制度。百年来党在领导革命、建设、改革的实践过程中，坚持把马克思主义基本原理同中国

① 习近平:《在庆祝中国共产党成立100周年大会上的讲话》，北京：人民出版社2021年版，第7页。

具体实际相结合，坚持将道路开辟、理论创新、文化发展与制度建构有机统一起来，用马克思主义中国化的理论成果推动中国特色社会主义制度的建设和发展。经历了重重考验和艰辛探索，中国特色社会主义制度日臻成熟定型，有效保障了实现中华民族伟大复兴各个发展阶段历史任务的完成，其实践逻辑与实现中华民族伟大复兴的历史逻辑是一致的。从新民主主义革命时期的制度探索、新中国成立后社会主义基本制度的建构，到改革开放以来中国特色社会主义制度的确立，乃至新时代中国特色社会主义制度的成熟和定型，党的制度探索始终伴随着实现中华民族伟大复兴的历史进程。

1. 新民主主义革命时期的制度探索

“建立什么样的国家制度，是近代以来中国人民面临的一个历史性课题。”[①] 在中国共产党成立之前，近代中国的地主阶级洋务派、资产阶级改良派、资产阶级革命派也曾经在一定程度上意识到民族独立与复兴的意义，并先后发动了洋务运动、戊戌变法、辛亥革命。特别是孙中山领导的辛亥革命，推翻了清朝的封建统治，结束了中国历史上2000多年的封建专制制度，实现了20世纪中国的第一次历史性巨变。然而，由于缺乏先进阶级及其政党的领导，无论是资产阶级改良派，抑或资产阶级革命派，都不能担负起实现民族独立和复兴的历史使命。随着君主立宪制、议会制、多党制、总统制等制度模式的纷纷“破产”，探寻科学的、崭新的、适合中国国情的国家制度成为无数仁人志士接续奋斗的目标。

中国共产党成立后，建立社会主义制度，实现中华民族伟大复兴成为历史发展的必然趋势。党始终将推翻旧制度、建立保护劳苦大众利益的新制度作为自己的初心理想和使命追求。习近平总书记指出：“我们党自成立之日起就致力于建设人民当家作主的新社会，提出了关于未来国家制度的主张，并领导人民为之进行斗争。”[②] 毛泽东在大革命时期提出，中国革命的“目的是建设一个革命民众合作统治的国家”[③]。党在探索农

① 习近平：《坚持、完善和发展中国特色社会主义国家制度与法律制度》，《求是》2019年第23期。

② 同上。

③《毛泽东文集》第一卷，北京：人民出版社1993年版，第25页。

村包围城市、武装夺取政权的革命道路的过程中，也在不断思考未来国家制度建设的问题。1931 年 11 月，党在中华苏维埃第一次全国代表大会上通过的《中华苏维埃共和国宪法大纲》中明确提出，苏维埃政权的性质为无产阶级领导下的工农民主专政，其国家建设的目标为“工人和农民的民主专政的国家”[①]。《中华苏维埃共和国宪法大纲》具体设计了中华苏维埃共和国的民主集中制、法律体制及工农权利等问题，为将来新型社会主义国家制度的建立积累了经验。延安时期，毛泽东对新民主主义国家制度问题进行了深入思考和研究。在《中国革命和中国共产党》《新民主主义论》等文章中，毛泽东对中国革命胜利后的国家制度进行了构想。他认为，中国革命的目标是建立一个不同于资本主义的“新民主主义的共和国”“国体——各革命阶级联合专政。政体——民主集中制”[②]，以此凝聚起实现中华民族复兴的各方面力量。西柏坡时期，毛泽东在 1948 年召开的中共中央政治局扩大会议上，正式提出中国革命胜利后建立一个无产阶级领导的、以工农联盟为基础的“人民民主专政”的国家[③]，其政体是民主集中制基础上的人民代表会议制度。1949 年新中国成立，标志着“中国人民由被压迫的地位变成为新社会新国家的主人”[④]，为实现中华民族伟大复兴创造了根本社会条件。

2. 社会主义基本制度的建构

1949 年新中国成立，开启了实现中华民族伟大复兴新的历史时期。党创造性地运用马克思主义国家学说，为建设社会主义国家制度进行了不懈努力。基于《中国人民政治协商会议共同纲领》（以下简称《共同纲领》），人民民主专政的国家政权得以建立，民主集中制成为开展各项民主活动或制定人民民主制度的主要原则。同时，遵照《共同纲领》制度设计要求，中国共产党领导的多党合作和政治协商制度、民族区域自治制度等基本政治制度初步建立。1954 年，第一届全国人民代表大会第一次会议通过并正式颁布《中华人民共和国宪法》，人民民主专政的国

①《建党以来重要文献选编（1921—1949）》第 8 册，北京：中央文献出版社 2011 年版，第 649—650 页。

②《毛泽东选集》第二卷，北京：人民出版社 1991 年版，第 677 页。

③ 参见《毛泽东文集》第五卷，北京：人民出版社 1996 年版，第 135 页。

④《建国以来重要文献选编》第 1 册，北京：中央文献出版社 1992 年版，第 1 页。

体和人民代表大会制度这一根本政治制度得以确立，为人民当家作主提供了根本制度保证。1956 年，我国社会主义改造完成后，社会主义公有制结构逐步形成，计划经济体制得以确立。此外，党领导人民开展了大规模的社会主义性质的法律创制活动，初步形成了以宪法为核心的社会主义法律体系。习近平总书记指出："我们党深刻认识到，实现中华民族伟大复兴，必须建立符合我国实际的先进社会制度。我们党团结带领人民完成社会主义革命，确立社会主义基本制度，推进社会主义建设，完成了中华民族有史以来最为广泛而深刻的社会变革，为当代中国一切发展进步奠定了根本政治前提和制度基础，实现了中华民族由近代不断衰落到根本扭转命运、持续走向繁荣富强的伟大飞跃。"①

我国社会主义基本制度确立后，党勇于自我革命，不断对政治经济体制进行改革。毛泽东指出，我国社会主义社会的基本矛盾仍然是生产关系同生产力、上层建筑同经济基础之间的矛盾，以此作为经济体制和政治体制改革的理论基础。社会主义经济体制和政治体制改革的目的，是要改革与生产力发展需要不相适应的经济政治体制及其运行方式，建立充满生机和活力的社会主义经济政治体制。

3. 中国特色社会主义制度的确立

在探索适合中国国情的社会主义建设道路的过程中，社会主义基本制度也曾经历各种风险和挑战的考验。在中华民族何以复兴的十字路口，党的十一届三中全会作出把党和国家工作重心转移到经济建设上来、实行改革开放的历史性决策。以邓小平同志为主要代表的中国共产党人在总结新中国成立以来社会主义制度建设经验和教训的基础上，锐意改革和大胆创新，中国特色社会主义制度逐步确立，成为开启改革开放和社会主义现代化建设新时期、实现中华民族伟大复兴不可逆转进程的根本保障。

改革开放之初，党领导人民迅速完成了各项国家制度的恢复和重建，以 1978 年五届全国人大一次会议恢复人民代表大会制度为起点，社会主义根本政治制度和基本制度陆续得到恢复和重建，形成了基层群

①《十九大以来重要文献选编》上，北京：中央文献出版社 2019 年版，第 10 页。

众自治制度等各项政治制度。对单一公有制形式进行了改革调整，逐步确立了以公有制为主体、多种所有制经济共同发展的所有制结构，形成了按劳分配为主体、多种分配方式并存的分配制度和社会主义市场经济体制。针对党和国家领导制度中存在的问题，邓小平指出："我们过去发生的各种错误，固然与某些领导人的思想、作风有关，但是组织制度、工作制度方面的问题更重要。"[①]基于此，党和国家领导制度改革成为这一时期政治体制改革的重要任务，民主集中制的组织和活动原则重新恢复，党和国家干部人事制度逐步完善起来。同时，党十分重视社会主义法治建设，提出了建设社会主义法治国家的目标及依法治国的基本方略。以法治建设为保障，中国特色社会主义制度体系愈加清晰，为实现中华民族伟大复兴提供了坚实的制度基础。

邓小平在 1992 年年初的南方谈话中指出："恐怕再有三十年的时间，我们才会在各方面形成一整套更加成熟、更加定型的制度。"[②]按照邓小平设想的关于制度建设和成熟定型的时间表和路线图，中国特色社会主义制度建设持续推进。2011 年 7 月 1 日，在庆祝中国共产党成立 90 周年大会上的讲话中，胡锦涛回顾了中国共产党带领人民完成的"三件大事"，从党紧紧依靠人民完成新民主主义革命、实现中国从几千年封建专制制度向人民民主制度的伟大跨越，到党紧紧依靠人民进行改革开放新的伟大革命、建立和发展中国特色社会主义制度，"从根本上改变了中国人民和中华民族的前途命运，不可逆转地结束了近代以后中国内忧外患、积贫积弱的悲惨命运，不可逆转地开启了中华民族不断发展壮大、走向伟大复兴的历史进军"[③]。这次讲话明确提出"中国特色社会主义制度"的概念，从根本政治制度、基本政治制度、基本经济制度、中国特色社会主义法律体系、体制机制等几个方面对中国特色社会主义制度体系进行了系统论述，初步概括了中国特色社会主义制度体系的基本架构，具体阐释了制度建设之于中华民族伟大复兴的重要意义。党的十八大报告进一步论述了制度建设对于全面建成小康社会的意义："全面建

①《邓小平文选》第二卷，北京：人民出版社 1994 年版，第 333 页。
②《邓小平文选》第三卷，北京：人民出版社 1993 年版，第 372 页。
③《十七大以来重要文献选编》下，北京：中央文献出版社 2013 年版，第 433—434 页。

成小康社会，必须以更大的政治勇气和智慧，不失时机深化重要领域改革，坚决破除一切妨碍科学发展的思想观念和体制机制弊端，构建系统完备、科学规范、运行有效的制度体系，使各方面制度更加成熟更加定型。”[①] 中国特色社会主义制度的确立和日趋成熟，为保障人民生活实现从温饱不足到总体小康、奔向全面小康的历史性跨越，继而为实现中华民族伟大复兴提供了充满新的活力的制度保证和快速发展的物质条件。

4. 新时代中国特色社会主义制度的发展

“党的十八大以来，我们推进全面深化改革……中国特色社会主义制度日趋成熟定型，中国特色社会主义法治体系不断完善，为推动党和国家事业取得历史性成就、发生历史性变革发挥了重大作用。”[②] 2012年11月29日，在参观“复兴之路”展览时，习近平总书记提出了实现中华民族伟大复兴中国梦的目标，“这个梦想，凝聚了几代中国人的夙愿，体现了中华民族和中国人民的整体利益，是每一个中华儿女的共同期盼”[③]。实现中华民族复兴的伟大梦想，必然需要成熟完善的制度加以保障，因为制度建设是实现中华民族伟大复兴中国梦的前提和基础。以习近平同志为核心的党中央十分重视中国特色社会主义制度的完善和发展，在邓小平提出的“形成一整套更加成熟、更加定型的制度”的目标基础上，进一步提出社会主义实践的后半程主要历史任务为“提供一整套更完备、更稳定、更管用的制度体系”。党的十八届三中全会将“坚持和完善中国特色社会主义制度，推进国家治理体系和治理能力现代化”确立为全面深化改革的总目标。习近平总书记在党的十八届三中全会第二次全体会议上的讲话中提出：“使我们的制度安排更好体现社会主义公平正义原则，更加有利于实现好、维护好、发展好最广大人民根本利益。”[④] 这就明确了坚持和完善中国特色社会主义制度与实现中华民族伟大复兴的内在联系。党的十九大在对十八大以来的五年进行总结时，将“中国特色社会主义制度更加完善”列入全面深化改革的重要工作成

①《十八大以来重要文献选编》上，北京：中央文献出版社2014年版，第14页。

② 习近平：《坚持、完善和发展中国特色社会主义国家制度与法律制度》，《求是》2019年第23期。

③《习近平谈治国理政》第一卷，北京：外文出版社2018年版，第36页。

④《十八大以来重要文献选编》上，北京：中央文献出版社2014年版，第554页。

就，并将“坚持和完善中国特色社会主义制度”纳入新时代坚持和发展中国特色社会主义的基本方略。中国特色社会主义进入新时代，标志着中国特色社会主义制度进入新的实践创新阶段，也意味着中华民族迎来了实现伟大复兴的光明前景。党的十九大还将为中国人民谋幸福、为中华民族谋复兴明确为中国共产党人的初心和使命，进一步强调了党在中国特色社会主义制度建设探索和实现中华民族伟大复兴历史进程中肩负的使命。

党的十九届四中全会在总结党的制度建设经验和制度优势的基础上，接续改革开放后邓小平关于制度建设的时间表，提出了到建党 100 年时，在各方面制度更加成熟更加定型上取得明显成效；到 2035 年各方面制度更加完善；到新中国成立 100 年时，中国特色社会主义制度更加巩固，优越性充分展现。三个阶段的制度建设目标，“全面回答了在我国国家制度和国家治理体系上应该坚持和巩固什么、完善和发展什么这个重大政治问题”[①]。

中国特色社会主义制度是以马克思主义为指导，植根中国大地，具有深厚中华文化根基，深得人民拥护，具有强大生命力和巨大优越性的制度，是能够持续推动中华民族实现伟大复兴的制度。这一制度能够保障我们成功应对一系列重大风险考验、克服无数艰难险阻，使中华民族伟大复兴始终沿着正确方向稳步前进。实践充分证明，中国特色社会主义制度“为实现中华民族伟大复兴提供了更为完善的制度保证”[②]。

（二）实现中华民族伟大复兴的历史进程日益彰显中国特色社会主义制度优势

习近平总书记在庆祝中国共产党成立 100 周年大会上的重要讲话中，回顾了党领导人民为实现中华民族伟大复兴所创造的伟大成就。从社会主义基本制度在中国的确立，到改革开放以来中国特色社会主义制度的发展，中国特色社会主义制度在中国不断迸发新的活力，为实现中华民

①《习近平谈治国理政》第三卷，北京：外文出版社 2020 年版，第 118 页。

② 习近平:《在庆祝中国共产党成立 100 周年大会上的讲话》，北京：人民出版社 2021 年版，第 7 页。

族伟大复兴提供了根本制度保障。中国特色社会主义制度的优势，是我们坚定走中国特色社会主义道路，坚信实现中华民族伟大复兴不可逆转的最大底气。关于中国特色社会主义制度的优势，改革开放以来，党的领导人都曾经进行分析和阐述。党的十九届四中全会系统总结了中国特色社会主义制度和治理体系在党的集中统一领导、人民当家作主、全面依法治国等 13 个方面的显著优势，主要集中体现在以下几个方面。

1. 坚持党的领导、人民当家作主、依法治国相统一的制度优势

实现中华民族伟大复兴的历史进程，日益彰显了中国特色社会主义制度优势。在庆祝全国人大成立 60 周年大会上的讲话中，习近平总书记从四个方面概括了中国特色社会主义政治制度的优势："能够有效保证人民享有更加广泛、更加充实的权利和自由，保证人民广泛参加国家治理和社会治理；能够有效调节国家政治关系，发展充满活力的政党关系、民族关系、宗教关系、阶层关系、海内外同胞关系，增强民族凝聚力，形成安定团结的政治局面；能够集中力量办大事，有效促进社会生产力解放和发展，促进现代化建设各项事业，促进人民生活质量和水平不断提高；能够有效维护国家独立自主，有力维护国家主权、安全、发展利益，维护中国人民和中华民族的福祉。"① 这四个方面的内容集中表现为坚持党的领导、人民当家作主、依法治国相统一的制度优势。中国特色社会主义国家制度和法律制度是在长期实践中形成的，是人类制度文明史上的伟大创造，是我们党把马克思主义基本原理同中国具体实际结合起来，在古老的东方大国建立起来的亿万人民当家作主的新型国家制度。中国特色社会主义制度具有显著优势和强大生命力，具有坚持党的领导、保证人民当家作主、坚持全面依法治国、实行民主集中制的优势，"保障我国创造出经济快速发展、社会长期稳定的奇迹"②，保障我们抵御住实现中华民族伟大复兴进程中的各种风险挑战。

党的领导是人民当家作主和依法治国的根本保证，也是中国特色社会主义制度的最大优势。在实现中华民族伟大复兴的进程中，党的领导

①《十八大以来重要文献选编》中，北京：中央文献出版社 2016 年版，第 61—62 页。

② 习近平：《坚持、完善和发展中国特色社会主义国家制度与法律制度》，《求是》2019 年第 23 期。

地位是历史和人民的选择，是我国社会主义革命、建设和改革事业取得成功的关键所在。中国共产党始终代表中国最广大人民的根本利益，肩负着引领中华民族走向复兴的伟大使命，党的领导是实现中华民族伟大复兴的根本保证。从制度设计到制度实践，从新民主主义制度的初步探索到社会主义基本制度的确立，再到中国特色社会主义制度体系的成熟定型，都是党和人民百年奋斗的创造性成果。党是社会主义制度的设计者和领导者，并将制度变革和创新不断推向深入。无论是人民当家作主的民主实践，还是依法治国方略的实施，都离不开党的领导及其制度体系的保证。

人民当家作主是社会主义民主政治的本质，也是中国特色社会主义制度优势的集中体现。人民民主是社会主义的生命，离开人民民主而空谈民主制度，民主制度便没有了效力。近代以来，中华民族伟大复兴面临的第一道难题便是如何求得民族独立和人民解放，其在政治方面的诉求就是发展人民民主，实现人民当家作主。在党的领导下，中国人民建立了工人阶级领导的、以工农联盟为基础的人民民主专政的社会主义国家，确立了社会主义基本制度。从此，国家的一切权力属于人民，制度建设体现人民意志，党和国家的活力持续增强。在实现中华民族伟大复兴的进程中，随着人民当家作主制度体系日益完善，抵御各种风险挑战的制度优势不断彰显。

依法治国是党领导人民治理国家的基本方略，也是中国特色社会主义制度优势发挥的重要支撑。法治是衡量一个政党执政能力与执政水平的重要尺度，也是评价国家治理体系和治理能力现代化的重要标志。从党的十五大明确把依法治国确立为治理国家的基本方略，到党的十八届四中全会对全面依法治国作出重要部署，再到党的十九届四中全会要求坚持和完善中国特色社会主义法治体系，依法治国的制度优势日益呈现出来。依法治国是发展社会主义民主政治的基本要求，也是将“权力关进笼子”、保障人民当家作主的基本方略。邓小平指出：“为了保障人民民主，必须加强法制。必须使民主制度化、法律化，使这种制度和法律不因领导人的改变而改变，不因领导人的看法和注意力的改变而改变。”[①] 随着依法治国从理念走向实践化、制度化，党的领导、人民当家作主有了法制和法治的双重保障，社会主义民主愈加稳固，实现中华民族伟大复兴的历史进程愈加不可逆转。

2. 坚持全国一盘棋、集中力量办大事的制度优势

习近平总书记多次强调，我们最大的优势是我国社会主义制度能够集中力量办大事。新中国成立 70 多年来，特别是改革开放 40 多年来，中国共产党始终坚持全国一盘棋，统筹社会主义事业发展全局，领导全国各族人民不懈奋斗，全面建成小康社会，实现了第一个百年奋斗目标。

新中国成立初期，国内各项事业亟待发展，还面临着国外资本主义阵营企图“扼杀”新生政权的严峻形势，中国共产党集中力量，调动各方面积极性，以实现工业、农业、国防等重点领域的重大进展与突破。通过对生产资料私有制的社会主义改造，初步建立起社会主义公有制，实现了从新民主主义社会向社会主义社会的转变。在社会主义建设时期，特别是改革开放以来所取得的一切成就表明，在社会主义初级阶段，集中力量办大事的制度优势，能够最大限度地集中力量开展社会主义建设，这是推动社会主义各项事业发展、实现中华民族伟大复兴不可逆转的重要法宝。

在中国特色社会主义政治制度领域，集中的基本前提是民主，离开了民主，集中便无从谈起，两者相辅相成、有机结合，才能够有效集聚各方力量。民主集中制作为党的根本组织制度和领导制度，是集中力量办大事的制度优势得以发挥的重要保障。中国共产党自成立以来，一直将民主集中制贯穿各项活动之中。改革开放以来，民主集中制作为党和国家的一项根本性制度，被写入宪法，成为中国特色社会主义政治制度的特色和优势。在中国共产党引领中华民族走向伟大复兴的进程中，社会主义政治制度在实践中能够有效保证各项决策的科学化与民主化，从而实现中国共产党和各民主党派、全国各族人民团结一致，积聚力量办好各项大事。

①《邓小平文选》第二卷，北京：人民出版社 1994 年版，第 146 页。

对于一个拥有14亿多人口的国家而言，如何实现全国一盘棋，调动各方积极性，发挥社会主义集中力量办大事的制度优势，面临着严峻挑战和风险考验。党在长期的制度实践中逐步建构了一套民主的、科学的、充满活力的中国特色社会主义制度体系，能够保障中华民族筑牢命运共同体，战胜各种风险和挑战，保持社会长期稳定。习近平总书记强调："衡量一个国家的制度是否成功、是否优越，一个重要方面就是看其在重大风险挑战面前，能不能号令四面、组织八方共同应对。"[①] 号令四面、组织八方的能力水平既是一个国家集中力量办大事的能力和水平，也是国家制度及其执行能力的集中体现。面对2020年新冠肺炎疫情突袭而至的考验，中国共产党坚持全国一盘棋、集中力量办大事的制度优势得到充分彰显。在党的领导下，全国人民上下一心，共筑全民抗疫的坚强堡垒，形成了生命至上、举国同心、舍生忘死、尊重科学、命运与共的伟大抗疫精神，取得了抗击新冠肺炎疫情斗争的重大战略成果，最大限度地保障了人民生命安全。

3. 坚持社会主义基本制度与市场经济相结合的制度优势

中国共产党在进行社会主义制度建构和创新的过程中，一直注重把握制度建设与生产力发展的张力，并致力于依靠先进的社会制度，解放和发展生产力，推动经济社会全面发展。邓小平指出："我们相信社会主义比资本主义的制度优越。它的优越性应该表现在比资本主义有更好的条件发展社会生产力。"[②] 社会主义制度的优越性集中体现为制度自身的科学性和前瞻性，能够在协调社会生产关系的过程中，摆脱影响社会生产力发展的一切束缚。"社会主义制度优越性的根本表现，就是能够允许社会生产力以旧社会所没有的速度迅速发展，使人民不断增长的物质文化生活需要能够逐步得到满足。"[③] 为此，党不断对经济体制改革进行探索，实现了社会主义基本制度与市场经济的有机结合，并在实践中发挥其制度优势。

① 习近平：《在全国抗击新冠肺炎疫情表彰大会上的讲话》，《人民日报》2020年9月9日，第2版。

②《邓小平文选》第二卷，北京：人民出版社1994年版，第231页。

③ 同上书，第128页。

新中国成立后，经过社会主义改造，社会主义公有制得到确立，并逐渐建立了高度集中的计划经济体制。在物质资源极度匮乏的时期，高度集中的计划经济体制推动了国民经济的发展。改革开放以后，以邓小平同志为主要代表的中国共产党人重新认识社会主义基本制度与市场经济、非公有制经济的关系，提出计划和市场不应作为区分社会主义与资本主义的根本标志，两者只是经济手段，社会主义市场经济体制开始逐步取代高度集中的计划经济体制。随着“市场在资源配置中起决定性作用”的地位愈加明确，社会主义市场经济体制在新时代进一步完善和发展。公有制为主体、多种所有制经济共同发展，按劳分配为主体、多种分配方式并存和社会主义市场经济体制等社会主义基本经济制度，蕴含着党和人民对社会主义基本制度与市场经济内在关系的科学认识，是同我国社会生产力发展水平相适应的经济制度。

社会主义基本制度与市场经济的结合，迸发出巨大活力，我国社会生产力水平得到极大提升，经济持续快速增长，国内生产总值稳居世界第二，成为世界第二大经济体，工业和农业现代化稳步推进，综合国力显著增强。2020 年，受到突如其来的新冠肺炎疫情影响，世界各国经济受到严重影响，而中国在全球主要经济体中唯一实现经济正增长，并取得脱贫攻坚战的全面胜利和全面建成小康社会的历史性成就，实现中华民族伟大复兴的步伐进一步加快。经济领域取得的成就，源于社会主义基本制度与市场经济相结合的制度优势的发挥。进入新的发展阶段，我国经济已由高速增长转向高质量发展，质量第一、效益优先成为新时代社会主义市场经济体制改革的方向。社会主义基本经济制度优势的发挥，必将为我国经济快速健康发展、综合国力的持续增强，为实现中华民族伟大复兴提供强大的物质力量。

4. 坚持先进思想和价值观引领思想文化建设的制度优势

文化是一个民族的血脉和灵魂，文化自信是一个民族延续发展的持久力量。习近平总书记指出：“没有高度的文化自信，没有文化的繁荣兴盛，就没有中华民族伟大复兴。”[①] 在领导中国人民实现中华民族伟大

①《习近平谈治国理政》第三卷，北京：外文出版社 2020 年版，第 32 页。

复兴的进程中，党一直十分重视文化建设，从建设新民主主义文化到建设社会主义文化，从党的十七届六中全会明确提出建设社会主义文化强国，再到党的十九届五中全会提出2035年建成文化强国的战略目标，逐渐走出了一条中国特色社会主义文化发展道路。而在这一过程中形成的中国特色社会主义文化制度在引领先进文化前进方向、推动文化大发展大繁荣、建设社会主义文化强国、实现中华民族伟大复兴等方面具有独特的制度优势。

马克思主义在意识形态领域指导地位的根本制度是党在治国理政实践中确立的根本制度，也是关乎文化前进方向和前途的根本制度。“中国共产党为什么能，中国特色社会主义为什么好，归根到底是因为马克思主义行！”① 马克思主义是社会主义先进文化制度建设的指导思想，也是巩固全体人民团结奋斗的共同思想基础。党的十九届四中全会提出“坚持马克思主义在意识形态领域指导地位的根本制度”②，体现了马克思主义之于意识形态乃至文化制度体系的关键作用和意义，这也是党对新时代中国特色社会主义文化制度的新认识和新贡献。在党的领导根本制度和人民代表大会根本政治制度基础上，马克思主义在意识形态领域指导地位的根本制度的确立，共同构成了中国特色社会主义根本制度体系。社会主义文化大发展大繁荣、社会主义文化强国建设是中华民族伟大复兴的题中应有之义，党始终保持高度的文化自觉和文化自信，坚持马克思主义在意识形态领域的指导地位，建设社会主义文化强国，满足广大人民群众的文化需求。

作为实现中华民族伟大复兴的价值引领和中国特色社会主义制度的价值表达，社会主义核心价值观集中反映了社会主义制度在民族精神和社会思想层面的价值规定性，凝结着全体人民的价值追求。在继承中华优秀传统文化、吸收世界文明有益成果和发展社会主义先进文化、建设文化强国过程中，成为当代中国精神的集中体现。社会主义核心价值观

---

① 习近平:《在庆祝中国共产党成立100周年大会上的讲话》，北京：人民出版社2021年版，第13页。

②《中国共产党第十九届中央委员会第四次全体会议文件汇编》，北京：人民出版社2019年版，第43页。

立足于中华优秀传统文化蕴含的丰富的思想道德资源，是对社会主义核心价值体系的科学凝练。自党的十八大以来，党坚持以社会主义核心价值观引领先进文化建设，积极发挥社会主义核心价值观在国民教育、精神文明、文化产业中的引领作用，将社会主义核心价值观融入人们社会生产生活的各个方面，推动社会主义核心价值观培育活动常态化、制度化，有效凝聚和激发了全民族的文化创造活力，为实现中华民族伟大复兴提供了强大的精神力量。

（三）中国特色社会主义制度是实现中华民族伟大复兴不可逆转的根本保障

中国共产党百年来领导中华民族伟大复兴的历史，也是中国特色社会主义制度日臻成熟、国家治理体系和治理能力持续提升的历史。实现中华民族伟大复兴，离不开中国特色社会主义制度的根本保障。同时，中国特色社会主义制度也在实现中华民族伟大复兴的实践过程中不断创新和发展。两者构成了相辅相成、内在统一的紧密联系。制度改革和创新是社会最深层次的变革，制度保障是社会变革和实现民族复兴最为坚实的条件。党的十四大首次明确提出“到建党一百周年的时候，我们将在各方面形成一整套更加成熟更加定型的制度”① 的发展目标。经过多年建设，中国特色社会主义制度体系已然成型，治理效能不断显现，并朝着更加完善的方向发展。习近平总书记指出：“相比过去，新时代改革开放具有许多新的内涵和特点，其中很重要的一点就是制度建设分量更重，改革更多面对的是深层次体制机制问题，对改革顶层设计的要求更高，对改革的系统性、整体性、协同性要求更强，相应地建章立制、构建体系的任务更重。”② 在实现中华民族伟大复兴不可逆转的历史进程中，中国特色社会主义制度还需要进一步完善。只有坚持和巩固中国特色社会主义制度，才能应对前进道路上的各种风险挑战，在激烈的国际竞争中赢得主动。只有不断完善中国特色社会主义制度，才能确保党长期执政和国家长治久安，确保改革发展的成果惠及全体人民，从而实现中华

①《十四大以来重要文献选编》上，北京：中央文献出版社 2011 年版，第 40 页。
②《习近平谈治国理政》第三卷，北京：外文出版社 2020 年版，第 112 页。

民族的伟大复兴。在新的百年奋斗征程中，必须以制度建设和治理能力建设为主轴，继续深化各领域各方面体制机制改革创新，推动各方面制度更加完善成熟，使中国特色社会主义制度更加巩固，制度优势更好转化为治理的实际效能，以保障实现中华民族伟大复兴在不可逆转的历史进程中向前发展。

1. 实现中华民族的伟大复兴，需要坚持和完善党的领导制度体系

习近平总书记在党的十九大报告中强调："中国特色社会主义最本质的特征是中国共产党领导，中国特色社会主义制度的最大优势是中国共产党领导"[①]。这是新时代党对社会主义本质特征的科学阐释，也是党对马克思主义政党学说的理论贡献。关于如何提高党科学执政、民主执政、依法执政的水平问题，党的十九届四中全会提出，建立不忘初心、牢记使命的制度等六项制度，以期构建完善的党的领导制度体系。中国共产党的初心是为中国人民谋幸福、为中华民族谋复兴，将不忘初心、牢记使命以制度的形式纳入党的领导制度体系，确立为加强党的建设的永恒课题和全体党员、干部的终身课题，充分体现了党团结带领人民实现中华民族伟大复兴的决心和气魄。习近平总书记所说的实现中华民族伟大复兴进入了不可逆转的历史进程，正是党深刻把握共产党执政规律、社会主义建设规律、人类社会发展规律，在对中国特色社会主义成功实践、历史经验进行深入研究的基础上作出的科学判断。"不可逆转"的关键是中国共产党的领导，这也是确保我国始终沿着社会主义方向前进的显著优势。开启实现第二个百年奋斗目标新的赶考之路，党需要自觉加强自身制度建设，充分发挥党总揽全局、协调各方的领导核心作用，坚持和完善党的领导制度体系，确保党始终成为实现中华民族伟大复兴的坚强领导核心。

2. 实现中华民族的伟大复兴，需要构建以人民为中心的制度体系

人民是历史的创造者。习近平总书记指出："人民对美好生活的向往，就是我们的奋斗目标。"[②] 尊重人民群众的实践，维护人民的根本利益，满足人民群众对美好生活的向往是中国特色社会主义制度确立与发

①《十九大以来重要文献选编》上，北京：中央文献出版社 2019 年版，第 14 页。

②《习近平谈治国理政》第一卷，北京：外文出版社 2018 年版，第 4 页。

展的动力源泉。中国特色社会主义制度生成于广大人民的实践之中，与人民的利益紧紧联系在一起，具有十分鲜明的人民性价值特征。构建以人民为中心的制度体系，不论是保障人民主体地位的人民当家作主制度体系，还是实现人民物质利益的基本经济制度，或是统筹城乡的民生保障制度，都要牢牢把握以人民为中心的制度建设理念。习近平总书记多次强调，江山就是人民，人民就是江山。中国特色社会主义制度凝聚了党和人民的意志，其代表和维护的是最广大人民的根本利益，党“没有任何自己特殊的利益，从来不代表任何利益集团、任何权势团体、任何特权阶层的利益”[①]。党领导人民进行中国特色社会主义制度探索和实践时，始终把维护人民的利益作为坚持和发展中国特色社会主义制度的价值取向；坚持马克思主义关于社会主义制度的构想，继承和发展中华优秀传统文化中的制度思想；构建以人民为中心的制度体系，尊重人民主体地位，在密切联系群众的过程中汲取人民智慧，发挥人民在制度创造中的首创精神，将为中国人民谋幸福的价值目标有机统一到为中华民族谋复兴的实践之中。

3. 实现中华民族的伟大复兴，需要把制度优势转化为治理效能

制度好不好，优势明显不明显，只有经得住“大变局”的风险挑战与考验，才能形成实现中华民族伟大复兴的根本保障。新冠肺炎疫情发生以来，以习近平同志为核心的党中央总揽全局，科学部署，有效诠释和践行了“人民至上”“生命至上”的价值理念，疫情防控取得重大战略成果，“中国之治”与“西方之乱”形成鲜明对照，充分彰显了中国特色社会主义制度的显著优势。党的十八届三中全会将“完善和发展中国特色社会主义制度，推进国家治理体系和治理能力现代化”确立为全面深化改革的总目标，党的十九届四中全会明确提出发挥制度优势，提升国家治理效能。如何把制度优势转化为治理效能，成为党治国理政亟须解决的重大而又复杂的课题。人类社会历史上不乏好的制度，但制度优势没有发挥出来，甚至走向失败的例子也不胜枚举。制度的关键在于执行，从“中国之制”转向“中国之治”，首先要强化政治引领，坚持

① 习近平：《在庆祝中国共产党成立100周年大会上的讲话》，北京：人民出版社2021年版，第11—12页。

党的根本领导制度，充分发挥党总揽全局、协调各方的领导核心作用，推动各项制度落到实处。党在国家治理体系中居于领导地位，这种领导地位是党在革命、建设和改革过程中形成的，是历史和人民的必然选择。坚持中国共产党领导，能够把多元主体的利益进行整合，妥善化解矛盾，形成共治合力，提高治理效率，从而形成统一高效的国家治理体系和运行机制。在制度优势转化为治理效能的过程中，要注重把握制度体系与治理体系之间的系统性、整体性与协同性关系，做好顶层制度设计与各领域治理实践的结合工作，着力固根基、扬优势、补短板、强弱项，构建系统完备、科学规范、运行有效的制度体系。坚持改革创新，既要大胆探索、勇于革新，也要善于总结经验、稳中推进，以实现制度优势向治理效能的平稳过渡和有效转化，为实现中华民族伟大复兴提供有力保证。

4. 实现中华民族的伟大复兴，需要持续推动制度完善与创新

任何一项制度都不是一成不变、一劳永逸的，制度的探索和创新没有终点。2020 年新冠肺炎疫情这场"大考"，在彰显中国特色社会主义制度优势的同时，也暴露了一些尚需改进的体制机制问题和薄弱环节。习近平总书记指出："针对这次疫情暴露出来的短板和不足，抓紧补短板、堵漏洞、强弱项，该坚持的坚持，该完善的完善，该建立的建立，该落实的落实，完善重大疫情防控体制机制，健全国家公共卫生应急管理体系。"① 越是"大考"和"大变局"，越是能够检验制度的绩效及其与现实的适配程度。当今世界正经历百年未有之大变局，实现中华民族伟大复兴面临的风险挑战之严峻前所未有。"我们要打赢防范化解重大风险攻坚战，必须坚持和完善中国特色社会主义制度、推进国家治理体系和治理能力现代化，运用制度威力应对风险挑战的冲击。"②

"科学社会主义和空想社会主义的一大区别，就在于它不是一成不变的教条，而是把社会主义看作一个不断完善和发展的实践过程。"③ 中

① 习近平:《完善重大疫情防控体制机制 健全国家公共卫生应急管理体系》,《人民日报》2020 年 2 月 15 日，第 1 版。

②《习近平谈治国理政》第三卷，北京：外文出版社 2020 年版，第 113 页。

③ 同上书，第 123 页。

国特色社会主义制度也是如此，这一制度是党领导人民守正创新的制度成果。制度体系是不断发展变化的，要辩证看待中国特色社会主义制度的“变”与“不变”，变的是体制机制，不变的是社会主义根本制度和基本制度。作为一个逻辑严密的科学制度体系，起“四梁八柱”作用的是根本制度、基本制度、重要制度，与之相连的具体制度需要随着时代的发展不断进行变革。同时，根本制度、基本制度和重要制度也应随着实践的发展不断巩固和完善。习近平总书记指出：“坚持从我国国情出发，继续加强制度创新，加快建立健全国家治理急需的制度、满足人民日益增长的美好生活需要必备的制度。”①

总之，中国共产党引领中华民族不断走向伟大复兴的百年奋斗历程，也是党一以贯之探索和建构中国特色社会主义制度的过程，二者相辅相成。党把领导革命、建设和改革的实践经验经过总结、提炼并加以规范形成制度，制度体系的确立、成熟和不断完善，以及制度优势的彰显和发挥，保障了中国革命、建设和改革实践的发展，使中华民族伟大复兴进入不可逆转的历史发展进程。实践证明，中国特色社会主义制度体系符合马克思主义经典作家关于未来社会主义制度的构想，是具有显著优势和鲜明中国特色的制度体系。随着中国特色社会主义新时代实践的发展和创新，中国特色社会主义制度体系也会日益巩固和完善，为实现中华民族伟大复兴提供根本制度保障。

（原载《马克思主义研究》2021 年第 9 期）

① 习近平：《坚持、完善和发展中国特色社会主义国家制度与法律制度》，《求是》2019 年第 23 期。

七

中国特色社会主义文化建设理论形成发展的轨迹

党的十九届六中全会审议通过的《中共中央关于党的百年奋斗重大成就和历史经验的决议》指出："党的十八大以来，我国意识形态领域形势发生全局性、根本性转变，全党全国各族人民文化自信明显增强，全社会凝聚力和向心力极大提升，为新时代开创党和国家事业新局面提供了坚强思想保证和强大精神力量。"[①] 从新民主主义文化建设理论的探索到新时代中国特色社会主义文化的繁荣发展，中国共产党始终坚持以马克思主义文化建设理论为指导，深深植根于中华优秀传统文化的土壤，实现了马克思主义基本原理同中华优秀传统文化的有机结合。踏上实现第二个百年奋斗目标新的赶考之路，梳理中国特色社会主义文化建设理论形成发展的轨迹，对于坚定文化自信、建设文化强国具有十分重要的理论意义和现实意义。

（一）中国特色社会主义文化建设理论是对新民主主义文化和社会主义文化建设理论的继承和发展

近代以来，面对国家蒙辱、人民蒙难、文明蒙尘的民族劫难，中国人民苦苦探索民族独立、国家富强的出路，从洋务运动寻求器物层面的变革，到戊戌变法、辛亥革命尝试制度层面的变革，都没能解决中国的实际问题。尤其是辛亥革命的失败，使中国先进知识分子将变革的注意力逐渐转向文化层面，从政治思想变革洞察社会政治和经济的矛盾问题，从而引领社会变革。随着五四运动后马克思主义在中国的广泛传

①《中国共产党第十九届中央委员会第六次全体会议文件汇编》，北京：人民出版社 2021 年版，第 72 页。

播，以毛泽东为主要代表的中国共产党人接受并选择马克思主义作为中国革命的指导思想，开启了中国先进文化建设的探索之路。

1. 新民主主义文化建设理论

毛泽东指出："一定的文化（当作观念形态的文化）是一定社会的政治和经济的反映，又给予伟大影响和作用于一定社会的政治和经济。"① 一定社会的文化与其所处的社会政治和经济状况有紧密联系。毛泽东在《湖南农民运动考察报告》中揭示了封建社会的文化本质，指出"中国历来只是地主有文化，农民没有文化。可是地主的文化是由农民造成的，因为造成地主文化的东西，不是别的，正是从农民身上掠取的血汗。"② 随着资本—帝国主义的入侵，中国逐渐沦为半殖民地半封建社会，其文化内容也逐渐成为一种半殖民地半封建性质的文化形态。在此背景下，中国思想界出现了文化保守主义、"全盘西化论"和马克思主义三派分流与抗衡的局面。中国共产党以马克思主义为指导思想，引领中华民族新文化的前进方向，使中国人的精神由被动转向主动。新民主主义文化——社会主义文化成为中华民族新文化的发展方向。

基于中国民主革命的任务，毛泽东指出，中国共产党革命的重要目标是革除半殖民地半封建性质的旧政治、旧经济和旧文化，建立一种由无产阶级领导的新政治、新经济和新文化。毛泽东在《新民主主义论》中精辟阐释新民主主义文化的内涵，指出"民族的科学的大众的文化，就是人民大众反帝反封建的文化，就是新民主主义的文化，就是中华民族的新文化。"③ 这一论断作为新民主主义文化建设纲领，指明了中国革命文化发展的根本方向。毛泽东还阐述新民主主义文化的基本特征。新民主主义文化的民族性，强调它不是一种狭隘的民族主义或文化保守主义，而是继承中华民族的历史遗产，保证始终带有中国特点和民族特性，使中华民族新文化具有中国作风和中国气派。新民主主义文化的科学性，要求"它是反对一切封建思想和迷信思想，主张实事求是，主

①《毛泽东选集》第二卷，北京：人民出版社 1991 年版，第 663—664 页。
②《毛泽东选集》第一卷，北京：人民出版社 1991 年版，第 39 页。
③《毛泽东选集》第二卷，北京：人民出版社 1991 年版，第 708—709 页。

张客观真理，主张理论和实践一致的。”[①] 要坚持用马克思主义立场观点和方法，批判地继承中华文化。新民主主义文化的大众性，指“它应为全民族中百分之九十以上的工农劳苦民众服务，并逐渐成为他们的文化。”[②] 作为世界无产阶级的社会主义文化革命的重要组成部分，社会主义文化的因素起着决定性作用。无产阶级在领导中华民族文化革命运动中，同“一切奴化的、封建主义的和法西斯主义的文化和教育”[③] 进行斗争。新民主主义文化是人民大众创造的、为人民大众革命斗争服务的文化。毛泽东在延安文艺工作座谈会上阐述了文艺为什么人的问题。文艺应当站在无产阶级和人民大众的立场，为最广大人民服务。所谓最广大人民，是“占全人口百分之九十以上的人民，是工人、农民、兵士和城市小资产阶级。”[④] 这指明了新民主主义文化发展的方向。

2. 社会主义文化建设理论

毛泽东在中国人民政治协商会议第一届全体会议上指出：“随着经济建设的高潮的到来，不可避免地将要出现一个文化建设的高潮。中国人被认为不文明的时代已经过去了，我们将以一个具有高度文化的民族出现于世界。”[⑤] 在继承和发展新民主主义文化的基础上，实现新民主主义文化向社会主义文化的转变，是新中国成立后文化建设的重要任务。毛泽东在一届全国人大一次会议上提出社会主义文化建设的目标，强调“准备在几个五年计划之内，将我们现在这样一个经济上文化上落后的国家，建设成为一个工业化的具有高度现代文化程度的伟大的国家。”[⑥] 社会主义改造的基本完成，社会主义政治和经济制度基本确立，为社会主义文化建设奠定了基础。党的八大把人民对于经济文化迅速发展的需要同经济文化不能满足人民需要之间的矛盾作为社会的主要矛盾，反映了社会主义文化建设成为重要任务。

按照“建设一个具有现代工业、现代农业和现代科学文化的社会主

①《毛泽东选集》第二卷，北京：人民出版社 1991 年版，第 707 页。
② 同上书，第 708 页。
③《毛泽东选集》第三卷，北京：人民出版社 1991 年版，第 1083 页。
④ 同上书，第 855 页。
⑤《毛泽东文集》第五卷，北京：人民出版社 1996 年版，第 345 页。
⑥《毛泽东文集》第六卷，北京：人民出版社 1999 年版，第 350 页。

义国家”[①]的目标要求，以毛泽东为主要代表的中国共产党人对社会主义文化进行了全方位规划。社会主义文化必须始终坚持马克思主义的指导地位。毛泽东强调：“无论在党内，还是在思想界、文艺界，主要的和占统治地位的，必须力争是香花，是马克思主义。”[②]毛泽东在《关于正确处理人民内部矛盾的问题》中，提出鉴别“香花”或“毒草”的六条政治标准，“这六条标准中，最重要的是社会主义道路和党的领导两条。”[③]马克思主义在社会主义文化中占主导地位，决定其发展方向。领导社会主义事业的核心力量，是中国共产党。只有坚持无产阶级文化思想的领导，才能建设社会主义文化。“百花齐放、百家争鸣”“古为今用，洋为中用”是发展社会主义文化的基本方针。毛泽东指出：“百花齐放、百家争鸣的方针，是促进艺术发展和科学进步的方针，是促进我国的社会主义文化繁荣的方针。艺术上不同的形式和风格可以自由发展，科学上不同的学派可以自由争论。”[④]社会主义文化的艺术形式和风格应充分体现自由、民主的要素，只有不同学派、不同观点、不同创作手法的自由竞争与发展，才能够促进社会主义科学文化事业的持续繁荣。“古为今用，洋为中用”是对待中华传统文化和外来文化的一种态度立场和创新手段。毛泽东倡导用历史唯物主义的批判精神，对中华传统文化进行改造和创新。对待外来文化，他反对“全盘西化”或“全部排斥”的论调。外来民族或国家文化的长处要学习，但必须坚持一分为二的原则，学习其真正好的东西为我所用。毛泽东指出，社会主义文化的发展方向是为工农兵服务和为社会主义服务，以此引领社会主义文化发展道路。

（二）中国特色社会主义文化建设理论的形成和发展

党的十一届三中全会开启了改革开放和社会主义现代化建设新时期。党明确提出建设有中国特色社会主义的重大命题，“中国特色社会主义文化”的概念亦应运而生。“什么是中国特色社会主义文化，怎样

①《毛泽东文集》第七卷，北京：人民出版社 1999 年版，第 268 页。

② 同上书，第 197 页。

③ 同上书，第 234 页。

④ 同上书，第 229 页。

建设中国特色社会主义文化”，成为党在新时期探索和发展中国特色社会主义文化理论的主题。

1. 建设社会主义精神文明

物质文明和精神文明历来是衡量人类社会文明程度的两个重要维度，缺一不可。在深刻总结社会主义文化建设经验教训的基础上，以邓小平为主要代表的中国共产党人创造性提出了社会主义精神文明建设理论。1979 年春天，时任中国科学院副院长兼党组副书记的李昌提出“建设精神文明”的建议。同年 9 月，叶剑英在庆祝中华人民共和国成立 30 周年大会上的讲话中，第一次提出“建设高度的社会主义精神文明”[①]，且将其纳入四个现代化的总目标。1979 年 10 月，邓小平在第四次文代会的祝词中重申，“我们要在建设高度物质文明的同时，提高全民族的科学文化水平，发展高尚的丰富多彩的文化生活，建设高度的社会主义精神文明。”[②] 在次年 12 月的中央工作会议上，邓小平论述了社会主义精神文明的内涵，“所谓精神文明，不但是指教育、科学、文化（这是完全必要的），而且是指共产主义的思想、理想、信念、道德、纪律，革命的立场和原则，人与人的同志式关系，等等。”[③] 1982 年 9 月，党的十二大把“建设高度的社会主义精神文明”明确为“建设社会主义的一个战略方针问题”[④]。1986 年，党的十二届六中全会通过《中共中央关于社会主义精神文明建设指导方针的决议》，进一步强调社会主义精神文明建设的重要意义。邓小平强调，不加强精神文明建设，物质文明必然无法建设好，物质文明和精神文明必须“两手抓，两手都要硬”，两个方面都搞好，才是“有中国特色的社会主义”。

社会主义精神文明必须是以培育“四有”新人为目标。所谓培育“四有”新人，就是“教育全国人民做到有理想、有道德、有文化、有纪律”[⑤]。特别是对广大青少年而言，只有加强社会主义精神文明洗礼，努力向“四有”标准看齐，才能够真正担当起社会主义建设接班人的使

①《叶剑英选集》，北京：人民出版社 1996 年版，第 540 页。

②《邓小平文选》第二卷，北京：人民出版社 1994 年版，第 208 页。

③ 同上书，第 367 页。

④《十二大以来重要文献选编》上，北京：中央文献出版社 2011 年版，第 21 页。

⑤《邓小平文选》第三卷，北京：人民出版社 1993 年版，第 110 页。

命和任务。

2. 建设有中国特色的社会主义文化

20世纪80年代末90年代初，世界社会主义运动遭遇严重挫折，关于中国社会主义何去何从的疑惑亦反映在文化领域。党的十三届四中全会以后，以江泽民为主要代表的中国共产党人在进一步回答什么是社会主义、怎样建设社会主义这一基本问题时，明确提出了“有中国特色社会主义的文化”这一概念。江泽民在庆祝中国共产党成立七十周年大会上指出：“有中国特色社会主义的文化，必须以马克思列宁主义、毛泽东思想为指导，不能搞指导思想的多元化”[①]。在1996年的全国宣传部长会议上，江泽民进一步强调：“建设有中国特色社会主义的文化，这是事关中华民族振兴的大问题，事关建设有中国特色社会主义事业取得全面胜利的大问题。”[②] 1997年，江泽民在党的十五大报告中指出，建设有中国特色社会主义的文化“就是以马克思主义为指导，以培育有理想、有道德、有文化、有纪律的公民为目标，发展面向现代化、面向世界、面向未来的，民族的科学的大众的社会主义文化。”[③] 中国特色社会主义文化是对毛泽东、邓小平社会主义文化建设理论的继承和创新，是马克思主义文化理论与中国文化实践相结合的创新发展。党的十五大制定的社会主义初级阶段的文化建设纲领，标志着中国特色社会主义文化建设理论的形成。

江泽民指出：“有中国特色社会主义的文化，就其主要内容来说，同改革开放以来我们一贯倡导的社会主义精神文明是一致的。文化相对于经济、政治而言。精神文明相对于物质文明而言。只有经济、政治、文化协调发展，只有两个文明都搞好，才是有中国特色社会主义。”[④] 阐述了社会主义精神文明和中国特色社会主义文化的有机统一。文明是人类社会由低级阶段向高级阶段发展和进化的程度，文化是人类改造自然和改造社会的成果。精神文明和文化建设的统一还表现在，通过文化建设

①《江泽民文选》第一卷，北京：人民出版社2006年版，第158页。
② 同上书，第507页。
③《十五大以来重要文献选编》上，北京：中央文献出版社2011年版，第16页。
④ 同上书，第30页。

提高精神文明程度。

建设中国特色社会主义文化，必须牢牢把握社会主义文化的前进方向。中国先进文化的方向即是中国特色社会主义文化的方向。江泽民强调："在当代中国，发展先进文化，就是发展有中国特色社会主义的文化，就是建设社会主义精神文明。"[①]因此，发展中国特色社会主义文化，必须搞好社会主义精神文明建设，坚持"以科学的理论武装人，以正确的舆论引导人，以高尚的精神塑造人，以优秀的作品鼓舞人"[②]。5000多年的中华文明孕育出以爱国主义为核心的团结统一、爱好和平、勤劳勇敢、自强不息的伟大民族精神，是社会主义精神文明建设的动力之源，要把弘扬和培育民族精神纳入精神文明建设全过程。江泽民还提出"以德治国"的思想，要求加强社会主义思想道德建设，建立与社会主义市场经济相适应、与社会主义法律规范相协调、与中华民族传统美德相承接的思想道德体系。社会主义精神文明建设好了，人民精神振奋，其他各项事业就会繁荣兴盛起来。

3. 中国特色社会主义文化发展道路

党的十六大以后，以胡锦涛为主要代表的中国共产党人从中国特色社会主义事业总体布局出发，以科学发展观引领中国特色社会主义文化发展道路和推进社会主义文化强国建设，创造性地提出了"和谐文化""文化生产力""文化体制改革""文化强国"等概念。2004年9月，胡锦涛在党的十六届四中全会上强调"深化文化体制改革，解放和发展文化生产力"的任务，并将提高建设社会主义先进文化的能力明确为党的六大执政能力建设的重要内容之一，突出了中国特色社会主义文化建设的重要战略地位和意义。2006年10月，党的十六届六中全会审议通过了《中共中央关于构建社会主义和谐社会若干重大问题的决定》。"建设和谐文化，是构建社会主义和谐社会的重要任务。"[③]在次月召开的中国文联第八次全国代表大会、中国作协第七次全国代表大会上，胡锦涛强调："和谐文化既是和谐社会的重要特征，也是实现社会和谐的精神动

①《江泽民文选》第三卷，北京：人民出版社2006年版，第276页。

② 同上书，第85页。

③《十六大以来重要文献选编》下，北京：中央文献出版社2011年版，第660页。

力。”[①]繁荣社会主义先进文化，建设和谐文化，是中国特色社会主义的显著标识。

按照党的十七大提出的“推动社会主义文化大发展大繁荣”“兴起社会主义文化建设新高潮”“提高国家文化软实力”[②]等要求，文化建设与经济、政治、社会建设一道被纳入到中国特色社会主义事业的总体布局，标志着中国特色社会主义文化建设上升到战略地位。2011 年 10 月，胡锦涛在党的十七届六中全会上提出“坚定不移走中国特色社会主义文化发展道路，努力建设社会主义文化强国”[③]的战略目标。

作为社会主义先进文化的精髓和兴国之魂，“社会主义核心价值体系是根源于民族优秀文化和社会主义先进文化并吸收人类文明成果发展起来的，适应了时代发展要求，集中反映着当代中国人民的理想信念和精神追求，是我国社会主义文化的引领和主导。”[④]必须坚持推进社会主义核心价值体系建设，用社会主义核心价值体系引领社会思潮，巩固全党全国各民族人民团结奋斗的共同思想道德基础。

（三）新时代中国特色社会主义文化建设理论的创新

党的十八大以来，以习近平同志为核心的党中央从党和国家事业全局出发，深刻阐述了我国文化建设的战略地位、重点任务和基本原则，不仅发展和创新了中国特色社会主义文化建设理论，也为建设社会主义文化强国提供了根本遵循。

1. 坚持马克思主义在意识形态领域指导地位的根本制度

意识形态工作事关党的前途命运，事关国家长治久安，事关民族凝聚力和向心力。党的十八大以来，以习近平同志为核心的党中央把意识形态工作放到总体国家安全观中加以审视，多次强调“意识形态工作是党的一项极端重要的工作”[⑤]，是为国家立心、为民族立魂的工作，就意识形态领域的许多方向性、战略性问题作出部署，从根本上扭转了意

①《十六大以来重要文献选编》下，北京：中央文献出版社 2011 年版，第 753 页。
②《十七大以来重要文献选编》上，北京：中央文献出版社 2013 年版，第 26 页。
③《十七大以来重要文献选编》下，北京：中央文献出版社 2013 年版，第 584 页。
④ 同上书，第 618 页。
⑤《十八大以来重要文献选编》上，北京：中央文献出版社 2014 年版，第 464 页。

识形态领域一度出现的被动局面，使我国意识形态领域形势发生了全局性、根本性的转变，巩固和发展了主流意识形态。党的十九届四中全会将“坚持马克思主义在意识形态领域指导地位”作为中国特色社会主义的一项根本制度加以明确，将其从思想层面的原则要求上升为制度层面的刚性约束，为文化建设确定了“定海神针”。

社会主义意识形态是新时代中国特色社会主义文化理论在思想观念形态上的集中体现。社会主义意识形态的凝聚力、吸引力强，新时代中国特色社会主义文化理论的认同度、认可度就会高。建设具有强大凝聚力和引领力的社会主义意识形态，是坚定文化自信和理论自信的必然要求。党的十九大报告提出：“意识形态决定文化前进方向和发展道路。必须推进马克思主义中国化时代化大众化，建设具有强大凝聚力和引领力的社会主义意识形态，使全体人民在理想信念、价值理念、道德观念上紧紧团结在一起。”[①] 建设具有强大凝聚力和引领力的社会主义意识形态，是以习近平同志为核心的党中央针对新时代的文化境遇提出的一个创新性命题，也是全党必须担负起的一个战略任务。凝聚力和引领力既有区别又有联系，凝聚力是基础，引领力是关键。“当今时代，社会思想观念和价值取向日趋活跃，主流的和非主流的同时并存，先进的和落后的相互交织，社会思潮纷纭激荡。”[②] 社会主义意识形态必须具有强大凝聚力，真正发挥凝心聚力作用。同时，社会主义意识形态作为主流意识形态，在与当前世界范围内各种思想文化交流交融交锋中，必须占据主导地位、发挥引领作用。

党的十九届四中全会不仅提出坚持马克思主义在意识形态领域指导地位的根本制度，还提出坚持以社会主义核心价值观引领文化建设制度，健全人民文化权益保障制度，完善坚持正确导向的舆论引导工作机制，建立健全把社会效益放在首位、社会效益和经济效益相统一的文化创作生产体制机制等四项制度。在中国特色社会主义文化制度结构中，马克思主义在意识形态领域的指导地位是根本文化制度，具有鲜明的时代价值和实践意义。其一，它是坚持和发展中国特色社会主义的思想保

①《中国共产党第十九次全国代表大会文件汇编》，北京：人民出版社2017年版，第33页。
② 习近平：《在全国党校工作会议上的讲话》，北京：人民出版社2016年版，第20页。

障。四项基本原则是相互联系相互制约的统一体，是立国之本，是中国特色社会主义制度的政治规定性。只有坚持马克思主义在意识形态领域指导地位的根本制度，才能为防止党变修、国变色提供思想定力和政治定力，坚定不移走中国道路。其二，它是坚定“四个自信”的双重保障。马克思主义是指引中国发展方向、开辟中国道路、构建社会形态、引领社会全面进步的行动指南。习近平指出：“我们党以马克思主义为立党之本，以实现共产主义为最高理想，以全心全意为人民服务为根本宗旨。这就是共产党人的本。没有了这些，就是无本之木。我们整个道路、理论、制度的逻辑关系就在这里。”① 坚持马克思主义在意识形态领域指导地位的根本制度，是坚定“四个自信”的思想根基和制度保障。其三，它是文化建设担当新时代使命任务的制度保证。坚持马克思主义的指导地位，是中国特色社会主义文化建设的根本。在新时代，坚持马克思主义在意识形态领域指导地位的根本制度，是坚守中华文化立场，把握先进文化前进方向的思想保证和制度保障。

2. 培育和弘扬社会主义核心价值观

习近平指出：“社会主义核心价值观是当代中国精神的集中体现，凝结着全体人民共同的价值追求”②，要“把培育和弘扬社会主义核心价值观作为凝魂聚气、强基固本的基础工程”③，自觉把培育社会主义核心价值观融入到文化建设全过程，以更好构筑中国精神、中国价值、中国力量，为中国特色社会主义事业提供源源不断的精神动力。

改革开放以来，从“加强精神文明建设”“加强思想道德建设”“践行社会主义荣辱观”“建设核心价值体系”，到“弘扬和培育社会主义核心价值观”，我国的价值观建设工程深入推进。面对国内外思想观念纷纭复杂、多元共生的客观现实，党的十八大提出了弘扬社会主义核心价值观的新部署，将国家价值目标、社会价值取向、个体价值准则有机融合，深入回答了“我们要建设什么样的国家、建设什么样的社会、培育

①《习近平关于协调推进“四个全面”战略布局论述摘编》，北京：中央文献出版社 2015 年版，第 138 页。

②《中国共产党第十九次全国代表大会文件汇编》，北京：人民出版社 2017 年版，第 34 页。

③《习近平关于社会主义文化建设论述摘编》，北京：中央文献出版社 2017 年版，第 107 页。

什么样的公民的重大问题”[①]，集中体现了中国特色社会主义的价值目标和愿景，是新时代中国特色社会主义文化建设理论在价值层面落地生根的重要举措，也是建设社会主义文化强国、提升国家文化软实力的关键环节。社会主义核心价值观内在规定着当代中国的文化是以马克思主义为指导的文化，是坚持社会主义性质和方向的文化，是以实现中华民族伟大复兴为宏伟目标的文化，是以培养担当民族复兴大任的时代新人为着眼点的文化。习近平多次强调，“我们要建设的是中国特色社会主义，而不是其他什么主义。”[②]同样，我们所要推动的文化繁荣兴盛是中国特色社会主义的文化，而不是其他什么性质的文化。因此，推进文化改革发展就要牢牢把握社会主义方向，始终坚持以社会主义核心价值观为引领。

在新时代的历史条件下，习近平不仅从理论来源、本质内涵、重要价值等维度，系统阐释了新时代社会主义核心价值观建设的一系列问题，还明确指出了培育和践行社会主义核心价值观的基本路径：“要以培养担当民族复兴大任的时代新人为着眼点，强化教育引导、实践养成、制度保障，发挥社会主义核心价值观对国民教育、精神文明创建、精神文化产品创作生产传播的引领作用，把社会主义核心价值观融入社会发展各方面，转化为人们的情感认同和行为习惯。坚持全民行动、干部带头，从家庭做起，从娃娃抓起。”[③]为了深入推进社会主义核心价值观建设，2013 年 12 月，中共中央办公厅印发《关于培育和践行社会主义核心价值观的意见》，明确要求把社会主义核心价值观融入国民教育、落实到经济发展实践和社会治理之中，并在加强宣传教育、实践活动以及组织领导等方面，进行了总体部署。2015 年 4 月，中宣部、中央文明办印发《培育和践行社会主义核心价值观行动方案》，要求各行各业各部门紧密联系群众生产生活实际，广泛深入开展人们喜闻乐见的主题教育活动，把社会主义核心价值观的要求日常化、具体化、生活化。党的

①《习近平关于社会主义文化建设论述摘编》，北京：中央文献出版社 2017 年版，第 114 页。

② 习近平：《在庆祝中国共产党成立 95 周年大会上的讲话》，北京：人民出版社 2016 年版，第 13 页。

③《中国共产党第十九次全国代表大会文件汇编》，北京：人民出版社 2017 年版，第 34 页。

十九大把“坚持社会主义核心价值体系”纳入新时代坚持和发展中国特色社会主义的基本方略，党的十九届四中全会将“以社会主义核心价值观引领文化建设制度”确立为坚持和完善繁荣发展社会主义先进文化的制度的重要组成部分，使社会主义核心价值观在新时代文化建设中的引领性地位和作用规范化、制度化、常态化，反映了我们党对社会主义文化建设规律的认识达到一个新的高度。

3. 建设社会主义文化强国

党的十八大以来，党中央把文化建设和提高国家文化软实力摆在更加突出的位置，从社会主义核心价值体系建设、提高公民道德素质、丰富人民精神文化生活、增强国家文化整体实力和竞争力等方面，对“扎实推进社会主义文化强国建设”提出了明确要求。党的十八届三中全会进一步指出：“建设社会主义文化强国，增强国家文化软实力，必须坚持社会主义先进文化前进方向，坚持中国特色社会主义文化发展道路，培育和践行社会主义核心价值观，巩固马克思主义在意识形态领域的指导地位，巩固全党全国各族人民团结奋斗的共同思想基础。”[①]并就深化文化体制改革、完善文化管理体制、建立健全现代文化市场体系、构建公共文化服务体系、提高文化开放水平等方面提出了具体要求。党的十九大再次强调了文化强国的极端重要性，指出“文化是一个国家、一个民族的灵魂。文化兴国运兴，文化强民族强。没有高度的文化自信，没有文化的繁荣兴盛，就没有中华民族伟大复兴。要坚持中国特色社会主义文化发展道路，激发全民族文化创新创造活力，建设社会主义文化强国。”[②]党的十九大把中国特色社会主义文化同中国特色社会主义道路、中国特色社会主义理论体系、中国特色社会主义制度一道写入党章，将文化的地位和作用提升到一个新高度。中国特色社会主义文化不仅与经济、政治、社会、生态文明建设相并列，作为“五位一体”总体布局的构成要素，而且与道路、理论体系、制度相并列，作为中国特色社会主义基本内涵的重要组成部分。要坚定中国特色社会主义道路自信、理论

①《中国共产党第十八届中央委员会第三次全体会议文件汇编》，北京：人民出版社2013年版，第58页。

②《中国共产党第十九次全国代表大会文件汇编》，北京：人民出版社2017年版，第33页。

自信、制度自信、文化自信。这些重要论述是习近平新时代中国特色社会主义思想的理论创新。

党的十九届四中全会提出繁荣和发展社会主义先进文化的制度，把文化制度上升到国家制度层面，强调文化是社会发展的精神支柱和制度保障，标志着党对中国特色社会主义文化建设规律的认识提升到新的高度，具有重大的理论和实践意义。党的十九届五中全会站在党和国家事业发展全局高度，明确提出到2035年建成文化强国的远景目标。这是党中央首次划定建成文化强国的具体时间表，标志着对文化建设重要地位及其规律认识的深化，为在全面建设社会主义现代化国家新征程中推动建成文化强国指明了前进方向。此外，党的十九届五中全会还提出了“十四五”时期文化建设的主要目标：“社会文明程度得到新提高，社会主义核心价值观深入人心，人民思想道德素质、科学文化素质和身心健康素质明显提高，公共文化服务体系和文化产业体系更加健全，人民精神文化生活日益丰富，中华文化影响力进一步提升，中华民族凝聚力进一步增强。”[①] 充分体现了党中央坚持远景目标与近期目标的辩证统一、有机衔接。远景目标进一步明确了“十四五”时期文化建设的方向和着力点。“十四五”时期文化建设的主要目标是对远景目标的阶段性细化，是为实现建成文化强国远景目标所做的必要准备。

4. 推动中华优秀传统文化创造性转化和创新性发展

中华优秀传统文化是建设具有中国特色、中国风格、中国气派的中国特色社会主义文化的精神沃土。离开了中华优秀传统文化，新时代文化建设就成为无源之水、无本之木。中国共产党是中华优秀传统文化的继承者和弘扬者。习近平新时代中国特色社会主义思想的显著特征，就是善于从中华优秀传统文化中汲取治国理政的经验与智慧。习近平始终从中华民族“根”和“魂”的高度看待中华优秀传统文化，从国家战略资源的高度继承中华优秀传统文化，从建设社会主义文化强国的高度创新发展中华优秀传统文化，使之成为中华民族最深厚的文化软实力。

中华优秀传统文化在当今社会具有重要的时代价值，主要表现在：

①《中国共产党第十九届中央委员会第五次全体会议文件汇编》，北京：人民出版社2020年版，第27页。

第一，它是中华民族的精神命脉和精神家园。习近平指出：“中华文化源远流长，积淀着中华民族最深层的精神追求，代表着中华民族独特的精神标识，为中华民族生生不息、发展壮大提供了丰厚滋养。”[①]中华民族在长期的历史发展过程中形成的优秀思想文化，记载着各民族人民的生存智慧和信仰追求，这些优秀思想不断发展和积淀成为中华民族的文化基因和独特的精神品质，深深地融入到中国人的内心，潜移默化地影响着中国人的思想方式和行为方式。中华文明之所以绵延不绝并且不断得到传承、弘扬、创新，根本原因在于“我们民族有一脉相承的精神追求、精神特质、精神脉络”[②]。第二，它是涵养社会主义核心价值观的重要源泉。一个国家的核心价值观既要和本国的历史文化紧密相连，也要紧扣时代主题。习近平强调：“培育和弘扬社会主义核心价值观必须立足中华优秀传统文化”[③]，“必须从中汲取丰富营养，否则就不会有生命力和影响力”[④]。中华优秀传统文化是一个博大精深的思想体系，习近平将其精神内涵高度凝练为“讲仁爱、重民本、守诚信、崇正义、尚和合、求大同”[⑤]，这六个方面涵盖了政治思想、伦理道德、价值观念以及社会理想信念等，是构建社会主义核心价值观的重要思想道德资源。第三，它为党治国理政提供了有益启示。习近平指出，中华民族在漫长的历史发展中“积累了丰富的治国理政经验，其中既包括升平之世社会发展进步的成功经验，也有衰乱之世社会动荡的深刻教训”[⑥]。对中华民族历史发展中长期积累的治国经验和教训加以认真总结，对党实现治理体系和治理能力现代化具有重要价值。

传承和发展中华优秀传统文化，就要结合实践发展和时代精神，弘扬中华优秀传统文化中的核心思想、传统美德和人文精神。习近平不仅

①《习近平谈治国理政》第一卷，北京：外文出版社2018年版，第164页。

② 同上书，第181页。

③ 同上书，第163—164页。

④《习近平关于社会主义文化建设论述摘编》，北京：中央文献出版社2017年版，第115页。

⑤ 同上书，第141页。

⑥ 习近平：《牢记历史经验历史教训历史警示 为国家治理能力现代化提供有益借鉴》，《人民日报》2014年10月14日，第1版。

高度重视中华优秀传统文化，而且形成了继承、阐发、创新中华优秀传统文化的科学方法论，即“推动中华优秀传统文化创造性转化、创新性发展，让中华文明的影响力、凝聚力、感召力更加充分地展示出来”[①]。所谓“创造性转化”，就是要根据时代发展要求，赋予中华优秀传统文化以新的时代内涵和新的表达方式，激活其生命力，使之与现代社会相协调。“创新性发展”则是要根据时代的发展和进步，补充、拓展和完善中华优秀传统文化的内涵，以增强其影响力和感召力。“两创”方针与中国共产党历来倡导的“取其精华、去其糟粕”“批判继承、古为今用”等原则既一脉相承，又结合新的时代特点作出了新的概括，成为中华优秀传统文化传承创新的核心要求。作为新时代文化建设的基本方针，“创造性转化”与“创新性发展”是不可分割的整体，两者相辅相成、相得益彰，彰显了马克思主义执政党与时俱进的品质，反映了中华优秀传统文化发展的内在规律，展现了中华优秀传统文化的历史连续性、空间广延性和价值普遍性。为了进一步推动中华优秀传统文化的传承与发展，铸就中华文化的新辉煌，2017 年 1 月，中共中央办公厅、国务院办公厅出台《关于实施中华优秀传统文化传承发展工程的意见》，对传承发展中华优秀传统文化工作进行了全面部署，进一步明确了总体要求、方针原则、重点任务、保障措施，是新时代传承中华文脉、推动中华文化现代化的重要战略举措。

5. 推动文明交流互鉴

任何一个国家、一个民族都不可能孤立于人类文明发展的大道。历史与现实皆表明，只有在坚持自己文化传统、延续祖宗精神血脉的同时，积极借鉴和吸收世界其他文明的精华为我所用，才能确保自身的文化永葆生机和活力。习近平不仅高度重视对世界上其他民族和国家优秀文化的吸收，积极推动世界文明交流互鉴，还反复强调讲好中国故事、传播好中国声音，充分展现了党在文化建设方面的远见卓识，反映了党高度的文化自觉、坚定的文化自信和强烈的文化担当。

文明是民族发展历史印记与时代精神的融合，是世界各国人民相

① 习近平:《在第十三届全国人民代表大会第一次会议上的讲话》,《人民日报》2018 年 3 月 21 日，第 2 版。

互了解的重要桥梁和纽带，文明互学互鉴是文化建设的重要指标和实现“民心相通”的有效途径。当今世界正处于百年未有之大变局，世界多极化、经济全球化、文化多样化、社会信息化深入发展，科学技术日新月异，各种思想文化交流交融交锋更加频繁，形成了文化发展的重要契机。习近平指出：“推动文明交流互鉴，可以丰富人类文明的色彩，让各国人民享受更富内涵的精神生活、开创更有选择的未来。”[①]一方面，文明交流互鉴是发展中华文化的内在要求。在中华民族的历史和现实中，民族文化起着维系社会生活、维持社会稳定的重要作用，是中华文化历史发展的产物和人民智慧的结晶。因此，文明交流互鉴首先要尊重自己民族的文化，培育好、发展好本民族文化。另一方面，文明交流互鉴是新时代文化建设的重要途径，有助于在高水平的文化开放格局中不断扩大中国特色社会主义文化的国际影响力和感染力，凝聚世界发展的新兴力量。习近平在全国宣传思想工作会议上要求“推进国际传播能力建设，讲好中国故事、传播好中国声音，向世界展现真实、立体、全面的中国”[②]。习近平在不同场合均讲述中国故事，推介中国文化，不仅让世界人民感受到深厚的文化涵养，也拉近了中国和其他国家的距离。

基于对文化建设规律及其发展趋势的判断，针对当前世界各国文化建设和交流中存在的问题，习近平提出了增强中国国际话语权，提升中华文化国际影响力的基本路径。其一，讲好中国故事。要想在国际上树立良好的形象，让国际社会充分了解和认识中国，必须牢牢树立文化自信，没有文化自信就讲不好中国故事。习近平指出：“我们有本事做好中国的事情，还没有本事讲好中国的故事？我们应该有这个信心！”[③]他还指出，只有讲好中国故事，才能在世界上树立起中国的“文明大国形象”“东方大国形象”“负责任大国形象”和“社会主义大国形象”。其二，传播好中国声音。习近平指出：“我国成功走出了一条中国特色社会

① 习近平：《出席第三届核安全峰会并访问欧洲四国和联合国教科文组织总部、欧盟总部时的演讲》，北京：人民出版社 2014 年版，第 11 页。

② 习近平：《举旗帜聚民心育新人兴文化展形象　更好完成新形势下宣传思想工作使命任务》，《人民日报》2018 年 8 月 23 日，第 1 版。

③《习近平关于社会主义文化建设论述摘编》，北京：中央文献出版社 2017 年版，第 208—209 页。

主义道路，实践证明我们的道路、理论体系、制度是成功的。要加强提炼和阐释，拓展对外传播平台和载体，把当代中国价值观念贯穿于国际交流和传播方方面面。”[①] 在对外宣传中，要紧密联系当代中国的价值观念，深刻阐述中国梦与世界各国人民的梦想是相通的，中国的发展只会对人类的和平与发展事业做出更大的贡献，从而引导国际社会全面客观公正地认识和看待中国梦。其三，阐释好中国特色。中国特色社会主义是科学社会主义理论逻辑和中国社会发展历史逻辑的辩证统一，是中国人民在改革开放和社会主义现代化建设实践中逐步探索出来的，是符合中国国情的社会主义。阐释好中国特色，有利于世人全面客观公正地认识中国道路，也有利于坚定全党全国人民坚定不移地走中国特色社会主义道路的决心和信心。

（原载《西北工业大学学报（社会科学版）》2022 年第 3 期。中国人民大学复印报刊资料《马克思主义文摘》2023 年第 2 期转载）

①《习近平谈治国理政》第一卷，北京：外文出版社 2018 年版，第 161 页。

第四编

新时代党的创新理论研究

习近平新时代中国特色社会主义思想的重大意义

科学理解习近平新时代中国特色社会主义思想的几个问题

试论习近平关于加强党的政治建设的思想

习近平新时代中国特色社会主义思想体系的建构逻辑

论“中国之制”的话语生成

习近平新时代中国特色社会主义思想的新概括

——《中共中央关于党的百年奋斗重大成就和历史经验的决议》研读

以正确的党史观汲取百年征程中的奋斗伟力

——习近平总书记关于党的历史重要论述的精神要义与理论旨归

依靠顽强斗争打开事业发展新天地

习近平新时代中国特色社会主义思想的历史地位

党的二十大对中国式现代化理论的丰富和发展

坚持人民至上：习近平新时代中国特色社会主义思想的根本立场观点方法

中国式现代化对世界社会主义的贡献

习近平关于“两个结合”的重要论述及其意义

深刻领会新时代党的创新理论的道理学理哲理

一

习近平新时代中国特色社会主义思想的重大意义

党的十八大以来，以习近平同志为核心的党中央把马克思主义基本原理与中国具体实际和时代特征相结合，总结改革开放以来，特别是十八大以来建设中国特色社会主义的实践经验，继承和发展了马克思主义，创立了习近平新时代中国特色社会主义思想。习近平新时代中国特色社会主义思想是马克思主义中国化的最新成果，是中国特色社会主义理论体系的重要组成部分，是决胜全面建成小康社会，进而建设社会主义现代化强国、实现中华民族伟大复兴中国梦的行动指南，为人类文明的发展进步贡献了中国智慧和中国方案，具有重大的理论和实践意义。

（一）中国特色社会主义实践的经验总结和理论概括

时代是思想之母，实践是理论之源，习近平新时代中国特色社会主义思想产生于社会主义现代化建设的伟大历程，是对改革开放以来，特别是十八大以来中国特色社会主义建设实践的经验概括和理论总结，是新时代的思想精华。十八大以来以习近平同志为核心的党中央立足中国具体实际，科学把握国内外发展大势，顺应新时代实践要求和人民愿望，解决了许多长期想解决而没有解决的问题，办成了许多过去想办而没有办成的大事，促使党和国家面貌发生历史性变革，推动中国特色社会主义进入了新时代。习近平新时代中国特色社会主义思想就是对这一过程中产生的鲜活经验和改革开放以来中国特色社会主义建设经验的理论升华。

第一，协调推进“四个全面”战略布局。党的十八大以来，以习近平同志为核心的党中央坚持问题导向，针对我国发展中不平衡、不协调、不可持续的问题，城乡区域发展差距和居民收入差距较大的问题，有法不依、执法不严、违法不究的问题，党风廉政建设和反腐败斗争形势依然复杂严峻的问题等，勇担重任，直面矛盾，解决问题。习近平总书记指出，中国改革已进入深水区，“改革开放只有进行时，没有完成时。”[①] 为实现2020年全面建成小康社会这一党对人民许下的庄严承诺，以经济体制改革为重点，在重要领域和关键环节的改革上实现突破，推进全面深化改革，完善和发展中国特色社会主义制度，推进国家治理体系和治理能力现代化；提出党的领导是中国特色社会主义法治的最根本的保证，紧紧围绕保障和促进社会公平正义全面推进依法治国，建设中国特色社会主义法治体系，建设社会主义法治国家；以改革创新精神推进全面从严治党，落实管党治党责任，着力加强党的制度建设，把权力关进制度的牢笼，以零容忍的态度惩治腐败，确保党始终成为中国特色社会主义事业的坚强领导核心。

第二，统筹推进“五位一体”战略布局。中国特色社会主义经济建设、政治建设、文化建设、社会建设、生态文明建设是一个有机整体。十八大以来以习近平同志为核心的党中央坚持以经济建设为中心，全面推进社会主义经济建设、政治建设、文化建设、社会建设、生态文明建设，实现了现代化建设各领域统筹协调、共同发展。经济建设方面，主动引领经济发展新常态，坚持以提高发展质量和效益为中心，正确处理市场和政府关系，推进供给侧结构性改革，加快实施创新驱动发展战略；政治建设方面，坚持走中国特色社会主义政治发展道路，坚定不移保障人民当家作主，健全和完善适合我国国情的政治制度，积极发展社会主义协商民主，有效推进政府职能转变和行政体制改革；文化建设方面，牢牢把握意识形态工作的领导权和话语权，巩固马克思主义在意识形态领域的指导地位，培育和践行社会主义核心价值观，传承和弘扬中华优秀传统文化，讲好中国故事，提高国家文化软实力；社会建设方面，抓住人民最关心最直接最现实的利益问题，有效推进精准扶贫，改善民生和创新社会治理，构建全民共建共享的社会治理格局，实现经济发展

①《习近平总书记系列重要讲话读本》，北京：学习出版社2016年版，第68页。

和民生改善的良性循环；生态文明建设方面，把生态文明建设融入经济建设、政治建设、文化建设、社会建设各方面和全过程，扎实推进生态文明体制改革，实施最严格的生态环境保护制度，从而实现经济建设、政治建设、文化建设、社会建设、生态文明建设协调发展，建设富强民主文明和谐美丽的现代化强国。

第三，推进中国特色的大国外交。十八大以来，以习近平同志为核心的党中央始终坚持独立自主的和平外交政策，走和平发展道路，积极推动“一带一路”倡议，倡导构建人类命运共同体，在实现自身发展进步的同时，推动构建以合作共赢为核心的新型国际关系，为世界各国的共同发展提供机会、创造条件。推进全球治理体系变革，“审时度势，努力抓住机遇，妥善应对挑战，统筹国内国际两个大局，推动全球治理体制向着更加公正合理方向发展，为我国发展和世界和平创造更加有利的条件”。[①] 使中国的现代化建设事业成为同世界各国合作共赢的事业。

新实践和新时代呼唤新理论。以习近平同志为核心的党中央紧密结合新的时代条件和实践要求，在总结中国特色社会主义实践经验的基础上，以全新视野深化了对共产党执政规律、社会主义建设规律、人类社会发展规律的认识，从理论和实践两个方面系统回答了新时代坚持和发展什么样的中国特色社会主义、怎样坚持和发展中国特色社会主义这一重大问题，创立了习近平新时代中国特色社会主义思想。

（二）马克思主义中国化的最新成果

习近平新时代中国特色社会主义思想作为马克思主义中国化的最新成果，既坚持了马克思主义的基本立场、观点和方法，又立足新时代中国特色社会主义建设实际实现了对党的指导思想的创新和发展，与马克思列宁主义、毛泽东思想、邓小平理论、“三个代表”重要思想和科学发展观既一脉相承又与时俱进，是中国特色社会主义理论体系的重要组成部分。

第一，马克思列宁主义、毛泽东思想、邓小平理论、“三个代表”

①《习近平总书记系列重要讲话读本》，北京：学习出版社2016年版，第274页。

重要思想和科学发展观是习近平新时代中国特色社会主义思想的理论渊源。马克思列宁主义、毛泽东思想、邓小平理论、“三个代表”重要思想和科学发展观是中国共产党长期坚持的指导思想。习近平新时代中国特色社会主义思想首先是对马克思列宁主义、毛泽东思想、邓小平理论、“三个代表”重要思想和科学发展观的坚持和继承。习近平指出：“背离或放弃马克思主义，我们党就会失去灵魂、迷失方向。在坚持马克思主义指导地位这一根本问题上，我们必须坚定不移，任何时候任何情况下都不能有丝毫动摇。”[①] 马克思列宁主义、毛泽东思想、邓小平理论、“三个代表”重要思想和科学发展观所包含的基本原则是习近平新时代中国特色社会主义思想的理论基础。

第二，习近平新时代中国特色社会主义思想创新和发展了马克思列宁主义、毛泽东思想、邓小平理论、“三个代表”重要思想和科学发展观。习近平新时代中国特色社会主义思想把马克思主义基本原理与当代中国具体实际相结合，顺应实践发展、时代要求和人民心愿，系统回答新时代坚持和发展什么样的中国特色社会主义、怎样坚持和发展中国特色社会主义，包括新时代坚持和发展中国特色社会主义的总目标、总任务、总体布局、战略布局和发展方向、发展方式、发展动力、战略步骤、外部条件、政治保证等基本问题，并且要根据新的实践对经济、政治、法治、科技、文化、教育、民生、民族、宗教、社会、生态文明、国家安全、国防和军队、“一国两制”和祖国统一、统一战线、外交、党的建设等各方面作出理论分析和政策指导。从而创新和发展了马克思列宁主义、毛泽东思想、邓小平理论、“三个代表”重要思想和科学发展观，提升了中国化马克思主义的理论境界，开拓了中国化马克思主义的理论视野，在新时代实现了党的指导思想的与时俱进。

第三，习近平新时代中国特色社会主义思想是中国特色社会主义理论体系的重要组成部分。中国特色社会主义理论体系是改革开放以来党和人民全部实践的理论概括，是马克思主义中国化第二次历史性飞跃的理论成果，体现了改革开放以来党的几代中央领导集体的接力探索和理

①《习近平在庆祝中国共产党成立95周年大会上的讲话》，《人民日报》2016年7月2日，第2版。

论创新。以邓小平为核心的党的第二代领导集体开创了中国特色社会主义事业，创立了邓小平理论，为这个理论体系奠定了理论框架和基本原则。以江泽民为核心的党的第三代中央领导集体，成功把中国特色社会主义推向21世纪，形成了“三个代表”重要思想。以胡锦涛为总书记的党中央，在新世纪继续坚持和发展中国特色社会主义，形成了科学发展观。以习近平同志为核心的党中央着眼于新时代新问题，系统回答了新时代中国特色社会主义的基本理论和实践问题，形成了习近平新时代中国特色社会主义思想，明确了新时代坚持和发展中国特色社会主义的新要求，为中国特色社会主义理论体系增添了新内容，成为中国特色社会主义理论体系的重要组成部分。

（三）中华民族伟大复兴的行动指南

理论源自于实践，又服务于实践。习近平新时代中国特色社会主义思想作为马克思主义中国化的最新成果，是人民实践经验的总结和全党集体智慧的结晶，又是决胜全面建成小康社会，进而建设社会主义现代化强国、实现中华民族伟大复兴的行动指南。

第一，习近平新时代中国特色社会主义思想为新时代建设中国特色社会主义提供了新的思想武器。习近平新时代中国特色社会主义思想明确了新时代坚持和发展中国特色社会主义的总任务、主要矛盾、总体布局和战略布局、全面深化改革总目标、全面推进依法治国总目标、新时代的强军目标、中国特色大国外交，和中国特色社会主义最本质的特征。这“八个明确”相互贯通，逻辑严密，内涵丰富，构成习近平新时代中国特色社会主义思想的四梁八柱，形成了一个逻辑严密、内涵丰富的科学理论体系，体现了习近平新时代中国特色社会主义思想的精神实质和基本内容。在此基础上，党中央进一步提出坚持党对一切工作的领导、坚持以人民为中心、坚持全面深化改革、坚持新发展理念等坚持和发展中国特色社会主义的十四个基本方略，从实践层面明确回答了坚持和发展中国特色社会主义的目标、路径、方略、步骤等。“八个明确”和“十四个坚持”相辅相成、相互补充，从理论概括和实践指南两个方面共同构成了习近平新时代中国特色社会主义思想的主要内容，反映了新时代和新实践对理论发展的新要求，为新时代坚持和发展中国特色社会主义提供了新的思想武器，为决胜全面建成小康社会，进而建设社会主义现代化强国、实现中华民族的伟大复兴提供了理论保证。

第二，习近平新时代中国特色社会主义思想是凝聚中国人民和中华民族团结奋进的思想基础。马克思指出："理论只要说服人，就能掌握群众；而理论只要彻底，就能说服人。"[①] 习近平新时代中国特色社会主义思想是经过十八大以来中国特色社会主义实践检验，能有效指导我国经济社会发展的科学理论，其理论内涵、精神实质和实践要求逐渐被广大人民群众理解、认同和接受。广大人民群众的接受和认同，是确立习近平新时代中国特色社会主义思想指导地位的群众基础，也为凝聚中华民族和中国人民团结奋进奠定了坚实的思想基础。

第三，习近平新时代中国特色社会主义思想行动指南作用的发挥关键在于贯彻到新时代中国特色社会主义建设全过程。马克思指出："一步实际运动比一打纲领更重要。"[②] 习近平总书记也指出："要在做实上下功夫。清谈误国、实干兴邦，一分部署、九分落实。要拿出实实在在的举措，一个时间节点一个时间节点往前推进，以钉钉子精神全面抓好落实。"[③] 当前发挥习近平新时代中国特色社会主义思想的行动指南作用，最主要的是将其贯彻到进行伟大斗争、建设伟大工程、推进伟大事业、实现伟大梦想的实践中。也就是以习近平新时代中国特色社会主义思想为指导，应对重大挑战、抵御重大风险、克服重大阻力、解决重大矛盾，进行具有许多新的历史特点的伟大斗争；勇于直面问题，敢于刮骨疗毒，消除一切损害党的先进性和纯洁性的因素，清除一切侵蚀党的健康肌体的病毒，不断增强党的政治领导力、思想引领力、群众组织力、社会号召力，确保我们党永葆旺盛生命力和强大战斗力；自觉增强道路自信、理论自信、制度自信、文化自信，既不封闭僵化，也不改旗易帜，保持政治定力，坚持实干兴邦，始终坚持和发展中国特色社会

①《马克思恩格斯选集》第一卷，北京：人民出版社 2012 年版，第 9—10 页。

②《马克思恩格斯选集》第三卷，北京：人民出版社 2012 年版，第 355 页。

③ 习近平:《切实学懂弄通做实党的十九大精神　努力在新时代开启新征程续写新篇章》，《人民日报》2017 年 10 月 29 日，第 1 版。

主义。伟大斗争，伟大工程，伟大事业，伟大梦想，紧密联系、相互贯通，其中起决定性作用的是党的建设新的伟大工程，必须将党的政治建设放在首位，严格贯彻落实新时代党的建设总要求，“确保党在世界形势深刻变化的历史进程中始终走在时代前列，在应对国内外各种风险和考验的历史进程中始终成为全国人民的主心骨，在坚持和发展中国特色社会主义的历史进程中始终成为坚强领导核心。”①

（四）人类文明发展进步的中国智慧和中国方案

习近平新时代中国特色社会主义思想立足现代化建设实际和改革开放伟大实践，有力推动了社会主义市场经济、民主政治、先进文化、和谐社会、美丽中国全面发展，使国家的面貌、人民的面貌和中华民族的面貌发生了历史性变化，使中华民族迎来了由站起来、富起来到强起来的伟大飞跃，从而为全球广大发展中国家呈现了一条不同于西方的现代化之路。同时以其深厚的历史底蕴和宽广的全球视野为解决人类问题贡献了中国智慧、为实现全球治理提供了中国方案。

第一，习近平新时代中国特色社会主义思想拓展了发展中国家走向现代化的途径。世界历史发展表明，绝大多数发展中国家在走向现代化过程中或者选择了以苏联为代表的社会主义发展道路，或者选择了以西欧和美国为代表的西方资本主义发展道路。以苏联为代表的社会主义国家在走向现代化过程中，由于体制机制僵化和官僚主义盛行等原因最终没能成功实现现代化；模仿或照搬西方模式的发展中国家大都也未能实现国家富强，反而出现两极分化、政治腐败等严重社会问题。习近平新时代中国特色社会主义思想作为中国特色社会主义理论体系的重要组成部分，在新的历史条件下继续立足基本国情和现代化建设实际，坚持党的基本路线不动摇，有效推进全面深化改革、全面依法治国、全面从严治党，成功指引中国这样一个经济文化比较落后的国家在现代化建设道路上不断前进，为最终全面建成小康社会、进而建设社会主义现代化强国奠定了坚实基础。其中所展现的发展道路既摆脱了苏联模式的束缚，

① 习近平：《决胜全面建成小康社会 夺取新时代中国特色社会主义伟大胜利》，《人民日报》2017年10月28日，第1版。

又打破了对西方路径的依赖，是一条符合自身基本国情、社会制度、历史传统和文化特色的现代化建设之路，为全球发展中国家现代化建设道路的选择提供了重要借鉴。

第二，习近平新时代中国特色社会主义思想彰显了中华优秀传统文化的持久价值和永恒魅力，为解决人类问题贡献了中国智慧。21 世纪的人类发展面临诸多问题，这些问题不仅覆盖政治、经济和安全等传统领域，还涉及网络、外空、深海等新兴领域，日益发展的全球实践表明，这些矛盾和问题仅靠西方逻辑和思维无法得到有效解决。习近平新时代中国特色社会主义思想有着悠久的历史传承和深厚的文化底蕴，在新时代外交和国际战略中彰显了中华优秀传统文化的持久价值和永恒魅力，为人类问题的解决贡献了中国智慧。习近平总书记指出："只要秉持包容精神，就不存在什么'文明冲突'，就可以实现文明和谐。"[①] 中华优秀传统文化中的求同存异、和而不同、和生万物、协和万邦等思想，为实现国与国之间和睦相处、和谐共生、和平共处、和平发展提供了思想文化资源。"君子喻于义，小人喻于利""既以为人，己愈有；既以与人，己愈多"，中华优秀传统文化倡导的重义轻利和共享理念，期望国家在交往中寻求最大公约数，通过增量实现利益最大化，实现双赢和共赢，为缓和以至消除国家之间利益冲突，建立公正、合理、和谐的国际秩序和全球治理体系提供了新的思路。天人合一、道法自然等主张则反映出中华优秀传统文化主张人与自然和谐相处的观点，习近平总书记在继承这些主张合理内核的基础上，提出清洁美丽的生态价值取向，认为"绿水青山就是金山银山。我们应该遵循天人合一、道法自然的理念，寻求永续发展之路"[②]，为人类正确处理与自然的关系提供了借鉴。

第三，习近平新时代中国特色社会主义思想为实现全球治理提供了中国方案。习近平新时代中国特色社会主义思想不仅推动了中国社会的发展进步，而且为实现全球治理提供了中国方案，其中最具代表性的是人类命运共同体理念和"一带一路"倡议。人类命运共同体以普惠价值

---

① 习近平:《在联合国教科文组织总部发表演讲》,《人民日报》2014 年 3 月 28 日，第 1 版。

② 习近平:《共同构建人类命运共同体——在联合国日内瓦总部的演讲》,《人民日报》2017 年 1 月 20 日，第 2 版。

和共享发展为价值支撑，倡导建立平等相待、互商互谅的伙伴关系，营造公道正义、共建共享的安全格局，谋求开放创新、包容互惠的发展前景，促进和而不同、兼收并蓄的文明交流，构筑尊崇自然、绿色发展的生态体系，描绘了国际关系发展的美好前景，为构建公平正义的国际政治经济新秩序提供了基本原则。“一带一路”倡议是中国期望促进沿线各国共同发展的重要战略规划，它以政策沟通为重要保障，以基础设施互联互通为优先领域，以投资贸易合作为重点内容，以资金融通为重要支撑，以民心相通为社会根基，努力打造开放、包容、均衡、普惠的区域合作架构，将各国利益与中国快速发展的经济更好地结合起来，形成互利互助的共建平台，使各国都能享受到中国经济发展带来的机遇和红利，推动各国共同发展。

（原载《中共中央党校学报》2017 年第 6 期）

二

科学理解习近平新时代中国特色社会主义思想的几个问题

中共十九大是一次承前启后、继往开来、具有重大历史意义的大会，在这次大会上提出的习近平新时代中国特色社会主义思想是党在新时代进行的重大理论创新，是马克思主义中国化的最新理论成果。习近平新时代中国特色社会主义思想回应了新时代的要求和人民的期盼，是对改革开放以来，尤其是十八大以来中国特色社会主义实践经验的科学总结和理论升华，对于全面建成小康社会、建设社会主义现代化强国，实现中华民族伟大复兴具有十分重要的指导意义。

（一）中国特色社会主义进入新时代是习近平新时代中国特色社会主义思想形成的时代背景

历史方位是基于一个国家历史状况、基本国情、根本目标、发展战略、世界大势所做出的总结和概括，是一个国家长期发展的坐标，也是新的思想产生的时代背景。明晰了历史方位，才能对未来的发展做出理性的战略判断和制定出符合历史发展方向的战略规划，才能保持头脑清醒、沿着正确的方向继续前进。十九大报告在回顾总结十八大以来五年成就的基础上指出："经过长期努力，中国特色社会主义进入了新时代，这是我国发展新的历史方位。"[①] 这是十九大报告做出的一个重大判断。提出进入新时代，标志着党对中国特色社会主义有了更加深入的理解，标志着我国社会主义现代化建设开启了新的征程。新时代催生新思想，新思想引领新时代。习近平新时代中国特色社会主义思想，就是紧密结

① 习近平:《决胜全面建成小康社会　夺取新时代中国特色社会主义伟大胜利——在中国共产党第十九次全国代表大会上的报告》，北京：人民出版社 2017 年版，第 10 页。

合新的时代条件和实践要求，在坚持和发展中国特色社会主义的进程中形成的。

1．中国特色社会主义进入新时代的缘由

自从1982年邓小平在党的十二大开幕词中提出建设有中国特色的社会主义的科学称谓以来，建设和发展中国特色社会主义经过了将近40年的时间。在这期间，我们克服了前进道路上的许多艰难险阻，开辟了中国特色社会主义道路，取得了改革开放的重大成就。从经济建设来看，确立了社会主义市场经济体制，极大地解放和发展了社会生产力，经济总量已经跃居世界第二位。政治建设方面，民主法治建设取得重大进展，人民当家作主的制度体系逐步完善，依法治国方略全面实施，法治建设成果显著。文化建设方面，马克思主义在意识形态领域的指导地位更加巩固，社会主义核心价值观在全社会得到践行，文化强国建设取得了初步成果。社会建设方面，民生问题的解决取得阶段性成果，精准扶贫按计划持续稳步推进，社会治理体系更加完善，人民生活基本达到了小康水平。生态文明建设成效显著，环境违法现象得到根本扭转，生态环境得到明显改善。总之，我国的经济实力、科技实力、国防实力、综合国力已经进入世界前列。中国已经基本实现了站起来、富起来的阶段性目标，正在向着建设社会主义现代化强国的目标迈进，这是中国特色社会主义进入新时代的客观依据。

新时代的产生不仅是因为发展的阶段性上升，而且是因为在这一新的时代出现了新的矛盾，需要解决新的问题。中国特色社会主义进入新时代，其主要矛盾发生了重大变化，由“人民日益增长的物质文化需要同落后的社会生产之间的矛盾”转化为“人民日益增长的美好生活需要和不平衡不充分的发展之间的矛盾。”① 经过近40年的努力，生产能力不足的问题已经基本得到解决，而发展不平衡不充分的问题成为需要着重解决的主要问题。主要矛盾的变化决定了我们必须在实际工作中采取不同的政策和措施。到2020年全面建成小康社会的目标即将实现，新的奋斗目标将转变为把我国建设成为富强民主文明和谐美丽的社会主义现

① 习近平：《决胜全面建成小康社会 夺取新时代中国特色社会主义伟大胜利——在中国共产党第十九次全国代表大会上的报告》，北京：人民出版社2017年版，第11页。

代化强国。这是改革开放以来社会发展进步的必然结果，更是全国各族人民拼搏奋斗的结果。这是一个大有可为、大有作为的新时代，也是中国特色社会主义不断发展成熟的新时代。

2. 中国特色社会主义新时代的内涵

十九大报告提出，中国特色社会主义进入新时代，是我国发展新的历史方位。这就意味着，中国特色社会主义进入了一个全新的发展阶段。这一新的发展阶段，既是对改革开放将近40年的发展成果的承继，也具有许多新的内容和特征。在这一新的发展阶段，要全面建成小康社会，并开启全面建设社会主义现代化强国的新征程。按照十九大的战略规划，到2020年全面建成小康社会，到2050年实现建成社会主义现代化强国的奋斗目标。要完成第一个百年奋斗目标和向第二个百年奋斗目标转化，责任极为重大，任务非常艰巨。这一新的发展阶段是逐步实现全体人民共同富裕的时期，要在解放和发展生产力的同时，以共同富裕作为我们工作的引领，逐步缩小收入差距、地区差距和城乡差距，使人民共享改革发展的成果。这一新的发展阶段还是全国各族人民团结一心、实现中华民族伟大复兴的重要时期。实现中华民族伟大复兴的中国梦是千百万中华儿女的夙愿，要把全体中华儿女团结在一起，建设社会主义现代化强国。这一新的发展阶段还是中国不断走近世界舞台的中央、不断为人类做出更大贡献的时期。随着我国综合国力的不断增强，我们承担的国际责任也越来越多，我们将秉持和平、发展、合作、共赢的理念，同世界人民一道构建人类命运共同体。

3. 中国特色社会主义进入新时代的重要意义

中国特色社会主义进入新时代，是指中国特色社会主义建设进入了一个新的发展阶段。中国特色社会主义进入新时代意味着我们迎来了从站起来、富起来到强起来的飞跃。新民主主义革命的胜利使中华民族重新站在了世界舞台之上，但使中国富起来，再到强起来，我们依靠的是建设和发展中国特色社会主义。理论正确，方向才能正确，中华民族伟大复兴的前景才会一片光明。进入新时代意味着科学社会主义经历了长期的曲折发展之后，迎来了重大的发展机遇。科学社会主义在中国不仅落地生根，而且焕发出了强大的生机活力。进入新时代意味着中国特色社会主义不仅可以实现中国的繁荣发展，而且也给世界上那些既希望加快发展又希望保持自身独立性的国家和民族提供了全新选择，为解决人类问题贡献了中国智慧和中国方案。新时代为中国特色社会主义的发展提供了新的契机，赋予了新的内涵，提出了新的要求，使其始终保持生机活力。

（二）我国社会主要矛盾转变是习近平新时代中国特色社会主义思想形成的主要依据

中国特色社会主义进入新时代，我国社会主要矛盾也发生了转化，这是习近平新时代中国特色社会主义思想形成的主要依据。我国社会主要矛盾的主客体方面都发生了变化，主体方面由人民日益增长的物质文化需要转变为人民日益增长的美好生活需要，客体方面由落后的社会生产转变为不平衡不充分的发展。改革开放近四十年的发展使我国生产力不断提升，经济总量目前稳居世界第二，在一些高科技和制造业领域具有世界领先优势，落后的社会生产显然已经不符合国情。但是，从发展的产业结构和空间地域来看，我国的发展是不平衡的；从发展的整体层次和质量来看，我国的发展是不充分的。“物质文化需要”被“美好生活需要”所替代，说明随着经济的发展和人民收入水平的不断提高，人民的需求层次也不断提高，从以前主要对于物质生活和文化生活的需要向包括经济、政治、文化、社会、生态等多种需求拓展。

1. 社会主要矛盾认识发展过程的启示

党对中国社会主要矛盾的认识经历了一个较为曲折的发展过程。1956 年党的八大在分析客观形势的基础上，认为“我们国内的主要矛盾，已经是人民对于建立先进的工业国的要求同落后的农业国的现实之间的矛盾，已经是人民对于经济文化迅速发展的需要同当前经济文化不能满足人民需要的状况之间的矛盾。”[①] 八大对我国社会主要矛盾的分析认识是比较客观和准确的，但遗憾的是这一正确认识并没有坚持下去。党的八大二次会议和八届三中全会之后，党对社会主要矛盾的判断

①《建国以来重要文献选编》第 9 册，北京：中央文献出版社 2011 年版，第 293 页。

发生了转变，认为无产阶级和资产阶级的矛盾、社会主义和资本主义的矛盾是我国社会的主要矛盾，在这一认识的基础上，把阶级斗争作为主要任务，经济社会发展受到严重制约。1981 年的十一届六中全会，对我国社会的主要矛盾进行了重新确认，提出“在社会主义改造基本完成以后，我国所要解决的主要矛盾，是人民日益增长的物质文化需要同落后的社会生产之间的矛盾”①。这个判断符合我国社会发展的客观实际，从这一判断出发，制定了党在社会主义初级阶段的基本路线，建设和发展中国特色社会主义才能够取得辉煌成就。回顾党对社会主要矛盾的认识发展过程可以看出，对社会主要矛盾的认识直接决定着党的路线方针的制定，对主要矛盾的认识和判断一定要符合客观实际，这样才能明确党和全国人民的主要任务。从 1981 年到现在已经过去了 30 多年，中国的面貌发生了翻天覆地的变化，重新对我国社会的主要矛盾进行认识和判断，对于新时代建设社会主义现代化强国具有十分重要的意义。

2. 社会主要矛盾发生转变的原因

改革开放以来，坚持以经济建设为中心，我国经济建设取得了巨大成就。1978 年我国国内生产总值为 3645 亿元，2013 年已经接近 60 万亿元，2016 年为 74 万亿元。按经济总量来计算，1978 年我国经济总量仅位居世界第 15 位，2010 年已经超过日本，跃居世界第二位。从人均收入来看，按照世界银行的测算，我国人均国民总收入由 1978 年的 190 美元上升至 2012 年的 5680 美元，2016 年则达到 8000 美元，已经接近中等偏上收入国家平均水平。从经济增长率来看，1979—1990 年期间平均每年增长 9%，1991—2001 年期间中国经济的年增长率进一步上升到 10．4%。近几年，我国进行产业结构调整，降低经济增长率，但也保持了将近 7% 的年增长率。总体来看，经过长期的努力奋斗，我国的生产能力发生了巨大变化，已经由改革开放前的供给能力满足不了人们生活需要转变成在一些领域出现供给过剩的局面。

经过近 40 年改革开放，我国的生产力不断发展，综合国力显著增强，人民群众的生活水平持续提升。但是，发展不充分，发展中的不平

①《三中全会以来重要文献选编》下，北京：中央文献出版社 2011 年版，第 168 页。

衡、不协调、不可持续问题还没有得到根本解决。如很早我们就认识到创新的重要作用，但并没有把创新放到发展理念的高度进行认识，致使发展的动力偏弱，引领行业发展的创新性科技成果偏少；我国经济结构不平衡不合理的状况成为制约经济进一步发展的障碍，以前依靠外资和出口的发展模式受到严峻挑战，已经难以继续推动经济的增长；过分注重发展过程中 GDP 的增长，但在政治、文化、社会等方面的建设却比较滞后，特别是生态环境严重恶化，可持续发展任务愈加艰巨；虽然改革开放之初提出鼓励一部分人、一部分地区先富起来，先富带动后富，最终实现共同富裕的思想，但是发展过程中收入分配差距扩大的趋势仍然存在。同时，人民的需求是多样化、多层次、多方面的，对美好生活的向往和追求是不断变化和上升的。随着生活水平的提高，人们的参政意识也在不断增强，对民主法治建设的要求不断提高，更加注重发展过程中的公平正义问题。医疗、房价、教育、就业等关系老百姓生活的民生问题直接决定着人民的获得感，逐渐成为老百姓关注的焦点。随着生态环境的恶化，激发了人们对青山绿水美好环境的向往。可以看出，人民日益增长的美好生活需要和不平衡不充分的发展之间的矛盾已经成为我国社会的主要矛盾。

3. 把握好变与不变的辩证关系

十九大报告指出，我国社会主要矛盾的变化是关系全局的历史性变化，但没有改变对我国社会主义所处历史阶段的判断，我国仍处于并将长期处于社会主义初级阶段的基本国情没有变，我国是世界最大发展中国家的国际地位没有变。社会主义初级阶段的基本国情是我们进行社会主义现代化建设的基本依据，也是我们制定方针政策的根本出发点。正是根据这一基本国情，我们党制定了社会主义初级阶段的基本路线，以经济建设为中心，坚持四项基本原则和坚持改革开放。因此，我们要把握好变与不变的辩证关系。

我国仍处于社会主义初级阶段，深刻认识这一基本国情，始终从这一基本国情出发，我们的政策和方针才不会偏离正确的方向，如果头脑发热，就会影响对总体发展战略的客观判断。但是，社会主义初级阶段也是在不断发展变化的，不同时期内社会主义初级阶段的国情所表现出来的特征会有所不同，所以要正确认识社会主义初级阶段的长期性和阶段性的辩证关系，不因阶段性所表现出的不同特点否定社会主义初级阶段的长期性，也不能因初级阶段的长期性否定在不同时期会呈现出不同的特征。认识了这两者之间的关系，才能深化对社会主义建设规律的认识。从阶段性来讲，从社会主义基本制度建立到改革开放前，可以算作社会主义初级阶段的第一个阶段，这一阶段由于对主要矛盾的认识出现了反复，导致我们的指导方针出现了错误，经济社会发展缓慢。从改革开放到十八大，可以算作社会主义初级阶段的第二个阶段，这一阶段明确了我国社会的主要矛盾是人们日益增长的物质文化需要与落后的社会生产之间的矛盾，根据这一矛盾制定了正确的路线、方针和政策，中国特色社会主义建设取得了长足进步，小康社会已经基本实现且正向全面建成小康社会迈进。从十八大到 2050 年可以算作第三个阶段，这一阶段社会主要矛盾转化为人民日益增长的美好生活需要与不平衡不充分的发展之间的矛盾。虽然主要矛盾发生了变化，但是由初级阶段决定的基本路线等根本性的政策不会发生变化。

正确看待主要矛盾的转化和基本国情没有变，把变与不变统一起来，辩证理解新的时代条件下新的发展任务和时代要求。主要矛盾不是根本性的变化，而是矛盾发展的阶段性变化，它与社会主义初级阶段的基本国情仍然是统一的。从人民物质文化需要到美好生活需要的变化既有连续性又有阶段性，不能因为主要矛盾的变化而改变我们对中国特色社会主义所处历史阶段的判断，但也不能因为基本国情的不变而忽视主要矛盾转化的重要意义。主要矛盾的转变是关乎全局的历史性变化，是党和国家下一步工作的基本遵循，必将对未来的工作产生重大影响。根据这一新的主要矛盾，就要把工作重点放在解决发展的不平衡不充分问题上，使老百姓的获得感不仅体现在物质文化生活方面，而且在民主、法治、公平、正义、安全、生态等方面都能感受到不断向好的变化。

（三）马克思主义中国化的最新理论成果

习近平新时代中国特色社会主义思想是对改革开放以来中国特色社会主义实践经验的科学总结，尤其是在十八大以来以习近平同志为核心的党中央在继承和开创中国特色社会主义伟大实践中形成的，是全党全国人民为实现中华民族伟大复兴而奋斗的行动指南。

1. 中国特色社会主义实践经验的科学总结

时代是思想之母，实践是理论之源。正是对新时代我国发展过程中遇到的各种问题的科学回答，形成了习近平新时代中国特色社会主义思想。十八大以来，国内外面临的形势发生了深刻变化，出现了许多新情况和新问题，对我国社会主义现代化建设提出了新的挑战。一方面，世界进入大发展大变革大调整时期，各国之间的依赖程度继续加深，经济全球化、世界多极化的脚步并没有放缓；另一方面，世界经济增长乏力，贸易保护主义开始抬头，全球不稳定因素增多，恐怖主义、气候问题、网络安全等问题需要全人类共同携手才能有效解决。从国内来看，我国经济经过长期高速增长之后，再维持高速增长已经不太可能，经济调速换挡已经迫在眉睫。我国经济大而不强的问题仍然存在，从要素驱动、投资驱动为主的发展方式向创新驱动的发展方式转变的进程才刚刚开始，生态文明建设成为刻不容缓的任务。党的建设虽然已经取得了明显的成效，但也存在许多严重的问题，党风廉政建设和反腐败工作仍然需要继续加强。

面对新时代出现的新问题和新挑战，以习近平同志为核心的党中央勇于担当，积极应对，提出了一系列新理念、新思想和新战略。为应对经济发展中的新情况，提出了经济发展新常态理论，对经济中长期发展作出了战略性、全局性的判断，为我国经济持续发展奠定了基础。提出发挥市场在资源配置中的决定性作用和更好发挥政府作用，实施创新驱动发展战略，推动供给侧结构性改革，为我国经济改革指明了方向。提出要全面从严治党，认为坚持党的领导是党和国家的根本所在，是全国各族人民的根本利益所在，坚持“老虎”“苍蝇”一起打，坚决清除党内的腐败分子，使反腐败斗争形成压倒性态势。针对国际形势的深刻变化，强调坚定不移走和平发展道路，推动构建以合作共赢为核心的新型国际关系，构建人类命运共同体。正是对发展过程中出现的一系列新问题的不断探索和回答，形成了习近平新时代中国特色社会主义思想。

2. 中国特色社会主义理论体系的重要组成部分

党的十九大报告指出:“新时代中国特色社会主义思想，是对马克思列宁主义、毛泽东思想、邓小平理论、‘三个代表’重要思想、科学发展观的继承和发展，是马克思主义中国化最新成果，是党和人民实践经验和集体智慧的结晶，是中国特色社会主义理论体系的重要组成部分”[①]。正是在继承马克思主义及其中国化过程中产生的理论成果的基础上，习近平提出了新时代中国特色社会主义思想。马克思主义是党的根本，丢失了这个根本，就会在前进道路上迷失方向，就会走上改旗易帜的邪路。马克思主义与中国实际和时代特征相结合，产生了毛泽东思想和中国特色社会主义理论体系两大成果。十八大之后，以习近平同志为核心的党中央根据不断变化的时代特征和中国实际，坚持把马克思主义基本原理与中国实际相结合，形成了习近平新时代中国特色社会主义思想，习近平新时代中国特色社会主义思想是马克思主义中国化的最新成果，与马克思列宁主义、毛泽东思想、邓小平理论、“三个代表”重要思想、科学发展观一脉相承而又与时俱进。

习近平新时代中国特色社会主义思想，是在新时代对中国特色社会主义理论体系的丰富和发展。习近平新时代中国特色社会主义思想产生的基本国情、所要完成的根本任务同中国特色社会主义体系是一致的，两者具有共同的指导思想、价值准则和理论精髓。习近平新时代中国特色社会主义思想的哲学基础是辩证唯物主义和历史唯物主义，是马克思主义的世界观和方法论。习近平新时代中国特色社会主义思想的价值准则是坚持人民主体地位，而维护和实现最广大人民的根本利益是中国特色社会主义一贯坚持的原则。习近平新时代中国特色社会主义思想所要解决的社会主要矛盾，所要回答的时代课题与以前相比都已经发生了重大变化，但仍是中国特色社会主义理论体系的重要组成部分，是中国特色社会主义在不同发展阶段的理论成果。

3. 习近平新时代中国特色社会主义思想的基本内涵

习近平新时代中国特色社会主义思想既是对中国特色社会主义理

① 习近平:《决胜全面建成小康社会　夺取新时代中国特色社会主义伟大胜利——在中国共产党第十九次全国代表大会上的报告》，北京：人民出版社2017年版，第20页。

论体系的继承，又是在新的实践基础上的理论创新。应当全面准确把握习近平新时代中国特色社会主义思想的基本内涵。

一是准确把握习近平新时代中国特色社会主义思想的核心要义。从理论和实践结合上系统回答新时代坚持和发展什么样的中国特色社会主义、怎样坚持和发展中国特色社会主义，是习近平新时代中国特色社会主义思想要解决的重大时代课题，也是其核心要义。党的十八大以来，面对国内外形势的重大变化，坚持和发展什么样的中国特色社会主义、怎样坚持和发展中国特色社会主义，成为党必须回答的重大时代课题。因此，在对中国特色社会主义有了较为深入全面认识的基础上，以习近平为核心的党中央系统地回答了新时代中国特色社会主义的总目标、总任务、总体布局、战略布局和发展方向、发展方式、发展动力、战略步骤、外部条件、政治保证等基本问题，形成了习近平新时代中国特色社会主义思想。

二是习近平新时代中国特色社会主义思想是在对共产党执政规律、社会主义建设规律、人类社会发展规律深刻认识的基础上取得的重大理论创新成果，具有十分丰富的内涵。十九大报告用“八个明确”概括了习近平新时代中国特色社会主义思想的基本内容，即对中国特色社会主义总任务、社会主要矛盾、总体布局和战略布局、全面深化改革总目标、全面推进依法治国总目标、新时代的强军目标、大国外交宗旨、中国共产党领导的本质特征等方面进行了明确和阐述。在此基础上，十九大报告概括了习近平新时代中国特色社会主义思想的实践要求，也就是十四条基本方略。十四条基本方略既是党的基本理论在实践中的应用，也是对实践中的方针政策的理论概括，是习近平新时代中国特色社会主义思想在实践中的具体展开，丰富和拓展了习近平新时代中国特色社会主义思想的基本内容。把握好“八个明确”和“十四条基本方略”的具体要求，就能够全面深刻理解习近平新时代中国特色社会主义思想的精神实质和丰富内涵。

三是把握习近平新时代中国特色社会主义思想的特点。一是继承性。它不是“另起炉灶”，而是在中国特色社会主义理论体系的基础上的创新和发展，不仅坚持了马克思主义的立场、观点和方法，也继承和吸收了中华优秀传统文化和人类文明的有益成果。二是创新性。它不是对原有体系的细枝末节的修补，而是在完善的同时进行理论创新，比如五大发展理念、供给侧结构性改革等内容。三是时代性。中国特色社会主义理论是个开放的体系，随着时代的变化不断发展，以解决新的时代提出的新课题。对社会主要矛盾变化的认识、提高治理体系和治理能力现代化等思想，都是对时代发展所作出的回应。四是人民性。中国共产党的根本宗旨是为人民服务。习近平新时代中国特色社会主义思想坚持人民主体地位，始终把人民的利益放在首位，使这一思想能够获得老百姓的认同和支持。从继承性、创新性、时代性和人民性等方面入手，我们就能认识和把握习近平新时代中国特色社会主义思想的深刻内涵。

（四）实现中华民族伟大复兴的行动指南

习近平在党的十九大报告中明确提出，新时代中国特色社会主义思想，“总任务是实现社会主义现代化和中华民族伟大复兴，在全面建成小康社会的基础上，分两步走在本世纪中叶建成富强民主文明和谐美丽的社会主义现代化强国”[①]。习近平关于中国特色社会主义总任务、总目标、战略步骤和战略部署等论述，是新时代中国特色社会主义思想的重要内容，是进行社会主义现代化强国建设的纲领，是开启新征程、续写新篇章的行动指南。

1. 提出了总任务和奋斗目标

实现社会主义现代化是我们党始终不渝的奋斗目标。十九大报告对实现社会主义现代化的蓝图进行了具体的描绘，提出要在本世纪中叶建成富强民主文明和谐美丽的社会主义现代化强国。这个新表述，一是增加了“美丽”的内容，体现了绿色发展理念；二是提出要建成的是社会主义现代化“强国”，这既是对社会主义现代化的深刻认识，也显示出中国共产党的决心和信心。

中华民族伟大复兴和建设社会主义现代化强国是总任务的两个方面，共同构成了新时代中国特色社会主义的总任务和奋斗目标。中华民

① 习近平:《决胜全面建成小康社会　夺取新时代中国特色社会主义伟大胜利——在中国共产党第十九次全国代表大会上的报告》，北京：人民出版社 2017 年版，第 19 页。

族伟大复兴的中国梦，是站在历史的高度，从中华民族的整体利益出发，提出中华儿女只有齐心协力才能实现国家富强、民族振兴和人民幸福，体现了中国共产党的历史担当和使命追求。现代化是世界发展的潮流和趋势，实现现代化也是近代以来中国人民梦寐以求的夙愿，标志着中国在世界发展的潮流中立于前列，走近世界舞台的中央。不管是中华民族的伟大复兴还是社会主义现代化强国的实现，其根本路径都是要走中国特色社会主义道路，都离不开中国共产党的领导，这是两者统一的基础。中国共产党的初心和使命就是为人民谋幸福、为民族谋复兴，一代代中国共产党人为此浴血奋战、艰苦奋斗，建立了新中国，开创了中国特色社会主义伟大事业。时至今日，中华民族伟大复兴的目标越来越近，这是中国共产党领导中国人民奋斗的结果，也是中国人民沿着中国特色社会主义道路不断前进的结果。

2. 做出了新的战略安排

20 世纪 60 年代，我们党就提出了实现“四个现代化”的奋斗目标，80 年代，邓小平提出我国社会主义现代化建设“三步走”的发展战略。其中第三步是指到 21 世纪中叶，达到中等发达国家水平，基本实现现代化。1997 年，基本实现了“三步走”的前两步战略目标之后，党对第三步战略安排进行了具体化，提出了“两个一百年”的战略安排。党的十八大根据国内外形势的新变化，赋予了“两个一百年”战略目标新的内容，即在中国共产党成立一百年时全面建成小康社会，在新中国成立一百年时建成富强民主文明和谐的社会主义现代化国家。随着 2020 年的接近，第一个百年目标即将实现，十九大又对第二个百年奋斗目标进行了新的安排。第一个阶段，从 2020 年到 2035 年，在全面建成小康社会的基础上基本实现社会主义现代化；第二个阶段，从 2035 年到本世纪中叶，把我国建成富强民主文明和谐美丽的社会主义现代化强国。这一新的战略安排对以往的百年目标进行了适当的修正，即在 2035 年基本实现社会主义现代化，比预定时间提前 15 年完成“三步走”战略构想的最后一步。再奋斗 15 年，社会主义现代化强国的目标一定能够实现。通过对实现总任务、总目标的时间表和路线图的重新细化，有助于我们明确阶段性的目标。未来的五年，是“两个一百年”奋斗目标的历史交汇期，我们面临着实现全面建成小康社会的重任，也面临着新的建设征程的开启，在此关键的历史时期，以习近平新时代中国特色社会主义思想为指导，才能继续奋力前进。

3. 进行了新的战略部署

十九大从政治、经济、文化、社会、生态等各个方面提出了许多新的战略举措，不仅丰富了习近平新时代中国特色社会主义思想，也为奋斗目标的实现提供了坚实保障。经济建设方面，在继续深化供给侧结构性改革和加快完善社会主义市场经济体制的基础上，提出实施乡村振兴战略、区域协调发展战略和创新驱动战略，建设现代化经济体系，这些政策的实施将会进一步推动我国经济持续健康发展，为现代化强国目标的实现夯实物质基础。政治建设方面，提出成立中央全面依法治国领导小组，促进依法治国方略的实施，推动转变政府职能、简政放权改革走向深入，发挥社会主义协商民主重要作用，进一步完善人民当家作主的制度体系。文化建设方面，提出要牢牢掌握意识形态工作领导权，培育和践行社会主义核心价值观，繁荣社会主义文艺，推动文化事业和文化产业快速发展。社会建设方面，提出保障精准扶贫工程的顺利完成，打造共建共治共享的社会治理格局，疏解社会矛盾，建设和谐社会。生态文明建设方面，提出要继续推进绿色发展，解决突出的环境问题，加大生态系统保护力度，最终形成人与自然和谐发展的现代化建设新格局。

在中国特色社会主义新时代，面临需要解决的新矛盾，开启新的征程，全党要坚持以习近平新时代中国特色社会主义思想为指导，不忘初心，牢记使命，统筹推进“五位一体”总体布局、协调推进“四个全面”战略布局，为全面建成小康社会、建设社会主义现代化强国，实现中华民族伟大复兴努力奋斗。

（原载《湖南科技大学学报（社会科学版）》2018 年第 1 期）

三

试论习近平关于加强党的政治建设的思想

党的十八大以来，习近平总书记反复强调，中国共产党作为马克思主义政党，必须旗帜鲜明讲政治，严肃认真开展党内政治生活。他指出，党员干部要注重提高政治能力，牢固树立政治理想，正确把握政治方向，坚定站稳政治立场，严格遵守政治纪律，加强政治历练，积累政治经验，自觉把讲政治贯穿于党性锻炼全过程。在党的十九大报告中，习近平总书记明确把党的政治建设纳入党的建设总体布局，强调“以党的政治建设为统领”①。这一系列重要论述，适应了党和国家事业发展新要求，丰富了全面从严治党思想内涵，发展了马克思主义党建思想，具有十分重要的理论意义和实践意义。

（一）旗帜鲜明讲政治是我们党作为马克思主义政党的根本要求

政党本质上是特定阶级利益的代表者，是有着共同政治纲领、政治路线、政治目标、政治纪律的政治组织。政治属性是政党的第一属性，政治建设是政党建设的内在要求。只有加强党的政治建设，才能保证党的政治方向对头、政治原则坚定、政治路线正确、政治纪律严明，才能统一全党意志、凝聚全党力量，为实现党的纲领和目标而共同奋斗。旗帜鲜明讲政治，注重政治建设，并将其作为党的建设的重要组成部分，这是我们党的优良传统和宝贵经验。中国共产党是马克思主义政党，是中国工人阶级的先锋队，同时又是中国人民和中华民族的先锋队，党的最高理想和最终目标是实现共产主义。党的性质决定了必须旗帜鲜明讲

① 习近平：《决胜全面建成小康社会　夺取新时代中国特色社会主义伟大胜利——在中国共产党第十九次全国代表大会上的报告》，北京：人民出版社 2017 年版，第 62 页。

政治。

第一，在中国革命和建设时期，我们党就非常重视政治建设。我们党从成立之日起，就明确提出了自己的政治纲领，确立了党的最终奋斗目标，规定了严格的政治纪律。在古田会议上，毛泽东严肃批评军事好政治自然好、军事不好政治也不好的观点，强调红军是一个执行革命的政治任务的武装集团，要“从教育上提高党内的政治水平”①，要“教育党员使党员的思想和党内的生活都政治化，科学化”②，并首次提出党内生活政治化的命题。在抗日战争时期，他强调党的建设要同党的政治路线紧密联系，把“坚定正确的政治方向”作为抗大的首条教育方针③。在党的七大预备会议上，毛泽东明确提出“看齐”问题，强调“看齐是原则”，“我们要向中央基准看齐，向大会基准看齐”。④中华人民共和国成立后，毛泽东仍一再提醒广大干部要保持清醒的政治头脑，高度重视政治工作。在党成为执政党的条件下，为调动一切积极因素建设社会主义，他提出，我们的目标是努力造成一个“又有集中又有民主，又有纪律又有自由，又有统一意志、又有个人心情舒畅、生动活泼”⑤的政治局面。这一系列重要思想和要求，保证了党的团结统一，保证了党的凝聚力和战斗力，保证了革命和建设事业的发展。

第二，在改革开放新时期，我们党一再强调要讲政治。改革开放以来，在推进中国特色社会主义事业进程中，邓小平等党和国家领导人一再强调讲政治，要善于从政治上观察问题和处理问题。邓小平指出，搞经济建设、搞现代化建设，必须有政治保证，明确提出要坚持四项基本原则，要求“各级组织、每个党员都要按照党章的规定，一切行动服从上级组织的决定，尤其是必须同党中央保持政治上的一致。”⑥他指出：“改革，现代化科学技术，加上我们讲政治，威力就大多了。到什么时

①《毛泽东选集》第一卷，北京：人民出版社1991年版，第87页。
② 同上书，第92页。
③《毛泽东文集》第二卷，北京：人民出版社1993年版，第188页。
④《毛泽东文集》第三卷，北京：人民出版社1996年版，第298页。
⑤《毛泽东文集》第八卷，北京：人民出版社1999年版，第293页。
⑥《邓小平文选》第二卷，北京：人民出版社1994年版，第366页。

候都得讲政治”。[①] 江泽民指出：“必须坚定正确的政治方向、政治立场、政治观点，严守政治纪律，增强政治敏锐性和政治鉴别力，保证全党在思想上、政治上、组织上高度统一。”[②] 正是因为我们党一再强调讲政治，始终保持清醒的政治头脑、坚定的政治信念，才经受住了国内外各种风险和困难的考验，胜利推进了中国特色社会主义事业。

第三，在中国特色社会主义新时代，习近平反复强调要旗帜鲜明讲政治。党的十八大以来，以习近平同志为核心的党中央把讲政治放到了更加重要的位置，反复强调全党要旗帜鲜明讲政治。讲政治，是我们党补钙壮骨、强身健体的根本保证，是我们党培养自我革命勇气、增强自我净化能力、提高排毒杀菌政治免疫力的根本途径。历史经验表明，什么时候全党讲政治、党内政治生活正常健康，我们党就风清气正、团结统一，充满生机活力，党的事业就蓬勃发展；反之，就弊病丛生、人心涣散、丧失斗志，各种错误思想得不到及时纠正，给党的事业造成严重损失。他指出：“我们党作为马克思主义政党，讲政治是突出的特点和优势。没有强有力的政治保证，党的团结统一就是一句空话。”[③] 讲政治是全面从严治党的内在要求，是坚持和发展中国特色社会主义的重要保证。只有旗帜鲜明讲政治，我们党才能有效应对前进道路上的各种风险和挑战，防止出现颠覆性错误；只有旗帜鲜明讲政治，才能纲举目张，从根本上明确怎样从严治党，不断提高党自我净化、自我完善、自我革新、自我提高的能力。

（二）新时代把党的政治建设摆在首位的重要意义

党的十九大在继承我们党重视政治建设传统的基础上，把政治建设提到一个新的高度，而且赋予政治建设以更丰富的内涵，强调“以党的政治建设为统领”，“把党的政治建设摆在首位”。[④] 这一重要思想和论述，凸显了党的政治建设的极端重要性，是对马克思主义党建理论的发展，

①《邓小平文选》第三卷，北京：人民出版社 1993 年版，第 166 页。

②《江泽民文选》第二卷，北京：人民出版社 2006 年版，第 361 页。

③《习近平关于全面从严治党论述摘编》，北京：中央文献出版社 2016 年版，第 80 页。

④ 习近平：《决胜全面建成小康社会　夺取新时代中国特色社会主义伟大胜利——在中国共产党第十九次全国代表大会上的报告》，北京：人民出版社 2017 年版，第 62 页。

对于推进新时代党的建设新的伟大工程，推进中国特色社会主义伟大事业，具有重大而深远的意义。

第一，把党的政治建设摆在首位，是对马克思主义党建理论的新发展。注重从思想上建党，是我们党的光荣传统和政治优势，新民主主义革命时期，我们一直把党的思想建设放在首位。其原因在于那时我们党的主体是农民和小资产阶级出身的党员，而且是在农村游击战争的环境中建党，是为了保持工人阶级先锋队的性质和党的纯洁性。从把思想建设放在首位到今天强调把政治建设摆在首位，并作为党的根本性建设，体现了我们党对自身建设规律认识的不断深化，在新的起点上丰富和发展了马克思主义党建理论。其突出贡献主要体现在：一是明确政治建设在新时代党的建设总体布局中居于统领地位，为其他方面建设指明了基本方向，也就是各项建设都要围绕党的性质和奋斗目标展开，共同促进党的奋斗目标的实现。二是政治建设的要求要融入渗透到各项具体建设之中，比如思想建设要用新时代中国特色社会主义思想武装全党，坚定政治理想和政治道路；组织建设要突出政治标准，提拔重用牢固树立“四个意识”和“四个自信”、坚决维护党中央权威、全面贯彻执行党的理论和路线方针政策的干部；作风建设必须把党的宗旨意识、政治立场贯穿其中，不断厚植党执政的群众基础；纪律建设重点强化政治纪律和组织纪律，带动廉洁纪律、群众纪律、工作纪律、生活纪律严起来；而这一切都要通过制度建设予以有效保障。三是新时代党的建设成效必须首先用政治建设标准来衡量，比如要看党的性质和宗旨坚持得如何，党是否始终坚持自己确定的政治方向，如果党的性质发生变化，背离了政治初衷，即使经济和其他事业再发展，那也是没有意义的。总之，政治建设是党的建设的根本，决定党的建设的方向。政治建设抓好了，对党的其他方面建设可以起到纲举目张的作用。

第二，把党的政治建设摆在首位，是坚持和加强党的全面领导的必然要求。中国特色社会主义最本质的特征是中国共产党领导，中国特色社会主义制度的最大优势是中国共产党领导。[①] 党政军民学，东西

①《习近平关于全面从严治党论述摘编》，北京：中央文献出版社 2016 年版，第 12 页。

南北中，党是领导一切的。[①] 习近平总书记指出：“历史已经并将继续证明，没有中国共产党的领导，民族复兴必然是空想。”[②] 坚持党的领导是当代中国的最高政治原则，是党和国家的根本所在、命脉所在，是全国各族人民的利益所系、幸福所系，是中华民族的命运所系、前途所系，是夺取新时代中国特色社会主义伟大胜利、实现中华民族伟大复兴的根本保证。党的十八大以来，党和国家事业取得历史性成就、发生历史性变革，其根本就在于我们党的正确领导、坚强领导、全面领导。坚持和加强党的全面领导，必然要求全面加强党的建设，特别是加强党的政治建设，首先要做到政治过硬。只有明确政治方向，坚定政治理想，站稳政治立场，保持政治定力，严守政治纪律，提高政治能力，我们党才能正确驾驭政治局面，有效防范政治风险，把握方向、把握大势、把握全局，为胜利推进中国特色社会主义事业提供坚强政治保证。

第三，把党的政治建设摆在首位，是推动全面从严治党向纵深发展的迫切需要。党的十八大以来，全面从严治党力度空前，成效卓著前所未有。但我们也要清醒看到，党面临的执政考验、改革开放考验、市场经济考验、外部环境考验是长期的、复杂的、严峻的；精神懈怠的危险，能力不足的危险，脱离群众的危险，消极腐败的危险，更加尖锐地摆在全党面前，落实党要管党、全面从严治党的任务比以往任何时候都更为繁重、更为紧迫。习近平总书记指出：“政治问题，任何时候都是根本性的大问题，全面从严治党，必须注重政治上的要求”。[③] “干部在政治上出问题，对党的危害不亚于腐败问题，有的甚至比腐败问题更严重。在政治问题上，任何人同样不能越过红线，越过了就要严肃追究其政治责任。”[④] 几年来，党中央持之以恒推进全面从严治党，采取一系列重大举措，取得了显著成效，正是着眼于从政治上建设党。注重抓党的政治建设是党的十八大以来全面从严治党的成功经验，也是推动全面从严治党向纵深发展的迫切需要，更是习近平总书记管党治党的一贯思想。

---

① 习近平：《决胜全面建成小康社会　夺取新时代中国特色社会主义伟大胜利——在中国共产党第十九次全国代表大会上的报告》，北京：人民出版社 2017 年版，第 20 页。

② 同上书，第 16 页。

③《习近平关于全面从严治党论述摘编》，北京：中央文献出版社 2016 年版，第 87 页。

④ 同上书，第 80 页。

第四，把党的政治建设摆在首位，是完成新时代党的历史使命的重要保证。中国特色社会主义进入新时代，我们党正在围绕实现中华民族伟大复兴的历史使命，进行伟大斗争、建设伟大工程、推进伟大事业。这一任务极为复杂且艰巨。同西方国家的现代化道路不同，我国经济社会发展具有后发赶超性质，必须通过国家的主导作用，通过上层建筑的力量，自上而下强有力地引导和组织经济社会的各种要素，朝着现代化目标协力前进。这必然要求我们党具备强大的政治整合能力，成为推进国家现代化、实现国家统一和人民团结、有效化解改革发展中各种矛盾、维护国家安全与社会和谐稳定的强大领导力量。打铁必须自身硬。只有把党的政治建设摆在首位，坚持从政治上谋划全局工作，以强大的政治定力引领中国发展，以强大的政治勇气攻坚克难，以崇高的政治品格凝聚力量，才能担负起党在新时代的历史使命，确保我们党在世界形势深刻变化的历史进程中始终走在时代前列，在应对国内外各种风险和考验的历史进程中始终成为全国人民的主心骨，在坚持和发展中国特色社会主义的历史进程中始终成为坚强领导核心。

（三）新时代加强党的政治建设的主要着力点

全党旗帜鲜明讲政治，真讲政治、敢讲政治、严讲政治，使党的政治风气和政治面貌焕然一新。新时代加强党的政治建设，其主要着力点体现在以下几个方面：

第一，树牢“四个意识”，坚持党中央权威和集中统一领导。这是党的政治建设的首要任务。只有增强政治意识、大局意识、核心意识、看齐意识，自觉在思想上政治上行动上同党中央保持高度一致，才能使我们党更加团结统一、坚强有力，始终成为中国特色社会主义事业的坚强领导核心。牢固树立“四个意识”，是坚持党中央权威和集中统一领导的重要思想基础和根本政治要求。增强政治意识，就是要做到政治方向不偏、政治信仰不变、政治立场不移，确保红色江山永不变色。牢固树立“四个意识”，就要对党绝对忠诚，忠诚于党的信仰，忠诚于党组织、忠诚于党的理论和路线方针政策，坚持“四个服从”，全方位向党中央看齐，同以习近平同志为核心的党中央保持高度一致。习近平总书记指出："同党中央保持高度一致必须是全面的，在思想上政治上行动上全方位向党中央看齐，做到表里如一、知行合一；必须是具体的，不能光口头讲讲，要落实在各个方面、各项工作上；必须是坚定的，党中央提倡的坚决响应，党中央决定的坚决照办，党中央禁止的坚决杜绝，任何时候任何情况下都做到政治立场不移、政治方向不偏。"①

第二，坚定"四个自信"，始终保持政治定力。坚定"四个自信"，就是坚定对中国特色社会主义的道路自信、理论自信、制度自信、文化自信。习近平总书记指出："对中国特色社会主义要保持必胜信念，在涉及中国特色社会主义道路、理论、制度等重大原则问题上必须立场坚定、态度坚决。"② 道路自信就是坚信中国特色社会主义道路的正确性，这条道路能够引领中国人民实现中华民族伟大复兴的中国梦；理论自信是基于中国特色社会主义的伟大实践得出的结论，这一理论是马克思主义中国化的理论成果，实践已经证明并将继续证明这一理论的正确性；对中国特色社会主义制度的自信是道路自信和理论自信的根本体现；文化自信是对中华优秀传统文化、中国共产党带领人民在革命和建设中形成的革命文化和社会主义先进文化的自觉认同。由于建设社会主义的艰巨性和曲折性，党内有的同志对中国特色社会主义的科学性产生了怀疑，在事关党和社会主义的原则性问题上失去立场、态度暧昧，还有一些党员不信马列信鬼神，大搞封建迷信活动，这些情况的出现说到底就是没有坚持"四个自信"，导致在一些是非问题上失去政治定力。中国特色社会主义道路自信、理论自信、制度自信、文化自信是中国共产党执政为民的思想根基，是每个共产党员必须具备的政治素养。只有坚定中国特色社会主义自信，用习近平新时代中国特色社会主义思想武装全党，我们才能始终保持政治定力。

第三，严肃党内政治生活，营造良好政治生态。习近平总书记指出："党要管党，首先要从党内政治生活管起；从严治党，首先要从党内政治生活严起。"③ 总体来讲，我们党内政治生活状况是好的，但也存在

①《习近平关于全面从严治党论述摘编》，北京：中央文献出版社 2016 年版，第 79 页。

②《习近平谈治国理政》第二卷，北京：外文出版社 2017 年版，第 143 页。

③《习近平关于全面从严治党论述摘编》，北京：中央文献出版社 2016 年版，第 48 页。

一些不良现象。如党内一些领导干部理想信念动摇，热衷于拉帮结派，搞圈子文化，把权力作为自己唯一的追求；一些领导干部“四风”问题严重，把自己凌驾于群众之上；甚至有的高级干部野心膨胀，利令智昏，置党纪国法于不顾。这些现象严重损害了党的形象，破坏了党内政治生态，削弱了党的执政能力。严肃党内政治生活是党的政治建设的重要一环。党的十八届六中全会通过的《关于新形势下党内政治生活的若干准则》，目的就是为了从制度上来规范党内政治生活，解决新形势下党内政治生活中存在的各种复杂问题，做到党内政治生活有章可循，达到标本兼治。广大党员干部要坚决贯彻执行准则，这样党内政治生态才会逐步向好。严肃党内政治生活，要抓好思想教育这个根本，坚持不懈强化理论武装，毫不放松加强党性教育，持之以恒加强道德教育，引导广大党员干部筑牢信仰之基、补足精神之钙、把稳思想之舵；要抓好选人用人这个导向，落实好干部标准，严把政治关、品行关、作风关、廉洁关，使用人风气更加清朗，以用人环境的风清气正促进政治生态的山清水秀；要用好组织生活这个经常性手段，创新方式方法，增强吸引力和感染力，提高组织生活质量和效果。同时，要注意继承和发扬党在长期实践中形成的党内政治生活的优良传统，如批评和自我批评、民主集中制、理论联系实际等。

第四，发展积极健康的党内政治文化，弘扬共产党人价值观。长期以来，在一些党员身上存在一种不健康的政治文化，不讲忠诚、讲权谋，不讲团结一致、讲求圈子文化，不讲公道正派、讲求官场厚黑学，这样的做法不仅败坏了党风，而且全面消解了党内积极健康的政治文化。习近平总书记在党的十九大报告中指出：“坚决防止和反对个人主义、分散主义、自由主义、本位主义、好人主义，坚决防止和反对宗派主义、圈子文化、码头文化，坚决反对搞两面派、做两面人”。[①]弘扬共产党人的价值观，净化党内政治生态，发展积极健康的党内政治文化，是加强党的政治建设的重要内容。我们必须以马克思主义为指导，以中华优秀传统文化为基础，以革命文化、社会主义先进文化来培育健康的

① 习近平:《决胜全面建成小康社会　夺取新时代中国特色社会主义伟大胜利——在中国共产党第十九次全国代表大会上的报告》，北京：人民出版社2017年版，第63页。

党内政治文化。马克思主义是中国共产党的指导思想，也是党内健康政治文化的活水源头，要以马克思主义指导培育共产党人的价值观，锤炼共产党人的优秀品格。中华优秀传统文化凝聚了中华民族的精神与智慧，为中国共产党人治国理政提供有益借鉴。革命文化是我们党在新民主主义时期形成的优秀文化，革命文化并没有随时间的推移而过时，反而由于其中所积淀的中国共产党人的崇高价值观而成为我们党的宝贵财富。社会主义先进文化亦是党内政治文化的重要载体，要弘扬社会主义核心价值观，并以之为引领，坚定中国特色社会主义共同理想，为党内政治文化建设提供精神支撑。

第五，严守政治纪律和政治规矩，做政治上的明白人。加强党的政治建设，一个重要方面就是要严守政治纪律和政治规矩。纪律严明是我们党的优良传统和政治优势，也是党的力量所在。习近平总书记指出："严明党的纪律，首要的就是严明政治纪律。党的纪律是多方面的，但政治纪律是最重要、最根本、最关键的纪律，遵守党的政治纪律是遵守党的全部纪律的重要基础。"[①]"重点强化政治纪律和组织纪律，带动廉洁纪律、群众纪律、工作纪律、生活纪律严起来。"[②]严守政治纪律和政治规矩，要求党员干部必须严格遵守党章这个总规矩，必须维护党中央权威，必须维护党的团结，必须遵循组织程序，必须服从组织决定，必须管好亲属和身边工作人员，做政治上的明白人、老实人。[③]严守政治纪律和政治规矩，不仅要遵循党章和党的纪律等刚性约束，而且要遵守国家法律和党在实践中形成的优良传统和政治规矩。政治纪律和政治规矩绝不是可有可无的软性指标，而是对党员干部的刚性约束，是谁也不能触碰的红线。要坚决查处各种违反政治纪律、政治规矩的行为，做到党的纪律面前人人平等，遵守纪律没有特权，执行纪律没有例外，切实维护纪律的严肃性和权威性。

第六，自觉加强党性锻炼，不断提高政治能力。政治能力就是把

①《习近平关于全面从严治党论述摘编》，北京：中央文献出版社2016年版，第95页。

② 习近平：《决胜全面建成小康社会　夺取新时代中国特色社会主义伟大胜利——在中国共产党第十九次全国代表大会上的报告》，北京：人民出版社2017年版，第66页。

③《习近平关于全面从严治党论述摘编》，北京：中央文献出版社2016年版，第109页。

握方向、把握大势、把握大局的能力，就是保持政治定力、驾驭政治局面、防范政治风险的能力。“把握方向、把握大势、把握大局”是政治能力在战略谋划上的体现，“保持政治定力、驾驭政治局面、防范政治风险”是政治能力在工作层面上的体现。政治上不合格，经不起风浪，这样的干部能耐再大也不是我们党需要的好干部。讲干部素质，最重要的是政治素质；讲领导能力，第一位的是政治能力。全党同志特别是各级领导干部要加强党性锻炼，自觉把讲政治贯穿于党性锻炼全过程，不断提高政治觉悟和政治能力。要牢固树立政治理想，坚定中国特色社会主义共同理想和共产主义远大理想，在大是大非面前要旗帜鲜明，面对大风大浪无所畏惧，面对利益得失保持定力；要正确把握政治方向，以党的旗帜为旗帜、以党的意志为意志、以党的方向为方向，毫不动摇跟党走，坚定中国特色社会主义前进方向；要坚定站稳政治立场，牢牢站在党和人民的立场上，对党始终绝对忠诚，牢记“民心是最大的政治”①，全心全意践行党的宗旨，提高为人民服务的能力；要不断强化政治担当，把对党忠诚、为党分忧、为党尽职、为民造福作为根本政治担当，永葆共产党人的政治本色。

（原载《思想理论教育导刊》2018 年第 5 期）

①《习近平关于全面从严治党论述摘编》，北京：中央文献出版社 2016 年版，第 190 页。

四

习近平新时代中国特色社会主义思想体系的建构逻辑

历史逻辑是对历史发展规律的总结和原则概括，理论逻辑是理论特质和内在发展规律的具体体现，实践逻辑是对时代问题的现实解答。习近平新时代中国特色社会主义思想是系统完备、逻辑严密的理论体系，也是回应新时代实践发展要求的经验总结。科学把握和准确理解这一思想的科学内涵和精神实质，需要从整体性出发，从纵横交错的历史、理论、现实中探寻其建构逻辑。从历史逻辑来讲，它是世界社会主义和近代以来中国人民孜孜以求民族复兴和现代化的历史延续；从理论逻辑来讲，它是马克思主义基本原理和科学社会主义基本原则在当代中国的具体运用；从实践逻辑来讲，它是对新时代面临的新矛盾、新变局、新问题的回应和解答，历史逻辑、理论逻辑和实践逻辑相互联系、相互支撑。从这样三个视角来研究和解读这一思想的建构逻辑，把握其与中国历史发展进程的统一，与马克思主义理论的统一，与新时代发展进步的统一，有助于理解其历史本源、精神实质和实践特征，有助于更好地指导新时代现代化强国建设的实践，有助于我们锚定航线，继续朝着中华民族伟大复兴的目标前进。

（一）习近平新时代中国特色社会主义思想体系建构的历史逻辑

历史逻辑是对历史经验的原则总结和凝练，表现为历史发展的必然性。在中国革命、建设和改革的过程中，马克思主义不断形塑自身的理论样态和叙事构架，构成了中国近代以来历史发展的总体场景。“一个国家实行什么样的主义，关键要看这个主义能否解决这个国家面临的历史性课题。”[①] 中国共产党在革命、建设和改革的探索过程中，科学把握历史主体和历史事件的规定性和规律性，不断推进和发展中国化的马克思主义，是将马克思主义的基本原理同中国社会不同时期的主题和国情有机结合的逻辑必然。因此，要从社会主义发展史、党史、新中国史、改革开放史的角度展开研究，从世界社会主义500年发展历程、中国共产党领导中国人民100年的伟大社会历史变革、新中国成立70余年的艰辛探索历程、改革开放40余年的伟大实践中去考察。在这种宏大历史视野中去研究为什么选择中国共产党的领导以及为什么选择建设中国特色社会主义，是把握习近平新时代中国特色社会主义思想体系建构的历史逻辑的必然要求。

1. 世界社会主义500年的曲折发展历程

社会主义作为一种对资本主义批判的思想，自从16世纪初期提出距今已历时500余年。在这一长期的历史进程中，社会主义从空想到科学、从理论到实践、从一国实践到多国发展，展现出强大的生命力，为人类社会的发展指明了前进的方向。从世界社会主义500年的历史大视野考察，方可厘清习近平新时代中国特色社会主义思想的历史本源和发展脉络。

苏联社会主义制度的建立，标志着人类社会进入到社会主义与资本主义两种制度和两种意识形态相互竞争、相互较量的时代。苏东剧变使得有人认为社会主义已经失败，世界社会主义遭受了不可逆转的挫折，甚至认为“历史已经终结”。但与此相反的是，中国特色社会主义的蓬勃发展和巨大成就，实质表明两种社会制度的竞争和较量已经发生了有利于社会主义的深刻转变，社会主义终将取代资本主义仍是历史发展的总趋势。“从世界社会主义500年的大视野来看，我们依然处在马克思主义所指明的历史时代”[②]。作为科学社会主义的中国样本和中国实践，中国特色社会主义检验、丰富和发展了科学社会主义，为世界社会主义发展注入新的活力。“中国特色社会主义是社会主义而不是其他什

①《习近平谈治国理政》第一卷，北京：外文出版社2018年版，第22页。
②《习近平谈治国理政》第二卷，北京：外文出版社2017年版，第66页。

么主义”①。习近平总书记尤其强调坚持科学社会主义的基本原则，注意吸取世界社会主义运动的历史经验，就是因为中国特色社会主义始终行走在科学社会主义的光明大道上，仍处于世界社会主义发展的历史进程之中，并且越来越显示出巨大的优势和生命力。

2. 中国共产党领导革命、建设、改革100年的伟大社会变革

近代以来，实现中华民族的繁荣富强和现代化是无数中国先进分子的夙愿，汇聚成了中华民族复兴的伟大梦想。为实现这一奋斗目标，在经过多种选择，尝试了不同方案，品尝了无数次失败的苦果之后，中国人民选择了中国共产党，选择了社会主义道路。资本主义解决不了中国问题，改良主义、自由主义等形形色色的其他主义也解决不了中国问题。封建地主阶级中的维新派和洋务派、资产阶级等都不能够带领中国走出困境，只有坚持中国共产党的领导和马克思主义的指导，才能使近代中国走出民族危亡、国家贫弱的状态，走上繁荣富强的康庄大道。这是近代中国历史发展的必然结论。

中国共产党以人民利益为自己最大的利益，始终牢记初心和使命，领导中国人民取得了革命、建设、改革等伟大社会变革的胜利。中国共产党在1921年成立后，肩负起挽救民族危亡、拯救人民于水火的历史使命，开始了不懈的奋斗历程。中国共产党人以勇于担当的历史使命感使马克思主义在东方古老的中国焕发出蓬勃生机，坚持从中国的具体国情出发，坚持实事求是的思想路线，不唯书、不唯上，探索符合自己国情的新民主主义革命道路。新中国成立后，中国共产党领导中国人民恢复和发展了国民经济，完成了社会主义改造这一巨大的社会变革，开启社会主义现代化建设新征程。改革开放以后，中国以经济建设为中心，以勇于变革的坚定信念破除了发展过程中的各种思想和体制障碍，取得了前所未有的发展成就，探索出一条方向明确、个性鲜明的中国特色社会主义道路。

历史证明，始终坚持党的领导，我们才能取得世所罕见的经济快速发展奇迹和社会长期稳定的奇迹。习近平总书记特别强调，新时代要继

①《习近平谈治国理政》第一卷，北京：外文出版社2018年版，第22页。

续加强党的政治、思想、作风等各方面的建设，时刻保持党的先进性、纯洁性和革命性，牢记党的宗旨使命不动摇，保证党的肌体不被侵蚀，承担起新时代赋予中国共产党的新使命。

3. 新中国成立70余年的艰辛探索

中华人民共和国成立以后，中国逐步实现了由新民主主义向社会主义的转变。新中国成立70余年的探索历程是党的几代领导集体一以贯之接力探索的总体进程。新中国成立初期，在很短时间内实现了国民经济的恢复发展，为社会主义基本制度的建立打下了坚实的物质基础。从新民主主义社会转变为社会主义社会，这是中国共产党在新中国成立后领导的一次伟大的社会变革。虽然过渡的过程存在一些失误，但是这一变革无疑是成功的，在当时的历史条件下，建立社会主义基本制度是历史的必然规律。在这一时期通过发挥社会主义制度的优越性和集中力量办大事的优势，新中国的国民经济体系和工业体系很快建立起来，中国在同国际上各种力量的较量中也站稳了脚跟。

以党的十一届三中全会为标志，我国社会主义建设分为改革开放前后两个历史时期。两个历史时期虽然在具体政策、方针上存在较大差异，但本质上都是统一的。社会主义改造完成后，毛泽东提出要以苏为鉴，"找到自己的一条适合中国的路线"[①]，自主探索中国道路，建立起了符合中国国情的社会主义系列制度。改革开放以来，我国经济社会发展取得历史性进步。在邓小平的大力推动下，实现了党和国家工作重心的转变，确保人民群众的物质文化生活需要得到满足。与此同时，在正确认识我国基本国情的基础上，邓小平提出了社会主义初级阶段理论，确立了以初级阶段理论为基本依据的基本路线，大力推进经济体制改革，社会主义民主法治建设也在总结历史经验的基础上取得重要进展，社会主义现代化建设走上了快速发展的轨道。在苏东剧变、国内发展中累积的矛盾开始显露时，以江泽民为代表的中国共产党人总结中国共产党执政规律，提出"三个代表"重要思想，丰富了中国特色社会主义理论体系。在新世纪新阶段，以胡锦涛为代表的中国共产党人继续总结发展过

①《建国以来毛泽东文稿》第9册，北京：中央文献出版社1996年版，第213页。

程中的经验教训，提出科学发展观，继续推动我国经济社会发展事业阔步向前。党的十八大以来，以习近平同志为核心的党中央根据我国社会主要矛盾的转化，不断进行理论创新，回答时代之问，经济社会发展取得了令世界瞩目的成就。

4. 改革开放 40 余年的伟大实践

实行改革开放，是对新中国成立后历史经验深刻反思的结果，也是实现民族伟大复兴的客观要求。改革开放 40 余年来，我们积累了宝贵的成功经验，为进一步推动党和国家的事业发展提供了强大的理论支撑。改革开放 40 余年的伟大实践告诉我们：第一，坚持党对一切工作的领导，从严治党。党的领导是改革开放不断前行的最根本的保障。有了这一坚强的领导核心，才能在改革开放过程中出现重大风险挑战的情况下，站稳脚跟，化危为机，才能坚持正确的方向，既不封闭僵化，也不改旗易帜。第二，坚持以人民为中心，把满足人民对美好生活的追求放在第一位，不断解决人民群众关注的各种问题，获得感和幸福感不断提升，人民群众才能真心赞成改革开放，才能不断深入推进改革开放。第三，坚持理论创新，不断丰富和发展中国马克思主义。“创新是改革开放的生命”①，发展当代中国的马克思主义是改革成功的根本保障。要不断强化问题意识，担负起时代赋予我们的历史使命，不断推进理论创新。第四，坚持和发展中国特色社会主义。改革开放伟大实践的经验集中起来就是要走中国特色社会主义道路。只有从中国的实践出发，主动探索符合中国国情的新路，才能取得改革开放的胜利。制度是关系党和国家发展的根本性问题，在选择正确道路的基础上，制度的健全显得尤为重要，要建设系统完备、科学规范、运行有效的中国特色社会主义制度体系。第五，坚持以发展为第一要务，统筹发展和安全，处理好改革、发展、稳定的关系。推动国家的发展，唯有紧紧抓住发展这一根本，实施科学发展和高质量发展战略，才能不断增强我国的综合国力，才能为中华民族的复兴奠定坚实的物质基础。必须处理好改革、发展与稳定的关系，既要坚持问题导向大胆探索，又要保障社会的稳定，稳中求进，防

①《习近平谈治国理政》第三卷，北京：外文出版社 2020 年版，第 183 页。

范发展过程中有可能出现的各种风险。

党的十八大以来，中国特色社会主义进入新时代，这是“我们党领导人民进行伟大社会革命的继续”[①]，是改革开放和社会主义现代化建设基本经验的总结和升华，是连接历史与未来的理论桥梁，是历史规律性的全面演绎和历史必然性的充分体现，必须一以贯之进行下去。

（二）习近平新时代中国特色社会主义思想体系建构的理论逻辑

理论逻辑是事物本身的内在规定性以及内在要素之间的必然性联系。以习近平同志为核心的党中央坚持实践基础上的理论创新，发展出马克思主义中国化的最新理论成果——习近平新时代中国特色社会主义思想，开创了理论创新的新境界。作为一个科学严谨的理论体系，习近平新时代中国特色社会主义思想有着自洽的理论逻辑。

1. 理论基础是马克思列宁主义、毛泽东思想、邓小平理论、“三个代表”重要思想、科学发展观

马克思列宁主义、毛泽东思想、邓小平理论、“三个代表”重要思想、科学发展观是习近平新时代中国特色社会主义思想的理论基础和活水源头。把握这一新思想的丰富内涵和理论体系，必须将其置于马克思主义和科学社会主义的理论视野中进行认识。

坚持马克思主义即是要坚持其基本立场、观点和方法，根本是坚持其活的灵魂。“解放思想、实事求是、与时俱进，是马克思主义活的灵魂”[②]，中国共产党始终坚持这一活的灵魂，坚持发展马克思主义，推动中国特色社会主义走向更加宽广的未来。从马克思主义中国化第一次伟大飞跃的理论成果——毛泽东思想的产生，到邓小平理论、“三个代表”重要思想和科学发展观的提出，我们党坚持马克思主义指导的立场一直没有变，运用马克思主义观点和方法的态度一直没有变，丰富和发展马克思主义进而形成中国马克思主义的信念一直没有变。

邓小平指出：“我坚信，世界上赞成马克思主义的人会多起来的，因

①《习近平谈治国理政》第三卷，北京：外文出版社 2020 年版，第 69—70 页。

②《十八大以来重要文献选编》上，北京：中央文献出版社 2014 年版，第 115 页。

为马克思主义是科学。”[①] 马克思主义的“老祖宗”不能丢，丢了就会失去根本，理论创新就没有了源头。同时，“马克思主义并没有结束真理，而是开辟了通向真理的道路”[②]。中国特色社会主义不仅没有丢掉“老祖宗”，而且继承、丰富和发展了“老祖宗”。中国共产党既把马克思主义书写在自己的旗帜上，又将马克思主义书写在生动的实践当中，不断推进理论与实际相结合，创新发展出中国特色社会主义。以习近平同志为核心的党中央在以往理论创新的基础之上，强化问题意识，借鉴吸收包括中华优秀传统文化在内的人类文明的一切优秀成果，回答时代提出的新的重大课题，总结实践中的新鲜经验，实现了理论创新的又一次飞跃。

2. 理论内核是为人民谋幸福、为民族谋复兴、为世界谋大同

理论的核心决定理论的特质或根本性质，规定理论发展的根本方向，是理论充满活力的根本原因。实现全体无产阶级的解放，是马克思主义的根本任务。把理论的落脚点放在人民立场之上，是马克思主义的基本原理。作为马克思主义政党的中国共产党把全心全意为人民服务作为根本宗旨。“中国共产党人的初心和使命，就是为中国人民谋幸福，为中华民族谋复兴。”[③] 正是把为人民谋幸福、为民族谋复兴作为理论内核，习近平新时代中国特色社会主义思想才能在改革发展的实践中迸发出巨大的理论力量，才能在面对各种复杂多变的局面时发挥出理论的指导作用，使社会主义现代化建设事业不断向前推进。只有拥有这样的理论内核，这一思想才能具有旺盛的生命力，才能当之无愧地被称为21世纪的马克思主义。

以习近平同志为核心的党中央，始终把为人民谋幸福放在治国理政的第一位，“人民对美好生活的向往，就是我们的奋斗目标”[④]，这是我们党对人民的郑重承诺。党的十八大以来，中国共产党始终秉持以人民为中心的发展思想，以造福人民为最大政绩，让发展成果更多更公平惠及

①《邓小平文选》第三卷，北京：人民出版社1993年版，第382页。
②《十八大以来重要文献选编》下，北京：中央文献出版社2018年版，第346页。
③《习近平谈治国理政》第三卷，北京：外文出版社2020年版，第1页。
④《十八大以来重要文献选编》上，北京：中央文献出版社2014年版，第70页。

全体人民。围绕全面建成小康社会，习近平总书记提出“全面建成小康社会，一个也不能少；共同富裕路上，一个也不能掉队”[①]；针对人民群众对美好生活的期盼，习近平总书记提出“绿水青山就是金山银山”的“两山论”，还老百姓一个环境优美的生态环境。我们党正是把人民立场作为自己的根本政治立场，在为人民群众谋幸福的过程中，形成和发展了新思想。

中国共产党也始终把为人类做出新的更大贡献作为自己的使命。2018 年 4 月，习近平总书记提出，“我们所做的一切都是为人民谋幸福，为民族谋复兴，为世界谋大同。”[②] 世界正处于百年未有之大变局，国际局势并不稳定，世界经济发展面临诸多挑战，单边主义、保护主义甚嚣尘上。但是“和平发展、合作共赢才是人间正道”[③]，不管国际风云如何变幻，中国始终站在维护世界和平和发展的正义一方，积极为世界发展贡献自己的力量。中国不再是国际规则的被动接受者，而是努力参与到全球治理当中。中国提出要为世界谋大同不是要强制输出中国模式和方案，而是要奉行互利共赢的原则，寻求与其他国家共同发展的道路。

3. 理论主题是坚持和发展中国特色社会主义

“中国特色社会主义是改革开放以来党的全部理论和实践的主题”[④]。只有坚持以之为理论主题，顺应时代发展的要求，不断对其进行丰富和发展，让其展现出强大的生命力，我们的事业才能不断获得成功。

中国特色社会主义是基于中国特殊国情进行改革开放实践经验的总结，是马克思主义的普遍真理性在中国实践中的生动体现，从本质上讲，它是根植于中国大地的科学社会主义。我们党坚持马克思主义的指导，但不拘泥于马克思主义经典作家的个别结论，不仅专注于中国当代的基本国情，而且着眼于中华民族的长远发展，着力建设和发展中国特色社会主义。道路、理论、制度和文化共同构成中国特色社会主义，从理论特质性和实践逻辑性上将其规定为一个统一整体。

①《习近平谈治国理政》第三卷，北京：外文出版社 2020 年版，第 66 页。

②《习近平会见联合国秘书长古特雷斯》，《人民日报》2018 年 4 月 9 日，第 1 版。

③ 习近平：《在纪念中国人民志愿军抗美援朝出国作战 70 周年大会上的讲话》，北京：人民出版社 2020 年版，第 13 页。

④《习近平谈治国理政》第三卷，北京：外文出版社 2020 年版，第 13 页。

习近平新时代中国特色社会主义思想的提出，正是以习近平同志为核心的党中央以深邃的历史眼光和宽广的理论视野，将中国特色社会主义推进到了一个新的高度，完成了包括道路、理论、制度、文化的一整套的理论构建，形成了一个科学的理论体系，既是马克思主义中国化的理论创新成果，又是解决中国前途命运问题的实践创新成果。

4. 理论框架是“八个明确”和“十四个坚持”

习近平新时代中国特色社会主义思想是中国特色社会主义的最新理论成果，反映了科学社会主义的基本内涵和精神实质。其主要内容由“八个明确”和“十四个坚持”构成，分别从理论建构和实践指向两个不同层面对改革开放以来形成的经验进行了全方位概括。“八个明确”是发展目标和行动总纲领；“十四个坚持”是行动的基本方略，是完成行动总纲领的基本路径。两者有机融合、相互支撑。“八个明确”重在对理论创新的概括，在对改革开放以来的经验进行全面总结的基础上，对中国特色社会主义进行全方面的思考，是对坚持和发展什么样的中国特色社会主义这一时代主题进行的明确阐释。“十四个坚持”重在对中国特色社会主义实践经验的高度凝练，对改革开放以来中国特色社会主义形成发展过程中取得的实践经验和理论创新进行全面总结，是对中国共产党领导社会主义现代化建设以来形成的基本原则、基本经验的逻辑展开，进而升华为新时代治国理政的基本方略，是对如何坚持和发展中国特色社会主义这一实践要求进行的科学解答。两个方面相辅相成，共同构成了一个逻辑严密、系统科学、完整统一的理论框架，成为指导社会主义现代化强国建设的根本指南。

（三）习近平新时代中国特色社会主义思想体系建构的实践逻辑

实践是理论之源。任何一个时代的理论创新，本质上都是对这个时代发展主题的回应，或者说是对时代所需要解决的实践问题的科学解答。正如习近平总书记所指出的：“每个时代总有属于它自己的问题，只要科学地认识、准确地把握、正确地解决这些问题，就能够把我们的社会不断推向前进。”[①]实践发展有其固有的逻辑，遵从客观实际、反映时代发展的要求，解决实践提出的问题，新思想才能站稳脚跟，才能在实践的检验中不断成熟完善。因此，实践逻辑是对回应时代发展要求的实践活动的必然性和规律性的概括。立足于中国特色社会主义生动实践，习近平新时代中国特色社会主义思想正是回应时代诉求，直面社会发展过程中出现的新矛盾、新变局和新问题而产生的，既是对实践经验的总结，也在对实践要求的回答中不断发展完善。

1. 着力解决新时代面临的新矛盾

任何理论都是时代的产物，根植于一定的时代发展条件。探寻理论的实践逻辑首先要确立实践发展的历史方位，结合新的时代发展分析新的社会矛盾，解决新矛盾带来的新问题。“新时代”是一个时空概念，既是对当今中国基本国情和发展方位的重大判断，也是对实践发展时空和场景的定位，既是新思想回应时代诉求的逻辑起点，也是新思想的实践基点。从其时空特征来看，“新时代”是我国现代化进程中的关键阶段。

新时代我国的基本国情出现了新的变化，既取得了历史性成就，也发生了历史性变革，经济社会发展出现了许多新的特点。其中最根本的是我国社会的主要矛盾已经转变为“人民日益增长的美好生活需要和不平衡不充分的发展之间的矛盾”[②]。当前，发展的不平衡不充分成为影响我国经济社会发展的一个焦点问题；另一方面，人民群众的需要也发生了重大转变，对物质文化生活的需要上升为对美好生活的需要。社会主要矛盾的转化必然对我国经济社会发展提出更高的要求。满足人民群众对美好生活的需要，经济发展要从以前追求高速增长阶段转变到高质量发展阶段，不仅要加快民主法治建设、建设社会主义文化强国、提高民生保障水平，而且要提供更加优美的生态环境。社会主要矛盾的转变并不意味着我国已经不是处于社会主义初级阶段，也不能够改变我国仍是最大发展中国家的事实，而是要适应时代的发展变化，在社会主要矛盾变化的基础上制定正确的方针、政策，将中国特色社会主义建设得更好。由此观之，实践逻辑的展开建立在对我国新的历史方位的精准把握

①《之江新语》，杭州：浙江人民出版社2007年版，第235页。

②《习近平谈治国理政》第三卷，北京：外文出版社2020年版，第9页。

和对社会主要矛盾历史性变化精准研判的基础之上，是对整个经济社会发展态势的总体思考，进而实现对实践探索的新的经验的科学总结。

2. 积极应对世界百年未有之大变局

我国正处于世界百年未有的大变局中，如何迎接这一大变局，处理好中国与世界的关系，处理好两种社会制度的竞争和较量，是新时代中国共产党人面临的新挑战。党的十八大以来，中国共产党正确把握世界发展大势，密切关注国际形势变化，以深远的世界眼光推动中国特色社会主义的新发展，为世界发展提供了中国智慧和中国方案。

习近平总书记强调："一个国家要发展繁荣，必须把握和顺应世界发展大势，反之必然会被历史抛弃。"[①] 当前，以中国为代表的新兴市场经济国家和发展中国家开始崛起，西方发达国家在国际经济格局中的重要性不断下降。国际政治力量对比也发生明显变化，中国正逐步走向世界舞台中央，发挥越来越重要的作用，世界多极化格局加速形成。在国际治理体系方面，协同共治成为大多数国家的共识，由一个或几个国家主导国际治理的局面不断改观。新科技革命和产业革命深入发展，社会生产力进一步跃升的条件日益成熟。世界各国之间的关联性越来越紧密，人类越来越形成一个利益攸关的共同体。但是世界仍充满着不确定性，世界呈现出深刻复杂的变化，不稳定性和不确定性明显增加，逆全球化的浪潮不时涌现，单边主义、保护主义、霸权主义不时发出刺耳的声音。受新冠肺炎疫情的影响，全球经济陷入深度低迷之中，贸易保护主义愈演愈烈。国际上围绕制度话语权的竞争日趋激烈，民粹主义、民族主义沉渣泛起。全球治理体系正在深刻变革，全球治理任重道远。国际热点问题不断增多。虽然如此，和平和发展仍是时代主题，世界各国人民仍然期盼开放包容、互利合作的大国关系，在这种形势下，人类发展迫切需要新的思想引领。

习近平总书记在把握世界发展大势的基础上，提出要构建人类命运共同体这一全新的理念。在当今世界，国与国之间密切联系，全球化日益加深，很多全球性问题需要各国携起手来共同解决，个别国家背离

①《习近平谈治国理政》第一卷，北京：外文出版社 2018 年版，第 266 页。

世界发展趋势，奉行冷战思维，搞强权政治，恶意打压别国，虽然会一时得逞，但是逆历史潮流而动，不会成为世界的主流，也不会得到大多数国家的支持。只有用长远的全球视野看待世界发展，构建以和平发展、合作共赢为核心的人类命运共同体，才能实现世界的长久和平繁荣，正如习近平总书记所指出的："只要坚持沟通、真诚相处，'修昔底德陷阱'就可以避免。"[①] 我们致力于构建人类命运共同体，把其作为处理中国和世界关系的指导思想。在人类命运共同体理念的指引下，中国继续扩大对外开放，提出"一带一路"倡议，努力构建相互尊重、公平正义、合作共赢的新型国际关系，积极参与全球治理，建立"共商、共建、共享"的全球治理新秩序，为世界和人类的发展贡献中国力量和中国方案。

3. 推进国家治理体系和治理能力现代化

实践逻辑要求对实践问题进行深刻解答。一个国家的发展在不同的发展阶段需要面临不同的重大实践问题。"我们还面临很多没有弄清楚的问题和待解的难题，对许多重大问题的认识和处理都还处在不断深化的过程之中"[②]。正确审视世情国情党情，坚持问题导向，紧密结合新的时代条件和新的变化不断进行理论创新，才能不断科学解答时代问题，这是实践逻辑得以展开的应然要求。

新时代的到来，对中国共产党治国理政提出了全新的要求，既要健全我国的制度体系，也要不断提升治理能力，实现治理体系和治理能力的现代化。新中国成立 70 余年伟大成就的取得，是因为我们建立和完善了中国特色社会主义制度体系，这一制度体系已经在社会生活的各个领域发挥出重要作用，但还需要随着实践的发展和时代的要求不断进行完善。党的十九届四中全会对于如何推进国家治理体系和治理能力现代化，提出了党的领导制度体系、人民当家作主制度体系、社会主义法治体系等多方面的制度安排[③]。治理体系建立在制度体系的基础之上，是相

①《习近平谈治国理政》第二卷，北京：外文出版社 2017 年版，第 541 页。

②《十八大以来重要文献选编》上，北京：中央文献出版社 2014 年版，第 114 页。

③《中共中央关于坚持和完善中国特色社会主义制度　推进国家治理体系和治理能力现代化若干重大问题的决定》，《人民日报》2019 年 11 月 6 日，第 1 版。

对于制度更为具体的、解决实际问题并完成具体目标的体制机制。国家治理体系是国家“各领域体制机制、法律法规安排”，而国家治理能力则是“运用国家制度管理社会各方面事务的能力”①。既要形成完整的制度体系以及建立在制度体系基础上的体制机制，又要把制度优势转化为国家治理效能。现代社会的发展愈加复杂，国家治理能力需要随着社会的发展不断提高，要明确治理主体的责任，加强制度执行的监督，增强领导干部的制度意识和治理能力。

必须明确认识到，“中国共产党领导是中国特色社会主义最本质的特征，是中国特色社会主义制度的最大优势”②，新时代实现中华民族伟大复兴，就必须确保党始终能够总揽全局、协调各方，发挥坚强核心的作用。坚持党的领导必须加强党的建设，确保党的先进性和执政地位的稳固。党的建设是国家治理取得成效的根本前提，也是党在新时代面临的重大课题。中国特色社会主义进入新时代，中国共产党能否始终如一地保持其先进性，保持其初心和使命的连贯性和统一性；能否适应时代发展的要求，与时俱进地加强自身的执政能力；能否克服自身肌体的腐败等，是中国共产党必须在实践发展的过程中不断加以解决的现实问题，这关系到共产党执政地位的稳固，关系到经济社会发展的稳定，关系到民族复兴中国梦的实现。因此，要遵循执政党的建设规律，科学回答如何加强执政党建设这一重大问题。治国必先治党，治党务必从严，这是习近平总书记在总结世界上许多国家政党兴衰成败的基础上得出的结论。新时代，党面临的风险和考验不断增多，党的建设的形势仍然十分严峻。中国共产党人要时刻牢记初心使命，以伟大的自我革命精神，全面从严治党，永葆党的生命力和活力。要加强党的制度建设，完善党内法规体系。制度事关根本，要把权力关在制度的笼子里，始终把党的制度建设放在重要位置，确保中国共产党始终成为中国特色社会主义的坚强领导核心。

（原载《求索》2021 年第 1 期）

①《十八大以来重要文献选编》上，北京：中央文献出版社 2014 年版，第 548 页。

②《习近平谈治国理政》第三卷，北京：外文出版社 2020 年版，第 181 页。

五

论“中国之制”的话语生成

制度优势是一个国家的最大优势。“中国之制”作为特定的话语术语，标志着中国特色社会主义的制度定位、样态和意义，也体现了中国特色社会主义的话语优势。党的十八大以来，随着中国特色社会主义制度的不断完善和发展，逐步形成了具有中国特色和时代特征的中国特色社会主义制度话语。深入分析“中国之制”的话语生成逻辑、优势和意义，是研究中国特色社会主义制度的内在要求，亦是坚定制度自信和制度话语自信的应有之义。

（一）“中国之制”的话语生成逻辑

制度是历史的范畴，每一项制度的完臻都必经一定时间话语的积淀和检验。作为改革开放以来中国特色社会主义制度建设的话语凝结，“中国之制”从其话语生成开始，便深刻影响着中国特色社会主义的实践。伴随着“中国之制”的话语演进，其话语建构亦行稳致远。

第一，“中国之制”的话语演进。中国共产党是“中国之制”的设计者，亦是“中国之制”话语的建构者。从成立之日起，中国共产党就确立了在中国建立社会主义制度的奋斗目标。从此，“中国之制”开启了独特的话语演进历程。

新民主主义制度话语生成。新民主主义革命时期，面对帝国主义、封建主义、官僚资本主义的统治，中国共产党提出了消灭私有制、建立社会主义制度的目标，并在党领导的革命根据地进行了具有社会主义性质的制度试验。社会主义国家、人民民主、无产阶级专政等话语概念的出现和传播，为社会主义制度的创建营造了良好话语环境。从党的一大提出建立社会主义制度到党的二大明确提出加入共产国际，这一时期党的制度设计多以苏俄制度为师，再结合中国实际进行融合创新。1931 年，“中华苏维埃共和国”临时中央政府成立，初步确立“工农民主共和国”的国家制度形式，开启了党对未来社会主义国家制度样态的探索历程。《中华苏维埃共和国宪法大纲》提出：“限制资本主义的发展，要使劳苦群众脱离资本主义的剥削，走向社会主义制度。”[①]以“限制资本主义”为话语前提，“走向社会主义”的制度话语诉求集中体现了苏维埃政权的社会主义本质。抗日战争时期，“三三制”“民主共和国”等制度形式陆续出现。解放战争时期，党在解放区逐步建立了人民民主政权，努力“在全国范围内建立无产阶级领导的以工农联盟为主体的人民民主专政的共和国”。[②]广大人民群众对“无产阶级领导”“人民民主专政”的制度话语认同度迅速提升，继而转化为解放全中国、巩固人民民主专政制度的动力。新中国成立前后，面对创设新型社会主义制度的现实问题，党立足国情和社会制度话语，确立了新民主主义制度向社会主义制度过渡的基本思路。

社会主义基本制度话语生成。1949 年 9 月，在《论人民民主专政》一文中，毛泽东对“人民民主专政”的性质和内容进行了系统论述，并将其作为一项基本原则来指导“共同纲领”和“五四宪法”的制定工作。新中国成立前夕，中国人民政治协商会议通过了具有临时宪法性质的《共同纲领》，确立了人民民主专政的国体、中国共产党领导的多党合作和政治协商制度等基本政治制度，为后续的社会主义改造工作打下了坚实基础。1954 年 9 月，“五四宪法”首次以国家根本大法的形式将人民民主专政的根本原则固定下来，从话语表达上确立了社会主义制度的建设成果。宪法赋予社会主义基本制度以最高的法律约束力，以法律的形式确认了党带领人民齐心共铸的制度成果。以此为基础，制定并逐步完善了规范经济社会各方面运行的法律法规，以宪法为核心的社会主义法制体系由此确立。社会主义经济制度方面，通过对农业、手工业、资本主义工商业的社会主义改造，实现了生产资料所有制的深刻变革，社会主义公有制成为国家的经济基础，并为社会主义基本制度的确立奠

①《建党以来重要文献选编》第 8 册，北京：中央文献出版社 2011 年版，第 651 页。

②《毛泽东选集》第 4 卷，北京：人民出版社 1991 年版，第 1375 页。

定了坚实物质基础。与此同时，高度集中的计划经济体制逐渐确立。社会主义政治经济制度和法律体系的确立，建构了社会主义制度的“骨架”，在保证新中国经济社会稳定运行的同时，为“中国之制”的话语建构提供了有效支撑。

中国特色社会主义制度话语生成。党的十一届三中全会以后，党在总结新中国成立以来制度建设经验教训的基础上，不断创新制度设计和实践，历经重大制度理论突破和制度主体内容形成、制度建设取得显著成就和制度体系不断健全、制度深化改革和进一步完善等三个阶段，中国特色社会主义制度成为引领社会制度话语方向的主导力量。从中国特色社会主义制度话语的历史逻辑来看，其经历了从“建设有中国特色的社会主义”到“中国特色社会主义”的概念演变过程。2011 年在庆祝中国共产党成立 90 周年大会上的讲话中，胡锦涛明确将“确立了中国特色社会主义制度”列为建党 90 年来的一项重要发展成就，集中表述了各层次制度的特点和功能。“中国特色”在同“社会主义制度”的话语结合和定型中，突出了中国特色社会主义制度的话语价值和意义。党的十八大以来，随着各领域、各层次制度建设工作的日臻完善，制度话语研究和建构逐步加快，并在转化为治理效能的过程中趋向深化。党的十八届三中全会将完善和发展中国特色社会主义制度，推进国家治理体系和治理能力现代化确立为全面深化改革的总目标，实现了制度话语认识和阐释的创新。党的十九届四中全会紧紧抓住制度和治理这一中心议题，科学总结了我国国家制度和国家治理体系的显著优势，实现了制度优势同治理效能的话语联动。以制度优势为话语依托，实现制度优势话语的现实转化和价值彰显，已成为“中国之制”话语生成的有效路径。

第二，“中国之制”的话语结构。“中国之制”是推进当代中国经济社会发展的根本制度保障，在话语表达上具有稳定且严谨的结构体系。在庆祝中国共产党成立 90 周年大会上的讲话中，胡锦涛从根本政治制度、基本政治制度、中国特色社会主义法律体系、基本经济制度及具体制度等几个层面对制度的结构逻辑进行了概括，确立了“中国之制”的话语结构。“我们推进社会主义制度自我完善和发展，在经济、政治、文化、社会等各个领域形成一整套相互衔接、相互联系的制度体系。”①党对制度基本层次的科学认识和建构，为制度改革和创新提供了方向指引。伴随党的十八大以来制度话语体系的演进和创新，“中国之制”的话语结构愈加清晰。依照党的十九届四中全会关于制度运行逻辑和层次的定位，“中国之制”的话语体系由根本制度、基本制度和重要制度等核心概念建构。

根本制度为“中国之制”提供话语核心力。作为制度话语的核心层次，党的领导制度、人民代表大会制度、马克思主义在意识形态领域指导地位的根本制度构成了根本制度话语的骨骼。党的领导是“中国之制”的最大优势，也是各项制度设计、运行和监管的根本保障。在党的正确领导下，科学社会主义在中国结出了丰硕的制度果实。同人民民主专政国家性质相匹配的政权组织形式，人民代表大会制度能够有效保障人民当家作主的地位。在当代中国，人民代表大会制度能够真正将人民的意志汇聚起来，依靠制度形式确保全体人民的民主和自由。广大人民按照自己意愿选举代表，组建各级人民代表大会及其常务委员会，要求并监督其反映人民话语诉求和维护人民根本利益。党的十九届四中全会明确提出“坚持马克思主义在意识形态领域指导地位的根本制度”，体现了党对社会主义制度运行规律的深刻认识和把握，是巩固和完善社会主义制度的必然要求。旗帜引领航向，思想凝聚共识。坚持马克思主义在意识形态领域指导地位的根本制度，就是要高举马克思主义伟大旗帜，凝聚全体人民意志力量，坚定不移地走好新时代中国特色社会主义道路。

基本制度为“中国之制”提供话语支撑力。基本制度的话语内容十分丰富，既涉及中国共产党领导的多党合作和政治协商制度、民族区域自治制度、基层群众自治制度等基本政治制度话语内容，也包含公有制为主体、多种所有制经济共同发展，按劳分配为主体、多种分配方式并存，社会主义市场经济体制等社会主义基本经济制度话语内容。以根本政治制度为基础，中国共产党领导的多党合作和政治协商制度是中国特

①《胡锦涛文选》第三卷，北京：人民出版社2016年版，第527页。

色政党理论的一项重要实践成果，在确立中国共产党领导核心的同时，最大限度地集聚了多方智慧形成合力。基于单一制国家结构形式和多民族聚居现实，民族区域自治制度将各民族的最高利益统一于国家领土和主权完整，从制度层面赋予自治地区以特有自治权，有利于推动少数民族地区社会主义事业的稳定发展。基层群众自治制度源于我国城乡基层群众的民主实践活动，在党的十七大上被正式纳入基本政治制度范畴。该项制度以基层党组织领导为核心，充分释放基层群众在自我管理、自我服务、自我教育和自我监督中的创造活力，是最有效、最广泛、最直接的民主实践形式。基本经济制度在话语表达上集中体现了我国经济制度的社会主义性质。“毫不动摇巩固和发展公有制经济”与“毫不动摇鼓励、支持、引导非公有制经济发展”，是符合社会主义生产力发展要求的制度安排。

重要制度为“中国之制”提供话语创新力。作为根本制度和基本制度的内容拓展和活力体现，重要制度的话语内容十分丰富，具有极强的时效性和创新性特征。重要制度从属并服务于根本制度和基本制度，随着社会生产关系的调整而不断发生变化。党的十九届四中全会将制度建设同国家治理体系和治理能力现代化目标统一起来，明确提出了党的领导制度体系、人民当家作主制度体系、中国特色社会主义法治体系等13项制度体系要求，内含几十项重要制度内容。每一项重要制度的形成、演化和转变都与社会发展紧密相关，并深刻影响着社会变革步伐。党的十八大以来，以习近平同志为核心的党中央针对经济社会发展中的突出问题，以制度建设为线索，全面推进深化改革，大力破除重点领域体制机制壁垒，不断改革创新重要制度，诠释了“中国之制”话语的开放性、发展性和时代性特征。以社会治理制度为例，社会治理是国家治理的重要方面，其关键是创新社会治理体制，以切实保障和改善民生，维护社会公共秩序。从社会管理转向社会治理，不仅意味着社会体制的理念创新，更体现为社会体制的实践革新。加快推进社会体制改革，必须辩证处理好改革力度、发展速度和稳定程度之间的关系，及时做好重点领域体制改革的话语阐释和宣传工作，以保障“共建共治共享”的制度理念真正转化为制度效能。

第三，“中国之制”的话语机遇。在2014年中法建交50周年纪念大会上，习近平指出：“中国这头狮子已经醒了，但这是一只和平的、可亲的、文明的狮子。”[①] 从苏醒到站立，从站起来到富起来、强起来，中国人民的制度自信逐渐增强，话语阐释能力和话语权也稳步提升。随着党的十九届四中全会对制度建设的全面部署，“中国之制”面临新的话语机遇，并集中体现在其历史话语逻辑和实践话语逻辑的统一之中。

历史叙事是制度话语凝练的基本方式和手段，“中国之制”在其话语表达上主要凝结了改革开放40多年的伟大制度实践，但溯其制度话语渊源，离不开世界社会主义500年、中国共产党成立100年和新中国成立70多年的历史话语淬炼。社会主义不是从天上掉下来的，而是在空想到科学、一国到多国的理论转换和制度实践中逐渐成熟起来的。苏联社会主义制度建立后，世界社会主义制度实践进入快速发展时期，并对中国社会主义制度建立和改革产生了巨大影响。作为科学社会主义原则同中国实际有机结合的重要成果，“中国之制”在实践中取得了显著成绩。纵观世界社会主义制度史，“中国之制”有着显著的优势和独特的话语影响力。在近代中华民族生死存亡的关键时刻，历史和人民最终选择了中国共产党，党也承担起社会主义制度设计者和领导者的使命，党的性质和宗旨决定着“中国之制”的话语底色。党领导人民建立了人民民主政权，确立了人民代表大会制度，人民依法享有广泛而充实的民主权利。党创新设计的社会主义市场经济体制极大地解放了社会生产力。按劳分配为主体、多种分配方式并存的分配制度的确立，则在有效提高经济效率的同时，为社会公平正义提供了有力保障。人民群众在制度层面获得感的显著提升，是对党的制度领导者身份的最好褒奖。新中国成立70多年，社会主义制度在中国经受住了重重风险考验，稳住了阵脚，形成了一套有别于其他制度的话语体系。以党的十一届三中全会为节点，中国特色社会主义制度的话语内容不断创新。无论是改革开放前30年的基本制度建立，抑或改革开放后40多年的中国特色制度话语建构，都是“中国之制”不可或缺的话语内容，体现了中国特色社会主义制度

① 习近平：《在中法建交50周年纪念大会上的讲话》，《光明日报》2014年3月29日，第3版。

话语的传承性和创新。

实践逻辑以现实制度话语为线索，要求辩证看待事物发展的全过程，以准确定位其现实境遇。从党的十九届四中全会提出2035年“各方面制度更加完善”的制度建设目标，到党的十九届五中全会提出“基本实现社会主义现代化”“人均GDP达到中等发达国家水平”的发展目标，两个时间节点重合的背后是制度实践目标的一致。中国特色社会主义新时代，“中国之制”虽然取得了诸多成就，但在制度理论研究、制度运行机制和制度环境营造等方面仍存在一些问题。近年来，一些国外学者在研究“中国之制”课题时，常常出现“捧杀”或“棒杀”两种话语倾向，制度话语研究视野过分局限于意识形态领域。值得警惕的是，上述问题的出现，一定程度上反映了我们在自身制度话语建设方面的不足和滞后。当前，马克思主义制度话语研究存在着深度不足、宽度不够等问题。而在制度运行方面，制约社会各领域发展的体制机制弊端依然存在，全面深化改革的阻力和障碍依然不少，越到制度改革的深处，所面临的制度运行“杂音”愈加嘈杂。制度运行方面存在的问题亦同样存在于制度环境之中，以习近平同志为核心的党中央清楚认识到党在新时代所面临的“四大考验”和“四种危险”问题，特别是官僚主义、形式主义等顽疾的存在，严重腐蚀着制度环境的话语肌体。新时代我国社会主要矛盾已转变为“人民日益增长的美好生活需要和不平衡不充分的发展之间的矛盾”，[①] 人民的制度话语诉求也发生了一定变化。以现实问题和人民诉求为话语导向，以制度话语建构为突破点，全面推动制度变革和创新工作，是破解一切制度问题、充分发挥制度效能的关键一步。

（二）“中国之制”的话语优势

实践是制度规范之根，亦是制度话语之基。“中国之制”话语生成于制度同现实实践的有效对话过程。通过制度的多维对话，“中国之制”的话语影响力得到不断释放，制度话语的“共时性”“历时性”和“人民性”优势从应然走向实然。

①《习近平谈治国理政》第三卷，北京：外文出版社2020年版，第9页。

第一，“中国之制”的“共时性”话语优势。在中国共产党领导下，社会主义在中国显现出了蓬勃生机。“社会主义制度促进了我国生产力的突飞猛进的发展，这一点，甚至连国外的敌人也不能不承认了。”[1]在制度的选择问题上，中国始终主张“自主选择”和“适合国情”，反对任何形式的“制度输出”或“制度殖民”。近年来，一些对社会主义抱着固有偏见和敌对立场的西方政客一直致力于对“中国之制”的话语抹黑，他们采取直接或间接、显性或隐性等话语方式持续攻击中国各项制度。但事实胜于雄辩，西方的恶意抹黑非但没有取得他们想要的结果，反而在制度的比较中进一步彰显了“中国之制”的优势及其话语优势。

在与“苏联模式”的反思性对话中突出“中国之制”的话语优势。纵观世界社会主义历史进程，苏联解体了，但关于“苏联模式”的研究始终处于“共时”状态。中国共产党从成立之日起，便十分注重对社会主义制度的学习和探索。借鉴苏联社会主义制度建设的成功经验，并根据中国实际，中国确立了人民民主专政的国体、人民代表大会制度、公有制为基础的经济制度和计划经济体制等。在同“苏联模式”的积极对话中，社会主义基本制度体系逐渐建构起来。20世纪90年代初，苏联解体，东欧剧变，给包括中国在内的世界其他社会主义国家留下了深刻警示。在推动各领域制度改革和制度创新时，时刻保持同“苏联模式”的反思性对话，对照问题，找寻出路，以更好地认识和把握社会主义本质及其制度运行规律，彰显“中国之制”的“共时性”话语优势。

在与民主社会主义的差异性对话中突出“中国之制”的话语优势。民主社会主义虽在其话语概念上仍保留“社会主义”的标识，但究其本质，民主社会主义显然违背了科学社会主义的基本原则，已脱离社会主义的话语范畴。在政治制度方面，“中国之制”以人民民主专政为基础保障和鲜明制度特征，民主社会主义则将“民主”和“专政”对立了起来，其推崇的“民主”正是马克思所批判的资产阶级民主，是私有制基础上的民主。在经济制度方面，“中国之制”始终坚持公有制为主体、多种所有制经济共同发展，按劳分配为主体、多种分配方式并存的社会主

①《建国以来毛泽东文稿》第6册，北京：中央文献出版社1992年版，第327页。

义市场经济体制的基本经济制度，民主社会主义则主张混合所有制，要求各种经济成分实现其名义上的平衡发展，其倡导的福利国家制度始终没有走出私有制的窠臼。此外，在马克思主义的指导地位、无产阶级政党的领导等方面，两者的话语表述和诉求亦存在根本区别。

在与新自由主义的区别性对话中突出“中国之制”的话语优势。近年来，一些国外学者在研究中国制度问题时，习惯性地给中国制度模式扣上“新自由主义”“国家自由主义”“经济自由 + 政治压制”的帽子，进而将“中国之制”引入资本主义话语陷阱之中。面对国外学界的误解和偏见，迫切需要“中国之制”与新自由主义的相关制度进行区别性对话，以正视听。新自由主义作为近现代资本主义社会的主流意识形态，其承载的制度内容主要是为资本主义服务。与中国特色社会主义市场经济制度不同，新自由主义在经济制度上的市场化主张以私有制为前提，要求政府放松或停止干预资本和金融市场，认为“当集体化的范围扩大了之后，‘经济’变得更糟而不是具有更高的‘生产率’”[①]。“中国之制”的市场经济体制和经济运行机制则强调公有制为基础，既发挥政府在经济运行中的宏观调控作用，也要求充分发挥市场对资源配置的决定性作用，与新自由主义的制度话语主张有着本质性区别。

第二，“中国之制”的“历时性”话语优势。尊重历史，善于在制度的历时性对话中把握历史规律，是中国共产党领导广大人民进行制度创新的重要经验，由此凸显了“中国特色”的制度话语优势及实事求是的制度话语特征。制度建设必须以深入了解国情为前提，才能找准制度建构的着力点，正确认识和善于利用制度运行规律，以填补制度漏洞，解决实际问题。话语源于实践，实践是检验制度有效性的唯一标准。无论是社会主义建设时期制度的探索性设计，还是新时代社会主义制度的健全性完善，都以特定历史制度的深入对话和话语传承为前提保障。这里的“历史”既包括中华优秀传统制度文化，亦包括社会主义革命和建设实践的制度内容。

深厚的历史底蕴是“中国之制”的“历时性”话语优势所在。“中

①［美］詹姆斯·布坎南著，韩旭译：《财产与自由》，北京：中国社会科学出版社 2002 年版，第 50 页。

国之制”在剔除了中国古代社会制度中带有封建性的糟粕后，充分吸收了其民主性、进步性的制度精华。以马克思主义制度理论为指导，社会主义基本制度的设计包含了中华优秀传统制度元素。在设计人民民主专政制度时，毛泽东将其与“大同”社会理想联系在一起，吸收了中国古代关于“大同”社会的思想内容，“由新民主主义社会进到社会主义社会和共产主义社会，消灭阶级和实现大同”①。在对具体制度进行设计时，儒家的“仁政”“德治”与法家的“法治”思想经过创造性转化继承下来，也吸收了关于国家治理和社会治理中诸多规章制度的有益营养。灿烂的中华文明史亦是一部制度文明史，“六合同风、四海一家”“等贵贱均贫富、损有余补不足”“亲仁善邻、协和万邦”等理念在转化为制度实践的过程中，逐渐成为中华民族的话语印记，在维护民族统一和安定社会秩序方面发挥了积极作用。“中国在人类发展史上曾经长期处于领先地位，自古以来逐步形成了一整套包括朝廷制度、郡县制度、土地制度、税赋制度、科举制度、监察制度、军事制度等各方面制度在内的国家制度和国家治理体系，为周边国家和民族所学习和模仿。”②坚定新时代制度自信，离不开对中华优秀传统制度成果的继承和吸收。在同古代中国制度文明进行历时性对话时，需始终坚持以现实制度话语问题和人民制度话语诉求为导向，积极推动中华优秀传统制度文化的创造性转化与创新性发展，厚植“中国之制”的民族文化根基。

“中国之制”之所以能在当代中国取得巨大成就，离不开中国共产党的百年制度探索，亦离不开中国社会主义革命和建设实践的制度积淀。在庆祝中国共产党成立95周年大会上，习近平强调：“一切向前走，都不能忘记走过的路；走得再远、走到再光辉的未来，也不能忘记走过的过去，不能忘记为什么出发。”③回望中国共产党百年制度探索史，不仅仅是为了传承和铭记制度的文本历史，更是为了从历史话语叙事中总结制度建设的经验教训，为理论创新、制度创新提供有益借鉴。“中国

①《毛泽东选集》第四卷，北京：人民出版社1991年版，第1476页。

②习近平：《坚持和完善中国特色社会主义制度　推进国家治理体系和治理能力现代化》，《求是》2020年第1期。

③习近平：《在庆祝中国共产党成立95周年大会上的讲话》，《求是》2021年第8期。

之制”之所以能够引领中国创造“两大奇迹”，其关键在于制度改革和创新从未停滞，更没有滑向本本主义、主观主义，而是在与现实国情的联系中持续创新。

第三，“中国之制”的“人民性”话语优势。人民是制度的实践者，制度是否有效和优越，只有人民最清楚。在社会主义话语场域，制度的人民性特征十分显著，人民是制度生成的实践群体，亦是制度实践的价值主体。“中国之制”的主体是人民，“人民性”是“中国之制”的鲜明话语优势。坚持以人民为中心的制度话语导向，感悟和倾听人民群众的制度话语诉求，是制度建设及制度话语建构的关键所在。同时，要积极发挥人民群众的首创精神，从人民的制度实践和互动中汲取制度创新智慧。

作为人民民主专政的社会主义国家，国家一切权力属于人民，维护人民根本利益是社会主义民主政治制度建设的基本目标。基于社会主义制度“以人民为中心”的话语立场，人民当家作主的制度体系逐渐健全。结合现实国情和民主集中制原则，我国将人民代表大会制度确立为国家的根本政治制度，按照该项制度安排，由全体人民定期直接或间接选举产生代表，组成全国人民代表大会和地方各级人民代表大会，代表人民统一行使国家权力。同时，由人民代表大会代表人民将行政权、审判权、检察权等委托给相关国家机关，具体行使各项权力。各级人民代表大会代表始终秉承为人民服务的话语理念，同人民保持密切联系，积极听取人民意见，反映人民诉求。人民民主的实现，亦离不开协商民主制度的有效保障。作为“中国之制”的独特话语内容，中国共产党领导的多党合作和政治协商制度以政治协商、民主监督、参政议政为功能目标，在制度安排上科学诠释了协商民主的特点和意义。此外，民族区域自治制度、基层群众自治制度的完善，进一步突出了人民中心的主体地位，拓展了人民的话语平台，亦体现了“中国之制”的广泛民主性特征。

人民是“中国之制”的创造者，亦是制度成效的检验者。制度评价不是在话语讨论和推敲中完成的，而是要经过社会发展考验和人民亲身实践检验，才能够得出正确结论。习近平指出：“衡量一个社会制度是否科学、是否先进，主要看是否符合国情、是否有效管用、是否得到人民拥护。”[①]制度评价的话语权在人民手中，只有经过人民实践检验、人民说好的制度才是真正的好制度。制度话语要接地气儿，同人民的日常生活话语相匹配，才能够获得人民的认同。100年来，党领导人民在制度实践中积累了丰硕成果，从“站起来”到“富起来”，再到“强起来”，中华民族伟大复兴与全面建成小康社会同步前行，“中国之制”的应然优势正逐渐向实然优势转化。

（三）新时代“中国之制”的话语发展

如何讲好中国制度故事，传播好中国制度声音，已成为新时代制度话语体系建构的重要议题。推动新时代“中国之制”话语发展，关键在于利用并发挥好话语之于制度的媒介作用，协同各方资源，深化制度话语研究，强化制度话语的功能效力。

第一，协同主体资源，提升“中国之制”话语创造力。充分发挥中国共产党的领导优势，把好制度话语生成方向。党的领导是“中国之制”的最大优势，也是“中国话语”的本质特征，应坚定不移地做好党的领导话语生成和宣传。在新时代语境中，把好“中国之制”的话语生成方向，首先应阐释好“中国共产党为什么能”。经过长期的革命、建设和改革，中国共产党的先进性特征不断凸显，“全心全意为人民服务”的立党宗旨逐渐成为党的重要话语主体标识，并获得了人民的广泛认同和拥护。梳理党的十八大以来党在政治建设、思想建设、组织建设和作风建设等方面的话语实践，可从中提炼诸多具有标识性的话语符号，汇入“中国话语”之中。讲清楚“中国共产党为什么能”，必然要借助话语媒介对党的“领导者”身份进行科学分析，为“中国之制”的话语生成提供方向指南。同时，党的“领导者”身份内含马克思主义话语特质，规定了“中国话语”生成的根本方向。作为工人阶级政党，马克思主义话语赋予了中国共产党特有的主体身份底色，亦决定了“中国之制”的话语方向。因此，把好话语生成方向，须讲清楚“马克思主义为

① 习近平:《坚持、完善和发展中国特色社会主义国家制度与法律制度》,《求是》2019年第23期。

什么行”。在对马克思主义中国化历程的文献梳理和故事整理过程中，要提高党和人民群众坚定的马克思主义信仰，自觉做好“中国之制”话语的传播工作。弘扬马克思主义学风，将百年党史主题教育与制度建设结合起来，从思想层面保障党的制度话语和“中国之制”话语方向。

始终坚持人民群众的主体地位，丰富制度话语生成内容。一方面，将以人民为中心的发展制度优势转化为人民在话语生成中的主体身份优势。人民群众是社会物质财富和精神财富的创造者，是社会发展的主体性力量，只有用制度充分保障人民的根本利益，才能有效激发其在各领域开展制度话语生成活动的自觉意识。“中国之制”始终坚持以人民为中心的制度价值导向，充分保障人民群众在各个领域的主体利益，从而大大激发了作为“建设者”的主体身份意识。话语生成主体是广大人民群众，要充分挖掘人民群众所蕴藏的首创精神，让其做话语生成的“执笔人”，创造新时代“中国之制”话语，促进制度话语的思想内容和表现形式的丰富和发展。

第二，健全话语谱系，增强“中国之制”话语影响力。深化“中国之制”话语研究，强化制度话语认同。首先，明确“中国之制”话语立场，确立话语功能谱系。每一项制度的背后都含有特定的话语立场，通过对其关键词的梳理，可以对其话语立场进行精确判断。在中国特色社会主义话语场域，定位“中国之制”的话语立场，以明确“中国之制”的现实功能和意义。按照社会主义制度的话语立场要求，积极梳理和挖掘各个制度领域的马克思主义话语内容，明确马克思主义制度理论、中国共产党和人民群众的话语立场和功能诉求，以逐步提升人们对各领域制度话语认同。其次，把握“中国之制”话语逻辑，强化话语历史谱系。透过“中国之制”的话语逻辑，有效厘清和强化制度背后的话语表达意义。在对“中国之制”话语逻辑研究过程中，将“中国特色”“社会主义”和“制度”紧密联系在一起，从三者的交互关系中理解制度话语的整体内涵，以从中判定各要素在制度体系中的历史定位和意义。再次，辨识“中国之制”话语特征，突出话语价值谱系。要深刻认识“中国之制”话语的人民性特征，坚持将人民性作为制度话语评价的价值依据和根本标准，深刻认识“中国之制”话语的实践性特征和时代性特征，以发展的眼光看待制度话语的历史变化，从而强化制度话语的动态认同和影响力。

加强“中国之制”话语宣传，提升制度话语自信。首先，细化话语宣传受众，突出话语宣传针对性。“中国之制”的话语受众包含国内和国外两类群体，受众群体的差异直接决定着话语宣传方式和内容的不同。面对国内受众，制度话语宣传应强调日常性、大众性和引导性。日常性要求制度话语内容应与人民日常生活紧密相关，话语宣传方式以日常化宣传为主；大众性要求制度话语内容应通俗易懂、接地气，根据民众知识水平、职业身份和接受能力等条件的差异情况，制定适合其自身特点的话语宣传策略；引导性要求制度话语应发挥意识形态凝聚和价值引导功能，将社会主义核心价值观融入话语宣传的全过程，以帮助民众强化蕴含价值自信的制度自信。面对国外受众，制度话语宣传内容应更加偏重系统性和整体性，强调话语的历史叙事和辩证叙事方式，以文明话语、制度比较话语为宣传导向，推动制度话语以自信姿态“走出去”。其次，立足话语宣传场域，突出话语宣传转换性。“中国之制”是一个随着时间和空间不断创新与发展的制度体系，与之相关的话语内容也始终处于动态变化的过程，如果制度话语没有随着制度变化及时做调整，由其建立的制度自信也会受到影响。制度话语宣传要因时而异、因地而异，要及时将理论话语转化为通俗话语，才能够保持制度话语的鲜活力和说服力。最后，丰富话语宣传形式，突出话语宣传的人民性。要综合利用好报纸、电视和网络宣传平台。在利用主流媒体平台进行制度话语传播时，要协调处理政治话语、学术话语、大众话语之间的关系，做好三类话语的功能定位和场域转化工作。在书写和讲述“中国故事”时，要多从普通民众视角进行话语表述，以强化民众在参与话语传播过程中的制度身份意识和制度话语认同力。

第三，明确功能导向，汇聚“中国之制”话语整合力。汇聚国家治理现代化的制度话语整合力。国家治理现代化的前提和保障是制度现代化，党的十九届四中全会以“制度”和“治理”为主题，要求遵循制度逻辑规定，稳步推进国家治理体系和治理能力现代化。将制度优势转化为治理效能，关键要明确治理功能导向，汇聚制度话语整合力。一方面，坚持党的领导，强化党的话语引领力。习近平在2020年年末的全国政协新年茶话会上寄语道，要“发扬为民服务孺子牛、创新发展拓荒牛、艰苦奋斗老黄牛的精神。”[①]“孺子牛”“拓荒牛”“老黄牛”生动形象地阐释了中国共产党人的初心使命和中华民族的传统奋斗精神，蕴含了人民群众对广大党员干部的身份期待和话语嘱托。2020年是全面建成小康社会的收官之年，全国人民在奋力书写小康社会答卷的同时，不得不同时面对新冠肺炎疫情这一难题。但在中国共产党的正确领导下，举国上下同心同力，凝聚起战胜各种困难的磅礴力量。推进国家治理现代化，应首先确立好党在国家治理工作中的领导地位，发挥好其在政治领导、经济发展和社会建设等方面的话语优势，以党的治理能力现代化引领国家治理现代化。另一方面，依靠多元主体，做好多元主体协同与民主参与工作。坚持全国一盘棋，集中力量办大事，是“中国之制”的一项显著优势，蕴含着多元主体协同的整合力量。国家治理工作是一项关乎全局、关系民生的系统性工作，除了中国共产党要发挥好“领头羊”作用之外，还需要各个民主党派、社会团体与普通民众的积极参与和助力。依靠科学制度安排，利用制度话语优势，集聚各方力量和集体智慧参与到各项治理工作中去，是打造共建共治共享的社会治理格局、推动国家治理现代化的基本路径。

汇聚人类命运共同体的制度话语整合力。在向外走出去的过程中，“中国之制”始终高举构建人类命运共同体的话语旗帜，旨在为人类社会发展和制度文明贡献智慧方案。一方面，“中国之制”始终坚持独立自主的制度话语理念和立场，在探索和创新中持续彰显优势话语力量。新中国成立以来，中国始终秉承独立自主的和平外交政策开展国际交往活动，得到了世界绝大多数国家和人民的肯定。历史和现实已经证明，“中国之制”是中国人民自己探索出来的，不是“制度移植”或“制度拿来”的产物。同样，在对“中国之制”的话语体系进行拓展时，“有必要形成自己的话语体系，避免陷入西方国家制度话语体系的陷阱”[②]。

① 习近平:《在全国政协新年茶话会上的讲话》,《人民日报》2021年1月1日，第2版。

② 肖贵清:《加强和深化中国特色社会主义制度研究》,《湖南科技大学学报（社会科学版)》2016年第5期。

只有建构好与制度内容相匹配的话语体系，才能够充分激发制度所蕴藏的巨大能量。命运共同，并不意味着在制度选择上全球一统，而是以尊重各国制度话语权为前提，各国自主选择适合自己的制度模式。另一方面，“中国之制”始终坚持共同发展的制度话语目标和宗旨，愿为人类命运共同体贡献自身特有的制度力量。在新冠肺炎疫情席卷全球之时，中国接受了来自世界多国的物资援助。而中国在组织全民抗疫的同时，毅然派出多支医疗工作组支援相关国家，身体力行践行人类命运共同体理念。许多国家也纷纷展开抗疫合作工作，全球抗疫工作不断取得成效。“中国之制”愿为全球发展贡献特有的制度力量，中国以宽广的胸怀接纳并欢迎其他国家搭乘中国发展的“顺风车”。各国唯有自觉摒弃制度偏见，消除冷战或零和博弈思维，方能最大限度地汇聚和提升人类命运共同体的制度话语整合力。

（原载《马克思主义理论学科研究》2021 年第 4 期）

六

习近平新时代中国特色社会主义思想的新概括

——《中共中央关于党的百年奋斗重大成就和历史经验的决议》研读

新时代孕育新思想，新思想反映新时代。中国共产党的百年历史是党领导中国人民进行革命、建设和改革的奋斗史，也是党不断探索实现马克思主义中国化，紧紧把握时代、引领时代、创新思想的历史。任何理论都有一个形成和发展的过程，而又随着实践的发展而不断向前发展，同时也有一个指导实践、在实践中发挥作用，并得到广大人民群众认同和接受的过程。党的十九届六中全会审议通过的《中共中央关于党的百年奋斗重大成就和历史经验的决议》（以下简称《决议》）以党的百年奋斗重大成就和历史经验的总结为依托，继党的十九大之后，对习近平新时代中国特色社会主义思想的内涵、理论体系、主要内容和历史地位再次作出新的理论概括。《决议》指出："以习近平同志为主要代表的中国共产党人，坚持把马克思主义基本原理同中国具体实际相结合、同中华优秀传统文化相结合，坚持毛泽东思想、邓小平理论、'三个代表'重要思想、科学发展观，深刻总结并充分运用党成立以来的历史经验，从新的实际出发，创立了习近平新时代中国特色社会主义思想"。[①] 这一重大论断体现了党对历史发展规律和理论演进逻辑的科学把握，是党百年来特别是新时代坚持和发展马克思主义的重大理论成果。

①《中共中央关于党的百年奋斗重大成就和历史经验的决议》，北京：人民出版社 2021 年版，第 23—24 页。

（一）习近平新时代中国特色社会主义思想科学回答的重大时代课题的新凝练

不同历史发展阶段的重大时代课题是关系党和国家事业发展的一系列重大理论和实践问题，规定着与之紧密相连的思想理论的基本内涵和发展方向。习近平在党的十九大报告中指出："十八大以来，国内外形势变化和我国各项事业发展都给我们提出了一个重大时代课题，这就是必须从理论和实践结合上系统回答新时代坚持和发展什么样的中国特色社会主义、怎样坚持和发展中国特色社会主义"[①]。《决议》则把重大时代课题由一个扩展为三个，即"新时代坚持和发展什么样的中国特色社会主义、怎样坚持和发展中国特色社会主义，建设什么样的社会主义现代化强国、怎样建设社会主义现代化强国，建设什么样的长期执政的马克思主义政党、怎样建设长期执政的马克思主义政党等重大时代课题"[②]，集中体现了《决议》对习近平新时代中国特色社会主义思想科学回答的重大时代课题内涵的新凝练。

第一，对中国特色社会主义建设规律的新凝练。中国特色社会主义是科学社会主义理论同中国具体实际相结合的理论成果，是改革开放以来党和人民历经艰辛探索取得的根本成就。党的十八大以来，以习近平同志为核心的党中央根据新时代的环境变化和发展要求，提出并回答了"新时代坚持和发展什么样的中国特色社会主义、怎样坚持和发展中国特色社会主义"这一重大时代课题。在系统总结我国社会主义建设经验和探索社会主义建设规律的基础上，习近平对中国特色社会主义最本质的特征、中国特色社会主义制度的最大优势、中国特色社会主义的总任务等基本问题进行了科学阐释，"这些战略思想和创新理念，是党对中国特色社会主义建设规律认识深化和理论创新的重大成果"[③]，也是习近平新时代中国特色社会主义思想的主要内容。

①《习近平谈治国理政》第三卷，北京：外文出版社 2020 年版，第 14 页。

②《中共中央关于党的百年奋斗重大成就和历史经验的决议》，北京：人民出版社 2021 年版，第 25—26 页。

③ 同上书，第 25 页。

以中国特色社会主义进入新时代为新的历史方位，习近平新时代中国特色社会主义思想始终坚持科学社会主义基本原则与中国实际的有机统一，统筹推进中国特色社会主义事业“五位一体”的总体布局，协调推进“四个全面”战略布局，明确提出全面深化改革总目标是坚持和完善中国特色社会主义制度、推进国家治理体系和治理能力现代化，新时代坚持和发展中国特色社会主义实践基础上所形成的基本理论、基本方略，为新时代坚持和发展中国特色社会主义提供了实践指南。《决议》以党的百年奋斗历程和历史经验为基础、以新时代中国特色社会主义建设的伟大成就为实践遵循，在历史逻辑和实践逻辑的辩证统一中建构了新时代中国特色社会主义的理论逻辑，突出了以习近平同志为核心的党中央对中国特色社会主义建设规律的深刻把握，以及中国特色社会主义建设规律之于习近平新时代中国特色社会主义思想内涵丰富和发展的重大意义。

第二，对中国式现代化道路内涵的新凝练。现代化是人类社会从低级阶段走向高级文明形态的发展过程，也是我国社会主义初级阶段迈向更高发展阶段的关键环节。在中国实现社会主义现代化是中国共产党人孜孜以求的目标，从新中国成立之初的社会主义工业化到四个现代化目标的提出，体现了以毛泽东为主要代表的中国共产党人的艰辛探索。1979 年 3 月 23 日，邓小平在中共中央政治局召开会议讨论 1979 年国民经济计划和国民经济调整问题时，正式提出“中国式的现代化”[①] 的概念，强调现代化的目标要务实有效，充分考虑中国现实国情。在明确认识我国正处于社会主义初级阶段的基础上，1987 年党的十三大确立了我国现代化建设“三步走”的发展战略，逐步探索出了一条具有中国特色、适合中国国情的社会主义现代化建设道路。党的十九大报告指出，坚持和发展中国特色社会主义的总任务是实现社会主义现代化和中华民族伟大复兴，并作出了分两个阶段推进实施的战略安排，即到 2035 年基本实现社会主义现代化，到 2050 年把我国建设成为富强民主文明和谐美丽的社会主义现代化强国。2021 年 7 月 1 日，习近平在庆祝中国共

①《邓小平年谱（1975—1997）》上卷，北京：中央文献出版社 2004 年版，第 497 页。

产党成立100周年大会上提出了“中国式现代化新道路”的重要论断，强调中国发展进步的命运始终掌握在自己手中。《决议》在党的十九大的基础上，又增加了“以中国式现代化推进中华民族伟大复兴”[①]这一创新性表述，体现了党对中国式现代化道路理论认识的进一步深化，亦是对习近平新时代中国特色社会主义思想所回答的重大时代课题内涵的新凝练。

经过党的百年奋斗，《决议》指出：“党领导人民成功走出中国式现代化道路，创造了人类文明新形态，拓展了发展中国家走向现代化的途径，给世界上那些既希望加快发展又希望保持自身独立性的国家和民族提供了全新选择。”[②]中国式现代化道路所创造的人类文明新形态，不仅仅是同中华文明相契合的物质文明、政治文明、精神文明、社会文明、生态文明协调发展的整体性文明形态，而且是充分吸纳人类一切优秀文明成果、蕴含着人类命运共同体理念的世界性文明形态。在如期实现了全面建成小康社会的目标后，《决议》继党的十九届五中全会之后，将“全面建设社会主义现代化国家”纳入“四个全面”战略布局，要求持续探讨和回答“建设什么样的社会主义现代化强国、怎样建设社会主义现代化强国”这一重大时代课题。习近平强调：“我国现代化是人口规模巨大的现代化，是全体人民共同富裕的现代化，是物质文明和精神文明相协调的现代化，是人与自然和谐共生的现代化，是走和平发展道路的现代化……这是我国现代化建设必须坚持的方向”[③]。随着新时代党对中国式现代化理论认识的不断深入、战略理念的日益成熟，中国式现代化必将为中华民族伟大复兴乃至人类文明新发展作出更大贡献。

第三，对中国共产党长期执政规律的新凝练。百年党史雄辩地证明，办好中国的事情，关键在党，关键在于党要管党，全面从严治党。党的领导是全国各族人民的利益所系、命运所系。基于对马克思主义政党学说特别是共产党执政规律的深刻认识，党在领导中国革命、建设和

①《中共中央关于党的百年奋斗重大成就和历史经验的决议》，北京：人民出版社2021年版，第24页。

②同上书，第64页。

③习近平：《把握新发展阶段　贯彻新发展理念　构建新发展格局》，《求是》2021年第9期。

改革的实践中不断加强自身建设，逐渐锻造成为始终走在时代前列、人民衷心拥护、风华正茂的马克思主义执政党。勇于自我革命是中国共产党区别于其他政党的显著特征，也是中国共产党历经百年而风华正茂的密码所在。党的十八大以来，面对“四大考验”“四种危险”的严峻挑战，以及“新时代建设什么样的长期执政的马克思主义政党、怎样建设长期执政的马克思主义政党”这一重大时代课题，习近平强调，要加强党的长期执政能力建设、先进性建设和纯洁性建设，“越是长期执政，越不能丢掉马克思主义政党的本色，越不能忘记党的初心使命，越不能丧失自我革命精神”①。长期执政不仅意味着党要经受住世情国情不断变化背景下各种风险挑战的冲击，而且要始终保持先进性和纯洁性，以新时代的伟大自我革命引领伟大社会革命。

中国共产党之所以能够跳出治乱兴衰的历史周期率而愈加强大，除了毛泽东当年在延安窑洞里给出的“让人民来监督政府”这一答案，习近平在总结党的百年奋斗经验的基础上又给出了第二个答案，这就是自我革命。无论面对何种困难和挑战，党都敢于直面问题，勇于自我革命，在不断自我革命中确保党不变质、不变色、不变味。《决议》指出:“党的百年奋斗锻造了走在时代前列的中国共产党。”②党的执政地位是在长期革命斗争中逐步确立的，是近代以来中国历史发展的必然，是中国人民的历史选择。党的十八大以来，在习近平新时代中国特色社会主义思想的引领下，以习近平同志为核心的党中央持续加强和改善党的领导，不断推进党的建设，不断增强党的政治领导力、思想引领力、群众组织力、社会号召力以及党的自我净化、自我完善、自我革新、自我提高能力，为党和国家事业发展提供了根本政治保证。踏上实现第二个百年奋斗目标新的征程，必须坚持党的全面领导，将党的领导落实到党和国家事业的各个领域和各个环节，不断提升马克思主义政党的长期执政能力和水平。全党要始终牢记初心使命，牢记“中国共产党是什么、要干什么”这个根本问题，以习近平新时代中国特色社会主义思想为引

①《习近平谈治国理政》第三卷，北京：外文出版社 2020 年版，第 529 页。

②《中共中央关于党的百年奋斗重大成就和历史经验的决议》，北京：人民出版社 2021 年版，第 64 页。

领，继续推进新时代党的建设新的伟大工程，在新时代新征程上展现新的生机和活力。

（二）习近平新时代中国特色社会主义思想的理论体系的新论述

认识源于实践，引领时代的重大思想及其理论体系的形成与发展往往由其所依赖的伟大实践所决定。习近平新时代中国特色社会主义思想的创立和发展是党和国家事业取得历史性成就、发生历史性变革的必然结果。以党的十九大建构的习近平新时代中国特色社会主义思想的理论体系为基础，《决议》将习近平新时代中国特色社会主义思想置于百年党史的宏观历史视野，进一步完善和发展了习近平新时代中国特色社会主义思想的理论体系。

第一，“两个大局”是习近平新时代中国特色社会主义思想形成的背景。中国特色社会主义进入新时代是党的十九大基于改革开放以来我国取得的历史性成就和发生的历史性变革、社会主要矛盾转化所作出的重大政治判断，以此构成了习近平新时代中国特色社会主义思想创立和发展的时代背景。在中国特色社会主义新时代背景下，我国社会生产力水平总体上显著提高，人民美好生活需要日益广泛，社会主要矛盾已经转化为人民日益增长的美好生活需要和不平衡不充分的发展之间的矛盾，这一关系中华民族伟大复兴战略全局的历史性变化对党和国家各项工作提出了新挑战和新要求。同时，从新时代的深远意蕴来看，中国特色社会主义新时代不仅仅是一个关涉中华民族伟大复兴的概念，还具有鲜明的世界性的特征，中国的发展也必将深刻影响世界历史的发展进程。中国特色社会主义新时代“是我国日益走近世界舞台中央、不断为人类作出更大贡献的时代”[①]，这是党的十九大对习近平新时代中国特色社会主义思想体系建构的实践基础。

在中国共产党成立100周年之际，“我们实现了第一个百年奋斗目标，在中华大地上全面建成了小康社会，历史性地解决了绝对贫困问

①《习近平谈治国理政》第三卷，北京：外文出版社2020年版，第9页。

题，正在意气风发向着全面建成社会主义现代化强国的第二个百年奋斗目标迈进”[①]。中国特色社会主义新时代，中华民族伟大复兴正处于关键时期，我们比历史上任何时期都更接近、更有信心和能力实现中华民族伟大复兴的目标。同时，我们也要看到，进入改革的“深水区”要爬沟过坎涉险滩，前进道路上各种矛盾各种风险挑战将会更多，形势环境变化将会更快。特别是世界百年未有之大变局正在加速演变，国际格局和国际体系悄然变化，国际力量对比深刻调整，世界进入动荡变革期。身处世界百年未有之大变局中，世情的每一刻变化都影响着中国的发展和命运，中国也日益成为世界格局演变的主要推动力量。党的十八大以来，以习近平同志为核心的党中央坚持因势而谋、应势而动、顺势而为，自觉统筹把握中华民族伟大复兴战略全局和世界百年未有之大变局，习近平新时代中国特色社会主义思想应运而生，也深刻回答时代之问，引领时代之变。

第二，“十个明确”构成了习近平新时代中国特色社会主义思想的理论体系和主要内容。在系统梳理党的十八大以来以习近平同志为核心的党中央所提出的一系列新理念新思想新战略的基础上，党的十九大用理论上的“八个明确”和实践中的“十四个基本方略”初步建构了习近平新时代中国特色社会主义思想的理论体系，阐述了习近平新时代中国特色社会主义思想的主要内容。其中，“八个明确”包含明确坚持和发展中国特色社会主义的总目标、明确新时代我国社会主要矛盾、明确中国特色社会主义事业总体布局和战略布局、明确全面深化改革总目标、明确全面推进依法治国总目标、明确党在新时代的强军目标、明确中国特色大国外交、明确中国特色社会主义最本质的特征和中国特色社会主义制度的最大优势等。“八个明确”逻辑严密、互为支撑，与“十四个基本方略”共同构成了习近平新时代中国特色社会主义思想的“四梁八柱”，在新时代展现出强大的理论引领力，成为新时代坚持和发展中国特色社会主义的行动指南。

《决议》以党的十九大报告概括的“八个明确”和“十四个基本方

① 习近平:《在庆祝中国共产党成立100周年大会上的讲话》，北京：人民出版社2021年版，第2页。

略”为依托，进一步用“十个明确”对习近平新时代中国特色社会主义思想体系进行了新的概括，体现了党的理论的连续性与创新性的统一。其变化主要体现在以下三个方面：一是“十个明确”将党的十九大报告的第八个“明确”的内容一分为二，“党的领导”和“党的建设”分别置于“十个明确”的首尾，突出体现了“党的领导”的重要地位和“党的建设”的重要意义。二是“明确必须坚持和完善社会主义基本经济制度，使市场在资源配置中起决定性作用，更好发挥政府作用，把握新发展阶段，贯彻创新、协调、绿色、开放、共享的新发展理念，加快构建以国内大循环为主体、国内国际双循环相互促进的新发展格局，推动高质量发展，统筹发展和安全”[①]。这一新的“明确”体现了党的十九大以来党对中国特色社会主义经济建设规律的认识深化和理论创新。三是鉴于全面建成小康社会目标的实现，《决议》对中国特色社会主义事业的战略布局进行了调整，根据党的十九届五中全会的提法，用“全面建设社会主义现代化国家”替代“全面建成小康社会”，这是新时代以来党和国家事业取得历史性成就的必然结果。此外，《决议》还对之前“八个明确”的内容进行了丰富，增加了“全党必须增强‘四个意识’、坚定‘四个自信’、做到‘两个维护’”“以中国式现代化推进中华民族伟大复兴”“发展全过程人民民主”“服务民族复兴、促进人类进步”等新的论述，从理论指导层面对党在新时代面临的三个重大时代课题进行了科学回答。

第三，《决议》论述的新时代“十三个方面重大成就”，体现了习近平新时代中国特色社会主义思想的实践逻辑。任何一项伟大事业的推进都不是一蹴而就的，而是一个实践、认识、再实践、再认识的过程。认识之于实践逻辑的科学凝结即是理论创新。习近平新时代中国特色社会主义思想在指引党和人民创造新时代中国特色社会主义伟大成就的同时，其内容和结构体系也在不断丰富和完善。《决议》依次从党的全面领导、全面从严治党、经济建设、全面深化改革开放、政治建设、全面依法治国、文化建设、社会建设、生态文明建设、国防和军队建设、

①《中共中央关于党的百年奋斗重大成就和历史经验的决议》，北京：人民出版社 2021 年版，第 25 页。

维护国家安全、坚持“一国两制”和推进祖国统一、外交工作等十三个方面对新时代以来党的一系列新理念新思想新战略和路线方针政策进行了分领域全景式总结，也突出了习近平新时代中国特色社会主义思想对推进新时代中国特色社会主义伟大事业所作出的原创性贡献，十三个方面的历史性成就也为习近平新时代中国特色社会主义思想的丰富发展提供了实践依据。

十三个方面的历史性成就和历史性变革高度总结了党在新时代坚持和发展中国特色社会主义的伟大成就，彰显了中国特色社会主义的强大生机活力，进而实现了从实践创造到理论创新的升华。正是上述历史性成就的取得和变革的实现，为实现中华民族伟大复兴提供了更为完善的制度保证、更为坚实的物质基础、更为主动的精神力量，实现中华民族伟大复兴进入了不可逆转的历史进程。《决议》指出：“只要我们勇于结合新的实践不断推进理论创新、善于用新的理论指导新的实践，就一定能够让马克思主义在中国大地上展现出更强大、更有说服力的真理力量。”① 展望实现中华民族伟大复兴的新征程，十三个方面的历史性成就和历史性变革规定了新征程的发力点和着力点，指明了党带领人民实现第二个百年奋斗目标的具体方向。基于新时代社会主要矛盾的变化情况，要始终坚持以习近平新时代中国特色社会主义思想引领新时代坚持和发展中国特色社会主义新的实践，着力解决好不平衡不充分的发展问题和人民群众最关心最直接最现实的利益问题。同时，要坚持以“十三个方面重大成就”为基础，深刻总结新时代全面建设社会主义现代化国家的实践经验，丰富和发展习近平新时代中国特色社会主义思想的理论体系，不断推进马克思主义中国化的理论创新。

（三）习近平新时代中国特色社会主义思想的新定位

《决议》指出：“习近平新时代中国特色社会主义思想是当代中国马克思主义、二十一世纪马克思主义，是中华文化和中国精神的时代精

①《中共中央关于党的百年奋斗重大成就和历史经验的决议》，北京：人民出版社2021年版，第67页。

华，实现了马克思主义中国化新的飞跃。”[①]这一重大论断是党的百年奋斗和新时代中国特色社会主义伟大实践的必然结论，尤其是对习近平新时代中国特色社会主义思想的科学定位。

第一，习近平新时代中国特色社会主义思想是当代中国马克思主义、21世纪马克思主义。每一个时代的思想意识的凝结都不是割裂的，而是沿着某一线索或主题接续发展的。习近平指出：“发展21世纪马克思主义、当代中国马克思主义，是当代中国共产党人责无旁贷的历史责任。”[②]回顾党的百年奋斗史，一代又一代中国共产党人自觉树立马克思主义理想信念，坚持用马克思主义的立场观点和方法，分析、研究和解决中国革命、建设和改革实践中的问题，并结合中国的实际在理论创新中不断发展马克思主义，用中国化马克思主义的理论创新成果引领伟大实践。马克思主义深刻改变了中国的命运，中国的伟大实践也极大丰富了马克思主义。在新的历史条件下，面对快速变化的世情和国情，如何科学回答中国之问、世界之问、人民之问和时代之问，成为党在新征程上领导人民继续取得成功的重大现实问题。以习近平同志为核心的党中央发扬历史主动精神和创造精神，站在人类发展前沿，准确把握世界大势和时代大势，在解放思想、实事求是、守正创新中取得了诸多历史性伟大成就，习近平新时代中国特色社会主义思想集中体现了马克思主义的理论品格和精神实质，充分彰显了马克思主义在新时代的强大生命力和影响力。

理论的生命力在于不断创新，马克思主义之所以能够成为党和人民认识世界和改造世界的强大思想武器，在于理论自身始终站在时代前沿，能够不断回答时代发展提出的新问题、回应人类社会面临的新挑战。马克思主义开放性和时代性在新时代中国的充分彰显，决定了习近平新时代中国特色社会主义思想是关乎中国前途命运的当代中国马克思主义。习近平新时代中国特色社会主义思想紧紧围绕三个重大时代

①《中共中央关于党的百年奋斗重大成就和历史经验的决议》，北京：人民出版社2021年版，第26页。

② 习近平：《在庆祝改革开放40周年大会上的讲话》，北京：人民出版社2018年版，第26页。

课题谋篇布局，坚持用马克思主义的立场观点方法观察时代、把握时代、引领时代，为实现第二个百年奋斗目标提供了行动指南。在当代中国，习近平新时代中国特色社会主义思想已成为全党全国各族人民团结奋斗的共同思想基础，是党在新时代治国理政的基本遵循。马克思主义科学性和真理性在新时代中国得到了充分彰显，决定了习近平新时代中国特色社会主义思想是关乎科学社会主义发展前景的21世纪马克思主义。习近平新时代中国特色社会主义思想在对共产党执政规律、社会主义建设规律和人类社会发展规律的深化认识中，始终贯穿着世界眼光、全球意识和人类情怀，展现了超越文明隔阂、文明冲突、文明优越论的思想力量，以其强大的真理性、科学性构建了21世纪马克思主义的最新理论形态。

第二，习近平新时代中国特色社会主义思想是中华文化和中国精神的时代精华。“中华文化和中国精神的时代精华”是《决议》对习近平新时代中国特色社会主义思想的新定位，突出了习近平新时代中国特色社会主义思想在中华文明发展史上的重要地位。文化是一个国家和民族的灵魂，高度的文化自信是实现中华民族伟大复兴的应有之义，中华文化蕴含的丰富而独特的中国精神是近代以来中国人民在精神上由被动转向主动的文化源泉。在谈到中华五千年文明所积累的中华文化和中国精神的“历史遗产”时，毛泽东指出：“我们是马克思主义的历史主义者，我们不应该割断历史。从孔夫子到孙中山，我们应该给以总结，我们要承继这一份珍贵的遗产。”[①] 在对中华文化的“总结”和“承继”过程中，“实事求是”“小康”等中华优秀传统文化概念被创造性地转化为党治国理政的科学理念。党的十八大以来，以习近平同志为核心的党中央高度重视社会主义文化建设，明确将坚定文化自信纳入中国特色社会主义“四个自信”，坚持走社会主义文化强国道路。习近平在党的十九大报告中强调：“发展中国特色社会主义文化，就是以马克思主义为指导，坚守中华文化立场，立足当代中国现实……要坚持为人民服务、为社会主义服务，坚持百花齐放、百家争鸣，坚持创造性转化、创新性发展，不断

①《建党以来重要文献选编（1921—1949）》第15册，北京：中央文献出版社2011年版，第651页。

铸就中华文化新辉煌”[①]。中国共产党是中华优秀传统文化的忠实传承者和弘扬者，也是革命文化和社会主义先进文化的积极引领者和践行者。党在百年奋斗历程中所凝聚的以伟大建党精神为基础建构的中国共产党人的精神谱系，是中华民族的宝贵精神财富，也是中华优秀传统文化和民族精神的发扬光大和赓续传承。

在对中华文化和中国精神的高度自觉和自信中，习近平新时代中国特色社会主义思想不断彰显中华文明的价值和意义。社会主义核心价值观作为当代中国精神的集中体现，高度凝聚了广大人民群众的精神意志和价值共识，是开展国民教育、精神文明创建、精神文化产品生产的重要指引。习近平强调，培育和践行社会主义核心价值观，必须“深入挖掘和阐发中华优秀传统文化讲仁爱、重民本、守诚信、崇正义、尚和合、求大同的时代价值，使中华优秀传统文化成为涵养社会主义核心价值观的重要源泉”[②]。在引领党和人民创造新时代中国特色社会主义伟大成就的过程中，以习近平同志为核心的党中央立足新时代社会主义文化强国建设的现实需求，不断推进中华优秀传统文化创造性转化和创新性发展，持续汲取中华文化和中国精神的有益元素和价值营养，赋予习近平新时代中国特色社会主义思想以特有的文化感染力和精神感召力，使中华文化和中国精神在新时代不断焕发新的生机和活力，中华文明在新时代迸发出强大的精神力量。

第三，习近平新时代中国特色社会主义思想实现了马克思主义中国化新的飞跃。党推进马克思主义中国化的百年历史，是一部马克思主义基本原理同中国具体实际相结合的历史，也是一部马克思主义基本原理同中华优秀传统文化相结合的历史。马克思主义之所以能够在中国落地生根、开花结果，在于党不断推进马克思主义中国化、时代化并用以指导实践。继习近平在庆祝中国共产党成立100周年大会上的讲话之后，《决议》关于“两个结合”的提出，突出了马克思主义基本原理和中华优秀传统文化在马克思主义中国化过程中的重要地位和作用，深刻诠释了马克思主义之于中国现实的指导意义和中国化马克思主义新的理论形

①《习近平谈治国理政》第三卷，北京：外文出版社2020年版，第32页。
②《习近平谈治国理政》第一卷，北京：外文出版社2018年版，第164页。

态。《决议》指出，在党领导中国革命、建设和改革的过程中，一代又一代中国共产党人不断创新马克思主义中国化理论成果，毛泽东思想是马克思主义中国化的第一次历史性飞跃，由邓小平理论、“三个代表”重要思想和科学发展观共同构成的中国特色社会主义理论体系实现了马克思主义中国化在改革开放和社会主义现代化建设新时期新的飞跃，习近平新时代中国特色社会主义思想的创立，实现了马克思主义中国化在中国特色社会主义新时代新的飞跃。

科学的指导思想是马克思主义政党的精神旗帜，关系党和国家事业全局。而指导思想是否科学，取决于其能否准确认识和科学把握社会主要矛盾、确定中心任务，能否保证党和人民事业始终沿着正确方向前进。习近平新时代中国特色社会主义思想在把握新时代社会主要矛盾及其历史性变革的基础上，明确党的主要任务是实现第一个百年奋斗目标和开启实现第二个百年奋斗目标新征程，继续努力实现中华民族伟大复兴的宏伟目标，并强调坚持和发展中国特色社会主义的总任务是实现社会主义现代化和中华民族伟大复兴。党的十九大将习近平新时代中国特色社会主义思想确立为党长期坚持的指导思想，并写入党章，实现了党和国家指导思想的与时俱进。《决议》进一步强调：“党确立习近平同志党中央的核心、全党的核心地位，确立习近平新时代中国特色社会主义思想的指导地位，反映了全党全军全国各族人民共同心愿，对新时代党和国家事业发展、对推进中华民族伟大复兴历史进程具有决定性意义。”[①] 习近平新时代中国特色社会主义思想坚持运用马克思主义基本原理指导中国特色社会主义实践，不断从中华优秀传统文化宝库中汲取治国理政智慧，实现了马克思主义之“源”、中华优秀传统文化之“魂”与中国化马克思主义之“流”的有效对接，开辟了马克思主义中国化时代化的新境界。

综上所述，《决议》对习近平新时代中国特色社会主义思想的新概括，是对中国特色社会主义新时代党和国家事业取得的历史性成就、发生的历史性变革和积累的新鲜经验的概括和总结，开辟了新时代马克思

①《中共中央关于党的百年奋斗重大成就和历史经验的决议》，北京：人民出版社 2021 年版，第 26 页。

主义中国化的新篇章。站在“两个一百年”奋斗目标的历史交汇点上，党确立习近平同志党中央的核心、全党的核心地位，确立习近平新时代中国特色社会主义思想的指导地位，有利于全党统一思想、统一意志、统一行动，对全面建设社会主义现代化强国、实现中华民族伟大复兴具有决定性意义。

（原载《马克思主义理论学科研究》2022 年第 1 期）

七

以正确的党史观汲取百年征程中的奋斗伟力

——习近平总书记关于党的历史重要论述的精神要义与理论旨归

"党的历史是最生动、最有说服力的教科书。"[①] 中国共产党领导革命、建设和改革即将走过一百年的奋斗历程。百年历史波澜壮阔，中国共产党领导中国人民取得了举世公认的辉煌成就，创造出弥足珍贵的精神财富。党的十八大以来，习近平总书记关于学习党的历史发表的一系列重要讲话，是我们学习和研究党史的基本遵循。深刻理解和把握百年党史，汲取其中蕴含的精神力量，以更加昂扬的姿态迎接新时代的伟大斗争，需要我们以习近平总书记关于党的历史重要论述为指导，牢固树立正确的党史观，掌握科学的思想方法，提炼丰富的实践经验，感悟崇高的价值情怀，从而在回顾过去中照亮现在，在重温本来中开创未来。

（一）辨析主流本质实现党史叙事的正本清源

中国共产党百年历程跌宕起伏、波澜壮阔，经历了数不尽的艰难险阻，但其主流和方向从未改变。科学认识党的历史，树立正确党史观，首先要实现党史叙事的正本清源，以"党关于历史问题的两个决议和党中央有关精神为依据，准确把握党的历史发展的主题主线、主流本质"[②]。

曾几何时，学界乃至社会上针对如何看待党的历史出现了一些历史虚无主义的错误观点，他们或打着"范式转换"的旗号，或披上"客观中立"的外衣，主张对党的历史进行所谓"重新评价"，试图通过无限

① 习近平:《在党史学习教育动员大会上的讲话》,《求是》2021 年第 7 期。
② 同上。

放大个别历史细节、片面凸显特定历史侧面、孤立看待重大历史事件等手段来抹黑和丑化党的历史，消解党带领人民向着美好生活不断奋斗的历史叙事。这不仅是一种学术研究领域的认识倾向，而且是一种带有强烈现实诉求的政治思潮。例如，有的人往往热衷于挖掘领袖人物“鲜为人知的故事”，割裂、剪辑和扭曲具体事件与历史环境的有机联系，用个别所谓真实的历史事件拼接出荒诞不经的历史图景，以历史的表面现象遮蔽历史的深层本质，希望最终达到否定历史进而否定现实的政治目的。然而，历史终究不是任人打扮的小姑娘，一旦将考察的焦点从局部细节上升到宏观趋势，事实就会展现出无可辩驳的客观本质。正如列宁所说:“如果从事实的整体上、从它们的联系中去掌握事实，那么，事实不仅是‘顽强的东西’，而且是绝对确凿的证据。如果不是从整体上、不是从联系中去掌握事实，如果事实是零碎的和随意挑出来的，那么它们就只能是一种儿戏，或者连儿戏也不如。”[①] 只有确立党史观的整体视域，坚持以整体关照局部，彰显具体事件的叙事意义，而非以细节否定趋势，抹杀党史叙事的客观属性，才能在时代展开的大潮流和总趋势中把握百年党史的主题、主线和主流本质，形成对党史性质和价值的科学把握。

准确领会以习近平同志为核心的党中央关于党的历史问题的重要精神，凸显百年党史的主题、主流和主线，驳斥历史虚无主义错误观点，关键在于“正确认识和科学评价党史上的重大事件、重要会议、重要人物”[②]，在具体历史时空中展开史实分析和价值评判。马克思指出:“人们自己创造自己的历史，但是他们并不是随心所欲地创造，并不是在他们自己选定的条件下创造，而是在直接碰到的、既定的、从过去承继下来的条件下创造。”[③] 对百年党史上的人物和事件进行评价，“应该放在其所处时代和社会的历史条件下去分析，不能离开对历史条件、历史过程的全面认识和对历史规律的科学把握”[④]，不能忽略个别事件与历史趋势间

①《列宁全集》第二十八卷，北京:人民出版社2017年版，第364页。

② 习近平:《在党史学习教育动员大会上的讲话》,《求是》2021年第7期。

③《马克思恩格斯选集》第一卷，北京:人民出版社2012年版，第669页。

④《十八大以来重要文献选编》上，北京:中央文献出版社2014年版，第693页。

的辩证关系，不能混淆主观错误和历史局限的客观界限，不能用当代的认识水平和实践条件苛求前人，而应当秉持敢于承认、正确分析、坚决纠正的郑重态度，从汲取历史经验的角度出发，恰如其分地评价前人的实践探索。在纪念毛泽东同志诞辰120周年座谈会上的讲话中，习近平总书记针对历史人物的评价问题指出："不能把历史顺境中的成功简单归功于个人，也不能把历史逆境中的挫折简单归咎于个人。"①体现了习近平总书记评价历史人物的正确方法和科学的历史观。

毋庸置疑，在党的百年奋斗征程中，有成功也有失误，有辉煌也有曲折，有胜利的凯歌也有低沉时期的迷误。但是，我们以当下的视角看待党的百年历史，"既不能因为成就而回避失误和曲折，也不能因为探索中的失误和曲折而否定成就"②，特别是不能遮蔽党为实现国家富强和人民幸福所做出的艰辛探索，更不能抹杀党为中华民族伟大复兴做出的丰功伟绩。

近代以来，帝国主义的炮火打开了古老的中国紧锁的国门，侵略者的铁蹄在中华大地上恣意蹂躏，主权受辱，国土沦丧，无数百姓流离失所，时代呼唤着仁人志士担负起天下兴亡的神圣职责。在中华民族危难之际，中国共产党人挺身而出，带领人民推翻帝国主义、封建势力和官僚资本主义的反动统治，建立起主权独立、完整统一的中华人民共和国，实现了社会稳定和人民解放，完成了中华民族近代以来由衰微走向复兴的历史性转折。

新中国成立之初，山河破碎，百废待兴，久经战乱的创伤使国家残败不堪，人民生活亟需改善。又是中国共产党带领人民在一穷二白的基础上展开了前所未有的大规模现代化建设，建立起独立的比较完整的工业体系，开始探索符合中国实际的社会主义建设道路。由于缺乏经验和力量准备不足，在探索中不可避免地出现了失误。改革开放以后，中国共产党人以非凡的理论勇气拨乱反正、解放思想，正确面对并客观评价党史上的是非功过，做出改革开放这一决定当代中国命运的历史性决策，开创了极富实践智慧的中国特色社会主义伟大事业，为中华民族的

①《十八大以来重要文献选编》上，北京：中央文献出版社2014年版，第693页。
② 习近平：《在党史学习教育动员大会上的讲话》，《求是》2021年第7期。

伟大复兴指明了正确方向。中国共产党领导革命、建设和改革的一百年是一个整体，是一以贯之的接力探索。习近平总书记深刻指出，改革开放前后两个历史时期是“两个相互联系又有重大区别的时期，但本质上都是我们党领导人民进行社会主义建设的实践探索。”他强调在认识这两个历史时期的关系时，“不能用改革开放后的历史时期否定改革开放前的历史时期，也不能用改革开放前的历史时期否定改革开放后的历史时期。”①

“历史，往往在经过时间沉淀后可以看得更加清晰。”②当历史轮廓随着时代喧嚣的褪去而愈加凸显，我们可以在繁芜丛杂的细节中清晰地发现，近代以来“中华民族面对着两大历史任务：一个是求得民族独立和人民解放；一个是实现国家繁荣富强和人民共同富裕”③，“这两大历史任务就是中国共产党百年历史的主题主线”④。而中国共产党的一百年，“是矢志践行初心使命的一百年，是筚路蓝缕奠基立业的一百年，是创造辉煌开辟未来的一百年”⑤，“这就是百年党史的主流本质”⑥。一百年的史实表明，不论发生过怎样的艰辛和曲折，不论遇到过什么困顿和苦难，百年党史的主题和本质从未改变，党为中华民族复兴作出的历史贡献不容否认，应当把百年来党的各个历史时期看作一个完整连续的发展过程，在历史主流的发展过程中把握各个时期的历史脉络。习近平总书记指出：“我们党领导的革命、建设、改革伟大实践，是一个接续奋斗的历史过程，是一项救国、兴国、强国，进而实现中华民族伟大复兴的完整事业。”⑦党在各个时期的伟大实践都在当时的历史条件下将民族复兴的伟大事业推向前进，同时又为后来的奋斗历程提供了基础和条件，后继的接续奋斗则是对前期的坚持、继承和发展，在新的历史条件下推动

①《十八大以来重要文献选编》上，北京：中央文献出版社 2014 年版，第 111—112 页。
②《在古田会议光芒照耀下继续前进——习近平主席出席全军政治工作会议侧记》，《人民日报》2014 年 11 月 3 日，第 2 版。
③《十五大以来重要文献选编》上，北京：中央文献出版社 2011 年版，第 2 页。
④《求是》杂志评论员：《旗帜鲜明坚持和运用正确党史观》，《求是》2021 年第 7 期。
⑤ 习近平：《在党史学习教育动员大会上的讲话》，《求是》2021 年第 7 期。
⑥《求是》杂志评论员：《旗帜鲜明坚持和运用正确党史观》，《求是》2021 年第 7 期。
⑦《十八大以来重要文献选编》上，北京：中央文献出版社 2014 年版，第 694 页。

先辈事业的与时俱进，不能将党在各个历史时期的奋斗历程割裂乃至对立起来，更不能因各阶段政策和策略的一些差异而认为其相互否定，只有将其作为党史主线展开的有机环节，才能正确评定其时代价值和历史意义。

（二）总结历史经验增强应对挑战的斗争本领

明镜所以照形，古事所以知今。历史是最好的老师，是照亮前行道路的明灯。“回顾历史不是为了从成功中寻求慰藉，更不是为了躺在功劳簿上、为回避今天面临的困难和问题寻找借口，而是为了总结历史经验、把握历史规律，增强开拓前进的勇气和力量。”①站在中共百年的历史节点上，从中国特色社会主义新时代我们所迎接的伟大斗争出发，总结党在各个历史时期行之有效的宝贵经验，不断提升应对风险挑战的斗争本领，对赢得中国特色社会主义事业新胜利具有重要意义。

“主义譬如一面旗子”②，中国共产党自成立之时起就将马克思主义写在了自己的旗帜上，作为认识世界、改造世界最有力的思想武器。一百年来，在党领导人民探寻民族复兴道路的征程中，“马克思主义深刻改变了中国，中国也极大丰富了马克思主义”③，“党的历史，就是一部不断推进马克思主义中国化的历史”④。将马克思主义与中国实际和时代特征相结合，以与时俱进的马克思主义指导革命、建设和改革的伟大实践，不断推进马克思主义中国化，是中国共产党重要的历史经验。坚持以马克思主义为指导，不断推进马克思主义中国化，首先需要坚持科学社会主义的基本原则。“科学社会主义基本原则不能丢，丢了就不是社会主义。同时，科学社会主义也绝不是一成不变的教条。”⑤作为“一种历史的产物，它在不同的时代具有完全不同的形式，同时具有完全不同的

① 习近平:《在党史学习教育动员大会上的讲话》,《求是》2021 年第 7 期。

② 中共中央文献研究室，中共湖南省委《毛泽东早期文稿》编辑组:《毛泽东早期文稿（1912.6—1920.11）》，长沙：湖南人民出版社 1990 年版，第 554 页。

③ 习近平:《在党史学习教育动员大会上的讲话》,《求是》2021 年第 7 期。

④ 同上。

⑤《十九大以来重要文献选编》上，北京：中央文献出版社 2019 年版，第 434 页。

内容”[①]，只有不断将马克思主义与具体历史条件、新的实践经验以及本国文化传统相结合，在总结经验中创新和发展马克思主义，才能将人类发展的美好蓝图变成现实。在中国特色社会主义新时代，继续坚持和发展马克思主义，重中之重就是要坚持习近平新时代中国特色社会主义思想，立足全面建设社会主义现代化强国的历史伟业，学懂弄通党的理论创新成果，深刻领会党的十八大以来党和国家取得的巨大成就，感受马克思主义的真理力量和创新品质，将党的创新理论通过千百万人的建设实践转化成巨大物质力量，为实现人民美好生活引领航向。

人民立场是党的根本立场，群众观点是马克思主义的基本观点。总结百年来的奋斗征程，党深刻认识到“江山就是人民，人民就是江山，人心向背关系党的生死存亡”[②]，“党与人民风雨同舟、生死与共，始终保持血肉联系，是党战胜一切困难和风险的根本保证”[③]。相信谁、依靠谁、为了谁、是否站在最广大人民的立场上是检验马克思主义政党的试金石。党的百年历史表明，中国共产党始终坚持全心全意为人民服务的根本宗旨，始终将实现好、维护好、发展好最广大人民的根本利益作为一切工作的出发点，始终把人民拥不拥护、人民赞不赞成、人民高不高兴、人民答不答应作为判断工作得失的根本标准，真正无愧于代表最广大人民利益的先锋队。习近平总书记指出：“人民对美好生活的向往，就是我们的奋斗目标。”[④]新时代继续坚持人民立场和群众观点，应当牢牢扭住“人民日益增长的美好生活需要和不平衡不充分的发展之间的矛盾”[⑤]这个社会主要矛盾，着力保障和改善民生，推动“中等收入群体显著扩大，基本公共服务实现均等化，城乡区域发展差距和居民生活水平差距显著缩小”[⑥]，确保“全体人民共同富裕取得更为明显的实质性进

①《马克思恩格斯选集》第三卷，北京：人民出版社 2012 年版，第 873 页。

② 习近平:《在党史学习教育动员大会上的讲话》,《求是》2021 年第 7 期。

③《十八大以来重要文献选编》下，北京：中央文献出版社 2018 年版，第 352 页。

④《十八大以来重要文献选编》上，北京：中央文献出版社 2014 年版，第 70 页。

⑤《十九大以来重要文献选编》上，北京：中央文献出版社 2019 年版，第 8 页。

⑥《中共中央关于制定国民经济和社会发展第十四个五年规划和二〇三五年远景目标的建议（二〇二〇年十月二十九日中国共产党第十九届中央委员会第五次全体会议通过）》，《人民日报》2020 年 11 月 4 日。

展”[①]。

始终坚持党的正确领导，确保党始终发挥总揽全局、协调各方的领导核心作用是中国共产党人的光荣传统，也是党的建设宝贵的历史经验。早在新民主主义革命时期，中国共产党人就高度重视党的领导问题。从“三湾改编”确立“支部建在连上”的原则[②]，到“古田会议”提出“党的领导机关要有正确的指导路线，遇事要拿出办法，以建立领导的中枢”[③]；从土地革命战争时期中华苏维埃共和国临时中央政府颁布《关于建立报告制度问题》的通令，再到解放战争时期毛泽东为中共中央起草的《关于建立报告制度》，报告制度成为革命时期确保党中央集中统一领导的重要举措。总而言之，党的正确领导是贯穿新民主主义革命的一条主线，是新民主主义革命取得胜利的根本原因。党的十八大以来，以习近平同志为核心的党中央高度重视党的领导问题，习近平总书记从历史与现实的维度深刻指出：“中国特色社会主义最本质的特征是中国共产党领导，中国特色社会主义制度的最大优势是中国共产党领导，党是最高政治领导力量。”[④]“没有党的领导，民族复兴必然是空想。历史和人民把我们党推到了这样的位置，我们就要以坚强有力的政治领导承担起应该承担的政治责任。”“正是因为始终坚持党的集中统一领导，我们才能实现伟大历史转折、开启改革开放新时期和中华民族伟大复兴新征程，才能成功应对一系列重大风险挑战、克服无数艰难险阻。”[⑤]

“治国必先治党，治党务必从严。”[⑥]党的十八大提出了新形势下全面提高党的建设科学化水平的总要求和各项任务。党的十八大以来，习近平总书记反复强调全面从严治党的必要性、重要性和紧迫性，他指出：“党要管党，才能管好党；从严治党，才能治好党。”[⑦]他要求从严治

①《中共中央关于制定国民经济和社会发展第十四个五年规划和二〇三五年远景目标的建议（二〇二〇年十月二十九日中国共产党第十九届中央委员会第五次全体会议通过）》，《人民日报》2020年11月4日。

②《毛泽东年谱（1893—1949）》上卷，北京：中央文献出版社2013年版，第220页。

③《建党以来重要文献选编》第6册，北京：中央文献出版社2011年版，第729页。

④《十九大以来重要文献选编》上，北京：中央文献出版社2019年版，第14页。

⑤ 习近平：《中国共产党领导是中国特色社会主义最本质的特征》，《求是》2020年第14期。

⑥《十八大以来重要文献选编》上，北京：中央文献出版社2014年版，第80页。

⑦ 同上书，第349页。

党必须“全面”，“从严治党不能只当口号喊，必须体现到党组织和党员、干部一切工作和活动中”[①]。他还特别强调，全面从严治党的核心就是“加强党的领导”[②]。在以习近平同志为核心的党中央坚强领导下，“不敢腐的目标初步实现，不能腐的笼子越扎越牢，不想腐的堤坝正在构筑，反腐败斗争压倒性态势已经形成并巩固发展”[③]，党的建设向前迈出了关键性的一步。

“旗帜鲜明讲政治、保证党的团结和集中统一是党的生命，也是我们党能成为百年大党、创造世纪伟业的关键所在”[④]，是党在百年党史中得出的基本经验。新民主主义革命时期，毛泽东就将党的建设与武装斗争、统一战线概括为党的“三大法宝”，作为党领导中国革命取得胜利的宝贵经验加以强调。新中国成立后，特别是在改革开放和社会主义现代化建设新时期，党中央先后在全党范围内组织开展了“整党、‘三讲’、‘三个代表’重要思想、党的先进性、科学发展观等学习教育实践活动，对保持党的先进性和纯洁性、提高党的领导能力和执政能力发挥了十分重要的作用”[⑤]。中国特色社会主义新时代的伟大斗争，伟大工程，伟大事业，伟大梦想紧密联系、相互贯通，“其中起决定性作用的是党的建设新的伟大工程”[⑥]，进一步加强党的建设，居于首位的是要加强党的政治建设，只有维护党中央权威，加强党的集中统一领导，将党锻造成“如同一块坚固的钢铁一样”[⑦]，始终成为中国特色社会主义事业的坚强领导核心，才能带领人民克服前进道路上的艰难险阻，夺取一个又一个新的胜利。

新时代加强党的建设，维护党的集中统一领导，关键在于坚决维护习近平总书记党中央的核心、全党的核心地位，坚决维护党中央权威和集中统一领导。一个党、一个国家、一个民族，领导核心至关重要，邓

①《习近平关于全面从严治党论述摘编》，北京：中央文献出版社2016年版，第8页。
② 同上书，第9页。
③《十九大以来重要文献选编》上，北京：中央文献出版社2019年版，第6页。
④ 习近平:《在党史学习教育动员大会上的讲话》,《求是》2021年第7期。
⑤ 习近平:《论中国共产党历史》，北京：中央文献出版社2021年版，第21页。
⑥《十九大以来重要文献选编》上，北京：中央文献出版社2019年版，第12页。
⑦《建党以来重要文献选编》第22册，北京：中央文献出版社2011年版，第110页。

小平曾经深刻指出："任何一个领导集体都要有一个核心，没有核心的领导是靠不住的。"[①] 领导核心不是自封的，而是历史和人民选择的结果。党的十八大以来，习近平总书记团结带领新一届中央领导集体，在内政外交国防、治党治国治军等多个领域开展了新的伟大斗争，办成了许多长期以来想办而没有办成的大事，取得了举世瞩目的建设成就，创立了习近平新时代中国特色社会主义思想，彰显出了高尚的为民情怀、独特的领袖气质和鲜明的执政风格，成为党中央毋庸置疑的领导核心、新时代当之无愧的人民领袖。党的十八届六中全会明确提出"以习近平同志为核心的党中央"[②] 这一科学称谓，确认了习近平总书记的领导核心地位，党的十九大制定通过的党章修正案则明确要求全党应当"牢固树立政治意识、大局意识、核心意识、看齐意识，坚定维护以习近平同志为核心的党中央权威和集中统一领导"[③]，在党的根本法规中明确了习近平总书记的领导核心地位。"坚决维护习近平总书记党中央的核心、全党的核心地位，保证全党令行禁止，形成思想和行动高度统一的整体，这是一个成熟的马克思主义执政党的必然要求，对维护党中央权威和集中统一领导，更好地凝聚党和人民的力量，推进中国特色社会主义伟大事业和民族复兴大业，具有十分重大而深远的意义。"[④]

（三）传承红色基因赓续共产党人的精神血脉

"人无精神则不立，国无精神则不强。唯有精神上站得住、站得稳，一个民族才能在历史洪流中屹立不倒、挺立潮头。"[⑤] 在长期的革命、建设、改革实践中，一代又一代的中国共产党人经历了无数艰难困苦、跨越了无数沟坎险阻，不仅取得了举世瞩目的建设成就，而且创造了弥足珍贵的精神财富。"这些宝贵精神财富跨越时空、历久弥新，集中体现了

①《邓小平文选》第三卷，北京：人民出版社 1993 年版，第 310 页。

②《中共十八届六中全会在京举行》，《人民日报》2016 年 10 月 28 日，第 1 版。

③《中国共产党章程（中国共产党第十九次全国代表大会部分修改，2017 年 10 月 24 日通过）》，《人民日报》2017 年 10 月 29 日。

④ 中共中央宣传部：《习近平新时代中国特色社会主义思想三十讲》，北京：学习出版社 2018 年版，第 77 页。

⑤ 习近平：《论中国共产党历史》，北京：中央文献出版社 2021 年版，第 41 页。

党的坚定信念、根本宗旨、优良作风，凝聚着中国共产党人艰苦奋斗、牺牲奉献、开拓进取的伟大品格，深深融入我们党、国家、民族、人民的血脉之中，为我们立党兴党强党提供了丰厚滋养。”[①]

“为有牺牲多壮志，敢教日月换新天。”[②]伟大的事业呼唤伟大的精神，伟大的精神成就伟大的事业。中华民族由衰微走向复兴，是近代以来人类历史上具有决定性意义的伟大事业，领导这一事业的中国共产党展现出了“不畏强敌、不惧风险、敢于斗争、勇于胜利的风骨和品质”[③]，锻造了支撑民族复兴的不朽精神。无论是枪林弹雨的战争岁月还是热火朝天的建设年代，广大党员中的先进代表总是殚精竭虑、鞠躬尽瘁，在平凡的岗位上做出了不平凡的业绩，“涌现了一大批视死如归的革命烈士、一大批顽强奋斗的英雄人物、一大批忘我奉献的先进模范”[④]。李大钊、方志敏、杨靖宇、刘胡兰、雷锋、焦裕禄、王进喜……一连串熟悉而又响亮的名字闪耀在党的百年光荣历史上，革命年代他们舍生忘死，和平时期他们无私奉献，他们用青春和热血创造出可歌可泣的人间奇迹，一座座丰碑守护着祖国的万里河山，一曲曲壮歌描摹着“可爱的中国”。

鲁迅先生曾经说过，中华民族从来就“有埋头苦干的人，有拼命硬干的人，有为民请命的人，有舍身求法的人”[⑤]，如同中华民族的脊梁，引领着民族前进的方向。然而，历史上的英雄人物或忠于一家一姓，或囿于一乡一族，总之是为少数人的利益而奋斗，只有中国共产党人真正是为最广大的人民群众谋福利，以毫不利己、专门利人的精神全心全意为人民服务，因而比历史上的一切英雄更加无私和高尚，无愧于人民公仆的光荣称号。“生命有限，很多英雄模范人物崇高精神的形成过程也是有限的，但形成了一种宝贵精神财富，是一个永恒的定格。”[⑥]英雄模范所蕴育的革命精神是共产主义价值观和中华传统美德的完美结合，是

① 习近平:《在党史学习教育动员大会上的讲话》,《求是》2021年第7期。
② 中共中央文献研究室:《毛泽东诗词集》，北京：中央文献出版社1996年版，第110页。
③ 习近平:《在党史学习教育动员大会上的讲话》,《求是》2021年第7期。
④ 同上。
⑤《鲁迅全集》第六卷，北京：人民文学出版社2005年版，第122页。
⑥ 习近平:《论中国共产党历史》，北京：中央文献出版社2021年版，第36页。

中国特色社会主义文化的绚丽瑰宝，是鼓舞一代又一代共产党人克服前进道路上的艰难险阻，不断争取更大胜利的精神支柱，是中国共产党永远不变的党魂。

早在地方工作期间，习近平就强调继承和发扬中国共产党人的革命精神。2005 年 6 月 21 日，时任中共浙江省委书记的习近平在《光明日报》上刊发题目为《弘扬“红船精神”走在时代前列》的署名文章，首次将“红船精神”的内涵深刻阐述和总结为“开天辟地、敢为人先的首创精神，坚定理想、百折不挠的奋斗精神，立党为公、忠诚为民的奉献精神”，并指出“红船精神”是“中国革命精神之源”①。党的十八大以来，习近平总书记在不同场合强调了中国共产党人的革命精神。2016 年习近平总书记在江西看望慰问广大干部群众时指出：“今天，我们要结合新的时代条件，坚持坚定执着追理想、实事求是闯新路、艰苦奋斗攻难关、依靠群众求胜利，让井冈山精神放射出新的时代光芒。”② 2015 年在抗日战争胜利 70 周年之际，习近平总书记指出：“伟大的抗战精神，永远是激励中国人民克服一切艰难险阻、为实现中华民族伟大复兴而奋斗的强大精神动力。”③ 他在不同场合多次强调要继承和发扬包括“遵义会议精神”“长征精神”“延安精神”“沂蒙精神”“西柏坡精神”等在内的革命精神，中国共产党人的精神谱系得到进一步丰富和发展，以“生命至上、举国同心、舍生忘死、尊重科学、命运与共”的伟大抗疫精神④、“上下同心、尽锐出战、精准务实、开拓创新、攻坚克难、不负人民”的脱贫攻坚精神⑤为代表的“中国精神”构筑起中国特色社会主义新时代中国共产党人的精神谱系，丰富和发展了以爱国主义为核心的民族精神和以改革创新为核心的时代精神。

① 习近平：《弘扬“红船精神”走在时代前列》，《光明日报》2005 年 6 月 21 日，第 3 版。

②《习近平春节前夕赴江西看望慰问广大干部群众　祝全国各族人民健康快乐吉祥　祝改革发展人民生活蒸蒸日上》，《人民日报》2016 年 2 月 4 日，第 1 版。

③《习近平在纪念中国人民抗日战争暨世界反法西斯战争胜利 70 周年系列活动上的讲话》，北京：人民出版社 2015 年版，第 16 页。

④ 习近平：《在全国抗击新冠肺炎疫情表彰大会上的讲话》，《人民日报》2020 年 9 月 9 日，第 2 版。

⑤ 习近平：《在全国脱贫攻坚总结表彰大会上的讲话》，《人民日报》2021 年 2 月 26 日，第 2 版。

“回想过去那段峥嵘岁月，我们要向革命先烈表示崇高的敬意，我们永远怀念他们、牢记他们，传承好他们的红色基因。”[①]然而随着社会生产的不断进步和市场经济的不断扩展，一些党员干部逐渐丧失了理想信念，忘记了共产党员一心为公、服务群众的使命和职责，将党员身份和领导职位看作谋取私利的政治资本，给党和人民的事业造成了极大损失，给党的形象和执政基础造成了极大危害。针对一些党员干部丧失革命精神的现象，习近平总书记明确指出：“我们党之所以历经百年而风华正茂、饱经磨难而生生不息，就是凭着那么一股革命加拼命的强大精神。”[②]“光荣传统不能丢，丢了就丢了魂；红色基因不能变，变了就变了质。”[③]苏共变质的教训殷鉴不远，黄炎培在“窑洞对”中的发问犹在耳畔，中国的改革开放和现代化建设事业更是到了“船到中流浪更急，人到半山路更陡”的关键时刻，需要崇高革命精神的滋养和引领。应当牢牢抓住建党百年的宝贵契机，在全党上下广泛开展理想信念教育和革命传统教育，祭奠革命先烈，传颂英雄事迹，领会奋斗精神，以鲜活生动的历史材料将先辈们的高尚情怀送入党员内心，教育广大党员“发扬优良传统，承担历史使命，把党和国家确定的奋斗目标作为自己的人生目标，以民族复兴为己任，自觉把人生理想、家庭幸福融入国家富强、民族复兴的伟业之中”[④]。确保党员队伍始终以高昂的斗志和饱满的热情应对前进道路上的风险挑战，为建设社会主义现代化强国提供正确的思想指引和强大的精神动力。

中国共产党的百年历史既厚重，又辉煌，既亮丽，又悲壮。百年历史画卷，描绘出一代又一代中国共产党人前赴后继、接力探索的英雄事迹，世纪壮丽凯歌，在中华民族伟大复兴的征途上荡气回肠。站在世界百年未有之大变局和中华民族伟大复兴的历史节点上，回顾党带领人民筚路蓝缕的创业历程，重温百年巨变的感人事迹，就是要“告诫全党同志不能忘记红色政权是怎么来的、新中国是怎么来的、今天的幸福生活

① 习近平：《论中国共产党历史》，北京：中央文献出版社 2021 年版，第 108 页。
② 习近平：《在党史学习教育动员大会上的讲话》，《求是》2021 年第 7 期。
③ 习近平：《论中国共产党历史》，北京：中央文献出版社 2021 年版，第 109 页。
④ 同上书，第 163 页。

是怎么来的”[①]，就是要在历史与理论相结合中回答“中国共产党为什么‘能’、马克思主义为什么‘行’、中国特色社会主义为什么‘好’”[②]的根本问题，就是要向世界宣示党带领人民千辛万苦找到的中国特色社会主义道路、理论、制度和文化，是经过长期实践得出的基本经验，是经过历史检验证明的科学真理，从而巩固广大干部群众矢志不渝听党话、坚定不移跟党走的理想信念，“在新的起点上把革命先辈开创的伟大事业不断推向前进”[③]。回首过去，雄关漫道展芳华；眺望未来，百年大党正青春。新时代的中国共产党人必将继承革命先辈的光荣传统，永远铭记建党时的初心和梦想，在民族复兴的伟业中书写新的篇章。

（原载《湖南科技大学学报（社会科学版）》2021 年第 3 期）

① 习近平:《论中国共产党历史》，北京：中央文献出版社 2021 年版，第 46 页。
② 同上书，第 12 页。
③ 同上书，第 109 页。

八

依靠顽强斗争打开事业发展新天地

实现伟大梦想，必须进行伟大斗争。党的十八大以来，以习近平同志为核心的党中央团结带领全党全国各族人民攻克了许多长期没有解决的难题，办成了许多事关长远的大事要事，经受住了来自政治、经济、意识形态、自然界等方面的风险挑战考验，党和国家事业取得历史性成就、发生历史性变革，中华民族伟大复兴展现出前所未有的光明前景。在党的十九大报告中，习近平总书记指出："我们党要团结带领人民有效应对重大挑战、抵御重大风险、克服重大阻力、解决重大矛盾，必须进行具有许多新的历史特点的伟大斗争"。在省部级主要领导干部"学习习近平总书记重要讲话精神，迎接党的二十大"专题研讨班上，总书记再次强调："中华民族伟大复兴不是轻轻松松、敲锣打鼓就能实现的，必须勇于进行具有许多新的历史特点的伟大斗争，准备付出更为艰巨、更为艰苦的努力。"奋进新征程，要深入学习领会总书记重要讲话精神，增强忧患意识，坚持底线思维，坚定斗争意志，增强斗争本领，以正确的战略策略应变局、育新机、开新局，依靠顽强斗争打开事业发展新天地。

（一）敢于斗争是中国共产党的鲜明品格

马克思主义认为，矛盾是事物联系的实质内容和事物发展的根本动力，矛盾无时不在、无处不有，社会是在矛盾运动中前进的，有矛盾就会有斗争。斗争是事物发展和实践创新的实现形式，体现着矛盾运动的对立统一规律。敢于斗争、善于斗争，就是适应社会发展、矛盾运动的内在趋势和要求，主动作为，推动事业不断向前发展。

伟大的事业，需要伟大的斗争。1840 年鸦片战争以后，中国逐渐成为半殖民地半封建社会，国家蒙辱、人民蒙难、文明蒙尘，中华民族遭受了前所未有的劫难。中国共产党诞生于国家内忧外患、民族危难之际，把为中国人民谋幸福、为中华民族谋复兴确立为自己的初心使命。100 多年来，党团结带领中国人民所付出的一切努力、进行的一切斗争、作出的一切牺牲，归结起来就是一个主题：实现中华民族伟大复兴。

为了实现中华民族伟大复兴，无论敌人如何强大、道路如何艰险、挑战如何严峻，我们党总是绝不畏惧、绝不退缩，不怕牺牲、百折不挠。革命战争年代，我们党勇敢担负起争取民族独立、人民解放的历史任务，同国内外强敌进行艰苦卓绝的斗争。从高举反帝反封建旗帜、掀起大革命高潮，到在血腥屠杀中站起、开始武装斗争、开展土地革命；从为了民族大义、推动建立抗日民族统一战线共御外敌，到反对国民党反动派发动内战、打败国民党 800 万军队，党领导人民经过 28 年浴血奋斗，付出了最大牺牲。新中国成立后，面对党内和党外、国内和国际、人类社会和自然界的多种复杂严峻的考验挑战，我们党都以强烈担当和巨大勇气作出历史抉择、开展坚决斗争，领导人民迎难而上、坚决斗争、从容应对，不断取得胜利，使中华民族迎来了从站起来、富起来到强起来的伟大飞跃。“人生天地间，长路有险夷。”世界上没有哪个政党像我们党这样，遭遇过如此多的艰难险阻，经历过如此多的生死考验，付出过如此多的惨烈牺牲。100 多年来，在应对各种困难挑战中，我们党锤炼了不畏强敌、不惧风险、敢于斗争、勇于胜利的风骨和品质。这是我们党最鲜明的特质和特点。

新中国成立不久，美帝国主义侵略者就把战火烧到了新中国的国土之上。面对世界上经济实力最雄厚、军事力量最强大的帝国主义的武装威胁和挑衅，党中央和毛泽东同志以“打得一拳开，免得百拳来”的战略远见，以“不惜国内打烂了重新建设”的决心和气魄，作出抗美援朝、保家卫国的历史性决策，捍卫了新中国安全，让世界知道“中国人民不惹事也不怕事，在任何困难和风险面前，腿肚子不会抖，腰杆子不会弯，中华民族是吓不倒、压不垮的”。

回望历史，我们党一诞生就铭刻着斗争的烙印，一路走来就是在斗争中求得生存、获得发展、赢得胜利。敢于斗争、敢于胜利，是中国共产党不可战胜的强大精神力量。习近平总书记指出："建立中国共产党、成立中华人民共和国、实行改革开放、推进新时代中国特色社会主义事业，都是在斗争中诞生、在斗争中发展、在斗争中壮大的。"在庆祝中国共产党成立100周年大会上，总书记精辟概括了中国共产党人精神谱系源头伟大建党精神的深刻内涵，"不怕牺牲、英勇斗争"是重要内容。党的十九届六中全会通过的《中共中央关于党的百年奋斗重大成就和历史经验的决议》，深刻把握党的事业发展和自身建设规律，将"坚持敢于斗争"凝练为百年奋斗的历史经验之一。

（二）在进行具有许多新的历史特点的伟大斗争中赢得历史主动

"必须准备进行具有许多新的历史特点的伟大斗争"——在主持起草党的十八大报告时，习近平总书记明确要求加上这一重大论断。总书记指出："'新的历史特点'这个概念，含义是很深刻的，是全面审视和判断国内国际两个大局发展大势得出的重要判断。"

党在不同历史阶段有不同历史任务，斗争内容和形式也呈现出阶段性特征。党的十八大以来，中国特色社会主义进入新时代。党面临的主要任务是，实现第一个百年奋斗目标，开启实现第二个百年奋斗目标新征程，朝着实现中华民族伟大复兴的宏伟目标继续前进。进入新时代，世界百年未有之大变局与中华民族伟大复兴战略全局相互激荡，党领导的伟大社会革命与伟大自我革命同步交织，我们面临的斗争形势异常复杂、艰巨、艰苦。习近平总书记指出："党的十八大以来，我们清醒认识到，新时代坚持和发展中国特色社会主义是一场艰巨而伟大的社会革命，各种敌对势力绝不会让我们顺顺利利实现中华民族伟大复兴。"总书记向全党反复强调，必须进行具有许多新的历史特点的伟大斗争，必须准备付出更为艰巨、更为艰苦的努力，必须高度重视和切实防范化解各种重大风险。

正是有了这样的清醒认识和思想准备，习近平总书记着眼新的战略机遇、新的战略任务、新的战略阶段、新的战略要求、新的战略环境，围绕什么是斗争、为什么进行斗争、怎样进行斗争发表了一系列重要论述，提出了一系列新思想新观点新论断。关于什么是斗争，总书记指出，“我们讲的斗争，不是为了斗争而斗争，也不是为了一己私利而斗争，而是为了实现人民对美好生活的向往、实现中华民族伟大复兴知重负重、苦干实干、攻坚克难”。关于为什么进行斗争，总书记强调，“当前和今后一个时期，我国发展进入各种风险挑战不断积累甚至集中显露的时期，面临的重大斗争不会少，经济、政治、文化、社会、生态文明建设、国防和军队建设、港澳台工作、外交工作、党的建设等方面都有，而且越来越复杂”。关于怎样进行斗争，总书记指出，“共产党人的斗争是有方向、有立场、有原则的”；“我们共产党人的斗争，从来都是奔着矛盾问题、风险挑战去的”；“要注重策略方法，讲求斗争艺术。要抓主要矛盾、抓矛盾的主要方面，坚持有理有利有节，合理选择斗争方式、把握斗争火候，在原则问题上寸步不让，在策略问题上灵活机动”；等等。这些重要论述，系统完整、逻辑严密、内涵丰富，极大发展了马克思主义关于斗争的学说，为在新的历史起点上进行具有许多新的历史特点的伟大斗争提供了科学指引。

没有伟大斗争，就没有新时代的伟大成就。党的十八大以来，以习近平同志为核心的党中央，以伟大的历史主动精神、巨大的政治勇气、强烈的责任担当，带领全党全国各族人民迎难而上，坚决反对一切削弱、歪曲、否定党的领导和我国社会主义制度的言行，坚决反对一切损害人民利益、脱离群众的行为，坚决破除一切顽瘴痼疾，坚决反对一切分裂祖国、破坏民族团结和社会和谐稳定的行为，坚决战胜一切在政治、经济、文化、社会等领域和自然界出现的困难和挑战，对危及党的执政地位、国家政权稳定，危害国家核心利益，危害人民根本利益，有可能迟滞甚至打断中华民族复兴进程的重大风险挑战，果断出手、坚决斗争。

新时代伟大斗争涵盖领域的广泛性、涉及矛盾和问题的尖锐性、触及利益格局调整的深刻性、突破体制机制障碍的艰巨性、攻坚克难的复杂性前所未有。比如，同党内存在的各种不正之风和消极腐败现象作坚决斗争，以敢于刀刃向内、敢于刮骨疗伤、敢于壮士断腕的自我革命精神推进全面从严治党，使党的肌体重新焕发出强大生机活力；同意识形态领域的错误思潮作坚决斗争，坚决打赢各种敌对势力对我发动的没有硝烟的思想战、舆论战，推动意识形态领域形势发生全局性、根本性转变；同突如其来的新冠肺炎疫情作坚决斗争，坚持人民至上、生命至上，坚持外防输入、内防反弹，坚持动态清零，因时因势不断调整防控措施，最大程度保护了人民生命安全和身体健康；同反中乱港势力作坚决斗争，采取一系列标本兼治的举措，推动香港局势实现由乱到治的重大转折，进入由治及兴的新阶段；同国际上形形色色的单边主义、贸易保护主义、霸凌行径作坚决斗争，坚定维护和践行真正的多边主义，在斗争和合作中坚决维护国家尊严、捍卫国家利益。

回首过去极不寻常、极不平凡的 10 年，以习近平同志为核心的党中央总结运用党积累的伟大斗争经验，坚持底线思维，增强忧患意识，发扬斗争精神，有效应对前进道路上各种可以预料和难以预料的风险挑战，推动中华民族伟大复兴伟业航船劈波斩浪、一往无前。

（三）不断夺取新征程伟大斗争新胜利

我们党依靠斗争走到今天，也必然要依靠斗争赢得未来。当前，世界百年未有之大变局加速演进，世界之变、时代之变、历史之变的特征更加明显。习近平总书记指出："开启全面建设社会主义现代化国家新征程，立足新发展阶段、贯彻新发展理念、构建新发展格局，面临的风险和考验一点也不会比过去少。"要充分认识进行伟大斗争的长期性、复杂性、艰巨性，牢记船到中流浪更急、人到半山路更陡，继续顽强奋斗、艰苦奋斗、不懈奋斗。

保持"不畏浮云遮望眼"的战略定力。习近平总书记强调："全党不要忘了中国共产党是什么、要干什么这个根本问题，不要在日益复杂的斗争中迷失了自我、迷失了方向"。中国共产党人斗争的大方向就是坚持中国共产党领导和我国社会主义制度不动摇，凡是危害中国共产党领导和我国社会主义制度的各种风险挑战，凡是危害我国主权、安全、发展利益的各种风险挑战，凡是危害我国核心利益和重大原则的各种风险挑战，凡是危害我国人民根本利益的各种风险挑战，凡是危害我国实现"两个一百年"奋斗目标、实现中华民族伟大复兴的各种风险挑战，只要来了，就必须进行坚决斗争，毫不动摇，毫不退缩，直至取得胜利。任何时候、任何条件下，我们的头脑要特别清醒、立场要特别坚定，决不在根本性问题上出现颠覆性错误，做到在各种重大斗争考验面前“咬定青山不放松”“乱云飞渡仍从容”，坚定不移走自己的路，扎扎实实把自己的事情做好。

发扬“越是艰险越向前”的斗争精神。斗争需要血性，也是一种担当。事物往往就是这样，越想绕道走矛盾就越堵着道。相反，只有豁得出去、敢闯敢干，下定“明知山有虎，偏向虎山行”的决心，真刀真枪干，矛盾和困难才可能得到解决。党员领导干部要有魄力、有担当，凡是有利于党和人民的事，就要事不避难、义不逃责，大胆地干、坚决地干。习近平总书记指出，“在重大风险、强大对手面前，总想过太平日子、不想斗争是不切实际的，得‘软骨病’、患‘恐惧症’是无济于事的”，“唯有主动迎战、坚决斗争才有生路出路，才能赢得尊严、求得发展，逃避退缩、妥协退让只会招致失败和屈辱，只能是死路一条”。要时刻做好斗争准备，面对大是大非敢于亮剑，面对矛盾敢于迎难而上，面对危机敢于挺身而出，面对失误敢于承担责任，面对歪风邪气敢于坚决斗争。

练就“踏平坎坷成大道”的斗争本领。斗争本领不是与生俱来的，而是在长期奋斗中坚定理想信念、加强理论武装、经历千锤百炼得来的。理论上清醒，政治上才能坚定，斗争起来才有底气、才有力量，要学懂弄通做实习近平新时代中国特色社会主义思想，夯实敢于斗争、善于斗争的思想根基；“人在事上练，刀在石上磨”，要经受丰富的实践锻炼，多经历“风吹浪打”，多捧“烫手山芋”，多当几回“热锅上的蚂蚁”，在斗争中学会斗争，在斗争中成长提高；斗争是一门艺术，要注重策略方法，坚持增强忧患意识和保持战略定力相统一、坚持战略判断和战术决断相统一、坚持斗争过程和斗争实效相统一，既敢于斗争，又善于斗争。

要实现伟大事业的成功，就必须战胜与之相伴随的巨大困难和挑战。让我们更加紧密地团结在以习近平同志为核心的党中央周围，坚持以习近平新时代中国特色社会主义思想为指引，以压倒一切困难而不为困难所压倒的决心和勇气，逢山开路、遇水架桥，雄赳赳、气昂昂，向着实现中华民族伟大复兴的中国梦继续奋勇前进！

（原载《求是》2022 年第 19 期）

九

习近平新时代中国特色社会主义思想的历史地位

习近平在党的二十大报告中指出，新时代中国特色社会主义思想“实现了马克思主义中国化时代化新的飞跃，坚持不懈用这一创新理论武装头脑、指导实践、推动工作，为新时代党和国家事业发展提供了根本遵循”①。习近平新时代中国特色社会主义思想不仅经受住了新时代中国特色社会主义建设实践的不断检验，而且在实践中不断丰富和发展，在马克思主义发展史、马克思主义中国化史、社会主义发展史上具有十分重要的历史地位。

（一）习近平新时代中国特色社会主义思想是当代中国马克思主义、21世纪马克思主义

习近平新时代中国特色社会主义思想，是科学的理论，也是彻底的理论，坚持运用马克思主义立场观点方法分析和解决中国实际问题，开辟了马克思主义中国化时代化新境界，展现了强大的真理力量。

1. 习近平新时代中国特色社会主义思想是坚持和运用辩证唯物主义和历史唯物主义的光辉典范

马克思主义是共产党人的“真经”，其蕴含的科学世界观和方法论深刻揭示了人类社会发展规律，为中国共产党人认识世界和改造世界提供了强大思想武器。辩证唯物主义和历史唯物主义撑起的人类思想巅峰，为人类指明了从必然王国向自由王国飞跃的途径。党的十八大以

① 习近平:《高举中国特色社会主义伟大旗帜　为全面建设社会主义现代化国家而团结奋斗——在中国共产党第二十次全国代表大会上的报告》，北京：人民出版社2022年版，第6页。

来，习近平多次强调要坚持学习辩证唯物主义和历史唯物主义，自觉运用科学的世界观和方法论回答时代和实践提出的重大问题，推进党和国家事业发展。

习近平新时代中国特色社会主义思想集中体现了辩证唯物主义的基本原理和科学方法。事物是运动的而不是静止的，是普遍联系的而不是单一孤立的，把握事物发展运动的客观规律，不断增强辩证思维战略思维底线思维的能力，是我们必须把握的基本原理和科学方法。面对实现中华民族伟大复兴的战略全局和世界百年未有之大变局，从第一个百年奋斗目标到第二个百年奋斗目标，从统筹推进“五位一体”总体布局到协调推进“四个全面”战略布局，从把握中国经济发展新常态到牢固树立“五大发展新理念”，从积极实施“一带一路”到推动建设“人类命运共同体”……习近平新时代中国特色社会主义思想既立治有体，又施治有序，既统摄全局，又突出重点，充分彰显出在纷繁问题与复杂局面中对当前与长远、局部与整体、特殊与一般、“两点论”与“重点论”的把握，体现了哲学高度上的普遍性与特殊性的有机统一、共性和个性的有机结合，从根本上保证了中国特色社会主义事业的顺利推进。

习近平新时代中国特色社会主义思想集中体现了历史唯物主义的基本原理和科学方法。习近平新时代中国特色社会主义思想秉承人民至上、问题导向、实事求是等历史唯物主义观点。其一，习近平新时代中国特色社会主义思想深刻体现和彰显了人民情怀、人民情结和人民主体这一唯物史观。发展为了人民，就是强调始终以维护好最广大人民的根本利益作为党和国家开展一切工作的出发点和落脚点，回答了发展为了谁这一根本目的的问题；发展依靠人民，就是强调广大人民的积极性、主动性、创造性、能动性是党和国家开展一切工作的力量源泉，回答了发展依靠谁这一根本动力的问题；发展成果由人民共享，就是强调党和国家开展一切工作所取得的成果由广大人民共享，回答了发展成果由谁享有这一根本价值的问题。新时代十年来，以习近平同志为核心的党中央团结带领广大人民踔厉奋发，在引领党和国家事业取得历史性成就、发生历史性变革的过程中，充分体现了党的创新理论最新成果的伟力。其二，党带领人民创造新时代中国特色社会主义伟大成就的过程，也是一个发现问题、认识问题和解决问题的过程。党的十八大以来，党和国家的事业既有涉滩之险、爬坡之艰，还有闯关之难，以习近平同志为核心的党中央以巨大的政治勇气和强烈的责任担当，直面各类矛盾与挑战，以一系列具有战略性、前瞻性、创造性的新理念新思想新战略回应时代问题，以“发现问题—认识问题—解决问题”的解题思路与解题方法，直面一道道“难解题”，让一道道“难解题”得到破解，是以马克思主义之“矢”去射新时代中国之“的”的生动典范，“有的放矢”彰显了习近平新时代中国特色社会主义思想强烈的问题意识和鲜明的问题导向。其三，实事求是是马克思主义的精髓，是贯穿于习近平新时代中国特色社会主义思想始终的思想方法、工作方法和领导方法。习近平强调:“不论过去、现在和将来，我们都要坚持一切从实际出发，理论联系实际，在实践中检验真理和发展真理。”[①] 坚持实事求是，要保持三个清醒认识和三个清醒认知的理论自觉：清醒认识到我国仍处于并将长期处于社会主义初级阶段这一历史阶段，才能对实现中华民族伟大复兴的长期性和艰巨性有着清醒认知；清醒认识到中国特色社会主义进入新时代这一历史方位，才能对实现第二个百年奋斗目标的新机遇新要求有着清醒认知；清醒认识到新时代社会主要矛盾转化的现实，才能对实现中华民族伟大复兴和第二个百年奋斗目标有更强的历史主动与历史自觉。新时代中国共产党人坚持实事求是，团结带领全国各族人民踏上了实现第二个百年奋斗目标的新征程。2022 年 10 月 27 日，习近平带领新当选的二十届中共中央政治局常委来到了延安，瞻仰革命圣地，缅怀老一辈革命家的丰功伟绩，宣示新一届中央领导集体赓续红色血脉、传承奋斗精神，在新的赶考之路上向历史和人民交出新的优异答卷的坚定信念。

2. 习近平新时代中国特色社会主义思想开辟了马克思主义政治经济学的新境界

习近平新时代中国特色社会主义思想为马克思主义政治经济学创新发展贡献了中国智慧，开辟了马克思主义政治经济学的新境界。党的十八大以来，国际国内环境日益复杂多变，不稳定不确定因素明显增

① 习近平:《在纪念毛泽东同志诞辰 120 周年座谈会上的讲话》，北京：人民出版社 2013 年版，第 15 页。

加，世界经济发展持续低迷乏力，逆全球化抬头，国内各区域各领域发展不平衡不充分的问题依然明显。面对纷繁复杂的国内外环境，习近平科学分析研判，指出要“不断开拓当代中国马克思主义政治经济学新境界，为马克思主义政治经济学创新发展贡献中国智慧”[①]。

在科学判断经济全球化遭遇逆流和全面分析我国经济发展的阶段性特征的基础上，我们提出了“新常态”的重大判断。在新常态发展阶段，我国经济发展由高速增长转向高质量发展，面临周期性因素和结构性因素叠加、短期和长期问题交织、外部冲击和内部发展不平衡不充分问题等多重压力，但国内经济长期向好的基本面没有改变。经济发展的新常态迫切需要新的发展理念予以引领。创新、协调、绿色、开放、共享的新发展理念构成了一个系统的理论体系，从整体上回答了关于发展的目的、动力、方式、路径等问题。贯彻新发展理念，关键在于落实与推动，要求以推进供给侧结构性改革、建设现代化经济体系、构建新发展格局为实践逻辑和支持。推进供给侧结构性改革，旨在解决实体经济结构性供需失衡、金融和实体经济失衡、房地产和实体经济失衡等矛盾，实现供求关系新的动态均衡，持续激发经济增长动力。建设现代化经济体系，是遵循社会经济发展规律、促进经济健康发展、建设社会主义现代化强国的必然要求。党的十八大以来，在习近平经济思想的指导下，现代产业体系、市场体系、收入分配体系、城乡区域发展体系、绿色发展体系、全面开放体系、经济体制逐步健全，现代化经济体系日益完善。构建以国内大循环为主体、国内国际双循环相互促进的“双循环”新发展格局，其本质要求是实现高水平的自立自强。随着自主创新技术和能力的提升，国内和国际两个市场的经济发展空间得到进一步扩展，必然有助于保持国内经济平稳健康发展和推动全球经济稳步增长。

对资本进行清醒的认识和科学的把握，是推动社会主义市场经济深入发展的必然要求。资本在对资源配置、经济发展起到重要作用的同时，也会因其本性而逐利而动、无序扩张。资本不是洪水猛兽，我们既不必谈资变色、唯恐避之而不及，也不能任其野蛮生长，对之视而不

① 习近平：《论把握新发展阶段、贯彻新发展理念、构建新发展格局》，北京：中央文献出版社2021年版，第66页。

见、放任不管，而是需要对资本加强监管和引导，使其健康有序发展。习近平指出，“要为资本设置‘红绿灯’”[①]。科学认识资本的本质和特征，明确资本的运行方向，防止资本逻辑的任性扩张，使资本始终在巩固基本经济制度、推行国家战略、良性市场秩序、遵守法律法规、符合公序良俗的“轨道”上“奔跑”，既发挥资本作为生产要素的积极作用，同时有效控制其消极作用，深刻体现了对资本的认识与把握，深刻揭示了稳妥处理资本积极作用和消极影响的基本原则。

3. 习近平新时代中国特色社会主义思想丰富和发展了科学社会主义理论

坚持无产阶级政党领导是科学社会主义理论的一条基本原则。习近平新时代中国特色社会主义思想深化了对共产党执政规律的认识。只有坚持党的领导，中国特色社会主义才能永不变色、变质、变味。习近平指出：“党的领导是全面的、系统的、整体的，必须全面、系统、整体加以落实。”[②]面对新时代建设长期执政的马克思主义政党的重大时代任务和课题，习近平新时代中国特色社会主义思想提出中国共产党的领导是中国特色社会主义最本质的特征、是中国特色社会主义制度的最大优势，必须确保党充分发挥总揽全局、协调各方的领导核心作用；提出坚持以人民为中心的发展思想，巩固党的执政根基；提出全面从严治党、勇于自我革命，以伟大自我革命引领伟大社会革命；等等。这一系列重要思想，丰富和发展了马克思主义建党学说和政党理论。

科学社会主义理论是无产阶级实现自由而全面发展和社会主义发展规律的学说。无产阶级奋斗的目标是什么？社会主义是什么，社会主义应该怎么建设？从经典作家的阐释到中国共产党人持续的理论与实践探索，我们给出了科学的回答。习近平新时代中国特色社会主义思想坚持科学社会主义的基本原理，同时赋予其鲜明的中国特色，实现了对科学社会主义的原理性继承和创新性发展，深化了对社会主义建设规律的

①《习近平谈治国理政》第四卷，北京：外文出版社 2022 年版，第 211 页。

② 习近平：《高举中国特色社会主义伟大旗帜　为全面建设社会主义现代化国家而团结奋斗——在中国共产党第二十次全国代表大会上的报告》，北京：人民出版社 2022 年版，第 64 页。

认识。社会主义发展阶段论是科学社会主义的重要议题，能否准确把握社会主义所处的历史阶段及其特征，关乎社会主义事业的成败。站在新的历史方位和起点上，中国特色社会主义进入到了一个不同于以往任何时代的新的发展阶段。新的发展阶段意味着中国特色社会主义迎来了新的发展挑战和变革机遇。新时代既是党领导人民取得历史性成就和发生历史性变革的必然结果，也是社会主要矛盾转化的必然结果。习近平新时代中国特色社会主义思想基于新时代我国社会主要矛盾的变化，对新时代中国特色社会主义建设提出了许多新要求。这些新的要求，涵盖经济、政治、社会、文化和生态各个层面，充分体现了对历史阶段和历史方位的认识和把握。

科学社会主义理论揭示了人类社会发展的规律。"两个必然""两个决不会"的科学论断至今仍熠熠生辉。当代资本主义虽然充满了危机和矛盾，但短时间不会退出历史舞台。习近平新时代中国特色社会主义思想基于"两个大局"，面对资本主义与社会主义长期共存的这一现实，对如何进行具有许多新的历史特点的伟大斗争，如何建设比资本主义具有优越性的社会主义，如何推动建设新型国际关系，如何推动全球治理体系变革，如何推进中国式现代化、开创人类文明新形态等进行了诸多理论和实践探索，以清醒的理性和全新的视野深化了对马克思主义世界历史理论的认识和把握，深化了对人类社会发展规律的认识和把握。

（二）习近平新时代中国特色社会主义思想实现了马克思主义中国化时代化新的飞跃

马克思主义在传入中国以后，深刻改变了近代以来中国人民和中华民族的命运。马克思主义是科学理论和完整体系，并不是黑格尔式的"绝对体系"，并没有宣称"穷尽真理"，更不会"结束真理"，而是提供了一把打开真理之门的钥匙，将依据时间、地点、条件的变化而不断发展和完善。马克思主义的科学性源自其实践性，接受实践的检验，又在实践中不断创新发展、能动地指导实践。马克思主义与时俱进的理论品格和实践品格，是马克思主义经久不衰，具有永恒生命力的奥妙所在。实现马克思主义在中国大地扎根，就必须把马克思主义基本原理同中国具体实际相结合、同中华优秀传统文化相结合，使马克思主义立足中国的实践土壤和文化土壤，在这一土壤中成长为根深叶茂的参天大树。习近平新时代中国特色社会主义思想实现了马克思主义中国化时代化新的飞跃，“继续推进实践基础上的理论创新，首先要把握好新时代中国特色社会主义思想的世界观和方法论，坚持好、运用好贯穿其中的立场观点方法”[①]。

1. 习近平新时代中国特色社会主义思想是马克思主义基本原理同中国具体实际相结合、同中华优秀传统文化相结合的最新成果

自马克思主义传入中国，便为中华民族走向伟大复兴指明了前进方向。马克思主义理论不是一成不变的教条，而是科学的世界观和方法论，只有将其同中国实际结合起来，解决中国实际问题，才能够防止“水土不服”，真正落地生根，彰显出改造现实的强大生命力。一部党的奋斗史，就是一部党不断推进马克思主义中国化时代化、坚持和发展马克思主义相统一的理论创新史。中国共产党在探索马克思主义中国化时代化过程中，不断推出党的理论创新成果，不断推动马克思主义中国化时代化的新发展。

从党的六届六中全会毛泽东提出“马克思主义的中国化”的命题和“学习我们的历史遗产”的任务，到习近平在庆祝中国共产党成立100周年大会上的重要讲话中明确提出“两个结合”，党的十九届六中全会再次强调并明确了“两个结合”的理论内涵和现实意义，再到党的二十大立基于全面建设社会主义现代化国家和中华民族伟大复兴新征程，将“两个结合”理论命题的进一步深化，我们党坚持运用马克思主义基本原理指导中国特色社会主义实践，以中华优秀传统文化涵养中国化时代化马克思主义理论成果。中国具体实际是马克思主义中国化时代化的实践土壤，中华优秀传统文化是马克思主义中国化时代化的文化土壤，扎根这一实践土壤和文化土壤，马克思主义就能在指导中国实践中永葆生命力，具有永恒的强大真理力量。“两个结合”的提出，体现了中国共

① 习近平：《高举中国特色社会主义伟大旗帜　为全面建设社会主义现代化国家而团结奋斗——在中国共产党第二十次全国代表大会上的报告》，北京：人民出版社2022年版，第18—19页。

产党对马克思主义中国化时代化的基本经验和发展规律的深刻认识，指明了中国共产党不断推进马克思主义中国化时代化的基本路径。中华民族有着五千多年的文明史，我们要敬仰中华优秀传统文化，坚定文化自信，善于从中华优秀传统文化中汲取治国理政的理念和思维。习近平新时代中国特色社会主义思想从中国传统民本观、义利观、自然观中吸收了诸多智慧精华，形成了“人民就是江山，江山就是人民”的人民观、“明大德、守公德、严私德”的道德观、“绿水青山就是金山银山”的生态观等，推进了马克思主义与中华优秀传统文化的结合，让马克思主义融通到中国历史中并经由民族认同深度嵌入到中国人民的内心深处，是中华文化和中国精神的时代精华，是“两个结合”的光辉典范，实现了马克思主义中国化时代化新的飞跃。

2. 习近平新时代中国特色社会主义思想是回答中国之问、世界之问、人民之问、时代之问的科学理论体系

中国特色社会主义进入新时代，这是一个世界正经历百年未有之大变局、中华民族伟大复兴正处于关键时期的时代，是一个需要先进理论而且一定能够在实践中产生先进理论的时代。理论的生命力在于创新，唯有不断创新，理论才能始终保持解释力和生命力。习近平指出：“没有理论创新的勇气，不能科学回答中国之问、世界之问、人民之问、时代之问，不仅党和国家事业无法继续前进，马克思主义也会失去生命力、说服力。”①

中国之问的实质是中国道路问题，即如何继续走好中国现代化道路的问题。经过百年艰辛探索，党领导人民成功走出了一条中国式现代化道路，创造了人类文明新形态。现代化的道路不止一条，西方现代化不是现代化的必然模式，不是现代化的唯一道路。长期以来，西方国家利用自己的先发优势和话语优势，将自己的现代化模式和道路鼓吹为现代化的唯一模式和道路，实质是从“西方中心主义”出发企图对其他国家的“去主体化”。中国式现代化不同于资本逻辑主导的西方现代化，打破了对“西式现代化”的迷思，既具有现代化的普遍特征，更有基于中

①《习近平谈治国理政》第四卷，北京：外文出版社2022年版，第30页。

国自身国情的中国特色，是一条适合中国人自己的现代化道路，为广大发展中国家独立自主走现代化道路提供了中国智慧。中国式现代化道路具有自己的基本特征、评价标准和建设方向。党的十八大以来，在持续探索中国式现代化道路的历程中，习近平新时代中国特色社会主义思想得以不断丰富和发展。以中国式现代化道路为路径遵循和实践形态，习近平新时代中国特色社会主义思想科学回答了中国之问。

面对世界百年未有之大变局，以习近平同志为核心的党中央坚持统筹国内国际两个大局，统筹经济社会发展和疫情防控，团结带领全党全国各族人民持续接力百年奋斗成果，同时为推动构建人类命运共同体、共建美好世界作出巨大贡献。倡导构建人类命运共同体，作为回答世界之问的中国方案，“把世界各国人民对美好生活的向往变成现实”[①]，这也是习近平新时代中国特色社会主义思想的实践目标。

人民是历史的创造者，也是无产阶级政党的力量源泉。习近平在党的十九大报告中强调：“全党必须牢记，为什么人的问题，是检验一个政党、一个政权性质的试金石。”[②]中国共产党执政，就是要把中国特色社会主义事业一步步向前推进，全心全意把老百姓的事一件一件办好，让老百姓过上更加美好的生活。人民是中国共产党执政兴国的最大底气，中国共产党是最广大人民根本利益的坚决捍卫者。人民是社会历史的主体和社会发展成果的享用者，政策制定以人民的美好生活需要为依归，改革发展以满足人民美好生活需要为目的，基于这样的价值追求，我们党提出“以人民为中心”的发展思想。始终坚持人民至上，是习近平新时代中国特色社会主义思想对人民之问的终极答案。“人民对美好生活的向往，就是我们的奋斗目标”[③]。中国共产党关心的就是让全国各族群众日子过得一天比一天好，我们党没有自己的利益，把所有的精力都用在让老百姓过好日子上。党的十八大后，习近平同中外记者见面会上的这句话，成为新时代十年的生动实践。党的二十大闭幕后的记者见面会，一句“不断把人民对美好生活的向往变为现实”，既是历史的回响，

①《十九大以来重要文献选编》上，北京：中央文献出版社 2019 年版，第 110 页。

②《习近平谈治国理政》第三卷，北京：外文出版社 2020 年版，第 35 页。

③《习近平谈治国理政》第一卷，北京：外文出版社 2018 年版，第 424 页。

也宣告了一以贯之的人民情怀。

每一个时代都有每一个时代的中心任务，也有独属于这个时代印记的理论思维，承载着这个时代的文明记忆。1840年鸦片战争以来，中华民族一直努力赶上时代文明的步伐，一代代中华儿女为此不懈探索并付出了巨大牺牲。中国特色社会主义进入新时代，是我国取得历史性成就、发生历史性变革的必然结果，标明了中华民族新的时代方位。新时代同时也意味着新挑战和新风险的到来。以我国社会主要矛盾转化为问题导向，习近平新时代中国特色社会主义思想立足时代之基，统筹把握新时代所面临的新机遇与新挑战，以科学理论回答时代之问，持续引领时代发展。

3. 习近平新时代中国特色社会主义思想是实现中华民族伟大复兴的行动纲领

中国共产党是马克思主义政党，将马克思主义作为根本指导思想，鲜明地刻在了自己的旗帜上，并在实践中不断推进马克思主义中国化时代化，不断推出党的创新理论成果。习近平新时代中国特色社会主义思想是马克思主义中国化时代化的最新理论成果，是新时代党和国家事业发展的根本遵循。

新时代坚持和发展什么样的中国特色社会主义、怎样坚持和发展中国特色社会主义，是习近平新时代中国特色社会主义思想回答的重大时代课题之一。以习近平同志为核心的党中央对这一重大时代课题作出了科学回答。新时代新征程，以习近平新时代中国特色社会主义思想为引领，中国特色社会主义事业必将取得新的更大发展，中华民族必将迎来伟大复兴。

实现中华民族伟大复兴，关键在党。党的领导是中国特色社会主义最本质的特征，也是实现中华民族伟大复兴的关键所在。坚持无产阶级政党领导是科学社会主义的一项基本原则，决定着社会主义的底色与成色、方向和命运。中国共产党坚持以实现中华民族伟大复兴为使命担当，坚持党的领导，是历史的选择、人民的选择和实践的选择，经历了历史的检验、人民的检验和实践的检验。中国共产党在实现中华民族伟大复兴事业中，勇于担当、善于担当，团结带领广大人民在接力奋斗中实现了第一个百年奋斗目标，并朝着全面建成社会主义现代化强国的第二个百年奋斗目标勇毅前行。回望过去，中国共产党带领中国人民依靠伟大奋斗创造了伟大事业；展望未来，中国共产党也一定能够带领中国人民用新的伟大奋斗创造新的伟大成就。实现中华民族伟大复兴，重在实干。反对空谈、倡导实干是马克思主义的本质要求。马克思主义是实践的科学，是科学的认识论和实践论的统一。认识世界和改造世界都必须以实践为基础，使主观世界更好符合客观实际。习近平新时代中国特色社会主义思想时时处处体现了“实践”的要义，闪耀着“实干”的光芒。空谈误国，实干兴邦，一分部署，九分落实。中华民族伟大复兴的中国梦，绝不可能轻轻松松就能实现，而是离不开实践和实干。只有扑下身子，一步一个脚印抓落实，踏踏实实撸起袖子加油干，才能以问题意识和问题导向认识世界、把握国情，才能在注重久久为功和持之以恒中改造世界、实现复兴。

（三）习近平新时代中国特色社会主义思想为世界社会主义贡献了中国智慧

中国特色社会主义的成功实践，让世界社会主义在中国大地上焕发出新的生机活力，展现出新的光明前景。习近平新时代中国特色社会主义思想在世界社会主义史中具有重要历史地位，推动世界社会主义进入新的发展阶段。

1. 习近平新时代中国特色社会主义思想为世界社会主义发展指明了新的方向

世界社会主义500年，经历过高潮，也遭遇过低谷。苏东剧变之后，马克思主义、社会主义一度遭受质疑，世界社会主义一度陷入低谷。党的十八大以来，以习近平同志为核心的党中央准确研判世界整体态势和时代发展趋势，从时代大势出发明确世界社会主义发展的现实基础和未来走向，制定正确的路线方针政策，中国特色社会主义道路越走越宽广，社会主义的旗帜高扬在中国大地，世界社会主义迎来新的发展。习近平新时代中国特色社会主义思想作出了重大理论贡献。

第一，坚持马克思主义“两个必然”的基本论断，科学把握世界社会主义的发展方向。习近平从世界社会主义500年的宏大视野出发，指出当今我们仍然处于“马克思主义所指明的历史时代”[①]。虽然当前资本主义社会占主导，但资本主义制度固有的基本矛盾仍然没有改变，资本主义社会深陷困境的基本状况仍然没有改变，资本主义最终的历史发展趋势仍然没有改变。在社会主义制度与资本主义制度并存的情况下，世界格局和国际力量对比逐渐发生有利于社会主义的深刻变化，世界社会主义逐步迎来了发展的新契机。习近平指出，马克思主义关于资本主义必然消亡、社会主义必然胜利的观点没有过时，“这是社会历史发展不可逆转的总趋势”[②]。这一科学判断有力提振了人们对世界社会主义运动的信心。

第二，坚持马克思主义“两个决不会”的基本论断，推动社会主义制度不断发展完善。随着世界百年未有之大变局的演进，“两制关系”呈现出更为严峻的态势，我们必须具有清醒的认知和把握。一方面，要理性认识西方发达国家在经济、军事、科技等方面长期领先的客观现实，科学评估资本主义社会的自我调节能力，充分应对两种社会制度在世界范围内的长期斗争。另一方面，在相当长时期内，处于初级阶段的社会主义还要加强同资本主义的长期合作，批判性地吸收和借鉴资本主义的文明成果。世界社会主义必须保持强大的战略定力，中国特色社会主义必须保持强大的战略定力，深入研究两种制度既竞争又合作的新内容新方式，不断为把握历史主动打下更加坚实的基础。

第三，坚持高举科学社会主义伟大旗帜，开创了世界社会主义发展的新局面。随着中国综合国力和国际影响力的不断增强，中国特色社会主义事业已成为世界社会主义发展的中流砥柱，中国举什么旗、走什么路，在很大程度上昭示着世界社会主义的前途和命运。党的二十大对全面建成社会主义现代化强国所作的战略部署，对党和国家事业发展的长远任务和大政方针的科学谋划，突出体现了中国特色社会主义的优越性，也向世人充分展示了世界社会主义的美好前景。

①《习近平谈治国理政》第二卷，北京：外文出版社2017年版，第66页。

②《十八大以来重要文献选编》上，北京：中央文献出版社2014年版，第117页。

2. 习近平新时代中国特色社会主义思想为世界社会主义文明注入了新的理念

文明的多样性是一种客观存在，反映了人类社会发展的整体性特征。习近平新时代中国特色社会主义思想从人类发展进步的时代趋势出发，主张各种文明交流互鉴，倡导不同社会制度、生产方式、发展模式、核心价值理念应该和谐共处，提出了构建人类命运共同体的重大理念。这种对人类文明事业的科学认识，超越了文明冲突的既有成见，彰显了新时代中国共产党人胸怀天下的担当与情怀，为维护世界文明多样性、促进文明对话与合作提供了中国方案。

全面展示人类文明进步的美好图景。当今世界，人们面对的全球性挑战日益增多，人类文明正经历过渡性的历史转换，亟需国际社会作出正确的判断。继毛泽东提出“三个世界”战略论、邓小平提出“和平与发展”主题论后，以习近平同志为核心的党中央创造性提出“推动构建人类命运共同体”这一具有重大世界意义的全球治理新理念。党的十八大首次明确提出“人类命运共同体”，呼吁世界各国在追求本国利益的同时合理关切他国的利益。新时代十年来，以习近平同志为核心的党中央一直致力于推动构建“人类命运共同体”。“人类命运共同体”这一新理念超越了国界、民族和意识形态分歧，超越了资本主义国家长期以来秉持的“西方中心论”“线性发展观”“文明冲突论”，为不同国家、不同民族、不同意识形态和平相处、交流互鉴，为世界各国人民共建共享美好生活，提供了富有中国特色的中国智慧和中国方案。

积极拓展人类文明进步的实践路径。我们拓展创新了人类命运共同体的构建路径。为深化区域和多边合作，切实回应国际社会的共同诉求，我们先后提出了构建“中国—东盟命运共同体”“中拉命运共同体”“中非命运共同体”“亚太命运共同体”等倡议；为丰富和细化人类命运共同体理念，凝聚全球发展共识，我们提出了构建“网络空间命运共同体”“海洋命运共同体”“核安全命运共同体”“人类卫生健康共同体”等方案。一系列战略举措为发展全球伙伴关系，增添共同发展新动力搭建了重要实践平台。

深刻揭示人类文明进步的价值准则。人类命运共同体理念中内蕴丰富的中华优秀传统文化元素。习近平指出："和平、发展、公平、正义、民主、自由，是全人类的共同价值，也是联合国的崇高目标。"[①]"大道之行也，天下为公"，全人类共同价值深深植根于博大精深的中华文明传统，是对天下太平、协和万邦、世界大同的"天下观"理念，以及和而不同、人心和善、以和为贵的"和文化"等中华优秀传统文化的创造性转化和创新性发展，精准切中了当今世界诸多冲突和动荡的文化根源与价值痼疾，摒弃了西方资本主义国家以"先进文明"自居、从"西方中心主义"出发把自我价值理念标榜为所谓"普世价值"的狭隘心态，不仅为中国处理与外部世界的关系提供了重要准则，使中国站在了人类社会的道义制高点上，也为消除文明隔阂，促进不同文明的共生共存提供了科学的价值准则。

3. 习近平新时代中国特色社会主义思想为全球治理提供了新的方案

党的十八大以来，面对严峻复杂的国内外形势和全球性挑战日益增多，以习近平同志为核心的党中央一方面专注于办好中国的事情，开启治国理政的新篇章；另一方面，持续发挥负责任大国作用，积极参与全球治理，为促进世界和平与发展事业贡献中国力量和中国方案。

推动制度优势转化为治理效能。社会主义制度具有巨大的优越性，这种制度的优越性如何转化为治理效能，是中国共产党人主动承担起社会主义制度定型和完善的历史重任。"坚持和完善中国特色社会主义制度，推进国家治理体系和治理能力现代化"这一重大命题，回答了国家制度和国家治理发展路径的鲜明指向。党的十九届四中全会着眼于党长期执政和国家长治久安，既讲清了我国国家制度和治理体系的"十三个显著优势"，阐明了社会主义社会治理的基本原则和重大制度；又规划了"三步走"总体目标的时间表和路线图，深刻揭示了"中国之制"和"中国之治"之间的内在逻辑，深刻表明了我们党对这一命题的认识和把握达到了新高度。

倡导公正合理的全球治理体系。长期以来，西方发达国家倚仗其先发优势，制定话语规则，推行话语霸权，在全球治理体系和话语权中占

①《习近平谈治国理政》第二卷，北京：外文出版社 2017 年版，第 522 页。

据主导地位，广大发展中国家则处于边缘地带，缺少话语权。随着中国等发展中国家和新兴国家成为世界经济增长的新引擎，为经济全球化作出巨大贡献，相应地，它们要求拥有对称的参与权，推动全球治理体系更加公平、更加完善的呼声也日益高涨。习近平新时代中国特色社会主义思想着眼于全人类共同福祉，切实回应国际社会的共同诉求，“中国积极参与全球治理体系改革和建设，践行共商共建共享的全球治理观，坚持真正的多边主义，推进国际关系民主化，推动全球治理朝着更加公正合理的方向发展”[①]。中国对全球治理体系改革的倡议，为更好地解决全球性问题提供了新的思路，充分彰显了习近平新时代中国特色社会主义思想为人类作出新的更大贡献的价值旨归和责任担当。

树立共商共建共享的全球治理观。新时代中国共产党人不仅致力于推动全球治理体系完善发展，还提出了共商共建共享的新型全球治理观。习近平强调，好的全球治理体系要由“大家商量着办”并寻求各国利益的最大公约数，即“世界命运应该由各国共同掌握，国际规则应该由各国共同书写，全球事务应该由各国共同治理，发展成果应该由各国共同分享”[②]。这一理念的内核就是摒弃旧式零和博弈与冷战思维，秉承以和平方式而非武力手段解决各类国际纷争，共同致力于维护世界和平稳定；坚持以合作方式而不是对抗手段维护国际秩序，推动经济全球化朝着互利共赢的方向发展；坚持以民主方式而不是独裁手段构建新型国际关系，让发展机遇、发展成果惠及世界各国。共商共建共享理念的提出，彰显了习近平新时代中国特色社会主义思想破解全球治理困局、推动全球治理理念创新发展的引领力。

（原载《求索》2022 年第 6 期）

① 习近平:《高举中国特色社会主义伟大旗帜　为全面建设社会主义现代化国家而团结奋斗——在中国共产党第二十次全国代表大会上的报告》，北京：人民出版社 2022 年版，第 62 页。

②《习近平谈治国理政》第二卷，北京：外文出版社 2017 年版，第 540 页。

十

党的二十大对中国式现代化理论的丰富和发展

党的二十大是在全面建成小康社会、迈上全面建设社会主义现代化国家新征程的关键时刻召开的一次全国代表大会。习近平总书记在党的二十大报告中，系统论述了中国式现代化的中国特色，擘画了2035年中国社会发展总体目标和未来五年主要目标任务，明确提出全面建设社会主义现代化国家必须坚持的重大原则和战略要求，丰富和发展了中国式现代化理论，为以中国式现代化全面推进中华民族伟大复兴提供了基本遵循。

（一）阐释中国式现代化的丰富内涵

新中国成立后，党逐步提出实现“四个现代化”的战略目标和战略安排。改革开放以来，党在开辟中国特色社会主义道路的同时，提出分“三步走”基本实现社会主义现代化的目标任务，较为系统地提出中国式现代化理论。进入21世纪，在人民生活总体上达到小康水平基础上，党提出到建党100年时全面建成小康社会；到新中国成立100年时，基本实现现代化，把我国建成社会主义现代化国家。习近平总书记在党的二十大报告中对中国式现代化做出的深刻论述，丰富和发展了中国式现代化的科学内涵，为全面建设社会主义现代化国家做出战略部署。

1. 中国式现代化的中国特色

中国式现代化是中国共产党领导的社会主义现代化，既有各国现代化的一般性特征，更有符合自身国情的中国特色。2020年10月，习近平总书记在党的十九届五中全会第二次全体会议上指出，人口规模巨大、全体人民共同富裕，物质文明和精神文明相协调、人与自然和谐共生，走和平发展道路是中国式现代化的重要特征；强调“中国式现代化既切合中国实际，体现了社会主义建设规律，也体现了人类社会发展规律”[①]。2021 年 1 月，习近平总书记再次强调，这五个特色是中国式现代化建设必须坚持的方向。要在“方针政策、战略战术，政策举措、工作部署中得到体现”[②]。习近平总书记在党的二十大报告中，从全面建成社会主义现代化强国、实现中华民族伟大复兴的战略高度，全面系统阐释了中国式现代化的中国特色。

中国式现代化是建立在人口规模巨大的基础上的现代化。人是生产力中最活跃的因素，也是生产关系的主体。中国共产党坚持以人民为中心的根本立场，将人口规模巨大这一基本国情作为中国式现代化建设的基础和条件。中国有着 14 亿多人口，从整体上迈入现代社会，其规模将超过目前发达国家人口的总和，面临着前所未有的艰巨复杂任务，其实现路径、发展动力和建设方式也必定带有中国的特点。中国如期实现现代化建设的目标，将彻底改变西方国家主导的世界现代化版图，是人类历史上具有里程碑意义的巨大进步；将打破资本主义现代化定于一尊的格局，创造社会主义性质的现代化新道路。中国式现代化是追求全体人民共同富裕的现代化。实现共同富裕是中国特色社会主义的本质要求。同西方以资本为中心、两极分化、社会撕裂的现代化发展悖论明显不同，中国式现代化以“实现人民对美好生活的向往作为现代化建设的出发点和落脚点”[③]。改革开放以来，党紧扣国家富强、民族复兴和人民幸福的历史任务，坚持做到发展依靠人民，发展成果由全体人民共享。进入“第二个百年”奋斗目标的新阶段，党坚持以人民为中心的发展思想，在继续推动经济发展的同时，妥善解决地区差距、城乡差距、收入分配差距等问题，着力促进社会公平正义，防止两极分化，更好推动共同富裕的稳步实现。中国式现代化是追求物质文明和精神文明相协调的现代化。社会主义现代化不仅要求有高度的物质文明，而且要有高度的

①《十九大以来重要文献选编》中，北京：中央文献出版社 2021 年版，第 825 页。

② 习近平：《论把握新发展阶段，贯彻新发展理念，构建新发展格局》，北京：中央文献出版社 2021 年版，第 474 页。

③ 习近平：《高举中国特色社会主义伟大旗帜　为全面建设社会主义现代化国家而团结奋斗——在中国共产党第二十次全国代表大会上的报告》，北京：人民出版社 2022 年版，第 22 页。

精神文明。“物质富足、精神富有是社会主义现代化的根本要求。物质贫困不是社会主义，精神贫乏也不是社会主义。”[①] 中国式现代化坚持以经济建设为中心，统筹推进“五位一体”总体布局，全面推进经济建设、政治建设、文化建设、社会建设、生态文明建设，促进现代化建设各个方面协调发展，促进整个社会全面发展。中国式现代化是追求人与自然和谐共生的现代化。自然界是人类赖以生存和发展的基础，人类对自然不能无节制地索取。西方发达国家一般都经历了“先污染后治理”的现代化道路。在新时代，党坚持可持续发展战略，坚持节约优先，保护优先，自然恢复为主的方针，坚定不移走生产发展、生活富裕、生态良好的文明发展道路，形成习近平生态文明思想。党的二十大按照山水林田湖草沙一体化保护和治理的理念，将生产端和治理端相结合，一手抓绿色发展、一手抓污染防治与生态系统保护，综合施策、系统治理，推动生态文明建设进入新发展阶段。

中国式现代化是坚持走和平发展道路的现代化。新中国成立以来，党领导人民独立自主地走完了西方发达国家几百年的现代化历程，中国式现代化道路创造了人类文明新形态。在追赶世界现代化的过程中，中国始终紧跟世界现代化发展潮流，积极吸收人类一切优秀文明成果。中国不走通过战争、殖民、掠夺等方式实现现代化的老路。中国着眼于人类文明进步，高举和平、发展、合作、共赢旗帜，积极推动构建人类命运共同体，努力为人类和平与发展做出贡献。

2. 中国式现代化的本质要求

党的二十大报告指出：“中国式现代化的本质要求是：坚持中国共产党领导，坚持中国特色社会主义，实现高质量发展，发展全过程人民民主，丰富人民精神世界，实现全体人民共同富裕，促进人与自然和谐共生，推动构建人类命运共同体，创造人类文明新形态。”[②] 这一论断高度概括了中国式现代化的本质、主体、道路、内容、成效、意义等，回答

① 习近平：《高举中国特色社会主义伟大旗帜　为全面建设社会主义现代化国家而团结奋斗——在中国共产党第二十次全国代表大会上的报告》，北京：人民出版社 2022 年版，第 22—23 页。

② 同上书，第 23—24 页。

了中国式现代化坚持干什么、怎么干和干成什么等重大问题。坚持党的领导，坚持中国特色社会主义，确定了中国式现代化的领导力量和必由之路，回答了推进中国式现代化"必须坚持什么"的理论之问。坚持党的领导和坚持中国特色社会主义具有内在统一性。习近平总书记指出："坚持党的全面领导是坚持和发展中国特色社会主义的必由之路，中国特色社会主义是实现中华民族伟大复兴的必由之路。"[①] 中国共产党是中国特色社会主义的最高政治领导力量。中国特色社会主义的大厦需要四梁八柱来支撑，党是贯穿其中的主体架构；中国特色社会主义巨轮乘风破浪、行稳致远，党自始至终是领航力量。坚持党的领导是做好党和国家各项工作的根本保证，是党和国家事业不断发展的"定海神针"。中国式现代化，从根本上来说是中国共产党领导的社会主义现代化，只有始终不渝坚持党的领导，才能保证中国式现代化始终沿着正确方向前进。

实现高质量发展，发展全过程人民民主，丰富人民精神世界，实现全体人民共同富裕，促进人与自然和谐共生，这回答了中国式现代化"怎么干"的实践之问。中国式现代化是"五位一体"全面发展全面进步的现代化，具有新时代新征程的新内涵。实现高质量发展是全面建设社会主义现代化国家的首要任务；发展全过程人民民主是提升政治文明，健全人民当家作主体系的根本要求；丰富人民精神世界是建设精神文明、提升社会文明程度、激发全民族文化创新创造活力的现实需要；实现全体人民共同富裕是增强基本公共服务的均衡性，增强全体人民的获得感，幸福感的需要；坚持人与自然和谐共生是提升生态文明水平，始终坚持走生产发展、生活富裕、生态良好相统一的文明发展道路的实践要求。推动构建人类命运共同体，创造人类文明新形态，是中国式现代化的价值目标和世界意义，深刻回答了"中国式现代化"要"干成什么"的世界之问。"中国共产党是为中国人民谋幸福、为中华民族谋复兴的

① 习近平:《高举中国特色社会主义伟大旗帜　为全面建设社会主义现代化国家而团结奋斗——在中国共产党第二十次全国代表大会上的报告》，北京：人民出版社 2022 年版，第 70 页。

党，也是为人类谋进步、为世界谋大同的党。”[①] 中国共产党领导的中国式现代化是不同国家和民族平等交流、合作共赢的现代化。中国坚持国家不分大小、强弱、贫富一律平等的原则，提倡“以文明交流超越文明隔阂、文明互鉴超越文明冲突、文明共存超越文明优越”[②]，致力于推动构建人类命运共同体。中国共产党领导的中国式现代化开辟了人类文明新形态的新境界，不仅给世界带来和平与发展的红利，为解决人类共同面临的重大问题贡献了系统的中国智慧和中国方案，而且以现代化的中国方案丰富了人类走向现代化的发展道路，为广大发展中国家走向现代化拓展了实践路径。

3. 中国式现代化的世界意义

当今世界正经历百年未有之大变局。和平、发展、合作、共赢的时代潮流同世界局势动荡不安、不确定性和复杂性并存。作为世界第二大经济体、最大的发展中国家和全球新兴市场国家的代表，中国的发展对于推动世界发展有着至关重要的作用。新中国成立 70 多年特别是改革开放 40 多年来，中国不仅创造了经济快速发展的奇迹，也创造了社会长期稳定的奇迹，具有重要的历史意义和深远的世界意义。中国式现代化为人类实现现代化提供了新的选择。每一个国家都有属于自身的特点，“世界上既不存在定于一尊的现代化模式，也不存在放之四海而皆准的现代化标准”[③]。近代以来，西方国家开启了三次科技革命进程，是探索人类现代化事业的先行者。但西方文明不等于世界文明，西方化不等于现代化，现代化也不等于资本主义现代化，不存在走向现代化的唯一途径。中国式现代化深刻证明，走向现代化的道路是多样的，世界上不存在现成的、唯一的现代化模板，各个国家走向现代化还应从自身实际出发，不断探索符合自身实际发展需要的适应现代化发展潮流的新道路。中国式现代化实现了对西方现代化范式的超越。西式现代化曾经创造了现代化文明成果，但西式现代化走的是一条依靠对外扩张、暴力掠

① 习近平:《高举中国特色社会主义伟大旗帜　为全面建设社会主义现代化国家而团结奋斗——在中国共产党第二十次全国代表大会上的报告》，北京：人民出版社 2022 年版，第 21 页。

② 同上书，第 63 页。

③《习近平谈治国理政》第四卷，北京：外文出版社 2022 年版，第 123 页。

夺的道路，在工业化和城镇化进程中造成了严重的生态问题。这条道路带来严重的两极分化、物质膨胀、阶级对立等弊病。中国式现代化摒弃了西方国家通过血腥战争、殖民掠夺等方式走向现代化的老路，开创了一条走和平发展、合作共赢的现代化新路，实现了对西方现代化范式的超越。中国共产党关于中国式现代化的新理念、新经验，为认识西方资本主义发展弊端克服西方资本主义发展顽疾提供了新视角和新经验。

中国式现代化秉持共商共建共享的全球治理观，推动构建更加公平公正的全球治理体系。工业革命以来，世界形成了以少数发达国家为主导的全球治理格局和秩序。少数发达国家在全球事务中推行霸权主义、强权政治，对他国颐指气使甚至漠视他国主权，实行长臂管辖。近年来，逆全球化思维和冷战思维不断抬头，多个地区的冲突演变升级，全球治理形势愈加复杂。中国提出了共商共建共享的全球治理观，主张在国际争端和冲突中以对话、协商的态度应对分歧和冲突，坚持“对话而不对抗、拆墙而不筑墙、融合而不脱钩、包容而不排他”[①]。中国积极投身全球治理体系改革与建设，参与世界贸易组织、亚太经济合作组织等多边机制，创建上海合作组织、共建“一带一路”倡议等，推动世界经济政治秩序朝着公平正义方向变革。

（二）擘画全面建设社会主义现代化国家的宏伟蓝图

全面建设社会主义现代化国家，是全面建成小康社会后对实现“第二个百年”奋斗目标的接续部署。“从二〇二〇年到二〇三五年基本实现社会主义现代化；从二〇三五年到本世纪中叶把我国建成富强民主文明和谐美丽的社会主义现代化强国。”[②]党的二十大进一步明确了到2035年中国现代化建设的整体目标，重点谋划了未来五年的主要目标和任务，为顺利推进全面建设社会主义现代化国家勾画了路线图、时间表和突破口。

① 习近平：《在庆祝中国国际贸易促进委员会建会70周年大会暨全球贸易投资促进峰会上的致辞》，《人民日报》2022年5月19日，第2版。

② 习近平：《高举中国特色社会主义伟大旗帜　为全面建设社会主义现代化国家而团结奋斗——在中国共产党第二十次全国代表大会上的报告》，北京：人民出版社2022年版，第24页。

1. 全面建成社会主义现代化强国“两步走”的战略安排

从党的十九大到二十大的五年，是“两个一百年”奋斗目标的历史交汇期。2017 年 10 月，党的十九大报告提出“在全面建成小康社会的基础上，分两步走在本世纪中叶建成富强民主文明和谐美丽的社会主义现代化强国”[①] 的两个阶段战略部署，提出要分“两步走”稳步建成社会主义现代化强国。2021 年 1 月，习近平总书记重申中国未来发展的路线图和时间表——“这就是，到 2035 年，用 3 个五年规划期，基本实现社会主义现代化。然后，再用 3 个五年规划期，到本世纪中叶，把我国建成富强民主文明和谐美丽的社会主义现代化强国”[②]，勾画出全面建设社会主义现代化国家的历史进程和未来走向。2021 年，中国如期实现全面建成小康社会，进入全面建设社会主义现代化国家的新阶段。习近平总书记在庆祝中国共产党成立 100 周年大会上宣告，中国“实现了第一个百年奋斗目标，在中华大地上全面建成了小康社会，历史性地解决了绝对贫困问题”[③]，在中国“社会主义现代化建设进程中具有里程碑意义，为我国进入新发展阶段、朝着第二个百年奋斗目标进军奠定了坚实基础”[④]。进入全面建设社会主义现代化国家的新发展阶段，中国站在了一个新的历史方位和历史起点。党的二十大是在进入全面建设社会主义现代化国家新阶段、为实现“第二个百年”奋斗目标凝心聚力的重要历史节点召开的盛会，为全面建设社会主义现代化国家指明了发展方向。

2. 2035 年基本实现现代化的总体目标

“分两步走”，全面建设社会主义现代化强国的战略安排是一个承上启下、前后递进的历史进程。其中，2035 年基本实现社会主义现代化是全面建设社会主义现代化国家的必经阶段和题中之义。因此，规划好、实施好、完成好这一阶段的任务目标十分关键。

就时间安排而言，到 2035 年基本实现社会主义现代化，比邓小平提出的“三步走”战略中“第三步”的实现时间提前了 15 年，这是全面

---

①《十九大以来重要文献选编》上，北京：中央文献出版社 2019 年版，第 14 页。

②《习近平谈治国理政》第四卷，北京：外文出版社 2022 年版，第 164 页。

③ 习近平：《在庆祝中国共产党成立 100 周年大会上的讲话》，北京：人民出版社 2021 年版，第 2 页。

④《习近平谈治国理政》第四卷，北京：外文出版社 2022 年版，第 163 页。

建设社会主义现代化国家的标志性事件。改革开放初期，中国共产党提出“三步走”战略，到21世纪中叶基本实现现代化，达到中等发达国家水平。进入新时代以来，我们党和国家事业发展取得了全方位、开创性的成就，发生了深层次、根本性的变革。基于这种判断，党把2035年基本实现社会主义现代化确定为全面建成社会主义现代化强国的第一个阶段，彰显了党对社会主义现代化建设“在认识上不断深入、在战略上不断成熟、在实践上不断丰富”[①]的过程。就任务目标而言,2035年基本实现现代化的图景更加清晰。党的十九大整体描绘了2035年基本实现社会主义现代化的美好蓝图。报告中多次使用“基本实现”“基本建成”“基本形成”等字样，如“法治国家、法治政府、法治社会基本建成”“国家治理体系和治理能力现代化基本实现”“基本公共服务均等化基本实现”“现代社会治理格局基本形成”“美丽中国目标基本实现”等，勾画出2035年基本实现现代化的远景目标。党的十九届五中全会对2035年基本实现社会主义现代化的远景目标进行了更为具体、更为系统、更为全面的规划部署，在强调经济、政治、文化、社会、生态文明现代化的同时，增加“国家安全体系和能力全面加强，基本实现国防和军队现代化”“全体人民共同富裕取得更为明显的实质性进展”“现代化经济体系建设”[②]等内容，这些新目标拓展了中国式现代化的内涵。党的二十大立足于新发展阶段的新发展要求，从经济发展、政治发展、综合国力、科技发展、文化发展、生态文明建设、国家安全、国防和军队现代化等8个方面明确了2035年基本实现社会主义现代化的总体目标，包括要建成现代化经济体系，基本实现国家治理体系和治理能力现代化、全过程人民民主制度更加健全、国家文化软实力显著增强、人民生活更加幸福美好、稳步推进全体人民共同富裕，基本实现美丽中国目标、全面加强国家安全体系和能力等。这些中长期发展目标的实现将逐步推动中国式现代化的美好愿景变为现实图景。

3. 未来五年现代化建设的主要目标任务

党的二十大在规划基本实现社会主义现代化总体目标的同时，又

①《习近平谈治国理政》第四卷，北京：外文出版社2022年版，第153页。

②《十九大以来重要文献选编》中，北京：中央文献出版社2021年版，第789—790页。

重点部署了未来5年的主要目标任务。习近平总书记在党的二十大报告中指出："未来五年是全面建设社会主义现代化国家开局起步的关键时期。"[①] 高质量完成未来五年的目标任务，才能打造通向全面建设社会主义现代化国家的坚实台阶。

"十四五"时期是实现全面建成小康社会、开启全面建设社会主义现代化国家的承前启后、继往开来的关键五年，也是全面建设社会主义现代化国家的关键时期。习近平总书记指出，"'十四五'时期是我国在全面建成小康社会、实现第一个百年奋斗目标之后，乘势而上开启全面建设社会主义现代化国家新征程、向第二个百年奋斗目标进军的第一个五年"[②]，要处理好"继承和创新的关系，做好'两个一百年'奋斗目标有机衔接"[③]。党的十九届五中全会按照党的十九大的战略安排，锚定2035年远景目标重点从经济发展取得新成效、改革开放迈出新步伐，社会文明程度得到新提高，生态文明建设实现新进步、民生福祉达到新水平，国家治理效能得到新提升等六个方面[④]对"十四五"时期的主要任务做出部署。党的二十大重点部署了未来五年的任务目标，主要包含在经济高质量发展，国家治理体系和治理能力现代化、全过程人民民主、人民精神文化生活、全球治理中的国际地位和贡献等方面[⑤]。如期高质量完成未来五年的目标任务，对于全面建设社会主义现代化国家，进而顺利实现第二个百年奋斗目标具有举足轻重的意义。

（三）把握全面建设社会主义现代化国家的重大原则和战略要求

习近平总书记在党的二十大报告中指出："全面建设社会主义现代

① 习近平:《高举中国特色社会主义伟大旗帜　为全面建设社会主义现代化国家而团结奋斗——在中国共产党第二十次全国代表大会上的报告》，北京：人民出版社2022年版，第25页。

②《十九大以来重要文献选编》中，北京：中央文献出版社2021年版，第777页。

③ 同上书，第780页。

④ 参见上书，第792—793页。

⑤ 习近平:《高举中国特色社会主义伟大旗帜　为全面建设社会主义现代化国家而团结奋斗——在中国共产党第二十次全国代表大会上的报告》，北京：人民出版社2022年版，第24页。

化国家，是一项伟大而艰巨的事业，前途光明，任重道远。”[①] 所谓“伟大”“前途光明”，是指全面建设社会主义现代化国家是一项惠及民众、泽被世界的伟大事业。经过几十年的探索和实践，中国已经找到实现这一任务的中国式现代化新路。所谓“艰巨”“任重道远”，是指这项任务、这条道路前所未有，征程充满挑战。当前世界进入新的动荡变革期，国内面临不少深层次矛盾，多发性问题，不确定和难预料的未知因素增多，各种“灰犀牛”“黑天鹅”事件随时可能发生。立足新时代党的历史使命和新征程中的机遇挑战，习近平总书记强调，要准备经受风高浪急甚至惊涛骇浪的重大危险及考验，必须牢牢把握坚持和加强党的全面领导、坚持中国特色社会主义道路、坚持以人民为中心的发展思想、坚持深化改革开放、坚持发扬斗争精神等五项重大原则。这为全面建设社会主义现代化国家指明了政治保证、发展道路、价值归宿、根本动力和实践路径。

1. 坚持和加强党的全面领导

坚持和加强党的全面领导是立足新时代新方位、遵循社会发展规律、把握历史主动的必然选择。“全面建设社会主义现代化国家、全面推进中华民族伟大复兴，关键在党。”[②] 坚持和加强党的全面领导，就要坚决维护党中央权威和集中统一领导，发挥党总揽全局、协调各方的作用，使党始终成为经历各种风险考验的最可靠的主心骨，确保中国式现代化建设的正确方向。坚持和加强党的全面领导，最重要的是深刻理解“两个确立”的决定性意义，坚决拥护“两个确立”。拥有坚强的领导核心、科学的理论指导是成熟的马克思主义政党的显著标志，是党创造百年辉煌、创造人间奇迹的成功密码。“两个确立”是建成社会主义现代化强国的根本保证。习近平总书记指出：“坚持和加强党的全面领导，关系党和国家前途命运，我们的全部事业都建立在这个基础之上，都根植于这个最本质特征和最大优势。”[③] 只有坚持和加强党的全面领导，才能充

① 习近平：《高举中国特色社会主义伟大旗帜　为全面建设社会主义现代化国家而团结奋斗——在中国共产党第二十次全国代表大会上的报告》，北京：人民出版社2022年版，第26页。

② 同上书，第63页。

③ 习近平：《论坚持党对一切工作的领导》，北京：中央文献出版社2019年版，第222页。

分发挥中国特色社会主义制度的显著优势，更好地实现中国式现代化。

2. 坚持中国特色社会主义道路

实现中国式现代化，必须坚定不移走中国特色社会主义道路。这条道路有两个核心要素：一是社会主义，二是中国特色。前者规定了发展的性质和方向，后者明确了发展的途径和特点。邓小平指出："我们搞的现代化，是中国式的现代化。我们建设的社会主义，是有中国特色的社会主义。"[①] 只有始终坚持"社会主义"和"中国特色"相统一，才能把握中国特色社会主义道路的真谛。坚持中国特色社会主义道路，一是坚持党在社会主义初级阶段的基本路线。这条路线明确了党的奋斗目标、基本途径和根本保证、领导力量和依靠力量以及实现这一目标的基本方针，是党和国家的生命线、人民的幸福线。二是坚持独立自主、自力更生的重要原则。"人类历史上没有一个民族、一个国家可以通过依赖外部力量、照搬外国模式、跟在他人后面亦步亦趋实现强大和振兴。那样做的结果，不是必然遭遇失败，就是必然成为他人的附庸。"[②] 中国式现代化同样必须坚持自己的事情自己做主、自己处理，把主导权牢牢掌握在自己手里。三是坚持道路自信和战略定力，抵制各种错误思潮的影响。历史条件的多样性，决定了不同民族和国家实现现代化不会有一套就灵的统一模板。党在不断实践、接力探索现代化的过程中深刻认识到，封闭僵化无法在中国实现现代化，改旗易帜会把中国现代化引上邪路。中国式现代化是党领导人民立足中国实际、总结历史经验、经过反复探索走出的一条新路，创造了人类文明新形态。

3. 坚持以人民为中心的发展思想

以人民为中心的发展思想是马克思主义群众史观的创造性运用和发展，鲜明体现着党的初心使命、性质宗旨和理想信念。坚持人民至上，始终代表最广大人民群众根本利益，这是我们党从小到大、由弱到强，始终立于不败之地的根本所在。习近平总书记指出："只有坚持以人民为中心的发展思想，坚持发展为了人民、发展依靠人民、发展成果由人民

①《邓小平文选》第三卷，北京：人民出版社 1993 年版，第 29 页。

②《中共中央关于党的百年奋斗重大成就和历史经验的决议》，北京：人民出版社 2021 年版，第 67 页。

共享，才会有正确的发展观、现代化观。”[①] 以人民为中心不是一个抽象玄奥的概念，不能只停留在口头上，而要落实到党的领导方法和工作方法上，体现在经济社会发展各个环节。一是要走好新时代群众路线。牢记群众路线是党的生命线和根本工作路线，实现中国式现代化要坚持“一切为了群众、一切依靠群众”，遵循“从群众中来，到群众中去”的基本工作方法。二是要牢记为人民服务的宗旨。中国式现代化是全体人民共同富裕的现代化，要把实现好、维护好、发展好最广大人民群众根本利益作为党的一切工作的出发点和落脚点，充分调动最广大人民群众的积极性、主动性和创造性，凝聚起中华民族复兴的集体智慧和磅礴力量。三是不断实现人民对美好生活的向往。党的二十大报告把“增进民生福祉，提高人民生活品质”[②] 作为一个专题，提出要紧紧抓住人民最关心最直接最现实的利益问题，通过完善分配制度、实现就业优先战略、健全社会保障体系、推进健康中国建设等经济社会发展政策，采取更多惠民生、暖民心举措，着力解决人民群众急难愁盼的问题，健全基本公共服务体系，增强基本公共服务均衡性和可及性，扎实推进共同富裕。唯有始终坚持以人民为中心的发展思想，才能实现中国式现代化的根本目的和价值追求。

4. 坚持深化改革开放

习近平总书记指出：“改革开放是党和人民大踏步赶上时代的重要法宝，是坚持和发展中国特色社会主义的必由之路，是决定当代中国命运的关键一招，也是决定实现‘两个一百年’奋斗目标、实现中华民族伟大复兴的关键一招。”[③] 改革开放从根本上破除了束缚社会生产力发展的体制和机制障碍，激发了社会发展内在动力和活力，并使中国发展有了更加宽广的世界场域。当前，中国已经拥有了开启新征程的雄厚物质基础和战略平台，但前进的道路上仍然面临着来自各方面的难题和困难，风险和挑战。今后，我们仍然要用好改革开放这个法宝，并在中国式现

①《习近平谈治国理政》第四卷，北京：外文出版社 2022 年版，第 171 页。

② 习近平：《高举中国特色社会主义伟大旗帜　为全面建设社会主义现代化国家而团结奋斗——在中国共产党第二十次全国代表大会上的报告》，北京：人民出版社 2022 年版，第 46 页。

③《十九大以来重要文献选编》上，北京：中央文献出版社 2019 年版，第 729 页。

代化的实践中继续深化改革开放。为此，一是坚持全面深化改革，不断完善中国特色社会主义制度，推动国家治理体系和治理能力现代化，不断创新和发展中国特色社会主义制度，实现“变”“立”结合，为中国式现代化创造制度条件，充分彰显制度优势并把制度优势转化为治理效能，解放和发展生产力。二是坚定不移地扩大对外开放，积极参与全球治理和发展，提高对外开放的水平和能力，并在对外开放中维护国家安全。对外开放是一把“双刃剑”，在对外开放的过程中也要注意防范经济、政治、文化等领域出现的各种风险挑战，实现国家总体安全。三是大力弘扬改革开放精神，积极营造改革开放和现代化建设的社会氛围。改革开放精神是党在改革开放实践、探索和发展中国特色社会主义事业这一特定的历史时期中所形成的开拓创新、勇于担当，开放包容，兼容并蓄的精神品格，是党战胜各种困难、不断取得胜利的宝贵精神财富。

5. 坚持发扬斗争精神

党诞生于国家蒙辱、人民蒙难、文明蒙尘的近代中国，同国内外敌人、同各种困难和挑战做斗争贯穿于党的百年历程。斗争精神是党领导人民不断取得胜利的强大思想武器，也是现代化建设必须坚持的制胜法宝。一是要正确理解斗争精神的核心要义，把握好斗争的目标和方向。斗争精神是党敢于斗争、善于斗争的内在品格，是革命战斗精神、改革创新精神和新时代担当奋斗精神的综合体现，凝聚着党为人民谋幸福、为民族谋复兴的初心使命。发扬斗争精神的核心要义是坚持马克思主义的指导，中国共产党的领导和中国特色社会主义发展道路。习近平总书记指出：“共产党人的斗争是有方向、有立场、有原则的，大方向就是坚持中国共产党领导和我国社会主义制度不动摇。”① 二是要正确理解新时代伟大斗争的具体表现，进行适应“新的历史特点”的斗争形式。党的十八大以来，习近平总书记在多个场合谈到了新时代伟大斗争具体内容，这包括与一切削弱、歪曲、否定党的领导和我国社会主义制度的言行做斗争，与一切损害人民利益、脱离群众的行为做斗争，与一切制约经济社会发展的顽瘴痼疾做斗争，与一切腐败行为做斗争，等等。斗争

①《习近平谈治国理政》第三卷，北京：外文出版社2020年版，第226页。

的形势是复杂的，内容是多样的，时间是长期的。因此，要适应新的历史特点和斗争的具体实际，既要敢于斗争、敢于胜利，也要善于斗争、善于胜利。三是在斗争中进一步锻炼党、锻炼人民。要在复杂的斗争中增强全党全国各族人民的志气，骨气、底气，全力战胜前进道路上各种困难和挑战，为迎接全面建设社会主义现代化国家新征程中可能出现的更为严峻的斗争形势和更为艰巨的斗争任务做准备。

（原载《东北师大学报（哲学社会科学版）》2022 年第 6 期）

十一

坚持人民至上：习近平新时代中国特色社会主义思想的根本立场观点方法

中国共产党的根基在人民、血脉在人民、力量在人民，坚持人民至上，是党治国理政的题中之义。党的十八大以来，以习近平同志为核心的党中央坚持将人民至上的理念贯穿于党治国理政的全过程和全部实践，带领人民在新时代伟大变革中取得了历史性成就，习近平新时代中国特色社会主义思想的立场观点方法在实践中得到检验和发展。党的二十大报告将必须坚持人民至上置于习近平新时代中国特色社会主义思想的世界观和方法论的六个“必须坚持”之首要位置，强调“我们要站稳人民立场、把握人民愿望、尊重人民创造、集中人民智慧，形成为人民所喜爱、所认同、所拥有的理论，使之成为指导人民认识世界和改造世界的强大思想武器”[①]，坚持人民至上，作为新时代中国共产党人在新征程上的价值引领，深刻体现了习近平新时代中国特色社会主义思想的根本立场观点方法。

（一）坚持人民至上是马克思主义的本质特征

人民性是马克思主义的本质属性和鲜明品格，贯穿于马克思主义的整个理论体系。习近平指出：“马克思主义第一次站在人民的立场探求人类自由解放的道路，以科学的理论为最终建立一个没有压迫、没有剥削、人人平等、人人自由的理想社会指明了方向。马克思主义之所以具有跨越国度、跨越时代的影响力，就是因为它植根人民之中，指明了依

① 习近平：《高举中国特色社会主义伟大旗帜　为全面建设社会主义现代化国家而团结奋斗——在中国共产党第二十次全国代表大会上的报告》，北京：人民出版社 2022 年版，第 19 页。

靠人民推动历史前进的人间正道。”[①]

1. 坚持人民至上是马克思主义的价值底色

不同于传统唯心史观将人看作“抽象的人”，马克思主义在对人的现实性的考察中认识到了人自身的主体价值。马克思主义以人民的主体地位和创造伟力为价值基础，将人民利益视为最高价值诉求，并以人的自由全面发展为价值归宿，形成了坚持人民至上的价值底色。

人民的主体地位和创造伟力是马克思主义人民观的价值基础。在唯物史观之前，以往的历史理论将人类社会的考察重点聚焦于人的历史活动的意识性，而忽视了社会关系及其背后的社会生产力因素。马克思、恩格斯在对人类社会历史进行深入考察以及同唯心史观斗争的过程中，充分认识到人民的历史主体地位和历史创造伟力，“历史活动是群众的活动，随着历史活动的深入，必将是群众队伍的扩大”[②]，人民不仅是物质财富和精神财富的创造者，也是社会革命和变革的决定力量。社会历史的发展方向不是由少数人主导的，而是由整体的、合目的和合规律相统一的、集广大人民意志的力量所驱动。恩格斯指出：“人们总是通过每一个人追求他自己的、自觉预期的目的来创造他们的历史，而这许多按不同方向活动的愿望及其对外部世界的各种各样作用的合力，就是历史。”[③]从奴隶社会、封建社会、资本主义社会走向社会主义社会，不同社会形态的演进，都是历史合力的结果，即人民创造历史力量的彰显。

人民利益至上是马克思主义政党的价值诉求。对利益问题的关注是马克思主义政党开展社会革命和变革活动的出发点，人民立场是马克思主义政党区别于其他政党的显著标志。在资本主义及其之前的各类阶级社会，少数人的利益凌驾于多数人的利益之上，绝大多数人的利益受到统治阶级的残酷剥削。马克思主义则在人类历史上第一次创立了人民实现自身解放、维护绝大多数人利益的科学理论体系，马克思、恩格斯在《共产党宣言》中明确指出：“过去的一切运动都是少数人的，或者为少数人谋利益的运动。无产阶级的运动是绝大多数人的，为绝大多数人

①《十九大以来重要文献选编》上，北京：中央文献出版社2019年版，第424页。
②《马克思恩格斯文集》第一卷，北京：人民出版社2009年版，第287页。
③《马克思恩格斯文集》第四卷，北京：人民出版社2009年版，第302页。

谋利益的独立的运动。无产阶级，现今社会的最下层，如果不炸毁构成官方社会的整个上层，就不能抬起头来挺起胸来”[①]。马克思主义政党作为无产阶级革命的领导力量，其领导的社会革命运动是为绝大多数人谋利益的运动，必然要充分发动和依靠人民。“只有相信人民的人，只有投入生气勃勃的人民创造力泉源中去的人，才能获得胜利并保持政权。”[②]同样，只有马克思主义政党获得稳固的执政地位，才能够更好地代表和保障广大人民的根本利益。

人的自由全面发展是马克思主义的价值归宿。根据人在社会中的解放和发展程度，马克思将人类社会的演进形态划分为人的依赖性社会、物的依赖性社会和人的全面发展的社会。在摆脱了人和物的依赖性的个人全面发展的社会中，“代替那存在着阶级和阶级对立的资产阶级旧社会的，将是这样一个联合体，在那里，每个人的自由发展是一切人的自由发展的条件”[③]。人的自由发展追求人的发展的高度自主性和主观能动性，强调主体的独立和个性。人的全面发展追求人的发展的广泛性、完整性和丰富性，强调主体需要的充分满足。马克思主义认为，人的自由发展和全面发展是辩证统一的关系，两者互为前提和支撑，共同引领人民实现从必然王国到自由王国的飞跃。在马克思主义所勾勒的共产主义社会中，阶级对立和国家机器将不复存在，生产力高度发达，物质财富极大丰富，人们的思想觉悟和道德品质极大提高，全社会实行各尽所能、按需分配原则，每个人都将在这一自由人联合体中进入自由发展的状态，人与自然、人与社会、人与人、人与自身的关系都将实现高度和谐。

2. 坚持人民至上是毛泽东思想的鲜明立场

坚持全心全意为人民服务的根本宗旨。在领导中国革命和建设的过程中，以毛泽东同志为主要代表的中国共产党人将为人民服务的宗旨融入到革命和建设实践活动中去，得到了广大人民群众的广泛支持和拥护。1944 年 12 月，针对党员干部中存在缺乏民主作风的问题，毛泽东在《一九四五年的任务》一文中指出：“我们一切工作干部，不论职位高

---

①《马克思恩格斯文集》第二卷，北京：人民出版社 2009 年版，第 42 页。
②《列宁全集》第三十三卷，北京：人民出版社 2017 年版，第 61 页。
③《马克思恩格斯文集》第二卷，北京：人民出版社 2009 年版，第 53 页。

低，都是人民的勤务员，我们所做的一切，都是为人民服务”[①]。无论是在党内还是党外，我们要善于运用民主作风，多听人民群众的话，真正做到为人民服务，才能够团结更广大的人民，党和人民的事业才能够获得更大和更快的发展。1945 年 4 月，毛泽东在党的七大上作的《论联合政府》的报告中指出："全心全意地为人民服务，一刻也不脱离群众；一切从人民的利益出发，而不是从个人或小集团的利益出发；向人民负责和向党的领导机关负责的一致性；这些就是我们的出发点。"[②]全心全意为人民服务作为党的宗旨被正式写入七大党章。新中国成立后，为人民服务成为中国共产党执政的重要理念，贯穿于其带领人民探索社会主义建设道路的全过程，巩固了其执政的社会基础。

坚持人民民主专政的执政实践。人民是社会主义革命和建设时期的政治范畴。毛泽东认为，在人类社会历史发展的不同时期，人民的范畴是不同的。在社会主义建设时期，一切拥护和赞成社会主义事业的阶级和群体，都可划归到人民的范畴。1925 年 12 月，毛泽东在《(政治周报)发刊理由》中指出："为什么要革命？为了使中华民族得到解放，为了实现人民的统治，为了使人民得到经济的幸福。"[③]实现人民解放和统治、获得经济幸福的基础是保障人民民主，充分发挥人民主体地位。中国共产党为了革命胜利，必然要推翻包括帝国主义势力、大小军阀、买办阶级、土豪劣绅等在内的各种敌对势力，实行人民民主专政是人民获得解放的唯一路径。经过新民主主义革命和社会主义革命，中国共产党带领中国人民推翻了帝国主义、封建主义和官僚资本主义的统治，消灭了几千年的封建剥削压迫制度，确立了人民民主专政的国体和人民代表大会制度的政体，从根本上保障了人民的主体地位。人民民主专政的本质是人民当家作主，在民主主体和民主权利方面具有广泛性、真实性特征。以毛泽东同志为主要代表的中国共产党人对人民民主的诉求和实践，真实反映了人民的民主愿望和政治要求，有效保障了人民的根本利益，最大限度地调动了人民的积极性、主动性和创造性。

①《毛泽东文集》第三卷，北京：人民出版社 1996 年版，第 243 页。
②《毛泽东选集》第三卷，北京：人民出版社 1991 年版，第 1094—1095 页。
③《毛泽东文集》第一卷，北京：人民出版社 1993 年版，第 21 页。

坚持群众路线的方法论运用。群众路线是毛泽东在领导中国革命实践过程中，坚持和运用马克思主义人民观，结合中国具体实际提出的中国共产党的根本工作路线，也是中国共产党的生命线。群众路线要求一切为了群众，一切依靠群众，从群众中来，到群众中去，坚持将党的正确主张变为群众的自觉行动。党的群众路线源于马克思主义关于人民创造历史的基本原理。毛泽东指出："人民，只有人民，才是创造世界历史的动力。"[①]要充分尊重人民的首创精神，发挥人民的历史推动作用，中国的命运只有掌握在人民手中，中华民族的命运才能真正被改写。毛泽东将群众路线作为党的根本工作方法，贯穿于党和国家各项事业与实践之中。中国共产党人要自觉深入人民之中，保持党同人民的血肉联系，"我们到了一个地方，就要同那里的人民结合起来，在人民中间生根、开花"[②]。只有深入了解人民关心的问题，才能够对症下药，靶向治疗；只有积极向人民学习，善于从人民身上汲取智慧力量，才能够掌握党和国家事业发展的历史主动。

3. 坚持人民至上是中国特色社会主义理论体系的实践遵循

在改革开放和社会主义现代化建设新时期，以邓小平同志为主要代表的中国共产党人在回答什么是社会主义、怎样建设社会主义，创立邓小平理论的过程中，形成了以人民利益至上为价值内核的人民观。邓小平在揭示社会主义本质的过程中指出，社会主义的最终目标是通过解放和发展生产力达到共同富裕。中国之所以选择社会主义道路，在于只有社会主义才能从根本上解决摆脱贫穷的问题。"贫穷不是社会主义，社会主义要消灭贫穷。不发展生产力，不提高人民的生活水平，不能说是符合社会主义要求的。"[③]邓小平在1992年南方谈话中提出，评判改革是非成败的标准"应该主要看是否有利于发展社会主义社会的生产力，是否有利于增强社会主义国家的综合国力，是否有利于提高人民的生活水平"[④]。提高人民生活水平作为"三个有利于"的出发点和落脚点，充分

①《毛泽东选集》第三卷，北京：人民出版社1991年版，第1031页。
②《毛泽东选集》第四卷，北京：人民出版社1991年版，第1162页。
③《邓小平文选》第三卷，北京：人民出版社1993年版，第116页。
④ 同上书，第372页。

体现了以邓小平同志为主要代表的中国共产党人对人民至上价值观的坚持和践行。

党的十三届四中全会以后，以江泽民同志为主要代表的中国共产党人加深了对什么是社会主义、怎样建设社会主义和建设什么样的党、怎样建设党的认识，形成了“三个代表”重要思想，提出中国共产党要始终代表中国最广大人民的根本利益。在世界社会主义运动陷入低谷，国内外形势日益复杂的时代背景下，能不能始终代表最广大人民的根本利益，是中国共产党面临的重要问题。江泽民指出：“在整个社会生产和建设发展的基础上，不断使全体人民得到并日益增加看得见的利益，始终是我们中国共产党人的神圣职责。”① 中国共产党始终将坚持人民利益高于一切，一切工作都以最广大人民的根本利益为最高标准。中国共产党领导人民进行改革开放和社会主义现代化建设的根本目的，是通过发展生产力，满足人民群众日益增长的物质文化需要。人民群众的信赖和拥护是中国特色社会主义事业成功的力量源泉。

党的十六大以后，以胡锦涛同志为主要代表的中国共产党人深刻认识和回答了新形势下实现什么样的发展、怎样发展等重大问题，形成了以人为本为核心的科学发展观。以人为本即坚持以最广大人民的根本利益为本，强调“坚持完成党的各项工作和实现人民利益的一致性，坚持发展为了人民、发展依靠人民、发展成果由人民共享”②，最终实现人的全面发展。人民群众是发展的主体和动力，也是发展的受益者。每一个共产党人都要深入人民之中，拜人民为师，广泛集中民智，最大限度地汇集广大人民的集体智慧和力量，推动社会生产力发展和社会生产关系变革。随着人民群众需求的日益多样化，要把改革发展取得的各项成果更多更公平地惠及全体人民。胡锦涛指出：“我们要更好坚持全面发展、协调发展、可持续发展的发展观，更加自觉地坚持推动社会主义物质文明、政治文明、精神文明协调发展，坚持在经济社会发展的基础上促进人的全面发展。”③ 中国共产党切实把经济社会发展同人的全面发展统一

①《江泽民文选》第三卷，北京：人民出版社 2006 年版，第 122 页。

②《胡锦涛文选》第三卷，北京：人民出版社 2016 年版，第 4 页。

③《胡锦涛文选》第二卷，北京：人民出版社 2016 年版，第 67 页。

起来，协同推进经济社会发展和人的全面发展，在经济社会发展的各项工作和各个环节都能够体现和保障最广大人民的根本利益，切实做到权为民所用、情为民所系、利为民所谋。

（二）坚持人民至上植根于中国共产党在新时代治国理政的丰富实践

中国共产党领导革命、建设、改革的艰辛历程即是坚持人民至上的实践过程。人民至上不仅是中国共产党的政治宣言，还是踏踏实实地为人民谋幸福的实践活动。党的十八大以来，人民至上植根于新时代中国共产党治国理政的丰富实践。中国共产党保持对人民的赤子之心，坚持人民至上，全面推进治国理政的各项工作，取得了新时代历史性的成就。

1. 打赢脱贫攻坚战，全面建成小康社会

脱贫问题是全面建成小康社会的艰巨任务。小康社会是全体人民的小康，不是部分群体或利益集团的小康。“小康不小康，关键看老乡，关键看贫困老乡能不能脱贫。”[①] 打赢脱贫攻坚战是事关人民福祉、促进全体人民共享改革发展成果的重大举措。中共中央提出精准扶贫理念，创新扶贫工作机制，锚定全面建成小康社会目标，奋力解决绝对贫困问题。经过持续多年的艰苦努力，脱贫攻坚取得了重大历史性成就，提前实现《联合国2030年可持续发展议程》减贫目标，困扰中华民族几千年的贫困问题在社会主义中国得到根本解决。《人类减贫的中国实践》白皮书的数据显示，贫困地区农村居民人均可支配收入从2013的6079元增长到2020年的12588元，年均增长11.6%，增长速度持续快于全国农村，比全国农村高2.3个百分点；99.9%以上的贫困人口参加了基本医疗保险；近2000万贫困群众享受农村低保和特困救助供养。[②] 脱贫攻坚不仅使农村贫困人口全部脱贫，而且使贫困地区整体面貌发生历史性巨变。基础设施显著增强，基本公共服务水平明显提升，生态环境日益改善。在这么短的时间内实现几亿人脱贫，归根结底是因为中国共产党始

①《十八大以来重要文献选编》下，北京：中央文献出版社2018年版，第29页。

②《人类减贫的中国实践》，《人民日报》2021年4月7日，第9版。

终坚持人民立场，坚持以人民为中心的发展思想。在实现共同富裕的道路上，全面建成小康社会是一个重要的阶段性目标。脱贫攻坚需要充分发挥人民的历史主动性，依靠全体中国人民的共同奋斗。全面建成小康社会之后，共同富裕成为新时代新征程的奋斗目标。“实现共同富裕不仅是经济问题，而且是关系党的执政基础的重大政治问题。”[①]只有脚踏实地不断推动共同富裕取得成效，才能够得到人民的真心拥护。

2. 实行全过程人民民主，保障人民民主权利

中国共产党赢得民心，不仅依赖于不断满足人民对物质生活的需要，而且依赖于不断满足人民当家作主的需要。中国共产党从来没有忽视人民对民主政治的要求，而是通过扎实有力的措施不断巩固落实人民的民主权利。中国共产党领导人民走中国特色社会主义政治发展道路，民主从价值理念发展为更为具体的制度形态、治理机制和人民的生活方式。

评价一个国家的制度是不是真正民主的，一个重要的标准就是“全体人民能否依法管理国家事务和社会事务、管理经济和文化事业，人民群众能否畅通表达利益要求”[②]。彰显中国特色社会主义制度的优越性，民主政治的标准不可或缺。党的十八大以来，习近平不断深化对民主政治发展规律的认识，提出全过程人民民主的重大理念。全过程人民民主是最广泛、最真实、最管用的社会主义民主，能够满足人民群众当家作主的政治要求，满足人民群众参与管理国家各项事务和畅通表达的要求。全过程人民民主是习近平新时代中国特色社会主义思想的重要内容，也是新时代新征程社会主义民主政治的新形态。

中国共产党始终坚持人民立场，不断发展社会主义民主，人民享有广泛的民主权利。通过全过程人民民主的制度安排，能够实现选举民主，保障人民的选举权利，也能够实现协商民主，开展广泛、多层次、制度化的协商民主。通过各种民主实践形式，如民主恳谈会、听证会、网络议政、远程协商等，可以广泛收集人民群众的意见和建议。把人民

① 习近平:《论把握新发展阶段、贯彻新发展理念、构建新发展格局》，北京：中央文献出版社 2021 年版，第 480 页。

②《习近平谈治国理政》第四卷，北京：外文出版社 2022 年版，第 258 页。

群众的意见建议汇聚起来，凝聚众人之力，有利于全面建设社会主义现代化国家。中国特色社会主义新时代，人民当家作主的制度体系成熟定型。坚持人民民主专政，不断发展人民当家作主的制度体系，巩固和发展最广泛的爱国统一战线，扩大人民群众有序政治参与，实现真正的人民民主的同时，必须站稳人民立场，紧紧依靠人民创造历史，发展全过程人民民主，凝聚起实现中华民族伟大复兴的磅礴力量。

3. 加强民生保障建设力度，保障人民的生命健康权

人民对美好生活的向往和追求是永恒的主题，是永远的进行时。党的十八大以来，以习近平同志为核心的党中央坚持把满足人民对美好生活的向往作为发展的出发点和落脚点，抓住人民最关心最直接最现实的利益问题，在民生保障方面推出一系列重大举措，提出一系列新理念新思路，习近平提出“房子是用来住的、不是用来炒的”为新时代更好地实现住有所居指明了方向；提出把促进教育公平作为国家基本教育政策，指导新时代教育事业全面发展；提出就业优先战略，推动实现更高质量和更充分就业；提出社会保障的科学定位和全面建成中国特色社会保障体系的目标任务，推动社会保障事业步入全面发展快车道；提出“生命至上”“健康优先”等理念和健康中国战略，为医疗卫生事业改革发展指明了方向。目前，中国已经建成世界上规模最大的教育体系、社会保障体系、医疗卫生体系等民生保障体系，基本养老保险覆盖 10.4 亿人，基本医疗保险参保率达到 95%。这些重大举措和实践成就充分彰显了中国共产党以人民为中心的发展思想和坚持人民至上的价值理念。“保障和改善民生没有终点，只有连续不断的新起点”[①]，新时代新征程要继续推进统筹城乡的民生保障制度建设，形成以基本公共服务制度和社会保障制度两大体系为主体的制度体系，确保人民群众安居乐业、社会秩序安定有序。

站稳人民立场不仅体现在大力推动民生保障建设方面，还体现在面对突发公共卫生事件时的责任担当。面对突如其来的新冠肺炎疫情，中国共产党秉持人民至上、生命至上的价值理念，把人民生命安全和身体

①《习近平谈治国理政》第二卷，北京：外文出版社 2017 年版，第 362 页。

健康放在第一位，最大限度救治每一个感染者。党和政府强化公共卫生和疾控体系建设，加强监测预警和应急反应能力，切实为维护人民健康提供有力保障。中国共产党在领导抗疫过程中，坚持把人民利益放在至高无上的地位，秉持人民至上、生命至上的价值理念，以人民忧乐为忧乐，以人民甘苦为甘苦，努力为人民创造美好幸福的生活。

4. 多次开展主题教育实践活动，推动全面从严治党

党的十八大以来，以习近平同志为核心的党中央坚持人民至上，始终强调作风建设永远在路上，坚持党要管党、全面从严治党，持之以恒改进作风、严肃纪律，深入推进新时代党的建设新的伟大工程，探索出依靠党的自我革命跳出历史周期率的成功路径。

作风问题是站稳人民立场的重要表现，其核心是处理好党和人民群众的关系问题。工作作风出现问题，党和人民的关系就会疏远，党就会失去根基、失去血脉、失去力量。例如，2013 年 6 月开展的党的群众路线教育实践活动主要任务是加强作风建设，集中解决“四风”问题。“‘四风’是违背我们党的性质和宗旨的，是当前群众深恶痛绝，反映最强烈的问题，也是损害党群干群关系的重要根源。”[①] 通过群众路线教育实践活动，广大党员干部进一步认识到人民是历史的创造者，必须进一步贯彻群众路线的工作方法。“四风”问题得到有力整饬，影响群众切身利益的症结难点得到突破，巩固了党的执政基础。

党风廉政建设和反腐败斗争是党的建设的重大任务，是由中国共产党的人民立场决定的。党的十八大以来，中国共产党以“得罪千百人、不负十四亿”[②] 的使命担当全面推进反腐败斗争，查处了众多大案要案，反腐败斗争取得了压倒性胜利。反腐败斗争的实践使中国共产党深刻认识到，加强对权力运行的制约和监督，形成不敢腐、不能腐的制度机制的重要意义，不断构建和完善反腐败的体制机制，赢得了广大人民群众的真心拥护和支持。

①《习近平谈治国理政》第一卷，北京：外文出版社 2018 年版，第 374 页。

② 习近平：《高举中国特色社会主义伟大旗帜　为全面建设社会主义现代化国家而团结奋斗——在中国共产党第二十次全国代表大会上的报告》，北京：人民出版社 2022 年版，第 13 页。

（三）坚持人民至上贯穿习近平新时代中国特色社会主义思想的理论体系

坚持人民至上的根本立场观点方法，就是要站稳人民立场，坚持以人民为中心的根本观点和人民评判各方面工作成功与否的根本方法，切实将其融入到全面建设社会主义现代化国家，实现中华民族伟大复兴的实践过程。

1. 始终坚持人民立场

立场是面对问题时所处的地位和持有的态度，最终反映出为了谁、维护谁的利益的问题。政治立场，是人们观察、分析和处理问题时所体现出来的阶级性以及由此形成的基本立场。站在谁的立场，为谁谋利益，决定着一个政党的本质属性和发展方向。人民立场是中国共产党的根本政治立场，这就决定了中国共产党始终从人民的立场思考问题，作出决策，指导实践，维护人民的根本利益。

坚持人民至上，就是自觉站在人民立场想问题、作决策、干事业，做人民利益的忠实代表者，体现了中国共产党人始终不渝的为民情怀。

人民立场是习近平新时代中国特色社会主义思想的根本立场。“我们党来自人民、植根人民、服务人民，党的根基在人民、血脉在人民、力量在人民。”[①] 这是中国共产党领导中国革命、建设和改革的实践经验，是全面建设社会主义现代化强国、实现中华民族伟大复兴的根本遵循。中国共产党的根基在人民。任何一项伟大事业要成功都必须从人民中找到根基，从人民中集聚力量，由人民来完成。人民是历史发展和社会进步的主体力量。中国共产党为人民而生，因人民而兴。只有牢牢扎根于人民群众当中，顺应民心、尊重民意、关注民情、致力民生，才能不断汲取前进的力量，推动中华民族复兴的伟业不断向前发展。中国共产党的血脉来自人民。同人民风雨同舟、血脉相通、生死与共，是中国共产党战胜一切困难和风险的根本保证。党和人民的关系是鱼水情深生死与共的关系。中国共产党的力量源泉在人民。中国共产党的百余年历史，

①《习近平谈治国理政》第一卷，北京：外文出版社 2018 年版，第 367 页。

就是一部与人民心心相印、与人民同甘共苦、与人民团结奋斗的历史。

2. 以人民为中心的理论观点

坚持以人民为中心是新时代坚持和发展中国特色社会主义的基本方略。坚持人民至上，就是要坚持以人民为中心的理论观点，这一理论观点概括了习近平在新时代治国理政过程中提出的关于人民至上的一系列重要论述，系统回答了新时代党的工作为了谁、为谁执政、为谁发展等一系列重大问题。以人民为中心的理论观点是习近平新时代中国特色社会主义思想的根本观点。

“为了谁”的初心使命论。“为了谁”解决的是党的根本性质和宗旨问题。“党的初心和使命是党的性质宗旨、理想信念、奋斗目标的集中体现”[①]，中国共产党是为人民谋利益的政党，党的根本宗旨是全心全意为人民服务，党代表中国最广大人民的根本利益，“中国共产党人的初心和使命，就是为中国人民谋幸福，为中华民族谋复兴。”[②]这一初心和使命生动诠释了党的性质和宗旨。历经沧桑而初心不改，才能不断前进。习近平指出：“人民对美好生活的向往，就是我们的奋斗目标”[③]，这体现了彻底的人民性。中国共产党要始终代表中国最广大人民的根本利益，切实把人民的根本利益作为党的各项工作的出发点和归宿，始终坚守本心。

“为谁执政”的人民江山论。“江山就是人民、人民就是江山，坚持一切为了人民、一切依靠人民，坚持为人民执政、靠人民执政”[④]，中国共产党是为人民执政的政党。人民江山论反映了人民民主专政的政权性质，中国共产党所做的一切都是为了确保江山永固。一方面，江山就是人民，为人民执政。中国共产党的江山是人民建立起来的，中国各级政府一律冠以“人民”的称号，表明权力来自人民，各级政府要为人民服务、对人民负责。党和各级政府要通过各种形式保障人民当家作主、依法行使权力。任何人没有凌驾于人民之上的任何特权。新时代推行全过

①《习近平谈治国理政》第三卷，北京：外文出版社 2020 年版，第 538 页。

② 同上书，第 1 页。

③《习近平谈治国理政》第一卷，北京：外文出版社 2018 年版，第 4 页。

④《中共中央关于党的百年奋斗重大成就和历史经验的决议》，北京：人民出版社 2021 年版，第 66 页。

程人民民主，以切实保障人民的民主权利得到真正实现。另一方面，人民就是江山，靠人民执政，而不是依赖任何特殊利益集团和特权阶层。“党代表中国最广大人民根本利益，没有任何自己特殊的利益，从来不代表任何利益集团、任何权势团体、任何特权阶层的利益，这是党立于不败之地的根本所在。”[①] 任何分割党和人民的企图，都是切割党执政的依靠力量。只有依靠人民执政，才能不断从人民群众中汲取智慧和力量，不断巩固党长期执政的群众基础。

“为谁发展”的发展理念论。习近平提出的以人民为中心的发展思想，回答了发展为了谁的问题，丰富了党的人民立场的思想内涵。以人民为中心的发展思想就是要把增进人民福祉、促进人的全面发展、朝着共同富裕方向稳步前进作为经济发展的出发点和落脚点，保障发展的方向不出现偏差。要坚持共享发展理念，使发展成果惠及每一个人，坚定不移走全体人民共同富裕之路。以人民为中心的发展思想是社会主义制度优势的集中体现，是正确的发展观、现代化观的体现，我们要把这一发展思想体现在经济社会发展各个环节，促进“五位一体”协同发展。特别是要在不断促进经济发展的基础上维护社会的公平正义，大力发展民生保障事业，努力使关系所有人的教育、就业、医疗、养老、住房等实际问题得到切实改善。要把实现共同富裕作为发展的最终目标，作出更有效的制度安排，不断增强人民的获得感、幸福感、安全感。

“以百姓心为心”的民心论。习近平强调：“人心向背关系党的生死存亡。”[②] 民心是最大的政治。紧紧和人民站在一起，是中国共产党战胜一切艰难险阻、经受住各种风险考验的最根本保证。中国共产党要始终坚持以百姓心为心，把人民利益摆在至高无上的位置。“打江山、守江山守的是人民的心。”[③] 中国共产党的百余年奋斗史，就是一部争取民心、为民谋利的历史，就是一部赢得民心、团结民心的奋斗历史。在风雨如磐的革命岁月中，中国共产党领导人民推翻了帝国主义、封建主义

①《中共中央关于党的百年奋斗重大成就和历史经验的决议》，北京：人民出版社 2021 年版，第 66 页。

②《十八大以来重要文献选编》上，北京：中央文献出版社 2014 年版，第 310 页。

③《习近平谈治国理政》第四卷，北京：外文出版社 2022 年版，第 9 页。

和官僚资本主义统治，建立了人人平等的新中国；在筚路蓝缕的建设时期，中国共产党领导人民进行“一化三改”和社会主义建设，确立了社会主义基本制度，改变了一穷二白的国家面貌；在激流勇进的改革开放新时期，中国共产党领导人民实行改革开放、推进社会主义现代化。中国共产党无时无刻不将人民放在心中，无时无刻不是在为人民利益而斗争。党的十八大以来，以习近平同志为核心的党中央立下脱贫攻坚的军令状，全力进行精准扶贫、精准脱贫，团结带领全国人民打赢脱贫攻坚战，彻底解决绝对贫困问题；团结带领全国人民推进一系列重大的民生工程民心工程建设，打赢了三大保卫战；团结带领全国人民全面建成小康社会。这些成就的取得，归根结底就在于中国共产党始终以人民心为心，坚持为人民利益而奋斗。习近平关于“我将无我，不负人民”的庄严宣告，是新时代中国共产党人以人民心为心的生动写照。

3. 人民评判实践正确与否的基本方法

人民评判实践正确与否的基本方法是中国共产党对马克思主义群众史观的继承和发展，是马克思主义历史唯物论的具体运用，其包含的人民创造历史伟业、人民评判历史、群众路线等思想方法和工作方法，是新时代推动经济社会发展的根本指南。

人民创造历史伟业。如何认识人民群众在历史上的作用，是社会历史观的重大问题。党的十八大以来，习近平反复强调人民是创造历史的动力这一基本原理，“人民是历史的创造者，是决定党和国家前途命运的根本力量”[①]。历史和现实反复证明，创造历史伟业必须依靠人民。全面建设社会主义现代化国家、实现中华民族伟大复兴无疑也必须依靠人民。人民群众有着无尽的智慧和力量，他们在实践中创造的经验体现了客观规律性，社会进步的钥匙掌握在人民手中。只有把尊重社会发展规律与尊重人民历史主体地位统一起来，充分调动广大人民的积极性、主动性、创造性，才能战胜前进道路上的各种艰难险阻，成就中华民族伟大复兴的宏图伟业。

人民是党的工作的最高裁决者和最终评判者。中国共产党把人民群

①《习近平谈治国理政》第三卷，北京：外文出版社 2020 年版，第 16 页。

众是否满意作为检验工作的最高标准。毛泽东在1945年召开的党的七大上提出“共产党人的一切言论行动，必须以合乎最广大人民群众的最大利益，为最广大人民群众所拥护为最高标准。”[①]中国特色社会主义进入新时代，中国面临的挑战和问题依然严峻复杂，党的赶考之路还在继续，各项复杂工作必须有一个检验标准的问题。习近平指出：“我们党的执政水平和执政成效都不是由自己说了算，必须而且只能由人民来评判。人民是我们党的工作的最高裁决者和最终评判者。”[②]实现中华民族伟大复兴是前所未有的伟大事业。中国共产党在推动伟大事业前行的过程中要掌好舵、坚持正确的方向，就必须坚持把人民作为最高裁决者，由人民来进行评价，把人民的满意度作为衡量一切工作得失的根本标准，这样才能使党的事业充满生机活力。在实现第二个百年奋斗目标新的赶考之路上，我们要坚持把人民是否真正得到实惠、人民生活是否真正得到改善作为衡量一切工作得失的根本标准，努力书写无愧于时代的优异答卷。

群众路线是党的生命线和根本工作路线。习近平指出：“群众路线是我们党的生命线和根本工作路线，是我们党永葆青春活力和战斗力的重要传家宝。”[③]中国共产党执政的最大政治优势是坚持群众路线。中国共产党之所以能取得如今的成就，在于其始终坚持相信群众、发动群众、依靠群众的工作方法。党的工作要想取得成功，党员干部就必须坚持群众路线，深入群众和基层进行调查研究，倾听群众呼声，反映群众意愿，把实现人民群众的利益作为一切工作的出发点和归宿，把人民群众的所需所想放在心上，这样才能永葆青春活力和战斗力，才能建设社会主义现代化强国，实现中华民族伟大复兴。

（原载《当代世界与社会主义》2022年第6期。《社会科学文摘》2023年第8期转载）

①《毛泽东选集》第三卷，北京：人民出版社1991年版，第1096页。
②《习近平谈治国理政》第一卷，北京：外文出版社2018年版，第28页。
③ 同上书，第27页。

十二

中国式现代化对世界社会主义的贡献

习近平指出:“概括提出并深入阐述中国式现代化理论，是党的二十大的一个重大理论创新，是科学社会主义的最新重大成果。”[①] 中国式现代化是中国共产党领导的社会主义现代化，丰富了马克思主义现代化理论，开辟了社会主义现代化新道路，开创了社会主义文明新形态，在世界社会主义发展史上具有重要意义。

（一）中国式现代化丰富了马克思主义现代化理论

如何实现社会主义现代化是世界社会主义发展史上的重大课题。马克思、恩格斯对资本主义现代化进行了深刻批判，并对社会主义现代化进行了一般原则规定。在实践探索中，列宁和毛泽东等人对经济文化落后国家实现社会主义现代化的问题进行了初步回答。经过不懈奋斗，中国共产党成功开创并推进中国式现代化，深刻回答了社会主义现代化进程中需要解决的一系列重大问题，丰富和发展了马克思主义现代化理论。

首先，回答了怎么走符合我国国情的社会主义现代化道路的重大课题。现代化是人类历史发展的总体趋势，是世界各国的共同追求，但并不意味着各国的现代化道路全然相同。不同国家有着不同的历史传统和现实国情，所选择的现代化道路必然不尽相同。历史证明，只有将现代化的“普遍性”同本国国情的“特殊性”相结合，找到一条适合自身的现代化道路才能真正实现现代化。早在 20 世纪 50 年代，中国就开始突破苏联现代化模式的束缚，独立探索符合中国国情的现代化道路。进入

① 习近平:《正确理解和大力推进中国式现代化》,《人民日报》2023 年 2 月 8 日，第 1 版。

改革开放和社会主义现代化建设新时期，在立足本国国情的基础上，充分吸收借鉴世界各国现代化的优秀文明成果，几代中国共产党人逐渐探索出了一条中国式现代化道路。进入中国特色社会主义新时代，党领导人民成功推进和拓展中国式现代化，形成中国式现代化理论，中国式现代化逐渐成型，深刻回答了怎么走符合我国国情的社会主义现代化道路的重大课题。

其次，回答了建设什么样的社会主义现代化强国的重大课题。近代中国长期积贫积弱，建设社会主义现代化强国是中国共产党人的夙愿。新民主主义革命时期，毛泽东就强调中国共产党是要致力于中国的工业化的。新中国成立后，毛泽东、周恩来等中国共产党人号召把我国建设为先进的工业国，并提出了“四个现代化”的战略构想。进入改革开放和社会主义现代化建设新时期，邓小平提出要走自己的路，建设中国式的四个现代化。此后，党对社会主义现代化国家的认识不断深化，从政治、文化、社会、生态等多个层面不断丰富社会主义现代化强国的内涵，社会主义现代化强国的面貌逐渐清晰立体。进入中国特色社会主义新时代，党正式提出中国式现代化理论，明确了富强民主文明和谐美丽的社会主义现代化强国的战略目标，从多个维度勾勒了社会主义现代化强国的宏伟蓝图，科学回答了建设什么样的社会主义现代化强国的重大课题。

再次，回答了如何建设社会主义现代化强国的重大课题。中国式现代化是全面建成社会主义现代化强国的必由之路，中国式现代化理论是全面建成社会主义现代化强国的科学指南。第一，明确了全面建成社会主义现代化强国的战略步骤，提出分“两步走”的战略安排；第二，明确了全面建成社会主义现代化强国前行路上必须牢牢把握的五个重大原则；第三，明确了推进中国式现代化的本质要求。除此之外，中国式现代化理论还包括中国式现代化的中国特色和要处理的若干重大关系等重要内容。围绕全面建成社会主义现代化强国的目标、步骤、方法、原则、要求等内容，中国式现代化理论为全面建成社会主义现代化强国擘画了蓝图，提供了理论遵循和行动指南，科学回答了如何建设社会主义现代化强国的重大课题。

（二）中国式现代化开辟了社会主义现代化新道路

从世界社会主义发展史看，中国式现代化打破了“现代化=西方化”的迷思，实现了对资本主义现代化道路的超越，同时也克服了传统社会主义现代化道路的弊端，探索出了一条社会主义现代化建设新道路。

首先，中国式现代化是守正创新的社会主义现代化道路。社会主义现代化建设需要坚持科学社会主义原则，也需要将马克思主义基本原理同现代化实践相结合，与时俱进，不断推进科学社会主义理论和实践创新。在实践中，中国式现代化坚持了守正与创新相统一的辩证法。一方面，中国式现代化属于社会主义现代化的范畴，在现代化进程中始终坚持中国共产党的领导，坚持马克思主义的指导，从而保证了中国式现代化始终是社会主义性质的现代化，保证中国式现代化不转轨、不迷向，不在旗帜、方向、道路等根本性问题上出现颠覆性错误；另一方面，中国式现代化不断推动理论和实践上的创新突破，克服了传统社会主义现代化道路的弊端。在经济方面，建立并完善社会主义市场经济体制；在政治方面，不断推进社会主义民主和法治建设；在文化方面，推动建设社会主义文化强国；在社会方面，努力构建共建共治共享的社会治理格局；在生态方面，不断推进生态文明建设；在对外关系方面，推动构建人类命运共同体。中国式现代化在诸多领域实现了对科学社会主义的创新性阐释和创造性发展，探索出了一条全新的、富有生机和活力的社会主义现代化道路。

其次，中国式现代化是全面协调的社会主义现代化道路。回顾人类现代化的探索历程，无论是资本主义现代化还是传统社会主义现代化，都是片面、失衡的现代化道路。资本主义现代化在资本逻辑的主导之下，过多注重物质文明而忽视精神文明，人作为社会主体却沦为资本的奴隶，衍生出一系列的“现代病”；传统社会主义现代化片面发展重工业，忽视农业和轻工业发展，国民经济比例严重失衡，阻碍经济社会的持续发展和人民生活水平的提高。现代化是一个系统工程，涉及社会生产生活的方方面面，只有全面发展的现代化才是真正的现代化。在充分借鉴吸收人类现代化经验教训的基础上，中国式现代化统筹推进经济、文化、政治、社会和生态“五位一体”建设，协调推进经济社会各要素全面、均衡发展，避免发展的失衡与极端，努力实现人与人、人与社会、人与自然之间的协调，实现人的自由全面发展和社会的全面协调发展相统一，探索出了一条更高质量、更可持续的社会主义现代化道路。

再次，中国式现代化是独立自主的社会主义现代化道路。第二次世界大战结束，民族独立国家掀起的现代化浪潮中有两种现代化路径，一种是独立自主探索本国现代化道路，一种是依附他国开展现代化建设。历史证明，不顾自身的国情和历史方位，亦步亦趋，依附别国发展，只能在现代化建设的潮流中落伍，成为其他现代化国家的附庸。只有独立自主开展现代化建设，将实现现代化的命运掌控在自身手中，现代化才能行稳致远，才能在世界现代化之林中占据一席之地。中国式现代化从一开始就牢牢把握住自身生存发展的主动权和主导权，将中国发展进步的命运牢牢掌握在自己手中。无论是面对苏联大国沙文主义的威压还是面对西方阵营的封闭孤立，我们始终不曾放弃独立自主的发展基点。几十年来，经过不懈努力，我们成功在独立自主的基础上，探索出了具有鲜明中国特色的社会主义现代化道路，仅用短短几十年就走过了西方国家几百年的现代化历程，创造了人类现代化历史上的奇迹。中国式现代化的巨大成功，与后发依附型现代化国家的徘徊不前形成了鲜明对比，树立了后发国家独立自主探索现代化道路的光辉典范，为世界上其他社会主义国家独立自主开展社会主义现代化建设提供了借鉴和参考。

（三）中国式现代化创造了社会主义文明新形态

习近平指出：“我们党领导人民不仅创造了世所罕见的经济快速发展和社会长期稳定两大奇迹，而且成功走出了中国式现代化道路，创造了人类文明新形态。”① 中国式现代化开创的人类文明新形态，是科学社会主义同中国现代化实践相结合的文明形态，是社会主义文明的新形态，在社会主义发展史和人类文明发展史上具有重要意义。

首先，创新了社会主义文明的制度体系。制度是衡量人类文明发展

① 习近平：《以史为鉴、开创未来　埋头苦干、勇毅前行》，《求是》2022年第1期。

进步的重要标志。社会主义制度的建立、完善和发展是社会主义发展史的一条主线。苏联探索开创的传统社会主义现代化道路创造了一套高度集中的制度体系。这套制度在苏联现代化建设初期发挥过巨大作用，但由于自身存在较大弊端且在实践中逐步僵化，最终成为阻碍苏联现代化建设的桎梏。经过不懈探索，中国式现代化开创出适合中国国情的、日益成熟定型的中国特色社会主义制度体系。中国特色社会主义制度体系由一整套体系完备的制度构成，涵盖内政外交国防、治党治国治军等各个领域，各项制度之间互相补充、协同配合，以强大的制度合力为我国现代化建设提供了有力保障。同时，与苏联制度体系相比，中国特色社会主义制度体系在实践中始终坚持与时俱进，根据时代情况变化不断创新和发展，为中国式现代化提供持久牢靠有效的制度保障。中国特色社会主义制度体系是中国式现代化的重大成就，是社会主义制度史上的伟大创造，是社会主义文明的最新制度成果。

其次，丰富了社会主义文明的价值意蕴。中国式现代化不仅在制度层面推动了社会主义运动的发展，也在价值层面开辟了社会主义运动的新境界。习近平指出："中国式现代化蕴含的独特世界观、价值观、历史观、文明观、民主观、生态观等及其伟大实践，是对世界现代化理论和实践的重大创新。"① 在世界观上，中国式现代化坚持胸怀天下，从命运共同体的眼光来看待人类发展的前途命运；在价值观上，中国式现代化坚持人民至上，超越资本逻辑的统治，成功驾驭资本；在历史观上，中国式现代化坚持以大历史观洞察人类历史，从人类历史长河中汲取智慧，总结经验教训；在文明观上，中国式现代化坚持全面协调的文明发展观和和平共处的文明交往观；在民主观上，中国式现代化坚持全过程人民民主，追求民主价值性和工具性的统一；在生态观上，中国式现代化坚持人与自然和谐共生，推动生态文明建设。中国式现代化蕴含的一系列价值理念既深深根植于中华优秀传统文化的沃土之中，也体现了科学社会主义的本质要求，从根本上超越了西方资本主义文明的价值体系，是社会主义价值理念在当代语境、中国语境的全新表达，丰富了社

① 习近平:《正确理解和大力推进中国式现代化》,《人民日报》2023 年 2 月 8 日，第 1 版。

会主义文明的价值蕴含，体现了人类文明发展进步的方向。

再次，昭示了社会主义文明的发展前景。资本主义必然灭亡和社会主义必然胜利是毋庸置疑的科学论断，但社会主义取代资本主义是一个长期而曲折的历史过程。20 世纪末，苏联东欧等地的共产党如同多米诺骨牌般相继丧失执政权，国家改弦更张，放弃社会主义而转投资本主义，世界社会主义运动遭受重大挫折，国际共产主义运动走向低潮。一时间"社会主义失败论""历史终结论"甚嚣尘上。在这种情况下，中国顶着剧变的风潮，坚持走社会主义道路，奋力开展社会主义现代化建设，并成功开辟出中国式现代化道路，取得了举世瞩目的伟大成就，在世界社会主义发展史上书写下了浓墨重彩的一笔。中国式现代化以其成功实践宣告了"社会主义失败论""历史终结论"的破产，证明了失败的并不是社会主义而是社会主义的某种实践形态，科学社会主义仍然焕发出无限的生机和活力。

世界社会主义 500 多年，已经走过了从空想到科学、从理论到实践、从一国实践到多国发展的历史进程，中国式现代化正以其伟大实践开创着全新的社会主义文明形态，深刻改变着世界社会主义发展进程，引领着世界社会主义从低潮逐渐走向振兴，使社会主义在世界范围内的复兴和兴盛成为不可改变的现实。

（原载《当代世界社会主义问题》2023 年第 3 期）

十三

习近平关于“两个结合”的重要论述及其意义

习近平在党的二十大报告中指出：“中国共产党人深刻认识到，只有把马克思主义基本原理同中国具体实际相结合、同中华优秀传统文化相结合，坚持运用辩证唯物主义和历史唯物主义，才能正确回答时代和实践提出的重大问题，才能始终保持马克思主义的蓬勃生机和旺盛活力。”[①]“两个结合”为新时代马克思主义中国化时代化提供了理论指南及实践路径。分析和研究习近平关于“两个结合”的重要论述，对于我们深入学习习近平新时代中国特色社会主义思想，书写新时代马克思主义中国化时代化的新篇章，建设中华民族现代文明具有十分重要的意义。

（一）“两个结合”提出的缘由

“中华优秀传统文化是我们党创新理论的‘根’，我们推进马克思主义中国化时代化的根本途径是‘两个结合’。”[②]“两个结合”的重要论述揭示了中国共产党实现马克思主义中国化时代化的规律，以及实现中华优秀传统文化创造性转化、创新性发展的内在动因。

1.“两个结合”是对马克思主义中国化时代化历史经验的系统总结

“历史正反两方面的经验表明，‘两个结合’是我们取得成功的最大法宝。”[③]是党对马克思主义中国化时代化历史经验的高度凝练和系统

① 习近平:《高举中国特色社会主义伟大旗帜　为全面建设社会主义现代化国家而团结奋斗——在中国共产党第二十次全国代表大会上的报告》，北京：人民出版社 2022 年，第 17 页。

②《全面推进乡村振兴　为实现农业农村现代化而不懈奋斗》，《人民日报》2022 年 10 月 29 日，第 1 版。

③《“中国特色的关键就在于‘两个结合’”》，《人民日报》2023 年 6 月 5 日，第 1 版。

总结。

首先，坚持马克思主义基本原理与中国具体实际相结合是党取得百年奋斗伟大成就的重要法宝。在党的历史上，如何实现马克思主义基本原理与中国实际相结合是中国共产党人一直艰辛探索的重大课题。新民主主义革命时期，毛泽东提出“马克思主义中国化”的科学命题，为破解这一难题找到了正确答案。“马克思主义的中国化，使之在其每一表现中带着中国的特性，即是说，按照中国的特点去应用它，成为全党亟待了解并亟须解决的问题。”[①]这一命题确立了马克思主义基本原理与中国具体问题之间关系的基本态度，在这一结合的过程中，创立了毛泽东思想，实现了马克思主义中国化第一次历史性飞跃，推动中国革命走向胜利。新中国成立后，伴随着对社会主义革命和建设规律的艰辛探索，党和毛泽东开始思考如何在汲取苏联经验的基础上进一步实现马克思主义中国化。“现在是社会主义革命和建设时期，我们要进行第二次结合，找出在中国怎样建设社会主义的道路。”[②]提出马克思主义与中国实际“第二次结合”的任务，用中国化时代化的马克思主义解决社会主义建设问题，创造了社会主义革命和建设的伟大成就。改革开放和社会主义现代化建设新时期，如何在新的历史条件下实现马克思主义与中国实际相结合，成为党领导改革开放亟待解决的问题。邓小平指出：“把马克思主义的普遍真理同我国的具体实际结合起来，走自己的道路，建设有中国特色的社会主义，这就是我们总结长期历史经验得出的基本结论。”[③]以邓小平、江泽民、胡锦涛为主要代表的中国共产党人，在中国特色社会主义伟大实践中进一步推动马克思主义中国化时代化发展，形成了中国特色社会主义理论体系，实现了马克思主义中国化新的飞跃，创造了改革开放和社会主义现代化建设的伟大成就。党的十八大以来，以习近平同志为核心的党中央坚持用马克思主义观察时代、把握时代、引领时代，创立了习近平新时代中国特色社会主义理论体系，实现了马克思主义中

①《建党以来重要文献选编（1921—1949）》第 15 册，北京：中央文献出版社 2011 年版，第 651 页。

② 中共中央文献研究室：《毛泽东传》第四册，中央文献出版社 2011 年版，第 1469 页。

③《邓小平文选》第三卷，北京：人民出版社 1993 年版，第 3 页。

国化时代化新的飞跃。党的百年奋斗历史证明，只有坚持马克思主义基本原理与中国具体实际相结合，才能实现马克思主义中国化时代化，我们的事业才能不断前进、我们党才能从胜利不断走向新的胜利。

其次，坚持马克思主义基本原理同中华优秀传统文化相结合是实现马克思主义中国化时代化的根本路径。中国共产党成立以来，高度重视从中华优秀传统文化中汲取智慧和营养。党在推进中华民族走向复兴的历程中，自觉将中华优秀传统文化的精华融入中国化时代化马克思主义的理论体系。“中国共产党人是我们民族一切文化、思想、道德的最优秀传统的继承者，把这一切优秀传统看成和自己血肉相连的东西，而且将继续加以发扬光大。”[①] 毛泽东强调，马克思主义的中国化不应当忽视对中国自身文化的扬弃，“我们信奉马克思主义是正确的思想方法，这并不意味着我们忽视中国文化遗产和非马克思主义的外国思想的价值”[②]，他还指出：“从孔夫子到孙中山，我们应当给以总结，承继这一份珍贵的遗产”[③]。新中国的成立，标志着中华民族“从此站立起来”，中华民族的精神也为之振奋，彻底扭转了近代以来文化衰颓的趋势。改革开放后，邓小平从中华优秀传统文化中发掘治国理政的智慧，在会见日本首相大平正芳时，借用中华传统文化中的“小康”概念来描述中国式的现代化。“我们的四个现代化的概念，不是像你们那样的现代化的概念，而是‘小康之家’”[④]，为中国式现代化提供了丰富的中华优秀传统文化的滋养。中国特色社会主义进入新时代，中华民族迎来了从站起来、富起来到强起来的伟大飞跃，实现中华民族伟大复兴，需要进一步地从中华民族的历史文化中找寻精神力量。“没有中华文化繁荣兴盛，就没有中华民族伟大复兴”[⑤]，“两个结合”重要论述的提出，进一步凸显中华优秀传统文化在马克思主义中国化时代化过程中的作用，也体现了新时代中国共产党人推动马克思主义基本原理与中华优秀传统文化相结合的理论

①《建党以来重要文献选编（1921—1949）》第20册，中央文献出版社2011年版，第318页。

②《毛泽东文集》第三卷，北京：人民出版社1996年版，第191页。

③《毛泽东选集》第二卷，北京：人民出版社1991年版，第534页。

④《邓小平文选》第二卷，北京：人民出版社1994年版，第237页。

⑤ 习近平：《在文艺工作座谈会上的讲话》，北京：人民出版社2015年版，第5页。

自觉。

2.“两个结合”是对中华文明发展规律的深刻把握

中华文明的发展有其不可移易的客观规律。习近平通过把握中华文明的突出性特征和中华文明同马克思主义之间的契合性，深刻洞察中华文明的内在发展规律，创造性地提出“两个结合”的重要论断。

首先，“两个结合”是对中华文明突出性特征的把握。“中华优秀传统文化有很多重要元素，共同塑造出中华文明的突出特性”①，集中体现为中华文明的连续性、创新性、统一性、包容性、和平性。具体而言，中华文明的连续性与统一性构成了实现“两个结合”的文化根基，二者分别从纵向与横向两个维度“从根本上决定了中华民族必然走自己的路”“决定了国家统一永远是中国核心利益的核心”②，中华优秀传统文化因其连续性而源远流长、从未断绝，又因其统一性而多元一体、坚如磐石，为马克思主义同中华优秀传统文化的结合提供了充足养分与稳定基础。中华文明所具有的包容性、创新性与和平性是“两个结合”得以实现的关键。中华文明之所以能够延绵至今而生生不息、历经风霜而依旧常青，关键在于中华文明所具有的热爱和平、开放包容、矢志创新的突出性特征，这些特征促使中华优秀传统文化能因热爱和平而与其他文化和谐共存，能因开放包容而与其他文化交流互鉴，能因矢志创新而与其他文化交融碰撞，共同奠定中华优秀传统文化同马克思主义相结合的文化基础，从而让“马克思主义成为中国的，中华优秀传统文化成为现代的”③。正如历史上的古希腊文明、古罗马文明、地中海文明以及佛教、伊斯兰教、基督教都曾相继进入中国，“与中华文明融合共生，实现本土化”，但从来没有产生过文明冲突和宗教战争④。

其次，“两个结合”是对中华优秀传统文化与马克思主义契合性的把握。“马克思主义和中华优秀传统文化来源不同，但彼此存在高度的

①《担负起新的文化使命　努力建设中华民族现代文明》，《人民日报》2023年6月3日，第1版。

② 同上，第1版。

③ 同上，第1版。

④《习近平同希腊总统帕夫洛普洛斯会谈》，《人民日报》2019年5月15日，第1版。

契合性。”[①]“契合性”是“两个结合”得以实现的前提。这种契合性集中体现在两者思想内涵与文化精神的相似及贯通，譬如，天下为公、天下大同的社会理想与共产主义的远大理想相一致，民为邦本、为政以德的治理思想与以人民为中心的坚定立场相暗合，实事求是、知行合一的哲学思想与唯物主义的世界观、方法论相统一。不仅如此，马克思主义基本原理也同广大人民日用而不觉的价值观念，与中华民族的宇宙观、天下观、社会观、道德观并行不悖，这也使马克思主义学说一经传入即受到中国人民的欢迎，“并最终扎根中国大地、开花结果”[②]。此外，马克思主义与中华优秀传统文化的“契合”也让二者的结合不是“拼盘”式的随机组合，不是简单的物理反应，“而是深刻的化学反应，造就了一个有机统一的新的文化生命体。”[③]

（二）“两个结合”的实现路径

“坚持把马克思主义基本原理同中国具体实际相结合、同中华优秀传统文化相结合，用马克思主义观察时代、把握时代、引领时代，继续发展当代中国马克思主义、21世纪马克思主义！”[④]坚持“两个结合”既是理论自觉，也是历史必然，新时代新征程上，党在坚定文化自信的正确立场、秉持开放包容的基本态度、坚持守正创新的科学方法中不断推进“两个结合”的实现。

1. 坚定文化自信：实现“两个结合”的正确立场

坚定道路自信、理论自信、制度自信，其本质是建立在5000多年文明传承基础上的文化自信。中华民族有着五千多年光辉灿烂的文化，面向未来，应有高度的文化自信和历史自信。“历史和现实都表明，一个抛弃了或者背叛了自己历史文化的民族，不仅不可能发展起来，而且

①《担负起新的文化使命　努力建设中华民族现代文明》，《人民日报》2023年6月3日，第1版。

②《习近平谈治国理政》第三卷，北京：外文出版社2020年版，第120页。

③《赓续历史文脉　谱写当代华章》，《人民日报》2023年6月4日，第1版。

④ 习近平：《在庆祝中国共产党成立100周年大会上的讲话》，北京：人民出版社2021年版，第13页。

很可能上演一场历史悲剧。”[①] 实现“两个结合”的关键在于坚定文化自信，增强中国人民对中华文化的认同感、激发中华民族文化创造的主动性。“文化自信，是更基础、更广泛、更深厚的自信。”[②] 要实现全民族的文化自信，就要求我们深入研究中华文明历史、矢志传承中华优秀传统文化，从中华文明的历史中了解中华文化兴衰发展的得失启鉴，对延绵五千多年的中华文明应该多一份尊重，多一份思考，既不可妄自菲薄，也不能妄自尊大，而是要在客观审视中华文明的悠久历史和人文底蕴的基础上，从中华优秀传统文化中汲取对当代中国文化建设有益的精神资源，增强做中国人的志气、骨气、底气。此外，“对历史最好的继承，就是创造新的历史；对人类文明最大的礼敬，就是创造人类文明新形态。”[③] 坚定文化自信不是躺在“老祖宗”的功劳簿上止步不前，不是守着故有的“文化宝库”坐吃山空，而是坚定不移地推动文化发展，从历史的中国认识现实的中国、创造未来的中国，坚持在马克思主义指导下，通过传承弘扬革命文化，发展社会主义先进文化，推动中华优秀传统文化创造性转化、创新性发展，激发全民族文化创新创造的活力，“立足中华民族伟大历史实践和当代实践，用中国道理总结好中国经验，把中国经验提升为中国理论，实现精神上的独立自主”[④]，构筑中国精神、中国价值、中国力量，创造中华民族文化的新辉煌。

2. 秉持开放包容：坚持“两个结合”的基本态度

把握好古代文明与现代文明、中华文明与西方文明之间的内在张力是“两个结合”的着力点。通过破解“古今中西之争”、融汇古今中西一切有益的文明成果，以此铸造中华民族的新文化，是实现“两个结合”的关键，习近平指出：“经过长期努力，我们比以往任何一个时代都更有条件破解‘古今中西之争’，也比以往任何一个时代都更迫切需要

① 习近平：《在哲学社会科学工作座谈会上的讲话》，北京：人民出版社 2016 年版，第 17 页。

② 习近平：《在中国文联十大、中国作协九大开幕式上的讲话》，北京：人民出版社 2016 年版，第 6 页。

③《“中国特色的关键就在于‘两个结合’”》，《人民日报》2023 年 6 月 5 日，第 1 版。

④《担负起新的文化使命　努力建设中华民族现代文明》，《人民日报》2023 年 6 月 3 日，第 1 版。

一批熔铸古今、汇通中西的文化成果。"[①] 而要破解"古今中西之争"，就必然要秉持开放包容、海纳百川的基本态度，在融通古今、贯通中西的过程中推进"两个结合"。

首先，秉持开放包容的基本态度，就是要做到融通古今、破解"古今之争"。古代文明与现代文明都是中华文明的有机组成，是中华民族的宝贵精神财富，二者相伴相生、不可分割。坚持"两个结合"，一方面要做到尊古而不复古。既要充分认识中华优秀传统文化的重要价值，尊重中华民族在长期实践中培育和形成的独特思想理念和道德规范，又要认识到由于"传统文化在其形成和发展过程中，不可避免会受到当时人们的认识水平、时代条件、社会制度的局限性的制约和影响，因而也不可避免会存在陈旧过时或已成为糟粕性的东西"[②]，所以，复古既不符合历史潮流，也违背人类社会发展的客观规律，自古以来一切因循守旧、抱残守缺，妄图回到过去历史时代的行为都被历史嘲弄，只有挖掘中华优秀文化中与时代精神相适宜的内容，"让经由'结合'而形成的新文化成为中国式现代化的文化形态"[③]，才能推动中华文化的发展。

另一方面，坚持"两个结合"也要做到厚古而不薄今。中华文明曾经取得了辉煌成就，而当代中国也同样创造了中华民族现代文明，尤其是新时代以来，中国共产党在习近平新时代中国特色社会主义思想的旗帜下，坚持以人民为中心的发展方针，文化强国战略持续推进，人民群众日益增长的精神文化需求不断满足，中华文化的国际影响力和感召力显著增强，使其进一步走出中国、走向世界，因此，要在尊重传统文化的基础上充分认识新时代文化成就的价值，在融通古今中继往开来，共同创造属于我们这个时代的社会主义新文化。

其次，秉持开放包容的基本态度，就是要做到贯通中西，破解"中西之争"。中华文明和西方文明都是全人类的共同财富。纵观人类文明

①《"中国特色的关键就在于'两个结合'"》，《人民日报》2023 年 6 月 5 日，第 1 版。

② 习近平：《在纪念孔子诞辰 2565 周年国际学术研讨会暨国际儒学联合会第五届会员大会开幕会上的讲话》，北京：人民出版社 2014 年版，第 11 页。

③《担负起新的文化使命　努力建设中华民族现代文明》，《人民日报》2023 年 6 月 3 日，第 1 版。

史，“文明因多样而交流，因交流而互鉴，因互鉴而发展”[①]。坚持“两个结合”就必须摒弃文明冲突、促进文明和睦，敞开胸怀学习人类文明的先进成果、吸收国外各种有益的思想文化资源，习近平指出：“我们要铸就中华文化新辉煌，就要以更加博大的胸怀，更加广泛地开展同各国的文化交流，更加积极主动地学习借鉴世界一切优秀文明成果。”[②]与此同时，学习外来文化并不意味着不加甄别、不加批判地完全采纳。外来文化尤其是西方文化中存在着极端个人主义、种族优越主义、大国沙文主义、文化霸权主义等问题，这些弊端与中华文化的基本精神不相符合，也与中国人民的价值观念相违背。在推动文化交流互鉴过程中，不可对西方文化奴颜婢膝、唯马首是瞻，而是坚持去粗取精、去伪存真，促进外来文化的本土化、中国化，“以文明交流超越文明隔阂、文明互鉴超越文明冲突、文明包容超越文明优越，携手促进人类文明进步”[③]。

3. 坚持守正创新：推进“两个结合”的科学方法

首先，守正是推进“两个结合”的基础。“守正才能不迷失方向、不犯颠覆性错误”[④]。所谓“守正”，亦即恪守正道，其关键在于恪守马克思主义之正。马克思主义是党的旗帜和信仰，坚持马克思主义同中国具体实际相结合不是任意剪裁甚至曲解或否定马克思主义，同中华优秀传统文化相结合也不是使马克思主义“儒学化”。“两个结合”归根到底是马克思主义同中国具体实际及中华优秀传统文化相结合，“背离或放弃马克思主义，我们党就会失去灵魂、迷失方向”[⑤]，因此在推进“两个结合”的过程中，应当始终坚持以马克思主义作为指导思想和行动指南，以马克思主义的世界观和方法论认识世界、改造世界；此外，守正也是要恪守中华优秀传统文化之正。中华优秀传统文化是中华文明的智慧结

① 习近平：《在敦煌研究院座谈时的讲话》，《求是》2020年第3期。

② 同上。

③《习近平向第三届文明交流互鉴对话会暨首届世界汉学家大会致贺信》，《人民日报》2023年7月4日，第1版。

④ 习近平：《高举中国特色社会主义伟大旗帜　为全面建设社会主义现代化国家而团结奋斗——在中国共产党第二十次全国代表大会上的报告》，北京：人民出版社2022年版，第20页。

⑤ 习近平：《在庆祝中国共产党成立95周年大会上的讲话》，北京：人民出版社2016年版，第9页。

晶和精华所在，是中华民族的根脉，是我们在世界文化激荡中站稳脚跟的根基。中华文明源远流长、博大精深，在五千年的文明演进中，“形成了中国人看待世界、看待社会、看待人生的独特价值体系、文化内涵和精神品质”[①]，成为中华民族区别于其他国家和民族的根本特征。因此，推进“两个结合”应当坚持以中华文化为本位，使马克思主义的立场观点方法和中国人的独特价值体系、文化内涵和精神品质相交融，也只有植根本国、本民族历史文化沃土，“马克思主义真理之树才能根深叶茂”[②]。

其次，创新是推进“两个结合”的动力。“理论的生命力在于不断创新，推动马克思主义不断发展是中国共产党人的神圣职责。”[③]只有坚持创新，才能在风云变幻的现实世界中把握时代、引领时代。在推进“两个结合”的过程中，创新的主体分别指向马克思主义与中华优秀传统文化，即是说，一方面要创马克思主义之新，另一方面则要创中华优秀传统文化之新。马克思主义本就不是一成不变、停滞不前，而是随着时代发展而不断开拓创新、与时俱进，其开放性与时代性是马克思主义始终永葆活力的关键所在。马克思在1872年《共产党宣言》德文版序言中就指出：“这个《宣言》中所阐述的一般原理整个说来直到现在还是完全正确的……这些原理的实际运用，正如《宣言》中所说的，随时随地都要以当时的历史条件为转移”[④]，因此，每个时代的马克思主义者都需要结合具体的时代特征与特定环境，在不断吸收本民族历史上一切优秀思想文化成果的基础上实现理论创新，使这一理论既源于创立的时代又超越那个时代，既是那个时代精神的精华又是整个人类精神的精华。“坚持以马克思主义为指导，是要运用其科学的世界观和方法论解决中国的问题，而不是要背诵和重复其具体结论和词句，更不能把马克思主义当

① 习近平:《在敦煌研究院座谈时的讲话》,《求是》2020年第3期。

② 习近平:《高举中国特色社会主义伟大旗帜　为全面建设社会主义现代化国家而团结奋斗——在中国共产党第二十次全国代表大会上的报告》，北京：人民出版社2012年版，第18页。

③ 习近平:《在纪念马克思诞辰200周年大会上的讲话》，北京：人民出版社2018年版，第27页。

④《马克思恩格斯选集》第一卷，北京：人民出版社2012年版，第376页。

成一成不变的教条”[①]。与此同时，创中华优秀传统文化之新则需要聚焦中华优秀传统文化中与新时代相契合的要素、特质，加强对中华优秀传统文化的挖掘和阐发，通过创新形式、丰富内涵、推动实践，促进中华优秀传统文化创造性转化、创新性发展，“使中华民族最基本的文化基因与当代文化相适应、与现代社会相协调，把跨越时空、超越国界、富有永恒魅力、具有当代价值的文化精神弘扬起来。”[②]

（三）以“两个结合”推动中华民族现代文明建设

习近平指出：“在新的起点上继续推动文化繁荣、建设文化强国、建设中华民族现代文明，是我们在新时代新的文化使命。”[③]坚持“两个结合”对于筑牢道路根基、打开创新空间、巩固文化主体性具有重要意义，有利于在新时代新征程上推进中国特色社会主义发展、引领中华优秀传统文化传承、开辟马克思主义中国化时代化新境界，创造屹立于世界民族之林的中华民族现代文明。

1. 筑牢道路根基，推进中国特色社会主义发展

“我们的社会主义为什么不一样？为什么能够生机勃勃充满活力？关键就在于中国特色，中国特色的关键就在于两个结合”[④]，“两个结合”让中国特色社会主义道路有了更加宏阔深远的历史纵深，拓展了中国特色社会主义道路的文化根基，科学回答了新时代坚持和发展什么样的中国特色社会主义、怎样坚持和发展中国特色社会主义的问题。

在世界社会主义发展史上，关于“什么是社会主义、如何建设社会主义”这一命题，长期以来困扰着世界各国的马克思主义者。党在探索这一问题时也曾经因为忽视中国具体国情与中华文明的独有特质而出现

① 习近平：《高举中国特色社会主义伟大旗帜　为全面建设社会主义现代化国家而团结奋斗——在中国共产党第二十次全国代表大会上的报告》，北京：人民出版社 2012 年版，第 17 页。

② 习近平：《在哲学社会科学工作座谈会上的讲话》，北京：人民出版社 2016 年版，第 17 页。

③《担负起新的文化使命　努力建设中华民族现代文明》，《人民日报》2023 年 6 月 3 日，第 1 版。

④《赓续历史文脉　谱写当代华章》，《人民日报》2023 年 6 月 4 日，第 1 版。

过偏差和失误。习近平指出："中国特色社会主义道路，是在马克思主义指导下走出来的，也是从 5000 多年中华文明史中走出来的。"[①]新时代以来，党一方面在马克思主义的指导下，科学把握我国"正处于并且将长期处于社会主义初级阶段的国情没有变，我国是世界上最大发展中国家的国际地位没有变"的具体国情，另一方面则客观认识中华文明的突出性特征，科学指出坚持和发展中国特色社会主义的总任务是实现社会主义现代化和中华民族伟大复兴，在全面建成小康社会的基础上，分两步走在本世纪中叶建成富强民主文明和谐美丽的社会主义现代化强国，描绘了中国特色社会主义的未来图景，使其既不超脱现有发展阶段，也不偏离社会主义正道，并且具有鲜明的中国风格、中国特色和中国气派。"两个结合"回应了新时代如何坚持和发展中国特色社会主义的问题，阐明坚持和发展中国特色社会主义的总目标、总体布局、战略布局和发展方向、发展方式、发展动力、战略步骤、外部条件、政治保证，回答了新时代坚持和发展中国特色社会主义的重大时代课题。

2. 打开创新空间，引领中华优秀传统文化传承

"'第二个结合'让我们掌握了思想和文化主动，并有力地作用于道路、理论和制度。"[②]"第二个结合"实现了又一次的思想解放，让我们能够充分运用中华优秀传统文化的宝贵资源，打开未来理论和制度创新的空间。

首先，中华优秀传统文化打开了未来理论创新的空间。"只有坚持从历史走向未来，从延续民族文化血脉中开拓前进，我们才能做好今天的事业。"[③]中华优秀传统文化是各种思想与理论学说的精粹，为党的理论创新提供了深厚土壤。在中华文明形成发展过程中，中华民族孕育了以儒家、道家、法家、墨家等为代表的诸多思想流派，出现了诸子论辩、百家争鸣的文化繁盛局面，共同塑造了中华民族敏于深思、乐于求索的理论品格，也让中华优秀传统文化中所蕴含的天下为公、民为

①《赓续历史文脉　谱写当代华章》，《人民日报》2023 年 6 月 4 日，第 1 版。

②《"中国特色的关键就在于'两个结合'"》，《人民日报》2023 年 6 月 5 日，第 1 版。

③ 习近平：《在纪念孔子诞辰 2565 周年国际学术研讨会暨国际儒学联合会第五届会员大会开幕会上的讲话》，北京：人民出版社 2014 年版，第 14 页。

邦本、为政以德、革故鼎新、任人唯贤、天人合一、自强不息、厚德载物、讲信修睦、亲仁善邻等理念得以和党的创新理论相交融，中华优秀传统文化也如广阔无垠、浩瀚无际的“文化蓄水池”一般，为党的创新理论提供取之不尽、用之不竭的源头活水。不仅如此，中华优秀传统文化中也早已种下了矢志创新的文化因子，古代中国的思想理论并非一成不变，从孔孟之学到程朱理学、陆王心学，从儒释道合流到禅宗诞生，古代中国思想文化因时而进、顺时而新，在继承创新中不断发展，在应时处变中不断升华，展现出旺盛的创新活力。中国共产党的理论作为中华民族现代文明的重要内容，也在实践中继承了这种敢于创新、勇于求变的特质，推动理论创新事业不断向前。

其次，中华优秀传统文化打开了未来制度创新的空间。“一个民族的历史是一个民族安身立命的基础。”[①] 古代中国有着光辉璀璨、自成一体的制度文明，创造了郡县制、三省六部制、科举制等对于东亚乃至世界产生巨大影响的宝贵制度文明。诚然，随着时间的流逝，古代中国制度已经失去了客观存在的土壤，但其蕴藏着的制度智慧与治理理念依然富有超越时空的价值，对中国特色社会主义制度的建构具有重要意义。“我们党开创的人民代表大会制度、政治协商制度，与中华文明的民本思想，天下共治理念，‘共和’、‘商量’的施政传统，‘兼容并包、求同存异’的政治智慧都有深刻关联。我们没有搞联邦制、邦联制，确立了单一制国家形式，实行民族区域自治制度，就是顺应向内凝聚、多元一体的中华民族发展大趋势，承继九州共贯、六合同风、四海一家的中国文化大一统传统。”[②] 在中华优秀传统文化的影响下，以根本制度、基本制度、重要制度为四梁八柱的中国特色社会主义制度体系逐步成熟化、定型化，为进一步创新中华民族现代制度文明创造了有利条件。

3. 巩固文化主体性，开辟马克思主义中国化时代化新境界

“两个结合”巩固了文化主体性，而习近平新时代中国特色社会主义思想的创立就是这一文化主体性的最有力体现。新时代以来，党在实

① 习近平:《在纪念毛泽东同志诞辰120周年座谈会上的讲话》，北京：人民出版社2013年版，第12页。

②《“中国特色的关键就在于‘两个结合’”》，《人民日报》2023年6月5日，第1版。

践创造和理论创新中引领时代之变，在认识世界和改造世界的辩证统一中开辟了21世纪马克思主义中国化时代化的新境界，“深刻诠释了中国化马克思主义的当代新形态，呈现了党推进新时代马克思主义中国化、创新21世纪马克思主义的发展图景”①，在世界百年未有之大变局的背景下，为实现中华民族伟大复兴提供了科学指引。

首先，文化主体性的巩固为实现中华民族伟大复兴奠定了思想基础。习近平指出：“中华民族迎来了从站起来、富起来到强起来的伟大飞跃，实现中华民族伟大复兴进入了不可逆转的历史进程。”②习近平新时代中国特色社会主义思想以“十个明确”“十四个坚持”“十三个方面成就”为主要内容，以“六个必须坚持”为贯穿其中的世界观与方法论，构建起系统完整的理论体系。习近平新时代中国特色社会主义思想深刻揭示了中国式现代化是实现中华民族伟大复兴的必由之路，习近平指出：“中国式现代化是赓续古老文明的现代化，而不是消灭古老文明的现代化；是从中华大地长出来的现代化，不是照搬照抄其他国家的现代化；是文明更新的结果，而不是文明断裂的产物”③，指明了中国式现代化的基本特征和本质要求，提出牢牢把握坚持中国共产党领导、坚持中国特色社会主义、坚持以人民为中心的发展思想、坚持深化改革开放、坚持发扬斗争精神等重要原则，指明了实现中华民族伟大复兴的路径。

其次，文化主体性的巩固也为构建人类命运共同体提供了科学指引。“世界怎么了、我们怎么办？这是整个世界都在思考的问题，也是我一直在思考的问题。”④习近平新时代中国特色社会主义思想融合马克思主义“为人类求解放”和中华优秀传统文化中“胸怀天下”的思想传统，不仅指明了中华民族伟大复兴的康庄大道，更是站在世界历史的高度审视当今世界的发展趋势和面临的重大问题，有着深远的世界意义。

① 肖贵清、李云峰：《实现“两个结合”与创新发展21世纪马克思主义》，《思想理论教育导刊》2022年第4期。

② 习近平：《在庆祝中国共产党成立100周年大会上的讲话》，北京：人民出版社2021年版，第7页。

③《赓续历史文脉 谱写当代华章》，《人民日报》2023年6月4日，第1版。

④ 习近平：《共同构建人类命运共同体——在联合国日内瓦总部的演讲》，《人民日报》2017年1月20日，第2版。

当今世界正处于百年未有之大变局的加速演进期，国际格局和国际体系正在发生深刻调整、全球治理体系正在发生深刻变革、国际力量对比正在发生近代以来最具革命性的变化，习近平新时代中国特色社会主义思想指出，中国人民和中华民族应当始终站在历史正确的一边，站在人类进步的一边，深刻洞察人类发展进步潮流，积极回应各国人民普遍关切，为人类妥善应对全球性挑战贡献中国方案，为建设持久和平、普遍安全、共同繁荣、开放包容、清洁美丽的世界提供中国智慧。中国式现代化道路“摒弃了西方以资本为中心的现代化、两极分化的现代化、物质主义膨胀的现代化、对外扩张掠夺的现代化老路”①，以文明交流超越文明隔阂、文明互鉴超越文明冲突、文明共存超越文明优越，为更多发展中国家探索更好的社会制度、实现自身发展提供了经验借鉴，展现出世界和平的建设者、全球发展的贡献者、国际秩序的维护者、人类文明进步的促进者应有的责任担当。

（原载《理论视野》2023 年第 9 期。中国人民大学复印报刊资料《中国特色社会主义理论》2024 年第 1 期全文转载）

① 习近平:《以史为鉴、开创未来 埋头苦干、勇毅前行》,《求是》2022 年第 1 期。

十四

深刻领会新时代党的创新理论的道理学理哲理

深入领会新时代党的创新理论——习近平新时代中国特色社会主义思想的道理学理哲理，是把党的创新理论贯彻落实到党和国家工作各方面、全过程的客观要求。推动新时代党的创新理论深入人心、指导实践，需要“深入领会党的创新理论的道理学理哲理，做到知其言更知其义、知其然更知其所以然”[①]。道理是实践经验的科学概括，学理是道理的理论抽象和逻辑建构，哲理则是道理和学理的哲学凝练和思想升华。“推进马克思主义中国化时代化是一个追求真理、揭示真理、笃行真理的过程。”[②]要学深悟透新时代党的创新理论所蕴含的深刻道理、透彻学理、深邃哲理，真正做到解疑释惑，指导新的实践。

（一）在追求真理中讲清新时代建设和发展中国特色社会主义的道理

党的十八大以来，习近平总书记以深邃的思想、鲜活的语言，深刻揭示了新时代我们党治国理政的深刻道理，积极应对世界百年未有之大变局，推进中华民族伟大复兴历史进程，科学回答“三个重大时代课题”，增强中国化时代化马克思主义的生命力和说服力，讲清了新时代人民群众深切关注的强国建设之理、民族复兴之理和世界大同之理。

①《心往一处想劲往一处使　推动中华民族伟大复兴号巨轮乘风破浪扬帆远航》，《人民日报》2022 年 10 月 18 日，第 1 版。

② 习近平:《高举中国特色社会主义伟大旗帜　为全面建设社会主义现代化国家而团结奋斗——在中国共产党第二十次全国代表大会上的报告》，北京：人民出版社 2022 年版，第 16 页。

1. 积极应对世界百年未有之大变局

世界的变化深刻影响着中国的发展。当今世界正经历百年未有之大变局，新兴市场国家和发展中国家的崛起速度之快前所未有，新一轮科技革命和产业变革带来的新陈代谢和激烈竞争前所未有，全球治理体系与国际形势变化的不适应、不对称前所未有[①]。世界百年未有之大变局正加速演进，一方面，科技革命和产业变革继续深入发展，我国发展面临新的战略机遇，和平、发展、合作、共赢仍是主流；另一方面，单边主义、保护主义、冷战思维等愈来愈阻碍世界的发展和进步，世界局部冲突的烈度和广度增强。面对新的世界形势，中国共产党体现出强烈的历史自觉和主动精神，党不仅要为中国人民谋幸福、为中华民族谋复兴，也要为人类谋进步、为世界谋大同。在处理好国内事务的同时党积极回应世界之变带来的巨大挑战，形成了一系列重大外交理念和战略构想，为世界克服和平赤字、发展赤字、安全赤字、治理赤字提供了中国方案，贡献了中国智慧和中国力量，为广大发展中国家实现现代化提供了新的选择和新的思路，破解了“世界怎么了、我们怎么办”的世界之问。

以全人类共同价值为基础，推动构建人类命运共同体。习近平总书记从增进人类福祉出发，提出推动构建人类命运共同体的倡议，并从5个方面提出了具体要求：在国际关系方面，坚持对话协商，建设一个持久和平的世界；在安全格局方面，坚持共建共享，建设一个普遍安全的世界；在经济发展方面，坚持合作共赢，建设一个共同繁荣的世界；在文明交流方面，坚持交流互鉴，建设一个开放包容的世界；在生态建设方面，坚持绿色低碳，建设一个清洁美丽的世界。这一倡议体现出宽广的世界眼光和深厚的天下情怀，体现了“和合”“包容”“共生”的中国理念和思维，超越了西方文明中的“丛林法则”“零和游戏”以及冷战思维，为世界各国治理全球性难题贡献了中国智慧和中国方案，并以自己的实际行动为此作出了中国贡献，得到越来越多国家和人民的欢迎。中国不仅是构建人类命运共同体的倡导者，更是构建人类命运共同体的践行者。持续实施互利共赢的开放战略，着力推动规则、规制、管理、标

① 参见习近平：《习近平关于中国特色大国外交论述摘编》，北京：中央文献出版社2020年版，第248页。

准等制度型开放，为世界经济复苏和增长注入更多动力。积极引导经济全球化朝着更加开放、包容、普惠、平衡、共赢的方向发展，“在发展中保障和改善民生，保护和促进人权”①。高度尊重各国历史文化和社会制度的差异性，在求同存异的基础上实现和平共处，推动建设开放型世界经济，提高人类整体福祉。

维护世界文明多样性，推动不同文明间交流互鉴。习近平总书记指出：“人类文明多样性是世界的基本特征，也是人类进步的源泉……不同历史和国情，不同民族和习俗，孕育了不同文明，使世界更加丰富多彩。文明没有高下、优劣之分，只有特色、地域之别。”②“不是以一种制度代替另一种制度，不是以一种文明代替另一种文明”③，而是为人类的发展创造新的文明形态。中国式现代化道路是带有中国特色的现代化之路，其中深层面的理念、特征和本质要求构成了中国式现代化的整体构想，为世界上广大发展中国家走向现代化提供了新思路，为人类文明创造了新形态。文明交流互鉴是人类文明进步的动力，每个国家民族都在创造着自身的文明形态。“中国式现代化作为人类文明新形态，与全球其他文明相互借鉴，必将极大丰富世界文明百花园。”④习近平总书记指出：“中华优秀传统文化有很多重要元素，共同塑造出中华文明的突出特性。”⑤中华文明的包容性决定了中华文化对世界文明兼收并蓄，中华文明的和平性决定了中国追求文明交流互鉴而不搞文化霸权。中华文明在同世界文明的交流互鉴中不断焕发出新的活力，形成更加灿烂的中华民族现代文明。

2. 全面推进中华民族伟大复兴

实现中华民族伟大复兴是近代以来中华儿女矢志追求的梦想。近代以来，国家蒙辱、人民蒙难、文明蒙尘。但是，近代中国先进的仁人志

①《习近平谈治国理政》第四卷，北京：外文出版社 2022 年版，第 469 页。

②《习近平谈治国理政》第二卷，北京：外文出版社 2017 年版，第 543—544 页。

③《习近平谈治国理政》第四卷，北京：外文出版社 2022 年版，第 475 页。

④ 习近平：《携手同行现代化之路——在中国共产党与世界政党高层对话会上的主旨讲话》，《人民日报》2023 年 3 月 16 日，第 2 版。

⑤《担负起新的文化使命　努力建设中华民族现代文明》，《人民日报》2023 年 6 月 3 日，第 1 版。

士从来没有放弃民族复兴的理想，并为之进行了艰苦卓绝的斗争。中国共产党第一个百年奋斗目标完成之后，“实现中华民族伟大复兴进入了不可逆转的历史进程”[①]。从现在起，党的中心任务就是团结带领全国各族人民，全面建成社会主义现代化强国，以中国式现代化全面推进中华民族伟大复兴。

以中国式现代化全面推进中华民族伟大复兴。追求民族复兴的历史也是一部探索现代化道路的历史。新中国的成立和社会主义基本制度的建立，为实现现代化创造了根本社会条件。从启动工业化到提出建设“四个现代化”的宏伟蓝图，社会主义现代化建设初具规模。改革开放之后，如何加快实现现代化，我们党明确认识到要走中国式的现代化道路，“我们定的目标是在本世纪末实现四个现代化。我们的概念与西方不同，我姑且用个新说法，叫做中国式的四个现代化”[②]。党的十八大以来，党不断推动理论和实践的创新突破，成功推进和拓展了中国式现代化。党的二十大强调以中国式现代化全面推进中华民族伟大复兴，集中论述了中国式现代化的中国特色、本质要求和重大原则，形成了中国式现代化的理论体系。目前，我国发展进入战略机遇和风险挑战并存、不确定难预料因素增多的时期，推进和拓展中国式现代化要在坚持五个重大原则的基础上，处理好顶层设计与实践探索的关系，处理好战略与策略的关系，处理好守正与创新的关系，处理好效率与公平的关系，处理好活力与秩序的关系，处理好自立自强与对外开放的关系，不断探索中国式现代化建设的规律。实现“两个结合”，创造中华民族现代文明。“中国共产党为什么能，中国特色社会主义为什么好，归根到底是马克思主义行，是中国化时代化的马克思主义行。”[③]党的二十大报告进一步开拓了马克思主义中国化时代化的新境界，提出实现马克思主义基本原理同中国具体实际相结合、同中华优秀传统文化相结合。“在五千多年中华文明深厚基础上开辟和发展中国特色社会主义，把马克思主义基本

①《习近平谈治国理政》第四卷，北京：外文出版社 2022 年版，第 321 页。

②《邓小平年谱（1975—1997）》（上），北京：中央文献出版社 2004 年版，第 496 页。

③ 习近平：《高举中国特色社会主义伟大旗帜　为全面建设社会主义现代化国家而团结奋斗——在中国共产党第二十次全国代表大会上的报告》，北京：人民出版社 2022 年版，第 16 页。

原理同中国具体实际、同中华优秀传统文化相结合是必由之路。这是我们在探索中国特色社会主义道路中得出的规律性的认识，是我们取得成功的最大法宝。”[①] 特别是“第二个结合”，为我们探索理论和制度创新打开了广阔的空间。结合的前提是相互契合，结合的结果是相互成就，表明我们党对中国道路理论、制度的认识达到了新高度。“两个结合”“两个行”着重点不同，但相互印证、相互支撑。中国化时代化的马克思主义行的根本原因在于马克思主义在中国实现了“两个结合”。提出“两个结合”“两个行”，这是党百余年来矢志奋斗实践经验的总结，是新时代取得历史性成就的科学依据。这既是马克思主义保持生机活力的根本所在，也是党不断发展壮大、实现民族复兴的根本道理。

3. 深刻回答三个重大时代课题

习近平总书记指出：“时代课题是理论创新的驱动力。马克思、恩格斯、列宁等都是通过思考和回答时代课题来推进理论创新的。”[②] 党的十八大以来，以习近平同志为核心的党中央对关系新时代党和国家事业发展的“三个重大时代课题”进行了深邃思考和科学判断，为党和国家发展指明了前进方向和发展路径。深入理解和回答“三个重大时代课题”的深刻道理，对统一全党思想，凝聚全国各族人民的力量具有重要意义。

一是新时代坚持和发展什么样的中国特色社会主义、怎样坚持和发展中国特色社会主义。这是新时代党和国家面临的重大时代课题。“一个国家实行什么样的主义，关键要看这个主义能否解决这个国家面临的历史性课题。”[③] 改革开放以来，我国经济社会发展取得了重大成就，但是也有些人对我们搞的究竟还是不是社会主义产生疑问，“资本社会主义”“国家资本主义”“新官僚资本主义”等一些错误观点不时出现。坚持和发展中国特色社会主义，必须围绕中国特色社会主义这一命题展开理论阐释，澄清和批判一些错误提法和思想。中国特色社会主义是社会

①《担负起新的文化使命　努力建设中华民族现代文明》，《人民日报》2023年6月3日，第1版。

② 习近平：《论把握新发展阶段、贯彻新发展理念、构建新发展格局》，北京：中央文献出版社2021年版，第377页。

③《十八大以来重要文献选编》上，北京：中央文献出版社2014年版，第109页。

主义而不是其他什么主义，“既坚持了科学社会主义基本原则，又根据时代条件赋予其鲜明的中国特色”[①]。既不能走封闭僵化的老路，也不能走改旗易帜的邪路。从改革开放到现在，虽然唱衰中国的声音不绝于耳，各种“中国崩溃论”也一度甚嚣尘上，但是中国的发展日益向好，综合国力与日俱增，人民生活水平不断提高，这是中国特色社会主义的伟力所在，也是回应时代课题的根本答案。党的创新理论从理论和实践结合上系统回答了新时代坚持和发展什么样的中国特色社会主义、怎样坚持和发展中国特色社会主义的重大时代课题，持续推进党的理论创新，取得了丰硕的理论成果。

二是建设什么样的社会主义现代化强国、怎样建设社会主义现代化强国。习近平总书记在庆祝中国共产党成立100周年大会上庄严宣告，我们已经解决了绝对贫困问题，全面建成了小康社会，第一个百年奋斗目标顺利完成，这是实现中华民族伟大复兴的关键一步。如何建设社会主义现代化强国是时代提出的第二个重大课题。以中国式现代化全面推进中华民族伟大复兴，是全党全国各族人民在新时代新征程的中心任务，也是解答这一时代课题的最佳答案。党关于现代化的探索肇始于新民主主义革命时期，经历了社会主义革命和建设时期，在改革开放以后逐渐形成了中国式现代化道路。中国式现代化道路是党领导全国各族人民在长期实践中历经千辛万苦、付出了巨大代价探索出的一条不同于西方现代化的崭新之路，它深深植根于中华优秀传统文化，体现科学社会主义的先进本质，借鉴吸收一切人类优秀文明成果，代表人类文明进步的发展方向，创造了人类文明新形态。对于社会主义现代化强国建设总的战略部署，党的十九大进行了全面科学规划，把第二个百年奋斗目标的实现过程分为两个阶段：第一个阶段，从2020年到2035年，在全面建成小康社会的基础上，再奋斗15年，基本实现社会主义现代化；第二个阶段，从2035年到21世纪中叶，在基本实现现代化的基础上，再奋斗15年，把我国建成富强民主文明和谐美丽的社会主义现代化强国。在此基础上，党的二十大不仅强调实现社会主义现代化强国的战略安

①《习近平关于总体国家安全观论述摘编》，北京：中央文献出版社2018年版，第20页。

排，而且提出了本质要求和重大原则，为建设社会主义现代化强国指明了方向。

三是建设什么样的长期执政的马克思主义政党、怎样建设长期执政的马克思主义政党。党的建设的成败关系中国特色社会主义事业的兴衰成败。中国共产党是世界上最大的马克思主义执政党，数量庞大的党员队伍是进行现代化建设的中坚力量。面对百年大党的独有难题，如何跳出治乱兴衰的历史周期率，保持党和国家长治久安，毛泽东在延安时期提出，发扬民主，让人民来监督政府，这是跳出历史周期率的第一个答案。“经过百年奋斗特别是党的十八大以来新的实践，我们党又给出了第二个答案，这就是自我革命。”[①] 自我革命是更深层次的刀刃向内的革命，也是党要管党、从严治党的新时代要求。中国共产党外靠发展人民民主、接受人民监督，内靠全面从严治党、推进自我革命，确保巩固党的长期执政地位。坚持依法治国与制度治党、依规治党统筹推进一体建设，把党的领导融进国家治理各领域各方面各环节，为中国式现代化建设和民族复兴提供坚强保证。

（二）在揭示真理中阐明新时代建设和发展中国特色社会主义的学理

习近平总书记指出：“推进理论的体系化、学理化，是理论创新的内在要求和重要途径。”[②] 新时代党的创新理论的体系化是通过一系列新的概念、范畴和基本原理，建构起当代中国马克思主义、21 世纪马克思主义系统完整的理论体系。学理化建立在对新时代建设和发展中国特色社会主义的实践深刻认识的基础上，对实践经验进行总结和凝练，形成新的规律性的认识和规范表述，揭示事物发展的本质。党的十八大以来，我们党在实践基础上勇于进行理论创新，取得重大理论创新成果。集中体现为习近平新时代中国特色社会主义思想。党的创新理论内容丰富、逻辑严密、体系完整，实现了新时代中国特色社会主义丰富的实践经验

①《习近平谈治国理政》第四卷，北京：外文出版社 2022 年版，第 541 页。

②《不断深化对党的理论创新的规律性认识　在新时代新征程上取得更为丰硕的理论创新成果》，《人民日报》2023 年 7 月 2 日，第 1 版。

的升华，也推进了其原创性理论成果的体系化和学理化，构建起新时代党的创新理论的科学体系和逻辑体系。新时代党的创新理论不仅从实践层面解决问题，也为以中国式现代化全面推进中华民族伟大复兴提供强大的理论支撑。

1．中国化时代化马克思主义的新范畴、新命题和基本原理

理论体系是通过一系列新的概念、范畴、命题、原理等揭示事物发展的本质和规律。这些新概念、新范畴、新命题、新原理相互联系、层次分明、逻辑严密，具有系统性和整体性。概念是对客观事物本质特点和规律的抽象和概括，范畴是对概念集合的表述，命题是对建立在范畴基础上的判断的规范化表达，原理是概念、范畴和命题通过逻辑路向构成的集合，是对客观事物的规律性认识。概念、范畴、命题、原理等是建构和形成系统科学理论体系的基石。对党的创新理论进行学理分析。首先要分析界定提炼新的概念、范畴、命题和基本原理，阐明习近平新时代中国特色社会主义思想的新概念、新范畴、新命题和新的基本原理，实现其学理化表述、学术化表达、体系化构建。

从概念和基本范畴来看，党的创新理论提出了中国特色社会主义新时代、中华民族伟大复兴的中国梦、经济发展新常态、新发展阶段、新发展理念、新发展格局、中国式现代化、人类命运共同体等符合时代发展要求的新的概念或范畴。从基本命题来看，提出了“两个结合”、马克思主义中国化时代化、新时代社会主要矛盾、人民对美好生活的向往就是我们的奋斗目标、市场在资源配置中起决定性作用、全面深化改革、绿水青山就是金山银山、党的领导是中国特色社会主义最本质的特征等新的判断或命题。从基本原理来看，习近平新时代中国特色社会主义思想的理论体系由一系列新理念新思想新战略建构和支撑。这些新理念新思想新战略在经济政治文化社会生态文明等领域形成了系统的基本原理，表现为习近平总书记的相关重要论述和习近平经济思想、法治思想、生态文明思想、强军思想、外交思想、文化思想等。这些概念、范畴、命题、原理构成了一个系统完整逻辑严密的理论体系

从核心范畴来讲，中国特色社会主义新时代是一个核心范畴，是进行理论创新的时空起点或逻辑起点。习近平总书记指出：“我们必须

认识到，这个新时代是中国特色社会主义新时代，而不是别的什么新时代。”[①]并用三个“意味着”阐明了“新时代”这一范畴的基本内涵。核心命题又是总问题或元问题，一以贯之地坚持和发展中国特色社会主义是新时代党的创新理论的核心命题或核心要义。这一命题是科学社会主义理论逻辑和实现中华民族伟大复兴历史逻辑的辩证统一，是习近平新时代中国特色社会主义思想的理论主题，对新时代党的创新理论的其他概念、范畴和基本原理起着统领作用。习近平总书记提出实现“两个结合”“推进马克思主义中国化时代化”这一重大命题的同时，强调“我们决不能抛弃马克思主义这个魂脉，决不能抛弃中华优秀传统文化这个根脉”[②]，这是新时代党的创新理论的核心原理。如果失去“魂脉”和“根脉”，就会犯颠覆性错误，新时代党的创新理论的大厦也会失去根基。

2. 以“十个明确”“十四个坚持”“十三个方面成就”为主要内容的科学理论体系

对新时代党的创新理论的学理分析就是阐明这一理论的基本内容。习近平新时代中国特色社会主义思想是一个开放的思想体系，随着实践的发展还会增加新的思想内容。党的十九大从“八个明确”和“十四个坚持”两个方面概括了习近平新时代中国特色社会主义思想的主要内容。党的十九届六中全会在党的十九大概括的基础上，提出了“十个明确”，并系统总结了中国特色社会主义新时代的“十三个方面成就”。党的二十大明确提出，习近平新时代中国特色社会主义思想的主要内容包括“十个明确”“十四个坚持”“十三个方面成就”三个方面，呈现出完整的体系化形态。

“十个明确”涉及领导力量、目标任务、发展理念、发展布局、发展动力、治国方略、战略重点、战略保证、外部条件、政治保证等方面，回答了在新时代推动中华民族伟大复兴必须解决的一系列重大问题，是在深刻总结党的十八大以来治国理政基本经验基础上的凝练表达，是习近平新时代中国特色社会主义思想的基本观点和基本原理。

①《习近平谈治国理政》第三卷，北京：外文出版社 2020 年版，第 70 页。

②《不断深化对党的理论创新的规律性认识　在新时代新征程上取得更为丰硕的理论创新成果》，《人民日报》2023 年 7 月 2 日，第 1 版。

“十四个坚持”是对新时代坚持和发展中国特色社会主义的基本方略进行的高度概括，是从行动纲领层面对基本观点的阐释。“十三个方面成就”是对基本方略的具体展开，既是对党中央推动党和国家事业取得的历史性成就、发生的历史性变革的经验总结，也是通过实践印证后对其结论的科学概括。

“十个明确”“十四个坚持”“十三个方面成就”作为一个逻辑整体构成新时代党的创新理论的主体内容。“十个明确”是总纲，是理论体系的“四梁八柱”。“十四个坚持”是新时代坚持和发展中国特色社会主义的实践要求，是对党在十八大以来治国理政的基本纲领、基本方略的总结升华和高度凝练。“十个明确”“十四个坚持”“十三个方面成就”基于“理论—方略—经验”的逻辑关系展开，充分体现了马克思主义哲学认识论和实践论的内在统一。“十个明确”作为创新理论为“十四个坚持”实践方略提供了科学指导，回答了“是什么”“为什么”的问题；“十四个坚持”对“十个明确”的具体实践提供了基本方略和具体路径，回答了“如何做”“怎么做”的问题；“十三个方面成就”是对“十四个坚持”的具体展开和实践印证，回答了“做了什么”的问题。这三个方面整体构成了习近平新时代中国特色社会主义思想的主要内容，结构清晰、逻辑严密，对新时代中国特色社会主义的发展规律进行了深刻总结，体现了中国共产党人的理论自觉和理论自信。

3. 实现了马克思主义中国化时代化的新飞跃

习近平新时代中国特色社会主义思想是继承性和创新性、民族性和时代性结合的典范，是当代中国马克思主义、21 世纪马克思主义，也是中华文化和中国精神的时代精华，实现了马克思主义中国化时代化新的飞跃。

从哲学层面看，推进了马克思主义哲学的中国化时代化。党的十八大以来，以习近平同志为核心的党中央立足新时代的发展，把握中国发展和世界发展的走向或趋势，形成了科学的大时代观和大历史观；深刻揭示了人与自然的关系，提出人与自然是生命共同体的重要判断和“两山”理论；深刻揭示人民群众的历史作用，提出了“人民至上”；立足于人民群众的根本利益，提出“共同富裕”；创造性地提出构建人类命运共同体，深化了对时代趋势重大变化的认识；创新性地运用中华优秀传统文化，诠释社会发展和人类文明发展的规律。党的二十大提出的“六个必须坚持”是贯穿习近平新时代中国特色社会主义思想的世界观和方法论，是习近平新时代中国特色社会主义思想蕴含的哲学思想的集中概括。这些原创性贡献以新的内容推进马克思主义哲学创新和发展，既是习近平新时代中国特色社会主义思想的哲学基础，又推进马克思主义哲学中国化时代化，开辟了马克思主义哲学的新境界。

从政治经济学层面看，建构了中国特色社会主义政治经济学。党的十八大以来，以习近平同志为核心的党中央把马克思主义政治经济学原理同中国具体实际相结合、同中华优秀传统文化相结合建构和完善了体现中国特色、中国风格、中国气派的社会主义政治经济学。坚持和加强党对经济工作的集中统一领导，保证我国经济沿着正确的方向发展；坚持把增进人民福祉、促进人的全面发展、朝着共同富裕方向稳步前进作为经济发展的出发点和落脚点；充分发挥市场在资源配置中的决定性作用，更好发挥政府作用；坚持从国情出发，破解城乡二元结构，推进城乡发展一体化；推进供给侧结构性改革，引领经济发展新常态；提出立足新发展阶段、贯彻新发展理念、构建新发展格局推动高质量发展，同时在宏观调控、国企改革、经济全球化等方面形成了适应新时代经济发展的新观点新论断新思想，深化了对马克思主义政治经济学的认识，既符合马克思主义政治经济学的基本原理，也是对中国特色社会主义经济实践发展规律的高度总结。

从科学社会主义层面看，创新和发展了科学社会主义理论。党的十八大以来，以习近平同志为核心的党中央高举中国特色社会主义旗帜，提出了建设社会主义的总任务是实现社会主义现代化和中华民族伟大复兴，明确了社会主要矛盾的转化；统筹推进“五位一体”总体布局和“四个全面”战略布局，深化了对社会主义现代化事业战略全局的认识；提出中国式现代化理论，强调以中国式现代化推进中华民族伟大复兴；明确提出分“两步走”实现社会主义现代化强国目标；提出以完善和发展中国特色社会主义制度、推进国家治理体系和治理能力现代化为全面深化改革的总目标；提出总体国家安全观和新时代强军目标等，这些重要思想和论述聚焦坚持和发展中国特色社会主义，以全新的视野深化了对社会主义建设规律的认识，创新和发展了科学社会主义理论。

（三）在笃行真理中深化新时代建设和发展中国特色社会主义的哲理

哲理是学理的支撑，是学理之所以成立的根本逻辑和深层次依据。“继续推进实践基础上的理论创新，首先要把握好新时代中国特色社会主义思想的世界观和方法论，坚持好、运用好贯穿其中的立场观点方法。”[①] 这一重大命题和论断把对创新理论的认识上升到哲理层面。习近平总书记在党的二十大报告中提出“六个必须坚持”，从世界观和方法论高度，总结凝练了习近平新时代中国特色社会主义思想的立场观点方法。

1. 马克思主义世界观和方法论的丰富和发展

哲学是关于世界观和方法论的知识体系。世界观和方法论分属于解释世界和改造世界的范畴分别回答了“是什么”和“怎么办”的问题。坚持和发展马克思主义，不仅要掌握其基本原理，更重要的是掌握其世界观和方法论。马克思主义哲学是无产阶级改造世界的理论武器，反映马克思主义的世界观和方法论，集中体现了马克思主义的立场、观点、方法。习近平总书记不仅高度重视运用马克思主义的世界观和方法论，也在实践过程中不断进行丰富和发展。“六个必须坚持”是习近平总书记对马克思主义世界观和方法论的具体运用和理论创新，是从哲学层面对党的创新理论的高度凝练。

历史唯物主义是关于人类社会发展一般规律的科学。我们党运用历史唯物主义观点认识和探索革命、建设、改革的发展规律，推动了中国社会的发展进步。新民主主义革命时期，通过运用历史唯物主义观点，形成了以农村包围城市、武装夺取政权的道路，取得了中国革命的胜利。在改革开放和社会主义现代化建设新时期，通过科学分析我国社会

① 习近平：《高举中国特色社会主义伟大旗帜　为全面建设社会主义现代化国家而团结奋斗——在中国共产党第二十次全国代表大会上的报告》，北京：人民出版社 2022 年版，第 18—19 页。

矛盾运动规律，提出要以经济建设为中心实行改革开放战略，取得了经济快速发展和社会长期稳定两大奇迹。马克思、恩格斯运用社会基本矛盾推动社会发展的规律，揭示了由资本主义演进到共产主义的社会发展的客观规律，得出了“两个必然”的科学结论，“学懂了这一认识和研究社会历史发展的科学世界观和方法论，我们就能坚定理想的主心骨、筑牢信念的压舱石，保持强大的战略定力”[①]，就能够坚定中国特色社会主义信念和共产主义理想，就能做到自信自立。马克思和恩格斯所创立的历史唯物主义群众史观批判了历史唯心主义英雄史观，认为历史是人民群众创造的，人民群众是历史发展的真正动力，第一次解决了人民群众在历史上的作用这一社会历史观的重大问题，为人民至上理念的确立奠定了哲学基础。

辩证唯物主义揭示了世界普遍联系和永恒发展的普遍规律。要“学习掌握唯物辩证法的根本方法，不断增强辩证思维能力，提高驾驭复杂局面、处理复杂问题的本领”[②]。我们党运用辩证唯物主义的观点和方法分析问题、解决问题，探寻革命、建设和改革的规律，形成了重大理论创新成果。唯物辩证法的基本方法是矛盾分析法，要学习掌握事物矛盾运动的基本规律，积极面对和化解矛盾；要分清事物的主要矛盾和次要矛盾、矛盾的主要方面和次要方面的辩证关系，抓住重点又能统筹兼顾。党在不同时期密切关注社会主要矛盾的变化，据此提出科学的方针政策，推进经济社会发展的进程。在社会主义现代化建设的过程中，一定要有系统观念，不能顾此失彼，挂一漏万。要“学习掌握认识和实践辩证关系的原理，坚持实践第一的观点，不断推进实践基础上的理论创新”[③]。马克思主义认识论要求以实践为基础进行理论创新。要在既有科学理论的基础上进行大胆实践，勇于突破现有认识的局限，实现实践创新和理论创新的有机互动。习近平总书记指出：“理论创新只能从问题开始。从某种意义上说，理论创新的过程就是发现问题、筛选问题、研究

① 习近平:《坚持历史唯物主义不断开辟当代中国马克思主义发展新境界》,《求是》2020年第2期。

② 习近平:《辩证唯物主义是中国共产党人的世界观和方法论》,《求是》2019年第1期。

③ 同上。

问题、解决问题的过程。”[①]理论创新必须坚持以问题为导向，从而真正解决实践中的问题。

2. 深入理解“六个必须坚持”的思想内涵

“六个必须坚持”建立在新时代伟大变革的基础之上，是实践创新和理论创新的成果，是对党的理论创新的规律性认识，体现了新时代中国共产党人的理论自觉和理论自信。“六个必须坚持”形成了有机统一、逻辑贯通的整体，揭示了习近平新时代中国特色社会主义思想的根本立场、实践主体、根本动力、实践路径、思想方法、世界视野等。

从根本立场来看，必须坚持人民至上。在人类思想史上，马克思主义第一次站在人民立场探求人类自由解放的道路，人民性是马克思主义的本质属性。党的十八大以来，习近平总书记从人民作为认识主体、实践主体、价值主体、历史主体出发，对坚持人民至上的根本立场作出了一系列新的重要论断，进一步丰富发展了我们党关于以人为本、执政为民的重要思想。习近平新时代中国特色社会主义思想坚持以人民至上为理论基点，把为了人民、依靠人民、造福人民作为不断推进马克思主义中国化时代化的原动力，真正实现了全心全意为人民服务的集中表达。习近平新时代中国特色社会主义思想不但具有真理力量，而且不断彰显实践伟力。正是在实践中始终坚持人民至上的根本立场，坚持“把促进社会公平正义、增进人民福祉作为一面镜子，审视我们各方面体制机制和政策规定，哪里有不符合促进社会公平正义的问题，哪里就需要改革”[②]，新时代创造了一个个彪炳史册的人间奇迹，成功推进和拓展了中国式现代化。

从实践主体来看，必须坚持自信自立。自信自立是党的创新理论的精神特质，是立党立国的重要原则，也是对实践主体精神上的要求。“走自己的路，是党的全部理论和实践立足点，更是党百年奋斗得出的历史结论。”[③]正是因为我们坚持道路上的自信自立，独立自主地探索符

①《习近平谈治国理政》第二卷，北京：外文出版社 2017 年版，第 342 页。

②《习近平关于社会主义社会建设论述摘编》，北京：中央文献出版社 2017 年版，第 29—30 页。

③《习近平谈治国理政》第四卷，北京：外文出版社 2022 年版，第 10 页。

合中国国情的道路，坚定不移走中国式现代化道路和中国特色社会主义道路，才取得举世瞩目的历史成就。正是因为我们坚持理论上的自信自立，坚持把马克思主义基本原理同中国具体实际相结合、同中华优秀传统文化相结合，才能不断推进实践基础上的理论创新，为促进世界和平发展与人类进步事业贡献了中国智慧。正是因为我们坚持制度上的自信自立，不断深化对中国特色社会主义制度本质特点建设规律、优势效能等的认识，才能创造出经济快速发展、社会长期稳定两大奇迹。正是因为我们坚持文化上的自信自立，把文化建设摆在治国理政的突出位置，不断推动中华优秀传统文化创造性转化、创新性发展，才能形成文化兴国运兴、文化强民族强的生动图景，

从根本动力来看，必须坚持守正创新。创新是一个国家、一个民族发展进步的不竭动力。是否勇于创新和善于创新是一个政党是否先进的重要标志。坚持守正创新首先要求“守正”，守正是创新的基础，守正就是守马克思主义基本原理之本，守党的全面领导之本，守中国特色社会主义之本。创新即解放思想、与时俱进，创造出符合时代要求的新的观点、理论、思想。守正创新是继承与发展、原则性与创造性的辩证统一。守正不是刻舟求剑、封闭僵化，而是要正本清源、不犯颠覆性错误。创新不是另起炉灶、另辟蹊径，而是顺应时代发展，勇于面对新生事物、解决新的问题，拓展认识的广度和深度，不断推动中国特色社会主义的伟大实践。只有在守正的基础上创新，才能确保航向正确，实现源远流长、根深叶茂；只有在创新的过程中守正，才能避免墨守成规，做到与时偕行、推陈出新。新时代以来，我们党坚持守正创新的科学方法论，把国家和民族的命运牢牢掌握在自己手中，不断深化对中国式现代化的内涵与本质的认识，概括形成中国式现代化的中国特色、本质要求和重大原则，初步构建中国式现代化的理论体系，极大增强了中国人民的民族自信心自豪感。

从实践路径来看，必须坚持问题导向。问题是理论和实践创新的起点，“问题是时代的格言，是表现时代自己内心状态的最实际的呼声”①。

①《马克思恩格斯全集》第一卷，北京：人民出版社 1995 年版，第 203 页。

人类认识世界、改造世界的过程，就是一个不断发现问题、思考问题、解决问题的过程，是实践基础上认识活动和实践活动的统一。实践是认识的源泉和动力，也是认识的目的和归宿，但是实践无法自动升华为理论，必须以问题为媒介来反映实践提出的要求，推动理论创新与发展，由此指导实践的进一步发展。不从问题出发，理论就难以落地，理论和实践就难以统一。以习近平同志为核心的党中央坚持问题导向，直面一系列长期没有解决的突出问题，在发现问题、分析问题、解决问题中梳理历史脉络、总结发展规律、推动理论创新，对经济社会发展提出了许多重大理论和理念。新时代新征程，我国发展面临新的机遇与挑战，只有坚持鲜明的问题导向，聚焦实践遇到的新问题、改革发展稳定存在的深层次问题、人民群众急难愁盼问题、国际变局中的重大问题、党的建设面临的突出问题，才能真正推进理论创新，谱写马克思主义中国化时代化新篇章。

从思想方法来看，必须坚持系统观念。系统观念是辩证唯物主义的重要认识论和方法论，“是具有基础性的思想和工作方法”①。世界的存在及事物的联系不是静止不变的“既成事物的集合体”，而是运动发展变化的“过程的集合体”，没有什么事物是孤立存在的，任何事物都是一个个系统中的元素或部分。坚持系统观念，就是运用普遍联系的、全面系统的、发展变化的观点认识客观事物，准确把握问题的实质，掌握实践的主动权。以习近平同志为核心的党中央坚持系统性、整体性、协同性，谋划推进党和国家各项工作，统筹中华民族伟大复兴战略全局和世界百年未有之大变局，统筹推进“五位一体”总体布局、协调推进“四个全面”战略布局，统筹发展和安全，推动中国特色社会主义巍巍巨轮行稳致远。社会主义现代化建设事业是一个涉及方方面面的总系统，必须从系统观念出发加强顶层设计和整体谋划，通过历史看现实、透过现象看本质，把握好宏观和微观、当前和长远、全局和局部的关系，从而为前瞻性思考、全局性谋划、整体性推进党和国家各项事业提供科学思想方法。

①《习近平谈治国理政》第四卷，北京：外文出版社 2022 年版，第 117 页。

从世界视野来看，必须坚持胸怀天下。实现每个人的自由全面发展，是马克思主义理论一以贯之的崇高价值和最高理想。作为马克思主义政党价值观的中国化时代化表达，坚持胸怀天下彰显了我们党为人类谋进步、为世界谋大同的责任担当。以习近平同志为核心的党中央始终以世界眼光关注人类前途命运，从人类发展大潮流、世界变化大格局、中国发展大历史正确认识和处理同外部世界的关系，创造性提出构建人类命运共同体的重大倡议，提出弘扬全人类共同价值、深化人类文明交流互鉴、建设新型国际关系、推动共建“一带一路”高质量发展，汇聚了世界各国人民对和平发展、繁荣向往的最大公约数，为促进共同发展提供中国智慧、中国方案，为维护世界和平注入稳定性和正能量，引领时代潮流和未来发展方向。

3.“六个必须坚持”的实践意义

“六个必须坚持”是习近平新时代中国特色社会主义思想的立场观点方法的重要体现，也是继续推进理论创新的科学方法，是中国共产党人理论创造和实践探索的时代精华的凝练。知其道更要行其道。在实践中领悟新时代建设和发展中国特色社会主义的哲理，就是要在实际工作中运用“六个必须坚持”，以历史的主动性和自觉性贯彻落实新时代党的创新理论。

一是实现从理论创新到实践创新的转化。世界观和方法论以及立场观点方法，只是提供了思想武器，而重点在于运用这些思想武器实现对世界的改造，即实现从理论创新到实践创新的转化。坚持人民至上，就是要在实际工作中，坚持以人民为中心，尊重人民主体地位，发挥群众首创精神，依靠人民推动改革，真正把人民的利益放在首位，促进人的全面发展。坚持自信自立，就是要坚定“四个自信”，实现独立自主，坚持中国的问题必须从中国基本国情出发，由中国人自己来解答，不断推动中国实践。坚持守正创新，就是要把好前进之舵，既不发生方向性偏差，也要适应时代发展的新变化，不断进行理论和实践创新。坚持问题导向，就是要增强问题意识，善于发现问题，敢于正视问题，不断提出真正解决问题的新理念新思路新办法。坚持系统观念，就是要把经济社会发展作为一个系统来看待，整体性推进党和国家各项事业，否则就会形成木桶效应，影响现代化进程。坚持胸怀天下，就是要以世界的眼光看待中国和世界的关系，努力构建人类命运共同体，走合作共赢之路，推动建设更加美好的世界。

二是把坚持党的思想路线和“六个必须坚持”统一起来。“六个必须坚持”是对党的实事求是的思想路线的创新性发展，赋予了这一思想路线新的时代内涵。两者的关系是继承和发展的关系，实事求是思想路线集中体现了马克思主义的认识论，是马克思主义中国化时代化成果的精髓和活的灵魂，这一思想方法要求不断研究新问题、解决新问题，努力探求事物发展的内在规律，遵循客观规律来解决问题、改造世界。新时代中国正在经历人类历史上最为宏大而独特的实践创新，改革发展稳定任务之重、矛盾风险挑战之多、治国理政考验之大都前所未有，诸多理论和实践课题亟待回答。只有把坚持马克思主义和发展马克思主义统一起来，坚持用马克思主义之“矢”去射新时代中国之“的”，才能让马克思主义焕发出更加灿烂的真理光芒，指引党和国家事业取得更大胜利、再创新的奇迹。只有坚持解放思想、实事求是、与时俱进、求真务实，准确把握时代大势，勇于站在人类发展前沿回应现实所需，才能以更加积极的历史担当和创造精神，切实解决新时代改革开放和社会主义现代化建设的实际问题，作出符合中国实际和时代要求的正确回答，得出符合客观规律的科学认识，形成与时俱进的理论成果，为谱写中国式现代化新篇章增光添彩。

三是要深入实际做好调查研究工作。笃行“六个必须坚持”离不开调查研究。把立场观点方法运用于实际工作，基础在于搞清楚事物的整体情况，也就是通过调查研究把握事物的本质和规律找到解决问题的办法和途径。以习近平同志为核心的党中央高度重视调查研究工作，将深入调查研究作为出台政策、制定战略、开展工作的“先手棋”。习近平总书记指出：“调查研究是我们做好工作的基本功”[①]，“没有调查就没有发言权，没有调查就没有决策权”[②]，“正确的决策离不开调查研究，正确的

① 习近平：《在党的十九届一中全会上的讲话》，《求是》2018 年第 1 期。

② 同上。

贯彻落实同样也离不开调查研究”[①]。当前百年变局的环境之下，各种风险挑战、困难问题比以往更加严峻复杂。因此，要善于运用党的创新理论研究新情况、解决新问题。党中央制定了关于在全党大兴调查研究的工作方案，要求广大党员干部深入基层一线，把脉问诊、解剖麻雀，进行问题梳理、难题排查，正是为了解决如何深入笃行党的创新理论，实现创新理论走向实践创新，推动高质量发展的现实需要和有力举措。大兴调查研究，促进全党把习近平新时代中国特色社会主义思想转化为指导实践的强大力量，推动全面建设社会主义现代化国家开好局起好步。

（原载《马克思主义研究》2023 年第 9 期）

① 习近平:《在党的十九届一中全会上的讲话》,《求是》2018 年第 1 期。

第五编

高校思政课教学研究

一

新时代高校思想政治理论课的守正与创新

新时代高校思想政治理论课是对学生进行思想政治教育的主渠道。提高思想政治理论课的教学效果，需要不断进行改革创新。但是，改革不能忘却根本，需要在守正的基础上进行创新。唯有如此，才能培养中国特色社会主义的建设者和接班人。

（一）守正是新时代高校思想政治理论课创新的基础

党的十八大以来，随着对“高校培养什么样的人、如何培养人以及为谁培养人”[①]这一根本问题的回应，“立德树人”成为高校育人工作的中心环节。思想政治理论课作为学生思想政治教育的主渠道备受关注。为了提升思想政治教育的亲和力和针对性，满足学生成长发展的需求和期待，切实提高教学效果，高校积极推进教学改革，探索多种课堂教学形式，取得了丰富的教学改革成果。然而，在各种创新形式之中出现的问题也不容忽视。必须指出，守正是高校思想政治理论课创新的前提和基础。

1. 守正就要坚持思想政治理论课的理论属性、价值属性和政治属性，完善思想政治理论课的课程体系和教学体系

思想政治理论课的理论属性是解决“教什么”的问题。马克思主义基本原理是对学生进行思想政治教育的理论基础，各种形式的教学方法改革不能替代读经典、悟原理的理论学习，马克思主义理论的科学性和彻底性本身就对充满好奇的大学生具有吸引力。一个坚持守正的思想政治理论课教师不仅要吃透教材，更要悟透马克思主义基本理论，讲得出

①《习近平谈治国理政》第二卷，北京：外文出版社 2017 年版，第 376 页。

科学理论的魅力。习近平新时代中国特色社会主义思想是当代中国的马克思主义，是全面深化改革实践的生动理论发展，坚持守正的思想政治理论课教师要有能力充分把握这一思想的精髓，运用生动教学语言加以阐释。

思想政治理论课的政治属性是指思想政治理论课具有明确的意识形态属性，思想政治理论课是一门政治课，必须把维护中国共产党的领导，坚守社会主义方向，坚持中国特色社会主义“四个自信”作为基本原则。要全面贯彻党的教育方针，坚持社会主义的政治方向，培育社会主义事业的建设者和接班人，实现学生对中国特色社会主义的政治认同，增强学生的社会责任感和历史使命感。坚持守正就是旗帜鲜明地落实思想政治理论课的意识形态功能。

价值属性体现在使学生形成正确的世界观、人生观和价值观，正确认识社会、认识世界，处理好个人、集体和国家的关系。马克思主义不仅是一个科学的理论体系，而且是一个完整的价值体系。高校思想政治理论课要培育和践行社会主义核心价值观，体现社会主义的价值取向和实践要求。要大力弘扬中华优秀传统文化，使之与社会主义核心价值观相结合，培养既具有时代精神又具有传统文化底蕴的时代新人。守正的思想政治理论课，就是要用真理的力量和逻辑的力量吸引学生，通过教学引导学生，帮助学生树立正确的世界观、人生观和价值观，要向学生传播正能量，引导学生明辨善恶是非，形成高尚的道德情操和理想人格。

2. 守正要遵循思想政治理论课的教学规律，坚持因材施教

教学手段、方法和形式的创新要有对象感，要充分考虑到学生的学习能力，不能一哄而上，千篇一律。在一个学校一个课堂有效的方法，在另一个课堂可能会打折扣。教育教学之所以是一门艺术，就在于教师能够针对每个学生的个性差别进行有效的引导教化。教学改革无论怎样创新，都要遵从这一规律，守正就是遵循教学规律。

从教师的角度看，要真正讲好思想政治理论课，教师必须加强自身理论修养，还要有能力区分专业、区分学生，灵活开展教学形式创新。一方面，教师要通晓马克思主义基本原理，熟悉中国近现代史，掌握中国特色社会主义理论体系。教师要带领学生深入学习马克思主义经典著作，讲清、讲透马克思主义的立场、观点和方法，深化学生的理论认知，使学生感受到马克思主义的理论魅力。另一方面，要强化问题意识，运用马克思主义的立场、观点和方法深入剖析现实热点问题，针对性回应不同专业、不同层次学生的关切，从学生的视角寻找问题的答案，使学生在现实中体会到马克思主义的真理性和科学性。要坚持马克思主义与时俱进的理论品质，不断完善教学内容，使马克思主义中国化的最新理论成果“进教材、进课堂、进头脑”。

思想政治理论课要遵循教学规律。思想政治理论课是高校课程体系中的一门特殊的课程，既有自身的教学规律，也要遵循一般课程的教学规律。要研究和探索思想政治理论课教学的内在规律，建立科学的评价体系，提高思想政治理论课的教学质量，提升思想政治理论课的针对性和亲和力，把高校思想政治理论课打造成既严肃认真、又生动活泼的精品课程。

3. 强化思想政治理论课的守正意识

强化思想政治理论课的守正意识，就必须把“立德树人”作为思想政治理论课的根本教育目标，明确思想政治理论课的学科属性，从学生的主体价值和内在需要出发，提高思想政治理论课的教育教学效果。“不断提高学生思想水平、政治觉悟、道德品质和文化素养，让学生成为德才兼备、全面发展的人才。”①

强调守正，就要正本清源，从思想政治理论课的基本内容入手，以教材为基础，讲清讲透思想政治理论课的基本原理和基本观点。习近平新时代中国特色社会主义思想是新时代建设现代化强国的根本指南，思想政治理论课必须全面透彻地阐述其内涵、核心要义、基本内容，实现入脑入心。要使学生真正理解思想政治理论课所讲授的内容，必须建立在对教学内容的基本观点和理论体系充分阐释的基础上。马克思主义基本原理是学生分析问题、解决问题的出发点，讲清楚这些问题，才能提高学生的马克思主义理论水平，掌握科学方法。

① 习近平:《把思想政治工作贯穿教育教学全过程　开创我国高等教育事业发展新局面》,《人民日报》2016 年 12 月 9 日，第 1 版。

强调守正，就要强化思想政治理论课的政治导向功能，发挥思想政治理论课主流意识形态传播主阵地的作用。加强理想信念教育，提高学生的思想政治素质，坚定学生的政治信仰，使学生真正成为中国特色社会主义事业的建设者和接班人，使学生明白中国特色社会主义的科学性和必然性，增强学生的道路自信、理论自信、制度自信和文化自信。思想政治理论课教师要坚持正确的政治方向，敢于在大是大非问题面前发声，对错误思想言论要敢于批驳，敢于亮剑。“管好自己的责任田，守好自己的一段渠”。

强调守正，就要把思想政治理论课的价值内化功能落到实处。思想政治理论课的一个重要功能是在学生掌握相关理论知识的基础上，把基本理论知识所传递的价值观内化为学生的价值认知，实现对马克思主义的价值认同。在学生掌握较为全面系统的思想政治理论体系的基础上，对课程所蕴含的价值取向、价值目标进行阐释，使思想政治理论课的基本知识转化为大学生的内在价值理念，使学生掌握人类社会发展规律和中国特色社会主义发展规律，认同社会主义核心价值体系和核心价值观。

（二）创新是新时代高校思想政治理论课保持活力的源泉

思想政治理论课是高校的核心课程和灵魂课程，具有很强的政治性、科学性和现实性，“思想政治理论课要坚持在改进中加强”①，积极回应时代的变迁、积极呼应21世纪马克思主义的发展、积极面对和释疑社会问题，是思想政治理论课立德树人的根本使命。新时代中国特色社会主义的发展，要求高校思想政治理论课也必然紧随时代步伐创新发展，做到“因事而化、因时而进、因势而新”②，遵循教书育人规律，不断提高教学水平。

1. 新时代高校思想政治理论课创新，要在内容上积极探索将马克思主义中国化最新成果融入教学各环节，在理论上跟上时代

引领学生深入学习习近平新时代中国特色社会主义思想，“全面推

①《习近平谈治国理政》第二卷，北京：外文出版社2017年版，第378页。
② 同上。

动习近平新时代中国特色社会主义思想进教材进课堂进学生头脑，打牢大学生成长成才的科学思想基础，引导大学生树立正确的世界观、人生观、价值观，不断提高大学生对思想政治理论课的获得感”①。新时代高校思想政治理论课应深研习近平新时代中国特色社会主义思想，及时跟踪学科进展和理论研究前沿，运用思辨和逻辑的思维以及富有亲和力的语言，讲清楚其时代背景、丰富内涵、科学体系、理论创新、理论品格、实践要求以及科学思想方法和工作方法等；讲清楚与马克思列宁主义、毛泽东思想和中国特色社会主义理论体系既一脉相承又与时俱进的关系；讲清楚社会主义初级阶段的“变”与“不变”，社会主义初级阶段社会主要矛盾的“变”与“不变”，中国和世界关系的“变”与“不变”等等。新时代高校思想政治理论课应具有宏大视野，从中国共产党发展进程、中国近代以来社会发展历程、世界社会主义发展进程乃至人类文明发展进程中来准确把握习近平新时代中国特色社会主义思想的重大意义。新时代高校思想政治理论课应直面社会问题，善于运用马克思主义的立场、观点和方法及时回应各种社会思潮，在思想交锋和事实雄辩中彰显马克思主义理论的科学性和生命力，增强学生对马克思主义的真理认同和价值认同，真正帮助学生牢固树立起道路自信、理论自信、制度自信和文化自信。思想政治理论课有理论前沿，有宏大视野，有思想交锋，有现实回应，方能“促进思想政治理论课教学有虚有实、有棱有角、有情有义、有滋有味”②，增强学生获得感。

2. 新时代高校思想政治理论课创新，需要在形式上作有益探索，在形式上跟上时代

高校思想政治理论课不同于其他专业学科专业知识传授，无法借助定理和公式进行逻辑推演，也不宜采取“1+1=2”式的直线思维来与学生对话，更不能生硬宣讲、敷衍了事，搞成政策的简单传达或者理论的空洞说教。高校思想政治理论课有着自身独特的规律，它是一种复杂的、多维的思想和情感的交流。因此，要在形式上作有益探索，需

①《教育部关于印发〈新时代高校思想政治理论课教学工作基本要求〉的通知》，教社科〔2018〕2号。

② 见 http：//www.moe.gov.cn/srcsite/A13/moe_772/201804/t20180424_334099.html。

要借用更多有效手段和形式来提升思想政治教育教学的吸引力、感染力和说服力。当今世界，信息技术迅猛发展、信息产品广泛普及、信息传播发生变革，改变了人们的生活习惯、思维习惯和学习方式。新时代的学生也凸显出许多新的特点，譬如“手机控”多，追逐潮流，崇拜技术，崇尚个性，自我意识较强，价值多元，思想活跃，易于乐于接受新鲜事物等。面对如此变化，新时代的高校思想政治理论课也应该不断探索教学形式的改革与创新。一方面，在继承传统课堂讲授的基础上，深入拓展思想政治理论课堂的内涵与外延，打造智慧课堂、共享课堂、互动课堂、线上课堂、实践课堂、校外课堂等，使学生学习和生活无处不课堂、无时不课堂。另一方面，在坚持正确导向和强化内容建设的前提下，科学运用慕课、微电影、微视频、微信公众号和手机客户端等新媒体新技术手段，创新教学形式和方法，努力调动学生学习主体性、积极性，提升学生参与度和增强师生互动性，使思想政治理论课更加鲜活起来，“推动思想政治工作传统优势同信息技术高度融合，增强时代感和吸引力。”[①] 教学形式和手段创新始终为教学内容和目标服务，使学生多维度、全方位受到思想浸润、人生启迪、价值引导和道德涵育，以期达到情感共鸣、价值认同、思想认同。

3. 新时代高校思想政治理论课创新，需尊崇学科规律，端正目标导向，避免误入歧途

新时代高校思想政治理论课在内容和形式上亟需创新，不断提升思想政治理论课的亲和力、针对性和实效性。同时，高校思想政治理论课又具有很强的政治性和思想性。高校思想政治理论课在创新过程中，要妥善处理好内容与形式的关系。任何事物都既有其内容，也有其形式；内容需要适合的形式来表达，形式需要丰富的内容来依托。形式永远是服从服务于内容的，如果内容空泛，再好的形式也不会引人入胜。

因此，高校思想政治理论课创新，如果在内容和形式的关系上本末倒置或者喧宾夺主，必然会走向歧途。“思政网红”现象表现出的娱乐化趋势引起了人们的普遍关注，在充分尊重其实践探索和创新精神的基

①《习近平谈治国理政》第二卷，北京：外文出版社 2017 年版，第 378 页。

础上，对“思政网红”也给予了客观中肯的批评和建议。“一些‘思想政治网红’的授课内容随意性过大，且取材需要提炼和提升，需要从学科角度加以科学把握”“趣味有余而思想性、政治性和导向性不足”“思政课可以没有‘网红’，但不能没有学科意识和目标导向。”[①] 立德树人是新时代高校的根本任务，也是高校思想政治理论课的首要目标，“思政网红”不能成为高校思想政治理论课教师追求的目标。

（三）新时代高校思想政治理论课要正确处理好守正与创新的关系

习近平在全国宣传思想工作会议上强调，宣传思想工作要“坚持正确政治方向，在基础性、战略性工作上下功夫，在关键处、要害处下功夫，在工作质量和水平上下功夫，推动宣传思想工作不断强起来”[②]。新时代高校思想政治理论课属于这种基础性、战略性的工作，也是高校宣传思想工作的关键，因为办好思想政治理论课，“事关意识形态工作大局，事关中国特色社会主义事业后继有人，事关实现中华民族伟大复兴的中国梦。”[③] 新时代高校思想政治理论课必须正确处理好守正与创新的关系。

1. 守正是根基，守正是创新的基础和前提

所谓守正，就是要坚守正道，坚守初衷，把握事物本质、遵循客观规律。不忘初心，方得始终。高校思想政治理论课设立的初衷，就是全面贯彻党的教育方针，对学生进行系统的马克思主义理论教育，巩固马克思主义在高校意识形态领域指导地位，落实高校立德树人根本任务，为坚持和发展中国特色社会主义、实现中华民族伟大复兴培育勇担重任、德才兼备的时代新人，这既是思想政治理论课的初衷，也是其重要使命。只有始终坚守初衷和使命，高校思想政治理论课才能体现其价值，才能有灵魂。任何形式的创新，都必须反映思想政治理论课的价值

① 陈志强:《“思政网红”不能只追求“红”》,《解放日报》2017 年 1 月 17 日，第 9 版。

② 习近平:《举旗帜聚民心育新人兴文化展形象　更好完成新形势下宣传思想工作使命任务》,《人民日报》2018 年 8 月 23 日，第 1 版。

③《中央宣传部 教育部关于印发〈普通高校思想政治理论课建设体系创新计划〉的通知》，见 http：//www.moe.gov.cn/srcsite/A13/moe_772/ 201508/t20150811_199379.html。

与灵魂。因此，在各类纷繁复杂的技术面前，在浮躁的社会面前，思想政治理论课教师不应该迷失方向，不能成为思想政治理论课堂上的“段子手”，成为“脱口秀”的网红，要将主要精力放在教育教学上。根基不牢，地动山摇。如果“守正”的根基不牢，那么我们的创新就极有可能走向歧途。只有守住根本，守正基础上的创新才能有意义，才能赢得学生的支持和喝彩。

2. 创新是源泉，创新是在守正基础上的创新

思想政治理论课有没有吸引力，能不能说服人，关键看它以一种什么样的形式来表达和呈现，有没有亲和力和针对性。新时代高校思想政治理论课充满生机活力的源泉在于创新，创新是其发展的需要，也是前行的动力。但是，新时代高校思想政治理论课创新，应该是在守正基础上的创新。一方面，高校思想政治理论课的创新应该是在继承优良传统基础上的创新，应该有所遵循、有所坚守。遵循的是思想政治理论课的思想性、政治性、导向性的特点，坚守的是价值引领和政治立场的阵地。采取多种集知识性和趣味性于一体的教学辅助手段和创新形式十分必要，但行之有效的理论分析和讲解、辩证逻辑推理还必须坚守。高校思想政治理论课的创新需要有底线思维，绝不可以为了创新而去哗众取宠、趋利媚俗，甚至偏离导向、放弃立场。这个底线思维，就是一定要“守正”。新时代高校思想政治理论课，必须不折不扣地推进习近平新时代中国特色社会主义思想进教材、进课堂、进学生头脑，突出理想信念教育和中华优秀传统文化教育，不断加深学生对伟大祖国、中华文化、中华民族、中国共产党和中国特色社会主义的认同，牢固树立“四个自信”，为中华民族伟大复兴培养时代新人。

3. 坚持守正与创新的辩证统一

新时代高校思想政治理论课不能因为强调守正，就排斥和否定创新。思想政治理论课是一种复杂的、多维的思想和情感的交流，如果仅仅立场正确、内容无误，还不足以吸引人和说服人，那么课程就会因为缺少亲和力而失去其听众。因此，它还需要根据课程内容和受众实际，或借助必要技术手段，或采取必要形式方法，对教学形式进行创新，以此来提升高校思想政治理论课教学的有效性和针对性。新时代高校思想

政治理论课也不能因为追求创新，而忽视守正。不以守正为目的的创新只能是猎奇媚俗；偏离思想政治理论课思想性、政治性和导向性，简单求新求奇、热衷于新鲜热闹表象的创新，都是伪创新。守正，守的是思想政治理论课的价值和灵魂，守的是“立德树人”的重要使命；创新，创的是思想政治理论课价值和灵魂的外在表现形式，创的是落实“立德树人”根本任务的具体手段和途径。守正是创新的基础和前提，坚持守正，创新才能有明确的立场和价值指向；创新是为了更好地守正，不断创新，守正才能获得活力源泉和动力基础。二者不是相互否定，是相辅相成、辩证统一于思想政治理论课的教学实践中。

守正不渝，创新不止。新时代高校思想政治理论课只有努力在守正的基础上创新，在创新的过程中守正，才能真正跟上新时代，更好发挥其“重要阵地”和“主干渠道”“核心课程”和“灵魂课程”的作用。

（原载《思想教育研究》2019 年第 3 期。中国人民大学复印报刊资料《高校思想政治理论课教学研究》2019 年第 4 期全文转载）

二

新时代学校思想政治理论课建设的基本思路

从 2019 年 3 月 18 日习近平总书记主持学校思想政治理论课（以下简称“思政课”）教师座谈会并发表重要讲话，到中共中央办公厅、国务院办公厅印发《关于深化新时代学校思想政治理论课改革创新的若干意见》（以下简称《意见》），再到教育部等五部门印发《关于加强新时代中小学思想政治理论课教师队伍建设的意见》，都展现出新时代学校思政课建设引起党和国家的高度重视。新时代学校思政课建设要统筹规划，实现大中小学的教材体系、教学内容、教师培训的有机衔接和一体化。新时代思政课建设要求思政课教师有坚定的政治立场、扎实的理论功底，切实加强自身道德修养。

（一）新时代学校思想政治理论课建设的重大意义

立德树人是教育的根本任务，而“思想政治理论课是落实立德树人根本任务的关键课程”[①]。要解决好培养什么人、怎样培养人、为谁培养人这个根本问题，必须加强学校思政课建设。目前，我国正处于世界百年未有之大变局中，处于坚持和发展中国特色社会主义的新时代，处于建设社会主义现代化强国、实现中华民族伟大复兴的关键时期，建设好学校思政课具有十分重大的意义。

1. 从世界面临百年未有之大变局认识新时代学校思政课建设的重大意义

习近平总书记指出：“当前，我国处于近代以来最好的发展时期，世

① 习近平：《用新时代中国特色社会主义思想铸魂育人　贯彻党的教育方针落实立德树人根本任务》，《人民日报》2019 年 3 月 19 日，第 1 版。

界处于百年未有之大变局，两者同步交织、相互激荡。”[①] 当今世界是一个全新的世界，世界格局重新洗牌，世界多极化、经济全球化深入发展，新一轮科技革命和产业革命不断孕育发展，各国之间的文化交流更加频繁。在这种大变革大调整时期，我国面临的挑战愈来愈多。世界经济复苏乏力，贸易保护主义不断抬头，冷战思维和强权政治仍有广泛市场，威胁世界的和平发展；多元化的社会思潮对我国的思想文化建设形成了巨大挑战，大国之间的博弈和较量日渐增多，特别是在意识形态领域的交锋日趋激烈；国际社会的不稳定因素增多，国际治理问题仍层出不穷。与此同时，世界各国在相互竞争的同时，也形成了相互依赖的关系，没有一个国家能够独立于世界之外，和平与发展仍是世界各国人民的共同心愿。

世界大变局对于中国来讲既是挑战也是机遇。中国经过改革开放40多年的发展，取得了举世瞩目的成就，不仅给世界发展贡献了中国力量，也给世界的发展提供了中国方案，在国际社会的影响力日益提升。要以更高远的历史站位、更宽广的国际视野、更深邃的战略眼光来看待学校思政课建设的重大意义。青少年正处于世界观、人生观、价值观的形成时期，对于纷繁复杂的国际形势和社会思潮难以进行有效辨别，也容易受到不良思想的影响。新时代加强学校思政课建设的重大意义在于，引导学生在国际风云变幻的格局中准确认清世界发展大势，认清资本主义和社会主义既相互合作又相互竞争的关系，认清中国特色社会主义制度的优势，树立共产主义远大理想和中国特色社会主义共同理想。引导学生运用马克思主义的立场、观点和方法辨明是非，准确分析并抵制西方社会思潮的冲击。引导学生自觉践行社会主义核心价值观，筑牢意识形态的堤坝，维护我国意识形态领域的安全。

2. 从坚持和发展中国特色社会主义的时代要求认识新时代学校思政课建设的重大意义

习近平总书记指出：“历史和现实都告诉我们，只有社会主义才能救中国，只有中国特色社会主义才能发展中国，这是历史的结论、人民的

① 习近平：《坚持以新时代中国特色社会主义外交思想为指导　努力开创中国特色大国外交新局面》，《人民日报》2018年6月24日，第1版。

选择。”[①]中国特色社会主义是党和人民90多年接续奋斗取得的根本成就。改革开放以来的实践充分证明，中国特色社会主义道路是实现社会主义现代化和创造人民美好生活的必由之路；中国特色社会主义理论体系是实现中华民族伟大复兴的正确理论、科学理论；中国特色社会主义制度是当代中国一切发展进步的根本制度保障；中国特色社会主义文化是指引中国人民胜利前行的伟大精神力量。因此，“必须高举中国特色社会主义伟大旗帜，牢固树立中国特色社会主义道路自信、理论自信、制度自信、文化自信，确保党和国家事业始终沿着正确方向胜利前进”[②]。这就要求我们必须把思政课作为主要阵地，讲授好中国特色社会主义，增强青少年学生对中国特色社会主义的认同感，并能够自觉运用这一思想理论体系去认识世界、指导实践。

思政课是以讲授马克思主义理论特别是习近平新时代中国特色社会主义思想为核心内容的课程。习近平新时代中国特色社会主义思想是当代中国的马克思主义，是推进新时代各项事业发展的根本指导思想。为增强青少年学生对马克思主义尤其是习近平新时代中国特色社会主义思想的认识和把握，形成正确的世界观、人生观、价值观，成为合格的社会主义建设事业的接班人，必须“要理直气壮开好思政课，用新时代中国特色社会主义思想铸魂育人”[③]。推动习近平新时代中国特色社会主义思想进教材进课堂进学生头脑，推动以习近平新时代中国特色社会主义思想为核心内容的思政课课程群建设，使对这一思想的掌握成为一种理论自觉，使之真正入脑入心。

3. 从建设社会主义现代化强国和实现中华民族伟大复兴的高度认识新时代学校思政课建设的重大意义

习近平总书记在党的十九大报告中指出：“新时代中国特色社会主义思想，明确坚持和发展中国特色社会主义，总任务是实现社会主义现代

①《习近平谈治国理政》第一卷，北京：外文出版社2018年版，第22页。

②《习近平谈治国理政》第二卷，北京：外文出版社2017年版，第59页。

③ 习近平：《用新时代中国特色社会主义思想铸魂育人　贯彻党的教育方针落实立德树人根本任务》，《人民日报》2019年3月19日，第1版。

化和中华民族伟大复兴”[①]。我国正处于建设社会主义现代化强国和实现中华民族伟大复兴的关键时期，青少年是国家的未来、民族的希望，是实现社会主义现代化和建设社会主义现代化强国的主力军。是否能够如期实现这一任务，关键还要看广大青少年能否担当起历史重任。培养和教育好青少年“是事关党和国家前途命运的重大战略任务”[②]。

实现中华民族伟大复兴的总任务决定了新时代必须加强学校思政课建设。习近平总书记指出，我们要“坚持把服务中华民族伟大复兴作为教育的重要使命”[③]。思政课可以通过系统地进行中国特色社会主义教育，引领学生自觉把国家梦、民族梦和个人梦结合起来，自觉担当历史使命和时代重任。思政课能够发挥凝聚民心，聚合民力的作用，为社会主义现代化建设和民族复兴提供精神动力。思政课可以引导广大青少年形成对中国特色社会主义的坚定信仰，成为实现中华民族伟大复兴中国梦的建设者。思政课可以培育青少年树立起社会主义核心价值观，弘扬以爱国主义为核心的民族精神和以改革创新为核心的时代精神，厚植理想信念，使学生自觉融入到建设社会主义现代化强国、实现中华民族伟大复兴的伟大事业当中。思政课还可以融入更多的中华优秀传统文化的元素，引导青少年传承中华优秀传统文化基因，树立家国情怀，把民族复兴和现代化强国的建设统一起来，勇担历史使命，成为社会主义的合格建设者和可靠接班人。新时代青少年必须增强使命感，以民族复兴为己任，用习近平新时代中国特色社会主义思想武装头脑，把个人发展和国家兴亡、民族振兴联系起来，以崇高的历史使命感学好思政课。

（二）新时代学校思想政治理论课建设的一体化

习近平总书记在学校思政课教师座谈会上指出：“在大中小学循序渐进、螺旋上升地开设思想政治理论课非常必要，是培养一代又一代社会

① 习近平：《决胜全面建成小康社会　夺取新时代中国特色社会主义伟大胜利——在中国共产党第十九次全国代表大会上的报告》，北京：人民出版社2017年版，第19页。

② 习近平：《在纪念五四运动100周年大会上的讲话》，《人民日报》2019年5月1日，第2版。

③ 习近平：《坚持中国特色社会主义教育发展道路　培养德智体美劳全面发展的社会主义建设者和接班人》，《人民日报》2018年9月11日，第1版。

主义建设者和接班人的重要保障。”[①] 思政课作为大中小学各学段均开设的课程，如何进行有效衔接，最大限度地实现思政课的课程目标？统筹规划各学段思政课建设，构建大中小学一体化教学体系势在必行。

1. 大中小学思政课教材体系的一体化

教材是教师教学和学生学习的主要文本依据。大中小学思政课教材的有效衔接是实现一体化的基础。

一是要有统一的组织保障。《意见》明确提出：“国家教材委员会统筹大中小学思政课教材建设，科学制定教材建设规划”[②]，并规定“国家统一开设的大中小学思政课教材全部由国家教材委员会组织统编统审统用”[③]。明确负责统筹规划思政课教材的责任单位和“三统”的工作职责，为大中小学思政课教材一体化建设的有效实施和顺利推进提供了可靠的组织保障。

二是要实现教材内容的有效衔接。新时代大中小学思政课教材编写的总体要求是：“坚持用习近平新时代中国特色社会主义思想铸魂育人，以政治认同、家国情怀、道德修养、法治意识、文化素养为重点，以爱党、爱国、爱社会主义、爱人民、爱集体为主线，坚持爱国和爱党爱社会主义相统一，系统开展马克思主义理论教育，系统进行中国特色社会主义和中国梦教育、社会主义核心价值观教育、法治教育、劳动教育、心理健康教育、中华优秀传统文化教育”[④]。将这一总体要求贯彻落实到不同学段思政课教材的内容之中，在教学编写时需要整体把握不同学段教材的内在逻辑、内容重点、叙述风格，形成内容连贯而又层次鲜明的教学体系。小学阶段的教材应以学生的生活发展为主线，以引导学生形成良好品德和行为习惯、促进学生的社会性发展为重点来设置内容；初中阶段的教材应以初中学生逐步扩展的生活为基础，以学生成长过程中需要处理的关系为线索，有机整合道德、心理健康、法律、国情等方面

---

① 习近平：《用新时代中国特色社会主义思想铸魂育人　贯彻党的教育方针落实立德树人根本任务》，《人民日报》2019 年 3 月 19 日，第 1 版。

② 中共中央办公厅、国务院办公厅：《关于深化新时代学校思想政治理论课改革创新的若干意见》，北京：人民出版社 2019 年版，第 7 页。

③ 同上书，第 7 页。

④ 同上书，第 6—7 页。

内容，进行科学设计；高中阶段的教材应以培育思想政治学科核心素养为主导目标，以发展中国特色社会主义为主线，讲述好为何开创和发展中国特色社会主义以及如何坚持和发展中国特色社会主义；大学阶段的教材应以习近平新时代中国特色社会主义思想为核心，不断提高理论思维能力，增强坚持和发展中国特色社会主义的自觉和自信。各学段教材要充分结合学生身心发展实际和思想政治教育规律，进行内容设计，形成一体化的思政课教材体系。

三是要合理配置教材编写团队。为实现大中小学思政课教材的一体化，需要充分吸收具有丰富教学经验的大中小学一线思政课教师、不同学段政治学科的教学研究专家等加入教材编写课题组。来自不同学段的一线教师和教学研究人员对于各自阶段的学生特点和教学实际有着更为直接和深入的了解，对于教材使用中存在的问题体会也更加深刻。吸收这些人员加入教材编写队伍，对于更加合理地进行内容设置、结构编排、版式设计，让教材更加贴近学生实际和教学实际，避免交叉重复，将会起到重要的作用。

2. 大中小学思政课教学体系的一体化

将一体化的思政课教材体系有机转化为一体化的教学体系，是统筹大中小学思政课一体化建设的核心。构建一体化的教学体系，需要在课程教学目标、教学内容以及教学方式等方面进行整体规划。

一是整体把握各学段思政课课程目标。不同学段思政课课程的名称以及教材内容的侧重点各有不同，但思政课总体的课程目标是一致的。对此，《意见》明确指出："在大中小学循序渐进、螺旋上升地开设思政课，引导学生立德成人、立志成才，树立正确世界观、人生观、价值观，坚定对马克思主义的信仰，坚定对社会主义和共产主义的信念，增强中国特色社会主义道路自信、理论自信、制度自信、文化自信，厚植爱国主义情怀，把爱国情、强国志、报国行自觉融入坚持和发展中国特色社会主义事业、建设社会主义现代化强国、实现中华民族伟大复兴的奋斗之中。"[①] 这是对思政课提出的总的目标要求，不同学段开展的教学

① 中共中央办公厅、国务院办公厅：《关于深化新时代学校思想政治理论课改革创新的若干意见》，北京：人民出版社2019年版，第4—5页。

活动都要以这一总目标为指导。但是如何将总体目标分解落实到各不同学段中去呢？这就需要充分认识和把握各学段的具体目标。《意见》指出："大学阶段重在增强使命担当，引导学生矢志不渝听党话跟党走，争做社会主义合格建设者和可靠接班人。高中阶段重在提升政治素养，引导学生衷心拥护党的领导和我国社会主义制度，形成做社会主义建设者和接班人的政治认同。初中阶段重在打牢思想基础，引导学生把党、祖国、人民装在心中，强化做社会主义建设者和接班人的思想意识。小学阶段重在启蒙道德情感，引导学生形成爱党、爱国、爱社会主义、爱人民、爱集体的情感，具有做社会主义建设者和接班人的美好愿望。"[①] 也就是说，不同学段的思政课教师都要以"培养社会主义建设者和接班人"为中心，分别以启蒙道德情感、打牢思想基础、提升政治素养、增强使命担当为重点，引导学生从具备美好愿望到强化思想意识进而形成政治认同并最终成长为社会主义合格建设者和可靠接班人，接续完成党的教育方针所规定的人才培养的根本任务。

二是统筹定位各学段思政课的教学内容。各学段教学内容在设置上，要贯彻整体构建、有序衔接、依次递进的思路。在统筹规划的思政课程整体框架中，定位不同学段教学的内容。小学阶段教学内容重点是从学生的生活体验出发，进行品德和社会认知的教育，从多角度、多层面引导学生认识自我、他人和社会，并以此为基础形成基本的道德品质；初中阶段教学内容重点是从学生的家庭生活、学校生活和社会生活中，教会学生正确处理与自我、与他人和集体、与国家和社会的关系；高中阶段教学内容重点是紧密结合社会实践，讲授马克思主义基本原理，特别是马克思主义中国化最新理论成果，培育学生政治认同、科学精神、法治意识和公共参与等核心素养。大学阶段教学内容重点是通过讲授马克思主义的基本原理以及马克思主义中国化的理论成果，引导学生学会运用马克思主义的立场、观点、方法分析问题和解决问题，树立科学的世界观、人生观和价值观，坚定理想信念。总之，教学内容要充分尊重学生身心发展规律和认知规律，体现出螺旋式上升的过程，实现

---

① 中共中央办公厅、国务院办公厅:《关于深化新时代学校思想政治理论课改革创新的若干意见》，北京：人民出版社 2019 年版，第 5 页。

“步步高”。

三是合理呈现各学段思政课的教学形式。有效提升思政课的教学实效，需要教师依据不同学段学生的实际，采取不同阶段学生喜闻乐见的方式，合理组织开展教学活动。对此，《意见》也明确指出：“遵循学生认知规律设计课程内容，体现不同学段特点，研究生阶段重在开展探究性学习，本专科阶段重在开展理论性学习，高中阶段重在开展常识性学习，初中阶段重在开展体验性学习，小学阶段重在开展启蒙性学习。”① 小学阶段主要通过引导学生主动参与各类活动，来获得对自然和社会的体验和感受，进而获取知识与经验。教师应根据学生已有的经验设计教学，采用学生乐于和适于接受的生动活泼的方式，开展多样性的教学活动。初中阶段，教师要善于利用和创设丰富的教育情境，选取学生关注的话题组织教学，尤其是通过引导、帮助学生通过亲身经历与感悟，在获得情感体验的同时强化思想认识。高中阶段，主要通过议题的引入、引导和讨论，增强师生互动，在开放民主的氛围中获取思想知识。通过问题情境的创设和社会实践活动的参与，鼓励学生合作学习和探究学习。大学阶段，主要通过对马克思主义原著解读、理论阐释、案例教学、社会实践等方式，开展专题式研究性学习活动，提高理论思维能力，提高运用科学理论分析解决实际问题的能力。总之，各学段思政课教学过程中，要因地制宜、因时制宜、因材施教，不断探索适宜的教学方式和教学手段，最大限度提升课堂教学效果。

3. 大中小学思政课教师培训的一体化

习近平总书记指出：“办好思想政治理论课关键在教师，关键在发挥教师的积极性、主动性、创造性。”② 统筹大中小学思政课一体化建设，还应着眼于整体筹划大中小学思政课教师培训，建立起优势互补的交流平台。从目前思政课教师的培训来看，基本上是“铁路警察，各管一段”的状态。大学思政课教师的培训很少邀请中小学思政课教师参加，

---

① 中共中央办公厅、国务院办公厅：《关于深化新时代学校思想政治理论课改革创新的若干意见》，北京：人民出版社2019年版，第7页。

② 习近平：《用新时代中国特色社会主义思想铸魂育人　贯彻党的教育方针落实立德树人根本任务》，《人民日报》2019年3月19日，第1版。

中小学思政课教师的培训除了邀请高校相关专家进行讲座报告外，也很少邀请大学一线思政课教师研讨交流。久而久之，形成了互不关心、鲜有了解的局面。2019 年 9 月，教育部等五部门下发的《关于加强新时代中小学思想政治理论课教师队伍建设的意见》中，明确提出了推进大中小学思政课教师专业发展一体化建设的要求。

一是高校要充分发挥辐射作用，提供资源平台，助力中小学思政课教师队伍建设。高校要加强马克思主义理论专业和思想政治教育专业的建设，培养大批合格的本科生和研究生，为大中小学思政课教师队伍储备人才。为提升中小学思政课骨干教师的理论水平和研究能力，清华大学 2019 年首次开设思政课骨干教师提升计划教育博士项目，面向中小学思政课一线优秀教师招收攻读教育博士专业学位研究生。这是贯彻落实大中小学思政课一体化建设的重要举措。

二是推动大中小学思政课教师专业发展一体化团队建设。通过定期遴选涵盖各学段思政课教师的优秀教学团队，形成示范效应，推动开展大中小学思政课一体化建设的教学研究活动。积极将一体化建设的研究成果应用到教学实践中，拓展大中小学思政课一体化建设的广度和深度。

三是鼓励大中小学思政课教师集体备课。为充分了解不同学段学生的思想状况和思政课开展的教学情况，高校思政课各门课程研究会以及高校马克思主义学院各课程教研室在组织开展集体备课时，应充分吸纳中小学思政课骨干教师参与其中。针对不同学段教学目标、教学内容、教学手段进行集体研讨，了解各学段思政课教学中存在的问题，避免教学内容的机械重复，真正让学生在不同学段均获得知识的收获和能力素养的提升，提高思政课的效果和整体水平。

（三）新时代学校思想政治理论课建设的关键在教师

邓小平同志指出："一个学校能不能为社会主义建设培养合格的人才，培养德智体全面发展、有社会主义觉悟的有文化的劳动者，关键在教师。"[①] 思政课建设是一个系统工程，涉及教师、教材、学科、管理等

①《邓小平文选》第二卷，北京：人民出版社 1994 年版，第 108 页。

许多因素，提高思政课的教学效果，关键还是教师。习近平总书记在学校思政课教师座谈会上提出思政课教师应该具备的“六个要求”，即“政治要强、情怀要深、思维要新、视野要广、自律要严、人格要正”[①]。这六个方面是一个有机整体，规定了思政课教师应该具有的基本素养。这六个方面又可归属于政治、理论和道德素养三个方面，即坚定的政治立场、扎实的理论功底、高尚的道德品质。对于思政课教师来讲，唯有坚定信仰，不断加强学习，提高自身修养，才能提高思政课的教学效果，培养社会主义合格建设者和可靠接班人。

1．思政课教师要有坚定的政治立场

要做到“六个要求”当中的“政治要强、情怀要深”，必须要有坚定的政治立场。思政课教师必须坚定理想信念，提高政治站位，把提高自身思想政治素质放在首位。这是由思政课的课程属性决定的。思政课要解决的根本问题是理想信念的问题，也就是教育学生树立坚定的马克思主义信仰，树立共产主义远大理想和中国特色社会主义共同理想，忠诚于中国共产党。思政课教师首先要有信仰，对于共产主义和社会主义要有坚定的信仰，坚定中国特色社会主义道路自信、理论自信、制度自信和文化自信，要加深对中国特色社会主义的理论认同、情感认同。

思政课教师的政治立场还体现在对党忠诚上，这是因为中国共产党代表广大人民群众的根本利益，是带领中国走向独立富强、民族复兴的先进政党，全国各族人民都要团结在中国共产党的周围。作为思政课教师，一定要对党忠诚，时刻与党中央保持一致，要有政治敏锐性和政治鉴别力，对反党和反社会主义言论要坚决予以斗争。

思政课教师要自觉用习近平新时代中国特色社会主义思想武装头脑。中国特色社会主义进入新时代，新时代最重要的政治立场就是要坚持和发展习近平新时代中国特色社会主义思想，要用这一思想来统一全国人民的思想，规范我们的言行，指导我们的实践。特别是思政课教师，承担着传授这一思想的重任，自身要自觉学习，自觉把这一思想融入到课堂教学当中。

① 习近平:《用新时代中国特色社会主义思想铸魂育人　贯彻党的教育方针落实立德树人根本任务》,《人民日报》2019 年 3 月 19 日，第 1 版。

情怀建立在信仰的基础之上，正是对党和人民教育事业的忠诚，才能有献身教育、热爱思政课教学、为国家立德树人的情怀。有坚定的信仰才能内化为情怀，外化为行动，以情感人、以情化人。情怀要深，即对自己从事的事业要有深深的热爱，愿意为之奉献自己的一切，而不能仅仅作为谋生的饭碗。思政课教师要对思想政治教育有深深的情怀，把它作为自己的毕生追求，立志引导学生做社会主义的建设者和接班人；要用自己的情怀在学生和真理之间架设一道桥梁，引导学生走向真理的彼岸，树立起正确的世界观、人生观、价值观。

思政课教师还要有家国情怀。家国情怀是指对国家和民族有高度的认同感、归属感和责任感，强调“天下兴亡，匹夫有责”。习近平总书记指出：“我国知识分子历来有浓厚的家国情怀，有强烈的社会责任感。”[①]思政课教师的家国情怀跟马克思主义的政治立场是统一的，在当今中国，国家的兴旺和社会主义事业的发展紧密联系在一起。思政课教师要自觉把家国情怀和中国特色社会主义统一起来，厚植爱国情怀，引导学生自觉认同中国特色社会主义，引导学生把“爱国情、强国志、报国行自觉融入坚持和发展中国特色社会主义事业、建设社会主义现代化强国、实现中华民族伟大复兴的奋斗之中。”[②]

加强思政课教师队伍的建设，最基本的一条原则是教师的政治立场必须坚定。为此，相关学校必须严把选聘关，对于政治立场不坚定的教师坚决不聘任。要让理想信念坚定的教师去讲理想，让有马克思主义信仰的教师去讲信仰。教育行政部门要对在教育教学活动中损害党中央权威、违背党的路线方针政策的教师进行从严处理，不得使其再从事思政课教学工作。

2. 思政课教师要有扎实的理论功底

思政课教师“思维要新、视野要广”的要求具体体现在扎实的理论功底方面。唯有不断锤炼大中小学思政课教师的马克思主义理论功底和

① 习近平：《在知识分子、劳动模范、青年代表座谈会上的讲话》，《人民日报》2016年4月30日，第2版。

② 习近平：《用新时代中国特色社会主义思想铸魂育人　贯彻党的教育方针落实立德树人根本任务》，《人民日报》2019年3月19日，第1版。

思政课专业素养，才能促进其教育教学能力的大幅提高。思想政治理论是一门科学，是由马克思主义理论作为基础的科学体系。要想讲好思政课，需要思政课教师具备多方面的综合素质。

首先要有扎实的马克思主义理论基础，熟练掌握马克思主义基本原理和马克思主义中国化最新理论成果。马克思主义理论博大精深，需要从事思政课教学的教师终生进行学习，要读原著、悟原理，把马克思主义基本原理同中国的发展实际相结合，同世界发展的大势相结合。要对中国特色社会主义理论有深入的领悟，认识到其重要的实践指导意义。

其次，要有广博的知识视野、国际视野、历史视野。思政课教师不仅要掌握自己的专业知识，而且要广泛涉猎政治学、经济学、历史学、社会学、法学、国际关系等人文社会科学领域。宽广的国际视野要求思政课教师不仅要知晓国内形势，而且要了解国际形势，树立国际意识，要在国际和国内的对比过程中发现马克思主义和中国特色社会主义的科学性。要敢于比较，在对比中进行互鉴，在比较中增强自信，这是一名思政课教师应有的胸怀。历史视野是要求思政课教师能够把中国特色社会主义放到改革开放 40 多年伟大实践当中去认识，放到新中国成立 70 年的持续探索中去认识，放到近代以来中华民族由衰到盛 170 多年的历史进程中去认识，放到中华民族 5000 多年的传承发展中去认识。这就要求思政课教师不仅要熟悉当代中国发展的历史，要熟悉近代以来中国发展的历史，而且要从几千年中华民族的发展历史中汲取知识和营养，从中教育引导学生理解走中国特色社会主义道路的历史必然性。

此外，思政课教师要通过创新思维来夯实自己的理论基础，提升自己的教学效果。马克思主义理论具有开放性的特点，需要不断吸收人民群众在实践当中取得的成果。这就要求思政课教师的思维不能僵化，要紧跟时代脚步，将最新的马克思主义中国化的理论成果传递给学生。创新思维还体现在思政课教师要不断创新教学方法，活跃课堂气氛，以学生为主体，提升学生的学习兴趣，把教材体系创造性转换为教学体系，以生动的语言、鲜活的案例、深入浅出的讲解来传递教学内容，从而解决课堂中学生抬头率不高的问题。思政课教师还需要具有辩证思维，建立辩证唯物主义和历史唯物主义哲学观。要向学生传授分析问题、解决问题的方法，就是要将辩证唯物主义和历史唯物主义的基本原理传授给学生，做到学以致用。

要通过各种形式提高思政课教师的马克思主义理论功底。可以举办各种思政课教师研修班，实施思政课教师培养计划，建设思政课教师研修基地等，全面提升每一位思政课教师的理论功底和知识素养。可以组织思政课教师在国内外考察调研，拓宽视野。思政课教师自身要加强学术研究，以科研促进教学。理论基础、科学研究和课堂教学三者是相互促进的关系。提高课堂教学效果，一定吃透教材、理解教材。做好科研，可以解教师之惑，通晓马克思主义的真理性，这样才能真正通俗易懂地讲解教学内容。在课堂讲授中会碰到各种问题，特别是学生会更加关注社会生活中的热点、难点问题，对这些问题的回答需要教师必须有扎实的理论功底和较强的科研能力作为支撑。

3. 思政课教师要加强自身道德修养

要达到“自律要严、人格要正”的要求，思政课教师必须加强自身道德修养。习近平总书记指出：“评价教师队伍素质的第一标准应该是师德师风。”[①]学校的根本任务是立德树人，教师是立德树人的主体，要以德立身、以德立学、以德施教。要注重提高大中小学思政课教师师德修养和道德水平，以高尚的人格引领学生健康成长。思政课教师是塑造灵魂的职业，自身充满“正能量”，才能吸引和教育学生。正如习近平总书记所指出的：“老师对学生的影响，离不开老师的学识和能力，更离不开老师为人处世、于国于民、于公于私所持的价值观。一个老师如果在是非、曲直、善恶、义利、得失等方面老出问题，怎么能担起立德树人的责任？”[②]合格的思政课教师应该不断提高自身道德修养，提升人格品质。所以，思政课教师要坚持教书和育人相统一，坚持言传和身教相统一，做到学为人师，行为世范。

思政课教师良好的道德修养首先体现在完善的人格上。要做学生的引路人，其自身必须要有完善的人格。习近平总书记强调：“教师要成为学生做人的镜子，以身作则、率先垂范，以高尚的人格魅力赢得学生敬

① 习近平：《在北京大学师生座谈会上的讲话》，《人民日报》2018年5月3日，第2版。
② 习近平：《做党和人民满意的好老师》，《人民日报》2014年9月10日，第1版。

仰，以模范的言行举止为学生树立榜样，把真善美的种子不断播撒到学生心中。”[①] 人格是一个人精神修养的集中体现，能够反映一个人的品质修养。人格要正是指为人正派，能够正确处理好公与私、义与利、是与非、正与邪、苦与乐的关系。思政课是净化人心灵的课程，是传播价值观的场所，要求我们的教师能够以身作则，用高尚的人格吸引、感染学生。人格正才能形成人格魅力。良好的人格魅力可以通过言传身教的方式自觉感召学生，才能增强思政课课堂的亲和力和吸引力，才能弘扬主旋律和传递正能量。思政课教师人格正不仅指道德品质高洁，而且也指教师应具有良好的职业素养，能够把思政课教学作为自己的光荣职责，扎扎实实提高教学能力，为培养好下一代作出应有的贡献。

良好的道德修养要求思政课教师自律要严。自律要严，指师德的养成建立在自律的基础上，没有严格的自律，难以形成高尚的品格。作为思政课教师要严于修身，严于律己，要用“吾日三省吾身”的自律精神去严格要求自己。思政课教师要做到言行一致，不仅在课堂上教育学生，而且在生活当中能够用这样的标准要求自己，绝不能成为课上一套、课后一套的两面人。思政课教师不仅是社会主义核心价值观、优秀道德品质的传播者，也应该是积极的践行者，不仅在课堂上讲授马克思主义和中国特色社会主义，而且在工作生活当中要自觉贯彻落实中国特色社会主义的路线、方针、政策。这样才能用自己的言行感染学生，真正成为学生的引路人。

（原载《吉首大学学报（社会科学版)》2020年第2期。中国人民大学复印报刊资料《高校思想政治理论课教学研究》2020年第4期全文转载）

①《习近平首次点评“95后”大学生》,《人民日报》2017年1月3日，第2版。

三

新时代高校马克思主义学院教师队伍建设的目标

新时代高校马克思主义学院是马克思主义理论教学、研究、宣传和人才培养的坚强阵地。要建好建强高校马克思主义学院，发挥其战斗堡垒作用，关键是加强教师队伍建设。2019 年 3 月 18 日，在学校思想政治理论课教师座谈会上，习近平强调指出："办好思想政治理论课关键在教师，关键在发挥教师的积极性、主动性、创造性。"① 习近平"3·18 讲话"一年来，高校马克思主义学院教师队伍建设呈现新的气象。2019 年 8 月，中办国办印发《关于深化新时代学校思想政治理论课改革创新的若干意见》（以下简称《意见》），从教师队伍配备、教师队伍素质、教师队伍评价等五个方面对教师队伍建设提出了总体要求。2020 年 1 月，教育部又公布了《新时代高等学校思想政治理论课教师队伍建设规定》。高校教师队伍建设有多个层面的目标，包括教师队伍数量、教师队伍结构等，而把高校马克思主义学院教师培养成为新时代高校马克思主义信仰的坚守者、马克思主义理论的研究者、传播者，是教师队伍建设的本质要求，对高校马克思主义学院教师队伍建设起着关键作用。

（一）新时代高校马克思主义信仰的坚守者

习近平指出，正确理想信念是教书育人、播种未来的指路明灯。有坚定的理想信念是对思政课教师素质的基本要求。绝不能奢望一个没有正确坚定信仰的人成为一个优秀的思政课教师。

① 习近平：《用新时代中国特色社会主义思想铸魂育人　贯彻党的教育方针落实立德树人根本任务》，《人民日报》2019 年 3 月 19 日，第 1 版。

1. 高校马克思主义学院教师必须具有坚定的信仰

高校马克思主义学院教师承担的立德树人的重要任务决定其教师必须要有坚定的马克思主义信仰，真学真信真懂真用马克思主义，只有这样才能以更彻底的理论说服学生，以更大的情怀和格局感染学生，在复杂形势下能够保持战略定力，认清是非，坚持原则。习近平曾强调，思政课教师首先政治要强，从根本上要求“让有信仰的人讲信仰”[①]。

坚定信仰是对马克思主义学院教师的必然要求。2014 年习近平在考察北京师范大学时，对广大师生提出了做“四有”好老师的要求，其中就把“有理想信念”放在了第一位。2019 年中办国办印发的《意见》根据习近平在学校思想政治理论课教师座谈会上的讲话精神，把“政治强”放在了对思想政治理论课教师要求的第一位，明确要建设一支“政治强、情怀深、思维新、视野广、自律严、人格正的”思政课教师队伍。[②]马克思主义学院教师承担着马克思主义理论教学、研究、宣传和人才培养的重要任务，尤其是要引导新时代青年大学生树立科学的理想信念，教育引导其成长成才，最终要落实立德树人的根本任务。要让学生树立马克思主义信仰，前提是教师必须要有坚定的马克思主义信仰。只有这样才能够把准政治方向、站稳政治立场、严守政治纪律，才能明大德、守公德、严私德，才能从政治高度看问题，讲清大是大非，不负“灵魂的工程师”“文明传承者”的天职，进而担负起传播知识、传递思想、追寻真理，塑造灵魂、净化生命、培育新人的时代重任。

坚定信仰是对高校思想政治理论课的根本要求。高校思想政治理论课是立德树人的关键课程，它以传授马克思主义理论为主要内容，旨在教育和引导学生形成科学的世界观、人生观和价值观，培育社会主义的合格建设者和可靠接班人。《意见》对思想政治理论课的课程目标作了全面规定，其中就专门强调要引导学生“坚定对社会主义和共产主义的信念”[③]。从根本上来说，思想政治理论课就是信仰教育课程，马克思主

① 习近平:《用新时代中国特色社会主义思想铸魂育人　贯彻党的教育方针落实立德树人根本任务》,《人民日报》2019 年 3 月 19 日，第 1 版。

②《中办国办印发〈意见〉深化新时代学校思想政治理论课改革创新》,《人民日报》2019 年 8 月 15 日，第 1 版。

③ 同上。

义学院教师没有坚定的信仰，就不可能上好思想政治理论课，更不可能很好地落实立德树人的根本任务。

坚定信仰是教育青年学生成长成才的内在要求。邓小平指出："一个学校能不能为社会主义建设培养合格的人才，培养德智体全面发展、有社会主义觉悟的有文化的劳动者，关键在教师。"[①] 办好思想政治理论课，最根本的就是要全面贯彻党的教育方针，解决好培养什么人、怎样培养人、为谁培养人这个根本问题。树立马克思主义信仰在青年学生成长成才中起着重要作用，它构成青年学生的思想灵魂，决定着青年学生的成长成才。习近平也强调："广大青年一定要坚定理想信念……没有理想信念，就会导致精神上'缺钙'。"[②] 新时代高校马克思主义学院教师就是要帮助和引领青年学生树立科学的理想信念，具体来说，就是要牢固树立中国特色社会主义共同理想和共产主义远大理想，在青年学生心中播下梦想的种子，使新时代大学生肩负起时代赋予的重任，坚定中华民族伟大复兴的信心。

2. 在学习、培训和教育中坚守马克思主义信仰

推动高校马克思主义学院教师做新时代高校马克思主义信仰的坚守者必须持续不断加强其对马克思主义理论的学习，同时，要不断强化对其进行教育和培训，使其在系统性、常态化的教育培训中学习"看家本领"，牢牢坚守马克思主义信仰。

强化对马克思主义理论的系统学习。马克思指出："教育者本人一定是受教育的。"[③] 习近平也多次强调教师学习的优先地位，比如"教师思想政治状况具有很强的示范性，传道者自己首先要明道信道""坚持教育者先受教育"等。坚定马克思主义理想信念有众多途径，其中学习是最为基本的途径。信仰之，必理解之。坚定的马克思主义信仰必然建立在对马克思主义特别是对人类社会发展规律的深刻理解和把握之上。不认真学习和研究马克思主义，马克思主义信仰就无从谈起。因此，要创新学习内容，不仅要学习马克思主义及其中国化的理论成果，还要广

①《邓小平文选》第二卷，北京：人民出版社 1994 年版，第 108 页。
②《十八大以来重要文献选编》上，北京：中央文献出版社 2014 年版，第 278 页。
③《马克思恩格斯选集》第一卷，北京：人民出版社 2012 年版，第 134 页。

泛学习中华优秀传统文化、中国革命文化等。同时，要适应新时代发展和人才培养要求，不断提高思想觉悟、更新知识结构，不断提高马克思主义理论水平，对共产主义理想信念始终保持清醒认知和执着追求。同时，改革创新教师学习制度，推进理论学习制度常态化，并作为马克思主义学院教师教育培训的重要内容，促使其学习规范化、制度化。

加强马克思主义理论研修和培训。研修和培训是学习的一种重要方式，也是新时代增强高校马克思主义学院教师信仰的重要途径。《意见》中以培育一大批优秀马克思主义理论教育家为目标，对高校马克思主义学院教师的培训和研修作出了顶层设计和总体部署。一是举办研修班。要面向思政课教师举办专题研修班，依托各级党校（行政学院）、重点马克思主义学院等办好“周末理论大讲堂”、骨干教师研修班、青年教师教育教学论坛等。二是加强研修基地建设。一方面要发挥全国重点马克思主义学院的引领示范作用，依托其所在高校开展理论研修活动，依托高水平师范类院校，发挥其教师培养的专长，大力开展思政课教师教学研修活动，提升思政课教师的理论功底、知识素养；另一方面要结合新时代发展实际建立一批“思政课教师研学基地”，以便组织思政课教师考察调研，强化实践学习，在实践中深化认识。三是拓宽国际视野。加大政策和经费支持，组织思政课骨干教师赴国外调研，在国际比较中深化对中国的发展的认识，坚定“四个自信”。同时，要不断完善教育培训体系，实现对全国思政课教师培训全覆盖。

加强党对马克思主义学院教师队伍建设的领导。习近平指出：“加强党对教育工作的全面领导，是办好教育的根本保证。”[①] 加强党对高校马克思主义学院教师队伍建设的领导体现了党管高校、党管人才的政治原则。一方面，发挥学校各级党委党总支的主体功能。学校党委要建立健全思想政治理论课教师马克思主义教育制度，将教师的马克思主义教育列入党委常委会议事日程，学院党委或党总支要积极开展教师马克思主义教育学习活动，通过各种创新形式定期组织教师开展学习；另一方面，要把加强高校思想政治理论课教师教育放到学院建设、学科发展、人才

① 习近平:《坚持中国特色社会主义教育发展道路 培养德智体美劳全面发展的社会主义建设者和接班人》,《人民日报》2018 年 9 月 11 日，第 1 版。

培养的整体谋划之中，从整体上把握高校思想政治理论课教师队伍建设方向。要加强对教师的意识形态教育和管理，坚决清除政治信仰不坚定、有师德师风问题的思想政治理论课教师。

3. 坚守马克思主义信仰重在转化为具体实际行动

坚守信仰是具体的，而不是抽象的。高校马克思主义学院教师不仅要真学真懂真信马克思主义，而且要真用马克思主义，做到知行合一，从而成为学生成长成才的引路人。

理直气壮地讲好思想政治理论课。习近平在学校思想政治理论课教师座谈会上强调："我们办中国特色社会主义教育，就是要理直气壮开好思政课"①。要坚持政治性和学理性的统一、价值性和知识性的统一，一方面，要引导学生掌握理论知识，以理论的彻底性说服学生，以理论的解释力引导学生，以真理的强大魅力感染学生，做到"说得清""难不住""驳得倒"，彰显马克思主义的真理力量，防止和杜绝追求热热闹闹，搞形式主义，对问题讲不清楚讲不透彻。另一方面，要强化思想政治理论课的思想性、理论性，引导学生"扣好人生第一粒扣子"，帮助学生克服理想淡化、信仰缺失等问题，引导学生树立正确的理想信念，增强"四个自信"，弘扬和践行社会主义核心价值观。同时，遵循教育教学规律，创新教学方式方法，善于将教材内容转化为教学内容，将抽象的理论转化为学生喜闻乐见的形式和通俗易懂的鲜活语言，提升思政课的亲和力、吸引力、针对性，促进思政课教学质量和效果的不断提升。

对各种错误思潮进行驳斥和批判。毛泽东指出："掌握思想领导是掌握一切领导的第一位"②，"我们应当批评各种各样的错误思想。不加批评，看着错误思想到处泛滥，任凭它们去占领市场，当然不行。有错误就得批判"③。改革开放以来，一些错误思潮趁机而入，比如，历史虚无主义、新自由主义、民主社会主义、"普世价值"论等，严重干扰人们的思想，影响人们的价值判断，尤其是青年学生，正处在世界观、人

① 习近平:《用新时代中国特色社会主义思想铸魂育人　贯彻党的教育方针落实立德树人根本任务》,《人民日报》2019 年 3 月 19 日，第 1 版。

②《毛泽东文集》第二卷，北京：人民出版社 1993 年版，第 435 页。

③《毛泽东文集》第七卷，北京：人民出版社 1999 年版，第 232—233 页。

生观、价值观形成的“拔节孕穗期”，最容易受到社会上各种错误思想观点的侵袭。习近平明确指出，思政课“要坚持建设性和批判性相统一……直面各种错误观点和思潮。”[①]要在正面宣传马克思主义理论，弘扬社会主义核心价值观的基础上，敢于亮剑，理直气壮地对一些错误思潮进行严厉驳斥和精准批判，坚决反对一切削弱、歪曲、否定党的领导和中国特色社会主义制度的言行。同时，要运用马克思主义基本立场、观点、方法对这些错误思潮进行分析，向青年学生讲清楚这些错误思潮产生的根源、实质和危害，在比较中引导学生树立正确的理想信念和价值观念。

树立良好的师德师风。良好的师德师风既是坚守马克思主义信仰的具体体现，也是高校马克思主义学院教师的底线。习近平高度重视师德师风建设，强调“评价教师队伍素质的第一标准应该是师德师风”[②]，指出广大教师要以德立身、以德立学、以德施教，做到教书和育人相统一、言传和身教相统一、潜心问道和关注社会相统一、学术自由和学术规范相统一。2018 年 1 月，中共中央、国务院印发《关于全面深化新时代教师队伍建设改革的意见》，要求把提高教师的思想政治素质和职业道德水平摆在首要位置，突出全员、全方位、全过程的师德养成。师德建设是马克思主义学院教师落实立德树人根本任务的首要前提，绝不能期望一个没有良好师德的人能够教育出合格的建设者和接班人。

（二）新时代高校马克思主义理论的研究者

高校马克思主义学院的教师，第一身份是老师、第一工作是教书、首要岗位职责是讲好思想政治理论课。思政课教师作为思想政治工作者，归根结底是做人的工作，始终承担着培养人的根本任务。因此，思政课教师就必然要在引导学生立德、立志，成人、成才，树立正确世界观、人生观、价值观，坚定“四个自信”的过程中作出积极贡献。这就需要思想政治理论课教师深入研究马克思主义理论，及时将研究成果运

① 习近平:《用新时代中国特色社会主义思想铸魂育人 贯彻党的教育方针落实立德树人根本任务》,《人民日报》2019 年 3 月 19 日，第 1 版。

② 习近平:《在北京大学师生座谈会上的讲话》,《人民日报》2018 年 5 月 3 日，第 2 版。

用于教学之中。

1．高校马克思主义学院教师要致力于马克思主义理论研究

习近平指出："马克思主义理论体系和知识体系博大精深……不下大气力、不下苦功夫是难以掌握真谛、融会贯通的。"[①] 能够掌握、熟悉、精通和运用马克思主义理论是高校思政课教师尽职履责的基本要求，而要完成这项要求唯有对马克思主义理论进行深入研究。

马克思主义学院教师是新时代中国研究马克思主义理论的主要力量。新中国成立后，毛泽东就提出为了建成社会主义，我们"必须有自己的教授、教员、科学家、新闻记者、文学家、艺术家和马克思主义理论家的队伍。"[②] 党的十八大以来，党中央高度重视马克思主义学院和马克思主义理论学科建设。目前，高校马克思主义学院新进教师的入职条件要求必须是中共党员，并且具有马克思主义理论或相关专业的博士学位。这一要求使得教师队伍专业化水平得到提升，结构也进一步优化。大多马克思主义学院教师经过严格的科研训练，具有扎实的理论功底，高水平、高质量的科研成果不断增多，已然成为马克思主义理论研究的一支不可或缺的重要力量。

开展马克思主义理论研究工作是讲好思政课的必然要求。思政课以马克思主义理论课程体系为主，但绝不仅限于此，而是由一系列引导和教育学生成长成才的课程组成的庞大课程体系，可将其分为专业思政和课程思政。讲好思政课不仅需要系统掌握、深刻理解马克思主义及其中国化理论成果，而且要强化问题导向，科学回答重大的理论和现实问题，做到解疑释惑。对于我们需要什么样的理论家，毛泽东曾指出，要"能够依据马克思列宁主义的立场、观点和方法，正确地解释历史中和革命中所发生的实际问题，能够在中国的经济、政治、军事、文化种种问题上给予科学的解释，给予理论的说明"[③]。而这样的理论家，就要真正掌握并运用马克思主义立场、观点和方法，去认识分析中国的实际问题，致力于找出它的发展规律。思想政治理论课教师同样需要这样的素

① 习近平：《在哲学社会科学工作座谈会上的讲话》，《人民日报》2016 年 5 月 19 日，第 2 版。
②《建国以来重要文献选编》第 10 册，北京：中央文献出版社 2011 年版，第 435 页。
③《毛泽东选集》第三卷，北京：人民出版社 1991 年版，第 814 页。

质和能力，否则，就不能回答重大的理论和现实问题，就不能胜任思想政治理论课教学工作。

研究马克思主义理论是推进马克思主义理论创新的客观要求。改革开放以来，我国经济社会发展进程波澜壮阔、成就举世瞩目，蕴藏着理论创造的巨大动力、活力、潜力。高校马克思主义学院教师作为马克思主义理论研究的重要力量，及时用马克思主义立场、观点、方法分析和研究新时代中国经济社会发展中面临的新情况新问题，又从理论上提出解决这些问题的新思路和新方法，为马克思主义理论创新发展贡献自己的智慧，是责无旁贷的。习近平指出："坚持和发展中国特色社会主义，全面深化改革，有效应对前进道路上可以预见和难以预见的各种困难与风险，都会提出新的课题，迫切需要我们从理论上作出新的科学回答。我们要及时总结党领导人民创造的新鲜经验，不断开辟马克思主义中国化新境界，让当代中国马克思主义放射出更加灿烂的真理光芒。"①

2. 高校马克思主义学院教师要从多方面研究马克思主义

学术研究应坚持鲜明的问题导向，致力于解决理论问题或现实问题。那么，高校马克思主义学院教师既要将马克思主义经典原著作为研究内容，也要致力于研究思政课教材和思想政治教育教学规律。

研究马克思主义经典原著。思政课以马克思主义理论为基本内容，教育引导学生学习、掌握马克思主义的基本立场、观点、方法，并在运用其分析解决问题的过程中形成正确的世界观、人生观、价值观。而这些基本立场、观点、方法蕴含于马克思主义的经典原著之中。思政课教师要做到理直气壮地讲好思政课，就绝不能满足于对经典作家个别论断的一知半解，而要原原本本地学习、研究马克思主义经典原著。为此，一要研究马克思主义发展史，从历史发展中理解马克思主义基本立场、观点、方法的深刻内涵。二要研究马克思主义经典篇目，以整体性视角深入理解马克思主义基本原理。三要研究马克思主义中国化的理论成果，结合中国实际理解马克思主义基本原理在中国的运用和发展。四要重点研究习近平新时代中国特色社会主义思想，从理论层面分析和研究

① 习近平:《在纪念毛泽东同志诞辰120周年座谈会上的讲话》,《人民日报》2013年12月27日，第2版。

实现中华民族伟大复兴的伟大征程中的现实问题。唯有深入研究马克思主义经典原著，做到理论上的彻底，才能“为增强思政课的思想性、理论性提供多角度学术支持”[①]。

研究思想政治理论课教材。思想政治理论课教材是由“马克思主义理论研究和建设工程”专家组领衔编撰的专门针对青年大学生实施思想政治教育的教学用书，是新时代高校开好思想政治理论课的基本遵循。高校思想政治理论课教师要开好思想政治理论课首先就要研究教材、吃透教材。教材编写遵循着教材编写的逻辑，其篇章安排、行文风格都有教材的特点，这就要求思想政治理论课教师首先要对教材进行研究。要明白各门思想政治理论课教材都以马克思主义为指导，从不同侧面回答了中国共产党为什么“能”、马克思主义为什么“行”、中国特色社会主义为什么“好”等问题。要通过研究，实现教材体系向教学体系转化，提升思政课的教学效果。

研究思想政治教育教学规律。马克思主义理论教育是思想政治理论课教学的本质内容，其既有一般教育的特点，也有自身的教育规律。因此，思政课教师也需要研究马克思主义理论教育教学规律，在此基础上对思想政治理论课进行大胆的改革创新。一是研究青年学生，掌握青年学生的具体实际情况和认知规律，清楚青年学生的需求和面临的思想问题等，把握学生特点，从而精准施教。二是研究教学方式，结合互联网和现代传播技术，创新教学方法手段，大胆进行教学改革，提升学生学习的主动性和积极性。三是研究重大现实问题，以重大现实问题为切入点，阐明问题、澄清理论，引导学生认识问题、分析问题、解决问题，提升学生的获得感。

3. 积极推动高校马克思主义学院教师开展理论研究

高校马克思主义学院教师进行马克思主义理论研究既是自身“安身立命”的基本途径，也是提升思政课教学效果的必然要求，相关部门和教师都应该在强化马克思主义理论研究方面下大气力。

教育主管部门和高校应加大对思政课教师科学研究的支持力度。主

①《中办国办印发〈意见〉深化新时代学校思想政治理论课改革创新》，《人民日报》2019年8月15日，第1版。

要通过项目支持、平台建设、制度保障等多方面支持思政课教师进行科学研究。一是项目支持。《意见》提出，要给思政课教师以专项支持，在课题申报、经费支持方面给予大力支持，在各级各类科研项目立项中针对思政课教学重点难点问题和教学方法改革创新等方面的问题设立思政课教师专项计划。2019 年开始，国家社科基金规划项目已经开始设立思政专项。二是平台建设。要建好建强全国重点马克思主义学院和示范性马克思主义学院，进一步加强学术阵地建设。三是强化保障。以建立健全重点学院、重点学科、重点课程建设的制度为依托，加强马克思主义学院、马克思主义理论学科、思想政治理论课建设，优先保障其发展所需的人才、资源等。

制定相应的科学研究激励机制，推动马克思主义理论研究。一要增强思政课教师的职业认同感、荣誉感、责任感，将思政课教师中的优秀分子纳入“万人计划”“长江学者奖励计划”等各类高层次人才项目，做到适当倾斜，加大支持力度。二要结合当时当地实际设立思政课教师岗位津贴。三要注重设立相应的荣誉称号，表彰优秀思政课教师，如推选思政课教师年度影响力人物等。加大力度宣传思政课教师中的优秀代表，重点表彰宣传其坚定立场、丰厚学养和育人成效等，发挥其示范引领作用。

思政课教师要着力提高自身马克思主义理论研究能力和水平。思政课教师要提高认识，充分认识到马克思主义理论研究是自身工作职责，推动自身持续开展马克思主义理论研究，争做政治立场坚定、理论功底深厚的新时代思想政治理论课教师。要把对马克思主义理论的研究作为提高思政课教学水平的重要支撑，以科研促进教学，实现教学和科研的相互促进。

（三）新时代高校马克思主义理论的传播者

2020 年 1 月习近平在云南考察时指出，我们要传播好马克思主义，不能照本宣科、寻章摘句，要大众化、通俗化。新时代，高校马克思主义学院教师身担重任，不仅要坚守好马克思主义信仰、研究好马克思主义理论，还要讲好中国故事，传播好马克思主义理论，做马克思主义理论的传播者。

1. 重视马克思主义理论以及党的路线方针政策的宣讲传播

积极开展理论宣讲是马克思主义学院教师服务于社会公众的主要渠道。马克思主义学院教师要在讲好思想政治理论课的同时，积极开展各种形式的理论宣讲。

宣讲、传播马克思主义及其中国化理论成果。一方面，要做好理论阐释，宣讲传播马克思主义基本理论，阐释马克思主义立场、观点和方法；另一方面，围绕党的创新理论成果和重大热点问题进行宣讲、传播。党的路线方针政策其实质就是马克思主义基本原理在新时代中国发展中的实际运用，体现了马克思主义的基本立场、观点和方法。因此，2018年5月习近平在北京大学考察时强调："我们对马克思和《共产党宣言》的最好纪念，就是把党的十九大精神和新时代中国特色社会主义思想这一当代中国马克思主义研究好、宣传好、贯彻好。"① 当前，要以习近平新时代中国特色社会主义思想、党的十九届四中全会精神为主要内容进行理论宣讲，力求让宣讲对象内心认同、情感接受、行动遵循。

适应新时代要求和传播对象实际不断创新理论宣讲传播形式。毛泽东曾指出："真想做宣传，就要看对象，就要想一想自己的文章、演说、谈话、写字是给什么人看、给什么人听的……射箭要看靶子，弹琴要看听众"②。做马克思主义理论的传播者就要按照宣讲传播的本质要求和内在规律，适应新时代互联网、大数据等发展要求，根据宣讲传播对象的思维习惯和接受方式，创新宣讲传播形式，提升宣讲传播效果。一方面，要充分发挥以互联网为主体的新兴媒体的作用，运用各种平台载体和传播手段，形成传统与现代媒介相结合的，有声的和无声的、有形的和无形的，人民群众欢迎的、生动活泼的传播方式方法；另一方面，要转化话语表达形式，善于和惯于运用更接地气、更贴近群众的语言，使主流话语和思想得以有效传播、理解和接受。

宣讲传播马克思主义理论过程中要反对教条主义和主观主义。做马

① 习近平：《抓住培养社会主义建设者和接班人根本任务　努力建设中国特色世界一流大学》，《人民日报》2018年5月3日，第1版。

②《毛泽东选集》第三卷，北京：人民出版社1991年版，第836页。

克思主义理论的传播者就要紧密联系现实，坚持以问题为导向，紧扣人民群众的关切，从更深层面回答好为什么、做什么、怎么做等问题，而不是囫囵吞枣、照搬照抄、照本宣科，也不是从个人意志、个人经验、主观感情出发，使主观脱离于客观、认识脱离于实践。为此，习近平强调道："坚持理论联系实际的马克思主义学风，坚持问题导向……反对主观主义、教条主义、形式主义，防止空对空、两张皮。"①

2. 加强中国特色社会主义道路、理论、制度和文化的对外传播

新时代马克思主义学院教师的对外学术交流、出国访学研修、参加国际会议等日益增多，这对拓展教师的学术研究视野，提升学科国际影响等具有重要作用，同时作为马克思主义理论的传播者，要展现和彰显中国特色社会主义研究成果，讲好中国故事、传播好中国声音，消除国际社会对中国特色社会主义的各种误解和质疑，提升中国特色社会主义的国际影响力。

运用好各种载体和平台传播中国特色社会主义。高校马克思主义学院教师要充分利用好各种载体和平台，将中国特色社会主义道路、理论、制度和文化等的核心要义，有效传播给国际社会。比如，通过国际性学术会议及其他学术交流活动等载体，通过演讲、报告、谈话、对话、讲课等形式，讲好新中国70多年中国共产党领导中国人民进行革命、建设和改革开放的生动故事，尤其是这些故事背后的深刻原因和发展逻辑，讲清楚中国共产党的坚强领导、中国特色社会主义制度的可靠保障、中国人民的勤劳智慧是书写中国故事、创造中国奇迹、贡献中国方案的不竭动力。

3. 马克思主义理论传播需要处理好的几个关系

高校马克思主义学院教师在传播马克思主义理论过程中要正确处理好真理和真情、守正和创新以及"传道""授业""解惑"之间的关系。

处理好真理与真情的关系。习近平曾指出："要坚持不懈传播马克思主义科学理论，抓好马克思主义理论教育，为学生一生成长奠定科学的思想基础。"②这就要求思政课教师把追求真理作为内在需要。同时，要

① 习近平：《在全国党校工作会议上的讲话》，北京：人民出版社2016年版，第16页。
②《习近平谈治国理政》第二卷，北京：外文出版社2017年版，第377页。

有真情、激情和热情。感人心者，莫先乎情。要在教学中流露真情，使学生亲其师而信其道，信其道而受其教。

处理好守正与创新的关系。守正方能创新。既要科学总结以往实践中形成的宝贵经验，又要不断推进改革创新。新中国成立 70 多年来，思想政治理论课教师传播马克思主义理论形成了一系列规律性认识和成功经验，为守正创新提供了重要基础。传播马克思主义理论根本上就是用理论掌握群众，本质上也是思想政治教育，是做人的工作，为此，就应该遵循思想政治工作规律、教书育人规律、学生成长规律，既要强化思想引领，在理论内容上跟上时代，又要在形式上作有益探索，在形式上跟上时代。

处理好“传道”“授业”“解惑”的关系。新时代马克思主义理论的传播者，要做到“传道”有责、“授业”有术、“解惑”有力。“传道”有责，就是要旗帜鲜明地讲政治，善于从政治上看问题，在大是大非面前保持政治清醒；要清晰透彻地讲学理，善于准确阐释马克思主义的立场、观点、方法；要善于弘扬社会主义核心价值观，引导学生努力做社会主义核心价值观的践行者。“授业”有术，就是要学会运用创新的宣讲理念、翔实的宣讲资料，严密的宣讲逻辑、通俗的宣讲语言、多样的宣讲形式等打造精彩讲堂，使宣讲对象受启发，有收获。“解惑”有力，就是要自觉运用马克思主义立场观点方法认识、分析问题，认清中国发展所处的阶段及面临的问题，深刻把握世界发展大势，科学回答社会发展中的重大理论和现实问题，力争及时回应解答时代课题。

（原载《马克思主义理论学科研究》2020 年第 2 期）

四

论新时代思想政治理论课的制度化建设

思想政治理论课是落实立德树人根本任务的关键课程。中国特色社会主义进入新时代，各地各级学校都把思政课建设放在首位，加强和改进思政课教学工作，充分发挥思政课的主阵地、主渠道作用，进行了大量的教学改革和制度创新，使课程的亲和力、说服力、感染力不断增强。特别是习近平总书记在学校思想政治理论课教师座谈会上的讲话发表以来，各级各类学校思政课建设进入了快车道。但是，总体来说，新时代思政课建设取得显著成就的同时，也仍然存在一些问题，特别是思政课制度化建设不足制约了思政课立德树人功能的发挥。新时代思政课建设需要在制度化建设方面集中发力，也就是通过不断完善制度规范加强思政课建设，保障思政课建设的持续推进，以切实提高思政课立德树人、铸魂育人的成效。

（一）新时代思政课制度化建设的重大意义

思政课是学生接受思想政治教育的主渠道和基本途径。加强思政课建设是适应新时代社会主义现代化建设，培养时代新人的必然选择。为了进一步加强新时代思政课建设，需要在继续进行思政课改革创新的同时，不断强化制度建设，形成规范的思政课建设制度体系，为推进思政课建设提供制度保障。

1. 推进思政课高质量发展的客观要求

加强思政课建设是新时代落实立德树人根本任务的迫切要求。党的十八大以来，党中央先后召开全国高校思想政治工作会议、全国教育大会，对思政课建设提出了许多新的要求，思政课建设驶入了发展的快车道。2019 年 3 月 18 日，习近平主持召开学校思想政治理论课教师座谈会并发表重要讲话，提出“办好思政课，要放在世界百年未有之大变局、党和国家事业发展全局中来看待，要从坚持和发展中国特色社会主义、建设社会主义现代化强国、实现中华民族伟大复兴的高度来对待”①，并对思政课建设提出了新的要求。2019年4月教育部印发《普通高等学校思想政治理论课教师队伍培养规划（2019—2023年）》，2019年8月中共中央办公厅、国务院办公厅印发的《关于深化新时代学校思想政治理论课改革创新的若干意见》，2020年1月教育部制定了《新时代高等学校思想政治理论课教师队伍建设规定》等，对思政课建设提出了系列规划和制度设计。从具体实践看，为贯彻落实习近平关于思政课建设重要论述和相关文件精神，各地在思政课建设方面取得了显著成效，尤其是制度化建设方面也取得了重要进展，比如制定了集体备课制度、思政课教师兼职制度、领导干部上思政课制度、思政课教师培训和研修制度等。但是，思政课建设还存在一些薄弱环节，影响思政课建设质量，包括课堂教学效果还需提升，教材内容还需丰富，教师队伍建设存在短板，评价和支持体系有待健全，大中小学思政课一体化建设需要深化等。这些问题的解决，迫切要求思政课建设进一步深入制度化层面，通过系统科学的制度设计和安排，推进思政课建设体系化、制度化、规范化，从而为提高思政课建设质量，落实立德树人根本任务提供制度保障。

2. 梳理总结思政课建设经验的迫切需要

发挥思政课立德树人重要作用是党和国家建设事业长远发展的根本需要。为了加快思政课建设，各级教育行政部门以及各类大中小学校都对思政课建设投入了大量精力，积极推进思政课改革创新，形成了许多具有实效性的做法和经验。这些成功经验凝聚了许多教育行政主管部门和思政课教师的智慧，因此迫切需要把这些成功经验进行系统总结，上升为制度规范，在全国范围内进行推广，从而以点带面全面提升思政课建设质量。同时，近年来为了加快思政课建设，各级各类教育行政部门出台了一些规范性文件，各类学校又根据自身的特点制定了许多思政课

① 习近平:《思政课是落实立德树人根本任务的关键课程》,《求是》2020年第17期。

改革文件，但是文件之间往往差异较大，不够协调统一，甚至存在相互抵触的地方；许多文件更多是关于思政课建设的指导性意见，没有形成统一、具体的制度性规范；一些地方制定的规范性文件已经滞后于思政课发展，没有及时进行清理和修订。思政课教学单位在遵照执行时有时出现疏漏，有时又显得无所适从。这样极易导致一些好的建设经验得不到普及，一些错误的做法得不到纠正。加强思政课制度化建设，就是要统筹整理和规范这些制度性文件，使各项制度形成合力，共同促进思政课建设。

3. 推进大中小学思政课一体化建设的内在要求

习近平强调指出："要把统筹推进大中小学思政课一体化建设作为一项重要工程……推动思政课建设内涵式发展。"[①] 要根据思想政治理论教育规律和不同学段学生成长规律科学作出总体部署，在大中小学各学段统一开设思政课课程，使各学段的思政课课程定位、课程目标、教学内容、育人过程做到衔接贯通。目前，大中小学都开设了不同层次的思政课程，但缺乏整体性的规划和一体化的部署，如各学段之间的教材衔接缺乏统一规划，出现内容之间的简单重复、脱节问题，不能较好地实现循序渐进、螺旋式上升，使学生对思政课的兴趣受到影响；不能较好地发挥高校马克思主义学院辐射作用，主动对接中小学思政课教师队伍建设，开展专门培训项目，高校思政课教师走进中小学校开展教学实践的积极性受到影响；高校马克思主义学院与中小学定期开展教学研讨、课程研究、教师实践教育等活动缺乏具体制度支撑等。推进大中小学思政课一体化建设，必须从制度建设入手，统筹各学段的思政课课程建设，增强一体化意识和整体观念。要尽快制定大中小学一体化建设的整体性制度安排，对各学段的教材建设、教学研讨和教师队伍建设进行统一规划，促进各学段教师之间的合作交流，使学生在每一个学段都能受到符合年龄特点的思想政治教育。

4. 适应思政课守正创新的必然要求

新时代思政课建设面临许多新的困难和挑战，需要及时更新教学理

---

① 习近平：《思政课是落实立德树人根本任务的关键课程》，《求是》2020 年第 17 期。

念、改进教学方法，尤其是坚持守正和创新相统一，不断进行教学改革创新，提高思政课的亲和力和感染力、针对性和实效性，实现知、情、意、行的统一，使思政课真正能够深入人心，加强思政课的制度化建设以保障改革创新的正确方向。

应当看到，新时代思政课改革创新成就斐然，教学效果明显得到提升。但是在改革创新的过程中也存在一些问题。有的思政课教学改革只注意形式，忽略内容，哗众取宠，把思政课堂变成了个人秀场，实际上背离了思政课的教学规律，学生的获得感并不强。新时代思政课改革创新应该是守正创新的统一，守正才能创新，其中守正是要守马克思主义的根本，守中国特色社会主义的根本，守思政课立德树人的根本。思政课程教书育人的性质不能改，传递理论知识、理想信念的功能不能变。思政课的创新是在守正基础上的创新，要有正确方向，不能舍本逐末。加强制度化建设，对思政课程建设的整体进行规范，科学界定思政课改革创新的手段、方式和范围，给思政课的改革创新正本清源，使思政课改革既能坚守活水源头，又能避免刻舟求剑、故步自封，有效防范改革创新过程中的无序和浮躁，保证思政课的严肃性和思想性，从而取得更好的育人实效。

（二）新时代思政课制度化建设的基本途径

思政课建设是一个体系，涉及教材、教学、教师队伍建设等多个环节。推动思政课制度化建设，必须把握思政课的基本环节，形成完备的制度体系。要以高水准教材为遵循，以高标准教学质量为支撑，以高素质的思政课教师队伍为关键，形成科学合理有效的思政课建设制度体系，全面提升思政课的质量和水平。

1. 思政课教材制度化建设

思政课教材是教学内容的主要载体，是传递知识、锤炼品格、树立信念的主要依据。教材是教学的依据，思政课教材制度建设关乎思想政治教育的规范和建设方向，直接影响到思政课的建设水平。

首先，完善思政课教材编写、审定管理制度。规范思政课教材的编写工作，形成科学的思政课教材体系，这是教材制度的根本。教材的编写要注意根据教学的要求、教学对象的特点把理论体系转化为教材体系。按照 2019 年印发的《关于深化新时代学校思想政治理论课改革创新的若干意见》（以下简称《意见》）的规定，由国家教材委员会统筹大中小学思政课教材建设，明确了思政课教材的建设主体。高校思政课教材由马克思主义理论研究和建设工程专家编写，“形势与政策”课定期研制教学要点，保障思政课教材的权威性。除此之外，思政课教材体系建设还要涵盖专题教学指南、教学参考书、案例解析、优秀讲义、网络教学资源库等教学辅助材料，改变目前教学辅导用书较少、更新缓慢、内容陈旧等问题。思政课的教材编写要反映新时代发展的要求，要将马克思主义中国化的最新理论成果以及学科建设的最新研究成果及时体现到教材当中，推进党的理论创新成果进教材。要适时推动教材的修订工作，合理确定修订周期，注重不同版次之间教材体系结构的统一性。现在要重点建设以习近平新时代中国特色社会主义思想为核心的思政课程群，把“四史”内容、中华优秀传统文化等内容融入教材内容当中，必要时可以编写系列选修课程教材，形成必修课加选修课的课程体系。

其次，重点建设大中小学一体化思政课教材编写制度。目前，思政课教学一体化建设存在许多亟待解决的问题，具体表现为各学段课程标准修订步调不一，各学段课程标准的修订缺乏统一设计，难以形成有效衔接；课程目标设置的整体性和科学性还有待加强，课程目标在衔接递进上表现不明显，直接或间接影响了思政课教材编写的质量；各学段教材内容重复的现象较为突出，不仅初中、高中和大学的部分教材内容存在简单重复问题，而且大学四门思政必修课教材之间也存在不同程度的内容重复。为此，应该一体化制定各学段的课程标准，解决课程标准修订步调不一和衔接不畅的问题。应该统一构建课程目标体系，根据各学段的学生的身心发展和认知特征科学合理设定课程目标，目标体系要有总目标和分学段目标，大学阶段重在增强使命担当，高中阶段重在提升政治素养，初中阶段重在打牢思想基础，小学阶段重在启蒙道德情感。要由大中小学思政课教材编写专家共同参与教材编写和审定工作，加强编写专家之间的交流与沟通，避免各学段的教材内容重复、脱节、倒挂等问题。

第三，逐步研究探索如何把思政课教材体系有效转化为教学体系，纳入思政课教材编写制度当中。目前在教学实践中存在着对教材使用不规范的情况。一些思政课教师在教学过程中，不遵照教材体系和内容，随心所欲根据自己的兴趣和爱好进行讲授，讲授内容和教材内容关联不大甚或毫无关联，削弱了思政课教材的权威性，减弱了思政课的育人效果；有些教师标新立异，在没有吃透教材的情况下随意改动讲授的内容，可能在无形中向学生渗透了错误的思想，容易造成严重的后果；一些教师探索“专题化”教学，为思政课的教学改革走出了一条新路，但是有些“专题化”教学内容设置随意，存在着脱离思政课教材体系和教学内容的问题，教学专题的内容必须以现有的教材内容为根本，否则将会造成喧宾夺主，脱离思政课的教学实际，达不到思政课的教学效果。应该通过制度建设对教材使用不规范的情况进行限制，明确教材的权威性和严肃性，不能偏离教材内容，更不能另起炉灶随意讲授。

2. 思政课教学制度化建设

教学是课程建设的根本。提升思政课的教学质量和水平，需要一系列有效的制度作为保障。思政课教学制度应该是以教学质量提升为目标，包括集体备课制度、教学督导制度、实践教学制度等。

集体备课是教师集体进行的教学研究活动。在集体备课过程中，教师之间通过交流、研讨、展示等方式进行思想碰撞，实现资源共享，进而提高教学能力。集体备课具有系统性，是学习共同体、教学共同体与学术共同体的同构过程，意味着一整套制度、平台、机制、环节、方法和资源配置的有机结合。《意见》提出，要普遍实行思政课教师集体备课制度，全面提升教研水平。每一个思政课教师的兴趣专长、学科背景不尽相同，在教学方法的设计、教学内容的理解等方面都有可取之处。通过集体备课制度，可以充分发挥每一位思政课教师的智慧。思政课程涉及知识面比较广，有些课程涉及多个学科专业，对教师的能力素质要求很高。思政课教材内容更新也较快，与飞速变化的现实生活联系非常紧密，而且教学对象都是青少年，这些年龄段的学生思维活跃、个性突出，特别是现在互联网时代，学生获取各种知识的途径极为便捷，给思政课教学增加了新的难度。为了提高思政课的教学效果，适应思政课发展的时代要求，应该开展集体备课活动，形成集体备课制度，为课程教学质量的提升提供保障。集体备课制度应该发挥每一个教师的专长，充分利用每一个教师的智慧，组织教师对教学中的难点、重点问题进行集中研讨，做到取长补短、共同进步。集体备课制度应该确定集体备课牵头人，遴选高水平思政课专家，建立相对固定的集体备课机制，整体提升思政课教师的业务能力和育人水平。现代信息技术发展很快，5G 信息技术已经普及，组织网络云端集体备课更加便捷高效，要注意用好互联网平台，充分发挥网络集体备课的专家引领作用，完善思政课集体备课制度，使网络集体备课常态化。

教学督导制度是教学制度体系的重要组成部分。教学督导是教学质量监控体系的重要环节，是指由专家组对教师在课堂教学中所反映出的教学能力、专业水平、教学效果等进行检查指导，以督促教师不断改进教学方法手段、提升教学艺术与职业素养。教学督导制度是促进教学质量提升的有效方法，是教学治理的重要内容。因此，应该建设符合思政课课程特点的教学督导制度。通过这一督导制度，可以有效对教学过程进行全员、全过程、全方位的教学质量指导，督促思政课教师不断更新教学理念、改进教学方法、提高教学质量。教学督导制度还可以对思政课的改革创新发挥有效的监控作用。目前思政课教学改革创新层出不穷，但对于思政课教学质量的提升到底效果如何，需要借助教学督导制度进行集体把脉，有效避免教学改革过程中各种随意性问题的出现。

目前大多数学校都建立有自己的教学督导制度，但统一的符合思政课教育教学规律的教学督导制度还没有形成。由于各地教学督导制度的设立往往结合本地情况进行，缺乏统一的规范与指导，导致实际运行中存在机构不健全、方法不科学、过程较为随意等问题。有的制度失之过于松散，有的制度失之过于严苛，有的制度设计缺乏科学论证，严重制约了教学督导功能的发挥。实际上，教学督导制度具有价值理性和工具理性，其制定要符合教育教学规律，以提高思政课教学质量为目标，重在对思政课教学进行评价和改进。要组建各级教学督导组，教学督导组负责对各级各类的思政课教学活动进行听课督导，以发现教学过程中存在的问题，促进教学质量提升。教学督导组成员应聘请优秀的从事过思政课教学的教师或专家担任，避免外行指导内行情况的发生。

建立思政课实践教学制度。实践教学可以为思政课的理论教学提供补充，在思政课的建设中具有十分重要的地位。教育部2005年已经明确指出，高等学校思政课所有课程都要加强实践环节，要建立和完善实践教学保障机制，探索实践育人的长效机制。教育部2008年对于思政课实践学分的占比也进行了规定，明确了具体的学时数。培育学生良好的道德情操、坚定的理想信念，需要借助于课内外各种形式的实践活动，使学生在社会实践的大舞台上了解中国社会主义建设取得的伟大成就，接受红色文化的洗礼，领略祖国的壮美河山，体验道德实践的崇高感，这样才能实现思政课的教学目的，使学生成为社会主义建设者和接班人。虽然思政课实践教学极为重要，但实际上实践教学的开展仍然存在许多不足。一些学校没有真正理解实践教学的内涵和作用，虽然都将实践教学纳入教学计划当中，但是并没有形成统一规范的要求，实践教学的学分、课时、经费落实不到位，缺乏严格的管理制度和考评机制，导致实践教学流于形式，效果不佳。应该将思政课实践教学纳入人才培养计划之中，对实践教学活动进行统一设计和规划，明确具体课时、学分占比和实践经费，建立科学合理的考核评价办法，细化实践教学形式，加强教师对实践过程的指导。另外，思政课教师的社会实践活动也应该包括在实践教学制度当中。思政课教师通过社会实践了解国情、世情，不仅可以为学生的实践提供帮助，也可以提高思政课教师的实践教学能力。

3. 思政课教师队伍制度化建设

强国必先强师。办好思政课，关键在于有一支高素质专业化思政课教师队伍。近几年，国家针对思政课教师队伍建设出台了一系列的文件。2020年4月教育部发布了《新时代高等学校思想政治理论课教师队伍建设规定》，对思政课教师的职责与要求、配备与选聘、培养与培训、考核与评价、保障与管理等进行了全面规定，是新时代加强高校思政课教师队伍建设的纲领性文件。要加快思政课教师队伍建设，必须建立和完善教师的任职资格准入制度、考核评价制度和培训制度。

思政课教师任职资格准入制度是指思政课教师必须符合一定的任职标准，如政治素质标准、道德标准、教学科研素质标准等。建立任职资格准入制度，是加强思政课教师队伍建设的一项重要举措。教育部2008年已经正式提出要施行思政课教师任职资格准入制度。教育部2020年发布的《新时代高等学校思想政治理论课教师队伍建设规定》也明确指出，高等学校应当制定任职资格标准和选聘办法。

近些年，由于思政课教师任职资格准入制度不完善，再加上思政课教师缺口比较大，一些学校放松了思政课教师的任职标准，一些没有马克思主义理论学科背景或者专业关联度较低的教师进入思政课教师队伍，一些马克思主义信仰淡漠、思想道德水准低下的教师也出现在教师队伍当中，导致思政课教师素质参差不齐，严重影响教学效果。甚至有观点认为思政课专业性较差，什么人都可以教，甚至把其他专业课教不好的教师转岗到思政课岗位上。实际上，思政课的专业性、思想性丝毫不差于其他学科，其对思政课教师的要求也要高于其他专业课教师。应该建立起严格的思政课教师任职资格准入制度，规范遴选条件和程序，严把入口关，将政治立场坚定、思想品德优良、业务素质过硬的教师选拔到思政课教师队伍当中。有的高校已经在建立任职资格准入制度方面进行了探索，为构建统一的思政课教师任职资格准入制度提供了实践经验。任职资格准入制度的核心在于明确思政课教师任职资格的具体标准，要从学历条件、学科背景、政治素质、道德素质、教学能力、科研能力等方面进行明确设定。

思政课教师的考核评价制度。思政课教师承担着对学生进行思想政治教育的重任，关系着国家和民族的未来。考虑到思政课教师的重要性和思政课的特殊性，应该建立专门的思政课教师考核评价制度。考核评价制度的核心是专业技术职务（职称）制度。职称晋升制度是对思政课教师进行评价激励的基本制度设计，也事关每一个思政课教师的个人发展。思政课教师职称晋升比较困难是一种普遍现象。有研究表明，各高校马克思主义学院的教师教授职称比例都要远低于相关参照学科的教授职称比例，这表明思政课教师的职称晋升难度较大，特别是晋升教授职称难度更大。思政课教师为了能够晋升职称，完成绩效考核任务，把大部分的精力放在写论文、申请课题上，投入课堂教学的精力较为有限，没有兴趣和动力去进行教学改革，思政课的教学效果难以得到保障。所以应该改革思政课考核评价制度，建立符合思政课教师职业特点的职称评聘制度，将教学效果作为思政课教师职称评审的根本标准，把思政课教师的教学改革成果、教学质量评价结果纳入考核评价体系当中，让思政课教师把主要精力放在教学工作上。重视教学效果并不等于不需要科研，实际上马克思主义理论学科的科研相对于其他学科来讲较为滞后，并不能适应思政课专业化发展的要求。没有对理论的深入研究，思政课的教学效果也难以得到保障。教育部已经在思政课教师的考核评价制度方面进行了多项制度突破，如将思政课教师在中央和地方主要媒体发表的理论文章纳入学术成果范围等。

思政课教师培训制度的设立也十分必要。建设一支政治强、情怀深、思维新、视野广、自律严、人格正的思政课教师队伍要求加强对思政课教师的培训指导。思政课教师培训是提高教师素质的有效途径，也是思政课教师自我提升和发展的内在要求。思政课程本身的特点也决定了培训制度化的必要性，因为中国特色社会主义实践的不断推进，使越来越多的实践经验上升到理论层面，进而需要纳入思政课的课程体系当中。思政课教师如果不接受专业的培训就难以适应教材的更新和实践的发展。思政课教师的培训是一个系统工作，必须进行科学的设计和规划，考虑好多方面的因素。一些地方的培训工作缺乏规划，出现了重复和不必要的培训，不仅不能取得良好的效果，反而给思政课教师增加了许多额外负担。要从科学合理的角度确定培训周期、培训时数、培训内容，既能够有效提升思政课教师的马克思主义理论水平和课堂教学能力，也不影响思政课教学活动的正常运行。

目前，全国范围和地方的培训已经积累了较为丰富的经验，可以总结各地的成功经验，形成完善统一的、可以全国推广的培训制度。应该建立国家、省（区、市）、学校三级思政课教师培训体系，国家层面重在示范培训、省级层面进行重点培训、学校层面进行全员培训。建立国家级思政课教师研修基地，发挥国家培训的引领作用。重点对思政课教师进行岗前培训，严把入口关，对于岗前培训不合格的不允许进入思政课教师队伍。对于最新的思政课教学内容要集中统一进行培训，对习近平新时代中国特色社会主义思想进行专题轮训。要结合互联网技术大力开展网络培训，网络培训具有覆盖面广、组织简便、内容能回放等优点，应该成为今后培训的一个重要方式。总之，要通过严格高效的培训制度，提高思政课教师的教学水平，真正担负起新时代思政课教学的重任。

（三）新时代推动思政课制度化建设的着力点

思政课制度化建设是一项系统工程。制度化建设必须遵循思想政治教育教学规律，加强组织领导保障，注意制度间的协调配合。

1. 加强思想政治教育教学规律研究

思政课制度化建设必须遵循思想政治教育教学规律。制度化建设不是空中楼阁，而是建立在遵循思想政治教育教学规律的基础上。在思政课制度化建设过程中，一定不能忽视对思政课教育教学规律的研究和遵循。“思想政治理论课教学的科学规律在本质上是社会科学与政治哲学相融合的育人规律。”[①]既要遵循一般社会科学学科的教育教学规律，也要遵循马克思主义理论学科特有的教育教学规律。思政课具有鲜明的意识形态属性，其要发挥好相较于其他学科更强的立德树人功能，必须在教学过程中做到传递知识和价值塑造的统一。所以，对思政课教学效果的评价、对思政课教师的要求与其他课程有着明显的区别，既不能违背一般的教育教学规律，也要注意到思政课的特殊性。另一方面，一些思政课教师过分强调思政课的特殊性，忽视或背离了一般的教育教学规律，过分强调形式的创新，没有进行深入浅出的理论讲解，学生难以产生理论上的认同，导致思政课立德树人的功能得不到发挥，教学效果大打折扣。所以，思政课制度建设的前提是加强对思政课教育教学规律的研究和遵循。不能制定脱离教育教学实际、不符合教学规律的制度规范，影响或干扰思政课正常的教学活动，造成思政课建设的虚假繁荣，削弱思政课的育人效果。要认真贯彻习近平提出的思政课改革创新应坚持的“八个相统一”原则，遵循思政课的教育教学规律，实现理论研究和教学活动的统一，实现制度规范和改革创新的统一，不断提高思政课的育

① 宇文利:《努力掌握并用好思想政治理论课教学的科学规律》,《思想理论教育导刊》2017 年第 9 期。

人实效。

2. 加强思政课建设组织领导保障

统一高效的领导机制是思政课制度化建设的有力保障。要建立不同层次的领导机制，整体规划和部署大中小学思政课建设。国家层面要做好制度建设的总体规划，统筹协调大中小学思政课教材体系、教学体系、教师培养一体化制度建设，[①] 对思政课制度建设的根本原则、目标和制度体系进行明确规定。教育主管部门要统筹好制度的制定、实施和监督，要照顾到学校的办学类型、办学目标、办学层次和教育教学资源的差异性。中央教育工作领导小组要把思政课制度化建设作为重点工作来进行推进，教育部大中小学思政课一体化建设指导委员会负责主要的制度建设工作，各地教育行政部门和学校要结合实际情况制定实施细则。各级主管领导机构在进行制度设计时，要遵循自上而下的顶层设计和自下而上的试点探索相结合的原则，对于基层成功的实践探索经验要及时进行总结归纳，上升为制度规范，对于顶层设计的制度规范，要尽量先进行试点，不要盲目进行全面推行。

要强化制度的执行，严格执行有关文件精神和制度规定。各学校的党委书记和校长要发挥第一责任人的作用，负起落实制度执行的主体责任，积极采取有效措施，推动有关制度的执行落地。可以成立全国性的思政课建设督导机构，负责全国思政课制度建设的督导执行。各地应该设立相应的机构加大对制度执行的督导力度，对于不符合思政课任职资格准入制度的教师要及时进行清退。要定期对制度的执行情况进行调研，了解制度实际执行情况和思政课建设效果，建立常态化的思政课建设成效反馈机制，对于制度执行过程中出现的问题及时进行交流反馈，不断完善各项制度。

3. 做好思政课各项制度间的衔接配套

改革开放以来，我国教育的制度化建设成就斐然，出台了多部有关教育发展的法律法规，教育部下发的有关思政课建设的部门规章、指导意见也不少。思政课制度化建设必须与上述教育法律法规和文件保持

① 肖贵清:《新时代学校思想政治理论课建设的基本思路》,《吉首大学学报（社会科学版)》2020 年第 2 期。

一致。如《教师法》《教师资格条例》等法律法规对教师的任职资格有相应规定，思政课教师任职资格准入制度不能同这些法律相抵触。各级地方教育主管部门、高校可以根据实际情况确立符合本地、本高校的思政课建设制度，但不能违背国家和教育部印发的指导性意见。新时代思政课制度化建设是一项系统工程，要注意思政课具体制度间的衔接与配合，使制度的设置更加科学合理，避免制度之间的冲突或不适应现象。比如，教材制度、教学制度、教师队伍建设制度之间往往存在一定的交叉，三个方面的制度内部的具体制度之间也存在密切的联系，要使教材制度、教学制度、教师队伍建设制度之间形成合力，以保障新时代思政课的育人效果。

（原载《思想理论教育导刊》2021 年第 4 期。中国人民大学复印报刊资料《高校思想政治理论课教学研究》2021 年第 4 期全文转载）

五

高校思政课要讲好新时代中国的“五个必由之路”

方向决定道路，道路决定命运。2022 年 3 月 5 日，习近平总书记在参加十三届全国人大五次会议内蒙古代表团审议时，首次提出新时代党和人民奋进历程中形成的“五个必由之路”的重大论断，即坚持党的全面领导是坚持和发展中国特色社会主义的必由之路，中国特色社会主义是实现中华民族伟大复兴的必由之路，团结奋斗是中国人民创造历史伟业的必由之路，贯彻新发展理念是新时代我国发展壮大的必由之路，全面从严治党是党永葆生机活力、走好新的赶考之路的必由之路。[①]“五个必由之路”深刻揭示了新时代中国为什么能够成功，也科学指明了未来我们怎样才能继续成功。基于第二个百年奋斗目标新征程的时代方位，讲好新时代中国“五个必由之路”，是高校思想政治理论课（以下简称“思政课”）落实立德树人根本任务的必然要求，也是新时代党和人民凝聚奋斗力量、创造新的历史伟业的应有之义。

（一）高校思政课需要讲好新时代中国的成功密码

讲好时代故事、传递时代声音，是高校思政课的重要使命。站在实现第二个百年奋斗目标的新征程上，回顾新时代党和人民的奋进历程，高校思政课讲好新时代中国的成功密码，是培养造就堪当中华民族伟大复兴时代重任的社会主义合格建设者和可靠接班人的现实需要。

1.“五个必由之路”是对新时代面临的挑战和需要解决的问题的回应

当前，百年变局交织世纪疫情，国际形势持续发生深刻复杂变化，

① 习近平:《不断巩固中华民族共同体思想基础 共同建设伟大祖国　共同创造美好生活》，《人民日报》2022 年 3 月 6 日，第 1 版。

人类社会面临的挑战愈加严峻，世界进入新的动荡变革期。大变局的本质是国际力量对比变化，无论是世界经济重心的位移、产业革命的调整，抑或是国际力量对比的革命性变化、全球治理体系的重构，世界百年未有之大变局正加速演变。新冠肺炎疫情的暴发，则进一步催化了西方保护主义、民粹主义、民族主义思潮，西方国家发起的“金融战”“疫苗战”进一步加剧了国际格局的动荡，给新时代中国发展带来了巨大挑战。面对世情变化带来的巨大考验，以习近平同志为核心的党中央清醒洞察到国际格局和国际体系的巨大变化，结合实现中华民族伟大复兴的历史任务，提出了深刻把握世界百年未有之大变局和中华民族伟大复兴战略全局的要求。习近平总书记强调：“大变局带来大挑战，也带来大机遇，我们必须因势而谋、应势而动、顺势而为。”①

经过改革开放以来，尤其是党的十八大以来我国取得的历史性成就和发生的历史性变革，实现中华民族伟大复兴进入不可逆转的历史进程。实现中华民族伟大复兴的战略全局，是基于新时代中国特色社会主义伟大实践和实现中华民族伟大复兴历史主题所形成的战略格局。中华民族伟大复兴是造成世界百年未有之大变局的重要原因，同样，世界百年未有之大变局，给中华民族伟大复兴带来诸多挑战的同时，也带来了重大机遇。“五个必由之路”正是对新时代面临的挑战和需要解决的问题的回应。在新的赶考之路上，要坚持以“五个必由之路”为引领，科学把握世界百年未有之大变局与中华民族伟大复兴战略全局的辩证关系，既要站在人类进步的一边，坚定不移推动经济全球化，积极参与全球治理体系建设，也要坚定不移做好自己的事情，继续以新理念新思想新战略引领新变革。始终保持战略定力，统筹战略全局，把握战略主动，以实现中华民族伟大复兴引领世界大变局朝着文明进步的方向发展。高校思政课教师要深刻理解“两个大局”的时代背景，科学把握新时代面临的挑战和需要解决的问题，在课堂上给学生把其中的深层次问题讲清楚、说明白。

①《十八大以来重要文献选编》下，北京：中央文献出版社2018年版，第10页。

2.“五个必由之路”引领新时代中国取得重大成就

实践是认识的来源，也是检验认识是否正确的标准。2021年11月，党的十九届六中全会审议通过的《中共中央关于党的百年奋斗重大成就和历史经验的决议》，系统回顾了党的百年奋斗历程的重大成就，并重点总结了新时代中国特色社会主义取得的全方位、开创性的历史性成就，以及党和国家事业发生的深层次、根本性的历史性变革，依次在党的全面领导、全面从严治党、经济建设、全面深化改革开放、政治建设、全面依法治国、文化建设、社会建设、生态文明建设、国防和军队建设、维护国家安全、坚持“一国两制”和推进祖国统一、外交工作等十三个方面予以呈现。上述重大成就的取得，推动了中华民族伟大复兴的历史进程，彰显了新时代党和人民自信自强、守正创新的奋斗底色，是新时代中国成功的“五个必由之路”的实践标识。

新时代中国取得的重大成就涉及党和国家事业的各个领域，集中体现在实现国家富强、民族复兴和人民幸福，充分彰显了“五个必由之路”的科学性和实践成效。“五个必由之路”贯通党和人民的奋斗历程，既经受了新时代的实践检验，也会在新时代的继续探索中得到进一步丰富和发展。从“五个必由之路”的实践价值来看，揭示了新时代党和人民事业不断成功的根本保证，揭示了党在新时代立于不败之地的力量源泉，也揭示了党掌握新时代历史主动的根本原因，揭示了党永葆先进性和纯洁性、始终走在时代前列的根本途径。“五个必由之路”作为新时代中国成功的五个关键环节，任何一个环节都不可或缺。展望实现第二个百年奋斗目标的新征程，要继续坚持“五个必由之路”，在新时代已经取得的历史性成就和历史性变革的基础上，继续创造新的历史伟业。新时代高校思政课要顺势而为，给学生讲清楚新时代大学生所肩负的重要历史使命。

3.“五个必由之路”是党对中国特色社会主义建设规律认识的深化

马克思主义作为人们认识世界、改造世界的科学真理，是中国共产党的灵魂和旗帜。只有将马克思主义基本原理同中国具体实际相结合，才能够充分彰显其强大的生命力。党的十八大以来，党在继续推进马克思主义中国化的过程中，形成了关于党的全面领导、中国特色社会主义、团结奋斗、新发展理念、全面从严治党的一系列战略思想和创新理念，是党对中国特色社会主义建设规律认识深化和理论创新的重大成果。“五个必由之路”作为新时代马克思主义中国化的理论创新成果，从五个方面集中展现了新时代中国共产党人对中国特色社会主义建设规律的科学把握，为推动新时代马克思主义中国化、丰富和发展习近平新时代中国特色社会主义思想奠定了坚实基础。

中国特色社会主义是科学社会主义理论同中国具体实际相结合的理论成果，是改革开放以来党和人民历经艰辛探索取得的根本成就。新时代中国特色社会主义的实践充分证明了马克思主义的真理性，使马克思主义以崭新形象展现在世界上。马克思主义具有与时俱进的理论品格，遵循社会主义建设规律在新的实践中不断作出新的理论创造，正是马克思主义的强大生命力所在，也是党能够科学把握中国特色社会主义建设规律的关键所在。在回答“新时代坚持和发展什么样的中国特色社会主义、怎样坚持和发展中国特色社会主义，建设什么样的社会主义现代化强国、怎样建设社会主义现代化强国，建设什么样的长期执政的马克思主义政党、怎样建设长期执政的马克思主义政党等重大时代课题”的过程中，党始终坚持将中国特色社会主义建设的理论逻辑与实践逻辑统一起来，探索出了“五个必由之路”的答案，为新时代坚持和发展中国特色社会主义提供了根本保证，同时也丰富了高校思政课的理论话语。“五个必由之路”以新时代中国的奋斗成就为实践遵循，在历史逻辑和实践逻辑的辩证统一中突出了新时代中国共产党人对中国特色社会主义建设规律的深刻把握，从而不断赋予中国特色社会主义以新的时代意蕴。只有从理论上深层次讲清楚“五个必由之路”，才能使学生弄清新时代中国发展所蕴含的规律，真正使学生听党话，跟党走。

（二）高校思政课讲好新时代中国“五个必由之路”的几个重要问题

讲好新时代中国的“五个必由之路”，是高校思政课的一项重要任务。只有深度阐述“五个必由之路”的理论内涵，深刻把握“五个必由之路”的内在联系，深入理解“五个必由之路”的重大意义，高校思政课才能真正讲好新时代中国的“成功密码”，增强思政课鲜活性和实效性，提高其吸引力和引领力。

1. 深度阐述“五个必由之路”的理论内涵

理论源于实践，又用以指导实践。新时代中国的“五个必由之路”源于新时代的历史性成就和历史性变革，赋予其理论内容以鲜活的实践性特点。高校思政课讲好新时代中国的“五个必由之路”，关键要阐述清楚“五个必由之路”的理论内涵。

办好中国的事情，关键在党，党的领导是中国特色社会主义最本质的特征，也是中国特色社会主义制度的最大优势。党的十九大报告将“坚持党对一切工作的领导”纳入十四个基本方略，强调“党政军民学，东西南北中，党是领导一切的。”① 党的十九届四中全会明确提出健全党的全面领导制度。党的十九届六中全会进一步指出：“党的领导是全面的、系统的、整体的，保证党的团结统一是党的生命”②。维护党中央权威和集中统一领导是党的领导的最高原则和每一个共产党人的重要政治责任，也是加强党的全面领导的理论要求，确保党充分发挥总揽全局、协调各方的领导核心作用的基本前提。只有党中央权威和集中统一领导得到有力保证，党的政治领导力、思想引领力、群众组织力、社会号召力才能够得到切实体现。

一个国家或民族实行什么样的主义，关键要看这个主义能否解决特定条件下的历史性课题。习近平总书记指出：“中国特色社会主义，是科学社会主义理论逻辑和中国社会发展历史逻辑的辩证统一，是根植于中国大地、反映中国人民意愿、适应中国和时代发展进步要求的科学社会主义，是全面建成小康社会、加快推进社会主义现代化、实现中华民族伟大复兴的必由之路。”③ 新时代以来的奋斗成就再次证明，只有社会主义才能救中国，只有中国特色社会主义才能发展中国。新时代坚持和发展中国特色社会主义，必须坚定理论自信，以持续的理论创新不断丰富

①《习近平谈治国理政》第三卷，北京：外文出版社 2020 年版，第 16 页。

②《中国共产党第十九届中央委员会第六次全体会议文件汇编》，北京：人民出版社 2021 年版，第 50 页。

③《习近平谈治国理政》第一卷，北京：外文出版社 2018 年版，第 21 页。

马克思主义理论宝库。

党的十九届四中全会审议通过的《中共中央关于坚持和完善中国特色社会主义制度、推进国家治理体系和治理能力现代化若干重大问题的决定》指出，我国国家制度和国家治理体系具有多方面显著优势，其中一项重要优势便是“坚持全国一盘棋，调动各方面积极性，集中力量办大事的显著优势”[①]。团结奋斗，是中国共产党人和广大人民的鲜明精神品格，也是中华民族赓续发展的精神基因。党的十八大以来，面对前所未有的改革发展稳定的任务，中国共产党始终坚持大团结大联合，广泛凝聚共识，最大限度凝聚起共同奋斗的力量，带领广大人民攻坚克难，历史性地解决了绝对贫困难题，创造了世所罕见的经济快速发展奇迹和社会长期稳定奇迹。每一项历史伟业的取得，都是党和全体人民团结奋斗的结果。

发展是解决一切社会问题的“总钥匙”，发展理念是发展行动的先导。创新、协调、绿色、开放、共享的新发展理念，“不是凭空得来的，是我们在深刻总结国内外发展经验教训的基础上形成的，也是在深刻分析国内外发展大势的基础上形成的，集中反映了我们党对经济社会发展规律认识的深化，也是针对我国发展中的突出矛盾和问题提出来的。”[②]贯彻新发展理念，要始终贯穿和突出以人民为中心的发展思想，通过发展满足人民对美好生活的向往。要始终坚持问题导向和忧患意识，精准解决发展过程中的不平衡不充分问题，逐步推动全体人民共同富裕取得实实在在的新进展。

全面从严治党是党的一场伟大的自我革命，也是党历经百年而能够永葆先进性和纯洁性的关键。党的十八大以来，以习近平同志为核心的党中央将全面从严治党纳入“四个全面”战略布局，不断以勇于自我革命的精神革新自我，管党治党宽松软状况得到根本扭转，解决了许多长期没有解决的管党不力、治党不严问题，使党的面貌焕然一新，党的革命性品质更加凸显，在为党和国家事业发生历史性变革提供政治保证的同时，成功探索出了一条依靠党的自我革命跳出历史周期率的必由之

①《十九大以来重要文献选编》中，北京：中央文献出版社 2021 年版，第 270 页。

②《习近平谈治国理政》第二卷，北京：外文出版社 2017 年版，第 197 页。

路，自我革命也是党回答跳出历史周期率的“第二个答案”。站在新的历史起点上，我们更要居安思危，勇于自我革命，才能够确保党始终走在时代前列。

2. 深刻把握“五个必由之路”的内在联系

“五个必由之路”以实现中华民族伟大复兴为出发点和落脚点，分别从党的领导、中国道路、中国精神、发展理念、党的建设等五个方面系统概括了党在新时代持续奋斗的新鲜经验，给出了新时代中国为什么能够不断取得成功的答案，这也是高校思政课讲好“五个必由之路”的几个关键点。“五个必由之路”的立足点和着眼点不同，但其各个要素环环相扣，互为条件和支撑，从而确保党和人民能够以行百里者半九十的清醒，广泛凝聚全社会共识，汇聚推动党和国家事业稳步前进的磅礴伟力。

“五个必由之路”将“坚持党的全面领导是坚持和发展中国特色社会主义的必由之路”置于首位，揭示了党的领导与中国特色社会主义的紧密关系，强调了党的全面领导之于“五个必由之路”的统领意义。党是中国特色社会主义的坚强领导核心，党的全面领导的实现直接关乎中国特色社会主义事业发展的命运。坚持党的全面领导，最根本的是坚决维护党中央权威和集中统一领导，确保党始终总揽全局、协调各方，一旦任何一个环节或细节出现弱化甚至缺失，都必将影响整个中国特色社会主义事业的“大棋局”。同时，“五个必由之路”将“全面从严治党是党永葆生机活力、走好新的赶考之路的必由之路”放在最后，同“党的全面领导”形成首尾呼应，进一步突出了新时代党的自我革命和加强党的建设的重要意义。新的征程上，面对更多更大的风险挑战，如果没有自我革命的勇气与从严治党的决心，党的长期执政能力将会受到削弱，也就无法继续承担起走好新的赶考之路的历史使命。

以“第一个必由之路”为逻辑前提，党为什么始终强调坚持和发展中国特色社会主义，而不是其他模式或道路呢？关键在于其既坚持了科学社会主义基本原则，又根据时代条件赋予其鲜明的中国特色。“第二个必由之路”指明了中国特色社会主义之于中华民族伟大复兴的价值及其意义，即中国特色社会主义是实现中华民族伟大复兴的必由之路。党领导人民探索中国特色社会主义建设道路的实践证明，“中国特色社会主义是党和人民历经千辛万苦、付出巨大代价取得的根本成就，是实现中华民族伟大复兴的正确道路。”[①]实现中华民族伟大复兴的正确道路同时也是中国人民创造历史伟业、新时代我国发展壮大的必由之路，以此为“第三个必由之路”和“第四个必由之路”的逻辑起点，建构起了五个“必由之路”之间的内在联系，团结奋斗和贯彻新发展理念则是通往实现中华民族伟大复兴必由之路的两个重要着力点。团结奋斗是中华民族精神谱系的重要标识，新时代党和人民取得的一切成就与成绩都是团结奋斗的结果。习近平总书记强调：“我们靠团结奋斗创造了辉煌历史，还要靠团结奋斗开辟美好未来。”[②]只要党和人民继续坚持紧密团结、艰苦奋斗，就一定能够继续把中华民族伟大复兴的历史伟业推向前进。作为党在新时代实践探索中的重大理论创新成果，新发展理念深刻体现了党对中国特色社会主义发展规律认识的深化，科学回答了新时代实现什么样的发展、怎样实现发展的问题。进入新时代新的发展阶段，贯彻新发展理念，是构建新发展格局、加快现代化建设、推动我国发展壮大的必由之路。

3. 深入理解“五个必由之路”的重要意义

踏上实现第二个百年奋斗目标新征程之际，我们比历史上任何时期都更接近、更有信心和能力实现中华民族伟大复兴的目标。高校思政课需要深刻把握“五个必由之路”的现实意义，习近平总书记提出新时代中国的“五个必由之路”的重大论断，体现了以习近平同志为核心的党中央对新时代中国发展规律的深刻把握，体现了习近平总书记深刻的理论思维、深邃的历史眼光，是对习近平新时代中国特色社会主义思想的进一步丰富和发展，为实现第二个百年奋斗目标、实现中华民族伟大复兴的中国梦擘画了蓝图、指明了方向。

习近平总书记指出：“当今世界，要说哪个政党、哪个国家、哪个民族能够自信的话，那中国共产党、中华人民共和国、中华民族是最有理

① 习近平：《在庆祝中国共产党成立100周年大会上的讲话》，北京：人民出版社2021年版，第13页。

② 习近平：《在二〇二二年春节团拜会上的讲话》，《人民日报》2022年1月31日，第1版。

由自信的。”[①] 中国共产党的自信，源于百年来特别是新时代以来党带领人民走过的光辉历程，以及取得的重大历史性成就。正是在开辟中国特色社会主义道路、形成中国特色社会主义理论体系、确立中国特色社会主义制度、发展中国特色社会主义文化的过程中，中国特色社会主义进入了新时代，党和人民拥有了前所未有的道路自信、理论自信、制度自信、文化自信。“四个自信”的提出，凝结了广大人民群众对党领导下的中国特色社会主义道路、理论、制度、文化的发展共识。在坚定“四个自信”的基础上，“五个必由之路”重大论断的提出，为党在新时代新征程上书写新的历史篇章注入了强大力量和信心。

“五个必由之路”进一步丰富了习近平新时代中国特色社会主义思想。时代是历史的阶段性定位，不同的时代有着不同的时代课题。面对“新时代坚持和发展什么样的中国特色社会主义、怎样坚持和发展中国特色社会主义”这一重大时代课题，习近平总书记以“中国特色社会主义是实现中华民族伟大复兴的必由之路”予以回答，并强调坚持党的全面领导是坚持和发展中国特色社会主义的必由之路。面对“建设什么样的社会主义现代化强国、怎样建设社会主义现代化强国”的重大时代课题，“五个必由之路”给出的答案是团结奋斗和贯彻新发展理念，两者能够为社会主义现代化强国建设提供持续动力。面对“建设什么样的长期执政的马克思主义政党、怎样建设长期执政的马克思主义政党”的重大时代课题，“五个必由之路”要求全面从严治党，以保证党永葆生机活力、走好新的赶考之路。同时也要看到，上述三个重大时代课题是习近平新时代中国特色社会主义思想持续探索和回答的问题。

“五个必由之路”指明了推进中华民族伟大复兴道路的正确方向。中国共产党自成立以来，将团结带领人民实现中华民族伟大复兴确立为自己的历史使命。在一代代中国共产党人的接力奋斗下，中华民族伟大复兴展现出前所未有的光明前景。中国特色社会主义进入新时代，我们继续坚持和加强党的全面领导，毫不动摇坚持和发展中国特色社会主义，深入贯彻新发展理念，在党和人民的共同团结奋斗中，“党和国家事

① 习近平:《在庆祝中国共产党成立 95 周年大会上的讲话》，北京：人民出版社 2016 年版，第 12 页。

业取得历史性成就、发生历史性变革，为实现中华民族伟大复兴提供了更为完善的制度保证、更为坚实的物质基础、更为主动的精神力量”[①]，实现中华民族伟大复兴进入了不可逆转的历史进程。“五个必由之路”作为党领导人民实现中华民族伟大复兴进程中形成的理论成果，同时也为中华民族伟大复兴道路在新时代的进一步推进提供了科学指引和基本路径。

（三）高校思政课讲好新时代中国“五个必由之路”的路径

高校思政课讲好新时代中国的“五个必由之路”，是持续推进新时代思政课改革创新的必然要求，是打通“主渠道”、巩固“主阵地”的必然要求。为此，需要推进“五个必由之路”的相关内容进教材、进课堂、进学生头脑，既要结合新时代的丰富实践以讲好“五个必由之路”的中国故事，也要在讲好“五个必由之路”的内在逻辑中解疑释惑。

1. 联系思政课教材讲好“五个必由之路”

完善思政课教材与课程体系是新时代高校思政课建设的重要任务。讲好新时代中国的“五个必由之路”，首先要紧密结合各门思政课教材，实现“五个必由之路”的相关内容进教材、进课堂、进头脑。

教材是教师开展教学活动的基础。推动“五个必由之路”内容进教材，是高校思政课讲好“五个必由之路”的关键一环。根据中共中央办公厅、国务院办公厅印发的《关于深化新时代学校思想政治理论课改革创新的若干意见》，国家统一开设的大中小学思政课教材全部由国家教材委员会组织统编统审统用，其中高校思政课教材由马克思主义理论研究和建设工程专家编写，以充分保障教材的科学性与权威性。根据新时代高校思政课教材体系完善的相关要求，要“在教材中及时融入马克思主义中国化最新成果、坚持和发展中国特色社会主义最新经验、马克思主义理论学科最新研究进展”[②]，以切实提升高校思政课教材的政治性、

① 习近平:《在庆祝中国共产党成立100周年大会上的讲话》，北京：人民出版社2021年版，第7页。

②《关于深化新时代学校思想政治理论课改革创新的若干意见》，北京：人民出版社2019年版，第7页。

时代性、科学性及可读性。因此，基于高校思政课教材建设与党的创新理论武装同步推进的原则，需及时将“五个必由之路”这一党的重要理论创新成果融入教材，满足广大师生对高校思政课教材的现实需求。

高校思政课是由多门课程组成的课程体系，具体包含“思想道德修养与法治”“中国近现代史纲要”“马克思主义基本原理概论”“毛泽东思想和中国特色社会主义理论体系概论”“习近平新时代中国特色社会主义思想概论”“形势与政策”等课程。随着近年来以习近平新时代中国特色社会主义思想概论课为核心的高校思政课程建设的发展，以及思政课程协同课程思政的加速推进，高校思政课课程体系日臻完善。高校在推进“五个必由之路”融入思政课的过程中，既要因“课”制宜，根据课程的特点差异多维阐释“五个必由之路”，如“习近平新时代中国特色社会主义思想概论”着重讲以习近平同志为核心的党中央是如何作出“五个必由之路”的重大判断的，“马克思主义基本原理概论”侧重于以马克思主义立场、观点和方法阐释“五个必由之路”，“毛泽东思想和中国特色社会主义理论体系概论”则重点突出“五个必由之路”之于马克思主义中国化的意义与价值，等等。还要充分利用社会大讲堂与学校小课堂的课程平台，注重文本阐释、理论宣讲与实践体验相结合，配套以课程建设相关的组织和制度保障，以切实提升高校思政课的建设质量。

2. 结合新时代丰富实践讲好“五个必由之路”

“五个必由之路”的历史叙事不是抽象的意识凝练，而是一个由明确的历史主题主线和伟大历史成就共同建构起的叙事体系，串联着新时代发展的“中国故事”，为高校思政课知识宝库建设提供支持。在现实联系中深入挖掘“五个必由之路”的中国故事，并将其有效融入高校思政课教学的各个环节，是提升思政课吸引力、感召力和说服力的重要途径。

依托新时代中国的重大成就和经验，积极挖掘“五个必由之路”的中国故事。习近平总书记在《关于〈中共中央关于党的百年奋斗重大成就和历史经验的决议〉的说明》中指出：“全面总结党的百年奋斗重大成就和历史经验，对推动全党进一步统一思想、统一意志、统一行动，团结带领全国各族人民夺取新时代中国特色社会主义新的伟大胜利，具有重大现实意义和深远历史意义。”[①] 总结党的百年奋斗特别是新时代以来的重大成就及历史经验，从中汲取智慧和力量，是历史和人民的共同选择。新时代的奋斗历程光辉璀璨，取得的成就硕果累累，为高校思政课提供了丰富的教学资源。以“五个必由之路”的重大论断为主题和线索，高校思政课在讲述“五个必由之路”的中国故事时，应避免老生常谈式、新瓶装旧酒式的故事，代之以更符合时代潮流、更具内容生动性和课堂吸引力的鲜活故事，以切实提升“五个必由之路”的理论影响力。

联系实际，讲好讲活“五个必由之路”的中国故事。联系实际，运用生活话语讲述理论，是增强高校思政课话语亲和力的重要手段。在“五个必由之路”的理论话语融入课堂的过程中，要深入浅出，将宏观的、抽象的话语叙事转化为生活化话语，才能够使“五个必由之路”更好地入脑、入心。从理论的生活化价值取向来看，“五个必由之路”深深植根于人民的现实生活之中，以新时代广大人民群众的获得感、幸福感和安全感为精神依托。高校思政课要多选取贴近教师或学生身边的改革故事、小康故事、抗疫故事，使学生能够感同身受，也要善于用生活化话语讲活“五个必由之路”的现实生活故事，以激发师生的情感共鸣和价值共识。如在讲授“思想道德修养与法治”课程时，可围绕“团结奋斗”的精神价值设置相关议题，引导学生从生活中寻找“团结奋斗”的先进典型和案例，在议题式讨论中帮助学生树立正确的奋斗观。

3. 讲好“五个必由之路”的内在逻辑以解疑释惑

常讲常新是高校思政课的重要特点，也是高校思政课的魅力所在。在推动“五个必由之路”融入高校思政课教学的过程中，要重点从学理和价值两个维度把握好“五个必由之路”，在解疑释惑中讲好“五个必由之路”。

要在学理逻辑上讲好“五个必由之路”，以透彻的学理分析和科学的知识理路说服学生。“理论只要说服人，就能掌握群众；而理论只要彻

①《中国共产党第十九届中央委员会第六次全体会议文件汇编》，北京：人民出版社 2021 年版，第 109 页。

底，就能说服人。所谓彻底，就是抓住事物的根本。”[①]“五个必由之路”有着清晰的历史发展脉络和丰富的理论内涵。高校思政课教师要善于从纵向的历史与现实发展，从横向的国内外对比等多重视野中对“五个必由之路”进行生动、深入、具体的剖析，将“五个必由之路”所蕴含的马克思主义基本原理、观点和方法讲明白，将“五个必由之路”的理论逻辑讲清楚。

要在价值逻辑层面讲好“五个必由之路”，以真理的价值力量感召学生，引导学生坚定“五个必由之路”自信。新时代党和人民的奋斗历程也是一段发扬历史主动精神和创造精神，持续创造历史伟业的历程。“五个必由之路”充分展示了党的历史自信，这种自信“既是对奋斗成就的自信，也是对奋斗精神的自信。”[②]高校思政课要把“五个必由之路”同中国特色社会主义道路探索历程结合起来，讲好中国道路同“传统的”“外来的”“西化的”道路的区别，以坚定道路自信；把“五个必由之路”同中国特色社会主义理论创新历程结合起来，讲好马克思主义中国化的最新理论成果，以坚定理论自信；把“五个必由之路”同中国特色社会主义制度建设历程结合起来，讲好中国特色社会主义制度的显著优势，以坚定制度自信；把“五个必由之路”同中国特色社会主义文化发展历程结合起来，讲好社会主义先进文化，以坚定文化自信。

解疑释惑，培养学生问题意识，引导学生在发现、分析、思考和解答问题过程中自觉肩负实现中华民族伟大复兴的历史使命。习近平总书记在学校思想政治理论课教师座谈会上强调：“思政课教学离不开教师的主导，同时要坚持以学生为中心，加大对学生的认知规律和接受特点的研究，发挥学生主体性作用。”[③]高校思政课教师要讲透“五个必由之路”的中国故事，就必须深入学生群体之中，知道学生所思所想，了解学生对“五个必由之路”的基本认识和接受情况，找准“五个必由之路”的理论内容与学生的思维意识的契合点，及时为学生解疑释惑，才能够

①《马克思恩格斯文集》第一卷，北京：人民出版社 2009 年版，第 11 页。

② 习近平：《以史为鉴、开创未来　埋头苦干、勇毅前行》，《求是》2022 年第 1 期。

③ 习近平：《思政课是落实立德树人根本任务的关键课程》，北京：人民出版社 2020 年版，第 21 页。

使“五个必由之路”的意义和价值真正获得学生的认同。针对学生常提问的“中国共产党为什么能？”“马克思主义为什么行？”“中国特色社会主义为什么好？”等问题，可建立专门的问题库或线上互动平台，组织专业教师队伍进行问题解答与互动辅导。高校思政课教师要充分借助各类思政课教学平台与资源，科学运用灌输与启发、显性与隐性相结合的教学方法，对学生提出的问题予以及时回应，使学生真正理解“五个必由之路”为什么是新时代中国的“成功密码”以及新时代怎样继续走好“五个必由之路”，继而引导学生成为堪当中华民族伟大复兴重任的时代新人。

（原载《吉首大学学报（社会科学版）》2022 年第 4 期。中国人民大学复印报刊资料《高校思想政治理论课》2022 年第 6 期全文转载）

六

做无愧于新时代思想政治理论课的“大先生”

——学习习近平总书记在中国人民大学考察时的重要讲话精神

2022 年 4 月 25 日，习近平总书记在考察中国人民大学时发表的重要讲话中，从中华民族伟大复兴的战略全局和世界百年未有之大变局的大历史视野出发，站在建设中国特色，世界一流大学的高度，对新时代哲学社会科学研究，思政课教学改革创新和教师队伍建设提出了新的要求。高校思政课教师应该以此为契机，进一步深刻领会习近平总书记的重要讲话精神，不断提高教书育人和科研创新水平，为培养堪当民族复兴重任的时代新人，打造高精尖水平思政课，繁荣中国哲学社会科学贡献自己的力量，努力成为无愧于新时代思政课的“大先生”。

（一）以培养堪当民族复兴重任的时代新人为己任

“‘为谁培养人、培养什么人、怎样培养人’始终是教育的根本问题。”[①] 在中国人民大学考察期间，习近平总书记对“培养什么人”提出了新要求，强调中国青年的奋斗目标和前行方向归结到一点，就是坚定不移听党话、跟党走，努力成长为堪当中华民族伟大复兴重任的时代新人。把学生培养成什么样的人，自己首先就应该成为什么样的人。培养社会主义建设者和接班人，需要思政课教师既精通专业知识、做好“经师”，又涵养德行、成为“人师”，努力做精于“传道授业解惑”的“经师”和“人师”的统一者。

培养堪当民族复兴重任的时代新人，需要思政课教师做好“经师”。

①《坚持党的领导传承红色基因扎根中国大地　走出一条建设中国特色世界一流大学新路》，《人民日报》2022 年 4 月 26 日，第 1 版。

马克思指出："教育者本人一定是受教育的。"[①] 习近平总书记也多次强调教师学习的优先地位，如"教师思想政治状况具有很强的示范性，传道者自己首先要明道信道""坚持教育者先受教育"等。教师对学生产生最大的影响莫过于学识，只有具备扎实的理论功底和思政课专业素养，才能支撑起高水平的教学。思政课教师作为从事马克思主义理论学科研究和教育的专业群体，要树立终身学习理念，熟练掌握马克思主义基本原理和马克思主义中国化最新理论成果，把马克思主义基本原理同中国的发展实际相结合，同世界发展的大势相结合；还要广泛涉猎哲学社会科学以及自然科学的知识、掌握职业规划等基本技能，对学生常见的思想和行为予以精准指导。思政课教师要有宽广的国际视野，知晓国际国内形势，树立国际意识，善于利用国内外的事实、案例、素材，教育引导学生用脚步丈量祖国大地，用眼睛发现中国精神，用耳朵倾听人民呼声，用内心感应时代脉搏，正确认识人类社会发展规律，认识世界和中国发展大势，认识中国共产党坚持和发展中国特色社会主义的伟大实践，认识自身所肩负的时代责任和历史使命；思政课教师还要有深邃的历史视野，通过上下五千年、纵横几万里的深入比较明辨是非，教育引导学生做社会主义核心价值观的坚定信仰者、积极传播者、模范践行者，向英雄学习、向前辈学习、向榜样学习，争做堪当民族复兴重任的时代新人，在实现中华民族伟大复兴的时代洪流中踔厉奋发、勇毅前进。

培养堪当民族复兴重任的时代新人，需要思政课教师做好"人师"。"一个人遇到好老师是人生的幸运，一个学校拥有好老师是学校的光荣，一个民族源源不断涌现出一批又一批好老师则是民族的希望。"[②] 而要评价一个老师是否是好老师，评价一支教师队伍是否是高素质的教师队伍，师德师风是第一标准。在中国人民大学考察调研中，习近平总书记再次强调，教师应该有言为士则、行为世范的自觉，不断提高自身道德修养，以模范行为影响和带动学生，做学生为学、为事、为人的"好老师""大先生""人民教育家"。学校的根本任务是立德树人，教师是

①《马克思恩格斯选集》第一卷，北京：人民出版社2012年版，第134页。

② 习近平：《做党和人民满意的好老师》，《人民日报》2014年9月10日，第2版。

立德树人的主体，要做到以德立身、以德立学、以德施教。思政课教师作为塑造学生灵魂的职业，只有不断锤炼品德修养，提升人格品质，正确处理好公与私、义与利、是与非、正与邪、苦与乐的关系，才能以高尚的人格赢得学生敬仰，以模范的言行举止影响和感召学生，把真善美的种子不断播撒到学生心中，把自己的温暖和情感倾注到每一个学生身上，让每一个学生都健康成长，让每一个孩子都有人生出彩的机会。思政课教师要严于修身，严于律己，用“吾日三省吾身”的自律精神严格要求自己，用表里如一、知行合一的嘉言懿行传递正能量。思政课教师要做到言行一致，不仅在课堂上教育引导学生，而且在生活当中能够用这样的标准要求自己，绝不能成为课上一套，课下一套的两面人。思政课教师不仅要做社会主义核心价值观、优秀道德品质的弘扬者和传播者，也要做积极的践行者，不仅在课堂上讲授马克思主义和中国化马克思主义的立场，观点和方法，而且在工作生活当中自觉遵守中国特色社会主义的路线、方针、政策，这样才能真正成为被社会尊重的楷模，成为世人效法的榜样。

努力做精于“传道授业解惑”的“经师”和“人师”的统一者，是新时代对教育工作者提出的更高要求。古人云：“经师易求，人师难得。”一个优秀的老师，应该是“经师”和“人师”的统一者，自觉做到“传道”有责、“授业”有术、“解惑”有力。“传道”有责，就是要旗帜鲜明地讲政治，善于从政治上看问题，在大是大非面前保持政治清醒；要清晰透彻地讲学理，善于准确阐释马克思主义的立场、观点、方法。“授业”有术，就是要学会运用创新的教学理念、翔实的教学资料，严密的教学逻辑、通俗的教学语言、多样的教学形式等打造精彩讲堂，使教学对象受启发，有收获。“解惑”有力，就是要运用马克思主义基本原理认识、分析问题，认清中国发展所处的阶段及面临的问题，深刻把握世界发展大势，科学回答社会发展中的重大理论和现实问题，及时回应解答时代课题。习近平总书记鼓励教育工作者做有理想信念、有道德情操，有扎实学识、有仁爱之心的“四有”好老师，并针对思政课教师提出了“政治要强、情怀要深、思维要新、视野要广、自律要严、人格要正”的六项要求。作为新时代的思政课教师，只有以此严格要求自己，才能够把准政治方向、站稳政治立场、严守政治纪律，才能明大德、守公德、严私德，才能从政治高度看问题，讲清大是大非，不负“灵魂的工程师”“文明传承者”的天职，进而担负起传播知识、传递思想、追寻真理、塑造灵魂、培育新人的时代重任。教育是一门“仁而爱人”的事业，对学生的教育应该是充满爱心和信任的，在严爱相济、润己泽人的前提下晓之以理、动之以情，让学生“亲其师”“信其道”。思政课教师要通过真情、真心、真诚拉近同学生的距离，滋润学生的心田，成为学生的良师益友，使思政课达到春风化雨、润物无声的教育教学效果。思政课教师要坚持教学和育人相统一，坚持言传和身教相统一，坚持潜心问道和关注社会相统一，坚持学术自由和学术规范相统一，努力成为“传道授业解惑”的“经师”和“人师”的统一者，才能使学生成长为全面发展的人，才能培养更多德智体美劳全面发展的社会主义建设者和接班人。

（二）以打造高精尖水平思政课为重要任务

思政课是对学生进行思想政治教育的主渠道，担负着维护国家意识形态安全、培养社会主义合格建设者和可靠接班人的重要使命。打造高精尖水平的思政课，首先需要思政课教师自身的高精尖，这就需要思政课教师不能做单纯的“教书匠”，更不能简单成为“传声筒”，而要坚持理论性和实践性相统一、价值性和知识性相统一，以透彻的学理分析启迪学生，以彻底的思想理论说服学生，用真理的强大力量引导学生，培养一代代拥护中国共产党领导和社会主义制度、立志为中国特色社会主义事业奋斗终身的有用人才。这是教育工作的根本任务，也是教育现代化的方向和目标。

打造高精尖水平思政课，需要思政课教师强化守正意识。强调守正，就是要坚持思想政治理论课的理论属性、价值属性和政治属性，守马克思主义的根本，守中国特色社会主义的根本，守思政课立德树人的根本。思政课教师要自觉遵循思想政治理论课教学规律、教书育人规律、学生成长规律，立足教材讲清讲深讲透思政课的基本原理和基本观点，特别是要把习近平新时代中国特色社会主义思想的一系列重大论断、重大命题、重大关切的原创性成果讲清楚，使学生深刻领会习近平新时代中国特色社会主义思想是当代中国马克思主义、21世纪马克思主义，是中华文化和中国精神的时代精华，是被实践证明了的科学的理论，把高校思政课打造成为具有高精尖水平的“理论课”。思想政治理论课是一门政治课，必须把维护中国共产党的领导，坚守社会主义方向，坚持中国特色社会主义“四个自信”作为基本原则，思政课教师要强化思政课的政治导向功能，发挥思政课主流意识形态传播主阵地的作用，敢于在大是大非问题面前发声，对错误思想言论要敢于亮剑，坚决反对一切削弱、歪曲、否定党的领导和中国特色社会主义制度的言行。教育和帮助学生明辨善恶是非，形成高尚的道德情操和理想人格，树立共产主义远大理想和中国特色社会主义共同理想，增强中国特色社会主义道路自信、理论自信、制度自信、文化自信，立志成为中国特色社会主义事业的合格建设者和可靠接班人。马克思主义不仅是一个科学的理论体系，而且是一个完整的价值体系。高校思想政治理论课要培育和践行社会主义核心价值观，体现社会主义的价值取向，这就要求思政课教师在系统教授理论知识的基础上，对课程内容所蕴含的价值取向和价值目标进行阐释，使思政课的基本知识转化为大学生的内在价值理念，帮助学生掌握人类社会发展规律和中国特色社会主义发展规律，实现对社会主义核心价值观的认同，增强学生的社会责任感和历史使命感。

打造高精尖水平思政课，需要思政课教师强化创新意识。强调创新，就是要思政课教师充分发挥主观能动性，在提升自身的言传身教能力上下功夫，开创言传身教的新方式、新途径和新形态，以积极回应时代的变迁、积极呼应21世纪马克思主义的发展，积极面对和释疑社会问题。打造高精尖水平思政课，要贯彻落实习近平总书记在中国人民大学考察时的重要指示精神，全面实现专业教育与思政教育同向同行、充分发挥协同效应，建立健全高校思政工作体系，建立健全思政课程和课程思政的教育教学体系，不断提升学校人才培养水平和质量。同时，积极开展与中小学思政课共建，共同推动大中小学思政课一体化建设，构建培育社会主义建设者和接班人以及时代新人的育人大格局。思政课教师要在理论上跟上时代，在教学各个环节及时融入马克思主义中国化最新成果，紧跟学科进展和理论研究前沿，以辩证思维分析和阐释最新时政热点，从而切实增强高校思政课的科学性和时代性。思想政治理论课有理论前沿，有宏大视野，有思想交锋，有现实回应，方能促使思政课教学有虚有实，有棱有角，有情有义，有滋有味，增强学生获得感。思政课教师还要在形式上跟上时代，一方面，在继承传统课堂讲授的基础上，深入拓展思想政治理论课堂的内涵与外延，打造智慧课堂、共享课堂、互动课堂、线上课堂、实践课堂、校外课堂等，使学生学习和生活无处不课堂、无时不课堂。另一方面，在坚持正确导向和强化内容建设的前提下，科学运用慕课、微电影、微视频、微信公众号等新媒体新技术手段，创新教学形式和方法，努力调动学生学习主体性、积极性，提升学生参与度和增强师生互动性，使思想政治理论课更加鲜活起来，“推动思想政治工作传统优势同信息技术高度融合，增强时代感和吸引力”①。教学形式和手段创新始终为教学内容和目标服务，使学生多维度、全方位受到思想浸润、人生启迪、价值引导和道德涵育，以期达到情感共鸣、价值认同、思想认同。

打造高精尖水平思政课，需要思政课教师讲好“大思政课”。习近平总书记强调：“‘大思政课’我们要善用之，一定要跟现实结合起来”，“思政课不仅应该在课堂上讲，也应该在社会生活中来讲”②。思政课教师要心系“国之大者”，胸怀“两个大局”，将思政课放在世界百年未有之大变局、中华民族伟大复兴的战略全局中来看待，从坚持和发展中国特色社会主义、建设社会主义现代化强国、实现中华民族伟大复兴的高度来对待，紧扣实现中华民族伟大复兴这一主题，推进思政课改革创新，统筹“思政课程”和“课程思政”，提升教育实效。要讲好新时代的“大思政课”，必须树立宏大的历史视野，善用百年党史的丰富宝藏，向学生讲清楚中国共产党百年奋斗的光辉历程、伟大成就、宝贵经验、实践启示，讲清楚党领导人民全面建成小康社会、胜利实现第一个百年奋斗目标的重大意义，教育引导学生以史为镜，以史明志，了解

①《习近平谈治国理政》第二卷，北京：外文出版社2017年版，第378页。

②《“‘大思政课’我们要善用之”（微镜头·习近平总书记两会“下团组”·两会现场观察）》，《人民日报》2021年3月7日，第1版。

我们党带领人民成就的丰功伟绩，认清当代中国所处的历史方位，厚植爱党爱国爱社会主义的情感，把个人发展和国家兴亡、民族振兴联系起来，自觉融入建设社会主义现代化强国，实现中华民族伟大复兴的伟大事业当中。要讲好新时代的“大思政课”，既要做到历史与现实有机结合，又要做到理论与实践有机结合。思政课教师要将亿万中国人民已经书写和正在书写的时代篇章作为丰富而生动的教学素材和教学资源，扎根广袤的中国大地，面向火热的社会实践，引导学生走出校门、走进社会，深入城乡深入生活，调研乡村厂矿、参观纪念场馆、参加支教服务等。使学生在社会实践的大舞台上了解中国特色社会主义建设取得的伟大成就，接受红色文化的洗礼，领略祖国的壮美河山，体验道德实践的崇高感，使学生在广阔天地中施展才华、增长本领，真正做到学以致用，在了解国情社情中全面、客观地认识当代中国，看待外部世界，在多彩实践中直观而深刻地理解中国共产党为什么“能”、马克思主义为什么“行”、中国特色社会主义为什么“好”，激励引导学生在全面建设社会主义现代化国家新征程中勇当开路先锋、争当事业闯将。

（三）以繁荣中国哲学社会科学为光荣使命

习近平总书记指出，加快构建中国特色哲学社会科学，归根结底是建构中国自主的知识体系，强调要使中国特色哲学社会科学真正屹立于世界学术之林，这也是思想政治理论课应该承担起的重要任务。思政课教师要按照习近平总书记对哲学社会科学工作者提出的要求，扎根中国大地做研究，解答好“世界怎么了”“人类向何处去”的时代之题，回答好中国之问、世界之问、人民之问、时代之问，为繁荣中国哲学社会科学、加快建构中国自主知识体系作出积极贡献。

思政课教师要强化资政意识，把握正确的政治方向和学术导向。繁荣中国哲学社会科学，离不开哲学社会科学“五路大军”中的高等学校，建构中国自主知识体系，同样离不开高校思政课教师的积极投入。党的十八大以来，以习近平同志为核心的党中央对关系新时代党和国家事业发展的一系列重大理论和实践问题进行了深邃思考和科学判断，引领中国经济社会发展取得历史性成就，发生历史性变革。当前，中国特色社会主义事业不断发展，我们面临着各种各样的新情况、新问题和风险挑战，这就要求思政课教师要立足中华民族伟大复兴战略全局和世界百年未有之大变局，以中国为观照、以时代为观照，立足中国实际，解决中国问题，把哲学社会科学创新成果融入中国特色社会主义伟大实践中，在不断提升国家治理现代化水平、不断推进经济社会高质量发展的过程中，形成解决问题的新思路、新观点、新方法，从而为建构中国自主的知识体系注入源源不断的动力。在中国人民大学的考察调研中，习近平总书记强调，哲学社会科学工作者要做到方向明、主义真、学问高、德行正，以彰显中国之路、中国之治、中国之理为思想追求，在研究解决事关党和国家全局性，根本性，关键性的重大问题上拿出真本事、取得好成果。思政课教师作为哲学社会科学研究的重要力量，要坚守为人民做学问的立场，把个人学术活动与党和国家的需要高度统一起来，想国家之所想、急国家之所急、应国家之所需，努力成为忠诚服务于党和人民事业、值得党和人民信赖，对党和人民有贡献的学问家。思政课教师要密切结合世情和中国国情民情社情，深入研究党和国家面临的重大理论和现实问题，形成一批系统性、有影响力的研究成果，提出具有现实性、建设性、可操作性的对策建议，为提高党和政府的科学民主依法决策能力提供强有力的智力支持。

思政课教师要在建构中国特色哲学社会科学“三大体系”上下功夫。哲学社会科学表现为学术体系、话语体系和学科体系的建构，这些具体形态内在地提出了构建中国知识体系的历史任务，指明了高校哲学社会科学工作者的新使命和新担当。党的十八大以来，以习近平同志为核心的党中央提出加快构建中国特色哲学社会科学的战略任务，科学回答了事关中国自主知识体系建构的一系列根本性问题。经过长期努力，中国特色哲学社会科学学科体系、学术体系、话语体系建设取得了实质性进展，对中国特色社会主义伟大成就的学术化提炼、学理化阐释和学科化把握正在深入推进。作为新时代思政课教师，要将党的创新理论引领贯穿中国特色哲学社会科学各学科知识体系，推进学科交叉融合，努力构建适应国家需求、支撑知识创新的学科体系，不断提升中国哲学社会科学的原创性和竞争力；要持续筑牢学术根基，加强对经济社会发展中重大理论和实践课题的研究，深化对中国特色社会主义发展客观规律的理论阐释，不断提出有客观依据、经得起实践和历史检验的原创性学术观点，以开创性、引领性的学术成果为中国自主知识体系提供有力支撑；要着力提升话语体系创新能力，丰富和创新中国自主知识体系的话语表达和传播方式，打造易于为国际社会所理解的新概念、新范畴、新表述，发挥思政课在讲好中国故事，传播好中国声音、宣传好中国理论和表达好中国思想方面的独特优势，让世界更好读懂中国。思政课教师要不断增强理论自觉，紧紧围绕“三大体系”建设的目标任务，深入开展习近平新时代中国特色社会主义思想研究项目和中国特色哲学社会科学研究项目，真正成为中国文化的传承者、中国精神的弘扬者、中国理念的传播者、中国学术的创造者，推动中国学术与国际学术展开平等对话，进一步扩大中国学派在世界学术体系中的影响力。

思政课教师要吸收借鉴中华优秀传统文化和国外哲学社会科学的积极成果。中国自主的知识体系，不是简单延续中国历史文化的母版，不是简单套用马克思主义经典作家论述的模板，不是其他社会主义国家知识体系的再版，也不是西方现代性知识体系的翻版，而是将马克思主义基本原理同中国具体实际、历史文化传统、时代要求相结合，对中华优秀传统文化和知识体系的创造性转化与创新性发展。在中国人民大学的考察调研中，习近平总书记强调，要坚持把马克思主义基本原理同中国具体实际相结合、同中华优秀传统文化相结合，不断推动中华优秀传统文化创造性转化、创新性发展，不断推进知识创新、理论创新、方法创新。为此，思政课教师既要大力弘扬中华优秀传统文化，使之与社会主义核心价值观相结合，培养具有传统文化底蕴的时代新人，又要把中华优秀传统文化同马克思主义的立场观点方法结合起来，赋予传统文化新的时代内涵和现代表达形式，使中华文明展现出永久魅力和时代风采，成为推进中华民族伟大复兴和构建人类命运共同体的强大精神力量。建构中国自主知识体系，不仅要植根于中华民族五千多年文明史，从中华文明璀璨成果和人类历史长河的优秀成果中汲取营养，还要加强文明交流互鉴，广泛吸收国外哲学社会科学取得的积极成果、知识体系和研究方法。思政课教师要怀着开放包容的心态，坚持“以我为主、为我所用”的方针，借鉴吸收体现人类社会进步要求的有益成果，在深化国际交流与合作中构建具有中国特色、中国风格、中国气派的自主知识体系，为世界上那些既希望加快发展又希望保持自身独立性的国家和民族提供中国智慧、中国方案。

新时代是一个需要培育立大志、明大德、成大才、担大任的时代新人的时代，也是一个需要“大先生”的时代。高校思政课教师要以清醒的政治头脑投入教育教学工作，争做“经师”与“人师”相统一的“大先生”，把思政课打造成让学生真心喜爱、终身受益的“金课”，为培养社会主义建设者和接班人、实现中华民族伟大复兴接续奋斗，不断书写教育事业的壮丽篇章。

（原载《河北大学学报（哲学社会科学版）》2022 年第 5 期。中国人民大学复印报刊资料《高校思想政治理论课》2022 年第 2 期全文转载）

七

关于“习近平新时代中国特色社会主义思想概论”课教学的几个问题

为了深入学习贯彻习近平新时代中国特色社会主义思想，推动新时代党的创新理论进教材、进课堂、进头脑，在高校全面开设“习近平新时代中国特色社会主义思想概论”课（以下简称“概论”课）的基础上，由中宣部、教育部组织编写，高等教育出版社、人民出版社联合出版《习近平新时代中国特色社会主义思想概论》教材，为进一步开好“概论”课奠定了坚实基础。讲授“概论”课，需要教师在吃透教材的基础上，构建系统而又切实可行的教学体系；准确把握习近平新时代中国特色社会主义思想的理论体系的框架结构、主要内容、立场观点方法；注意讲清楚与课程教学紧密相关的几个重要关系，讲深讲透讲活新时代党的创新理论。

（一）构建系统而行之有效的教学体系

教学体系是课程建设的中心环节，与理论体系、教材体系、知识体系、价值体系有着密切联系。在讲授“概论”课的过程中，需要在理论体系向教材体系转化的基础上，实现教材体系向教学体系转化、知识体系向价值体系的转化，实现学思用贯通、知信行统一，以提升“概论”课教学的实效性。

1. 实现理论体系向教材体系的转化

构建系统的教学体系的前提是实现理论体系向教材体系的转化。习近平新时代中国特色社会主义思想内涵丰富，形成了一个完整的理论体系。“十个明确”“十四个坚持”“十三个方面成就”“六个必须坚持”概括了这一理论体系的主要内容。

理论体系向教材体系转化，就是要实现理论的体系化、学理化，把握好基本原理之间的内在逻辑，遵循教育教学规律、突出教学重点难点，阐释原理性理论成果。《习近平新时代中国特色社会主义思想概论》教材的编写和出版，完成了理论体系向教材体系的转化。“概论”课教材全面系统阐释了习近平新时代中国特色社会主义思想创立发展的时代背景、形成发展脉络、基本原理，体系化、学理化地展示了以习近平同志为核心的党中央在新时代推进马克思主义基本原理同中国具体实际相结合、同中华优秀传统文化相结合中取得的重大理论创新成果。教材围绕“十个明确”“十四个坚持”“十三个方面成就”“六个必须坚持”构成的理论体系，由导论、17 章主体内容和结语构成，是第一部系统阐释习近平新时代中国特色社会主义思想体系的统编教材，重点突出、言简意赅，贴近学生的认知特征和接受习惯，用通俗易懂的语言阐释新时代党的创新理论的深刻内涵，实现了理论体系向教材体系的转化。

2. 实现教材体系向教学体系的转化

“概论”课教材体系集中呈现了新时代党的创新理论的原创性思想、变革性实践、标志性成果，体现了历史逻辑、理论逻辑、实践逻辑的有机统一，体现了其政治性、理论性、规范性的特点。要使习近平新时代中国特色社会主义思想入脑入心，增强教学的有效性，需要教师以教材为基本依据，将教材体系有机转化为行之有效的教学体系。

一是吃透教材，把握教材体系的结构和重点难点。思想政治理论课的本质是讲道理，讲道理离不开对教材内容和课程标准的精准把握。吃透教材内容和课程标准，是讲深、讲透、讲活的前提，是提高课堂教学质量和实效性的基础和关键。教材是对教学内容进行系统阐述的理论体系，以完整阐述基本原理为目的，呈现的是概念、范畴、观点和结论，且表现形式是比较规范的书面语言。习近平新时代中国特色社会主义思想是博大精深的科学理论体系，涉及改革发展稳定、内政外交国防、治党治国治军各个领域，对任课教师理论素质要求很高，这就需要深入学习教材、熟悉教材、吃透教材，从整体上把握教材的体系结构、重点难点，并能准确理解每章的内容安排，把教材内容通过行之有效的教学思路、教学方法转化为课堂教学实践。同时对教材内容进行优化组合，找准重点难点，把握哪些内容精讲，哪些部分略讲，这样才能对教材内容进行有效拓展，真正发挥好教材的作用。在认真研究吃透教材的基础上，还要把教材内容与习近平的系列重要讲话精神、新时代党的重要文献结合起来，扎扎实实读原著、学原文、悟原理，努力做到知其言更知其义、知其然更知其所以然。由于教师专业背景不同，难以对每个问题都有深入研究，研究教材、吃透教材这个过程可以借助集体研讨备课、展示交流等方式，在交流互鉴中取长补短、共同提高，不断优化教材使用效果，提升课堂教学质量。

二是做好学情分析，推动体系转化。使教材体系向教学体系转化还要做好学情分析。高校思想政治理论课的授课对象是青年学生，在具体教学实践中，教师只有对学生的成长规律和思想动态进行充分而又全面的把握，教学才具有针对性和有效性。解决转化问题的前提是要了解学生关心什么问题，知道学生的理论需求和思想困惑。在授课之前可以通过调查问卷、访谈、提问等多种方式，了解学生的思想实际，做到有的放矢，用有效的教学手段和科学的方法有针对性地满足学生的学习需求。

三是强化问题导向，打造课堂新样态。“必须坚持问题导向”是党的二十大报告提出的“六个必须坚持”中的一项重要内容，体现了习近平新时代中国特色社会主义思想的世界观和方法论。习近平新时代中国特色社会主义思想所要解决的是中国特色社会主义新时代所面临的重大时代课题，以回答中国之问、世界之问、人民之问、时代之问。“概论”课教学要以重大时代课题为导向，抓好课程设计、教学方法创新等环节，打造课堂教学新样态。

发现问题是思想政治理论课建设的实践原点，回答问题是思想政治理论课教学的重要旨向。打造思想政治理论课堂教学新样态，教师不应回避问题，要以学生为主体，善于解疑释惑，以高度的理论自觉和教学实践跟上时代发展的潮流，做到与时代发展同向同行。在课堂教学中要积极创新教学模式，改进教学方法，不能只满足于固定不变的教学模式，要在变化中求进步，结合学生关注的重大理论问题、思想困惑，精心设计问题链，突出思考环节和实践环节，比如采取“交流型课堂”“探究型课堂”，在教师的引导下，由学生提出问题，教师引导讲解，通过师生教学互动，让学生对新时代党的创新理论的内容理解更为透彻、感悟更为深刻。

四是在教材体系向教学体系转换中创造更多拓展性教学渠道。习近平新时代中国特色社会主义思想既源于实践，又指导实践。立足思想政治理论课教学体系，教师要走出“纸上谈兵”的教学状态，用好“社会大课堂”，与社会现实结合起来，坚持理论联系实际，创新方式方法，积极拓展实践课堂，以新时代丰富生动的社会实践为基础，把鲜活的基本原理讲鲜活。教师要根据培养目标设计实践主题和实践环节，走出课堂和校门，走进大思政课实践基地，让学生从广阔的历史和实践中汲取养分，用新时代的发展成果解答思想困惑，用社会问题激发学生思考，有效破解课堂教学面临的问题。要积极推动校内校外、不同课程、多种实践同向同行，形成“三全育人”协同效应，促进思想政治理论课显性教育和隐性教育的有机统一。

3. 实现知识体系向价值体系的转化

“培养什么人、怎样培养人、为谁培养人”是事关党和国家发展大计的根本问题。“概论”课教学既要传授马克思主义中国化时代化最新理论成果，又要引导学生树立正确的世界观、人生观、价值观，努力成为堪当民族复兴大任的时代新人。在“概论”课教学中，如何将理论知识内化为大学生的理想信念、外化为行为方式，如何实现从知识体系向价值体系的转化，成为一个亟待解决的问题。

理论体系向教材体系转化、教材体系向教学体系转化、知识体系向价值体系转化是相互联系的统一过程，前两个转化为解决“内化于心、外化于行”的价值体系转化做好了铺垫，打好了基础，后一个转化是铸魂育人的根本所在。

由知识体系向价值体系转化，需要建构以学生为中心的教学体系，讲好新时代党的创新理论的道理、学理、哲理，讲好新时代坚持和发展中国特色社会主义的中国故事。改变“满堂灌”般的、以说教为主的教学形式，转变成能够培养学生马克思主义信仰的教学体系。在课堂授课过程中，围绕立德树人的教育导向，建构教学内容和教学过程，既有理论知识讲授，又能通过典型案例、教学情境等环节激发学生的共鸣和情感认同，不仅要讲清楚“是什么”，更要讲清楚“为什么”和“怎么做”的问题，实现知、情、行的有机统一，使学生在历史与现实的结合上、国内和国外的比较中，认同并接受新时代党的创新理论。在实践教学活动中，引导学生学以致用，理论联系实际，思考如何把学到的基本理论与自身实际及社会实际相结合，利用博物馆、纪念馆、红色教育基地、乡村、社区社会实践等多种形式，增强学生的历史使命感和时代责任感，激发其为实现中华民族伟大复兴而奋斗的强大动力，引导广大学生坚定听党话、跟党走，成为德智体美劳全面发展的社会主义建设者和接班人。

（二）准确把握理论体系的框架结构、主要内容、立场观点方法

随着实践的发展和理论研究的深入，习近平新时代中国特色社会主义思想不断体系化、学理化，由“十个明确”“十四个坚持”“十三个方面成就”“六个必须坚持”构成了这一思想的主要内容。深化对习近平新时代中国特色社会主义思想体系的研究阐释，把握理论体系的内在联系和框架结构，有利于学生掌握新时代党的创新理论的基本原理及贯穿其中的世界观和方法论。

1. 科学把握理论体系的框架结构

党的二十大报告明确提出，习近平新时代中国特色社会主义思想的主要内容包括党的十九大、十九届六中全会提出的“十个明确”“十四个坚持”“十三个方面成就”。同时，还总结提炼和深刻阐述了贯穿其中的世界观方法论的“六个必须坚持”，呈现出完整的体系化、学理化形态。“十个明确”作为习近平新时代中国特色社会主义思想的“四梁八柱”，深刻阐释了新时代坚持和发展什么样的中国特色社会主义、怎样坚持和发展中国特色社会主义，建设什么样的社会主义现代化强国、怎样建设社会主义现代化强国，建设什么样的长期执政的马克思主义政党、怎样建设长期执政的马克思主义政党等重大时代课题。“十四个坚持”是新时代我们党坚持和发展中国特色社会主义的基本方略。“十三个方面成

就”全景展示了以习近平同志为核心的党中央治国理政的理念、成就和经验，既是习近平新时代中国特色社会主义思想指导的结果，又以一系列重要原创性理论成果丰富发展了这一重要思想。“六个必须坚持”是习近平新时代中国特色社会主义思想的世界观和方法论及贯穿其中的立场观点方法的重要体现。讲授“概论”课不仅要重视对主要内容的讲授，还要在教学过程中对贯穿其中的世界观和方法论进行深入分析和讲解。

以习近平同志为核心的党中央在推进治国理政的过程中，形成了一系列新理念新思想新战略，形成了系统的理论体系，体现为习近平的系列重要论述和习近平强军思想、习近平经济思想、习近平生态文明思想、习近平外交思想、习近平法治思想、习近平文化思想等内容。随着实践的发展，这一理论体系会进一步丰富和发展，更加完整和严密。

教学过程中要注意对理论体系进行学理化分析。理论体系是通过一系列具有原创性的概念、范畴、命题、原理等学理化表述来揭示事物发展的本质和规律。这些新的概念、范畴、基本原理相互联系、层次分明，构成了一个系统完整、逻辑严密的理论体系，实现了这一思想的学理化阐释、学术化表达、体系化构建。在教学过程中，既要重视新的概念、范畴、基本原理的讲授，又要把握系统的理论体系。

2. 准确讲授理论体系的主要内容

习近平新时代中国特色社会主义思想是一个博大精深的理论体系。“十个明确”涉及领导力量、目标任务、主要矛盾、发展布局、发展动力、治国方略、战略重点、战略保证、外部条件、政治保证等方面，回答了在新时代推动中华民族伟大复兴必须解决的一系列重大问题，是对党的十八大以来我们党治国理政所取得的基本经验的理论化表达，是习近平新时代中国特色社会主义思想的基本观点和基本理论。“十个明确”相互关联，覆盖了我们党开展治国理政的方方面面，展现了习近平新时代中国特色社会主义思想的主体内容。“十四个坚持”是对新时代坚持和发展中国特色社会主义的基本方略的高度概括，是对落实“十个明确”理论的实践要求。“十三个方面成就”是对基本方略的实践印证，全景展示了以习近平同志为核心的党中央治国理政所取得的巨大成就和成功经验，既是理论通过实践印证后的科学结论的概括，又以一系列重要原创性成果丰富发展了这一重要思想。

“概论”课教材准确系统地实现了理论体系向教材体系的转换。教材十七章内容紧密围绕“十个明确”“十四个坚持”“十三个方面成就”“六个必须坚持”，并且充分吸收党的二十大精神。任课教师既要把握好习近平新时代中国特色社会主义思想的主要内容，又要融会贯通吃透教材，理解理论体系如何实现向教材体系的转换，对于教材的篇章布局、教学的重点难点做到了然于心。

3. 深入讲授贯穿理论体系的立场观点方法

习近平新时代中国特色社会主义思想的世界观和方法论是理论化体系化的哲学表达，既是推进新时代党的理论创新的科学方法，也是新时代党的创新理论的重要组成部分。

“六个必须坚持”是一个有机统一、逻辑贯通的整体，体现了马克思主义唯物论和辩证法、认识论和实践论、真理论和价值论的有机统一。

坚持人民至上体现了中国共产党的根本立场。在人类思想史上，马克思第一次站在人民立场探求人类自由解放的道路，人民性是马克思主义的本质属性。中国共产党始终站在人民立场进行理论创造和实践创新。坚持自信自立彰显了实践主体的精神特质。“中国的问题必须从中国基本国情出发，由中国人自己来解答。”[①]这既是党领导革命、建设和改革基本经验的深刻总结，也是我们自信自立的根本依据。我们党始终坚持以自信自立的态度推进马克思主义中国化时代化，不以马克思的个别文本束缚理论创新的手脚，也不照搬国外的政治社会制度。坚持守正创新体现了党勇于创新的理论品格。守正不是抱残守缺，创新也不是离经叛道，而是在守正基础上进行必要的创新。守正就是守坚持马克思主义基本原理之本，守坚持党的全面领导之本，守坚持中国特色社会主义之本，创新就是“敢于说前人没有说过的新话，敢于干前人没有干过的

① 习近平:《高举中国特色社会主义伟大旗帜　为全面建设社会主义现代化国家而团结奋斗——在中国共产党第二十次全国代表大会上的报告》，北京：人民出版社 2022 年版，第 19 页。

事情”[①]。在“概论”课讲授过程中一定要讲清守正和创新之间变与不变的辩证统一关系。坚持问题导向规定了理论发展的实践路径，发现和解决问题是理论和实践创新的起点，要有强烈的问题意识和鲜明的问题导向，解决事关人民生活、国家发展和世界前途的根本性问题，才能不断提出解决问题的新理念新思路新办法，理论创新才能更有针对性。坚持系统观念就是要坚持科学的思想方法。“系统观念是具有基础性的思想和工作方法”[②]，是辩证唯物主义的重要认识论和方法论。要善于运用系统的思维方法，注重对经济社会发展进行前瞻性思考、全局性谋划、整体性推进。坚持胸怀天下是中国共产党人的境界格局，就是要从马克思主义关于人类社会发展规律的高度来认识当今世界的变化及其趋势，要以胸怀天下的胸襟推动构建人类命运共同体，为人类发展贡献中国智慧和中国方案。

（三）教学过程中需要讲清楚的几个关系

习近平新时代中国特色社会主义思想体系完整、内容丰富，教师在讲授“概论”课时，不仅应当从整体上把握这一思想的科学体系，从立德树人的高度引导学生掌握这一重要思想的精髓要义和基本原理，还需要做到提要钩玄、纲举目张，讲清楚习近平新时代中国特色社会主义思想与马克思主义、中华优秀传统文化的关系，讲清楚与毛泽东思想、中国特色社会主义理论体系的关系，讲清楚新时代党的理论创新与实践创新的关系。

1. 讲清楚与马克思主义、中华优秀传统文化的关系

习近平指出：“我们决不能抛弃马克思主义这个魂脉，决不能抛弃中华优秀传统文化这个根脉。”[③]习近平新时代中国特色社会主义思想既实现了对马克思主义的丰富和发展，也推动了中华优秀传统文化的传承创

① 习近平：《高举中国特色社会主义伟大旗帜 为全面建设社会主义现代化国家而团结奋斗——在中国共产党第二十次全国代表大会上的报告》，北京：人民出版社 2022 年版，第 20 页。

② 习近平：《关于〈中共中央关于制定国民经济和社会发展第十四个五年规划和二〇三五年远景目标的建议〉的说明》，《人民日报》2020 年 11 月 4 日，第 2 版。

③ 习近平：《开辟马克思主义中国化时代化新境界》，《求是》2023 年第 20 期。

新，在讲授习近平新时代中国特色社会主义思想的创立逻辑时，应当着重讲透习近平新时代中国特色社会主义思想与马克思主义、中华优秀传统文化的内在联系。

首先，习近平新时代中国特色社会主义思想为推动马克思主义发展作出了原创性贡献。“马克思的思想理论源于那个时代又超越了那个时代，既是那个时代精神的精华又是整个人类精神的精华。”① 马克思主义并非是一成不变的教条，而是不断发展、与时俱进的科学理论，习近平新时代中国特色社会主义思想是马克思主义中国化时代化的典范。一是为推动马克思主义哲学发展作出了原创性贡献。习近平新时代中国特色社会主义思想蕴藏着丰富的道理、学理、哲理，赋予了辩证唯物主义和历史唯物主义全新的丰富内涵，党的二十大首次把“六个必须坚持”概括为习近平新时代中国特色社会主义思想的世界观与方法论，以其深厚的哲学意蕴拓展了马克思主义哲学的理论视野。二是为推动马克思主义政治经济学的发展作出了原创性贡献。习近平经济思想是习近平新时代中国特色社会主义思想的重要组成部分，它着眼于新时代中国经济的健康发展，立足于中国特色社会主义的经济实践，创造性地指明了中国经济发展所处的新阶段、所需贯彻的新理念、所要构建的新格局，推动了马克思主义政治经济学的中国化时代化。三是为推动科学社会主义发展作出了原创性贡献。马克思主义经典作家指出共产主义是人类社会发展的前进方向，也为世界各国自主探索现代化建设道路提供了思想资源。中国式现代化理论为我国全面建成社会主义现代化强国、实现中华民族伟大复兴开辟了广阔前景，正如习近平所指出的：“概括提出并深入阐述中国式现代化理论，是党的二十大的一个重大理论创新，是科学社会主义的最新重大成果。”②

其次，习近平新时代中国特色社会主义思想实现了中华优秀传统文化的创造性转化和创新性发展。一是习近平新时代中国特色社会主义思

① 习近平：《在纪念马克思诞辰200周年大会上的讲话》，北京：人民出版社2018年版，第7页。

②《习近平在学习贯彻党的二十大精神研讨班开班式上发表重要讲话强调　正确理解和大力推进中国式现代化》，《人民日报》2023年2月8日，第1版。

想吸收了中华优秀传统文化的思想精华。“中华优秀传统文化是中华民族的精神命脉，是涵养社会主义核心价值观的重要源泉，也是我们在世界文化激荡中站稳脚跟的坚实根基”[①]。习近平高度重视中华优秀传统文化的历史价值，从中华优秀传统文化中汲取治国理政的理念和思维，使得中华优秀传统文化成为习近平新时代中国特色社会主义思想生成的重要素材与文化资源。二是习近平新时代中国特色社会主义思想成功激活了中华优秀传统文化的新时代基因。“没有中华文化繁荣兴盛，就没有中华民族伟大复兴。”[②]习近平新时代中国特色社会主义思想深深地植根于中华文化的历史沃土，又结合时代要求继承创新中华优秀传统文化蕴含的思想观念、人文精神、道德规范，在习近平新时代中国特色社会主义思想的指导下，中华优秀传统文化在新时代焕发新时代光彩，得到中国人民的广泛喜爱，受到世界各国的普遍欢迎，充分展示出中华优秀传统文化强大的影响力、凝聚力和感召力。

2. 讲清楚与毛泽东思想、中国特色社会主义理论体系之间的关系

毛泽东思想、中国特色社会主义理论体系作为马克思主义中国化时代化的理论成果，一脉相承又与时俱进。讲清楚马克思主义中国化时代化理论成果的内在逻辑，对于深刻理解习近平新时代中国特色社会主义思想的历史地位与时代意涵具有重要意义。

首先，习近平新时代中国特色社会主义思想与毛泽东思想、中国特色社会主义理论体系一脉相承。一是在历史逻辑上一脉相承。“一百年来，中国共产党团结带领中国人民进行的一切奋斗、一切牺牲、一切创造，归结起来就是一个主题：实现中华民族伟大复兴。”[③]马克思主义中国化时代化的理论成果虽然产生于不同历史时期、拥有各自的时代关切，但都紧紧围绕着实现中华民族伟大复兴这一历史主题，沿着中华民族站起来、富起来到强起来这一历史轨迹展开，前一个理论成果的成功运用为后一个理论成果的生成创造条件，后一个理论成果的创立也离不开前

① 习近平:《在文艺工作座谈会上的讲话》，北京：人民出版社 2015 年版，第 25 页。

② 同上书，第 5 页。

③ 习近平:《在庆祝中国共产党成立 100 周年大会上的讲话》，北京：人民出版社 2021 年版，第 3 页。

一个理论成果的探索，统一于实现中华民族伟大复兴的历史进程。二是在理论逻辑上一脉相承。“中国共产党为什么能，中国特色社会主义为什么好，归根到底是马克思主义行，是中国化时代化的马克思主义行。”[①]马克思主义是中国共产党立党立国的根本指导思想，是党的灵魂和旗帜，也是马克思主义中国化时代化的源头活水。一百多年来，中国共产党不断推动马克思主义中国化时代化，让马克思主义中国化时代化理论成果成为一个紧密联系、密不可分的有机整体，坚持用马克思主义基本原理解决中国实际问题，实现了理论上的贯通与统一。三是在价值逻辑上一脉相承。坚持以人民为中心是马克思主义，更是马克思主义中国化时代化理论成果一以贯之的价值准则。马克思主义中国化时代化理论成果根植于人民群众，也服务于人民群众，正是由于将理论创新和人民群众的社会实践紧密结合，依靠人民群众的力量和智慧丰富马克思主义、发展马克思主义，马克思主义中国化时代化的理论成果才能发挥出巨大作用。

其次，习近平新时代中国特色社会主义思想是对毛泽东思想、中国特色社会主义理论体系的创新发展。一是习近平新时代中国特色社会主义思想在理论生成机制上实现了创新。习近平在坚持马克思主义基本原理同中国具体实际相结合的基础上，创新性地提出“把马克思主义基本原理同中华优秀传统文化相结合”的“第二个结合”。“两个结合”的提出创新了习近平新时代中国特色社会主义思想的理论生成机制，成为实现马克思主义中国化时代化新的飞跃的前提和基础。二是习近平新时代中国特色社会主义思想提出了新的概念、范畴和基本原理。这些概念、范畴、基本原理继承并发展了毛泽东思想和中国特色社会主义理论体系，成为习近平新时代中国特色社会主义思想的理论标识。三是习近平新时代中国特色社会主义思想科学回答了新的重大时代课题。习近平新时代中国特色社会主义思想不是玄而又玄的抽象巧思，而是紧密关注社会现实的思想体系，它及时科学地回答了三个重大时代课题，为解决中

① 习近平:《高举中国特色社会主义伟大旗帜　为全面建设社会主义现代化国家而团结奋斗——在中国共产党第二十次全国代表大会上的报告》，北京：人民出版社 2022 年版，第 16 页。

国之间、世界之间、人民之间、时代之间提供了科学指南。

3. 讲清楚新时代党的理论创新与实践创新的关系

实践创新是理论创新的先导。时代是思想之母，实践是理论之源。习近平指出："我们推进理论创新是实践基础上的理论创新，而不是坐在象牙塔内的空想，必须坚持在实践中发现真理、发展真理，用实践来实现真理、检验真理。"[①] 习近平新时代中国特色社会主义思想不是空中楼阁，而是新时代中国特色社会主义伟大实践的成果，离开当代中国鲜活、生动、广泛的社会实践，就不可能产生这一具有中国特色、中国风格、中国气派的理论体系。新时代，以习近平同志为核心的党中央聆听时代声音，回应时代呼唤，以伟大的历史主动精神、巨大的政治勇气、强烈的责任担当，统筹推进"五位一体"总体布局、协调推进"四个全面"战略布局，促进了新时代中国特色社会主义实践的发展，把握历史演进的脉络和社会发展的规律，不断推动理论创新。在讲授习近平新时代中国特色社会主义思想的创立逻辑时，应当明确这一理论体系的实践逻辑，讲活新时代以来中国特色社会主义伟大实践。

理论创新赋予实践创新动能。讲授"概论"课，不仅要对理论体系进行梳理和阐发，更需要引导学生认识习近平新时代中国特色社会主义思想的实践伟力。解决现实问题、回应时代诉求是习近平新时代中国特色社会主义思想的本质特征。新时代，在习近平新时代中国特色社会主义思想指导下，我们党"提出一系列新理念新思想新战略，出台一系列重大方针政策，推出一系列重大举措，推进一系列重大工作，解决了许多长期想解决而没有解决的难题，办成了许多过去想办而没有办成的大事，推动党和国家事业发生历史性变革"[②]，生动展现了习近平新时代中国特色社会主义思想的实践性。

实践创新永无止境，理论创新永不停息。"坚持实践第一的观点，不断推进实践基础上的理论创新。"[③] 当前，实现中华民族伟大复兴进入关键时期，百年未有之大变局正以前所未有的方式加速演进，"面对着十

① 习近平:《开辟马克思主义中国化时代化新境界》,《求是》2023 年第 20 期。

②《十九大以来重要文献选编》上，北京：中央文献出版社 2019 年版，第 6 页。

③ 习近平:《论党的宣传思想工作》，北京：中央文献出版社 2020 年版，第 130 页。

分复杂的国内外环境，肩负着繁重的执政使命，如果缺乏理论思维的有力支撑，是难以战胜各种风险和困难的，也是难以不断前进的”①。因此，思想政治理论课教师要充分认识到，随着新时代新征程历史画卷的展开，我们的理论将随实践的推进而进一步发展，我们的实践也将在理论的指导下大步前进，在理论上“作出符合中国实际和时代要求的正确回答，得出符合客观规律的科学认识，形成与时俱进的理论成果，更好指导中国实践”②。思想政治理论课教师在引导学生积极成为习近平新时代中国特色社会主义思想学习者研究者的同时，更要引领他们成为习近平新时代中国特色社会主义思想的践行者与传播者，鼓励学生将理论学习与自身实践紧密联系起来、将个人梦想与国家发展的目标结合起来，为实现中华民族伟大复兴贡献青春力量。

（原载《思想理论教育导刊》2023 年第 12 期。中国人民大学复印报刊资料《高校思想政治理论课》2022 年第 2 期全文转载）

①《习近平在中共中央政治局第十一次集体学习时强调　推动全党学习和掌握历史唯物主义 更好认识规律更加能动地推进工作》，《人民日报》2013 年 12 月 5 日，第 1 版。

② 习近平:《高举中国特色社会主义伟大旗帜　为全面建设社会主义现代化国家而团结奋斗——在中国共产党第二十次全国代表大会上的报告》，北京：人民出版社 2022 年版，第 17—18 页。

八

新时代高校思想政治理论课高质量发展探析

教育是全面建设社会主义现代化国家的基础性、战略性支撑，关乎国之大计、党之大计。党的二十大报告强调，“坚持以人民为中心发展教育，加快建设高质量教育体系”[①]，是实施科教兴国战略、强化现代化建设人才支撑的重要目标。思想政治理论课（以下简称“思政课”）是落实立德树人根本任务的关键课程，也是中国特色社会主义教育事业的根基性课程。当前，党带领人民已经迈上全面建设社会主义现代化国家新征程，在此新形势下，推动新时代高校思政课高质量发展，是实施科教兴国战略、加快建设教育强国的应然任务，也是造就德才兼备高素质人才、培养德智体美劳全面发展的社会主义建设者和接班人的必然要求。

（一）推动新时代高校思政课教师队伍高质量发展

办好新时代高校思政课，关键在教师。2014 年 9 月，习近平总书记在同北京师范大学师生代表座谈时的讲话中指出：“国家繁荣、民族振兴、教育发展，需要我们大力培养造就一支师德高尚、业务精湛、结构合理、充满活力的高素质专业化教师队伍”[②]。新时代高校思政课教师不仅承载着传播知识、传播思想、传播真理的职业使命，还肩负着塑造灵魂、塑造生命、塑造新人的时代重任。推动新时代高校思政课高质量发展，第一要务是建设一支高素质高水平的思政课教师队伍。

1. 培育好新时代高校思政课的“经师”

马克思主义认为，“理论只要说服人，就能掌握群众；而理论只要彻

①《中国共产党第二十次全国代表大会文件汇编》，北京：人民出版社 2022 年版，第 28 页。

② 习近平：《做党和人民满意的好老师——同北京师范大学师生代表座谈时的讲话》，北京：人民出版社 2014 年版，第 4 页。

底，就能说服人。”[①] 马克思主义理论科学揭示了人类社会发展规律，是关于真理的彻底的理论。能否有效掌握马克思主义理论，并用马克思主义理论说服学生，是检验高校思政课教师合格与否的基本标准，也是其成长为具有过硬专业知识和业务能力的“经师”的基本要求。讲思想政治理论课，要让信仰坚定、学识渊博、理论功底深厚的教师来讲，让学生真心喜爱、终身受益。信仰作为一种内在的精神力量，只有真正种在心中，才能够化作如磐的信念和必胜的信心。马克思主义是我们理想信念的灵魂，高校思政课教师要坚定对马克思主义的信仰、对中国特色社会主义的信念和对实现中华民族伟大复兴中国梦的信心，以高度认同的态度学深学透马克思主义及其中国化时代化理论成果，成为马克思主义领域学识渊博、理论功底深厚的典型示范，才有底气站上讲台，将马克思主义理论知识传授给学生。

“一个人遇到好老师是人生的幸运，一个学校拥有好老师是学校的光荣，一个民族源源不断涌现出一批又一批好老师则是民族的希望。”[②] 讲好新时代高校思政课，引导学生真学、真懂、真信、真用马克思主义真理，需要拥有一支高素质、专家型教师队伍作保障。马克思主义是一门始终站在时代前沿的、不断发展的开放的理论，以马克思主义理论为指导的新时代高校思政课是一门大学问。新时代高校思政课教师不仅要有扎实的马克思主义基本原理知识，还要有因时而进的创新思维和宽广开阔的发展视野。为此，要学习掌握辩证唯物主义和历史唯物主义，善于运用创新思维、辩证思维、系统思维，及时吸收马克思主义中国化时代化的最新理论成果，创新理论成果的话语传播和宣传方式，培育学生正确的思维方法。还要有宽广的知识视野、国际视野、历史视野，广泛涉猎哲学社会科学以及自然科学的知识体系，将中国的发展前途同整个人类社会的命运紧密联系在一起，以积极的国际意识科学把握人类社会发展规律和世界发展大势，以坚定的历史自信引导学生自觉认识并肩负起自身承载的时代责任和历史使命。

---

①《马克思恩格斯选集》第 1 卷，北京：人民出版社 2012 年版，第 9—10 页。

② 习近平：《做党和人民满意的好老师——同北京师范大学师生代表座谈时的讲话》，北京：人民出版社 2014 年版，第 4 页。

2. 培育好新时代高校思政课的“人师”

新时代高校思政课高质量发展的出发点和立足点是为党育人、为国育才，育人育才的根本在于立德。“一个学校能不能为社会主义建设培养合格的人才，培养德智体全面发展、有社会主义觉悟的有文化的劳动者，关键在教师。”[①] 教师的素质素养直接关乎学生的培养质量。对教师而言，想要落实立德树人的根本任务，把学生培养成德智体美劳全面发展的社会主义建设者和接班人，自己首先就应该是为学、为事、为人的示范，做学生心中的“大先生”。《资治通鉴》说：“经师易遇，人师难求。”所谓“人师”，即是培育立德树人之师，好的师德师风是“人师”的第一标准。首先，“人师”心中要保持家国情怀，始终装着国家和民族，明确意识到自己从事的教育事业所肩负的国家使命和社会责任，在党和人民的伟大实践中关注时代和社会，以深厚的情怀付诸于教育事业。其次，“人师”要严于修身，严于律己，课上课下言行一致，弘扬主旋律，传递正能量，不仅在课堂上做马克思主义理论的传播者，而且在生活当中能够用严格的标准要求自己，做社会主义核心价值观传播者、弘扬者和践行者。再者，“人师”要有言为士则、行为世范的自觉，坚持以德立身、以德立学、以德施教，用高尚的人格感染学生，以模范的言行感召学生，成为学生成长道路上的楷模和导师。

学高为师，德高为范，“思政课教师，要给学生心灵埋下真善美的种子，引导学生扣好人生第一粒扣子。”[②] 同样，新时代高校思政课教师首先要扣好自己人生的第一粒扣子，要有理想信念、有道德情操、有扎实学识、有仁爱之心。思政课教师面临的授课对象不仅仅是思想政治教育、马克思主义理论、中共党史等专业的学生，还承担着整个学校学生的思政课教学任务，自身如果没有扣好自己人生的第一粒扣子，就无法将思政课的种子播到全体学生之中。面对不同专业的受众群体，新时代高校思政课教师要坚持因材施教，扎下身子讲好思政课，帮助学生树立正确的世界观人生观价值观。“一个优秀的老师，应该是‘经师’和‘人

①《邓小平文选》第二卷，北京：人民出版社 1994 年版，第 108 页。

② 习近平：《思政课是落实立德树人根本任务的关键课程》，北京：人民出版社 2020 年版，第 12 页。

师’的统一”[①]。既要认真做好“授业”“解惑”的基本工作，还要积极承担起“传道”“立德”的责任使命。

3. 完善新时代高校思政课教师队伍保障体系

党的十八大以来，以习近平同志为核心的党中央高度重视高校思政课教师队伍建设工作，高校思政课教师队伍的质量和数量得到了快速提升。2017 年 11 月，十九届中央全面深化改革领导小组第一次会议审核通过《关于全面深化新时代教师队伍建设改革的意见》，强调兴国必先强师，造就党和人民满意的高素质专业化创新型教师队伍。作为新中国成立以来党中央出台的第一个专门面向教师队伍建设的里程碑式政策文件，标志着包括高校思政课教师在内的教师队伍迈上了高质量发展的快速轨道。2019 年 4 月，教育部印发《普通高等学校思想政治理论课教师队伍培养规划（2019—2023 年）》，提出通过专题理论轮训计划、示范培训计划、项目资助计划、宣传推广计划等多种途径和措施，配齐建强思政课教师队伍，并努力培养造就一批国内有广泛影响的思政课名师大家、思政课教学领军人才、思政课教学骨干。2020 年 1 月，教育部第一次部务会议审议通过《新时代高等学校思想政治理论课教师队伍建设规定》，专门从职责与要求、配备与选聘、培养与培训、考核与评价、保障与管理等方面，进一步明确了新时期高校思政课教师队伍建设的具体要求。随着高校思政课教师队伍建设制度保障的逐步完善，一支专职为主、专兼结合、数量充足、素质优良的高校思政课教师队伍正逐渐形成。

以高质量发展为新时代高校思政课建设的主题主线，需要以更高质量的标准要求思政课教师的综合素质。为满足新时代高校思政课教师队伍高质量发展需要，可从以下几个方面进一步完善其保障体系。一是必须抓好思政课教师人才培养工程，完善思政课教师培养体系。以人才缺口为导向，充分发挥马克思主义理论学科的育人育才功能，统筹设计马克思主义理论领域的人才培养方案，建立健全本硕博一体化的思政课教师队伍后备人才培养体系，培养一批满足人才缺口的高水平、专业性人

① 习近平:《做党和人民满意的好老师——同北京师范大学师生代表座谈时的讲话》，北京：人民出版社 2014 年版，第 5 页。

才队伍。二是创新思政课教师激励与引领机制，切实提升思政课教师的职业认同感与荣誉感。建立科学的思政课教师奖励激励机制，吸引不同岗位的、优秀的教师参与到思政课教学中，同时要充分发挥思政课教学名师等相关人才的示范领军作用，搭建老、中、青分布合理的人才教学梯队，激励思政课教师不断提高教学质量和水平。三是完善思政课教师的考核评价体系，严把政治关、师德关、业务关。思政课教师的考核评价体系是一个动态发展的一体化过程，任一环节把关不严，都会功亏一篑。在思政课教师的选聘环节，要把好“入口关”；在思政课教师的施教环节，要把好“过程关”；在思政课教师的个人成长环节，要把好“发展观”，既要支持思政课教师在个人教学、科研等方面的需求发展，同时也要以明确的考评体制机制，做好规制与引导工作。

（二）深化新时代高校思政课教学改革创新

改革创新是时代精神，是事物向前发展的动力。推动新时代高校思政课高质量发展，重点要做好教学领域的改革创新，切实增强思政课的思想性、理论性和亲和力、针对性，提升思政课育人效能。

1. 树立新时代高校思政课高质量发展教学理念

党的十八大以来，习近平总书记围绕高校落实立德树人根本任务发表了系列重要讲话，强调“要把立德树人内化到大学建设和管理各领域、各方面、各环节，做到以树人为核心，以立德为根本。”①其中，“思政课是落实立德树人根本任务的关键课程，思政课作用不可替代”②。作为一门“关键课程”，新时代高校思政课能否在实际教学过程中发挥“关键作用”，决定着该课程能否转化为立德树人的“关键生产力”。办好新时代高校思政课，首要和根本的理念原则是要全面贯彻党的教育方针，解决好培养什么人、怎样培养人、为谁培养人这个根本问题。要坚持马克思主义指导地位，坚持社会主义办学方向，坚持用习近平新时代中国特色社会主义思想铸魂育人。新时代高校思政课落实立德树人根本

① 习近平:《在北京大学师生座谈会上的讲话》，北京：人民出版社 2018 年版，第 7 页。

② 习近平:《思政课是落实立德树人根本任务的关键课程》，北京：人民出版社 2020 年版，第 2 页。

任务的具体表现为为人民服务、为中国共产党治国理政服务、为巩固和发展中国特色社会主义制度服务、为改革开放和社会主义现代化建设服务，上述四个服务理念，即是新时代高校思政课高质量发展的基本教学理念。

推动新时代高校思政课高质量发展，关键要不断增强思政课的思想性、理论性和亲和力、针对性。为解决该问题，习近平总书记提出了“八个相统一”的思政课改革创新理念：坚持政治性和学理性相统一，强调要以透彻的学理分析、彻底的思想理论和真理的强大力量说服学生；坚持价值性和知识性相统一，强调以思政课科学的知识性支撑其对学生价值观的塑造；坚持建设性和批判性相统一，强调思政课在同各种错误思潮的不断斗争中传导主流意识形态；坚持理论性和实践性相统一，强调思政课要兼顾理论育人与实践育人；坚持统一性和多样性相统一，强调思政课要在落实好统一性要求的基础上做好因地制宜、因时制宜、因材施教；坚持主导性和主体性相统一，强调发挥好思政课教学过程中教师的主导性作用和学生的主体性作用；坚持灌输性和启发性相统一，强调协调运用灌输式和启发式教育方法；坚持显性教育和隐性教育相统一，强调要理直气壮开好思政课，同时也要充分挖掘其他课程和教学方式中蕴含的隐性教育资源。只有在上述教学理念上达成了共识，才能够打好新时代高校思政课教学质量建设的“组合拳”。

2. 建构新时代高校思政课高质量发展教学体系

教材是教学活动开展的重要载体，也是落实教学任务的目标导向。建构新时代高校思政课高质量发展教学体系，首先要解决好教材问题，即建设好新时代高校思政课教材体系。新时代高校思政课教材体系建设是一项系统性、整体性工程，既蕴含着教材建设的一般规律，又需要反映该学科的特殊性规范。按照《教育部关于加快建设高水平本科教育全面提高人才培养能力的意见》要求，着力推进马工程重点教材统一编写、统一审查、统一使用，衔接好教材体系在理论体系、教学体系、知识体系和价值体系转化中的衔接作用，进一步提升教材的科学性、前沿性、针对性和实效性。具体到新时代高校思政课教材的高质量发展要求，要在政治性、时代性、科学性、可读性上下大功夫和硬功夫，推进党的创新理论及时融入思政课教材工作，推动大中小学思政课教材一体化建设，更好地服务于培养又红又专、德才兼备、全面发展的中国特色社会主义事业合格的建设者和可靠的接班人。

党的十八大以来，随着高校思政课教学体系的逐步完善，课程教学质量得到显著提升。但从新时代高校思政课教学的高质量发展要求来看，想要“实现知、情、意、行的统一”的教学目标，还需下更大力气。习近平总书记指出：“思政课的本质是讲道理，要注重方式方法，把道理讲深、讲透、讲活，老师要用心教，学生要用心悟，达到沟通心灵、启智润心、激扬斗志。”[①]把道理讲深、讲透、讲活，是新时代高校思政课教学工作的三个着力点。把道理讲深，就是把“中国共产党为什么能”背后的奋斗重大成就和历史经验讲出来，把“马克思主义为什么行”所蕴含的马克思主义基本原理讲出来，还要把“中国特色社会主义为什么好”的道路自信、理论自信、制度自信、文化自信讲出来。把道理讲透，就是要知其言更知其意，知其然更知其所以然，不仅要深入理解思政课教学内容的基本道理，还要讲透其学理和哲理的内容。习近平新时代中国特色社会主义思想是科学的世界观和方法论，要将坚持人民至上、坚持自信自立、坚持守正创新、坚持问题导向、坚持系统观念和坚持胸怀天下等立场观点方法充分运用于思政课教学中，讲透思政课。把道理讲活，就是要不断改进思政课教学手段和方法，使思政课的教学内容“活起来”。思政课的教学内容具有特定的统一性和规范性，想要把道理讲活，就必然要在教学形式上下足功夫。在传统的案例式教学、专题式教学、灌输式教学模式的基础上，思政课教师要积极开展体验式教学、研讨式教学、分众式教学等，利用现代网络信息技术建设智慧课堂。同时，要坚持以学生为中心，以学生的需求为导向，积极运用小组研学、情景展示、课题研讨、课堂辩论等方式组织课堂实践，开展丰富多样的教学活动，活跃课堂氛围，以充分调动起学生学习的积极性和主动性。

①《习近平在中国人民大学考察时强调　坚持党的领导传承红色基因扎根中国大地　走出一条建设中国特色世界一流大学新路》，《人民日报》2022年4月26日，第1版。

3. 构建高质量“大思政课”协同育人格局

加强新时代高校思政课教学质量建设，不仅要讲好学校课堂上的思政课，还要同社会课堂和网络课堂相结合，讲好“大思政课”，构建高质量“大思政课”协同育人格局。党的十八大以来，习近平总书记高度重视“大思政课”建设，提出开门办思政课，构建高质量思政课课程体系，要求推动思政小课堂与社会大课堂相结合，推动各类课程与思政课同向同行，充分调动全社会的各方力量和各类资源，建设“大课堂”，搭建“大平台”，建好“大师资”，共同画出为党育人、为国育才的最大同心圆。实现思政课程与课程思政的有机统一，构筑以思政课程为核心的课程思政育人体系，是构建高质量“大思政课”协同育人格局的内在要求。自上而下建立健全国家、省（区、市）、高校三级思政课教师培训体系，继续探索实施本硕博一体化贯通培养模式，为思政课教师的人才培养和培训工作提供保障。除思政课外，“其他各门课都要守好一段渠、种好责任田，使各类课程与思想政治理论课同向同行，形成协同效应。”[①] 高校要加强以习近平新时代中国特色社会主义思想为核心内容的课程群建设，形成科学的必修课加选修课的思政课课程体系。同时，要全面推进课程思政高质量建设，推动课程思政示范高校、课程思政示范课程、课程思政教学名师和团队、课程思政教学研究示范中心、课程思政系列共享资源库等建设工作，实现从思政课程“单点突破”到课程思政“星火燎原”的转变。

办好中国的事情，关键在党。构建高质量“大思政课”协同育人格局，必须坚持党的全面领导，牢牢掌握党对“大思政课”的领导权。为进一步凝聚起各级党组织协同推进“大思政课”的育人合力，“要建立党委统一领导、党政齐抓共管、有关部门各负其责、全社会协同配合的工作格局，推动形成全党全社会努力办好思政课、教师认真讲好思政课、学生积极学好思政课的良好氛围。”[②] 学校领导要在“大思政课”的

①《把思想政治工作贯穿教育教学全过程　开创我国高等教育事业发展新局面》，《人民日报》2016 年 12 月 9 日，第 1 版。

② 习近平：《思政课是落实立德树人根本任务的关键课程》，北京：人民出版社 2020 年版，第 24 页。

谋篇布局上下足功夫，把方向、管大局、做决策、保落实，带头走进思政课课堂，带头讲好思政课，带头联系思政课教师，在政治引领、组织保障、思想共识、价值认同等方面提供支持。构建高质量“大思政课”协同育人格局，要统筹好各方面各领域的“大思政课”资源，积极整合和优化思政课教学的社会资源，将思政课讲堂搬到社会大讲堂上，促进不同教学资源的共建共享，切实提升“大思政课”全员全程全方位育人的协同效能。

（三）提升新时代高校思政课高质量科研水平

高校思政课既是一门以理论教学为主要任务的教育工作，同时也是一项肩负理论阐释与理论宣传的研究性工程。理论阐释要以深入研究为基础，研究越深入，阐释才能越透彻。因此，提升新时代高校思政课高质量科研水平，是推动新时代高校思政课高质量发展的应有之义。

1. 加强对新时代高校思政课相关理论问题的研究

一个民族要走在时代前列，必须有自己的理论思维和正确思想指引。当代中国正经历着中华民族历史上最为广泛而深刻的社会变革，伟大变革不断推动思想理论向前发展。高校思政课作为一门以阐释和宣讲马克思主义及其中国化时代化理论成果为主要任务的课程，须始终保持与时代同频共振，保持同中国实际的紧密联系。习近平总书记指出：“面对快速变化的世界和中国，如果墨守成规、思想僵化，没有理论创新的勇气，不能科学回答中国之问、世界之问、人民之问、时代之问，不仅党和国家事业无法继续前进，马克思主义也会失去生命力、说服力。”①实践没有停滞，理论创新便没有止境，理论创新每前进一步，理论武装就要跟进一步，思政课教师的科研工作也要跟进一步。

中国特色社会主义进入新时代，这是一个迫切需要科学理论而且一定能够产生科学理论的时代，思政课教师“只有聆听时代的声音，回应时代的呼唤，认真研究解决重大而紧迫的问题，才能真正把握住历

①《继续把党史总结学习教育宣传引向深入　更好把握和运用党的百年奋斗历史经验》，《人民日报》2022年1月12日，第1版。

史脉络，找到发展规律，推动理论创新。”[①]随着世界进入新的动荡变革期，世界之变、时代之变、历史之变正以前所未有的方式展开，世界百年未有之大变局和中华民族伟大复兴战略全局相互交织、深度互动，中国与世界其他国家之间的联系愈加紧密。2017 年 1 月，习近平在联合国日内瓦总部发表的题为《共同构建人类命运共同体》的主旨演讲中，发出“世界怎么了、我们怎么办”之问。面对日益严峻的全球性挑战和持续增多的不确定性不稳定性因素，中国给出了“构建人类命运共同体”的解决方案，并得到了越来越多的国家的认同和支持。思政课教师要牢牢把握国内国际两个大局，密切关注国内国际形势的发展变化，加强对理论热点问题的研究阐释，才能够更好地把握思政课的教学内容。新时代坚持和发展什么样的中国特色社会主义、怎样坚持和发展中国特色社会主义，建设什么样的社会主义现代化强国、怎样建设社会主义现代化强国，建设什么样的长期执政的马克思主义政党、怎样建设长期执政的马克思主义政党，这三项重大时代课题，是贯穿于实现中华民族伟大复兴全过程的一条主线，也是思政课教师关切的理论热点议题。思政课教师要全面把握三个重大时代课题的内在联系及其主要内容，以正确把握习近平新时代中国特色社会主义思想的理论内涵，增强“四个意识”、坚定“四个自信”、做到“两个维护”，回答好“四个之问”。

2. 加强对马克思主义经典著作的理论研读

自觉并善于研读马克思主义经典著作是中国共产党人的优良传统，也是新时代高校思政课教师提升思政课科研水平的重要手段和方法。马克思主义经典著作是马克思、恩格斯、列宁、毛泽东等经典作家探索真理、笃行真理的丰富思想成果，深刻体现了马克思主义立场观点方法。研读马克思主义经典著作，不仅可以增长知识、开阔眼界、增加思想深度和提高理论思维能力，还能够培养高瞻远瞩的战略洞察力和脚踏实地的工作作风。习近平总书记在纪念马克思诞辰 200 周年大会上的讲话中强调：“共产党人要把读马克思主义经典、悟马克思主义原理当作一种生活习惯、当作一种精神追求，用经典涵养正气、淬炼思想、升华境

① 习近平:《在哲学社会科学工作座谈会上的讲话》，北京：人民出版社 2016 年版，第 14 页。

界、指导实践。”[①]同样，对于拥有马克思主义理论研究者和教育工作者双重身份标签的高校思政课教师而言，只有认真研读马克思主义经典著作，科学掌握马克思主义基本原理，才能够创造性地运用马克思主义立场观点方法去分析和解决实际问题，把思想理论转化为实践的思想教育能力，有效推进马克思主义理论教育。

新时代高校思政课教师研读马克思主义经典著作，首先要搞清楚为什么要研读，即研读的目的和意义。马克思主义经典著作完整准确阐释了马克思主义理论的基本观点，是马克思主义理论的本源，“学习马克思主义经典著作，有利于从源头上完整准确地理解马克思主义，系统掌握马克思主义科学真理，也有利于深化对中国特色社会主义理论体系的理解和运用。”[②]马克思主义理论是由一系列紧密联系的基本原理构成的完整而严密的科学体系，只有认真研读经典著作，才能够全面准确地理解马克思主义理论的深刻内涵与意蕴。其次要培养踏实的学风，切勿浮躁冒进。毛泽东在党的七大上要求干部读《共产党宣言》《社会主义从空想到科学的发展》《社会民主党在民主革命中的两种策略》《共产主义运动中的“左派”幼稚病》和《联共（布）党史简明教程》五本经典著作，强调“我们可以把这五本书装在干粮袋里，打完仗后，就读他一遍或者看他一两句，没有味道就放起来，有味道就多看几句，七看八看就看出味道来了。一年看不通看两年，如果两年看一遍，十年就可以看五遍，每看一遍在后面记上日子，某年某月某日看的。”[③]同时，在研读经典著作的过程中，要活学活用，与实际相结合，切忌“教条主义”和“本本主义”。马克思主义是不断发展的理论，关于马克思主义理论的著作还在随着时代的发展而不断丰富。要积极并善于学习马克思主义中国化时代化的理论成果著作，用最新的马克思主义理论武装自己，丰富新时代高校思政课理论体系。

① 习近平：《在纪念马克思诞辰200周年大会上的讲话》，北京：人民出版社2018年版，第26页。

② 习近平：《做好新形势下干部教育培训工作》，《学习时报》2010年10月25日。

③《毛泽东文集》第三卷，北京：人民出版社1996年版，第417—418页。

3. 加强新时代高校思政课教学体系的转化研究

如何实现新时代高校思政课的教材体系、课程体系与教学体系的有机衔接和转化，是新时代高校思政课高质量发展的重要议题，有赖于科研载体的有效介入和支撑。2023 年 3 月，习近平总书记在中央党校建校 90 周年庆祝大会暨 2023 年春节学期开学典礼上的讲话中指出:“现在理论宣传上有一种现象值得注意，那就是照本宣科、不求甚解、浮在面上的多，以理服人、以情动人、入脑入心的少。”① 聚焦到高校思政课领域，这也是长期以来高校思政课面临的重难点问题，究其根源，就在于教材体系和课程体系承载的理论话语没有在教学中得到科学转化。高校思政课的教材体系和课程体系具有一定的固定周期性和滞后性特征，而教学的理论内容则是随着马克思主义中国化时代化进程而不断发展和完善的。如果将教学体系、课程体系分割开来，课堂教学只局限于教材上的内容，忽视了与时代的同频共奏，不重视相关理论的研究创新工作，那么，思政课的教学质量将会大打折扣。

习近平总书记指出:“讲好思政课不仅有‘术’，也有‘学’，更有‘道’。思政课的政治性、思想性、学术性、专业性是紧密联系在一起的，其学术深度广度和学术含金量不亚于任何一门哲学社会科学!”② 高校思政课的本质是讲道理学理哲理，体系化、学理化是其重要属性。在系统性的理论体系中梳理和阐释复杂的社会现象与问题本质，是不断推进高校思政课教学内容体系化、学理化的基本前提，也是新时代高校思政课参与构建新时代中国特色社会主义理论体系的必然要求。高校思政课承担的一项重要科研任务是“在体系化、学理化上下功夫，把党的创新理论的时代背景、科学体系、精神实质、实践要求、原创性贡献研究深、阐释透，用通俗易懂的语言将其中的道理学理哲理讲得令人信服，切实把鲜活的思想讲鲜活，把彻底的理论讲彻底”③。在从教材体系、课

① 习近平:《在中央党校建校 90 周年庆祝大会暨 2023 年春季学期开学典礼上的讲话》,《求是》2023 年第 7 期。

② 习近平:《思政课是落实立德树人根本任务的关键课程》，北京：人民出版社 2020 年版，第 25 页。

③ 习近平:《在中央党校建校 90 周年庆祝大会暨 2023 年春季学期开学典礼上的讲话》,《求是》2023 年第 7 期。

程体系向教学体系转化的过程中，高校思政课教师要加强对教材内容的理论研究工作，以“习近平新时代中国特色社会主义思想概论”为中心和重点，研究阐释马克思主义中国化时代化过程中的新理念新论断中的原理性理论成果，使其转化为学生听得懂、理解得透的理论知识。科学的世界观和方法论是我们开展理论体系转化和研究工作的“总钥匙”，在深入阐释党的创新理论、推进党的创新理论进课堂的过程中，要掌握和运用好这把“总钥匙”，依托新时代高校思政课教学体系推动党的创新理论入脑入心。

（原载《吉首大学学报（社会科学版）》2024 年第 2 期。中国人民大学复印报刊资料《高校思想政治理论课》2024 年第 5 期全文转载）